Nesta Webster

LA RÉVOLUTION FRANÇAISE
Une étude de la démocratie

« La révolution populaire était la surface d'un volcan de conjurations étrangères. » – Saint-Just.

Nesta Helen Webster
(1876–1960)

Nesta Helen Webster est une essayiste et historienne britannique. Son point de mire étant l'étude des révolutions. Elle est sollicitée pour donner des conférences devant des officiers et des membres des services secrets britanniques. C'est à leur demande spéciale qu'elle va écrire : *La Révolution mondiale, le complot contre la Civilisation*. Après avoir rédigé une analyse du judaïsme et de la franc-maçonnerie, elle est citée respectueusement par Winston Churchill qui parle de : « *Ce mouvement parmi les Juifs… dont Mme Webster a si bien démontré qu'il a joué un rôle éminent dans la tragédie de la Révolution française* ». Nesta Webster a également publié des mises en garde contre les dangers du communisme. De plus, elle montre un intérêt intermittent et assez critique envers le féminisme. (Source Babelio)

LA RÉVOLUTION FRANÇAISE
UNE ÉTUDE DE LA DÉMOCRATIE

The French Revolution: A Study in Democracy.
London: Constable & Co. (1919)

Traduit en français et publié par Omnia Veritas Ltd

www.omnia-veritas.com

© Omnia Veritas Limited – 2021

Tous droits réservés. Aucune partie de cette publication ne peut être reproduite par quelque moyen que ce soit sans la permission préalable de l'éditeur. Le code de la propriété intellectuelle interdit les copies ou reproductions destinées à une utilisation collective. Toute représentation ou reproduction intégrale ou partielle faite par quelque procédé que ce soit, sans le consentement de l'éditeur, de l'auteur ou de leur ayants cause, est illicite et constitue une contrefaçon sanctionnée par les articles L-335-2 et suivants du Code de la propriété intellectuelle.

Table des matières

PRÉFACE 11
AUTORITÉS CONSULTÉES 16
    Autorités contemporaines (révolutionnaires)................*17*
    Autorités contemporaines (royalistes)...........................*18*
PROLOGUE..20
    Le peuple avant la révolution..*20*
    La conspiration orléaniste..*26*
    Les subversifs..*37*
    LA PRUSSE..*41*
    L'ANGLETERRE..*45*
LE SIÈGE DE LA BASTILLE..55
    L'Affaire Réveillon..*55*
    L'oeuvre de la réforme..*61*
    Le foyer de la révolution...*67*
    LE 12 JUILLET..*76*
    LE 13 JUILLET..*85*
    LE 14 JUILLET..*91*
    La visite du roi à Paris..*118*
    Résultats de la révolution de juillet............................*123*
LA MARCHE SUR VERSAILLES.....................................129
    Troubles dans les provinces..*129*
    Le travail de la réforme..*135*
    Première tentative de marche sur Versailles..............*140*
    Événements à Versailles..*143*
    Le banquet du garde du corps....................................*147*
    Préliminaires de la marche sur Versailles.................*150*
    Le 5 octobre...*154*
    Le 6 octobre...*172*
    Le rôle du peuple..*183*
    Le rôle des orléanistes..*186*
L'INVASION DES TUILERIES..195
    Déroulement des intrigues en 1790 et 1791...............*195*
    Les factions en 1792..*213*
    Préliminaires du 20 juin...*233*

    Le 20 juin 243
    Les effets du 20 juin 262

LE SIÈGE DES TUILERIES **267**
    La Patrie En Danger 267
    L'arrivée des Marseillais 271
    La déposition du roi proposée 275
    La nuit du 9 août 282
    Le 10 août 286
    Le rôle des dirigeants 305
    Le rôle des intrigues 308

LES MASSACRES DE SEPTEMBRE **311**
    MARAT 313
    Marat planifie les massacres 317
    Organisation des massacres 319
    Visites à domicile 324
    Alarme à Paris 326
    Le premier massacre à l'Abbaye 331
    Le massacre aux Carmes 335
    Le deuxième massacre à l'Abbaye 338
    Massacre à La Force 347
    Les victimes des massacres 352
    Les Assassins 358
    Le rôle du peuple 360
    Les auteurs des massacres 363
    Rôle des orléanistes 365
    Rôle des Girondins 366
    Les Jacobins anglais 369
    La Prusse 376

LE RÈGNE DE LA TERREUR **381**
    La Proclamation de la République 381
    La mort du roi 389
    L'Angleterre et la mort du roi 406
    La chute de la Gironde 413
    La terreur dans les provinces 432
    Le système de la terreur 448
    La déchristianisation de la France 458
    La terreur à Paris 463
    La Grande Terreur 478
    Le Neuf Thermidor 499

Résultats de la terreur *510*
Le déroulement des intrigues *512*
ÉPILOGUE **515**
Le triomphe final des intrigues *520*
ANNEXE **529**
Le Duc D'Orléans le 6 octobre *529*
Rotondo et la princesse de Lamballe *533*
Notice nécrologique de Nesta Webster (1876 Aug 24 – 1960 May 16) dans le London Times : *535*
DÉJÀ PARUS **539**

PRÉFACE

LES ASTROLOGUES nous disent que l'histoire du monde évolue par cycles, que de temps en temps, les mêmes forces se manifestent et produisent des époques qui se ressemblent étrangement.

Il existe entre ces époques une étroite affinité, et c'est ainsi qu'en nous tournant vers le passé à partir de la crise mondiale d'aujourd'hui, nous nous rendons compte que les périodes qui, en temps de paix, nous ont apaisés ou fait vibrer, ont maintenant perdu leur sens, que les principes qui les ont inspirés n'ont plus leur place dans notre philosophie. La Renaissance est morte, la Réforme est morte, même les grandes guerres d'antan paraissent dérisoires face à l'immensité du récent conflit. Mais tandis que le rugissement de la bataille s'éteint, un autre son se fait entendre — le murmure de colère qui s'est élevé en 1789 et qui, bien que momentanément étouffé, n'a jamais perdu sa force. Une fois de plus, nous sommes dans le cycle de la révolution.

La Révolution française n'est pas un événement mort ; en feuilletant les archives contemporaines de ces jours terribles, nous avons l'impression de toucher des choses vivantes ; des pages jaunies, des voix nous appellent, des voix qui vibrent encore des passions qui les animaient il y a plus d'un siècle — ici l'appel désespéré à la liberté et à la justice, là l'appel de la trompette du « Roi et de la Patrie » ; là l'histoire racontée avec des larmes de la mort affrontée glorieusement, là un cri de rage contre un semblable. Quand, dans toute l'histoire du monde jusqu'à aujourd'hui, la nature humaine s'est-elle montrée aussi terrible et aussi sublime ? Et la fascination que cette époque étonnante exerce depuis lors sur l'esprit des hommes n'est-elle pas due au fait que les problèmes qu'elle a posés ne sont toujours pas résolus, que les mêmes mouvements qui en sont issus sont toujours à l'œuvre parmi nous ? « Ce que nous apprend aujourd'hui l'étude de la Grande Révolution, écrivait en 1908 le prince anarchiste Kropotkine, c'est qu'elle a été la source et l'origine de toutes les conceptions communistes, anarchistes et socialistes actuelles. Kropotkine va même jusqu'à déclarer que "jusqu'à présent, le socialisme moderne n'a absolument rien ajouté aux idées qui circulaient dans le peuple français entre 1789 et 1794, et qu'on a essayé de mettre en pratique en l'an II de la République (c'est-à-dire pendant le règne de la Terreur). Le socialisme moderne n'a fait que systématiser ces idées et trouver des arguments en leur faveur", etc. Or, comme la Révolution française reste encore la seule et unique occasion dans l'histoire du monde où ces théories ont été mises en pratique sur une grande échelle, et menées jusqu'à leur conclusion logique — car l'expérience en Russie est encore inachevée — il vaut certainement la peine de connaître les faits réels concernant ce premier bouleversement. Jusqu'à présent, en Angleterre, la vérité n'est pas connue ; on ne nous a même pas dit ce qui s'est réellement passé. « Quant à une véritable histoire de la Révolution française, m'écrivait Lord Cromer quelques mois avant sa mort, il n'en existe aucune en langue anglaise, car Carlyle, en plus d'être souvent très inexact et plein de préjugés, n'a produit qu'une rhapsodie philosophique. Cela vaut la peine d'être lu, mais ce n'est pas de l'histoire. Pourtant, c'est sans aucun doute sur la rhapsodie de Carlyle que sont fondées nos conceptions nationales de la Révolution ; le grand chef-d'œuvre de Dickens a été construit sur cette base mythologique, tandis que les vieilles histoires d'Alison et de Morse Stephens, et même les *essais* éclairants de Croker, n'ont pas le pouvoir d'éveiller l'imagination populaire. Ainsi, la légende créée par Carlyle n'a jamais été dissipée ».[1]

Au cours de ces dernières années, la Révolution française est devenue moins un sujet de recherche historique que le thème du journaliste populaire qui voit dans cette période macabre un matériau à écrire avec profit. Dans ces conditions, l'exactitude ne joue aucun rôle dans son projet. Car l'art d'un journalisme réussi n'est pas d'éclairer l'esprit du public mais de le refléter, de lui dire en termes encore plus forts ce qu'il pense déjà, et donc de confirmer plutôt que de dissiper les illusions populaires.

Mais si la Révolution doit être considérée comme l'expérience suprême de la démocratie, si ses principes doivent être soumis à notre admiration et ses méthodes préconisées comme un exemple pour notre propre peuple, n'est-il pas temps qu'un effort soit fait pour contrecarrer cette "conspiration de l'histoire » qui, en France aussi, comme le fait remarquer M. Gustave

---

[1] Aucun écrivain anglais n'a mieux connu les *dessous des cartes* de la Révolution française que John Wilson Croker. Né en 1780, il s'entretint avec des personnes qui avaient pris part au mouvement, et passa de nombreuses années à constituer et à étudier les magnifiques collections de pamphlets révolutionnaires qu'il vendit ensuite au British Museum. En 1816, l'éditeur John Murray lui offrit la somme de 2500 guinées pour écrire l'histoire complète de la Révolution, mais Croker ne trouva jamais le temps de le faire, et ses *Essais*, réimprimés de la *Quarterly Review*, sont tout ce qu'il nous a laissé de ses connaissances. Ces essais, bien que trop controversés pour intéresser le grand public, jettent plus de lumière sur les causes cachées du mouvement révolutionnaire que n'importe quel livre en langue anglaise.

Bord, a jusqu'ici dissimulé les faits réels la concernant ? Ne devrions-nous pas enfin cesser de rhapsodier et considérer la question calmement et scientifiquement dans ses effets sur le peuple ? C'est là, après tout, la question principale : en quoi l'expérience a-t-elle été un succès du point de vue du peuple ? Curieusement, bien que ce soit pour sa cause que la Révolution a été ostensiblement faite, le peuple est précisément la portion de la nation que les écrivains royalistes et révolutionnaires ont le plus constamment négligée — les royalistes s'occupant principalement des procès de la monarchie et de l'aristocratie, les révolutionnaires se perdant dans des panégyriques sur les chefs populaires. Ainsi Michelet était un Dantoniste, Louis Blanc un Robespierriste ; Lamartine était un Girondiste ; Thiers et Mignet étaient des Orléanistes, non seulement en tant qu'historiens mais en tant que politiciens, car leur disculpation du Duc d'Orléans n'était qu'une partie de leur politique pour placer son fils Louis Philippe sur le trône de France, — et par conséquent pour tous ces hommes le peuple n'était qu'une question d'importance secondaire. Jusqu'à présent, personne n'a écrit l'histoire du mouvement du point de vue du peuple lui-même.

En étudiant la Révolution en tant qu'expérience de la démocratie, nous devons nous libérer de toute prédilection pour certains individus. De même que l'auteur d'un traité sur la découverte de la tuberculine ou sur l'antidote de l'hydrophobie ne consacre aucun espace à l'enregistrement des souffrances des malheureux cobayes et lapins sacrifiés à la cause de la science, ni à s'étendre sur la vie privée vertueuse de Koch ou de Pasteur, mais se préoccupe uniquement du procédé exact adopté et des symptômes présentés par les sujets en vue de prouver ou de réfuter l'efficacité des sérums employés, ainsi, si nous voulons examiner la Révolution comme une expérience scientifique, le roi, la noblesse et les chefs révolutionnaires ne doivent être considérés que dans leur relation avec la cause de la démocratie ; nous ne devons nous occuper que du peuple, des maux dont il a souffert, des moyens employés pour le soulager, de la part qu'il a lui-même prise au grand mouvement, et enfin des résultats obtenus. Par ce seul moyen, nous rendrons justice à ce peuple courageux et brillant aux côtés duquel nous avons combattu aujourd'hui ; nous comprendrons qu'il n'était pas le troupeau aveugle et irraisonné dépeint par Taine, ni les « hyènes » enragées d'Horace Walpole, ni encore, comme les auteurs révolutionnaires voudraient nous le faire croire, une nation d'esclaves amenée par de longues années d'oppression à un degré d'exaspération qui a trouvé son exutoire dans les crimes et les horreurs de la Révolution.

C'est sur cette dernière théorie que se fonde l'opinion populaire en Angleterre sur la Révolution, et qui pourrait, je crois, être résumée ainsi : 'La Révolution française était en soi un mouvement purement bénéfique, inspiré par le désir de la liberté et de la justice : malheureusement elle est allée trop loin et a produit des excès qui, quoique déplorables, étaient néanmoins l'accompagnement inévitable de la régénération du pays. Or, cette affirmation est aussi illogique qu'injuste ; comment un mouvement purement bénéfique pourrait-il « aller trop loin » ? Comment le désir de liberté et de justice du peuple pourrait-il être porté à l'excès et produire une cruauté et une effusion de sang telles que le monde civilisé n'en avait jamais vues auparavant ? Si cela était vrai, alors la seule opinion à laquelle un être humain pensant pourrait arriver serait que la Révolution française était la *reductio ad absurdum* de la proposition de la démocratie, une proposition qui, une fois poussée jusqu'à sa conclusion tragique et grotesque, aurait dû prouver pour toujours que donner le pouvoir aux mains du peuple, c'est créer une tyrannie plus terrible que tout ce que le despotisme peut produire. Mais il n'en a pas été ainsi ; ce *n'est pas* le désir du peuple pour la liberté et la justice qui a produit ces horreurs ; ce *n'est pas le* mouvement de réforme qui est allé trop loin ; les crimes et les excès de la Révolution ont eu des causes totalement distinctes et étrangères qu'il faut comprendre si l'on veut rendre justice au peuple de France. C'est par les écrivains révolutionnaires que le peuple a été le plus calomnié, car, comme je l'ai fait remarquer, ces écrivains n'étaient pas les défenseurs du peuple, mais de certains chefs révolutionnaires, leur méthode est d'absoudre leurs héros de toute faute et de rejeter toute la responsabilité sur le peuple.

À cette fin, une légende a été tissée autour de toutes les grandes manifestations de la Révolution et le rôle du peuple a été constamment dénaturé.

Or, si l'on étudie attentivement le déroulement du mouvement révolutionnaire, on s'aperçoit que le rôle du peuple est le plus souvent passif ; ce n'est qu'au cours de ces grands jours de tumulte qu'il joue un rôle actif. Entre ces flambées, le feu de la révolution couve, s'éteint presque par moments, puis soudain, sans raison apparente, s'enflamme à nouveau, et ce n'est qu'en cherchant longuement et patiemment parmi les documents contemporains que nous pouvons commencer à comprendre les causes de ces conflagrations. La Révolution populaire, disait Saint-Just, était la surface d'un volcan de conspirations étrangères, et par conséquent les actions du peuple vues de la surface seulement ne peuvent jamais être comprises. Ainsi, l'histoire de la Révolution, telle qu'on nous la raconte habituellement, avec ses crimes inutiles, sa violence déraisonnable et son hideux gaspillage de vies, est tout simplement inintelligible — « un conte raconté par un idiot, plein de bruit et de fureur et ne signifiant rien ».

Si donc nous voulons découvrir la vérité sur ces grandes explosions révolutionnaires, nous devons creuser loin sous la surface, nous devons tracer le lien entre la mine et l'explosion, entre les actions du peuple et les causes qui les ont provoquées.[2] Car, comme l'a bien observé M. Croker,

> « c'est sans doute un trait très remarquable, quoique jusqu'ici très peu remarqué, de toute la Révolution, que pas un, pas un seul des tumultes qui se sont succédé, depuis l'affaire Réveillon jusqu'aux massacres de septembre, n'a eu de rapport réel avec le prétexte sous lequel il a été exécuté. »

Ces grands moments de crise, au nombre de cinq, sont comme les cinq actes d'un grand drame ; on y voit les mêmes procédés à l'œuvre, les mêmes acteurs sous des déguisements différents, les mêmes enchevêtrements d'intrigues qui aboutissent au formidable cataclysme de la Terreur. Le siège de la Bastille — la marche sur Versailles — les deux invasions des Tuileries — les massacres de septembre — et enfin le règne de la Terreur — voilà l'histoire du peuple français tout au long de la Révolution. L'objet de ce livre est donc de relater aussi exactement que les témoignages contradictoires le permettent les faits réels de chaque grande crise, d'expliquer les motifs qui ont inspiré les foules, les moyens employés pour exciter leurs passions, et de jeter ainsi une lumière plus vraie sur le rôle du peuple, et finalement sur la Révolution comme grande expérience de la démocratie.

---

[2] Lord Acton, dans ses *Essais sur la Révolution française*, a apparemment capté une lueur perdue de cette vérité lorsqu'il a écrit ces mots : « Ce qui est effrayant dans la Révolution française, ce n'est pas le tumulte, mais le dessein. À travers tout le feu et la fumée, nous percevons l'évidence d'une organisation calculée. Les dirigeants restent soigneusement cachés et masqués, mais leur présence ne fait aucun doute dès le début. Ils avaient été actifs dans les émeutes de Paris, et ils le sont à nouveau dans les soulèvements de province. » Après s'être livré, cependant, à cette profonde réflexion, Lord Acton semble l'avoir perdue de vue, car il procède à la description de tous les tumultes de la Révolution sans plus aucune référence à l'organisation ou au dessein — son principal souci étant d'absoudre tous les meneurs de toute complicité.

AUTORITÉS CONSULTÉES

UN IMMENSE avantage offert à l'historien par la manière moderne et populaire d'écrire l'histoire réside dans le fait qu'il peut se passer de toute référence aux autorités qu'il a consultées. Le public et les critiques s'opposent aux notes et aux citations qui interrompent le cours du récit ; c'est pourquoi les notes et les guillemets sont passés de mode. Ce plan commode ne facilite pas seulement énormément la tâche de l'auteur, puisqu'il lui permet d'écrire tout ce qui lui passe par la tête sans se soucier de se rappeler où il l'a lu, mais il offre aussi à l'historien sans scrupules des possibilités illimitées de déformation, car en se pliant à ce préjugé populaire, il peut proposer des théories absolument contraires aux faits, attribuer à des personnages historiques des sentiments qu'ils n'ont jamais eus, et même des paroles qu'ils n'ont jamais prononcées, et ainsi présenter une période précisément dans les couleurs qui conviennent le mieux à son but.

Dans ce livre, cependant, au risque de donner à ses pages une apparence lourde, je suis revenu au système de notes à l'ancienne, car mon but n'est pas de tisser des images fantaisistes autour des grandes scènes de la Révolution, mais de raconter aussi simplement et clairement que possible ce qui s'est réellement passé. Or, comme toute l'histoire de ces grandes journées révolutionnaires est une série de points contestés, aucun livre sur le sujet n'a la moindre valeur historique s'il ne donne pas un chapitre et un verset pour chaque déclaration controversée.

En outre, il est essentiel d'indiquer la faction politique à laquelle appartenaient les autorités citées, ainsi que la valeur de leur témoignage. Car condamner un individu ou un parti sur la parole de ses ennemis, ou l'absoudre sur le témoignage de ses complices, est aussi absurde que d'accepter les preuves d'un procès sans s'enquérir de l'identité des témoins. La criminologie joue un rôle non négligeable dans la compréhension des véritables causes des explosions révolutionnaires, et pour cela, il faut consulter uniquement les contemporains, et l'identité de ces contemporains doit être clairement définie. Le *résumé* suivant montrera le point de vue politique des autorités les plus fréquemment citées au cours de ce livre, tandis que la politique de ceux qui sont cités sur des événements particuliers sera donnée dans le contexte : —

AUTORITÉS CONTEMPORAINES (RÉVOLUTIONNAIRES)

1. *Histoire de la Révolution par Deux Amis de la Liberté*, en dix-neuf volumes. — Les six premiers volumes, de tonalité violemment révolutionnaire et remplis de fables grotesques en vogue à l'époque, ont été attribués au libraire Clavelin, et à Kerverseau, mais cette supposition ne repose sur aucune preuve (voir *Bibliographie de la Révolution*, par Maurice Tourneux, I 3). Montjoie affirme que l'ouvrage a été dicté et payé par le duc d'Orléans (*Conjuration de d'Orléans*, II 97), et il est sans doute fortement orléaniste dans son point de vue. Après le sixième volume, cependant, il fait une *volte-face* complète et devient modéré, voire royaliste dans ses opinions, et en même temps moins intéressant. En tant que publication anonyme, l'histoire des *Deux Amis* n'a pas le poids qui s'attache aux travaux signés, mais puisque c'est sur la première partie de la série que Carlyle a principalement basé son récit des premières étapes de la Révolution, et aussi ses accusations contre l'Ancien Régime, il faut la lire si l'on veut se rendre compte de la fragilité des preuves que Carlyle a aveuglément acceptées comme la vérité.
2. Le *Moniteur*, journal édité par Panckoucke, fait sa première apparition le 24 novembre 1789. Les numéros relatifs aux événements antérieurs à cette date ont été rédigés après coup, et les récits des grands tumultes révolutionnaires de juillet 1789 sont copiés mot pour mot des *Deux Amis*. Sa politique tout au long de la Révolution est toujours celle du parti dominant, d'abord orléaniste, puis girondiste, et enfin montagnard.
3. Prudhomme. — Le journal connu sous le nom de *Révolutions de Paris*, publié chaque semaine pendant toute la durée de la Révolution par cet infatigable journaliste, est le document le plus authentiquement démocratique de l'époque, car il ne s'attache à aucun parti politique, mais s'identifie à l'élément révolutionnaire du peuple et ne soutient les démagogues que comme représentants de la cause populaire. Plus tard, cependant, Prudhomme se rendit compte qu'il avait été dupé par ces hommes et, dans son *Histoire impartiale des Crimes et des Erreurs de la Révolution Française*, publiée en 1797, il trahit complètement ses anciens associés et montra les intrigues de la Révolution plus complètement qu'aucun royaliste ne l'a fait. Le premier ouvrage — *Les Révolutions de Paris* — est librement cité par les écrivains révolutionnaires ; sur le second — *Crimes de la Révolution* — ils sont étrangement silencieux.
4. L'*Histoire Parlementaire*, de Buchez et Roux, contient des comptes-rendus des débats qui ont eu lieu à l'Assemblée (principalement des abrégés du *Moniteur*), et aussi au Club des Jacobins, ainsi que des

réimpressions de divers pamphlets contemporains, etc. Mais l'opinion des auteurs, fortement biaisée en faveur des chefs révolutionnaires plutôt que du peuple, doit être acceptée avec prudence.

AUTORITÉS CONTEMPORAINES (ROYALISTES)

1. Montjoie. — Félix Christophe Louis Ventre de la Touloubre (1756-1816), dit Galart de Montjoie (ou Montjoye), est l'auteur d'une *Histoire de la Révolution de France et de l'Assemblée Nationale* parue dans le journal royaliste *L'Ami du Roi*, d'une histoire de la conspiration orléaniste, *Histoire de la Conjuration de Louis Philippe Joseph d'Orléans* (1796), et d'un ouvrage inférieur, *L'Histoire de la Conjuration de Maximilien Robespierre*. Montjoie en tant que témoin oculaire des premiers tumultes révolutionnaires est extrêmement intéressant, mais en raison de sa violente animosité envers les Orléanistes, ses accusations contre eux ne devraient pas être acceptées à moins d'être confirmées par d'autres preuves contemporaines. Dans la plupart des cas, cependant, ces preuves ne sont pas disponibles. Tant par Taine que par Jules Flammermont, un écrivain fortement révolutionnaire, Montjoie est considéré comme une autorité importante sur la période.[3]
2. Beaulieu. — Claude François Beaulieu (1754-1827) a édité plusieurs journaux pendant la Révolution, et, selon Dauban, serait l'auteur du *Diurnal*, dont Dauban a reproduit une grande partie dans *La Démagogie à Paris en 1793*. Mais ceci n'est pas prouvé de manière irréfutable. En 1803, Beaulieu publie son histoire de la Révolution française en six volumes, intitulée *Essais historiques sur les Causes*

---

[3] « Montjoie est un homme de parti, mais il date et précise, et ses preuves, quand elles sont confirmées par ailleurs, méritent d'être admises » (Taine, *La Révolution*, iii. 37). M. Flammermont établit une comparaison intéressante entre Montjoie et les *Deux Amis de la Liberté*, en soulignant que ces derniers sont en réalité un patchwork de rumeurs courantes, les auteurs « n'ont pas de système arrêté, ils n'ont pas critiqué chacune des sources dont ils se sont servis ; sur tous les points ils se contentent de choisir la version qui leur paraît la plus vraisemblable, et arrivent ainsi aux plus étranges contradictions… ». En résumé, cet ouvrage considérable n'a aucune valeur originale, en tout cas pour le récit du 14 juillet. Nous rencontrons enfin dans Galart de Montjoye un homme qui a le courage de ses opinions, et qui signe son œuvre, ce qui n'était pas sans danger à l'époque où il l'a publiée. En effet, il proclame hautement qu'il est royaliste, et se pose en adversaire déclaré de la Révolution, mais en même temps il est presque toujours modéré dans son langage, et il a soin d'appuyer ses opinions et ses jugements par les témoignages les plus autorisés « (*La Journée du 14 Juillet*, p. cxxxvii). Voir aussi l'opinion du contemporain anglais, John Adolphus, *Biographical Memoirs of the French Revolution*, ii. 205.

et les Effets de la Révolution de France. C'est sans doute le meilleur ouvrage contemporain sur le sujet, et il est cité par les historiens de tous bords. Bien que royaliste, Beaulieu fait preuve de la plus grande impartialité ; il n'avance rien sans preuve. Connaissant personnellement la plupart des grands révolutionnaires, il parle de ce qu'il a vu et entendu, et ne se laisse jamais, comme Montjoie, emporter par ses sentiments. Arrêté le 29 octobre 1793, Beaulieu est emprisonné d'abord à la Conciergerie, puis au Luxembourg, d'où il est libéré après la chute de Robespierre. Entre 1813 et 1827, il collabore avec Michaud à la rédaction de la grande *Biographie Universelle*, pour laquelle il écrit des articles sur plusieurs des révolutionnaires qu'il a connus.

3. Ferrières. — Les *Mémoires* du marquis de Ferrières, bien que plus fréquemment cités par les écrivains anglais que les *Essais de Beaulieu*, ont une valeur originale bien moindre, car ils sont en grande partie composés de citations d'écrits d'autres contemporains. Ferrières était un noble mécontent et, bien que royaliste, il ne se trompe pas sur le côté de l'excès d'indulgence pour la Cour, mais en tant qu'ardent anti-Orléaniste, il jette une lumière intéressante sur l'intrigue à l'œuvre derrière le premier mouvement révolutionnaire.

Les autorités ci-dessus sont celles qui ont été principalement consultées pour les besoins de cet ouvrage ; les témoignages des historiens ne sont cités que dans le cas de ceux qui ont eu accès aux archives de France ou à d'autres documents contemporains qui ne se trouvent pas dans ce pays. À cet égard, Taine, Granier de Cassagnac, Mortimer Ternaux, Edmond Bire, Gustave Bord, Chassin, Dauban, Wallon, Campardon et Adolphe Schmidt sont particulièrement précieux. L'opinion de M. Louis Madelin est également mentionnée à l'occasion comme étant fondée sur les recherches les plus récentes et comme représentant le dernier mot de la pensée française moderne sur les questions controversées de la Révolution.

PROLOGUE

AVANT d'essayer de décrire les éclats de la Révolution, il est nécessaire d'indiquer aussi brièvement que possible les maux dont souffrait le peuple, les réformes qu'il réclamait et, d'autre part, les influences à l'œuvre parmi lui qui détournaient le mouvement de réforme dans le canal de la révolution.

LE PEUPLE AVANT LA RÉVOLUTION

Presque tous les auteurs qui se sont lancés dans l'histoire de la Révolution ont considéré qu'il était *de rigueur* de s'étendre sur les progrès de la philosophie qui ont annoncé le mouvement. Les oppressions qui avaient prévalu sous les règnes de Louis XIV et de Louis XV avaient, nous dit-on, été supportées dans un esprit de résignation muette jusqu'à ce que l'enseignement de Rousseau, de Diderot et d'autres réformateurs sociaux proclame à la nation qu'elle n'avait plus à les supporter. Si l'on considère la Révolution du point de vue du peuple, on peut cependant se passer de ce préambule consacré par l'usage. Sans doute les philosophes ont-ils joué un rôle important dans la préparation de la Révolution, mais leur influence directe s'est limitée à l'aristocratie et à la bourgeoisie cultivée ; pour le paysan qui labourait la terre, l'*Encyclopédie* et le *Contrat social étaient d'un* intérêt moins pressant que l'état de sa récolte et le profit de son travail. Comment les abus de l'Ancien Régime l'affectaient à ce point de vue tangible, on peut le lire dans les *Voyages* d'Arthur Young, dans *Le Village sous l'Ancien Régime* d'Albert Babeau, ou dans les ouvrages de Taine, où toutes les injustices des tailles, capitaineries, corvées, gabelles, etc. sont exposées de façon catégorique, et sont trop connues pour être énumérées ici. Qu'il suffise de dire que ces oppressions étaient nombreuses et graves, mais qu'elles provenaient moins d'une tyrannie intentionnelle que d'un système obsolète qui demandait à être réajusté. Ainsi, certaines coutumes nées de la bienveillance étaient devenues, par le progrès de la civilisation, oppressives : la *liberté* de moudre au moulin du seigneur était devenue l'*obligation* de moudre au moulin du seigneur, tandis que beaucoup d'exactions féodales et de services personnels n'étaient que des reliques de l'époque où le loyer était payé en nature ou en travail. Il est évident, d'ailleurs, que beaucoup de ces oppressions féodales, qui paraissent si terribles sur le papier, étaient tombées en désuétude ; ainsi, bien que les parchemins énumérant les droits seigneuriaux existassent encore, « le pouvoir des seigneurs sur la personne de leurs vassaux n'existait que dans les romans » à l'époque de la Révolution.[4] Dans toute civilisation ancienne, on peut découvrir d'étranges lois archaïques — notre propre code juridique ne stipule-t-il pas qu'un homme peut battre sa femme avec une arme dont l'épaisseur ne dépasse pas celle de son pouce ? mais jusqu'à présent, les femmes d'Angleterre n'ont pas jugé nécessaire de se révolter contre cette stipulation extraordinaire.

Pour le paysan de France, les griefs les plus réels étaient sans doute l'inégalité des impôts et les capitaineries, injustices monstrueuses qui paralysaient ses énergies et rendaient souvent son travail vain. Pourtant, les paysans de l'ancienne France étaient-ils les êtres misérables et abattus que certains historiens ont décrits ? Ce qui est étrange, c'est qu'aucun témoignage contemporain ne vient corroborer cette thèse ; dans aucune des lettres ou mémoires écrits avant la Révolution, même par des penseurs aussi avancés que Rousseau et Madame Roland, on ne rencontre les épouvantails affamés des villages ou les spectres dépenaillés du Faubourg Saint-Antoine dépeints par Dickens ; au contraire, la gaieté semble avoir été le trait distinctif du peuple. Les paysans dansants de Watteau et de Lancret n'étaient pas des créations de l'esprit d'un artiste, mais des réalités charmantes décrites par tous les voyageurs. Arthur Young, qui a été constamment présenté comme le grand opposant de l'Ancien Régime, enregistre peu de cas réels de misère ou d'oppression, et, comme nous le verrons, Young a été amené plus tard à reconstruire ses vues sur l'ancien gouvernement de la France dans un pamphlet qui a été soigneusement ignoré par les auteurs qui citent ses travaux antérieurs à l'appui de leurs théories.

Mais le témoignage le plus remarquable sur la vie paysanne avant la Révolution se trouve dans les lettres du Dr Rigby, qui a voyagé en France pendant l'été de 1789. Ce curieux ouvrage, publié pour la première fois en 1880, a suscité moins d'attention en Angleterre qu'en France, où il a été considéré comme une contribution importante à l'histoire de cette période.[5]

---

[4] Mémoires du Chancelier Pasquier, p. 46.

[5] Voir, par exemple, l'opinion de l'écrivain pro-révolutionnaire M. Jules Flammermont dans sa *Journée du 14 Juillet* : « Un autre témoin de cette révolution surprenante (la révolution de juillet 1789) est le docteur Rigby, que les hasards du voyage ont amené en France et maintenu à Paris pendant ces jours glorieux. Les lettres qu'il a adressées à sa femme constituent une preuve précieuse dont on ne peut contester ni l'authenticité ni l'impartialité... C'était un agriculteur pratique et en même temps un homme de

Les récits qu'il contient vont tellement à l'encontre des théories admises sur la misère paysanne en vigueur dans ce pays, et ont été si peu cités, qu'il faut en donner ici quelques extraits.

Entre Calais et Lille, « le caractère le plus frappant du pays » que le Dr Rigby a traversé était son extraordinaire fertilité : « Nous avons parcouru une étendue de soixante-dix miles, et je me risquerai à dire qu'il n'y avait pas un seul acre mais ce qui était dans un état de la plus haute culture. Les récoltes sont au-delà de toute conception que j'aurais pu avoir d'elles — des milliers et des dizaines de milliers d'acres de blé supérieurs à tout ce qui peut être produit en Angleterre...

> « L'aspect général des gens est différent de celui auquel je m'attendais ; ils sont forts et bien faits. Nous avons vu beaucoup de scènes agréables en passant le soir avant d'arriver à Lisle : de petites fêtes assises à leur porte, des hommes qui fument, d'autres qui jouent aux cartes en plein air, d'autres qui filent du coton. Tout ce que nous voyons porte les marques de l'industrie, et *tout le Peuple a l'air heureux*. Nous avons bien vu peu de signes d'opulence chez les particuliers, car nous ne voyons pas autant de sièges de gentilshommes qu'en Angleterre, mais alors *nous avons vu peu de classes inférieures en haillons, dans l'oisiveté et la misère*. Quels étranges préjugés nous avons sur les étrangers ! ...
>
> « Ce qui me frappe le plus dans ce que j'ai vu, c'est la différence merveilleuse entre ce pays et l'Angleterre... la différence semble être en faveur du premier ; s'ils ne sont pas heureux, ils en ont au moins l'air... »

Tout au long de son voyage à travers la France, le Dr Rigby continue dans le même élan d'admiration — une admiration que nous pourrions attribuer à un manque de discernement si elle ne cessait pas brusquement à son entrée en Allemagne. Il y trouve « un pays auquel la nature a été aussi favorable qu'à la France, car il possède un sol fertile, mais les habitants vivent encore sous un gouvernement oppressif. À Cologne, il constate que "la tyrannie et l'oppression ont élu domicile...". Le visage de presque tous les hommes que nous avons vus était sombre et avait l'apparence de la maladie ; leurs personnes étaient également sales. L'état de misère dans lequel ils vivent semble les priver de tout pouvoir d'effort... le pays entier est divisé entre l'Archevêque et le Roi de Prusse... la terre est inculte et dépeuplée. *Comme tous les pays et tous les Peuples que nous avons vus depuis que nous avons quitté la France s'abaissent en comparaison de ce pays animé !* Il est évident que, aussi rose que soit la vision de la France du Dr Rigby, le peuple français n'avait certainement pas atteint ce degré d'' exaspération » qui, selon certains historiens, expliquerait les excès de la

---

science, et ses lettres, bien que peut-être plutôt optimistes, sont le pendant des critiques d'Arthur Young, qui voyait le côté sombre de tout. »

Révolution. Lady Eastlake, la fille du Dr Rigby, qui a édité ces lettres de France, craignant apparemment que son père ne soit accrédité pour avoir raconté des histoires de voyageurs, tente dans la préface d'expliquer ses propos en citant l'observation de De Tocqueville : « Il ne faut pas se laisser tromper par la gaieté que le Français affiche dans ses plus grands ennuis, cela prouve seulement que, croyant son sort malheureux inévitable, il essaie de se distraire en n'y pensant pas — ce n'est pas qu'il ne le sente pas. » Cela pourrait peut-être décrire l'attitude du peuple français à l'égard de son gouvernement pendant les siècles qui ont précédé la Révolution, lorsque, convaincu de son impuissance à se révolter, il s'est résigné à l'oppression ; mais à la période décrite par le Dr Rigby, le travail de réforme avait commencé depuis longtemps et il n'y avait donc aucune raison de désespérer. Louis XVI n'avait pas attendu le rassemblement de la tempête révolutionnaire pour redresser les maux dont souffrait le peuple ; dès la première année de son règne, il s'était lancé dans l'œuvre de réforme avec la coopération de Turgot et de Malesherbes. En 1775, il avait tenté d'introduire la libre circulation des grains, ce qui avait mis en colère les accapareurs qui, par vengeance, avaient déclenché la « Guerre de Farines » ; en 1776, il avait proposé la suppression de la corvée, ce que l'opposition des Parlements empêcha ;[6] en 1779, il avait aboli toute forme de servitude dans ses domaines, invitant « tous les seigneurs de fiefs et de communautés à suivre son exemple » ; en 1780, il avait aboli la torture ; en 1784, il avait accordé la liberté de conscience aux protestants ; en 1787, il avait proposé l'égalité des impôts territoriaux, la suppression de la gabelle ou impôt sur le sel, et demandé à nouveau l'abolition de la corvée et la libre circulation des grains ; en 1787 et 1788, il avait proposé des réformes dans l'administration de la justice, l'admission égale des citoyens de tout rang à toutes les formes d'emploi, l'abolition des *lettres de cachet* et une plus grande liberté de la presse. Entre-temps, il avait continué à réduire les dépenses de sa maison et avait réformé les prisons et les hôpitaux. Enfin, le 8 août 1788, il avait annoncé l'assemblée des États généraux, où il accordait une double représentation aux Tiers États.

En ce printemps 1789, le peuple français avait donc toutes les raisons d'espérer en l'avenir et de croire que tous ses torts allaient enfin être

---

[6] Les Parlements, qui avaient joué un rôle actif dans le mouvement révolutionnaire, avaient continuellement fait obstacle aux projets de réforme du Roi, et c'étaient eux, ainsi que les accapareurs, qui s'étaient opposés à la libre circulation des grains. « Il doit paraître étrange, écrit Arthur Young, dans un gouvernement aussi despotique à certains égards que celui de la France, de voir les parlements de toutes les parties du royaume faire des lois sans le consentement du roi, et même au mépris de son autorité » (*Travels in France*, p. 321).

réparés. Le roi n'avait-il pas envoyé à toute la nation une proclamation disant :

> « Sa Majesté a voulu que, dans les extrémités de son royaume et dans les habitations les plus obscures, chacun soit assuré que ses vœux et ses demandes seront entendus » ?

> « Dans tout le pays, dit Taine, le peuple doit se réunir pour discuter des abus... Ces confabulations sont autorisées, provoquées d'en haut. Dans les premiers jours de 1788, les assemblées provinciales exigent du syndicat et des habitants de chaque paroisse qu'il soit procédé à une enquête locale ; elles veulent connaître le détail de leurs doléances, la part du revenu que chaque impôt enlève, ce que le cultivateur paie et subit... Tous ces chiffres sont imprimés... artisans et paysans les discutent le dimanche après la messe ou le soir dans la grande salle de l'auberge... »

Les royalistes ont amèrement reproché au roi d'avoir ainsi mis le peuple dans sa confidence sur des projets de réforme ; les changements nécessaires dans le gouvernement, font-ils remarquer, auraient dû être effectués par l'autorité royale sans l'aide de l'opinion populaire. Mais le roi a sans doute fait valoir que personne ne sait mieux que celui qui le porte où la chaussure pince ; et puisque son grand désir était de soulager les souffrances de son peuple, il a semblé à son esprit simple que la meilleure façon de le faire était de lui demander une liste de ses griefs avant de tenter de les redresser. Les partisans du despotisme peuvent déplorer cette erreur de jugement, mais le peuple de France ne s'est pas trompé sur les bonnes intentions du roi, car dans les *cahiers de doléances* qui arrivent de toutes les régions du pays en réponse à cet appel, le peuple est unanime dans son respect et sa loyauté envers Louis XVI.

Que demandaient donc les cahiers ? Quels étaient les véritables désirs du peuple en matière de gouvernement ? Ce point capital a été trop souvent négligé dans les histoires de la Révolution ; il faut pourtant bien le comprendre si l'on veut se rendre compte à quel point la Révolution, telle qu'elle s'est faite, a été le résultat de la volonté du peuple. Or la synthèse des cahiers par l'Assemblée nationale a révélé[7] que les principes de gouvernement suivants ont été posés par la nation :

I. Le gouvernement français est monarchique.
II. La personne du Roi est inviolable et sacrée.
III. Sa couronne est héréditaire de mâle en mâle.

---

[7] *Moniteur*, I 215.

Sur ces trois points, les cahiers ont été unanimes, et la grande majorité a été d'accord sur les suivants :

IV. Le Roi est le dépositaire du pouvoir exécutif.
V. Les agents de l'autorité sont responsables.
VI. La sanction royale est nécessaire pour la promulgation des lois.
VII. La nation fait les lois avec la sanction royale.
VIII. Le consentement de la nation est nécessaire pour les emprunts et les impôts.
IX. Les taxes ne peuvent être imposées que d'une réunion des États généraux à une autre.
X. La propriété est sacrée.
XI. La liberté individuelle est sacrée.

En matière de réformes, les cahiers demandaient avant tout l'égalité des impôts, l'abolition de ce monstrueux privilège qui permettait aux classes les plus riches de la communauté de ne pas contribuer aux dépenses de l'État ; ils demandaient la libre admission des citoyens de tout rang aux emplois civils et militaires, la révision du code civil et du code pénal, la substitution de paiements en argent aux droits féodaux et seigneuriaux, l'abolition des gabelles, des corvées, des francs-fiefs et des emprisonnements arbitraires.

Dans toutes ces demandes, nous ne trouverons aucun élément de sédition ou de désaffection envers la monarchie, mais la réponse d'un peuple loyal et plein d'entrain aux propositions de réforme du roi. L'animosité qu'ils manifestaient était dirigée contre les « ordres privilégiés » et, comme nous le verrons, ce sentiment n'était pas entièrement spontané. Hua, un membre de l'Assemblée législative, a bien décrit l'attitude du peuple dans des pages que l'on peut résumer ainsi :

L'Ancien Régime avait des abus bien réels, il y avait toutes les raisons de l'attaquer. Le clergé et la noblesse avaient perdu leur pouvoir et leur *raison d'être* ; ils étaient obligés de laisser le tiers état s'imposer en abandonnant leurs privilèges. Rien n'aurait pu ou n'aurait dû l'empêcher.

> « On a dit que la Révolution était faite dans l'opinion publique avant d'être réalisée par les événements ; c'est vrai, mais il faut ajouter que ce n'était pas la Révolution telle que nous l'avons vue... *ce n'est pas par le peuple que la Révolution a été faite en France.* »

Et pour confirmer cette affirmation, avec laquelle, comme je le montrerai, les contemporains de tous les partis sont d'accord, Hua fait remarquer que « la voix de la nation criait à la réforme, aux changements de gouvernement, mais tous proclamaient le respect de la religion, la fidélité au roi, le désir de la loi et de l'ordre ».[8]

Que fallait-il donc pour allumer la flamme de la révolution ? Pour le comprendre, il faut examiner les intrigues du peuple ; elles seules expliquent le gigantesque malentendu qui s'est élevé entre le roi et ses sujets, et qui a plongé le pays au bord de la régénération dans le noir abîme de l'anarchie.

Au début de la Révolution, la principale intrigue, celle qui a ouvert la voie à toutes les autres, est sans aucun doute la suivante :

LA CONSPIRATION ORLÉANISTE

Louis Philippe Joseph, cinquième duc d'Orléans en descendance directe du frère de Louis XIV, et donc cousin germain de Louis XVI, est venu au monde avec une hérédité entachée de diverses sources. Son arrière-grand-père Philippe, Régent de France pendant la minorité de Louis XV, avait épousé la fille de Louis XIV et de Madame de Montespan. Plus allemand que français — car sa mère était la princesse Élisabeth du Palatinat, dont les mémoires sont peut-être la lecture la plus nauséabonde de l'époque — le Régent avait introduit dans la gaie galanterie française les formes bestiales du vice qui prévalaient à l'époque dans les cours d'Allemagne. Parmi les habitués les plus dissolus du Palais Royal pendant la Régence se trouvait Louis Armand, prince de Conti, un maniaque moral de type sadique, et c'est sa fille qui, mariée au quatrième duc d'Orléans, devint la mère de Louis Philippe Joseph, connu plus tard sous le nom de Philippe Égalité. De tels éléments composaient l'homme — s'il était bien le fils du duc et non — comme le croyait le peuple de Paris, et comme il le déclara lui-même ensuite à la Commune — du cocher de la duchesse.

En apparence, certains contemporains nous assurent que Philippe n'était pas sans attrait, puisqu'il avait les yeux bleus, de bonnes dents et une belle peau blanche ; mais lorsqu'ils racontent que son visage était bouffi et orné de collections de boutons rouges, tandis que ses portraits nous le montrent avec un grand nez charnu, des lèvres épaisses, un cou et un menton massifs, nous avons du mal à comprendre le charme qu'il exerçait sur ses *intimes*. Pourtant, leur admiration était si fervente que lorsque Philippe devint chauve, ses compagnons d'infortune rasèrent loyalement leurs cheveux de devant en signe de compliment. L'anglomanie

---

[8] *Mémoires de Hua, député à l'Assemblée*, publiés par son petit-fils François Saint Maur en 1871.

qui avait accru sa popularité parmi les jeunes gens de l'époque dégoûtait Louis XVI, car elle ne consistait pas à apprécier les meilleures qualités des Anglais, mais à adopter leurs pires habitudes — les paris, les jeux d'argent et la consommation excessive d'alcool qui prévalaient en Angleterre à cette époque. En tant que chef de file de cette mode importée, le Duc d'Orléans s'habillait à l'anglaise de façon sportive, apparaissant habituellement dans une redingote en tissu, des culottes en peau de daim, et des bottes hautes ; ainsi vêtu, il se rendait à cheval aux réunions de courses, ou se promenait en ville dans son « whisky » anglais. Selon le duc de Cars, ses deux passions dominantes étaient l'argent et, après l'argent, la débauche. Totalement indifférent à l'opinion publique, il étalait ses vices aux yeux de tout Paris ; bras dessus bras dessous avec le marquis de Sillery, on le voyait sur les marches du Colisée, aux Champs-Élysées, accostant avec insolence les femmes qui avaient le malheur de croiser son regard ; à Longchamps, il galopait ostensiblement à côté de la voiture de quelque *demi-mondaine* notoire, tandis qu'au Palais-Royal, son entourage était composé des hommes et des femmes les plus vils du jour. La mauvaise réputation de la société à l'époque de la Révolution est imputable au duc d'Orléans et à son entourage plus qu'à toute autre cause, tandis que, comble de l'hypocrisie, les critiques les plus sévères sur les mœurs de la société émanent de la plume des hommes et des femmes qui les ont outragées — Laclos, Chamfort et Madame de Genlis. Aux côtés du duc d'Orléans et de ses compagnons d'infortune, les folies du comte d'Artois et des Polignac sont insignifiantes, et les jeux de « descamptivos », décrits avec tant de violence par les écrivains orléanistes comme la distraction favorite à Versailles, semblent inoffensifs comparés au passe-temps ducal qui consiste à « ramasser les filles des quartiers les plus bas de Paris, et à les pousser nues et ivres dans le parc des Monceaux ». »

C'est pourtant ce prince qui, nous demande-t-on de croire, est devenu l'idole de la populace parisienne. Ce n'est là qu'une des nombreuses calomnies dirigées contre le peuple par les écrivains dits démocratiques. Les instincts du peuple ne sont pas naturellement pervers ; il n'admire pas un mauvais maître, un mari infidèle, un homme aux goûts corrompus et vicieux. Il suffit de consulter les actes écrits avant la Révolution pour constater que le peuple de Paris exécrait et méprisait le duc d'Orléans. Le duc lui rendait son aversion par le mépris ; pour le futur porteur du nom d'« Égalité », le peuple était en effet moins que de la poussière. Pour conserver à son jardin du Palais Royal son caractère « aristocratique », il avait donné l'ordre de ne pas admettre « les soldats, les hommes en livrée, les gens en casquette et en chemise, les *chiens et les ouvriers* ». » [9]

« Le duc d'Orléans, écrit un chroniqueur le 5 avril 1787, se laissa tellement emporter par l'ardeur de la chasse qu'il suivit la carrière qu'il chassait, avec son train, à travers le faubourg Montmartre, la place Vendôme, la rue Saint-Honoré, jusqu'à la place Louis XV., non sans avoir renversé et blessé plusieurs personnes. Les Parisiens composèrent alors des vers satiriques sur le duc, se terminant par ces lignes :

> … au sein de Paris, un grand, noble de race,
> Sans respect pour les droits des gens,
> Écrase quelques habitants
> Pour goûter en plein jour le plaisir de la chasse [10]

Ce n'était certainement pas une tâche facile pour le parti qui voulait substituer le Duc d'Orléans à Louis XVI sur le trône de France de persuader le peuple que l'homme qui le traitait avec tant d'insolence était maintenant devenu le champion de ses libertés. M. Émile Dard, dans son intéressant livre, *Le Général Choderlos de Laclos*, déclare que la conspiration orléaniste a pris naissance chez Brissot dès 1787, et que cette année-là, il a esquissé, dans une lettre à Ducrest, le frère de Madame de Genlis, son plan pour inaugurer une seconde Fronde avec le Duc d'Orléans à sa tête. « Sa cause doit être identifiée à celle du peuple. » Si au début le duc se distinguait par « des actes frappants de bienveillance et de patriotisme », il deviendrait bientôt « l'idole du peuple ». "Qu'il adopte alors les doctrines en vogue, les diffuse par écrit, et gagne les dirigeants à sa cause. Que ce plan ait été adopté ou non sur les conseils de Brissot, c'est précisément celui que poursuivent le duc et ses partisans. Dès la réunion des États-Généraux, dit un pamphlet démocratique de l'époque, "le seigneur le plus dur envers ses vassaux, le plus exigeant et le plus sévère, surtout en matière de droits pécuniaires, faisait mine de modération, de générosité, et même de prodigalité. C'est une ruse courante des écrivains orléanistes de représenter le duc comme une marionnette aimable, faible et irresponsable, incapable de projets sérieux. C'était précisément l'impression qu'il avait l'intention de créer ; une affectation d'irresponsabilité est une ruse bien connue des conspirateurs. En même temps, il est probable que, laissé à lui-même, le duc d'Orléans n'aurait eu

---

[9] *Journal d'un Étudiant*, édité par M. Gaston Maugras, p. 9.

[10] *Correspondance Secrète sur Louis XVI el Marie Antoinette*, édité par M. de Lescure, p. 126.

ni l'esprit ni l'énergie pour former une conspiration ; il fallait le génie de Laclos pour concevoir et organiser une vaste et formidable intrigue.

Choderlos de Laclos appartenait à une famille pauvre et récemment anoblie d'origine espagnole. En 1788, à l'âge de quarante-sept ans, après avoir quitté l'armée, il fut introduit au Palais Royal par le Vicomte de Ségur, qui lui obtint le poste de *secrétaire des commandements* du Duc d'Orléans. Laclos s'était déjà fait connaître comme l'auteur des scandaleuses *Liaisons Dangereuses*, un roman décrivant sous forme de lettres de maisons de campagne les mœurs dépravées de la société. Lui-même « monstre d'immoralité », il se plaisait à dépeindre les aspects les plus bas de la nature humaine — "selon lui, les gens de bien, s'il en existait, ne seraient que des agneaux dans un troupeau de tigres, et il tient pour préférable d'être un tigre, puisqu'il vaut mieux dévorer qu'être dévoré." [11]

Pour l'esprit cynique de Laclos, il y avait quelque chose d'infiniment divertissant dans l'idée de placer le duc dissolu à la tête du royaume, et la faiblesse et le manque d'énergie qui caractérisaient son royal protégé offraient un champ d'autant plus vaste à l'ambition de Laclos lui-même.

Afin d'inspirer au duc la volonté de collaborer à ce projet, Laclos savait bien, en outre, de quel côté vulnérable il devait l'aborder. La place et le pouvoir avaient peu d'attrait pour Philippe d'Orléans ; en tant que roi, il n'aurait pas accès à plus d'argent et à moins de plaisir que ce qui lui revenait en tant que "premier prince du sang". Le duc d'Orléans", avait remarqué un jour un esprit, « aurait toujours peur d'appartenir à une fête où il n'aurait pas les choristes de l'opéra à ses côtés ». Mais s'il était incapable de grandes ambitions, le duc possédait une caractéristique qui prêtait non seulement de l'énergie mais aussi du feu à sa nature par ailleurs paresseuse — c'était l'esprit de vengeance. S'il ne pouvait pas imaginer, s'il ne pouvait pas comploter, s'il ne pouvait pas s'efforcer d'atteindre un but précis, il pouvait *haïr*. Il était d'une vindicte incommensurable et implacable. Pour se venger de quiconque avait piqué sa vanité ou contrarié ses plans, il ne reculait devant rien, il ne connaissait aucune pitié. Et depuis des années, toute la rancœur amère dont il était capable ne cessait de croître en intensité à l'égard d'une femme qui l'avait humilié, la reine de France.

À un moindre degré, il haïssait aussi le Roi : Louis XVI n'avait-il pas refusé de le nommer grand amiral de la flotte, à la suite de sa conduite à la bataille d'Ouessant ? Mais c'est Marie-Antoinette qui n'avait pas consenti au mariage de sa fille avec le duc d'Angoulême, c'est à elle qu'il devait

---

[11] Montjoie, *Conjuration de d'Orléans*, I 213.

son bannissement de la Cour, et c'est son refus de ses amours infâmes qui le tenaillait encore.

Le duc d'Orléans n'était pas le seul membre du plateau du Palais Royal à avoir subi une pareille rebuffade. 'La Reine, dit M. Émile Dard, était fière et *coquette* ; elle retenait avec dédain ceux que son charme attirait. Le dépit des hommes se dirigeait contre elle aussi cruellement que la jalousie des femmes. Sous un roi chaste, de nombreux courtisans avaient espéré que le règne des amants succéderait à celui des maîtresses. Quelle perspective pour les ambitions de la Cour ! Quelle gloire et quel profit pour des roués comme Tilly, Biron, Bézénval, Ségur, de compter parmi leurs entreprises réussies la reine de France ! Dans combien de calomnies l'intérêt personnel et la vanité trouvèrent-ils leur compte ! Biron, nous le savons par ses insupportables mémoires, avait effectivement fait des ouvertures à la Reine, et nous pouvons accepter sans crainte la version de cet incident donnée par Madame Campan, qui affirme que l'entrevue se termina au bout de quelques instants par les mots prononcés d'un ton indigné par Marie-Antoinette : "Sortez, monsieur !" et la sortie précipitée de Biron de sa présence.

Les avances du Vicomte de Noailles n'eurent pas plus de succès,[12] et ces deux *séducteurs* devinrent les ennemis les plus acharnés de la Reine.

C'est sur de tels ressentiments que se fonde l'animosité des roues du Palais Royal pour la Cour. Tous ces mécontents se réunissaient à Monceaux, la maison de campagne du duc, et c'est là, au milieu du tintement des verres à champagne, que les calomnies les plus infâmes, les vers les plus obscènes sur la reine, étaient proférés et circulaient ensuite dans les bas-fonds de Paris.

L'exil du duc d'Orléans en 1787 fournit à son parti une nouvelle *cause de guerre*. À la Séance Royale, le roi avait annoncé deux nouveaux impôts — le *timbre* et la *subvention territoriale* — à imposer aux « classes privilégiées » ; sur quoi le duc, à l'instigation de Ducrest, se leva et déclara l'ordonnance royale « illégale ». Ne vous imaginez pas, dit-il ensuite à Brissot, que si j'ai pris cette position contre le roi, c'est pour servir *un peuple que je méprise*, ou un corps dont je ne tiens aucun compte (le Parlement), mais que j'étais indigné d'un homme qui me traitait avec tant d'insolence.[13] L'insolence, cependant, semble avoir été entièrement du côté du duc. Louis XVI, à son retour à Versailles, remarqua que ce n'était pas la déclaration du duc d'Orléans qui l'avait offensé, mais le ton

---

[12] *Mémoires du Comte de Tilly*, ii. 110.

[13] *Le Général Choderlos de Laclos*, par Émile Dard, p. 153.

menaçant avec lequel les mots avaient été prononcés, et la façon dont il l'avait regardé en parlant. Sur le conseil de la reine,[14] il exila donc le duc, en stipulant qu'il ne devait pas aller comme il le souhaitait — pour des raisons que nous verrons plus tard — en Angleterre, mais dans sa propriété de Villers-Cotterêts.

Cet édit servit admirablement les intérêts des orléanistes, puisque le duc pouvait désormais se poser en victime du despotisme, et il contribua beaucoup à enflammer sa fureur contre le roi et la reine. Lorsque, deux ans plus tard, il est élu député aux États généraux, il déclare cyniquement :

> « Je me moque des États généraux, mais j'ai voulu en faire partie, ne serait-ce que pour le moment où il faudrait discuter de la liberté individuelle, afin de voter une loi qui me permette d'aller où je veux, afin que, lorsque je voudrai partir pour Londres, Rome ou Pékin, on ne m'envoie pas à Villers-Cotterêts. Tout le reste me fait rire. »[15]

Tels étaient les motifs qui inspiraient la « démocratie » du parti du Palais Royal. Dirigée par le génie de Laclos, financée par les millions du duc d'Orléans, la vaste organisation de la conspiration orléaniste prend forme et se développe, jusqu'à ce que, au printemps de 1789, le plan de campagne soit complet. Des propagandes orléanistes sont diffusées dans toute la France en vue des États généraux ; des modèles de cahiers rédigés par Sieyès et Laclos sont distribués dans les différentes circonscriptions, et c'est sans doute par ce moyen que l'animosité du peuple à l'égard de la noblesse est en grande partie entretenue, car les orléanistes voient dans les tenants de l'Ancien Régime l'obstacle le plus sérieux à leurs projets.

Mais le triomphe suprême de la conspiration orléaniste fut l'acquisition de Mirabeau. Cet homme étonnant, dont la personnalité frappante et l'éloquence tonitruante auraient dû assurer le succès de tout parti auquel il se serait attaché, fut perdu pour la cause royale principalement par l'ineptie des ministres du roi. Il est presque certain qu'à cette crise Mirabeau n'eut besoin que du moindre encouragement pour se lancer dans le mouvement de réforme par des méthodes pacifiques, et en cela il vit avec raison que le Roi était le véritable chef. La rancœur qu'il nourrissait à l'égard de l'Ancien Régime était dirigée contre la noblesse qui l'avait fui à cause de ses irrégularités ; l'autorité royale, il était prêt à la défendre. Lui seul, de tous les hommes qui auraient dû conseiller le roi sur l'assemblée des États généraux, prévoyait les désastres qui allaient résulter de l'impréparation du

---

[14] Montjoie, *Conjuration de d'Orléans*, i. 93.

[15] *Les Fils de Philippe Égalité pendant la Terreur*, par G. Lenôtre, p. 12.

gouvernement, et dans une lettre adressée au ministre du roi, Montmorin, en décembre 1788, il le suppliait d'être conseillé à temps.

Hélas, l'éternelle faiblesse du conservatisme, la fatale insensibilité qui a conduit plus d'un allié potentiel dans le camp de l'ennemi ! Pour Montmorin, Mirabeau, avec son passé déshonorant et ses transactions commerciales sans scrupules, était un homme dont il fallait se méfier et qu'il fallait donc rejeter. Il n'a pas compris la vérité de l'aphorisme de Gouverneur Morris — une maxime qui devrait sûrement être prise à cœur par toute personne concernée par le gouvernement : « *Il y a dans le monde des hommes qu'il faut employer, mais pas auxquels il faut faire confiance.* »

On ne peut décidément pas faire confiance à Mirabeau. 'Je suis né pour être un aventurier ! Mais est-ce une raison pour ne pas l'employer ? Certains des plus grands hommes qui aient jamais vécu n'étaient-ils pas des aventuriers ? La France n'a-t-elle pas été sauvée dix ans plus tard par le grand aventurier corse ? C'est pourtant avec ce terme que le conservatisme marque trop souvent l'homme dont la force dynamique est nécessaire pour contrecarrer sa propre inertie. La lettre de Mirabeau fut ignorée, son *mémoire* ne parvint jamais au Roi, et tous les désastres qu'il avait prévus se réalisèrent. Alors l'homme qui aurait pu sauver la monarchie, froissé de cette rebuffade, se jeta dans le camp opposé, et consacra toutes ses forces, toute son éloquence, toute sa vaste énergie à renverser le gouvernement qui l'avait repoussé. Au moment même où Montmorin refusait ses services, les Orléanistes faisaient tous leurs efforts pour se l'assurer. Il est évident que, dès le début, le duc d'Orléans ne lui inspira aucune sympathie, mais il lui fallait un champ pour ses talents, il lui fallait un but pour ses ambitions, et hélas, il lui fallait aussi les moyens de satisfaire son goût du luxe et des plaisirs ! Convaincu que pour le moment il ne peut rien espérer de la Cour, Mirabeau se laisse donc, contre son gré, entraîner dans la conspiration orléaniste.[16]

---

[16] Le fait que Mirabeau travaillait définitivement dans l'intérêt du duc d'Orléans tout au long de l'été 1789 est parfaitement évident d'après les témoignages de tous les contemporains, même ceux qui étaient ses amis, comme Dumont et La Marck, ce dernier tentant seulement — de manière très peu convaincante — de prouver que Mirabeau n'était pas *payé* par le duc Weber, cependant, déclare que Mirabeau et le duc d'Orléans « se sont si peu souciés de dissimuler leur lien que des billets signés par le duc d'Orléans en faveur de Mirabeau ont été vus négociés publiquement à la Bourse de Paris » (*Mémoires de Weber*, ii. 17). Le meilleur résumé de la politique de Mirabeau à cette date est peut-être celui donné par Mounier : « Je l'ai vu passer des comités nocturnes des amis du duc d'Orléans à ceux des républicains enthousiastes, et de ces conférences secrètes aux cabinets des ministres du roi ; mais si dès les premiers mois (de la Révolution) les ministres avaient consenti à travailler avec lui, il aurait préféré

Avec l'annexion de Mirabeau, le succès de la conspiration semblait assuré. Le duc et un certain nombre de ses partisans — le duc de Biron, le marquis de Sillery (époux de la célèbre Madame de Genlis), le baron de Menou, le vicomte de Noailles et les De Lameth — avaient réussi à se faire élire aux États généraux et, avec Mirabeau à leur tête, constituaient une faction redoutable. À Montrouge, une petite maison près de Paris appartenant au duc de Biron, les conspirateurs se réunissaient la nuit et discutaient de leurs plans, mais « de ces confabulations nocturnes, remarque M. Dard, rien n'a transpiré ni pour les contemporains ni pour la postérité. »

L'étonnante minutie avec laquelle l'intrigue a été menée n'a jamais été surpassée, sauf par l'intrigue pangermanique de notre époque. Au Palais Royal, Laclos, « comme une araignée dans sa toile », tissait le réseau presque invisible de l'intrigue qui couvrit bientôt la France et s'étendit à d'autres pays — Angleterre, Hollande, Allemagne. À Paris, il s'était assuré les services de divers agitateurs sans scrupules qui agitaient les Faubourgs de Saint-Antoine et de Saint-Marceau ; des pamphlétaires à la solde du duc chargeaient les librairies de pamphlets séditieux ; Au coin des rues et dans le jardin du Palais Royal, les orateurs de la foule enflammaient l'esprit du peuple, et au château de Versailles, les espions orléanistes rôdaient autour de la reine, avaient accès à sa correspondance et envoyaient des copies de ses lettres aux conseils de Montrouge.

Il est probable, cependant, que tous ces plans auraient été incapables de produire une révolution si le pays n'avait pas été confronté à la famine à ce moment-là. Hua, se penchant sur les débuts de la Révolution, était convaincu que sans la menace de famine, le peuple serait resté indéfiniment soumis à l'Ancien Régime. 'Partout ils savent endurer, attendre du temps des améliorations qui souvent ne viennent pas, mais qu'ils continuent à espérer. Ils ne connaissent que les maux présents, et parmi ceux-ci la famine seule leur est intolérable. Frappés par ce terrible fléau, ce n'est pas un changement d'État qu'ils demandent, c'*est du pain*. Aussi le peuple

---

soutenir l'autorité royale que de s'allier à des hommes qu'il méprisait. Il ne faut pas juger de ses principes par les nombreuses contradictions de ses discours et de ses écrits, où il disait moins ce qu'il pensait que ce qui convenait à ses intérêts dans telle ou telle circonstance. Il m'a souvent communiqué ses véritables opinions, et je n'ai jamais connu un homme d'une intelligence plus éclairée, de doctrines politiques plus judicieuses, d'un caractère plus vénal, et d'un cœur plus corrompu » (*De l'Influence attribuée aux Philosophes, Francs-Maçons et Illuminés*, p. 100). Ce passage donne la clef de toute la conduite de Mirabeau pendant les premiers temps de la Révolution. Sur les rencontres nocturnes entre Mirabeau et le duc d'Orléans, voir aussi la *Conspiration de d'Orléans* de Garat.

français aurait-il longtemps supporté ses charges accoutumées, il aurait continué à payer les impôts, les dîmes, à remplir les devoirs féodaux, à plier sous la corvée et les autres misères de la vassalité. Je trouve la preuve de leur patience dans les moyens employés pour la leur faire perdre. C'est là que les conspirateurs ont vu leur plus grande opportunité. « Le pain, dit Hua, était le levier puissant par lequel le peuple était poussé à l'action. » Quels mensonges, quelles fables ont été lancés à la crédulité du public ! Il est évident, d'après tous les récits, que la famine était plus fabuleuse que réelle. Le peuple ne mourait pas de faim, mais était hanté par la peur de mourir de faim.

Et à cette crainte s'ajoutait l'exaspération, due à la conviction qu'il n'y avait pas de pénurie réelle de grains. Il est vrai qu'une effroyable tempête de grêle, en juillet de l'année précédente, avait détruit de nombreuses récoltes autour de Paris, mais le ministre Necker n'avait-il pas déclaré que, malgré ce désastre, « les réserves de grains du pays étaient plus que suffisantes pour subvenir aux besoins de la nation jusqu'à la prochaine récolte » ? Le manque de pain est déjà un mal en soi, mais croire que l'on s'en prive volontairement suffit à pousser les plus doux à la révolte. C'était le « levier » employé par les conspirateurs. Quand les paysans de France, en rampant vers leurs portes, voyaient des chariots chargés de blé serpenter dans la rue du village, les voix ne manquaient pas pour murmurer : « Il y a du blé en abondance, mais ce n'est pas pour vous ; il faut le stocker pour la Cour, les aristocrates, les riches, qui festoieront en abondance pendant que vous aurez faim ». Et aussitôt, les gens enragés se jetaient sur les sacs de maïs et les jetaient dans la rivière la plus proche.[17] Le fait que, dans de nombreux cas, le maïs était détruit et que le peuple ne se l'appropriait pas, prouve que la faim était moins une incitation à la révolte que la rage contre les accapareurs ; et si le nom d'un accapareur supposé était murmuré, le malheureux subissait le même sort que les sacs de maïs. Il est évidemment impossible de défendre de tels excès, mais si, en période de pénurie, il y avait vraiment des profiteurs qui s'enrichissaient aux dépens du peuple, la fureur des paysans est certainement justifiée. Leur culpabilité doit donc être mesurée à l'aune des faits sur lesquels leurs soupçons étaient fondés.

La pénurie de céréales était-elle donc imaginaire ou réelle ? Il ne fait aucun doute qu'elle n'était pas entièrement imputable à l'échec des récoltes. Sur ce point, les contemporains de tous les partis sont d'accord. Mais la question des accapareurs est une question sur laquelle les historiens pro-révolutionnaires sont étrangement silencieux, car pour leur objectif — la glorification des chefs révolutionnaires — elle ne mérite pas d'être

---

[17] Lettre de Lord Dorset, 19 mars 1789, dans *Dépêches de Paris*, ii. 175.

examinée. La vérité est probablement que les accapareurs étaient de mèche avec les hommes mêmes qui attisaient la fureur populaire contre le monopole — les chefs de la conspiration orléaniste. Montjoie affirme que les agents employés par le Duc d'Orléans ont délibérément acheté le grain, et l'ont envoyé hors du pays ou l'ont caché afin de pousser le peuple à la révolte, et dans cette accusation il est soutenu par d'innombrables contemporains, y compris le démocrate Fantin-Désodoards, Mounier, dont l'intégrité ne peut être mise en doute, le libéral Malouet, Ferrières, et Madame de la Tour du Pin.

Beaulieu, cependant, l'un des contemporains les plus fiables, considère que les Orléanistes auraient été incapables de créer une famine par ces moyens, mais qu'ils ont atteint leur but en excitant le sentiment public au sujet des accapareurs, incitant ainsi le peuple à piller le grain. Les agriculteurs et les marchands de maïs, craignant que leurs réserves ne soient détruites pendant le transport, ont donc eu peur de les libérer. C'est ainsi qu'une famine fictive a été créée.[18]

M. Gustave Bord, dont les recherches sur la question de la famine sont peut-être les plus complètes de tous les historiens français, estime que les fermiers et les boulangers n'étaient pas tout à fait innocents, mais que beaucoup avaient intérêt à produire une pénurie pour faire monter le prix du pain : « Ce sont eux qui ont été les véritables auteurs de la disette, et l'Ancien Régime les a traqués sans pitié. Dans leur rôle d'*exploiteurs du peuple*, ils étaient les alliés naturels des révolutionnaires, qui les soutenaient dans leurs calomnies. Ce sont eux qui ont triomphé en 1789, et qui ont réussi à tromper l'histoire en rejetant la responsabilité sur leurs ennemis. »

Pourtant, contre ces ennemis, c'est-à-dire « la Cour », la noblesse, le clergé et les ministres du roi, pas une seule preuve n'a été produite. La ridicule légende du « Pacte de famine », par laquelle certains écrivains révolutionnaires ont cherché à prouver que Louis XV avait spéculé sur les grains,[19] n'a aucun rapport avec la question, car à cette date Louis XV était

---

[18] C'était également l'avis d'Arthur Young, qui pensait lui aussi que les dirigeants révolutionnaires avaient intérêt à maintenir le prix du maïs à un niveau élevé. Voir *Travels in France* (édité par Miss Betham Edwards), p. 154.

[19] Sur ce point, voir les articles de M. Gustave Bord, M. Léon Biollay et M. Edmond Biré sur le « Pacte de famine », qui démontrent tous que Louis XV lui-même était innocent de ce crime, et que les « bleds du roi » consistaient en un plan bienveillant pour maintenir le prix du grain à un niveau bas en stockant des réserves, et en les libérant en temps de pénurie à un prix inférieur à celui demandé par les marchands de maïs et les faneurs.

mort depuis quinze ans, et contre Louis XVI, même le plus enragé des écrivains révolutionnaires ne s'est pas aventuré à soulever une telle accusation. Au contraire, le roi, la noblesse et le clergé[20] versent des sommes immenses pour soulager la famine, et les ministres du roi, Necker en tête, sont sans cesse occupés à assurer l'approvisionnement en blé et à déjouer les plans des spéculateurs.

Pendant tout le terrible hiver de 1788-1789, l'intendant de Paris, Berthier de Sauvigny, parcourut le pays en interrogeant les cultivateurs pour connaître la quantité de grains qu'ils avaient en réserve, celle dont ils avaient besoin, et le surplus qu'ils pouvaient mettre sur le marché ; mais quand, au printemps, la pénurie se produisit, et que Berthier demanda à ces hommes les grains qu'ils lui avaient promis, ils firent aussitôt monter le prix à un chiffre prohibitif, et Montjoie déclare que ce prix fut payé par des agents du duc d'Orléans :

> « Ils n'ont pas marchandé, ils ont donné ce qui était demandé. Les fermiers et les accapareurs ont seuls profité de cette manœuvre ; l'artisan, l'ouvrier, le pauvre n'ont pu se permettre le prix qu'offraient les accapareurs, et ce n'est qu'en surenchérissant que le gouvernement a réussi à arracher à ces vampires une partie de leur butin. »

Que les Orléanistes aient atteint leur but en accaparant les approvisionnements ou en terrorisant les paysans pour qu'ils les retiennent, il ne fait aucun doute que *la famine de 1789 a été délibérément provoquée par les agents du duc et que, par ce moyen, le peuple a été poussé au point de désespoir nécessaire pour produire la Révolution.*

Les Orléanistes, cependant, ne constituaient pas le seul élément révolutionnaire du pays ; une seconde intrigue était à l'œuvre au sein du peuple, celle de l'organisation de l'État.

---

[20] Sur l'immense libéralité de la noblesse et du clergé, voir Montjoie, *Conjuration de d'Orléans*, I 202 ; Taine, *La Révolution*, I 5. « Les pauvres et les nécessiteux, » dit le contemporain anglais Playfair, « que la honte empêchait de chercher de l'aide, étaient eux-mêmes recherchés, et le secours était forcé sur la pauvre famille affamée dans leur retraite froide et affamée par ces mêmes ecclésiastiques et nobles qui peu après étaient chassés de leurs propres demeures... Ces actes de charité n'étaient pas le fait de quelques-uns, ils étaient généraux, et ont été faits sans ostentation ni spectacle, comme de telles actions doivent toujours l'être... ». Le duc d'Orléans proclamait haut et fort ses charités dans la presse, mais celles-ci, dit Montjoie, existaient surtout sur le papier, en tout cas elles ne l'empêchaient pas d'investir, à cette crise, dans un magnifique service d'assiette neuf que ses amis — et sans doute pas la multitude affamée — étaient invités au Palais Royal pour admirer (*Mémoires de Madame de la Tour du Pin*, I 164). L'archevêque de Paris, au même moment, vendit toute son assiette pour nourrir les pauvres.

LES SUBVERSIFS

Ces hommes ne souhaitaient aucun changement de dynastie ou de gouvernement ; leur but était purement destructeur. Trois ans plus tard, lorsque la monarchie fut abolie, de nombreux chefs révolutionnaires déclarèrent qu'ils avaient toujours été républicains dans l'âme, mais si nous examinons leurs écrits antérieurs, nous constaterons qu'au début de la Révolution, aucun d'entre eux n'avait formulé un tel credo politique. « Nous n'étions pas dix républicains en 1789 », écrivait Camille Desmoulins après coup, et comme Camille était à cette date l'un des plus fervents admirateurs du duc d'Orléans, le nombre peut être réduit d'au moins un. À l'exception peut-être de Lafayette, dont l'expérience de la guerre d'indépendance américaine lui inspira des sympathies républicaines, ceux des premiers révolutionnaires qui n'étaient pas orléanistes n'avaient aucune théorie précise de la reconstruction — leur but était simplement de débarrasser le terrain de toutes les conditions existantes. « Tous les souvenirs de l'histoire, disait Barrère, tous les préjugés résultant de la communauté d'intérêts et d'origine, tout doit être renouvelé en France ; nous ne voulons que dater d'aujourd'hui. » « Pour rendre le peuple heureux, disait Rabaud de Saint-Étienne, il faut reconstituer ses idées, il faut changer les lois, il faut changer les mœurs, il faut changer les hommes, il faut changer les choses, il *faut tout, oui, il faut tout détruire*, puisque tout est à refaire. »[21]

Ces théories subversives émanaient de certaines sociétés secrètes dont un écrivain anglais se faisant appeler John Robison a décrit les buts dans le titre de son livre, *Proofs of a Conspiracy against all the Religions and Governments of Europe carried on in the Secret Meetings of the Free-Masons, Illuminati, and Reading Societies*. Robison, qui était lui-même un franc-maçon authentique, a fait le tour des loges continentales, où il a constaté qu'une nouvelle et fausse forme de maçonnerie avait vu le jour. Tant en France qu'en Allemagne, « les loges étaient devenues le repaire de nombreux projeteurs et fanatiques, tant en science qu'en religion et en politique, qui avaient profité du secret et de la liberté de parole maintenus dans ces réunions… Entre leurs mains, la franc-maçonnerie était devenue une chose tout à fait différente et presque en opposition directe avec le

---

[21] Rabaud vécut pour voir ces théories mises à exécution et pour se rendre compte trop tard de leur désastreuse folie. La France, écrivait-il peu de temps après, aurait pu être comparée à un immense chaos ; le pouvoir était suspendu, l'autorité reniée, et les épaves du système féodal s'ajoutaient aux vastes ruines. Il se repentit encore plus amèrement lorsque, dans le règne d'anarchie qui suivit, il fut conduit à l'échafaud. Sa femme se suicida de désespoir.

système importé d'Angleterre, où l'on observait la règle selon laquelle il ne fallait jamais parler de religion ou de gouvernement dans les loges... » L'Association, en fait, n'était « qu'une supercherie, et les chefs... ne croyaient pas à chaque mot qu'ils prononçaient et à chaque doctrine qu'ils enseignaient... leur véritable intention était d'abolir toute religion, de renverser tout gouvernement, et de *faire du monde un pillage et un naufrage général.* »

Un autre développement de la franc-maçonnerie allemande fut l'Ordre des Illuminati fondé en 1776 par le Dr. Adam Weishaupt, un professeur de l'Université d'Ingolstadt en Bavière. Weishaupt, qui avait été éduqué par les Jésuites, réussit à persuader deux autres anciens Jésuites de se joindre à lui pour organiser le nouvel Ordre, et c'est sans doute cette circonstance qui a donné lieu à la croyance entretenue par certains contemporains que les Jésuites étaient les directeurs secrets de la secte. La vérité est plus probablement que, comme l'affirment Mirabeau et le marquis de Luchet, dans leurs pamphlets sur les Illuminati, l'Illuminisme a été fondé sur le régime des Jésuites, bien que leurs doctrines religieuses soient diamétralement opposées.[22] Weishaupt, que M. Louis Blanc a décrit comme « l'un des plus profonds conspirateurs qui aient jamais existé », avait adopté le nom de Spartacus — le chef d'une insurrection d'esclaves dans la Rome antique — et il ne visait rien de moins que la *révolution mondiale*.[23] Ainsi, l'ordre des Illuminati « abjurait le christianisme, prônait les plaisirs sensuels, croyait à l'anéantissement et qualifiait le patriotisme et la loyauté de préjugés bornés incompatibles avec la bienveillance universelle » ; en outre, « ils considéraient tous les princes comme des usurpateurs et des tyrans, et tous les ordres privilégiés comme leurs complices ; ils entendaient abolir les lois qui protégeaient les biens accumulés par une industrie longue et fructueuse ; et pour empêcher à l'avenir une telle accumulation, ils entendaient établir la liberté et l'égalité universelles, les droits imprescriptibles de l'homme, et comme préparation à tout cela, ils entendaient extirper toute religion et toute moralité ordinaire, et même briser les liens de la vie domestique, en détruisant la vénération des vœux de mariage, et en retirant l'éducation des enfants des mains des parents. »[24]

C'étaient précisément les principes suivis par les Subversifs de France en 1793 et 1794, et la méthode par laquelle ce projet a été réalisé est

---

[22] Confirmé par l'Abbé Barruel, *Mémoires sur le Jacobinisme*, iii. 11

[23] *Ibid.* p. 25 ; *Histoire de la Révolution*, par Louis Blanc, ii. 84, 85.

[24] Robison's *Proofs of Conspiracy*, pp. 107, 375.

directement traçable à l'influence de Weishaupt. Parmi les Illuminati, dit Robison, » rien n'était aussi fréquemment discuté que la convenance d'employer, pour un bon but, les moyens que les méchants employaient pour de mauvais buts ; et il était enseigné que la prépondérance du bien dans le résultat final consacrait tous les moyens employés, et que la sagesse et la vertu consistaient à déterminer correctement cette balance. Cela paraissait gros de danger, car il semblait évident que rien ne serait dédaigné, si l'on pouvait faire croire que l'Ordre en tirerait avantage, parce que le grand objet de l'Ordre était tenu supérieur à toute considération. »[25]

C'est cette doctrine qui fournit la clef de toute la politique des principaux révolutionnaires français, et qui, comme nous le verrons plus tard, a entraîné le règne de la Terreur.

Quentin Craufurd, l'ami de Marie-Antoinette, écrivant à Pitt en 1794, remarquait :

> « Il y a une grande ressemblance entre les maximes, pour autant qu'elles soient connues, des Illuminés et des premiers Jacobins, et je suis persuadé que les graines de beaucoup de ces doctrines extravagantes mais diaboliques qui se sont répandues avec une luxuriance sans pareille dans les foyers de la France ont été apportées d'Allemagne. »

Les loges des francs-maçons et des Illuminati allemands étaient donc la source d'où émanaient tous ces plans anarchiques qui ont culminé dans la Terreur, et c'est lors d'une grande réunion des francs-maçons à Francfort-sur-le-Main, trois ans avant le début de la Révolution française, que la mort de Louis XVI et de Gustave III de Suède a été planifiée.[26]

Les chefs orléanistes, prompts à voir l'opportunité de faire avancer leurs propres intérêts, rejoignirent les francs-maçons, et le Duc d'Orléans réussit à se faire élire Grand Maître de l'Ordre en France. Un peu plus tard, Mirabeau se rendit à Berlin et, pendant son séjour en Prusse, attira l'attention de « Spartacus » et de son collègue « Philo », alias le baron Knigge de Francfort-sur-le-Main, qui, grâce à l'influence de Mauvillon, un disciple de Philo, le persuada de devenir un Illuminatus. À son retour à Paris, Mirabeau, avec Talleyrand et le Duc de Lauzun, inaugura une loge de l'Ordre, mais aucun des trois n'étant encore adepte, ils furent obligés de demander de l'aide au quartier général. En conséquence, deux Allemands furent envoyés pour les initier davantage aux doctrines de la secte. En peu de temps, le Club Breton, le premier club révolutionnaire, connu plus tard

---

[25] *Ibid.* p. 107.

[26] Voir le témoignage de deux francs-maçons français présents à cette réunion publié par Charles d'Héricault, *La Révolution*, p. 104.

sous le nom de Club des Jacobins, devint le centre de l'illuminisme et de la franc-maçonnerie, car tous ses membres étaient également membres des deux sociétés secrètes. Mais si les principaux orléanistes étaient tous francs-maçons, tous les francs-maçons n'étaient pas orléanistes ; certains étaient de purs subversifs, et M. Gustave Bord a sans doute raison d'affirmer que le duc n'était que la tête visible de la secte dont les membres se servaient de lui pour couvrir leurs desseins, tandis que lui et ses partisans les utilisaient dans le même but. Ainsi Chamfort, bien que membre de la conspiration orléaniste, était au fond un subversif, comme en témoigne une conversation éclairante qu'il eut un jour avec Marmontel au début de la Révolution. Chamfort ayant fait remarquer qu'il ne serait pas mauvais de niveler tous les rangs et d'abolir l'ordre de choses existant, Marmontel répondit :

> « L'égalité a toujours été la chimère des républiques et l'appât que l'ambition offre à la vanité. Mais ce nivellement par le bas est d'autant plus impossible dans une vaste monarchie, et en voulant tout abolir, il me semble qu'il faut aller plus loin que la nation ne l'attend, et plus loin qu'elle ne le désire. »

> « C'est vrai, dit Chamfort, mais la nation sait-elle ce qu'elle désire ? On peut lui faire souhaiter, et on peut lui faire dire ce qu'elle n'a jamais pensé… la nation est un grand troupeau qui ne pense qu'à brouter, et avec de bons chiens de berger, les bergers peuvent le conduire comme il leur plaît. »

Il expliquait ensuite qu'il fallait aider le peuple selon ses propres lumières, et non selon les leurs, et parlait gaiement d'une Révolution qui ferait table rase de l'Ancien Régime, projet qu'il ne pensait nullement impossible à réaliser, car s'il pouvait être difficile d'émouvoir les citoyens laborieux, il y avait toujours la classe qui n'avait rien à perdre et tout à gagner, et qui pouvait être excitée par des rumeurs de massacre, de famine, et ainsi de suite. Le duc d'Orléans, finit-il par remarquer, doit être utilisé à cette fin. Lorsque Marmontel suggère que le duc n'a guère l'étoffe d'un chef, Chamfort répond imperturbablement :

> « Vous avez raison, et Mirabeau, qui le connaît bien, dit que ce serait bâtir sur la boue que de compter sur lui, mais il s'est identifié à la cause populaire, il porte un nom imposant, il a des millions à distribuer, il déteste le Roi, il déteste la Reine encore plus. »

Tels étaient donc les principes « démocratiques » des subversifs, et les méthodes décrites par Chamfort étaient, comme nous le verrons, précisément celles employées pour souder le peuple. Le premier point de leur programme était la diffusion systématique de la haine de classe et la promesse d'un butin illimité.

Nommez-moi votre représentant aux États généraux, disait Robespierre dans ses discours électoraux, et vous serez à jamais exempts des charges qu'on a exigées de vous jusqu'ici sous le prétexte des besoins de l'État... Ce ne sera pas le seul avantage dont vous jouirez si je réussis à devenir un de vos représentants ; trop longtemps les riches ont été les seuls possesseurs du bonheur. Il est temps que leurs biens passent en d'autres mains. Les châteaux seront renversés et toutes les terres qui leur appartiennent seront distribuées parmi vous en parts égales. Aux ouvriers agricoles, il promet les champs qu'ils cultivent, aux serviteurs des nobles, il offre l'exemption de tous les devoirs.

« Tout sera changé, car les maîtres deviendront des serviteurs, et vous serez servis à votre tour. »[27]

On voit donc que, dès le départ, l'égalité, le grand mot d'ordre de la Révolution, n'avait pas sa place dans l'esprit des subversifs ; il s'agissait simplement d'inverser les conditions, de changer la richesse de mains, processus qui devait être sans fin, puisque ce qui était en haut devait être perpétuellement poussé en bas, et ce qui était en bas élevé en haut.

Les subversifs ont eu à l'égard de la religion la même attitude qu'à l'égard du gouvernement ; leur animosité n'était pas plus dirigée contre l'Église de Rome que contre le protestantisme ; c'était la religion en elle-même qu'ils détestaient, et qu'ils se proposaient de détruire. Quand on étudie la manière dont ils exécutèrent leur dessein, quand on lit l'effroyable profanation inaugurée pendant la Terreur, la profanation des églises, les blasphèmes contre le Christ et la Sainte Vierge, le culte de Marat, il est presque impossible de ne pas croire à la possession démoniaque, de douter que ces hommes, enflammés de haine contre toutes les influences spirituelles qui travaillent au bien dans le monde, ne soient devenus en effet les véhicules de ces autres esprits, des puissances des ténèbres, dont ils avaient fait leur cause. Et dans leur mort hideuse, car presque tous ont péri sur l'échafaud, n'étaient-ils pas, peut-être, comme les porcs gadaréens, victimes des démons qui les poussaient à la destruction ?

LA PRUSSE

Alors que les Illuminati d'Allemagne s'efforcent de plonger la France et le reste du monde dans l'anarchie, le gouvernement de Prusse est engagé dans une autre intrigue contre la monarchie française. Les optimistes qui croient que le désir de l'Allemagne moderne de dominer le monde était une

---

[27] Montjoie, *Histoire de la Conjuration de Maximilien Robespierre*, pp. 36, 37.

forme de folie passagère qui a pris naissance avec Nietzsche et Bernhardt, et qui pourrait se terminer par un retour à la « philosophie pacifique » de ce qu'ils décrivent affectueusement comme la « vieille Allemagne », feraient bien d'étudier la politique de cette idole du peuple allemand — Frédéric le Grand.

Aucun événement n'avait autant troublé la sérénité de Frédéric que le mariage du Dauphin avec Marie-Antoinette en 1770, car par cette union des familles royales de France et d'Autriche, l'alliance entre les deux pays — tous deux rivaux haïs de la Prusse — était définitivement scellée. Il faut se rappeler qu'au XVIIIe siècle, la France était le pays le plus riche et le plus peuplé du continent, tandis que la cour de Versailles éclipsait de loin en splendeur celle de tout autre royaume, et dans l'esprit de Frédéric, le souvenir du « Roi Soleil » était une source constante d'irritation. D'autre part, l'Autriche, à la tête de l'Empire allemand, jouissait d'un pouvoir et d'un prestige qui réduisaient le petit royaume de Prusse à une importance relativement faible.

Pendant ce temps, les provinces rhénanes, plus françaises qu'allemandes dans leurs sympathies, ne montrent aucune anxiété à s'unir à la Prusse, formant ainsi la Confédération germanique qui était le rêve de Frédéric. La rupture de l'alliance entre la France et l'Autriche devient donc la grande ambition de sa vie, celle sur laquelle il concentre toutes ses énergies.

En Von der Goltz, son ambassadeur, arrivé à la cour de Louis XV en 1772, Frédéric espérait trouver un instrument pour réaliser son projet, qui ne devait pas consister en une guerre ouverte, mais en un système d'espionnage politique qui sèmerait la discorde entre les cours de Versailles et de Vienne. En même temps, Von der Goltz devait agir comme un espion en obtenant des informations de Maurepas et en les envoyant au roi de Prusse. Dans ce domaine, l'ambassadeur a d'abord réussi, car le frivole Maurepas aimait être amusé et Von der Goltz possédait un esprit joyeux, mais les rapports qu'il a transmis à Berlin étaient loin de satisfaire sa Majesté prussienne. La correspondance échangée entre Frédéric et l'infortuné ambassadeur, qu'il traite avec un sarcasme brutal, est une révélation de la diplomatie prussienne.[28] Frédéric, semble-t-il, avait l'habitude de confier des sommes d'argent à ses représentants dans les différentes cours d'Europe qui devaient être employées à la corruption.

---

[28] La correspondance dont sont tirés tous les extraits suivants se trouve dans un ouvrage intitulé Rapport sur les Correspondances des Agents Diplomatiques étrangers en France avant la Révolution conservées dans les Archives de Berlin, Dresde, Genève, Turin… Gênes… Londres, etc., par Jules Flammermont (Paris, Imprimerie Nationale, 1896).

Pendant ce temps, leurs dépenses personnelles n'étaient que faiblement couvertes. Ainsi, Von der Goltz, à son arrivée en France, fut obligé d'emprunter de l'argent à Necker pour payer le loyer de sa maison, qu'il finit par ouvrir en tant que tripot afin de faire face à ses créanciers. Les appels à Frédéric pour une aide financière ne rencontrent que des réponses indignées :

> « Vous êtes un dépensier ! … N'avez-vous pas gaspillé à la Cour de Pétersbourg des milliers d'écus que je vous avais confiés pour des corruptions ? »

En France, Frédéric est convaincu que Von der Goltz ne fait que s'amuser au lieu d'obtenir des informations sur les affaires de l'État.

> « Vous poussez ma patience à bout, écrit-il le 21 décembre 1780, par la manière maladroite dont vous remplissez votre poste… On pourrait l'excuser chez un étudiant qui vient de sortir de l'Université, mais elle est impardonnable chez un homme de votre âge qui a été si longtemps employé dans les affaires de l'État. Aussi, si vous ne vous remuez pas et ne leur apportez pas plus de réflexion, je serai obligé de vous trouver un successeur dans quelque coin d'Europe que je doive le chercher. »

À ces reproches, Von der Goltz répond avec la plus grande douceur, même lorsque Frédéric va jusqu'à l'accuser d'être occupé par une « grosse Margot » au lieu de s'occuper de ses affaires — ce soupçon, répond-il, n'est pas fondé, car ni sa santé ni ses finances ne lui permettent de telles distractions.

Le point sur lequel tourne cette extraordinaire correspondance est bien sûr la Reine. Tant que Marie-Antoinette conserve sa popularité, Frédéric se rend compte qu'il y a peu d'espoir pour le succès de l'intrigue prussienne. Ce point mérite d'être souligné, en raison de la curieuse confusion de pensée qui règne sur la politique de la reine. Aucun reproche n'a été plus souvent répété à l'encontre de Marie-Antoinette que celui de sympathiser avec l'Autriche ; sans aucun doute, elle sympathisait avec l'Autriche et souhaitait cimenter l'alliance entre le pays de sa naissance et celui de son adoption. C'était tout à fait naturel, mais ce que l'on oublie si souvent, c'est que la sympathie avec l'Autriche à cette date était précisément l'opposé de la sympathie avec la Prusse, et que cette alliance que la Reine tenait tant à maintenir était la plus grande sauvegarde que la France possédait contre l'agression prussienne. *Le cri de l'Autrichienne ! qui s'est élevé contre Marie-Antoinette tout au long de la Révolution a donc probablement pris naissance en Prusse*, et a été sottement repris par le peuple français avec un aveuglement fatal pour ses intérêts réels.

Personne ne s'est réjoui plus que Frédéric le Grand de l'éloignement qui a existé entre Louis XVI et Marie-Antoinette au cours des sept premières années de leur mariage. En 1776, nous le trouvons en train d'écrire pour confier à Von der Goltz ses craintes que la visite imminente de l'empereur Joseph II à la Cour de France ne provoque un rapprochement entre le mari et la femme. Dans une lettre datée du 26 décembre 1776, Frédéric fait remarquer à son ambassadeur que le meilleur moyen de contrecarrer l'influence de l'Empereur sera que Von der Goltz répète à la famille royale de France les remarques que l'Empereur est censé avoir faites à leur sujet :

> « Ce sera une bonne chose si vous parvenez, *par des insinuations souterraines*, à accroître les dissensions entre les deux Cours. Dans ce but, les vues ambitieuses de sa Majesté Impériale sur l'Italie, la Bavière, la Silésie, l'Alsace, et même la Moldavie, ouvriront un vaste champ à votre carrière politique, et si vous y ajoutez les sarcasmes que ce prince s'est permis au sujet de ses beaux-frères en disant : "J'ai trois beaux-frères, celui de Versailles est un imbécile, celui de Naples est un fou, et celui de Parme est un imbécile", cela ne peut manquer de faire impression et de préjuger contre lui la Cour où vous êtes, de telle sorte que toute entente ultérieure sera extrêmement difficile, sinon impossible. Mais cela, ajoute Frédéric, doit être fait intelligemment — un exploit dont Von der Goltz était apparemment incapable, car la visite de l'Empereur a abouti à la réconciliation que Frédéric voulait tant éviter, et la naissance d'une princesse dans la famille royale de France a détruit ses espoirs pour l'avenir.

Un autre frein aux intrigues prussiennes fut la révocation de Maurepas, car son successeur Vergennes n'avait aucune confiance en Von der Goltz et refusait de discuter avec lui. En conséquence, en 1784, un autre ambassadeur fut envoyé en France en la personne du frère de Frédéric, le prince Henri de Prusse, qui fut chargé de réaliser une alliance entre les cours de Versailles et de Berlin. "Le prince, remarque M. de Croze Lemercier, vint parmi nous en bon Prussien... il fut chargé par son frère Frédéric le Grand de nous brouiller avec l'Autriche — ce qu'il faillit réussir — et il ne fit que flatter notre vanité nationale pour mieux l'exploiter... La haine de l'Autriche était alors à la mode (en France), et l'opinion publique était assez aveugle pour ne pas voir que *nous avions des ennemis encore plus dangereux*. Le prince devint populaire pour la même raison qui fit détester la malheureuse Marie-Antoinette."

Le prince Henri réussit certes à susciter un certain degré de sympathie pour la Prusse à la Cour de France, mais la reine, comme auparavant, reste l'obstacle insurmontable. Lorsque, trois ans plus tard, un autre envoyé, le baron von Alvensleben, est dépêché par Frédéric pour rendre compte de l'état des sentiments à Versailles, il trouve la reine toujours aussi irréconciliable.

La haine de la reine pour tout ce qui porte le nom de Prussien, écrit-il à Frédéric, est si indiscutable que j'en ai, pour ainsi dire, les preuves sous la main. C'était donc l'un des grands crimes de la malheureuse reine : elle était anti-prussienne. Ceux qui, parmi les Français, s'en prennent encore à sa mémoire feraient bien de se rappeler qu'elle a été le premier et le plus grand obstacle à ces rêves de domination européenne qui, nés avec Frédéric le Grand, ont culminé dans les agressions de 1870 et de 1914.

Marie-Antoinette a payé très cher son aversion pour la Prusse. Il ne fait aucun doute que certains des libelles et pamphlets séditieux publiés contre elle avant et pendant la Révolution ont été diffusés par Von der Goltz à l'instigation du roi de Prusse. Au cours de cet ouvrage, nous verrons les autres méthodes employées par la Prusse pour saper la monarchie française et renverser l'équilibre des forces en Europe en rompant l'alliance entre les deux rivaux de sa suprématie.

Il y a donc une double influence allemande à l'œuvre derrière la Révolution française — politique et philosophique. La première, inspirée par Frédéric le Grand et menée par Von der Goltz ; la seconde, inspirée par Weishaupt et conduite par Anacharsis Clootz, le Prussien envoyé en France à cet effet.

L'ANGLETERRE

Dans l'esprit de certains contemporains, il ne fait aucun doute qu'une autre intrigue à l'œuvre derrière le mouvement révolutionnaire était cette sinistre influence : "l'or de Pitt". L'Angleterre, déclarent-ils, mécontente de l'aide apportée par la France aux insurgés américains, profita de l'état de trouble du pays pour se venger du gouvernement français en encourageant et même en finançant la sédition. Montmorin déclara à Gouverneur Morris qu'il' avait des preuves indiscutables des intrigues de l'Angleterre et de la Prusse qui donnaient de l'argent au prince de Condé et au duc d'Orléans ». Bezenval, décrivant les émeutes de juillet 1789, parle des brigands employés par le duc d'Orléans et par l'Angleterre. Selon Madame Campan, Marie-Antoinette elle-même partageait la conviction de la complicité de l'Angleterre, et considérait Pitt comme le chef de l'intrigue. N'allez pas aujourd'hui à Paris, aurait-elle remarqué, les Anglais y ont distribué de l'argent ! ou encore : « Je ne peux pas entendre le nom de Pitt sans ressentir des frissons dans le dos ! » Quelle était l'explication de ces rumeurs ? Le gouvernement d'Angleterre était-il vraiment animé d'un esprit de vengeance ? Il est certainement probable que l'intervention de la France en faveur de l'Amérique apparut à Pitt comme un acte aussi hostile que l'envoi du télégramme de Kruger apparut à notre gouvernement de 1896, mais il faut se rappeler que Louis XVI était entré en guerre à contrecœur, tandis que les chefs de l'expédition en Amérique — Lafayette, Lauzun, De Ségur et d'autres — étaient plus tard des partisans de la Révolution. Si, par conséquent, Pitt désirait se venger, est-il probable qu'il aurait cherché à l'obtenir en s'alliant aux hommes mêmes qui avaient pris part à la guerre contre lui ?

En même temps, il est indéniable qu'une rivalité sérieuse existait entre la France et l'Angleterre. En tant que deux principales monarchies d'Europe, cette rivalité était inévitable et, dans le passé, elle ne s'était pas avérée totalement désastreuse. Les guerres sans cesse renouvelées entre les deux puissances rivales avaient été menées avec bravoure et générosité de part et d'autre, et n'avaient laissé que peu d'amertume dans l'esprit des deux nations. Mais le règne de Louis XVI introduit une menace plus redoutable pour la puissance de l'Angleterre. Pour la première fois dans son histoire, elle vit son bien le plus cher, la domination des mers, sérieusement menacé. Louis XVI est un passionné de la marine ; en matière de construction navale, il fait preuve d'un savoir surprenant, et sa visite au port de Cherbourg — dont la construction est le plus grand triomphe de son règne — lui apporte une popularité qu'il n'avait jamais connue auparavant. De l'autre côté de la mer, l'Angleterre observe et s'interroge. En tant que nation maritime, c'est peut-être le moment le plus angoissant de son existence. Dans la correspondance des diplomates anglais à cette date, nous trouvons une vague crainte perçant, et avec le déclenchement de la Révolution un indéniable souffle de soulagement.

> « Il est certainement possible, écrit Lord Dorset depuis Paris en septembre 1789, que de ce chaos résulte quelque création, mais je suis convaincu qu'il faudra longtemps avant que la France ne revienne à un état d'existence qui puisse faire d'elle un sujet d'inquiétude pour les autres nations. »

Plus tôt dans l'année, Hailes avait exprimé la même conviction.

Pourtant, faire preuve d'une certaine complaisance devant le spectacle d'une puissance étrangère qui avait menacé d'agression s'affaiblissant par des dissensions internes n'implique sûrement pas que l'on ait délibérément cherché à organiser ces dissensions. George III s'est toujours montré résolument opposé à la Révolution, et Pitt, qui a toujours soutenu le roi, ne pouvait avoir aucun objectif concevable en favorisant un mouvement qui secouait tous les trônes d'Europe. Loin de sympathiser avec les chefs révolutionnaires, Pitt affichait invariablement une aversion marquée pour les Orléanistes, tandis que les Jacobins, qui étaient avoués comme « les ennemis naturels de l'Angleterre », étaient les dernières personnes avec lesquelles il aurait été susceptible de s'allier. La haine exprimée à l'égard de Pitt par ces deux partis de révolutionnaires est encore une fois une preuve certaine de sa non-complicité — si Pitt aidait à les financer, pourquoi le considéreraient-ils comme leur ennemi ? Pourquoi « l'or de Pitt » serait-il mentionné par les écrivains jacobins avec la même indignation que par les royalistes ? Lorsque, par conséquent, nous trouvons Pitt soupçonné par les royalistes d'être complice de la Révolution et accusé par les révolutionnaires d'aider les royalistes,[29] nous pouvons certainement conclure que son attitude était, comme il le professait, une stricte neutralité. De plus, comme le souligne Madame de Staël, comment Pitt pouvait-il disposer des vastes sommes d'argent qu'il aurait dispersées parmi les émeutiers sans en rendre compte au Parlement ? Necker, dit-elle, fit des enquêtes minutieuses pendant son ministère, mais « n'a jamais pu découvrir la moindre trace de complicité entre le parti populaire et le gouvernement anglais »[30], et M. Granier de Cassagnac ajoute que « des documents historiques ont depuis lors confirmé cette conviction de Necker, car les comptes officiels des finances de l'émigration à la Bibliothèque nationale prouvent que de tous les gouvernements de l'Europe le gouvernement anglais est le seul qui n'ait jamais versé aucune somme d'argent pour les diverses entreprises des différents partis pendant la Révolution française ».[31]

Même Sorel, qui ne manque pas une occasion de dénoncer la politique agressive de l'Angleterre, est obligé de reconnaître l'intégrité de Pitt :

« Le ministère, c'est-à-dire William Pitt, était parfaitement pacifique. La Révolution le débarrassait pour un temps d'un rival redoutable ; elle lui assurait la paix dont il avait besoin pour ses réformes financières, et abandonnait à l'Angleterre tous les avantages dont la crise des affaires publiques privait l'industrie et le commerce français. Sur tous les marchés, comme dans toutes les chancelleries, l'Angleterre était libre de se substituer à la France. Pitt se serait bien gardé d'entraver le développement d'une révolution si avantageuse pour ses desseins. Il pensait aussi qu'un roi de France privé de son prestige, avec ses droits limités et son pouvoir contesté, répondrait merveilleusement aux convenances de l'Angleterre. Mais il n'était pas un de ces politiciens avides, aveuglés par la jalousie, dont la convoitise les porte à profiter brutalement de la fortune. Certains d'entre eux, et *notamment ses alliés de Berlin*, s'étonnent qu'il ne saisisse pas cette occasion pour se jeter sur la France, l'écraser et s'emparer de ses colonies. Il s'en abstint soigneusement. L'élévation naturelle de son âme le retenait

---

[29] Voir, par exemple, le 5e numéro du *Vieux Cordelier*, dans lequel Camille Desmoulins accuse Pitt d'être de mèche avec Calonne, Malouet et Luchesini pour créer une « contre-révolution. »

[30] *Considérations sur la Révolution Française*, I 329, 331.

[31] *Histoire des Causes de la Révolution Française*, I 59.

autant que la prévoyance de son esprit. Une telle perfidie lui répugnait, et il la tenait pour dangereuse. » [32]

Ce témoignage d'un critique hostile, et en même temps de l'historien le plus versé dans la politique du XVIIIe siècle, est sûrement convaincant. Si, dans l'opinion de Sorel, Pitt était au-dessus de profiter de la Révolution pour déclarer une guerre ouverte à la France, est-il concevable qu'il soit descendu à l'ignoble politique de financement de la sédition, à l'expédient brutal de disperser de l'or parmi une foule enragée ? La chose est impensable, et il est temps que cette calomnie grossière sur notre gouvernement soit enfin démolie. Suleau, le pamphlétaire royaliste, savait mieux que beaucoup de ses contemporains quand il a écrit ces nobles paroles :

> « Le peuple anglais n'a pas dégénéré de la magnanimité de ses ancêtres, et ici la politique sage s'allie à la générosité, car il ne serait pas difficile de prouver que la splendeur de la France sera toujours la plus sûre garantie de la prospérité de la Grande-Bretagne. »

L'Angleterre, donc, loin de soutenir la Révolution, la considérait avec une aversion non dissimulée. Des hommes à l'esprit libéral tels que Wordsworth et Arthur Young, qui l'ont d'abord saluée comme l'aube de la liberté, ont vécu pour reconnaître leur erreur. « En Angleterre, dit Cardonne, la majorité du peuple, y compris presque tous ceux qui appartenaient au gouvernement, les riches et nobles propriétaires, avaient conçu une telle horreur pour les principes et les actes des révolutionnaires français, et une telle crainte de les voir adoptés dans leur pays, qu'ils étaient désireux de rompre tout commerce entre les deux nations. » Comme nous le verrons au cours de ce livre, le « peuple » d'Angleterre partageait l'opinion de ses dirigeants.

Comment expliquer, alors, la croyance en une coopération anglaise avec le mouvement révolutionnaire ? Des guinées anglaises trouvées sur les émeutiers ? Des Anglais se mêlant aux foules de Paris pendant les agitations populaires ? Des pamphlets séditieux imprimés à Londres ? Du trafic de lettres, de messages, d'argent entretenu entre l'Angleterre et les chefs révolutionnaires ? Plusieurs de ces chefs, d'ailleurs, étaient constamment en Angleterre, avant et pendant la Révolution ; Marat a vécu pendant des années à Soho, tandis que Danton, Brissot, Pétion, St-Huruge, Théroigne de Méricourt, et le ruffian Rotondo étaient tous des habitués de Londres. Ces faits ne peuvent être niés, mais il est illogique et absurde de supposer une quelconque complicité de la part du gouvernement anglais.

---

[32] *L'Europe et la Révolution Française*, II 29.

L'explication me semble se trouver dans une direction parfaitement différente.

J'ai déjà fait référence à la prédilection du Duc d'Orléans pour les visites à Londres — une prédilection qui ne s'explique pas tout à fait par l'« anglomanie » qu'il professait. M. d'Orléans, remarque astucieusement un contemporain, « allait souvent en Angleterre… ». M. d'Orléans aimait beaucoup l'Angleterre, mais pas les Anglais. La sagesse de leurs lois lui importait très peu, mais la liberté de Londres lui importait beaucoup. Cet amour apparent du duc d'Orléans pour les Anglais fut finalement la cause de toutes les calomnies contre l'Angleterre par lesquelles les chefs des différentes factions influencèrent la crédulité publique, de manière à jeter sur la politique de cette nation les excès dont ils étaient seuls coupables. »[33]

Voici donc la clef d'une grande partie du mystère : la théorie de « l'or de Pitt » était une fable diffusée par le duc lui-même pour protéger ses propres manœuvres, et l'habileté avec laquelle elle fut diffusée fut telle qu'elle fut crue même par la Reine, qui, comme nous le savons, ne réalisa jamais complètement la complicité du duc avec les éruptions révolutionnaires.

Pendant dix ans avant sa mort, c'est-à-dire à partir de 1783, le duc d'Orléans a continuellement déposé des sommes d'argent dans les banques de Londres, et ces sommes, estimées entre dix et douze millions de francs, n'étaient pas épuisées en 1794.[34] Or, comme d'innombrables témoins attestent que les foules révolutionnaires étaient financées par le duc, il est sûrement plus que probable que beaucoup des guinées trouvées sur les émeutiers étaient l'argent du duc d'Orléans,[35] qu'avec une ruse diabolique il tirait en monnaie anglaise, et faisait envoyer en France pour jeter le soupçon sur les Anglais. Cela peut dans une large mesure expliquer les sommes distribuées, mais cela n'élimine pas entièrement la croyance en la coopération anglaise. Une autre lumière est jetée sur la question par le passage suivant de Montjoie :

> « Au cours de ses visites à Londres, le duc d'Orléans a *fait* personnellement, et par l'intermédiaire de ses agents en Hollande, *de nouveaux prêts d'argent en Angleterre…* Il a attaché à ses intérêts… Milord Stanhope et le Dr Price. Ces deux hommes sont les membres les plus importants d'une société qui s'appelle elle-même "The Revolution

---

[33] *Histoire des Factions de la Révolution Française*, par Joseph Lavallée, I 25 (1816).

[34] Voir les lettres du général Montesquiou et du duc de Chartres publiées à la fin des *Mémoires de Mallet du Pan*, éditées par A. Sayous, p. 455.

[35] Fantin Désodoards, *Histoire Philosophique*, ii. 436.

Society". »... D'Orléans sait aussi comment intéresser à sa cause tout le parti connu sous le nom d'« Opposition ». Fox, un des oracles de ce parti, était tout entier attaché à d'Orléans, et l'est encore à sa famille (1797) ; il est le protecteur déclaré de tous les Français qui appartiennent à la faction de ce prince. »

N'est-il pas possible, alors, que le duc, craignant que même son immense fortune ne soit insuffisante pour financer l'insurrection pendant près de cinq ans, l'ait complétée par des sommes recueillies auprès de ses amis en Angleterre ? Dans ce cas, l'or anglais *a* joué un rôle dans le mouvement révolutionnaire, mais *il a été fourni non pas par le gouvernement, mais par ses opposants*. Le parti de l'opposition à Londres formait l'exact pendant du parti du duc à Paris ; avec le prince de Galles à leur tête, les roues de Carlton House formaient une Fronde contre George III, comme les roues du Palais Royal formaient une Fronde contre Louis XVI. À la Chambre des Communes, Fox, le soi-disant « ami du peuple », exigeait que les énormes dettes du prince de Galles soient payées par la nation. Ainsi, dans les deux pays, c'est le parti « démocratique », les révolutionnaires de France et les whigs d'Angleterre, qui soutient les folies et les extravagances de ces deux princes dissolus, alors que dans les deux pays, la cause de l'ordre et de la morale est représentée par le souverain que les démocrates veulent détrôner. George III, comme Louis XVI, était intensément respectable ; le duc d'Orléans était donc encore moins à son goût que son propre fils prodigue, et il discernait avec raison l'influence démoralisante que le duc exerçait sur lui. « Georges, le prince de Galles, dit Ducoin, avait fait les honneurs des bordels et des tripots de la vieille ville, et à Paris, le duc d'Orléans lui avait rendu l'hospitalité que lui avait témoignée le prince de Galles dans les soupers et les orgies de Londres ». Comme Philippe, le Prince de Galles avait adopté la Révolution, et saluait l'aube d'une ère nouvelle. Cette ère devait apparemment consister à mettre George III sous tutelle et à proclamer le prince de Galles régent, un projet auquel les heureux compagnons du prince, Fox, Sheridan et d'autres, adhéraient de tout cœur. Pendant ce temps, le même processus devait avoir lieu en France, la régence dans les deux pays n'étant que le préliminaire à un changement de souverain. Avec ces deux joyeux monarques, George IV et Philippe VII, sur les trônes d'Angleterre et de France, une ère de liberté semblait assurée pour les *bons vivants* de Carlton House et du Palais Royal, qui se trouvaient perpétuellement entravés par l'exercice de l'autorité royale.

Dans ces circonstances, il n'est pas surprenant que Louis XVI ait jugé nécessaire d'interdire au duc d'Orléans de se rendre trop fréquemment en Angleterre. Dans la *Correspondance Secrète*, nous trouvons le 9 avril 1788, l'entrée significative suivante :

« Il est confirmé qu'une des conditions pour que l'exil du duc d'Orléans soit annulé est que ce prince fasse un long voyage dans un pays autre que l'Angleterre. Aux raisons fondées que le roi peut avoir pour l'empêcher de respirer l'air britannique, il faut ajouter, dit-on, la supplication de Georges III, qui, voulant maintenir les pas du prince de Galles dans les voies de l'ordre et de la morale, a supplié sa Majesté très chrétienne de ne pas permettre à ses amis de Paris de l'approcher. »

C'est donc la raison pour laquelle Louis XVI a stipulé que le duc ne devait pas passer le terme de son exil en Angleterre, stipulation qui, comme nous l'avons vu, a contribué plus que toute autre cause à l'animosité du duc envers la Cour de France.

L'interdiction de visiter l'Angleterre était, bien sûr, un obstacle sérieux aux projets du duc d'Orléans et de Choderlos de Laclos. Ces voyages, faits ostensiblement pour le plaisir, avaient un but plus profond. Alors que le vin coulait à flots, et que George et Philippe se prélassaient dans les sourires de leurs différentes enchanteresses, qui pourrait supposer que des complots de nature sérieuse étaient en cours, et que quelque chose de plus important que le plaisir de l'heure occupait le cerveau des fêtards ?

En Angleterre, comme en France, cependant, les conspirateurs étaient divisés dans leurs objectifs. Tous les révolutionnaires anglais n'appartenaient pas au parti du prince de Galles ; beaucoup, comme leurs homologues français, ne souhaitaient pas de changement de souverain mais une simple anarchie. Tout au long de l'histoire de notre pays, des esprits subversifs se sont levés de temps à autre pour prôner l'« égalité » et le nivellement de tous les rangs devant un public indifférent. L'orgueil, disait le prince de Ligne, dédaigne les révolutions ; la vanité les produit. Le peuple britannique, bien plus orgueilleux que vaniteux, a toujours répondu avec un intérêt tiède aux instigateurs de la haine de classe ; parfaitement satisfait de sa propre position dans le schéma social, il ne se soucie pas de savoir qui se considère comme son supérieur. La liberté, ils la réclament comme un droit ; l'égalité, ils la reconnaissent sagement comme impossible, et l'écartent de leurs calculs. Mais en Angleterre, comme en France, il a toujours existé une minorité, totalement distincte du peuple, dont la vanité est plus grande que l'orgueil. Pour eux, l'obscurité est bien plus intolérable que l'oppression.

Habituellement membres de la classe moyenne employée à des occupations sédentaires et privée de l'équilibre mental qu'apporte le travail manuel, ou parfois d'une aristocratie qui n'a pas su leur témoigner l'estime qu'ils souhaitaient, ils cherchent à venger leurs propres torts plutôt qu'à redresser ceux du peuple. Comme les subversifs de France, ils ont rarement des plans précis de reconstruction — leur but est seulement de détruire. Les « Sociétés de la Révolution » de l'Angleterre de 1789 étaient composées de tels éléments. Le Dr Robinet, qui les a décrites avec admiration dans son *Danton Émigré*, sous le titre « Les Jacobins anglais », nous a donné des détails éclairants sur leur conduite au cours de la Révolution. Comme presque tous les révolutionnaires français, M. Robinet déteste l'Angleterre, et ses commentaires sur l'attitude du peuple britannique à l'égard de la Révolution sont très amers — il n'y avait en Angleterre, dit-il, « qu'une minorité respectable, une *élite* nombreuse », qui sympathisait avec le mouvement. Cette « minorité respectable » se composait du prince de Galles et de ses compagnons de fortune, ainsi que des sociétés révolutionnaires dirigées par le renégat Lord Stanhope, le Dr Price, le Dr Priestley et l'ivrogne Thomas.

Paine. Alliés naturels des ennemis les plus acharnés de leur pays, les Jacobins de France, nous les retrouverons tout au long de la Révolution, non seulement complices des excès commis à l'étranger, mais cherchant à créer chez eux un mouvement analogue. Ce sont eux, comme je le montrerai, qui ont souscrit à la Révolution ; ce sont eux qui ont fraternisé avec les agitateurs révolutionnaires dans leurs visites à Londres ; ce sont eux qui ont commis les crimes que certains écrivains ont faussement attribués à notre gouvernement.

La complicité de ces subversifs anglais avec les révolutionnaires français est un fait dont nous devrions prendre conscience, à la fois pour rendre justice à la nation française et pour comprendre les potentialités de la nôtre. La croyance suffisante qu'aucun de nos compatriotes n'aurait été capable des atrocités commises en France est brisée d'un coup quand nous lisons les commentaires des révolutionnaires anglais sur ces actes d'horreur - actes qui ne doivent pas être attribués, comme nous avons l'habitude de le faire, à l'excitabilité du tempérament latin, mais aux passions politiques, de toutes les passions, les plus terribles et les plus implacables que les hommes de notre propre race ont manifestées à la même époque sans la même provocation. Nous verrons dans le cours de cet ouvrage que les crimes commis par la plus basse populace de Paris, et exécrés par les honnêtes démocrates de France, ont été applaudis par les hommes et les femmes instruits de notre pays, et si l'Angleterre n'a pas été plongée dans les horreurs de l'anarchie, ce n'est pas parce qu'elle n'avait pas dans son sein des forces capables de les produire.

Telles sont donc les quatre grandes intrigues de la Révolution française. Leurs objectifs peuvent être brièvement récapitulés ainsi :

    I. L'intrigue des Orléanistes pour changer la dynastie de France.
    II. L'intrigue des Subversifs pour détruire toute religion et tout gouvernement.

LE SIÈGE DE LA BASTILLE

L'Affaire Réveillon

AU PRINTEMPS 1789, les Parisiens sont partagés entre deux grandes émotions, l'espoir et la crainte : l'espoir qui frise l'extase à la perspective des États généraux qui vont régénérer le royaume, la crainte qui tient de la panique face à la menace de famine et à la présence de mystérieux étrangers parmi eux.

Les immenses charités du roi, de la noblesse et du clergé avaient eu pour effet d'attirer des foules de paysans affamés à Paris, où ils étaient employés aux frais du roi à travailler à la Butte Montmartre, et devinrent bientôt la proie des chefs orléanistes, qui en enrôlèrent un grand nombre à leur service à des fins d'insurrection. Mais même cette formidable addition à la pègre de Paris ne formait qu'une petite minorité parmi la population respectueuse des lois, et une autre mesure fut conçue par les chefs.

Vers la fin du mois d'avril, les paisibles citoyens virent avec stupéfaction des bandes d'hommes en haillons d'aspect horrible, armés d'épais bâtons noués, franchir en masse les barrières pour pénétrer dans la ville. Ce sinistre contingent n'est pas, comme certains historiens voudraient le faire croire, à confondre avec les anciennes foules de paysans — « ce n'étaient ni des ouvriers ni des paysans », dit Madame Vigée le Brun, « ils ne semblaient appartenir à aucune classe, si ce n'est à celle des bandits, tant leurs visages étaient terrifiants », et Montjoie ajoute que cet aspect était intentionnel — « on leur avait ordonné de se défigurer d'une manière si hideuse qu'ils étaient des objets d'horreur pour tous les Parisiens ». D'autres contemporains, dont les récits coïncident exactement avec les précédents, ajoutent que ces hommes étaient des « étrangers » — « ils parlaient une langue étrange » ; Bouille affirme que « c'étaient des bandits du Midi de la France et de l'Italie », tandis que Marmontel les décrit comme des « Marseillais [...] hommes de rapine et de carnage, assoiffés de sang et de butin, qui, se mêlant au peuple, lui inspiraient leur férocité. »

Les Marseillais n'ont donc pas été appelés pour la première fois en 1792, comme on le suppose généralement, et leur aide a manifestement été évoquée à une date ultérieure en raison de leurs succès au début de la Révolution. Que des brigands du Sud aient été délibérément attirés à Paris en 1789, employés et payés par les chefs révolutionnaires, est un fait confirmé par des autorités trop nombreuses pour être citées longuement ; et le fait que les conspirateurs aient estimé qu'une telle mesure était nécessaire est d'une immense importance, car il montre qu'à leurs yeux, on *ne pouvait pas compter sur le peuple de Paris pour mener à bien une révolution*. En d'autres termes, l'importation du contingent de brigands à gages réfute de manière concluante la théorie selon laquelle la Révolution était un soulèvement irrépressible du peuple ; elle prouve qu'au contraire, le mouvement a été délibérément et laborieusement conçu. Personne n'a mieux compris la nature humaine que des hommes comme Laclos, Chamfort et les autres chefs de la conspiration orléaniste, et ils se sont sans doute rendu compte que, dans le passé, le peuple irresponsable et amateur de plaisirs de Paris n'avait guère fait preuve d'initiative en matière d'effusion de sang, mais qu'il avait toujours eu besoin qu'on lui donne l'exemple avant d'entrer dans l'esprit de la chose et de jouer à tuer. Ainsi, lors du massacre de Saint-Barthélemy, l'Allemand Behme et l'Italienne Catherine de Médicis n'avaient-ils pas donné l'exemple avant que le peuple de la ville ne s'associe aux cris de guerre contre les huguenots en fuite ?

Aussi impitoyables qu'ils puissent être par moments, ils étaient sujets à de soudaines révulsions de sentiments qui transformaient en un instant leurs victimes en objets d'admiration ; il leur manquait le sang chaud du Sud qui se délecte de la cruauté et ne se lasse pas du spectacle. De même que les anarchistes de notre époque ont toujours compris que c'est parmi les descendants de la populace romaine qui se réunissait au Colisée pour assister aux sports brutaux de l'arène qu'ils devaient chercher l'assassin dont ils avaient besoin pour traquer leur victime royale, Ainsi, les conspirateurs de 1789 savaient que c'était dans le Sud qu'ils devaient chercher cette sombre férocité qui manquait aux Parisiens légers, et dans les régions ensoleillées d'Italie et de Provence, où un coup de poignard n'est encore que la fin quotidienne d'une querelle, ils ont trouvé les terribles instruments dont ils avaient besoin.

Ainsi, l'œuvre de réforme et l'œuvre de révolution avaient progressé côte à côte, et tandis que les députés du peuple s'assemblaient, les chefs de l'insurrection rassemblaient eux aussi leurs forces. C'était une course entre les deux — qui serait le premier sur le terrain ? Ceux qui voulaient construire ou ceux qui ne cherchaient qu'à détruire ?

La révolution l'emporte, et le 27 avril, la première éruption se produit à Paris. La victime de cette extraordinaire émeute était un certain fabricant de papiers peints du faubourg Saint-Antoine, nommé Réveillon, qui venait d'être choisi comme électeur de la ville de Paris.

Tiers État en opposition au candidat orléaniste. D'après certains historiens, « le bruit courut » que Réveillon avait parlé en mal des ouvriers à l'assemblée électorale, mais Montjoie affirme que cette accusation fut définitivement proclamée dans les rues par une horde de brigands traînant avec eux une effigie de Réveillon, et criant au peuple qu'il avait dit qu'un ouvrier pouvait très bien vivre avec quinze sous par jour.

Ce procédé, qui consistait à inventer une phrase et à la mettre dans la bouche de celui qu'on voulait offrir à la fureur populaire, avait été régulièrement adopté par les agitateurs dans toutes les premières émeutes de la Révolution, et avait souvent réussi à tromper complètement le peuple. Dans le cas de Réveillon, cependant, la calomnie était manifestement absurde ; le papetier était connu et respecté dans le Faubourg ; lui-même avait commencé sa vie comme ouvrier, et quand il avait fait fortune, il avait résolu que ses *employés* ne connaîtraient jamais les privations qu'il avait endurées. Aucun de ses ouvriers n'était payé moins de vingt-cinq sous par jour, et pendant le récent hiver rigoureux, il les avait tous maintenus à plein salaire, bien qu'il n'ait pu leur donner du travail. Les habitants du Faubourg savaient donc qu'il ne fallait pas croire les calomnies contre leur bienfaiteur et refusaient de faire des émeutes. Les agitateurs et leurs alliés les brigands sont donc obligés de recourir à la force pour soulever une foule. Montjoie, témoin oculaire de toute l'affaire, et dont le récit est confirmé en presque tous points par d'autres contemporains dignes de foi, affirme que « ces ruffians entraient dans les usines et les ateliers et obligeaient les ouvriers à les suivre ». Cette méthode pour gonfler une foule d'insurrection... fut adoptée pendant toute la révolution. Pour commencer, une cinquantaine d'émeutiers, hommes ou femmes, entourent le premier individu qu'ils rencontrent sur leur chemin, deux des émeutiers le tiennent fermement sous les bras et l'emportent contre son gré... par ce moyen, lorsque la troupe est arrivée sur le champ de bataille, son nombre alarme ceux contre lesquels elle est dirigée. Dans cette occasion, la horde de brigands était augmentée de tous les ouvriers qu'ils avaient enrôlés contre leur gré. »[37]

Par cette méthode laborieuse, une foule désordonnée fut rassemblée et se dirigea vers la maison de Réveillon dans la rue de Montreuil, qui, à leur arrivée, était entourée d'un cordon de troupes. La rue étant ainsi rendue

---

[37] Bézenval, qui commandait les gardes suisses, corrobore exactement cette affirmation : « Tous les espions de la police sont d'accord pour dire que l'insurrection a été provoquée par des hommes étrangers qui, pour augmenter leur nombre, *prenaient de force* ceux qu'ils rencontraient sur leur chemin ; ils avaient même envoyé trois fois au faubourg Saint-Marceau pour faire des recrues sans pouvoir persuader personne de se joindre à eux. Ces espions ajoutent qu'ils ont vu des hommes exciter le tumulte et même distribuer de l'argent. »

impraticable, la foule fut retenue, mais à ce moment opportun, le duc d'Orléans passa en voiture, se rendant au champ de courses de Vincennes, où ses chevaux couraient contre ceux du comte d'Artois. Il arrêta sa voiture, descendit, adressa quelques mots aux émeutiers, puis repartit. Le duc reconnut ensuite son apparition sur la scène, mais l'expliqua en disant que son intention était simplement d'apaiser le peuple, et que les mots qu'il avait prononcés étaient : « Allons, mes enfants, de la paix : nous touchons au bonheur ». Cette exhortation n'eut cependant pas pour effet de disperser la foule, qui continua à assiéger la maison Réveillon jusqu'au soir, lorsque la duchesse d'Orléans, revenant de Vincennes, passa par la rue de Montreuil, encore barricadée par la troupe. Par respect pour la duchesse — que personne n'associait aux intrigues de son mari — les soldats lui ouvrirent immédiatement un passage, et la foule, voyant l'occasion, fit irruption par le même passage et tomba sur la maison de Réveillon, qu'elle entreprit de piller et de détruire.

Trois autres régiments sont alors envoyés sur le lieu de l'action, et les officiers demandent aux envahisseurs de se retirer. Cet ordre fut répété trois fois sans effet, les émeutiers ne répondant que par une grêle de pierres et de tuiles qu'ils lancèrent du haut des maisons sur les soldats, en tuant plusieurs. Puis, en guise d'avertissement, quelques coups de feu sont tirés en l'air par les troupes, et cette fois, la foule riposte par des projectiles plus redoutables encore, sous forme de poutres de toit et d'immenses blocs de pierre arrachés à l'immeuble envahi. Finalement, les soldats, jugeant les méthodes pacifiques inefficaces, ouvrirent le feu sur le toit, semant la mort et la destruction dans les rangs des émeutiers — « les malheureuses créatures tombaient des toits, les murs dégoulinaient de sang, la chaussée était couverte de membres mutilés ». Les survivants se réfugièrent à l'intérieur de la maison et se préparèrent à poursuivre le siège, mais les troupes entrèrent, baïonnettes au canon, et à force de combats au corps à corps, réussirent finalement à vider les lieux et à mettre fin à l'émeute.

Montjoie rendit ensuite visite aux blessés et les interrogea sur les motifs qui avaient inspiré leurs actions : « Malheureux, que faisiez-vous là ? Et tous ont fait la même réponse : « Qu'est-ce que je faisais là ? J'y suis allé, comme vous, comme tout le monde, juste pour voir. » Mais un pauvre malheureux qui agonisait s'écria : « Mon Dieu, mon Dieu, faut-il être traité ainsi pour douze misérables francs ? ». Il avait, en effet, exactement douze francs dans sa poche, et on trouva la même somme sur plusieurs autres émeutiers.[38]

---

[38] Montjoie, *Conjuration de d'Orléans*, i. 275.

Entre-temps, Réveillon lui-même avait réussi à s'échapper pendant le tumulte et s'était réfugié à la Bastille, où il resta sous la protection du gouverneur, De Launay, jusqu'à ce qu'il pût s'aventurer de nouveau en sécurité. Une indemnité lui fut accordée par le roi pour son industrie ruinée.

Telle fut l'Affaire Réveillon que les historiens se plaisent à qualifier de mystérieuse et d'inexplicable. Pourtant, les contemporains de tous les partis admettent qu'elle a été conçue par des agitateurs ; la seule question sur laquelle ils diffèrent est la suivante : "Par qui ces agitateurs ont-ils été employés ? Les révolutionnaires, selon leur habitude, répondent : « La Cour ». La Cour et l'aristocratie, nous assurent-ils solennellement, ont délibérément provoqué l'émeute afin de *trouver une excuse pour tirer sur le peuple !* Plus tard, nous verrons les aristocrates accusés d'avoir incendié leurs châteaux dans le même but. La suggestion est trop grotesque pour être prise au sérieux. Pourquoi la Cour voudrait-elle provoquer une émeute contre elle-même ? Pourquoi une foule soulevée par des aristocrates reprocherait-elle à Réveillon d'être l'ami des aristocrates ? Pourquoi la Cour inciterait-elle la fureur populaire contre un citoyen respectueux des lois et un sujet loyal du roi ? Et surtout, si la Cour cherchait un prétexte pour utiliser la force contre le peuple, pourquoi ne s'empressait-elle pas de l'utiliser ? Pourquoi a-t-on recouru à toutes les méthodes de conciliation avant d'employer la force ?

Que l'Affaire Réveillon ait été l'œuvre de la conspiration orléaniste, personne ne peut en douter si l'on examine avec un esprit impartial les preuves contemporaines ; la présence du duc, et, dit-on, de Laclos, parmi la foule, le fait que l'émeute se soit poursuivie au cri de 'Vive le duc d'Orléans ! et même « Vive notre roi d'Orléans ! »[39] est une preuve suffisante des influences à l'œuvre. Talleyrand — qui connaît bien les méandres de l'intrigue orléaniste — affirme sans ambages qu'elle est organisée par Laclos, tandis que Chamfort, lui-même membre de la conspiration, avoue à Marmontel que le mouvement est financé par le duc.

« L'argent, dit-il, et l'espoir du pillage sont tout-puissants auprès du peuple. Nous venons de faire l'expérience dans le faubourg Saint-Antoine,

---

[39] Voir, par exemple, la lettre de l'ambassadeur anglais à Paris, le duc de Dorset au duc de Leeds, 30 avril 1789 : « Le duc d'Orléans a éprouvé dernièrement, et particulièrement mardi dernier, des marques réitérées de la faveur populaire. Comme il revenait par le faubourg Saint-Antoine, le peuple criait fréquemment : "Vive la maison d'Orléans ! Madame de la Tour du Pin, qui traversait le Faubourg pendant l'émeute avec une partie du groupe du Palais Royal, raconte que" la vue de la livrée d'Orléans… a soulevé l'enthousiasme de cette racaille. Ils nous arrêtèrent un instant en s'écriant : "Vive notre père, vive notre roi d'Orléans !" ». (*Journal d'une Femme de Cinquante Ans*, I 177).

et vous ne sauriez croire combien il en a coûté peu au duc d'Orléans pour faire saccager la manufacture de l'honnête Réveillon, qui, au milieu de ce même peuple, faisait vivre cent familles. Mirabeau affirme gaiement qu'avec 100 louis on peut faire une assez bonne émeute. »[40]

Quel était le but des Orléanistes en désignant Réveillon comme victime ? La défaite de leur propre candidat aux élections a certainement déconcerté leurs projets, mais il est évident qu'il y avait une raison plus précise encore à leur animosité. Le faubourg Saint-Antoine, où se trouvait la manufacture de Réveillon, avait une population entièrement ouvrière, tandis que le faubourg Saint-Marceau était le centre de la misère.

Ces deux quartiers pauvres et populeux de la ville étaient les fiefs des agitateurs ; les mouvements populaires n'y prenaient jamais naissance, mais étaient conçus à Montrouge ou au Club Breton, élaborés au Palais Royal, d'où ils se propageaient dans les Faubourgs et produisaient l'explosion désirée. Par ce moyen, le Faubourg Saint-Antoine devint simplement l'écho du Palais Royal. Mais il fallait un agent influent dans le quartier, et Montjoie affirme que Réveillon fut donc approché par les Orléanistes dans le but de l'entraîner dans la conspiration. Mais ces démarches furent accueillies par un refus indigné de l'honnête papetier, et le poste fut offert au brasseur Santerre, rude et brutal, qui l'accepta avec empressement. À partir de ce moment, le « général Mousseux » — comme Santerre était surnommé par le peuple à cause de la bière mousseuse qu'il fabriquait — devint un *intime* du duc d'Orléans, se promenant avec lui dans son cabriolet, dînant avec lui dans les cabarets[41], et tout en traitant le peuple de « vils brigands et de canailles »,[42] dispersant parmi eux l'or que le duc lui fournissait. Il est donc facile de comprendre que Réveillon, avec ses trois à quatre cents ouvriers bien payés et satisfaits, dans le quartier même où les agitateurs faisaient tous leurs efforts pour semer le mécontentement, s'est montré très odieux aux conspirateurs, et la destruction de la fabrique de papier n'était guère moins nécessaire à leurs desseins que la destruction de cet autre édifice du même quartier, le château de la Bastille. Il fallait donc que l'usine et la forteresse soient toutes deux détruites pour que les agitateurs puissent compter sur le Faubourg pour mener à bien leurs desseins sans être contrôlés.

---

[40] Mémoires de Marmontel, iv. 82.

[41] Montjoie, *Conjuration de d'Orléans*, i. 210, 211, confirmé par Maton la Varenne, *Histoire Particulière*, etc.

[42] *Mémoires de Sénart*, éd. De Lescure, p. 27.

L'Affaire Réveillon avait donc un double but, car non seulement elle avait déblayé le terrain d'un obstacle, mais elle avait préparé la suppression de l'autre ; c'était, en fait, une admirable répétition de l'attaque de la Bastille, elle avait permis aux conspirateurs d'éprouver l'efficacité de leurs méthodes pour rassembler une foule, et si elle s'était soldée par un échec, ils avaient compris qu'ils n'avaient qu'à vaincre la loyauté des troupes pour assurer le succès de la nouvelle entreprise. Comme ce livre le montrera, chacun des grands tumultes populaires de la Révolution a été précédé par un soulèvement avorté de ce genre — le 14 juillet par le 27 avril, le 6 octobre par le 30 août, et le 10 août 1792 par le 20 juin. À chacune de ces occasions, les agitateurs, ne trouvant pas le moyen d'exciter le peuple au degré de violence requis, furent obligés de chercher de nouvelles méthodes pour arriver à leurs fins.

On voit donc que tout récit du siège de la Bastille doit commencer par son prélude dans l'affaire Réveillon. À partir de ce moment, les conspirateurs ne relâchèrent jamais leurs efforts pour corrompre les troupes et saper l'autorité royale. Pour comprendre comment ils ont atteint leur but, nous devons suivre leurs mouvements non seulement dans la ville de Paris mais aussi dans les États généraux qui se sont réunis à Versailles le 5 mai, une semaine après l'affaire Réveillon.

L'ŒUVRE DE LA RÉFORME

Les auteurs pro-révolutionnaires ont l'habitude de représenter l'Assemblée nationale (en laquelle les États généraux ont été transformés le 17 juin) comme divisée en deux camps opposés, formés par les chefs révolutionnaires qui souhaitaient des réformes et par les réactionnaires qui s'y opposaient. Selon cette théorie, le retard dans l'élaboration de la Constitution n'aurait été causé que par la récalcitrance de la noblesse et du clergé à renoncer à leurs privilèges. Mais si nous étudions les rapports des débats qui ont eu lieu à l'Assemblée, nous constaterons que les véritables obstructionnistes étaient les députés révolutionnaires. Car à l'Assemblée, comme dans la ville de Paris, deux des grandes conspirations avaient leurs représentants — les *Orléanistes* dirigés par Mirabeau et comprenant Barnave et les deux Lameths, ainsi que le duc lui-même et ses compagnons d'armes, le duc de Biron et le marquis de Sillery, et les *Subversifs* qui consistaient en un troupeau de querelleurs sans importance, dont Robespierre était le représentant typique.[43] Ces deux factions

---

[43] Le Gouverneur Morris a bien décrit cette faction sous le nom de « Enragés » : « Ce sont les plus nombreux, et ils appartiennent à cette classe qui, en Amérique, est connue sous le nom d'avocats tatillons, avec une foule de vicaires et beaucoup de ceux qui,

révolutionnaires, loin de représenter la démocratie, n'avaient pour but que de servir leurs propres desseins. En effet, comme pas un seul cahier n'avait exprimé de mécontentement à l'égard de la dynastie régnante ou de la monarchie, la faction qui voulait remplacer Louis XVI par le duc d'Orléans et celle qui voulait détruire la monarchie étaient toutes deux également opposées aux vœux du peuple. L'élection de ces membres comme représentants du peuple avait donc été assurée sous de faux prétextes, et leur attitude, dès le début, était nécessairement faite de duplicité et d'imposture. Ne pouvant avouer leur véritable politique sous peine d'être désavoués par leurs électeurs, ils adoptèrent une méthode qui retarda efficacement l'œuvre de réforme, celle de détourner l'attention des véritables enjeux par de perpétuelles arguties sur des questions sans importance.

C'est contre ces obstructionnistes révolutionnaires, bien plus que contre la partie réactionnaire de la noblesse, que les vrais réformateurs avaient à lutter. Or, le parti qui prônait la vraie réforme était représenté par plusieurs hommes très capables et très éclairés : Jean Joseph Mounier, magistrat dauphinois, remarquable par son intégrité et son amour de la justice, Pierre Victor Malouet, le comte de Virieu, le comte de Lally Tollendal, le comte de Clermont Tonnerre. Ce parti, connu sous le nom de « démocrates royalistes » et plus tard de « constitutionnels », représentait en réalité la cause de la vraie démocratie, et son royalisme résultait uniquement de ce qu'il voyait dans la personne de Louis XVI, comme le peuple, la plus sûre garantie de la liberté et de la justice. 'La majorité du peuple, dit Bouillé, était attachée à ce parti, ainsi que toutes les municipalités du royaume et les Gardes nationales. Le projet des chefs était d'établir une monarchie démocratique qu'ils appelaient « une démocratie royale ». Si nous nous reportons de nouveau aux cahiers, nous constaterons que cette politique était exactement conforme aux désirs unanimes de la nation, et nous reconnaîtrons alors l'erreur fondamentale qui consiste à considérer la Révolution comme le mouvement de réforme poussé à l'excès. *La réforme et la révolution étaient deux mouvements totalement distincts*, et non seulement distincts mais *directement opposés l'un à l'autre*.

Comme, dans toutes les assemblées, ceux qui font le plus de bruit sont ceux qui obtiennent le plus facilement une audience, le Tiers État se laissa dominer par les deux factions contestataires, et la voix de la réforme fut noyée sous des flots de verbiage futile. Ainsi, bien que les auteurs révolutionnaires décrivent le peuple de France à cette crise comme étant au

---

dans toutes les révolutions, se précipitent vers l'étendard du changement parce qu'ils ne sont pas bien » [sic] (*Journal et lettres du Gouverneur Morris*, i. 277).

bord de la famine et « gémissant sous les oppressions », il suffit de consulter le *Moniteur* pour constater que *pendant les quatre premières semaines après l'ouverture des États généraux, pas un mot n'a été prononcé dans la salle du Tiers État au sujet de la famine ou des souffrances du peuple.* Quand enfin, au bout d'un mois, il fut proposé, *non par le Tiers État, mais par le clergé,* que l'Assemblée s'occupât de la question du pain du peuple, cette proposition fut accueillie avec un hurlement d'exécration par les factions révolutionnaires. « C'était bien le clergé ! » d'essayer par ces moyens de détourner l'attention de l'union des ordres ! 'Le clergé doit être dénoncé comme séditieux ! Robespierre, dans une violente diatribe, demanda pourquoi le clergé, s'il était si soucieux du bien-être du peuple, ne vendait pas tout ce qu'il possédait pour subvenir à ses besoins. Le [44]discours était aussi insensé qu'injuste ; la libéralité du clergé en matière de soulagement de la détresse avait été sans bornes et, comme tout le monde le savait, la famine n'avait pas été causée par le manque d'argent mais par la difficulté d'obtenir et de faire circuler le grain. Mais c'était le point sur lequel les factions révolutionnaires étaient les plus soucieuses d'éviter toute enquête, et leur complicité avec les accapareurs est évidente si l'on en croit les débats qui eurent lieu sur le monopole. L'occasion leur était donnée de dénoncer publiquement les « aristocrates » qu'ils accusaient d'accaparer le grain, mais loin d'étayer ces accusations, leur politique consistait invariablement à supprimer toute discussion sur la question. Ainsi, comme l'admet M. Louis Blanc dans un rare accès de candeur, "la question sacrée de l'alimentation du peuple était perdue de vue" et "l'Assemblée passait en quelque sorte la misère sociale et la faim du peuple à d'autres sujets". Ces sujets étaient, bien sûr, inévitablement les querelles de partis en général, et l'« Union des Ordres » en particulier.

Ce n'est pas ici le lieu de discuter de la question controversée de la chambre unique ; il y avait beaucoup à dire pour et beaucoup à dire contre. Les vrais démocrates de l'Assemblée la souhaitaient sans aucun doute au motif qu'aucune réforme ne pouvait être effectuée si la noblesse et le clergé avaient la possibilité d'y faire obstacle. Arthur Young considère que ce n'est pas raisonnable.

> « Parmi ces hommes, l'idée commune est que tout ce qui tend vers un ordre séparé, comme notre Chambre des lords, est absolument incompatible avec la liberté ; tout cela semble parfaitement sauvage et sans fondement. »

Que l'union des trois ordres soit souhaitable ou non, une chose est certaine, c'est que les factions révolutionnaires ont fait tout ce qui était en

---

[44] *Souvenirs sur Mirabeau*, par Étienne Dumont, p. 44.

leur pouvoir pour l'empêcher d'avoir lieu par leur attitude agressive envers la noblesse et le clergé. Mais la grande objection à l'union des trois ordres résidait dans le fait que le Tiers État s'obstinait à admettre indistinctement des étrangers à ses débats, de sorte que la confusion la plus effrayante régnait, et que les députés, au lieu d'exprimer leurs véritables convictions, étaient tentés de parler aux tribunes pour gagner en popularité. « Apprenez, monsieur, dit le député Bouche à Malouet dans un discours du 28 mai, que nous débattons ici en présence de nos maîtres ! »

Les chefs révolutionnaires veillaient à s'assurer le soutien des tribunes, et une grande partie de l'assistance était leur propre *claque*, composée de fainéants et de ruffians parisiens à leur solde, qu'ils envoyaient intimider leurs adversaires, et qui, bientôt, non contents d'applaudir la sédition, exprimaient leur désapprobation par des huées et des sifflets. Quelle assemblée, aussi démocratique soit-elle, pourrait continuer à débattre dans de telles conditions ?[45]

La confusion dans laquelle les factions révolutionnaires avaient réussi à jeter l'Assemblée était si grande que Louis XVI se résolut enfin à intervenir et annonça son intention de tenir une Séance Royale. Pour cela, il fallait utiliser la salle du Tiers État, la salle des Menus Plaisirs, qui, étant la plus grande des trois, était la seule capable de contenir les députés des trois ordres, et avait donc été utilisée pour la réunion des États généraux. En conséquence, les Tiers furent informés que la salle devait être fermée

---

[45] Voir le témoignage d'Arthur Young, témoin oculaire de ces scènes : « Les spectateurs dans les galeries sont autorisés à intervenir dans les débats en frappant dans leurs mains et en donnant d'autres expressions bruyantes d'approbation : c'est tout à fait indécent ; car s'il leur est permis d'exprimer leur approbation, il leur est également permis, en toute logique, d'exprimer leur désaccord, et ils peuvent siffler aussi bien qu'applaudir, ce qu'ils ont fait parfois, dit-on : cela reviendrait à dominer le débat et à influencer les délibérations. Une autre circonstance est le manque d'ordre entre eux ; plus d'une fois aujourd'hui il y avait plus de cent membres sur leurs jambes à la fois », etc. (*Voyages en France*, p.165). Lord Dorset, dans une lettre adressée au duc de Leeds le 4 juin 1789, confirme cette description : « On me dit que les propos les plus extravagants et les plus irrespectueux à l'égard du gouvernement ont été tenus, et qu'à toutes ces occasions, la plus grande approbation est exprimée par le public, par des battements de mains et d'autres démonstrations de satisfaction : en bref, l'encouragement est tel qu'il a conduit certains des orateurs à dire des choses qui ne sont guère plus que de la trahison. La noblesse, comme on peut le supposer, est rudement traitée dans ces débats, et sa conduite n'échappe pas à la représentation la plus odieuse qui soit. Le clergé et la noblesse tiennent leurs réunions dans des chambres séparées, et ni l'un ni l'autre n'admet que des étrangers assistent à leurs délibérations » (*Dépêches de Paris*, ii. 207).

aux débats *pendant deux jours seulement*,[46] et afin d'éviter tout malaise, les salles de la noblesse et du clergé furent également fermées. L'annonce est reçue sans murmure par les « ordres privilégiés », mais les Tiers, furieux de l'édit royal, se rendent au « tennis » voisin et tiennent une réunion d'indignation, où, à l'instigation de Mounier — qui, par la suite, se repent amèrement de son geste — ils jurent de ne pas se séparer avant d'avoir rédigé la Constitution.

Malgré cet acte d'insubordination ouverte, Louis XVI se présente à la Séance Royale du 23 juin[47] et annonce ses intentions à l'Assemblée. Dans des paroles dignes mais touchantes, il supplie les représentants du peuple de poursuivre l'œuvre de réforme qu'il a inaugurée ; il leur rappelle que les États généraux, assemblés depuis près de deux mois, n'ont pu s'entendre sur les préliminaires de leurs travaux ; il fait appel à leur amour de la patrie, à leurs traditions de Français, pour qu'ils cessent leurs dissensions et travaillent ensemble au bien commun.

> « Je me dois de faire cesser ces funestes différends ; c'est dans cette résolution que je vous ai réunis autour de moi comme le père de tous mes sujets, comme le défenseur des lois de mon royaume. »

Comme il fallait, sans plus tarder, répondre aux exigences du peuple, le roi procéda à l'énumération des réformes qu'il se proposait d'introduire, en vertu de la prérogative royale. Il s'agit avant tout de l'égalité des impôts et de l'abolition des privilèges pécuniaires de la noblesse et du clergé, de l'abolition totale de la taille, des corvées, des francs-fiefs, des lettres de cachet, de la mainmorte et des charges personnelles, d'une plus grande liberté de la presse, de l'atténuation ou même de l'abolition de la gabelle, et de la restriction des capitaineries ou lois sur le gibier.

Ainsi, de son propre chef, le roi avait réparé les principaux griefs de l'Ancien Régime ; il refusait cependant d'abolir tous les droits féodaux de la noblesse et du clergé, qu'il ne voulait pas supprimer. Ce sacrifice fut donc laissé aux deux ordres, et ils le firent volontairement six semaines plus tard. Le discours du roi se termina par ces mots significatifs :

> « Vous avez entendu, messieurs, le résultat de mes inclinations et de mes vues… et si par une fatalité éloignée de ma pensée vous m'abandonnez dans une si grande entreprise, seul j'accomplirai le bien-être de mon peuple, seul je me considérerai comme son véritable représentant ; et

---

[46] La Séance Royale est annoncée pour le lundi 22 juin, et la salle est fermée le samedi 20. L'Assemblée ne siégeant pas le dimanche, cela signifiait que la Séance du samedi seulement serait manquée.

[47] À la demande de Necker, la Séance Royale a été reportée au mardi 23.

connaissant vos cahiers, connaissant le parfait accord qui existe entre les vœux généraux de la nation et mes intentions bienveillantes… je marcherai vers le but avec tout le courage et la fermeté qu'il m'inspire. »

Qu'est-ce que cela peut signifier ? Une seule chose. Ces deux phrases de mauvais augure avaient clarifié les intentions du Roi — « *seul* je réaliserai le bien-être de mon peuple, *seul* je me considérerai comme son véritable représentant ». En d'autres termes, le roi laissait entendre que *si le Tiers État ne cessait pas ses querelles et ne se mettait pas « au travail », il dissoudrait les États généraux et accomplirait lui-même l'œuvre de réforme.*

Comment s'étonner que le discours du roi ait été accueilli dans un silence lugubre par les Tiers ? Comment s'étonner que les factions aient tremblé sur leurs sièges ? Comment s'étonner que les Orléanistes et les Subversifs aient craint pour les fortunes qu'ils avaient espéré bâtir sur la confusion publique ? Comment s'étonner que Mirabeau, voyant s'évanouir dans l'espace le ministère qu'il convoitait, se soit levé avec colère pour prononcer sa fameuse « apostrophe » ? Le roi avait quitté la salle, et De Brézé, le maître des cérémonies, déclarait la séance terminée, lorsque Mirabeau, qui exactement une semaine auparavant, en soutenant le veto royal, avait déclaré :

> « Je ne saurais rien imaginer de plus terrible que l'aristocratie souveraine de 600 personnes qui demain pourraient se déclarer immobiles », défia maintenant insolemment l'ordre du roi par ces mots : « Nous ne quitterons nos places que par la force de la baïonnette ! »

Ainsi se termina cette séance qui aurait pu jeter à jamais les bases de la liberté française. La chose que les factions révolutionnaires redoutaient plus que toute autre menaçait de se produire : la régénération du royaume allait s'accomplir pacifiquement et la monarchie s'établir sur une base libre et constitutionnelle. S'il fallait une preuve supplémentaire que l'œuvre des factions révolutionnaires était activement opposée à l'œuvre de la réforme, on la trouverait dans ce seul fait indéniable que, pendant toute la Révolution jusqu'à la chute de la monarchie, *chaque concession faite par le roi aux désirs du peuple, chaque pas dans l'œuvre de la réforme, était le signal d'une nouvelle flambée de fureur révolutionnaire.*

Aussi les immenses réformes de la Séance Royale, loin d'amener un règlement pacifique de la crise, furent-elles suivies de nouvelles scènes de violence. Deux jours après, l'archevêque de Paris, aimé de tout le vrai peuple pour sa bienveillance et la droiture de sa vie, fut attaqué par une bande d'émeutiers à gages, au sortir de l'Assemblée, et n'échappa à la mort que par la vitesse de ses chevaux, le courage et la présence d'esprit de son cocher.

Le fait que, quatre jours après la Séance Royale, la noblesse et le clergé, obéissant à l'ordre du roi, aient réglé la question brûlante de la chambre unique en se ralliant au Tiers État, n'a rien fait pour apaiser la fermentation que les révolutionnaires avaient réussi à créer. Si, comme l'avait déclaré le Tiers État, le refus de la noblesse de concéder ce point avait été le seul obstacle à l'œuvre de réforme, pourquoi cette œuvre ne se poursuivait-elle pas maintenant que l'obstacle était levé ? Au contraire, les Tiers, une fois la noblesse et le clergé à leur merci, se montrent plus agressifs que jamais et nullement disposés à discuter pacifiquement de la régénération du royaume. Certes, un' comité des subsistances « est formé pour traiter de la question de la famine, mais comme il est composé presque exclusivement d'orléanistes, dont le duc d'Orléans lui-même, rien n'est fait pour soulager la détresse du peuple, et la famine continue ses ravages.

LE FOYER DE LA RÉVOLUTION

Pendant que ces scènes se déroulaient à Versailles, les agitateurs de Paris, en contact étroit avec les factions révolutionnaires de l'Assemblée, s'étaient employés à fomenter l'insurrection. Nuit et jour, le jardin poussiéreux du Palais Royal était rempli à ras bord ; il n'était plus seulement le repaire du vice, il était devenu une arène politique — une sorte de Trafalgar Square et de Burlington Arcade combinés — où tous les moyens étaient utilisés pour jouer sur les passions des hommes — les femmes, le vin, la soif de l'or, l'envie, la haine et la vengeance. Aux petites tables à l'extérieur des cafés, les oisifs se réunissaient pour des discussions animées ; sous les longues arcades, où les *marchands de frivolités* exposaient leurs marchandises, les femmes peintes de la ville marchaient bras dessus bras dessous, attirant avec des regards audacieux les soldats qui passaient ; dans les tripots, le cliquetis des dés et le tintement des pièces de monnaie se poursuivaient jusque tard dans la nuit, et sous les arbres, des politiciens bon marché, les yeux révulsés et les gestes furieux, incitaient le peuple à la violence. Pour ces orateurs de la foule, le bruit était de la plus haute importance et, pris de convulsions de frénésie révolutionnaire, ils hurlaient des invectives contre les aristocrates et la Cour, ou blasphémaient Dieu et la religion.

Le plus violent de tous était le marquis de St-Huruge, un ancien forçat, dont la voix de stentor semblait infatigable ; au-dessus des têtes de la foule on apercevait au loin son chapeau blanc, point de ralliement du désordre, tandis qu'avec une immense massue, manipulée comme une baguette de chef d'orchestre, il excitait ou apaisait les passions de ses auditeurs. Philippe d'Orléans, observant cette scène depuis ses fenêtres situées à l'extrémité de la longue place, avait de quoi se féliciter de la vaste machinerie que le génie de Choderlos de Laclos avait mise en mouvement. Depuis peu, de nouvelles recrues s'étaient ajoutées à la conspiration, dont la plus importante était un jeune journaliste de Guise, Camille Desmoulins — découvert par Mirabeau — qui tentait la cupidité de la population par des promesses de butin à arracher à la noblesse et au clergé :

> « La brute est dans le piège, alors tue-la ! ... Jamais proie plus riche ne fut offerte au conquérant ! Quarante mille palais, hôtels et châteaux, les deux cinquièmes de la richesse de la France, seront le prix de la bravoure ! »[48]

On s'était également adjoint les services de plusieurs nouveaux agitateurs : le comédien Grammont, homme d'une férocité extraordinaire, ayant, comme nous le verrons plus loin, *littéralement* « le goût du sang » ; un forçat de Saint-Domingue connu sous le nom de Fournier l'Américain, Stanislas Maillard, futur directeur des massacres de septembre, et une femme dont l'esprit et l'audace allaient se révéler une immense acquisition pour la cause.[49]

Anne Terwagne de Mercourt était une *demi-mondaine* belge et une vieille amie du duc d'Orléans lorsque la Révolution éclata. Plusieurs années auparavant, elle lui avait été présentée à Londres par le prince de Galles, et c'est au duc qu'elle devait son ascension vers la fortune, car à son retour à Paris, elle devint une brillante courtisane avec des bijoux, des carrosses et des chevaux, et sous le nom de « Comtesse de Campinados », elle voyagea sur le continent avec divers riches protecteurs.[50] La « Comtesse » était à Rome lorsque les États généraux se réunirent, mais la montée de la tempête révolutionnaire la ramena précipitamment à Paris, où, adoptant « Théroigne de Méricourt » comme *nom de guerre*, elle se jeta dans la cause de son ancien bienfaiteur, le duc d'Orléans. Théroigne était loin de ressembler à la « malheureuse femme » brûlant de venger ses torts sur une société corrompue, qui se faisait passer pour elle dans les pages de Carlyle, car c'était avec la partie la plus corrompue de la société qu'elle s'identifiait désormais. Petite et fragile, avec des yeux noirs brillants, un nez retroussé impertinent et « une taille qu'un homme pourrait entourer de ses dix doigts », Théroigne, dans son salon de la rue de Bouloi, régnait en reine du demi-monde, rassemblant autour d'elle les chefs de la conspiration orléaniste, dont l'abbé Sièyes était l'idole.

---

[48] *La France Libre*.

[49] Montjoie, *Conjuration de d'Orléans*, i. 221 ; *Philippe d'Orléans Égalité*, par Auguste Ducoin, p. 50.

[50] *Théroigne de Méricourt*, par Marcellin Pellet, p, 10.

Le rôle joué par les courtisanes dans les premières étapes de la Révolution n'a jamais été correctement évalué par les historiens ; sans la coopération de ces femmes, de Théroigne de Méricourt à la plus humble *fille de joie*, il est douteux que le grand projet des Orléanistes — la défection de l'armée — ait jamais pu être réalisé. Les Gardes françaises, le régiment le plus gai et le plus essentiellement parisien de l'armée, étaient des habitués du Palais Royal, et devinrent ainsi les alliés des courtisanes qui logeaient dans les maisons environnantes et hantaient les arcades ; dans certains cas, les soldats jouaient le rôle de *souteneurs*, partageant les revenus des *filles de joie*, et ces revenus étant maintenant largement augmentés par la générosité du duc, les deux récoltaient la moisson d'or semée par les conspirateurs. Par ce moyen, les gardes françaises, qui avaient tenu bon lors de l'Affaire Réveillon, furent progressivement détournées de leur allégeance.

Vers la fin du mois de juin, le régiment ayant été confiné dans les casernes pour insubordination, trois cents d'entre eux s'échappèrent et paradèrent dans les rues de Paris, pour finalement se présenter au Palais Royal, où ils reçurent un accueil enthousiaste de la part des courtisanes et furent régalés de vin et de bonne humeur.

Cette révolte ouverte incite enfin les autorités à agir et onze des meneurs sont emprisonnés à l'Abbaye. Aussitôt un cri d'indignation s'éleva du Palais Royal, et une armée de brigands, dirigée par Jourdan, avec Maillard pour aide de camp et Théroigne de Méricourt pour amazone, se mit en marche pour délivrer les « victimes du despotisme ». À coups de matraques et de hachettes, les portes de l'Abbaye sont enfoncées, et tous les prisonniers, non seulement les déserteurs mais aussi un certain nombre de criminels, sont lâchés dans les rues. Une fois de plus, le Palais Royal reçut les rebelles ; un souper magnifique fut servi, tandis que les feux de joie et les feux d'artifice transformaient la nuit en jour. Pourtant, même après cette flambée, le Roi fut persuadé de gracier les insurgés. Les historiens, qu'ils soient royalistes ou révolutionnaires, ont l'habitude d'accuser Louis XVI de faiblesse. Cette accusation, portée par ceux qui croient qu'un roi doit être le chef et non le serviteur de son peuple, est certes cohérente, mais pour ceux qui croient en la souveraineté du peuple, accuser Louis XVI de faiblesse est à la fois injuste et illogique. Louis XVI a appliqué les principes de la démocratie jusqu'au bout ; il croyait qu'il existait pour son peuple, et non le peuple pour lui. Le despotisme, dit le démocrate Bailly, n'avait aucune place dans le caractère du roi ; il n'a jamais désiré que le bonheur de son peuple ; c'était le seul moyen qu'on pût employer pour l'influencer — un roi moins bienveillant, des ministres plus intelligents, et il n'y aurait pas eu de révolution. Par conséquent, tant que les orateurs de la foule invectivaient la Cour et que les agitateurs incitaient le peuple à s'élever contre sa propre autorité, le roi refusait de réprimer la sédition par la force ; ce n'est que lorsque les gens se retournaient les uns contre les autres qu'il considérait comme son devoir de les sauver d'eux-mêmes. Lorsque, enfin, les scènes de violence qui se déroulaient au Palais Royal atteignirent un tel point qu'aucun citoyen respectueux de la loi ne pouvait s'aventurer à l'intérieur du jardin, le Roi fut placé dans le terrible dilemme de devoir décider s'il fallait faire intervenir des troupes pour rétablir l'ordre, et, comme à chaque crise de la Révolution, il se trouva déchiré entre des conseils contradictoires. D'une part, les soi-disant démocrates de l'Assemblée représentaient l'iniquité de s'opposer à la « volonté souveraine du peuple », d'autre part, la noblesse et le clergé protestaient que c'était « une cruelle dérision de confondre ainsi le peuple qu'il fallait retenir avec celui qu'il fallait protéger », et exhortaient donc le roi à ordonner des troupes pour la défense de la ville. L'inquiétude des citoyens était si grande qu'à la fin du mois de juin, les communes de Paris commencèrent à inaugurer une *garde bourgeoise* pour se protéger des brigands. Puisque le rassemblement des troupes autour de Paris a été habituellement accepté comme la raison principale de la Révolution de juillet, il est important de se rappeler ce point.

Le roi décida finalement d'employer l'armée pour la défense de la ville ; et comme il était essentiel de se prémunir contre toute nouvelle défection, deux régiments de supplétifs suisses et allemands furent inclus, en partie parce que ces hommes étaient particulièrement aptes à la discipline, mais surtout parce que leur ignorance de la langue française les rendait moins susceptibles d'être corrompus par les agents du Palais Royal.[51] La circonstance de leur nationalité, cependant, fournissait un nouveau prétexte pour soulever la foule — "des légions étrangères à employer contre la nation ! Pourtant, les révolutionnaires n'ont pas hésité à accueillir ces étrangers dans leurs propres rangs lorsque, par leurs méthodes habituelles de femmes, de vin et d'argent, ils ont réussi à les séduire et à les faire renoncer à leur allégeance au roi. Un hussard allemand monté dans les rangs pour la défense des citoyens français était un « mercenaire étranger » ; le même hussard buvant avec les courtisanes du Palais Royal à la chute de la monarchie française était un homme et un frère. Tel fut, tout au long de la Révolution, comme nous le verrons, le « patriotisme » des chefs.

La présence de toute troupe loyale, étrangère ou non, était naturellement destinée à déjouer les desseins des conspirateurs, car, outre l'opposition qu'elles opposaient à l'insurrection, ces troupes servaient de garde aux

---

[51] Marmontel, iv. 137 ; *Dépêches de Paris*, lettre de Lord Dorset, datée du 9 juillet 1789.

convois de grains destinés à la capitale. Le maréchal de Broglie, le baron de Bézenval, le prince de Lambesc s'étaient montrés infatigables dans leurs efforts pour protéger les wagons de blé contre les assauts des brigands qui guettaient autour de Paris, et pour cette raison ils étaient devenus odieux aux agitateurs.[52]

Les orateurs du Palais Royal se mirent donc à l'œuvre pour susciter une nouvelle panique. De vastes hordes de soldats étrangers devaient marcher sur la capitale pour massacrer les citoyens — le Palais Royal devait être livré au pillage — la ville devait être bombardée de boulets de canon chauffés au rouge et tout devait être mis à feu et à sang. Pendant ce temps, à Versailles, l'Assemblée nationale devait être détruite par des mines placées sous le plancher. Cette faribole de sottises fut crue non seulement par la population ignorante de Paris, mais sérieusement répétée par les députés eux-mêmes. Mirabeau à l'Assemblée, travaillant sur leurs alarmes, déploya toute son énergie pour attiser la flamme de l'insurrection :

> "Quand les troupes avancent de tous côtés, quand les camps se forment autour de nous, quand la capitale est assiégée, nous nous demandons avec étonnement : « Le roi doute-t-il de la fidélité de son peuple ? Que signifie cette démonstration menaçante ? Où sont les ennemis du roi et de l'État qu'il faut soumettre ? Où sont les comploteurs qu'il faut retenir ? »

Ceci alors que le Palais Royal était un foyer de sédition, que « presque chaque jour produisait quelque acte de violence »,[53] que les citoyens de Paris eux-mêmes s'armaient pour se protéger !

Cette tirade était un chef-d'œuvre d'hypocrisie et de ruse ; personne ne connaissait mieux que Mirabeau la nécessité de maintenir l'ordre, personne ne se rendait mieux compte des horreurs de l'anarchie, et personne n'était moins véritablement démocrate.

La réponse du Roi aux demandes des députés pour le retrait des troupes est brève et précise :

> « Personne n'ignore les désordres et les scènes scandaleuses qui ont eu lieu à plusieurs reprises à Paris et à Versailles sous mes yeux et ceux des États généraux. Il est nécessaire que j'emploie tous les moyens en mon pouvoir pour rétablir et maintenir l'ordre dans la capitale et ses environs. C'est un de mes principaux devoirs de veiller à la sécurité publique. Tels sont les motifs qui m'ont porté à réunir des troupes autour de Paris, et vous pouvez assurer les États généraux qu'elles n'ont pour but que de réprimer

---

[52] Montjoie, *Conjuration de d'Orléans*, ii. 19 ; *Mémoires de Bézenval*, ii. 396.

[53] *Dépêches de Paris*, II 237, lettre de Lord Dorset.

ou plutôt de prévenir de pareils désordres, de faire respecter la loi, d'assurer et de protéger même la liberté qui doit régner dans vos délibérations... Il n'y a que des personnes mal intentionnées qui puissent induire mon peuple en erreur sur les véritables motifs des mesures de précaution que j'ai prises. J'ai invariablement cherché à faire tout ce que je pouvais pour contribuer à leur bonheur, et j'ai toujours eu des raisons de croire en leur amour et leur loyauté. »

Le procès de Bézenval, commandant de la Garde suisse, prouva par la suite que le roi était absolument sincère dans ces assurances. En janvier 1790, la Commune de Paris, à l'instigation des Orléanistes, fit comparaître Bézenval devant le tribunal du Châtelet pour « avoir participé à une conspiration formée contre la liberté du peuple français, de l'Assemblée nationale, et particulièrement de la ville de Paris » au mois de juillet précédent. Il n'a pas été prouvé qu'il y ait eu conspiration ; au contraire, il a été prouvé par des pièces justificatives que les intentions du ministère et de M. de Bézenval « étaient des plus pacifiques et des plus paternelles » ; les lettres produites manifestaient le projet de cet officier de garder les provisions de Paris, *pour lequel les troupes étaient réunies*, et que, loin de vouloir détruire les citoyens, on les avait réunies pour les protéger. Elles étaient nécessaires aussi « pour réprimer les brigands qui avaient déjà causé des désordres dans Paris et qui pouvaient en préparer d'autres ». Ces faits ayant été prouvés, Bézenval est acquitté, et, malgré les protestations de Marat, le *Moniteur* lui-même reconnaît la justice de la décision :

> « Les renseignements pris étaient immenses, mais rien de criminel n'a été découvert contre l'accusé et il a été acquitté. Il faudrait avoir des preuves très fortes pour soupçonner une collusion perfide entre une municipalité respectée et un tribunal estimé dans le seul but de tromper la populace sur de *prétendus délits dont l'enquête la plus minutieuse n'a pu prouver la réalité.* »[54]

Que les troupes n'aient été destinées à aucun but agressif est donc certain, et la nécessité de leur rassemblement est maintenant reconnue par les historiens français éclairés.[55]

---

[54] *Moniteur* du 4 janvier, 4 février et 3 mars 1790.

[55] Par exemple, *La Révolution*, de M. Louis Madelin, p. 62, « On comprendra que, dans ces circonstances, le ministère ait avancé des troupes sur Paris. Le gouvernement le moins réactionnaire aurait été obligé de le faire. »

Le discours du roi a eu pour effet d'apaiser l'inquiétude de l'opinion publique, et Mirabeau se met aussitôt au travail pour rédiger une nouvelle adresse qui suscitera un nouveau mécontentement.[56]

Pour Louis XVI, la situation devenait maintenant complètement déconcertante. Content de faire son devoir selon ses lumières, il ne pouvait comprendre pourquoi ses actes étaient perpétuellement mal interprétés par le peuple, il ne pouvait deviner l'existence des influences exercées sur ses esprits par les agitateurs qui se faisaient un devoir de détourner la satisfaction populaire de toute concession aux désirs du peuple.

Pourquoi aucun des démocrates royalistes de l'Assemblée n'a-t-il éclairé le roi sur la situation réelle des affaires ? Il est certain qu'ils connaissaient la conspiration orléaniste, car ils ont ensuite décrit les efforts déployés par les partisans du duc pour s'assurer leur coopération, efforts qui ont tous été repoussés avec indignation. Mounier et Bergasse ont été approchés par Mirabeau,[57] Virieu par Sillery,[58] et les deux conspirateurs ont reçu une réponse presque identique : Comprenez, monsieur, que si quelqu'un ici osait appeler M. le duc d'Orléans au trône à la place du roi, je le poignarderais de ma propre main ! Lafayette, dont le premier enthousiasme pour la Révolution avait fait naître des espoirs dans l'esprit des conspirateurs, ne se montra pas moins intraitable, car s'il se souciait peu du Roi, il détestait Orléans, et à la suggestion que sa tête et celle du duc ayant été mises à prix par la Cour, il ferait bien de s'allier à lui, Lafayette répondit froidement que « le duc d'Orléans n'était rien pour lui, et qu'il était inutile de former un parti quand on était avec la nation entière. »[59]

Mais au lieu de simplement rejeter ces avances, pourquoi ces hommes n'ont-ils pas usé de leur immense influence pour étouffer l'intrigue ? Nous ne pouvons pas croire qu'ils aient manqué de courage, puisque plus tard ils ont affronté la révolution pour soutenir la monarchie chancelante ; pourquoi donc ont-ils attendu qu'il soit trop tard ? La seule explication semble être qu'à cette crise ils croyaient que la conspiration orléaniste était accessoire à la Révolution ; ils reconnaissaient son existence mais ne se rendaient pas compte de son ampleur, et craignaient qu'en l'écrasant ils n'arrêtent tout le mouvement révolutionnaire qu'ils tenaient encore pour

---

[56] Appel au Tribunal de l'Opinion Publique, par Mounier, 1790.

[57] Ibid.

[58] *Le Roman d'un Royaliste*, par Costa de Beauregard.

[59] *Mémoires de Lafayette*, II 53.

nécessaire à la régénération du royaume. En un mot, c'étaient des visionnaires, et en période de crise nationale, les visionnaires sont les plus dangereux de tous les hommes. Déterminés à poursuivre des idéaux irréalisables, ils ferment les yeux sur les réalités, et au lieu de faire face au danger, ils préfèrent l'ignorer.

Le plus coupable de tous est Necker — Necker en qui le roi et la reine avaient confiance pour mener le navire de l'État à bon port. Depuis le début, sa seule considération a été la popularité, sa seule politique a été de temporiser. Sa méthode pour faire face à la crise financière avait consisté à lever des emprunts perpétuels ; en ce qui concerne la famine, Arthur Young déclara que « ses édits avaient plus contribué à augmenter le prix du maïs que toutes les autres causes réunies », et bien qu'ayant commis cette erreur initiale, il fit apparemment de son mieux pour la réparer par des efforts inlassables pour nourrir le peuple, il hésita à prendre la mesure la plus efficace à cette fin — celle de dénoncer les monopoleurs.

L'attitude de Necker n'admet que deux explications : soit il était de mèche avec les orléanistes, soit il avait peur d'eux. Dans les deux cas, sa conduite était méprisable, comme en conviennent les contemporains de tous les partis. Il est étrange que, bien que Necker soit le seul démagogue de l'époque qui n'ait jamais trouvé de panégyriste — sauf dans sa propre fille, Mme de Staël — ce soit la découverte par le roi de son incapacité, que tout le monde reconnaît maintenant, qui ait été acceptée comme un prétexte adéquat pour la Révolution de juillet.

Au début de ce mois, Louis XVI comprend enfin que Necker doit partir et qu'un ministère fort doit être formé si l'on veut éviter la crise imminente. En conséquence, il renvoie ses ministres et nomme à leur place De Breteuil, De Broglie, La Galaiziere et Foullon.

Joseph François Foullon est un ancien commissaire de 74 qui s'est grisé au service de l'armée. Sa grande fortune, attribuée par les chefs révolutionnaires à la spéculation ou au monopole des grains, résultait des émoluments de sa charge et de son mariage avec une héritière hollandaise.[60] Il est évident que Foullon était impopulaire auprès du peuple, mais rien ne prouve qu'il l'ait jamais traité avec dureté ; au contraire, pendant l'hiver précédent, il avait dépensé pas moins de 60 000 francs pour donner du travail aux paysans de sa province, » ne voulant pas les humilier par la charité ». Homme sévère[61], cependant, et partisan de la discipline,

---

[60] *Biographie Michaud*, article sur Foullon ; *Histoire de la Révolution Française*, par Poujoulat, p. 121, citant des documents contemporains.

[61] Ibid.

Foullon s'avança à ce moment pour offrir au Roi son avis sur la situation sous la forme de deux plans alternatifs par lesquels il pensait que la Révolution pourrait être évitée. Dans le premier, il s'exprime clairement sur la conspiration orléaniste ; il conseille d'arrêter le duc et ses complices parmi les députés de l'Assemblée, et de ne pas séparer le roi de son armée avant que l'ordre ne soit rétabli ; dans la seconde, il proposait au roi de s'identifier à la Révolution avant son explosion finale, de se rendre à l'Assemblée, de réclamer lui-même les cahiers, puis de faire les plus grands sacrifices pour satisfaire les vrais désirs du peuple avant que les séditieux puissent les tourner au profit de leurs desseins criminels.

Cette proposition du nouveau ministre jette un éclairage important sur la Révolution de Juillet, car, selon Madame Campan, elle parvint aux oreilles des orléanistes par l'intermédiaire du comte Louis de Narbonne et de Madame de Staël, et explique naturellement leur fureur au changement de ministère et aussi leur animosité envers Foullon. De l'un à l'autre de ces deux projets, leur destin était également certain, car une solution pacifique de la crise n'aurait pas été moins fatale à leurs desseins que la mesure plus rigoureuse de leur propre arrestation.

Il est évident qu'ils étaient au courant de la destitution imminente de Necker plusieurs jours avant qu'elle n'ait lieu, et immédiatement, dans le conseil de minuit de Montrouge, un plan d'insurrection fut élaboré. L'avance des troupes et le départ de Necker devaient servir de prétexte pour soulever le peuple ; Avec cette superbe capacité de manger ses propres mots qui est le véritable art de la démagogie, Necker, qu'ils avaient jusqu'alors accablé de leurs sarcasmes et accusé ouvertement d'accaparer les grains, devait être présenté au peuple comme son unique espoir de salut, et dans la panique qui suivrait son renvoi, le peuple — « ce troupeau imbécile » que, comme disait Chamfort, « les bons bergers pouvaient conduire à leur guise » — devait être poussé à la révolte. Puis le duc d'Orléans, profitant de la confusion générale, devait être fait lieutenant-général du royaume, sinon élevé sur-le-champ au trône. Il ne dépendait que de lui-même », dit Mirabeau, qui avouera plus tard à Virieu le plan d'ensemble ; « *on lui avait fait son thème* ; on avait préparé les mots qu'il devait employer. »[62]

Mirabeau se montre triomphant à cette occasion. Jusqu'à présent, il avait franchement dénigré Necker, l'appelant « *le grippe-sou* genevois »[63] ou « l'horloge qui se trompe toujours », et à la veille de sa révocation, il

---

[62] *Procédure du Châtelet*, déposition du comte Virieu.

[63] *Souvenirs sur Mirabeau*, par Étienne Dumont, p. 208.

avait déjà préparé un discours pour l'Assemblée l'accusant de complicité avec la famine. Mais maintenant que la révocation de Necker va servir de prétexte à l'insurrection, Mirabeau, en gigantesque charlatan qu'il était, déclare que « nous ne pouvons que regarder avec terreur l'abîme de malheurs dans lequel le pays va être entraîné, maintenant que l'exil de M. Necker, si longtemps désiré par nos ennemis, est accompli ».[64]

Dès le 9 juillet, les agitateurs du Palais Royal avaient commencé à alarmer le peuple sur le sort réservé à leur idole.

« Écoutez-moi, citoyens ! s'écrie un orateur de la populace qui a réussi à rassembler une foule autour de lui, nous sommes réunis ici pour vous déclarer que nous regarderons comme traître à la patrie celui qui attentera non seulement à la vie, mais à la charge ministérielle de M. Necker, dont nous voulons faire un ministre permanent de la nation, et que notre roi, quoique bon et confiant, est incapable de gouverner son royaume, nous nommons M. le duc d'Orléans lieutenant général du royaume ! »[65]

La proposition ne semble pas avoir été accueillie avec beaucoup d'enthousiasme, et les agitateurs ont simplement réussi à produire dans le peuple un état d'esprit décrit à juste titre par M. Louis Madelin comme une *crise de nerfs*. Ils avaient déjà suffisamment de raisons de s'alarmer — la crainte croissante de la famine, les brigands qui les entouraient, les assurances des orateurs du Palais Royal que les troupes du Roi se rapprochaient d'eux pour les massacrer, et maintenant, après toutes ces terreurs, venait la nouvelle alarme que Necker allait être renvoyé, et le pays impliqué dans la faillite et la ruine. Comment s'étonner que le malheureux peuple ait été plongé dans un état proche de l'hystérie ?

LE 12 JUILLET

L'état du temps ajoutait encore à l'excitation des Parisiens, car le printemps froid avait été suivi en juillet d'une bouffée de chaleur presque tropicale, circonstance qui semble avoir toujours réagi sur l'esprit de la populace, car presque tous les grands jours de tumulte pendant la Révolution à Paris ont été exceptionnellement chauds. La matinée du dimanche 12 juillet, lendemain du départ de Necker, fut torride ; le soleil tombait d'un ciel sans nuage sur la foule qui, dès la première heure, avait rempli le jardin du Palais Royal. Dès neuf heures, une vague rumeur avait

---

[64] « Courrier de Provence, lettre 19" », *Mémoires de Bailly*, I 332.

[65] Montjoie, *Histoire de la Révolution de France*, chap xli ; Témoignage de M. Périn, *Procédure du Châtelet*, II 113.

atteint la ville, annonçant que le pire était arrivé, que Necker était renvoyé, et tandis que la nouvelle panique passait de bouche en bouche, les citoyens terrifiés se précipitaient au Palais Royal pour vérifier la vérité. À midi, le jardin était tellement rempli qu'il n'y avait plus de place debout, et les gens grimpaient sur les arbres jusqu'à ce que les branches plient sous leur poids ; même les orateurs de la foule, après avoir vainement tenté d'empiler des chaises et des tables pour leurs estrades, étaient réduits à se suspendre aux branches des tilleuls pendant qu'ils haranguaient la foule. « Cette agitation, dit Montjoie, qui assistait à la scène, était terrifiante. Il faut l'avoir vue pour s'en faire une idée. À chaque instant une nouvelle rumeur circulait, ajoutant à la consternation générale ; tantôt un messager, les yeux fous, se précipitait sur la place et criait qu'il arrivait de Versailles où l'on massacrait les députés ; tantôt un marchand de panique annonçait que le duc d'Orléans était exilé — jeté à la Bastille — condamné à mort ; tantôt des avertissements criaient au peuple terrifié que les troupes marchaient sur la ville pour tout mettre à feu et à sang. La multitude bouillonnante qui remplissait le jardin et les arcades était comme une mer fouettée par un ouragan ; à chaque nouvelle alarme, un long et profond gémissement s'élevait de milliers de gorges, un gémissement qui devenait un rugissement étouffé de fureur, qui s'éteignait dans le silence de la consternation. Puis, soudain, la rumeur fit place à la certitude. Un nouveau messager venu de Versailles annonça la terrible nouvelle : Necker était congédié, il avait déjà pris congé, la condamnation du pays était scellée ; et à cette confirmation de leurs craintes, les fous se retournèrent contre le porteur de mauvaises nouvelles et on les empêcha à grand peine de le noyer dans une des fontaines du jardin.

Il était midi et le soleil avait atteint le méridien, frappant la masse dense des têtes et le verre brûlant du Palais Royal. Soudain, une chose étrange se produisit. Le miroir de verre réfléchit les rayons du soleil sur le canon du palais et, allumant la charge, il la mit à feu avec un bruit terrifiant, et ainsi « le soleil lui-même donna le premier signal de la Révolution ».[66]

L'effet de cette circonstance sur l'esprit du peuple fut indescriptible. La scène de confusion la plus sauvage commença. Des hommes hagards de peur, des femmes pâles et éplorées se précipitaient de-ci de-là ; les rues étaient remplies de bandes de citoyens, silencieux et désemparés, qui se hâtaient comme des moutons effrayés dont ils ne savaient où aller. Malheureux peuple poussé désespérément de part et d'autre par les hommes qui s'étaient faits leurs bergers !

---

[66] Montjoie, Histoire de la Révolution de France, chap. xl.

Pourtant, les bergers ne trouvèrent pas leur travail trop facile ; même les moutons refusent par moments d'être conduits dans la bonne direction, et pourtant le peuple, malgré toute sa panique, ne montra aucune inclination à réaliser les desseins des agitateurs et à commencer la révolution pour de bon.

Camille Desmoulins décrivit ensuite les efforts désespérés qu'il fit cet après-midi-là pour inciter le peuple à la violence ; certains, en effet, étaient si mal inspirés qu'ils criaient : « Vive le Roi ! En vain, j'ai essayé d'enflammer les esprits, dit Camille, personne n'a voulu prendre les armes ! »

Il était trois heures de l'après-midi quand enfin Camille, sortant du café de Foy où se réunissaient les chefs orléanistes, rencontra plusieurs jeunes gens marchant bras dessus bras dessous et criant : "Aux armes ! Aux armes ! Il vit immédiatement l'occasion qui s'offrait à lui et se joignit à eux ; en un instant, il fut hissé sur une table en face du café, d'où il raconta ensuite qu'il avait prononcé une harangue éloquente :

« Citoyens, vous savez que la nation avait demandé que Necker soit retenu, qu'un monument lui soit élevé, et on l'a chassé ! Pouvait-on vous défier plus insolemment ? Après ce coup, ils oseront tout, et pour cette nuit ils méditent, ils ont peut-être organisé, une Saint-Barthélemy de patriotes ! Aux armes ! Aux armes ! Prenons des cocardes vertes, couleur de l'espérance !"

Il agita un ruban vert, l'attacha à son chapeau, et aussitôt la foule, arrachant les feuilles des arbres au-dessus de leurs têtes, se para du même emblème. Puis, prenant une attitude, Camille pointa un doigt frémissant sur la foule, feignant de voir parmi elle les agents de la police.

« L'infâme police est là ! Qu'ils me regardent ! Qu'ils m'observent ! Oui, c'est moi qui appelle mes frères à la liberté ! » Il lève un pistolet en l'air. « Au moins, ils ne me prendront pas vivant, et je saurai mourir glorieusement ; un seul malheur peut m'arriver, celui de voir la France redevenir esclave ! »

Telle est la version que Camille donne de sa tirade, mais il est probable qu'une grande partie de celle-ci était inspirée par l'*esprit d'escalier* et n'a jamais trouvé à s'exprimer, car aucun de ses auditeurs ne l'enregistre en ces termes. Montjoie, en effet, déclare que la performance de Camille consistait simplement à se tenir debout sur la table en agitant un pistolet et en criant « Aux armes ! » en faisant des grimaces horribles pour surmonter son bégaiement.

En tout cas, ses efforts furent récompensés, car il fut tiré de la table et porté en triomphe sur les épaules de la foule, qui répondait enfin au cri de l'insurrection et, s'armant de bâtons, de hachettes et de pistolets, se déversait dans les rues, assoiffée d'en découdre avec les légions menaçantes — les légions qui, pendant ce temps, restaient paisiblement campées au Champ de Mars.

C'était sans doute le grand moment auquel la conspiration orléaniste avait abouti. Les esprits avaient été préparés par les alarmes sur le sort du duc, et étaient donc plus que d'habitude disposés en sa faveur comme victime du despotisme. S'il s'était maintenant avancé et montré à la foule en délire, il semble probable qu'il aurait pu se placer à la tête du mouvement. Mais à ce moment crucial, le duc ne s'est pas montré, car il était parti à onze heures ce matin-là avec sa maîtresse, Mme Elliott, pour passer la journée dans son château du Raincy, et n'est réapparu que le soir. Son absence a-t-elle été arrangée par les conspirateurs pour donner de la couleur à leurs histoires d'exil ou d'emprisonnement ? Ou bien a-t-il déçu ses partisans en refusant d'être présent ? Nous savons que la pusillanimité du duc à chaque crise a fait le désespoir de son parti, et que cette crainte, en outre, était fondée sur un danger très réel — celui de l'assassinat. Lorsqu'il s'était évanoui à l'Assemblée, ce jour d'été, quelques semaines auparavant, et qu'on avait détaché son manteau pour lui donner de l'air, n'avait-on pas découvert qu'il portait sous ce manteau pas moins de quatre gilets, dont un en cuir, pour le protéger d'un coup de poignard ?[67] Il est donc possible qu'au dernier moment son courage lui ait fait défaut ; mais en tout cas son absence avait été prévue par les conspirateurs, car le duc lui-même n'étant pas disponible, ils conduisirent la foule au salon de cire de M. Curtius, boulevard du Temple, où — *par simple coïncidence*, les historiens orléanistes voudraient nous faire croire — les bustes du duc d'Orléans et de Necker se trouvaient à portée de main.

Les remarques ultérieures de Camille Desmoulins sur cet incident montrent qu'il ne croyait certainement pas à la théorie de la coïncidence, mais qu'il reconnaissait très clairement le dessein de la faction — dont, comme tout autre Orléaniste, il était impatient de se dissocier. On me fera croire, écrit-il quatre ans plus tard, qu'en montant sur une table le 12 juillet et en appelant le peuple à la liberté, c'est mon éloquence qui a produit ce grand mouvement une demi-heure après, et qui a fait sortir de terre les deux bustes d'Orléans et de Necker ? La procession des deux effigies avait donc été préméditée, et Mirabeau, à peine moins *enfant terrible* que Camille pour livrer les secrets de son parti, confirme cette affirmation. Se référant au 12 juillet dans sa réponse à la *Procédure du Châtelet*, il tente de prouver l'innocence du duc ce jour-là en remarquant : « Lorsque son buste fut

---

[67] Montjoie, *Conjuration de d'Orléans*, i. 296 ; *Mémoires de Ferriéres*, i. 52.

défilé, il se cacha. » Le duc *savait* donc que son buste allait être exhibé ? Sinon, où était la vertu de sa disparition de la scène *quatre heures plus tôt* ? Encore une fois, pourquoi se serait-il *caché* ? Pourquoi, s'il était innocent, ne pas s'être présenté hardiment et avoir nié toute complicité avec le mouvement ? Ainsi, d'après les seuls témoignages des Orléanistes, il est évident que l'incident des deux bustes était une ruse imaginée par les conspirateurs, dans l'idée de mettre le sentiment populaire à l'épreuve ; il avait été résolu d'éprouver le peuple avec l'effigie du duc, et si, comme cela ne paraissait pas improbable, elle recevait un accueil hostile, on ne souffrirait que de la cire ; si, au contraire, elle était reçue avec des acclamations, le duc devait être rappelé de sa retraite et placé à la tête du mouvement. L'effigie de Necker n'était, bien entendu, qu'une couverture pour le véritable projet — « n'en faire défiler qu'un seul », remarque Prudhomme avec perspicacité, « aurait été maladroit ». En conséquence, les deux bustes, enveloppés de crêpe noir et *couronnés*, sont portés en procession dans les rues tandis que des agents orléanistes, postés dans la foule, crient : « Chapeau ! La patrie est en danger, voici ses restaurateurs. Vive D'Orléans ! » Puis, comme le peuple ne répondait pas à ce cri, les agitateurs allaient au milieu d'eux en répétant : "Criez « Vive D'Orléans ! »" En guise de réponse, certains ont demandé avec étonnement : « Qu'est-ce que cela signifie ? » et les agitateurs ont répondu : "Vous ne comprenez pas que Monsieur le duc d'Orléans va être proclamé roi et que M. Necker sera son premier ministre ? Venez, criez avec nous "Vive D'Orléans ! Même au Palais Royal, les bustes n'ont pas reçu un accueil plus enthousiaste. En arrivant dans le jardin, l'un des hommes portant les effigies, les montrant du doigt au peuple, appela à haute voix :

> « N'est-il pas vrai que vous voulez ce prince pour votre roi, et cet homme de bien pour son ministre ? ». Mais quelques voix seulement répondirent : 'Nous le voulons ! » [68]

Après cette réponse décourageante, le cortège se dirigea par les Boulevards vers la Place Louis XV, où il rencontra un régiment des Royal Allemands sous les ordres du Prince de Lambesc, qui monta à l'épée et dispersa les émeutiers. Au cours de la bagarre, le buste d'Orléans tomba dans le caniveau ; un assistant drapier, Pépin, se précipita à son secours, et dans sa tentative de ramasser l'effigie mutilée, fut blessé à la jambe et tomba en sang sur le sol.[69] Relevé par les bras des sympathisants, Pepin fut

---

[68] *Mém. de Ferriéres*, et déclaration de Clermont Tonnerre à la Procédure du Châtelet. Voir aussi les Souvenirs de Mme Vigée le Brun, p. 129.

[69] Montjoie, ii. 48, confirmé par Pépin lui-même, témoin cxxiv. à la *Procédure du Châtelet*. Selon ces deux témoins, cette rencontre a eu lieu sur la place Louis XV ; selon

transporté au Palais Royal pour exposer ses blessures ; il n'était cependant pas trop gravement blessé pour haranguer la multitude. Le Dr Rigby, témoin oculaire de la scène, décrit toute la masse agitée à nouveau par l'apparition d'un homme au manteau vert dont le visage et les manières témoignaient de la plus grande consternation. « Aux armes, citoyens, s'écrie-t-il, les dragons ont tiré sur le peuple, et j'ai moi-même été blessé », en montrant sa jambe. Cela a agi comme un choc électrique.

Pendant ce temps, le prince de Lambesc et ses troupes se dirigeaient vers les Tuileries en traversant la grande place Louis XV, qui, à cette heure, était remplie de vacanciers revenant de leurs festivités du dimanche après-midi au bois de Boulogne et dans les villages voisins ; à travers cette foule, les troupes avançaient au pas, repoussant doucement ceux qui leur barraient le passage, mais le peuple, exaspéré par la vue des soldats, les accueillait avec une grêle de pierres. Gouverneur Morris, qui arriva à ce moment-là sur les lieux, décrit ainsi l'incident :

> 'Les gens se postent parmi les pierres qui sont éparpillées dans tout l'endroit, car elles ont été taillées pour le pont en construction. L'officier à la tête du groupe (un corps de cavalerie avec leurs sabres tirés) est salué par une pierre, et tourne immédiatement son cheval d'une manière menaçante vers l'assaillant. Mais ses adversaires sont postés sur un terrain où la cavalerie ne peut agir. Il poursuit sa route, et l'allure est bientôt portée au galop, au milieu d'une pluie de pierres. L'un des soldats est renversé de son cheval, ou bien le cheval tombe sous lui. Il est fait prisonnier et d'abord maltraité. Ils ont tiré plusieurs coups de pistolet, mais sans effet ; probablement ils n'étaient même pas chargés de balles. Une partie de la garde suisse est postée aux Champs Élysées avec des canons.'

Le prince de Lambesc, ayant ainsi atteint l'entrée des Tuileries, traversa le pont tournant pour entrer dans le jardin avec ses troupes, mais il fut de nouveau immédiatement assailli par une grêle de pierres, de chaises et de bouteilles que la foule, assemblée sur les terrasses de chaque côté du pont, lança sur le régiment.[70] Malgré ces outrages, les soldats s'abstiennent toujours de riposter, et pour éviter une effusion de sang, le prince ordonne aux troupes d'évacuer le jardin, sur quoi la foule se précipite et tente de leur couper la retraite en fermant le pont tournant. Un vieillard, un maître d'école nommé Chauvet, en exécutant cette manœuvre, fut légèrement blessé par le prince de Lambesc, qui lui porta un coup du plat de son épée,

---

Bailly (i. 327) et Flammermont, *La Journée du 14 Juillet* (CLXXVII.), sur la place Vendôme.

[70] *Deux Amis*, i. 276. Même cette autorité admet que le peuple était les agresseurs.

ce qui lui causa une blessure promptement guérie au moyen d'une compresse d'eau-de-vie.[71]

Telle était « l'accusation brutale » du « féroce prince de Lambesc », reprise avec tant d'indignation vertueuse par les écrivains révolutionnaires. Il est intéressant de comparer les témoignages des témoins oculaires, de Gouverneur Morris, de Montjoie, et de ceux qui ont comparu plus tard au procès du prince, avec la version diffusée cette nuit-là à Paris par les chefs de l'agitation. Le Dr Rigby, qui n'était malheureusement pas présent, rapporte ainsi le récit que lui a fait Jefferson :

> « Vers sept heures du soir, le prince de Lambesc, qui commandait un régiment de dragons allemands, entra dans les Tuileries… et fit de la foule joyeuse des citoyens l'objet de son attaque, en exécutant ses ordres par une soudaine décharge de mousqueterie. La multitude terrifiée s'est enfuie dans toutes les directions, et le milieu de la place a été soudainement nettoyé de tous, sauf d'un vieil homme faible, dont les infirmités lui interdisaient de courir. Contre cet individu sans défense, le prince lâche leva le bras et le blessa ou le tua d'un seul coup de sabre. »

Cette histoire — dont chaque mot a été réfuté par la suite, et à laquelle aucun historien responsable ne croit aujourd'hui[72] — a été proclamée à haute voix au Palais Royal, et l'alarme a été suivie par des messagers qui se sont précipités sur la place en déclarant frénétiquement que des citoyens étaient massacrés dans le jardin des Tuileries, et que des dragons tirant des épées écrasaient femmes et enfants sous les pieds de leurs chevaux. Ces nouvelles effrayantes eurent l'effet que, pendant sept heures, les orateurs de la foule s'étaient efforcés en vain de produire, d'armer la foule.

À partir de ce moment, dit le Dr Rigby, rien ne pouvait contenir la fureur du peuple ; il a éclaté dans les rues en criant 'Aux armes ! Aux armes ! Toutes les maisons susceptibles d'en offrir ont été immédiatement envahies. Les boutiques des armuriers ont été saccagées et, en très peu de temps, les principales rues ont été remplies d'une population tumultueuse,

---

[71] Taine, *La Révolution*, i. 62.

[72] « Le sanguinaire Lambesc et sa troupe aveuglément féroce étaient singulièrement débonnaires ; dix récits en témoignent. Bien qu'ils aient été lapidés par le peuple en embuscade derrière les tas de pierres, ils se contentèrent d'avancer sans charger… Le fait qu'un seul vieillard ait été renversé et que l'on en ait tant parlé dans le camp populaire indique mieux que tous les récits contemporains combien la "répression" a été douce "(Madelin, p. 63). 'C'est la foule qui a commencé l'attaque ; les troupes ont tiré sur l'air… Tous les détails de l'affaire prouvent que la patience et l'humanité des officiers furent extrêmes' (Taine, *La Révolution*, I 62). Voir aussi *La Journée du 14 Juillet*, par Jules Flammermont, p. clxxvIIi.

armée de fusils, d'épées, de piques, de crachats et de tous les instruments d'attaque et de défense. Cette bande désordonnée, rejointe par un grand nombre de déserteurs des Gardes Françaises, marchait maintenant sur les troupes du Roi dans le voisinage de la Place Louis XV. Consultons le récit révolutionnaire de cette journée pour découvrir la manière dont ces soldats sanguinaires reçurent l'assaut.

"Rassemblés en force près du dépôt du vieux boulevard, disent les Deux Amis de la Liberté, ils (la foule armée) s'avancent en bon ordre, attaquent un détachement du Royal Allemand, et à la première décharge font mordre la poussière à trois cavaliers. *Ceux-ci, bien qu'assaillis, supportent le feu de leurs adversaires sans répliquer*, et se replient sur la place Louis XV, où se trouvait le gros de leur régiment."[73]

Telle était donc la conduite des troupes accusées par les chefs révolutionnaires d'avoir perpétré un « massacre de la Saint-Barthélemy » parmi les citoyens ! Quelle autre preuve faut-il donner de la sincérité du roi qui assurait au peuple que ces forces n'avaient été convoquées que pour le protéger ? Rien ne pouvait dépasser l'héroïque résistance de ces hommes éprouvés, et les historiens qui voudraient nous faire croire que leur attitude était due au fait qu'ils sympathisaient avec le peuple et ne pouvaient donc être incités à utiliser leurs armes contre lui, calomnient non seulement les officiers qui commandaient, mais le peuple lui-même. Est-il concevable que le peuple puisse être lâche au point d'insulter et d'attaquer des hommes qu'il sait être ses amis ? Toutes les preuves contemporaines mènent à une seule conclusion : les hommes agissaient sous les ordres de leurs officiers, et les officiers, à leur tour, obéissaient aux ordres du roi — à tout prix pour éviter une effusion de sang. L'ordre donné à Bézenval, et produit plus tard à son procès, est une preuve positive de cette affirmation :

« Donnez les ordres les plus précis et les plus modérés aux officiers qui commandent le détachement que vous employez, qu'ils n'agiront que comme protecteurs, et qu'ils auront le plus grand soin d'éviter de se compromettre ou d'engager aucun combat avec le peuple, à moins qu'ils ne se montrent enclins à causer des incendies ou à commettre des excès ou des pillages qui mettraient en danger la sécurité des citoyens. »[74]

C'était une position effrayante pour les hommes qui commandaient, et Bézenval, en décidant de retirer les troupes au Champ de Mars, ne faisait évidemment que ce qu'il croyait être son devoir. Les royalistes qui lui reprochaient de ne pas prendre des mesures plus énergiques, et les

---

[73] *Deux Amis de la Liberté*, I 117.

[74] Ordre donné par Bézenval le 12 juillet 1789. Voir le *Moniteur*, III 33.

révolutionnaires qui se moquaient de sa retraite, étaient pareillement incapables d'apprécier son dilemme. « Si j'avais fait marcher les troupes dans Paris, écrivit-il après coup, j'aurais déclenché la guerre civile d'un côté ou de l'autre ; un sang précieux aurait été versé sans résultat utile... » C'est vrai, mais combien de sang innocent aurait-on pu épargner qui aurait coulé par la suite ? La guerre civile, avec toutes ses horreurs, ne peut égaler celle qui consiste à laisser la foule exécuter sans frein ses propres vengeances, car une foule en émeute, comme une femme en proie à l'hystérie, a besoin de fermeté pour reprendre ses esprits ; une trop grande sollicitude ne fait qu'affaiblir sa faculté de se maîtriser, et la laisse en proie à d'effroyables convulsions plus dangereuses encore pour elle-même que pour ceux contre lesquels sa fureur est dirigée. Paris, qui, au cours de ce dimanche fiévreux, s'était transformé en une crise nerveuse que rien, si ce n'est une discipline de fer, n'aurait pu apaiser, était maintenant, par l'humanité erronée de ceux qui commandaient, laissé sans protection, et, au retrait de toute autorité légale, passa rapidement à un état de panique frénétique. Pour tous les citoyens respectueux des lois, la nuit qui suivit fut une nuit de terreur, car, au signal de l'insurrection, les hordes de brigands qui, depuis l'affaire Réveillon, avaient été gardées en réserve par les chefs pour créer de nouvelles scènes de violence,[75] sortirent armées de bâtons et de piques et paradèrent dans les rues, pillant les magasins des armuriers et menaçant d'incendier les maisons des aristocrates. La *Quinzaine Mémorable* évalue à 20 000 le nombre de ces bandits professionnels, Droz à pas moins de 40 000, et quand on se rappelle la terreur créée dans les provinces de France, il y a quelques années à peine, par une demi-douzaine de bandits à moteur — Bonnard et sa bande — il est facile d'imaginer l'horreur et la confusion inspirées par des milliers de ces ruffians soudainement lâchés et armés dans les rues d'une ville sans défense.[76]

À ces bandes de louage s'ajoutait toute la lie des Faubourgs : ivrognes, gaspilleurs, dégénérés, prototypes de l'*Apache* moderne, dont l'amour natif de la violence n'avait besoin d'aucun stimulant ; prostituées qui arrachaient les boucles d'oreille des passants, « et si les boucles résistaient, arrachaient les oreilles » ; contrebandiers qui, voyant leur chance de butin, entraînaient la foule à brûler les barrières et à frauder les douanes.[77] Où se trouvait le « peuple » dans tout ce pandémonium ? Aucun bon citoyen n'était à

---

[75] Bailly, i. 337.

[76] Notez que même les *Deux Amis de la Liberté* admettent qu'il s'agissait de « brigands à gages » (*Deux Amis*, i. 283), bien qu'ils s'abstiennent soigneusement de mentionner qui les a engagés. Devons-nous croire, cette fois encore, que c'était la Cour ?

[77] *Histoire du Règne de Louis XVI*, par Joseph Droz, p. 292.

l'étranger en cette nuit chaude et terrible, le vrai « peuple », les bourgeois paisibles, les ouvriers et les ouvrières de Paris, tranquilles et laborieux, se cachaient dans leurs humbles demeures avec autant de crainte que les aristocrates dans leurs hôtels du faubourg Saint-Honoré, tandis que, pendant tout ce temps, le tocsin sonnait lugubrement et que le cri des émeutiers, "Des armes et du pain ! résonnait dans l'obscurité. « Pendant cette nuit désastreuse, disent les Deux Amis de la Liberté, le sommeil ne descendit que sur les yeux des enfants ; eux seuls reposaient en paix, tandis que leurs parents distraits veillaient sur leurs berceaux. »

LE 13 JUILLET

Le matin se lève sur une ville démente ; des bandes sauvages défilent encore dans les rues, et ne sont empêchées par les bons citoyens, qui se mêlent à elles, de commettre d'horribles excès. Une horde réussit cependant à s'introduire dans le couvent de Saint-Lazare, « l'asile de la religion et de l'humanité », où, sans tenir compte des supplications d'un prêtre à cheveux blancs qui se jeta à genoux et les supplia d'épargner l'enceinte sacrée, ils se mirent à piller et à détruire la bibliothèque, le laboratoire, les tableaux, et enfin, descendant dans les caves, ils ouvrirent les tonneaux de vin et se gorgèrent de leur contenu. Le lendemain, pas moins de trente malheureux, hommes et femmes, furent emportés morts ou mourants.

La nouvelle de cet outrage insensé éclate sur Paris « comme un coup de tonnerre » ; les commerçants terrifiés ferment leurs boutiques, et les bons citoyens se barricadent de nouveau derrière des volets fermés. Aux cris de la peur, disent les Deux Amis de la Liberté, s'ajoutent les cris tumultueux de plusieurs bandes sans foi ni loi, aux yeux hardis, prêtes à tout oser et à tout faire, qui parcourent les rues et les places publiques, et dans les mains desquelles les armes qu'elles portent semblent encore plus dangereuses que celles des ennemis (*c'est-à-dire* des troupes du Roi !).

Le moment était d'autant plus périlleux que tous les ressorts de l'administration publique étaient rompus, et que Paris semblait abandonné à la merci de celui qui voulait se rendre maître. Le 13 juillet, les pires craintes du peuple ne furent donc pas causées par les troupes du roi mais par les brigands, et de plus, la suppression de toute autorité légale ajouta immensément à la panique.

Lorsqu'à dix heures de cette terrible matinée, le tocsin de l'Hôtel de Ville retentit à nouveau, ce n'était donc nullement un signal de révolution, mais une sommation à tous les bons citoyens de prendre les armes pour défendre leur vie, leurs femmes et leurs enfants, et leurs biens.[78] Dans ce moment de péril réel et immédiat, la menace imaginaire des troupes du roi était oubliée, et les hommes de toutes les classes, riches, nobles, bourgeois et ouvriers, se précipitaient à l'Hôtel de Ville pour demander des armes pour leur défense. Mais, inévitablement, un certain nombre de brigands et d'émissaires du Palais Royal, qui, dès le matin, avaient fait irruption dans l'Hôtel de Ville et emporté de force 360 fusils, se mêlaient maintenant aux citoyens respectueux de la loi, et mettaient les autorités dans une situation effrayante. On voulait armer la *milice bourgeoise*, mais non renforcer les brigands. Bézenval, auquel on fit appel plus tard dans la journée, refusa catégoriquement, déclarant qu'il ne pouvait rendre aucune arme sans un ordre du roi ;[79] Flesselles, le prévôt, adopta une tactique moins courageuse et tenta de dissuader le peuple avec de belles paroles, temporisant comme un père pourrait le faire avec un enfant malade et irritable qui demande un rasoir comme jouet : « Mes amis, je suis votre père, vous serez satisfaits », dit-il à la multitude en délire, et il les envoya dans toutes les directions pour chercher des armes là où il n'y en avait pas. Pour cela, il a été amèrement condamné par les historiens, mais que pouvait faire le malheureux Flesselles ?

Un officier responsable d'un arsenal soudainement confronté à une foule hétéroclite de civils réclamant des armes à feu, et menacé de mort s'il oppose un refus direct, doit posséder un esprit très vif s'il peut tenir son rang diplomatiquement. Pourtant, Flesselles est si loin de vouloir contrarier

---

[78] M. Louis Madelin a réfuté avec force l'erreur perpétuée par les historiens sur ce point. La *milice bourgeoise*, explique-t-il, s'était formée « non pas du tout — comme le croyaient, il y a cent ans, tant d'historiens et une foule de leurs lecteurs — contre la Cour, mais contre les brigands… ». « Ainsi, depuis le 25 juin, l'Hôtel de Ville se prépare au danger à venir, et le message porté par sa cloche ne doit pas être mal interprété. » Cette cloche de l'Hôtel de Ville avait jusqu'à ces dernières années une signification bien précise pour les historiens de la Révolution — elle appelait la grande ville contre le gouvernement de Versailles. Les recherches les plus récentes, et les moins suspectes d'antirévolutionnisme rétrospectif, nous transmettent un son différent. La ville appelait au secours, désespérément, car dans la nuit les bandits, que depuis trois semaines on redoutait, l'envahissaient, pillant les boutiques, dévalisant les passants. Loin de vouloir détruire la Bastille, les bourgeois de l'Hôtel de Ville — libéraux d'hier — auraient plutôt construit vingt autres pour enfermer les bêtes de proie qui infestaient la ville désorganisée » (Madelin, pp. 62, 64). Pourtant, même les « recherches récentes » n'étaient pas nécessaires pour prouver ce fait, puisque la plus ancienne autorité de toutes, les *Deux Amis*, l'avait clairement énoncé.

[79] Bézenval soupçonne la bonne foi de certains de ces députés : « Quoique les orateurs de ces députés eussent habilement préparé leurs discours, il était facile de voir qu'ils avaient été provoqués, et qu'ils demandaient des armes pour nous attaquer plutôt que pour se défendre » (*Mémoires de Bézenval*, II 369).

les bons citoyens de la *milice bourgeoise*, qu'il envoie à Versailles un arrêté autorisant leur équipement.

Pendant ce temps, Versailles était mal informé de la marche des événements à Paris. L'Assemblée, persistant à affirmer que le tumulte n'était causé que par la présence des troupes, continuait à envoyer des députations au roi pour demander leur retrait des environs de Paris, tandis que le roi, ne voyant dans les troubles de la capitale que l'œuvre des brigands,[80] estimait que ce n'était pas le moment de retirer la force armée, et répétait son ancienne déclaration que les troupes étaient nécessaires à la défense des citoyens. Tout en approuvant de tout cœur la formation de la *milice bourgeoise*,[81] il ne considère pas ce corps de civils armés comme suffisant pour faire face à la situation sans le soutien des troupes régulières, et insiste donc pour que les troupes restent à portée de la ville, prêtes à venir à la rescousse si nécessaire. En même temps, il répondit au message de Flesselles par un ordre autorisant l'organisation et l'équipement de 12 000 hommes pour la *milice bourgeoise*, et nommant les officiers qu'il souhaitait voir commander ces légions patriotiques. "Ce qui nous étonne, remarque M. Louis Madelin, c'est que cette correspondance entre Flesselles et la Cour ait dû apparaître le lendemain, même à des esprits calmes, comme « une malheureuse connivence suffisante pour justifier le massacre du magistrat par le peuple ».[82]

Mais avant que la réponse du roi à Flesselles ne soit parvenue à la capitale, les citoyens avaient déjà formé la *milice bourgeoise* et, au lieu de 12 000 hommes, ils en enrôlèrent 40 000, qu'ils portèrent ensuite à 48 000. Ces civils patriotes se montrèrent d'abord parfaitement capables de maintenir l'ordre. Tous les contemporains, royalistes ou révolutionnaires, parlent de la manière admirable dont la *milice bourgeoise a fait face à la situation*.

> « Les magistrats s'assemblèrent à l'Hôtel de Ville, et les habitants des différents quartiers, écrit le Dr Rigby, furent convoqués dans les églises pour délibérer sur les mesures à prendre... Il fut résolu qu'un certain nombre des habitants les plus respectables seraient enrôlés et prendraient immédiatement les armes, que les magistrats siégeraient en permanence à l'Hôtel de Ville, et que des comités, également permanents, seraient formés dans chaque district de Paris pour transmettre des renseignements aux magistrats et recevoir des instructions de leur part. Cette résolution

---

[80] Bailly, i. 340.

[81] *Ibid.* 367 ; Rivarol, p. 45.

[82] Madelin, p. 65.

importante et des plus nécessaires a été exécutée avec une merveilleuse promptitude et une bonne gestion sans exemple. »

Dans la soirée du 13, l'ordre était donc à nouveau rétabli dans la majeure partie de la ville, mais malheureusement, les meneurs étaient, comme d'habitude, libres de poursuivre leur travail d'insurrection. Quelques malheureux obscurs, simples instruments des conspirateurs, furent pendus, après avoir été livrés à la justice par les hommes qui les avaient mis en mouvement, et qui entreprirent maintenant de créer une nouvelle agitation au Palais Royal et dans d'autres centres révolutionnaires de la ville. Une fois de plus, la menace des troupes servit de prétexte pour enflammer les esprits, et le fait que pendant toute la journée ces mêmes troupes étaient restées complètement inactives, avaient laissé les citoyens s'armer sans résistance et se préparaient même maintenant à se retirer des environs de Paris, n'empêcha pas cette absurde alarme de gagner du terrain.

Parmi les plus énergiques des fomenteurs de panique de cette journée, il faut citer une nouvelle recrue de la conspiration orléaniste, un jeune avocat à la physionomie particulièrement effrayante, Georges Jacques Danton, dont l'éloquence consistait en une forme de badinage bruyant qui le rendait immensément populaire au coin des rues. Sa tête massive et ses traits un peu kalmouques se prêtaient singulièrement à la violence de son éloquence, car, tantôt chafouinant, tantôt tonnant, il entretenait la bonne humeur de son auditoire, ce public parisien amateur de plaisirs qu'il comprenait si bien, lui l'homme de plaisir par essence.

Un autre avocat, Lavaux, entrant dans le couvent des Cordeliers, centre d'un des nouveaux quartiers de Paris, trouve un orateur de la populace qui, sur un ton frénétique, appelle les citoyens aux armes pour résister à une armée de 30 000 hommes qui se prépare à marcher sur Paris et à massacrer les habitants. Lavaux est surpris de reconnaître dans ce fauteur de troubles son ancien collègue Danton et, ne doutant pas de sa sincérité, profite de la pause de l'orateur pour lui assurer que ces craintes ne sont pas fondées — lui-même, Lavaux, vient de rentrer de Versailles où tout est calme.

« Vous ne comprenez pas », répondit Danton ; « le peuple souverain s'est soulevé contre le despotisme. Soyez des nôtres. Le trône est renversé et votre emploi a disparu. Réfléchissez-y bien. »[83]

Il y avait chez Danton une certaine franchise qui désarmait la critique ; il ne cachait pas que dans la Révolution il voyait moins l'accomplissement de quelconques aspirations politiques que l'occasion d'un plaisir et d'un

---

[83] *Danton*, par Louis Madelin, p. 19.

profit.⁸⁴ « Jeune homme, dit-il plus tard aux Cordeliers à Royer Collard, viens beugler avec nous ; quand tu auras fait fortune, tu pourras suivre le parti qui te conviendra le mieux. »⁸⁵

Que Danton soit définitivement financé par le Duc d'Orléans n'était pas seulement la croyance de ses adversaires politiques mais l'opinion générale de Paris. Lorsqu'en août 1790, il se présente aux élections comme « notable » de la Commune constitutionnelle de Paris, il est signalé comme « un agent payé et perfide du duc d'Orléans », et rejeté pour sa vénalité par quarante-deux sections de Paris sur quarante-huit.⁸⁶ Même M. Louis Madelin, qui admire Danton, ne peut le disculper de cette accusation : « L'opinion la plus généralement reçue était que le duc d'Orléans soutenait Danton. Si l'on admet qu'il a été payé, c'est là, je crois, qu'il faut chercher le principal payeur. » Et il ajoute cette phrase qui résume en un mot le credo politique de Danton : « *Danton fut toute sa vie orléaniste.* » Après un tel aveu, il est vain d'accréditer le patriotisme ou le désintéressement de Danton ; il est inconcevable qu'un homme qui aimait son pays puisse sincèrement croire qu'il travaillait pour son bien en tentant de remplacer l'honnête et bienveillant Louis XVI par le corrompu et despotique duc d'Orléans. La conception populaire de Danton comme un patriote brûlant de zèle pour la liberté et la République est donc basée sur une erreur ; Danton n'était ni un démocrate ni un républicain, mais un agitateur à la solde du parti qui aurait institué un despotisme bien pire que celui que la France avait jamais enduré auparavant.

Déjà, en ce 13 juillet, un triomphe avait été obtenu par les conspirateurs ; la cocarde verte, qui représentait les couleurs du comte d'Artois, avait été abandonnée et le rouge, le blanc et le bleu, la livrée du duc d'Orléans, avait été substitué comme emblème de la liberté. Le fait que ces couleurs soient aussi celles de la ville de Paris est une heureuse coïncidence qui sert à masquer la manœuvre.⁸⁷

---

⁸⁴ Voir, parmi de nombreux témoignages contemporains, l'article de Beaulieu sur Danton dans la *Biographie Michaud* : « Cet homme n'avait pas, comme beaucoup d'autres, embrassé la Révolution comme une spéculation philosophique ; ses vues étaient moins élevées. Plus attaché aux plaisirs sensuels, il appartenait à cette classe d'intrigants qui se prêtent aux grands bouleversements pour faire fortune ; parfois même il ne faisait pas mystère de ses projets à cet égard. »

⁸⁵ *Essais* de Beaulieu, III 192.

⁸⁶ *Études et Leçons sur la Révolution Française*, par Aulard, iv. 134.

⁸⁷ Les historiens de tous bords se sont efforcés de nier cette origine orléaniste du *tricolore*, mais les témoignages contemporains sont fortement en faveur du choix de ces couleurs comme celles du duc. Ainsi Ferrières (*Mem.* i. 119) : « Les révolutionnaires

Pendant toute la nuit qui suivit, les chefs de la conspiration s'employèrent à organiser l'insurrection du lendemain. Un plan d'attaque de la Bastille avait déjà été élaboré,[88] il ne restait plus qu'à mettre le peuple en mouvement. Pour ce faire, on fit circuler, dès le matin, la nouvelle que les troupes avançaient sur la ville et que les citoyens allaient être bombardés de l'intérieur par les canons de la Bastille. Les membres du « comité des électeurs » de l'Hôtel de Ville sont désormais dénoncés comme traîtres à la patrie,[89] et la mort de Flesselles est ordonnée.[90] Une autre liste de proscriptions comprenait le comte d'Artois, le prince de Condé, le maréchal de Broglie, le prince de Lambesc, le baron de Bézenval, Foullon et Berthier,[91] et l'on voulait faire exécuter par le peuple ces vengeances des démagogues par le même moyen qui avait été employé dans l'affaire Réveillon, c'est-à-dire en apposant sur chaque victime une calomnie calculée pour exciter la fureur de la foule.

Ainsi Broglie, Bézenval, Lambesc, dont le vrai crime aux yeux des démagogues était d'avoir assuré la sécurité du ravitaillement de Paris, furent accusés de comploter avec « la Cour » pour massacrer les citoyens ; Foullon, dont nous avons déjà vu la raison de la condamnation, fut déclaré

---

adoptèrent la cocarde composée de blanc, de bleu et de rouge, c'était la livrée du duc d'Orléans. » Beaulieu (*Essais*, i. 522) : « Le bleu, le rouge et le blanc, qui passent pour être les couleurs de la ville de Paris, mais qui appartiennent tout autant au duc d'Orléans. » Lord Dorset (*Dépêches de Paris*, ii. 243) : « Rouge et blanc en l'honneur du duc d'Orléans ». Lafayette (*Mém.* iii. 66) parle de « l'étrange coïncidence que les couleurs de la ville se trouvent être aussi celles du duc. » La plus convaincante de toutes est la déclaration de Mme Elliott, la maîtresse du duc, dont le seul but était de disculper le duc de toute complicité dans le mouvement révolutionnaire (*Journal*, p. 33) : « La populace obligea tout le monde à porter une cocarde verte pendant deux jours, mais ensuite elle prit le rouge, le blanc et le bleu, la livrée d'Orléans. » D'ailleurs, Camille Desmoulins l'admettra plus tard : « Quand les patriotes eurent besoin d'un signe de ralliement, pouvaient-ils mieux faire que de choisir les couleurs de celui qui, le premier, nous appela à la liberté ? » (*Révolutions de France et de Brabant*, iv. 439).

[88] Ce point important, qui réfute entièrement l'idée de la marche sur la Bastille comme mouvement spontané du peuple, est admis même par les autorités révolutionnaires, par *Deux Amis*, i. 313, note : « Il est certain que la prise de la Bastille était prévue, et que la veille des plans d'attaque avaient été dressés. » Voir aussi Dussaulx, *De l'Insurrection parisienne et de la Prise de la Bastille*, p. 44 : « La prise de la Bastille était prévue. M. le Marquis de la Salle m'a certifié que la veille il avait reçu à cet effet un plan d'attaque. »

[89] Marmontel, iv. 180 ; Dussaulx, p. 206. (édition Monin).

[90] Marmontel, iv. 199 ; Bailly, I 381, 382.

[91] *Histoire du Règne de Louis XVI*, par Joseph Droz, p. 293 ; Histoire de la Révolution, par Montjoie.

avoir dit que « si le peuple n'avait pas de pain, il pouvait manger du foin » ; son gendre, Berthier, dont l'infatigable énergie à combattre la famine avait sérieusement entravé les desseins des conjurés, devait être dénoncé au peuple comme « accapareur de grains », et dans le cas de Flesselles, dont le seul crime était la fidélité au roi, un faux billet était préparé afin d'enflammer l'esprit de la populace. Pour le meurtre du comte d'Artois, aucun prétexte n'était nécessaire ; le principal, peut-être le seul membre vraiment réactionnaire de la famille royale, était déjà trop impopulaire pour qu'il soit nécessaire de le calomnier, et une pancarte offrant une récompense pour sa tête était audacieusement apposée au coin des rues.[92]

On voit donc que les motifs qui inspiraient les démagogues étaient tout à fait différents de ceux qui animaient le peuple, et ce fait explique le caractère confus et souvent avorté des tumultes révolutionnaires qui ont suivi. Les chefs avaient prévu que la foule ferait une chose, et *la foule, n'étant pas dans le secret*, en a fait une autre, d'où les crimes apparemment inexplicables et inutiles qui ont eu lieu. Parmi ceux-ci, nous verrons le massacre de la garnison de la Bastille, qui *n'avait pas* été ordonné par le Palais Royal.

LE 14 JUILLET

Pendant que se préparait ainsi la panique de l'approche des troupes, comment étaient engagées ces légions sanguinaires ? Bézenval, après avoir attendu en vain des ordres pendant toute la journée du 13, décida à une heure du matin du 14 de se replier sur le Champ de Mars et l'École militaire de l'autre côté de la Seine ; ainsi, au moment même où l'alarme de leur avance sur la ville était donnée à la population terrifiée, les troupes s'éloignaient effectivement au loin. On aurait pu s'attendre à ce que cette circonstance réfute la fausse alerte en circulation, mais les agitateurs ont été assez habiles pour la tourner à leur avantage. Les troupes étaient en mouvement, disaient-ils au peuple, et même si elles *semblaient* battre en retraite, cette manœuvre n'était qu'une question de *reculer pour mieux sauter* — il était évident que De Broglie avait l'intention d'unir ces troupes à des forces supérieures afin de faire une avance écrasante sur la capitale et de la réduire en cendres. L'étonnante crédulité des Parisiens était telle que cette histoire grotesque fut universellement crue et jeta une fois de plus la ville dans un état de panique frénétique. Les citoyens, qui hier avaient

---

[92] Essais de Beaulieu, i. 522.

pris les armes contre les brigands, se préparaient maintenant à combattre les troupes sanguinaires du roi.[93]

"La terreur et la confusion qui régnaient dans toute la ville étaient indescriptibles ; dès sept heures du matin du 14, les fausses alarmes se succédaient sans interruption — le Royal Allemand avait déjà campé à la Barrière du Trône, d'autres régiments étaient effectivement entrés dans le Faubourg Saint-Antoine, des canons avaient été placés en travers des rues, tandis que ceux des remparts de la Bastille étaient pointés sur la ville.

Au Palais Royal, les mouvements les plus violents se succédaient avec une rapidité effrayante ; les orateurs les plus véhéments, montés sur des tables, enflammaient l'imagination du public qui se pressait autour d'eux, et se répandait dans la ville comme la lave brûlante d'un volcan ; on voyait dans l'intérieur des maisons la détresse des maris et des femmes, le chagrin des mères, les larmes des enfants : et au milieu de cette confusion universelle, le tocsin sonnait sans interruption à la cathédrale, au palais (de justice) et dans toutes les paroisses, les tambours battaient la générale dans tous les quartiers, les fausses alarmes étaient répétées, et le cri de "Aux armes ! Aux armes !" Les machines de la guerre et de la désolation, les mouvements convulsifs, le sombre courage du désespoir, tel est l'horrible tableau que présentait Paris le 14 juillet."

On pourrait supposer que cette description macabre émane de la plume d'un incorrigible réactionnaire, incapable de voir dans le tumulte de la capitale le spectacle sublime d'une nation se levant comme un seul homme pour s'opposer à la tyrannie, et représentant comme des agitateurs ces nobles orateurs qui ont appelé les citoyens aux armes. Pas du tout. Ce récit n'est donné par personne d'autre que les *Deux Amis de la Liberté* eux-mêmes, qui révèlent ainsi ingénument les méthodes utilisées par les révolutionnaires pour créer une panique. Pour toute cette terreur et cette confusion, ces larmes et ces cris et ces' mouvements de désespoir », *il n'y avait aucune cause* ; les troupes au Champ de Mars restaient complètement inactives, la Bastille n'était absolument pas préparée pour la défense, et encore moins pour l'agression, et les seuls soldats dans le Faubourg Saint-Antoine étaient les nombres croissants de déserteurs de l'armée, tandis que le seul danger réel — les brigands — avait été désarmé et maîtrisé par la

---

[93] Montjoie, *Histoire de la Révolution*, p. 87 ; Marmontel, iv. 182. Voir aussi *Deux Amis de la Liberté*, ii. 297 : « Les régiments campés aux Champs-Élysées *s'étaient retirés pendant l'obscurité*, mais on ignorait leur véritable motif et le lieu de leur retraite. On attendait une attaque à chaque instant ; on ne parlait que des troupes qui devaient venir donner l'assaut à la capitale. » Les historiens ont presque invariablement dénaturé ce point, confondant la panique causée par les brigands le 13 avec celle causée par les troupes le 14.

milice bourgeoise. Ainsi, toute l'agitation était l'œuvre des chefs révolutionnaires qui, pour accomplir leurs desseins, ne dédaignaient pas de semer la terreur et la consternation dans le cœur du peuple. Qu'étaient, en effet, les « larmes des mères » ou les « cris des enfants » pour des cyniques comme Laclos et Chamfort, pour les membres des conseils de Montrouge et de Passy, pour les agitateurs du Palais-Royal, pour Danton, Camille Desmoulins, Santerre, St-Huruge ? Le « peuple » existait pour servir son but, non pour inspirer sa pitié. Mais comment une multitude désarmée pouvait-elle mener à bien l'attaque de la Bastille ? Le désarmement des brigands par les citoyens patriotes, la veille, avait privé les chefs révolutionnaires de leurs instruments les plus précieux, et, pour réarmer ces légions en haillons, il fallait pousser une fois de plus la population à piller les armureries. Ce qui fut promptement fait, et dans le courant de la matinée, trente à quarante mille personnes de toutes sortes et de toutes conditions, avec Théroigne de Méricourt au milieu d'elles, envahirent l'arsenal des Invalides et s'emparèrent de toutes les armes qu'elles purent trouver, tandis que les troupes du Champ-de-Mars voisin, obéissant à l'ordre de ne pas verser le sang des citoyens, n'opposaient aucune résistance. « Les tigres affamés, disent les *Deux Amis de la Liberté*, tombent moins vite sur leur proie. Dans la lutte, plusieurs furent étouffés, d'autres tués dans leurs efforts furieux pour s'arracher les armes. Tels furent les citoyens auxquels Flesselles fut dénoncé comme un traître pour n'avoir pas livré d'armes.

Mais le moment était venu de tourner l'attention du peuple en direction de la Bastille, car jusqu'à présent l'alarme des canons pointés n'avait créé aucune détermination populaire d'attaquer la prison d'État. Il fallait donc donner une nouvelle impulsion pour produire l'effet souhaité par les dirigeants d'un mouvement spontané du peuple pour renverser le monument du despotisme. À cet effet, une nouvelle rumeur est lancée par un bandit posté dans la foule rassemblée sur la place de Grève autour de l'Hôtel de Ville : les armes que le peuple cherche ont été transportées à la Bastille, c'est là qu'il faut aller les chercher. À cette nouvelle, un rugissement s'éleva de la foule excitée, et de milliers de gorges monta le cri : « Allons à la Bastille ! »

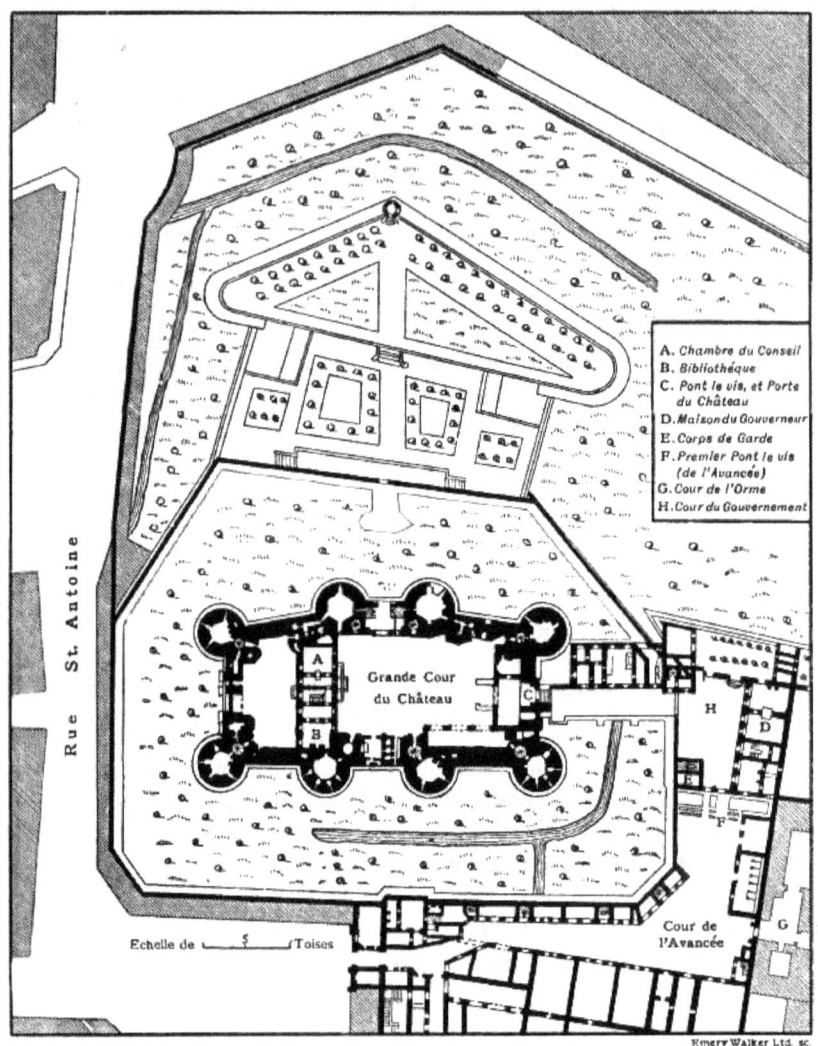

Qu'était la Bastille, ce monument du despotisme, à la destruction duquel se sont réjouis les amoureux de la liberté du monde entier ? Une forteresse de pierre grise avec huit tours pointues, entourée de douves sèches et séparée par deux ponts-levis d'une porte s'ouvrant sur la rue Saint-Antoine. Elle domine le Faubourg pauvre et populeux, vestige mystérieux du passé, renfermant dans ses murs de nombreux secrets anciens. Pourtant, était-elle le lieu d'horreur qu'on lui a représenté ? Pour comprendre à quel point sa mauvaise réputation était méritée en son temps, nous devons la comparer aux autres prisons de l'époque. Or, si nous consultons le rapport du philanthrope John Howard sur l'*état des prisons dans* toute l'Europe, publié en 1792, nous constaterons que les prisons de la France sous le règne de Louis XVI se comparent très favorablement à celles des autres pays. En Angleterre, Howard nous dit qu'il a vu des prisonniers pendant les années 1774, 1775 et 1776 « souffrant de maladies, expirant sur le sol dans des cellules répugnantes, de fièvres pestilentielles », à moitié affamés et en haillons ; dans certaines geôles, ils occupaient « des cachots souterrains, dont le sol était très humide, avec parfois un pouce ou deux d'eau ». Même les femmes sont chargées de lourds fers. Nombre de ces malheureuses créatures étaient d'ailleurs innocentes, puisqu'elles étaient détenues en prison un an avant leur procès. Lorsqu'Elizabeth Fry se rend à Newgate plus de trente ans plus tard, les choses ne se sont guère améliorées. Tout cela, cependant, était dû moins à une cruauté délibérée qu'à l'insouciance qui caractérisait nos ancêtres, et ne doit pas être comparé à la brutalité délibérée exercée dans les prisons allemandes. Howard, lors d'une visite en Allemagne, a été conduit dans "une chambre de torture noire autour de laquelle étaient suspendus divers instruments de torture, dont certains étaient tachés de sang. Lorsque les criminels souffrent, les bougies sont allumées, car les fenêtres sont fermées, afin que leurs cris ne soient pas entendus à l'étranger. »

En France, Howard constate que des réformes actives sont menées dans le système pénitentiaire. 'La déclaration du roi... en date du 30 août 1780, contient quelques-uns des sentiments les plus humains et les plus éclairés concernant la conduite des prisons. Elle mentionne la construction d'infirmeries aérées et spacieuses pour les malades... une abolition totale des cachots souterrains. Howard ne s'était malheureusement pas muni d'un permis de visite de la Bastille et n'a donc pas pu y entrer,[94] mais il résume en une phrase le sentiment que la prison d'État inspirait dans l'esprit des contemporains : « Dans ce château, tout n'est que mystère, ruse, artifice, piège et trahison. »

Imaginez une vieille maison où, au bout d'un long passage, se trouve une porte noire, verrouillée, par laquelle il est interdit de passer, et qui donne accès à une pièce renfermant un secret étrange et terrible, connu seulement du propriétaire de la maison ; imaginez ensuite les folles imaginations auxquelles ce mystère donnerait lieu, les enfants passant en

---

[94] Les visiteurs étaient admis à la Bastille sur un permis. « M. Howard aurait donc pu se faire admettre comme tout le monde — il n'avait fait aucune démarche pour obtenir la permission d'entrer et on l'a renvoyé ; il n'a donc pu parler que des faits qu'il avait recueillis sur ce sujet. » (*Bastille dévoilée*, 2ième Livraison (1789), p. 13).

hâte, les domestiques murmurant leurs soupçons au village, imaginant des théories monstrueuses sur ce qu'on pouvait y trouver.

Ainsi la Bastille, au bout de la rue Saint-Antoine, avec ses sinistres portails et ses huit tours grises, fournissait un perpétuel sujet de spéculation aux esprits imaginatifs ; et si parfois les portes d'une épaisseur grotesque, avec leurs serrures gigantesques, s'ouvraient pour laisser entrer les curieux, ceux-ci se doutaient que beaucoup de choses leur étaient encore cachées. Sous ces planchers de pierre, à l'abri de la lumière du jour, n'y avait-il pas des cachots souterrains, » le lieu de villégiature des crapauds, des lézards, des rats monstrueux et des araignées », où les victimes du despotisme « languissaient dans l'obscurité et la solitude » jusqu'à ce que l'esprit cède, de sorte que lorsque la délivrance arrivait enfin, le prisonnier avait dépassé toute aide humaine ? Pire encore, n'y avait-il pas d'épouvantables salles de torture, des cages en fer de huit pieds de long, dans lesquelles étaient enfermés de malheureux captifs, et, sous la maçonnerie de ces murs de pierre, les squelettes en décomposition d'hommes mis à mort en secret au cœur de la nuit ? Le plus horrible de tous était l'histoire de la *chambre des oubliettes*, une pièce à l'aspect extérieur souriant, parfumée de fleurs et éclairée par cinquante bougies. Ici, le prisonnier sans méfiance était conduit devant le gouverneur et on lui promettait la liberté. Mais le monstre humain qui présidait aux destinées des captifs n'attendait que de voir le ravissement de sa victime pour donner un signal : le plancher s'ouvrait, le malheureux tombait sur une roue de couteaux et était mis en pièces.[95]

Telle est la légende de la Bastille, perpétuée par Louis Blanc et Michelet, et dans notre pays par Carlyle et Dickens, mais qui ne repose sur aucune ombre de fondement. Il est à remarquer que ce n'est pas dans le peuple que la légende a pris naissance ; « le peuple, dit Mercier, redoute plus le Châtelet que la Bastille ; il n'a pas peur de celle-ci parce qu'elle ne le concerne pas, par conséquent il ne plaint guère ceux qui y sont emprisonnés. La crainte qu'elle leur inspirait, la curiosité qu'elle éveillait dans leur esprit, leur avaient donc été inculquées par les hommes dont la fortune, les talents ou l'importance leur donnaient droit à des *lettres de cachet* — les billets d'entrée à la Bastille. La prison d'État, que les contemporains appelaient ironiquement l'« Hôtel des Gens de Lettres », était presque exclusivement réservée aux personnes suspectées de desseins contre l'État, aux conspirateurs, aux faussaires, aux auteurs de livres obscènes ou de pamphlets séditieux dont l'imagination vive jetait une lumière crue sur leurs expériences. Parmi ceux-ci, les plus véhéments dans leurs dénonciations furent Latude et Linguet, tous deux, comme l'ont

---

[95] *Deux Amis*, i. 395.

prouvé M. Funck Brentano et M. Edmond Biré, menteurs sans scrupules dont le témoignage est réfuté non seulement par les déclarations des autres prisonniers, mais par les archives de la Bastille encore existantes.

Les recherches de M. Alfred Begis, de M. Victorien Sardou, de M. Victor Fournel, de M. Ravaisson, de M. Gustave Bord, ont unanimement révélé que, sous Louis XVI, la Bastille, si redoutable comme simple lieu de captivité, ne ressemblait en rien à sa légende. Les cachots humides et sombres étaient tombés en complète désuétude ; depuis le premier ministère de Necker en 1776, personne n'y avait jamais été emprisonné. Toutes les chambres étaient pourvues de fenêtres, de poêles ou de cheminées, de bons lits et de meubles, tandis que les prisonniers étaient autorisés à s'occuper de diverses manières — avec des livres, de la musique, des dessins, etc. La nourriture était excellente et abondante ; nombre des menus rapportés par les prisonniers auraient pu satisfaire le palais d'un épicurien, et ce même sous Louis XV. De Renneville, dans un pamphlet écrit après sa libération dans le but de dénoncer la Bastille, admet que « certaines personnes s'y sont fait emprisonner pour jouir sans dépense de la bonne humeur ».[96]

Pourtant, malgré toutes ces commodités, l'abolition de la Bastille en tant que lieu d'*emprisonnement arbitraire* était incontestablement souhaitée par la nation, et avait été demandée par les cahiers de la noblesse comme par ceux des Tiers États. La demande n'était d'ailleurs pas faite dans un esprit de sédition ; on faisait confiance au Roi, en vertu de son humanité bien connue, pour démolir cette relique de la tyrannie passée.

Dès 1784, l'architecte Corbet avait publié le *Plan d'une place publique à la gloire de Louis XVI sur l'emplacement de la Bastille*, et ce projet était ouvertement discuté en 1789. D'ailleurs, dans la Séance Royale du 23 juin, Louis XVI avait encore proposé l'abolition des *lettres de cachet*, sonnant ainsi, comme le souligne M. Bire, le glas de la Bastille.

La destruction de la Bastille par la force était donc inutile au point de vue de la nation tout entière, mais nécessaire aux desseins des chefs révolutionnaires, premièrement, parce qu'elle privait le roi de la gloire de la détruire ; deuxièmement, parce qu'elle servait de prétexte à une insurrection ; troisièmement, parce qu'elle exerçait une influence modératrice sur le faubourg Saint-Antoine ; et quatrièmement, parce que son maintien était une menace pour leur sécurité personnelle. La prison

---

[96] *De l'Inquisition Française ou Histoire de la Bastille*, 1724.

d'État doit être démolie sur-le-champ s'ils veulent être sûrs de ne pas expier leurs crimes dans son enceinte.

C'était la tâche que le peuple devait être amené à accomplir par la terreur. Il est évident, cependant, qu'aucune intention de ce genre n'existait dans leur esprit lorsque la marche sur la Bastille a commencé. [97]Sur ce point, tous les contemporains dignes de foi sont d'accord : *l'idée que « le peuple » se lève comme un seul homme pour renverser le « monument du despotisme » est une fiction ; la plus grande partie de la foule qui marchait sur la Bastille était animée par un seul motif, celui de se procurer des armes pour sa protection.*[98] Il ne s'agissait pas, dit M. Funck Brentano, de liberté ou de tyrannie, de livrer des prisonniers ou de protester contre l'autorité. La prise de la Bastille s'est déroulée aux cris de « Vive le Roi ! Mars, disaient les femmes à leurs hommes, c'est pour le roi et la patrie ! »[99]

* * * * * * * * *

Alors que les honnêtes citoyens, animés d'aucune intention sanguinaire, se préparaient ainsi à marcher sur la Bastille, quelle était la disposition du gouverneur, De Launay ? Il est amusant de comparer la fiction qui circule parmi la populace avec la réalité enregistrée par les collègues de De Launay. Le despotisme, disent les Deux Amis de la Liberté, nous menaçait du haut des remparts de la Bastille. De Launay, digne ministre de sa vengeance, était chargé du soin de ses effrayants cachots, frémissant au nom même de la liberté, tremblant de voir cesser, avec les larmes de ses victimes, l'or qui était l'objet de ses désirs, le prix de leurs tourments et de sa brutalité le satellite lâche et avare de la tyrannie s'entourait depuis longtemps d'armes et de canons. Depuis l'insurrection du faubourg Saint-Antoine (l'affaire Réveillon), il n'avait cessé de se livrer aux préparatifs de défense... »[100]

La vérité est que de Launay avait réduit les autres officiers au désespoir par son impréparation. En vain Bézenval l'avait prévenu que le château était inapte à résister à l'attaque ; en vain De Flue, le capitaine du

---

[97] « Cette résolution (d'attaquer la Bastille) parut soudaine et inattendue parmi le peuple, mais elle fut préméditée dans les conseils des chefs révolutionnaires » (Marmontel, iv. 187). « Il y a tout lieu de conclure, par les faux rapports et les alarmes qui ont circulé partout, qu'on a voulu entretenir, augmenter l'agitation, l'agitation, et conduire au siège de la Bastille » (Bailly, i. 375).

[98] « Ils allèrent à la Bastille, mais seulement pour se procurer des armes et des munitions » (Dussaulx, p. 211, édition Monin).

[99] Précis exact du Cousin Jacques.

[100] *Deux Amis*, I 306.

contingent suisse, envoyé pour renforcer la garnison le 7 juillet, l'avait exhorté à prendre des mesures de défense. 'Dès le jour de mon arrivée, dit De Flue, j'ai appris à connaître cet homme ; par les préparatifs insignifiants qu'il faisait pour la défense de son poste, par son anxiété et son irrésolution continuelles, j'ai vu clairement que nous serions mal commandés si nous étions attaqués. Il était tellement envahi par la terreur que la nuit il prenait pour ennemis les ombres des arbres et autres objets environnants... »[101] Même M. Flammermont est obligé d'admettre les intentions pacifiques du gouverneur :

> 'On voit que De Flue ne peut comprendre la faiblesse du pauvre De Launay. Pour lui, soldat de profession et étranger, les assiégeants ne sont que des ennemis — « Feinde » — c'est le mot qu'il leur applique constamment ; *tandis que le gouverneur voit sans doute en eux des citoyens dont il craint de verser le sang* même pour la défense de la forteresse confiée à ses soins.'[102]

Cet hommage d'un écrivain dont le seul objet est de glorifier les assiégeants de la Bastille écarte d'emblée la thèse de De Launay comme instrument du despotisme. En fait, comme tout le prouve, il a fait tout ce qui était en son pouvoir pour régler les choses par un arbitrage pacifique. Lorsque le 14 au matin, à dix heures, une députation de trois citoyens se présente à la Bastille pour se plaindre que « les canons des remparts pointent dans la direction du faubourg Saint-Antoine », position qu'ils ont toujours occupée[103], De Launay les reçoit avec son urbanité habituelle et les invite à déjeuner avec lui. Les canons, leur assure-t-il, doivent être retirés dans leurs embrasures ; les embrasures elles-mêmes doivent être arraisonnées pour apaiser les alarmes du peuple. Aucune atteinte ne doit être portée au Faubourg Saint-Antoine, et en retour il espère que les habitants s'abstiendront de toute agression.

Les députés s'attardèrent si longtemps à l'hospitalière table de De Launay que la foule des citoyens qui les avaient suivis et qui attendaient pendant ce temps dans la cour extérieure, commença à s'impatienter. La vue des canons retirés dans leurs embrasures ajouta encore à leur

---

[101] *La Journée du 14 Juillet*, par Jules Flammermont, p. lxvIII

[102] *Ibid.* p. lxix.

[103] « Si l'on apercevait des canons sur les créneaux, c'est qu'ils servaient habituellement à tirer des salves les jours de fête : depuis la lointaine Fronde, aucun boulet n'en avait été tiré. Le Faubourg les voyait tous les matins, mais l'excitation populaire était telle que ce matin ils semblaient prendre un aspect menaçant » (Madelin, p. 66).

excitation, et l'on conclut immédiatement que ce mouvement avait été fait dans le but de charger les canons de boulets.

De Launay et les trois députés étaient encore en train de déjeuner lorsqu'une seconde députation arriva du quartier de la Bastille, conduite par M. Thuriot de la Rozière, et suivie de nouveau par une foule. De la Rozière fut admis dans les appartements du gouverneur, en face de l'entrée de la cour de la prison, et dès que les trois anciens députés furent partis, il s'adressa à De Launay en ces termes :

> "Je viens, monsieur, au nom de la nation et du pays, vous représenter que les canons placés sur les tours de la Bastille sont une cause de grande inquiétude et répandent l'alarme dans tout Paris. Je vous supplie de les faire enlever, et j'espère que vous acquiescerez à la demande que j'ai reçu l'ordre de vous faire. De Launay n'avait peut-être pas le cœur d'un lion, mais à cette proposition il eut le courage de répondre : « Ce n'est pas en mon pouvoir ; ces canons sont sur les tours depuis un temps immémorial et je ne puis les enlever sans un ordre du roi. Déjà informé de l'alarme qu'ils causent dans Paris, mais ne pouvant être enlevés de leurs affûts, je les ai fait retirer de leurs embrasures. »

Aucun gouverneur de forteresse ne pouvait faire une réponse plus pacifique, mais elle ne satisfaisait pas De la Rozière, qui demandait maintenant à De Launay de l'admettre dans la prison. Le gouverneur s'y opposa d'abord, mais se laissa finalement convaincre par le major de Losme, le plus humain et le plus large d'esprit de tous les officiers de la Bastille, connu sous le nom de "Consolateur des prisonniers", et l'antithèse même du despotique De Flue.

Le gouverneur ayant conduit De la Rozière par le petit pont-levis dans la cour de la Bastille, ils y trouvèrent la garde suisse, une partie des Invalides et tous les officiers assemblés, sur quoi De la Rozière entreprit de leur demander "au nom de l'honneur, de la nation et de la patrie, de changer la direction des canons et de se rendre"."

Il est difficile de reconnaître ici le « féroce De Launay frémissant au nom même de la liberté » : en effet, devant ce défi ouvert à son autorité, il se joint à De la Rozière pour faire jurer aux soldats qu'ils ne tireront pas et ne feront pas usage de leurs armes à moins d'être attaqués.[104]

Mais de la Rozière, non content de cette assurance, s'obstina à perdre encore du temps en montant inspecter les créneaux, tandis que le peuple au

---

[104] « Sur la provocation du gouverneur lui-même, les officiers et soldats jurèrent qu'ils ne feraient pas feu et ne feraient pas usage de leurs armes, à moins d'être attaqués » (*Bastille dévoilée*, ii. 91).

dehors s'impatientait et s'excitait de plus en plus. De Launay, qui l'avait accompagné, regarda maintenant des hauteurs de la Bastille et vit pour la première fois la multitude nombreuse et menaçante qui bloquait complètement l'extrémité de la rue Saint-Antoine et commençait à pénétrer dans la cour extérieure de la prison. À cette vue, dit-on, le gouverneur pâlit ; ce qu'il redoutait depuis longtemps était arrivé : le peuple marchait sur la Bastille. Est-ce la lâcheté qui blanchit la joue du malheureux gouverneur ? Cela semble peu probable ; De Launay était pourvu de formidables moyens de défense — "quinze canons bordaient les tours, et trois pièces de campagne étaient placées dans la grande cour, en face de la porte d'entrée, offrant une mort certaine à ceux qui auraient l'audace de l'attaquer. Les munitions, en outre, ne manquaient pas… "Pourquoi donc le gouverneur devait-il trembler ? Ne pouvait-il pas, en quelques volées de fusils, débarrasser la rue et la cour de la multitude qui les envahissait ? Mais c'était précisément la voie qu'il craignait d'emprunter, et il se retrouva dans le dilemme auquel furent confrontés tous les défenseurs de l'autorité royale tout au long de la Révolution : la nécessité de réprimer la violence, associée à la crainte de verser le sang du peuple. Le pouvoir était entre leurs mains, mais ils craignaient de l'utiliser, et cette crainte — résultat de la philosophie de l'époque, accrue par la connaissance de l'humanité du roi — paralysait le bras de la loi et de l'ordre, et donnait aux révolutionnaires un immense avantage. Telle était donc la crainte qui fit pâlir De Launay, et qui, au dire de De Flue, lui aurait fait rendre le château, si De Flue et les autres officiers ne lui eussent représenté qu'il ne pouvait trahir ainsi la confiance qu'il avait envers son royal maître.[105]

Quand enfin De la Rozière quitta le château, il était trop tard pour endiguer la marée montante, et une petite demi-heure plus tard, la foule armée arriva sur les lieux. Cette foule, que nous avons déjà vue se mettre en route pour se procurer des armes, avait cependant été renforcée par d'autres éléments, qu'il importe de distinguer si l'on veut tenter de comprendre le mouvement chaotique qui suivit.

Il y avait d'abord les honnêtes citoyens qui désiraient des armes pour leur défense ; ensuite, les chefs révolutionnaires, les féroces Maillard, Théroigne de Méricourt et Jourdan, plus tard connus sous le nom de « Coupe-tête », tous déterminés à n'accepter aucune mesure pacifique, mais à détruire le château ; troisièmement, la bande hétéroclite de « brigands » qui n'est pas dans le secret des chefs, assoiffée de violence, composée non seulement des Marseillais et des Italiens précités, mais

---

[105] La Journée du 14 Juillet, p. cxcviii.

aussi, selon Marat, d'un grand nombre d'*Allemands*,[106] vraisemblablement déserteurs des troupes royales ; Enfin, quatrièmement, la foule des simples curieux qui désiraient explorer les recoins les plus secrets de la Bastille, voir par eux-mêmes l'horrible salle de torture, les cages de fer et les oubliettes, et mettre en lumière les nombreux prisonniers sans nom et malheureux qui traînaient oubliés dans les sombres cachots en bas.

Cette foule tumultueuse et hétéroclite, armée de fusils, de sabres et de hachettes, déferle maintenant dans la cour extérieure (la cour de l'Avancée) en criant : « Nous voulons la Bastille ! À bas, les troupes ! »

Les assiégeants se heurtent cependant au pont-levis surélevé, dit pont de l'Avancée, qui donne sur la cour du Gouvernement, et au-delà, au second pont-levis qui donne sur le château lui-même. Deux hommes, Tournay et Bonnemère,[107] montent alors sur le toit de la boutique de M. Riquet, parfumeur, et atteignent par ce moyen le mur d'enceinte des douves de la Bastille. Assis à califourchon sur le sommet, ils parvinrent à se frayer un chemin jusqu'au Corps des Gardes, du côté du pont-levis, et le plus étonnant, c'est que la garnison les laissa faire sans tirer un coup de feu, se contentant de crier des avertissements depuis les créneaux, [108]et cette attitude conciliante fut maintenue même lorsque les deux hommes entreprirent de couper les chaînes du pont-levis « de l'Avancée », qui tomba avec un fracas terrible, tuant un homme dans la foule et en blessant un autre. Instantanément, toute la foule se précipita dans la Cour du Gouvernement et, pour la première fois, la garnison, soucieuse de les empêcher d'attaquer le second pont-levis, ouvrit un feu de mousqueterie, dispersant les gens dans toutes les directions et les repoussant finalement

---

[106] « La Bastille, mal défendue, fut prise par quelques soldats et une troupe de misérables, Allemands pour la plupart et aussi provinciaux. Les Parisiens — ces éternels *badauds* — parurent à la forteresse, mais la curiosité seule les y amena pour visiter les sombres cachots dont la seule idée les glaçait de terreur » (Marat, *Ami du Peuple*, n° 530).

[107] *Bastille dévoilée*, II 92 ; *Deux Amis*, I 317. Les citoyens du faubourg Saint-Antoine ont donné leurs noms comme Davanne et Demain, mais M. Flammermont (p. ccv, note) et M. Victor Fournel, *Les Hommes du 14 Juillet*, p. 216, acceptent la première déclaration.

[108]. Même les Deux Amis de la Liberté l'admettent : « Deux hommes [...] montent sur le toit du corps de garde, malgré les cris et les menaces de la garnison de la forteresse. Voir aussi *Bastille dévoilée*, II 93 ; Marmontel, iv. 191. L'affirmation de M. Flammermont selon laquelle ils ont agi sous le feu de la garnison est donc contraire non seulement à l'évidence, mais à la probabilité, car, compte tenu de la lenteur avec laquelle ils ont dû progresser, ils auraient constitué une cible facile si la garnison avait choisi de tirer.

dans la cour extérieure. C'est cet incident qui a donné naissance à la légende selon laquelle De Launay, après avoir abaissé le pont-levis et attiré le peuple dans la Cour du Gouvernement, aurait traîtreusement ouvert le feu sur lui.

Autour de cette trahison — la première des deux dont De Launay a été accusé pendant le siège de la Bastille — la controverse a fait rage pendant plus d'un siècle, mais les historiens français responsables sont maintenant d'accord pour dire que l'incident s'est produit tel qu'il est décrit ici.[109]

La preuve la plus convaincante en faveur de De Launay réside peut-être dans l'inexpérience d'une telle manœuvre. S'il ne voulait pas utiliser les moyens de défense légitimes dont il disposait, pourquoi aurait-il eu recours à la trahison et aurait-il ainsi inutilement enragé le peuple ? S'il avait voulu semer la mort et la destruction dans leurs rangs, il n'avait qu'à tirer l'un de ses quinze canons depuis les remparts. Il n'était pas nécessaire de les attirer à portée de tir de mousquets.

Il est facile, cependant, de comprendre le malentendu qui a donné lieu à l'histoire de la trahison de De Launay. L'arrière-garde de la foule, voyant la chute du pont-levis, la ruée du peuple sur le front, puis le feu dirigé sur elle depuis les créneaux, ne pouvait savoir par quel moyen le pont-levis avait été abaissé, et en conclut aussitôt que l'ordre avait été donné par de Launay pour attirer le peuple à sa perte. Le cri de la trahison ayant été poussé, les agitateurs, mêlés à la foule, virent l'occasion d'attiser la flamme de la fureur populaire, et des messagers furent envoyés dans tout Paris pour faire circuler la nouvelle de la hideuse perfidie de De Launay. À l'Hôtel de Ville, elle souleva une tempête d'indignation, et une nouvelle députation fut envoyée à la Bastille pour demander à M. de Launay s'il « serait disposé à recevoir dans le château les troupes de la milice parisienne, qui le

---

[109] « Cette prétendue trahison de De Launay, dont le bruit courut aussitôt dans tout Paris... est démentie non seulement par les récits des assiégés, mais par les assiégeants eux-mêmes, et est rejetée aujourd'hui par tous les historiens » (Funck Brentano, *Légendes et Archives de la Bastille*, p. 256). M. Flammermont admet à propos de cette accusation : « Tout cela est faux. » Même M. Louis Blanc, avec un rare élan d'équité, absout De Launay de cette accusation : « La confusion était telle que le plus grand nombre (de la foule) ne savait pas sous quel intrépide effort les chaînes du premier pont avaient été brisées ; ils croyaient que le gouverneur lui-même avait donné l'ordre de le laisser tomber afin d'attirer la multitude et de faire plus facilement un carnage parmi elle... De Launay était capable d'avoir donné l'ordre de tirer, mais non d'avoir commis la perfide atrocité qu'on lui impute, et la justice demande que sa mémoire en soit ouvertement lavée » (*Histoire de la Révolution*, ii. 381). En dépit de toutes ces preuves, l'histoire de la trahison de De Launay est répétée avec persistance par presque tous les écrivains anglais.

garderaient avec les troupes qui y sont déjà stationnées et qui seraient sous les ordres de la ville ». Mais lorsque la députation arriva, la fusillade qui se déroulait entre la garnison et les assiégeants ne permettait pas de communiquer avec le gouverneur, et dans l'effrayant tumulte qui régnait alors, les mouchoirs blancs agités par les députés en signe de trêve passèrent inaperçus. Une deuxième députation, armée cette fois d'un drapeau et d'un tambour, réussit cependant à attirer l'attention du gouverneur et des officiers sur les remparts, qui répondirent en invitant les députés à s'avancer, mais en persuadant la foule de se retirer. Au même moment, un officier subalterne sur les remparts, pour prouver la bonne foi de la garnison, renversa son fusil en signe de paix, et cet exemple fut suivi par ses camarades, qui crièrent haut et fort à la foule :

> « Ne craignez rien, nous ne ferons pas feu, restez où vous êtes. Faites avancer votre drapeau et vos adjoints. Le gouverneur va descendre et vous parler. »

Mais ici se produisit un autre malentendu qui donna lieu à l'histoire d'une seconde trahison de la part de De Launay, car au moment où les députés allaient s'avancer, un homme dans la foule — évidemment un agitateur posté là pour empêcher l'arbitrage — donna une nouvelle alarme qu'un des canons était pointé sur le peuple, et aussitôt tout le monde reprit le cri et exhorta les députés à ne pas se fier aux « perfides promesses » de la garnison.[110] Les députés se retirèrent alors dans la cour de l'Orme et y restèrent debout pendant un quart d'heure, sans tenir compte des cris de la garnison qui les pressait d'avancer. De Launay, maintenant convaincu que les signaux de paix n'étaient qu'une ruse pour obtenir par traîtrise l'admission au château, fit remarquer à ses officiers :

> « Vous devez vous apercevoir, messieurs, que ces députés et ce drapeau ne peuvent appartenir à la ville ; le drapeau est certainement un drapeau dont le peuple s'est emparé et dont il se sert pour nous surprendre. S'ils étaient vraiment députés, ils n'auraient pas hésité, vu la promesse que vous leur avez faite, à venir me déclarer les intentions de l'Hôtel de Ville ! »[111]

Puis, comme la foule continuait à tirer sur la garnison, celle-ci riposta de nouveau, et le combat continua avec une violence redoublée. L'histoire de cette seconde trahison de De Launay circula de nouveau dans Paris — le gouverneur, disait-on, avait répondu au drapeau de trêve par des signes de paix et, les députés s'étant avancés confiants, la garnison avait déchargé une volée de mousqueterie, tuant plusieurs personnes à leurs côtés. Autour

---

[110] *Deux Amis*, i. 325.

[111] Récit des Assiégés, *Deux Amis*, I 321 ; *Bastille dévoilée*, II 97.

de ce point, une nouvelle controverse a fait rage, mais toutes les preuves fiables prouvent que la seconde accusation de trahison était aussi infondée que la première,[112] car sur deux points, tous les récits concordent : les députés n'ont pas avancé et la foule a continué sans interruption à tirer sur la garnison.

De plus, à cette seconde accusation de trahison, comme à la première, on peut appliquer le même raisonnement : quel objectif De Launay pouvait-il avoir pour exaspérer inutilement la population, alors qu'à ce stade du siège il refusait encore d'ouvrir le feu sur elle avec ses canons ? De plus, pourquoi aurait-il tiré sur une députation alors que nous savons, d'après le témoignage de ses officiers, qu'il aurait saisi toute occasion de capituler et que c'est principalement sur l'instance du Suisse De Flue qu'il a poursuivi le siège ?[113] De toute évidence, comme le fait remarquer Beaulieu, 'il n'y a pas eu de trahison, mais seulement une effroyable confusion. »

À l'Hôtel de Ville, la nouvelle de la dernière perfidie de De Launay souleva une nouvelle tempête d'indignation, et les rumeurs les plus folles circulèrent parmi la foule assemblée sur la place de Grève. Or, parmi les groupes de citoyens qui discutaient avec colère de la situation, se trouvait un grand jeune homme qui écoutait avidement tout ce qui se disait, et qui finit par se mêler à la conversation en entendant parler du "massacre des citoyens" qui avait lieu à la Bastille. Ce jeune homme était Pierre Hulin, directeur d'une blanchisserie aux environs de Paris ; il était venu à Paris de bonne heure ce matin-là pour affaires, et, trouvant une foule assemblée sur la place de Grève, il s'y était joint au moment précis où la nouvelle de la

---

[112] La légende a été reprise à l'époque par un grand nombre d'auteurs, dont même Lord Dorset, qui n'était pas présent au siège, et dont le récit est inexact en presque tous points. Elle est cependant réfutée non seulement par Montjoie, Beaulieu et Marmontel, mais par les principales autorités révolutionnaires — *Bastille dévoilée* (ii. 99) ; Dussaulx, p. 219 (édition Monin) : « Pour avoir le droit, sur tous ces points, d'accuser le gouverneur et sa garnison de perfidie, il faudrait être très certain qu'ils aient vu et reconnu les signaux des députés, et s'ils les ont effectivement perçus, il faut admettre qu'il leur était impossible de cesser leur action pendant que le feu des assiégeants continuait, et qu'on leur tirait dessus non seulement du pied de la forteresse, mais du haut des maisons voisines. » Beaulieu explique la situation en affirmant qu'une partie de la garnison — c'est-à-dire les Invalides — était du côté du peuple, et que c'est elle qui lui a fait signe d'avancer, tandis que le reste — les Suisses — était pour la résistance, et c'est elle qui tirait. C'est le point de vue adopté par Louis Blanc (ii. 385), qui nie également dans ce cas la trahison de De Launay. « Aucun historien n'admet plus cette légende », dit M. Louis Madelin.

[113] *Bastille dévoilée*, ii. 127, 128. Voir aussi le récit de De Flue dans la *Revue Rétrospective*.

seconde trahison de De Launay avait enflammé tous les esprits. Hulin, qui était un homme courageux, étranger à toute intrigue, partagea l'indignation générale, et voyant que son beau visage et son allure imposante avaient manifestement trouvé grâce aux yeux de la multitude, il se retourna et s'adressa à elle en ces termes pleins d'entrain :

"Mes amis, êtes-vous des citoyens ? Marchons sur la Bastille ! Nos amis, nos frères, sont massacrés. Je ne vous exposerai à aucun risque, mais s'il y a des risques à courir, je serai le premier à les courir, et je vous jure sur mon honneur que je vous ramènerai victorieux ou vous me ramènerez mort !"[114]

Le peuple, prenant ce jeune homme courageux et éloquent pour au moins un officier, s'est immédiatement rallié à lui, et toute la place de Grève a résonné du cri : "Tu seras notre commandant !".

Hulin accepta et se trouva à la tête d'une armée nullement méprisable ; il y avait là des grenadiers de Ruffeville, des fusiliers de la compagnie de Lubersac, une foule de bourgeois, et trois canons, et ceux-ci, en route pour la Bastille, furent renforcés par plusieurs Invalides et deux autres canons.

Dans ce second départ pour la Bastille, il y a indéniablement une forte dose d'héroïsme ; ces hommes qui se mettent en marche, brûlant d'indignation devant un prétendu outrage à leurs concitoyens, ne sont en rien à confondre avec les brigands qui les avaient précédés. S'attaquer à la forteresse, qu'ils considéraient honnêtement à ce moment-là comme le bastion de la tyrannie, crachant feu et fumée sur tous ceux qui tentaient de s'en approcher, était en effet une aventure courageuse qui ne demandait pas beaucoup de courage personnel et d'abnégation. Le fait que toute cette agitation ait été basée sur un malentendu n'enlève rien à la bravoure de l'entreprise. L'incident est d'autant plus remarquable qu'il *s'agit de la seule et unique occasion dans l'histoire de la Révolution où une foule a été dirigée par un véritable homme du peuple,* et non par les agitateurs professionnels ou leurs outils. Hulin était un homme noble et désintéressé et, comme nous le verrons, il s'est montré digne de la confiance que le peuple avait placée en lui.

Ce formidable contingent avec ses cinq canons, Hulin marchant à la tête des bourgeois, les sergents à la tête des Gardes Françaises, arriva à la Bastille par l'Arsenal pour trouver une scène de confusion indescriptible. La foule, exaspérée par la prétendue trahison de De Launay, avait imaginé un plan pour brûler sa maison en faisant rouler des chariots de paille dans la Cour du Gouvernement et en y mettant le feu. Les brigands de la foule,

---

[114] Montjoie, *Hist. de la Révolution*, xlv. 110 ; *Deux Amis*, I 327.

ne se contentant pas d'objets inanimés sur lesquels ils pouvaient déverser leur fureur, s'emparèrent d'une jolie fille, Mlle de Monsigny, fille d'un capitaine des Invalides, qu'ils prirent pour la fille de Launay, et firent comprendre par signes à la garnison qu'ils la brûleraient vive si le château ne se rendait pas. La jeune fille, qui n'était guère plus qu'une enfant, s'évanouit de terreur, et fut traînée sans connaissance sur un tas de paille. M. de Monsigny, voyant cela depuis les tours du château, se précipita au secours de sa fille, mais fut abattu par deux coups de feu des assiégeants, et l'horrible crime ne fut évité que par la bravoure d'Aubin Bonnemère — celui qui avait coupé les chaînes du pont-levis — et qui réussit maintenant à emmener la fille en lieu sûr.

Il est difficile de reconstituer l'ordre exact des événements à ce moment du siège, mais il semblerait que l'arrivée de Hulin et de l'armée avec des canons ait coïncidé avec l'allumage des chariots de paille, et qu'à ce moment la première et unique charge ait été tirée par un des canons de la Bastille. Selon Montjoie, la décharge a eu lieu lorsque la garnison a perçu l'arrivée des canons des assiégeants ; selon les Deux Amis de la Liberté, elle a suivi la tentative de mettre le feu à la maison du gouverneur ; mais sur un point, toutes les autorités sont d'accord — *la Bastille avait quinze canons, et pendant tout le siège, un seul a été tiré*.[115] Il n'est pas besoin d'une autre preuve de l'humanité de De Launay : s'il avait choisi d'utiliser les moyens en sa possession, même les auteurs de la *Bastille dévoilée* sont obligés de l'admettre, il aurait pu nettoyer la cour des assaillants : "Si la plate-forme du grand pont avait été abaissée, et si les trois canons chargés de coups de fusil dans la cour avaient été tirés, quel carnage n'y aurait-il pas eu ?"[116] Mais maintenant que l'artillerie des assiégeants est entrée en jeu, la confusion atteint son paroxysme : le rugissement des canons et le cliquetis de la mousqueterie se mêlent aux hurlements de la foule, tandis que la fumée des chariots de paille en feu aveugle et étouffe presque les assiégeants. Un courageux soldat, Élie, de l'infanterie de la Reine, aidé par un "musclé et intrépide drapier, Réole", au péril de leur vie, s'élança dans les flammes et enleva les chariots, dégageant ainsi l'atmosphère, mais ne calmant en rien le pandémonium. De tous côtés, des hommes tombaient morts et mourants sur le sol, mais la plupart de ces victimes étaient causées, non par le feu de la Bastille, mais par la foule elle-même qui, ne sachant pas comment charger les canons, était tuée par le recul ou se faisait tirer dessus. Hulin avait cependant réussi à détruire par le feu les chaînes du

---

[115] *Bastille dévoilée*, ii. 101 note, 12, ; *Deux Amis*, i. 326 ; Montjoie, *Histoire de la Révolution de France*, xlv. 112 ; Marmontel, iv. 193.

[116] *Bastille dévoilée*, II 126 ; Montjoie, *ibid*. xlv. 112.

pont-levis de l'Avancée, après quoi toute la foule se pressa à nouveau dans la cour du Gouvernement, et deux canons furent montés en face du second pont-levis menant à la Bastille elle-même.

Ce mouvement semble avoir complètement déstabilisé De Launay ; obligé de choisir, et de choisir immédiatement, entre la honte de la reddition et le massacre en masse de la population à coups de canon, il était en effet entre le diable et la mer profonde, et on dit que, incapable de se décider pour l'une ou l'autre solution, il se résolut à la mesure désespérée de mettre le feu à la poudrière et de faire sauter le château. Mais deux Invalides, Becquard et Ferrand, retinrent sa main, sauvant ainsi assiégeants et assiégés d'une destruction totale.

Une chose est certaine, la garnison ne s'est presque pas défendue. "J'ai assisté au siège de la Bastille, dit le chancelier Pasquier, et le prétendu combat n'a pas été sérieux ; la résistance manifestée a été presque nulle... Quelques coups de fusil ont été tirés (par les assiégeants) auxquels il n'a pas été répondu, puis quatre ou cinq coups de canon... Ce que j'ai vu parfaitement, c'est l'action des soldats, Invalides et autres, rangés sur la plate-forme de la haute tour, levant en l'air la crosse de leurs fusils, et exprimant par tous les moyens usités en pareille circonstance le désir de se rendre."[117]

Il est évident, comme le dit Beaulieu, que la garnison était divisée, les Suisses, avec De Flue à leur tête, pressant le gouverneur de poursuivre le siège, et les Invalides, dont les sympathies allaient au peuple, le suppliant de capituler.[118] Enfin, de Launay, cédant aux supplications de ces derniers, ordonna à deux de ses hommes de monter sur les remparts avec un tambour et un drapeau blanc de trêve. Aucun drapeau ne fut présenté, mais le mouchoir du gouverneur fut hissé sur un bâton, et avec cette bannière, les hommes défilèrent dans les tours de la prison pendant un quart d'heure. Le peuple, cependant, continua à tirer et répondit aux ouvertures de la garnison par des cris de "À bas les ponts ! Pas de capitulation !"

De Launay se retire alors dans la Salle de Conseil et écrit un message désespéré aux assiégeants :

"Nous avons vingt mille poids de poudre ; nous ferons sauter la garnison et tout le quartier si vous n'acceptez pas la capitulation".'

---

[117] Voir aussi *Bastille dévoilée*, II 121 : « La garnison, pour ainsi dire, n'a fait aucune résistance ». Georget, l'un des artilleurs assiégeants, exprime la même opinion.

[118] « Les Suisses exhortent le gouverneur à résister, mais l'état-major et les sous-officiers le pressent fortement de rendre la forteresse » (*Deux Amis*, II 333).

En vain, De Flue fit valoir à De Launay que ce terrible expédient était totalement inutile, que les portes de la forteresse étaient encore intactes, que les moyens de défense ne manquaient pas, que la garnison n'avait subi la perte que d'un homme tué et de deux blessés — le billet fut remis à un Suisse, qui le fit passer à travers un trou dans le pont-levis relevé jusqu'à la foule au-delà. Les assiégeants rassemblés sur le pont de pierre de l'autre côté des douves ne parviennent pas à l'atteindre, mais on va chercher une planche, un homme dans la foule s'avance, la parcourt, tombe dans les douves et est tué sur le coup. Un deuxième homme suivit — selon un rapport, le, selon un autre, Maillard — et cette fois, le bout de papier fut transmis en toute sécurité au peuple. Aux mots, lus à haute voix par le, un cri confus s'éleva, » À bas les ponts ! mais tandis que certains ajoutent : « Il ne vous sera fait aucun mal », d'autres continuent à crier : « Pas de capitulation ! ». Mais ils répondirent à voix haute : « Sur la parole d'un officier, personne ne sera blessé ; nous acceptons votre capitulation ; jetez vos ponts ! »

Sur la foi de cette promesse, De Launay rendit la clef du petit pont-levis, le pont fut abaissé, et les chefs du peuple — Élie, Hulin, Tournay, Maillard, Réole, Arné et Humbert — entrèrent dans le château. L'instant d'après, une main inconnue, à l'intérieur de la cour de la prison, abaissait le grand pont-levis, et, à l'instant même, l'immense foule se déversait sur lui et s'élançait avec force dans la Bastille. Qui était la main qui a fait l'acte ? Personne, à ce jour, ne le sait avec certitude. De Launay n'avait pas l'intention d'admettre la foule avant de parlementer avec les meneurs, et il semble probable que le pont a été abaissé par traîtrise par certains Invalides qui étaient de connivence avec le peuple.[119]

Si c'est le cas, ils ont payé cher leur lâcheté ; car la foule, selon l'habitude des foules, ne s'est pas arrêtée pour faire une distinction, mais s'est abattue sur les Invalides avec fureur, laissant les Suisses s'échapper indemnes.

Pendant ce temps, le et ses camarades s'approchèrent du gouverneur, qui se tenait avec son personnel dans la grande cour, vêtu d'un manteau gris, avec un ruban couleur coquelicot à la boutonnière, et tenant à la main un bâton d'épée à tête d'or. Selon certains récits, Maillard, ou un dénommé Degain, s'empare alors de lui en s'écriant : « Vous êtes le gouverneur de la

---

[119] « Un Invalide vint ouvrir la porte située derrière le pont-levis et leur demanda ce qu'ils voulaient. Qu'on rende la Bastille, répondirent-ils. Alors il les fit entrer » (*Deux Amis*, I 337). « J'ai été très surpris… de voir quatre Invalides s'approcher de la porte, l'ouvrir, et laisser descendre les ponts » (*Relation de de Flue*, Flammermont, ccxxxv.).

Bastille ». Legris s'adresse à lui brutalement.[120] Marmontel donne une image plus noble de ce moment dramatique :

> « Élie entra avec ses compagnons, tous braves hommes et bien décidés à tenir leur parole. Voyant cela, le gouverneur s'approcha de lui, l'embrassa, et lui présenta son épée et les clefs de la Bastille. "J'ai refusé son épée", dit le gouverneur à Marmontel, "je n'ai accepté que les clefs". » Les compagnons d'Élie saluèrent avec la même cordialité le personnel et les officiers du château, jurant de leur servir de garde et de défense.[121] Hulin, lui aussi, embrassa le malheureux gouverneur, lui promettant de lui sauver la vie, et De Launay, rendant l'accolade, pressa la main de Hulin en disant : » J'ai confiance en vous, brave homme, et je suis votre prisonnier ». »

Mais si ces pionniers se montrèrent magnanimes, » ceux qui les suivirent ne respirèrent que le carnage et la vengeance », car à la chute du grand pont-levis, ce furent les brigands armés de fourches et de hachettes qui pénétrèrent les premiers dans le château, laissant de l'autre côté des douves les soldats qui avaient poursuivi le siège. Cette foule horrible se rassembla de façon si menaçante autour du gouverneur qu'Élie, Hulin et Arné résolurent de le conduire hors du château à l'Hôtel de Ville. Au péril de leur vie, le petit cortège se met en route, Élie portant la capitulation sur la pointe de son épée, Hulin et Arné suivant avec De Launay tenu entre eux.

Ainsi commença le terrible voyage vers la place de Grève ; luttant à chaque pas, les deux hommes héroïques conduisaient leur prisonnier, recevant sur la tête et les épaules les coups de la multitude. Tout au long de la rue Saint-Antoine bouillonnante, Hulin ne quittait pas le bras de De Launay ; frappé, tiré, insulté, il se débattait en avant ; une fois, craignant que la tête nue du gouverneur ne l'expose au danger, Hulin la couvrit rapidement de son propre chapeau, mais l'instant d'après, il faillit être lui-même victime de la fureur de la populace. Trois fois le peuple arracha De Launay de ses bras, et trois fois Hulin l'arracha de ses griffes avec des vêtements déchirés et du sang coulant de son visage. De Launay, blessé de la tête aux pieds, pâle mais résolu, « la tête haute et l'œil toujours fier », ne se plaignait pas, ne murmurait pas, mais lorsque la foule s'était à nouveau

---

[120] Récit de Pitra », *La Journée du 14 Juillet*, p. 48 ; Montjoie, *Hist. de la Révolution*, xlv. 115.

[121] Marmontel, iv. 194. « Ceux qui sont entrés les premiers abordent les vaincus avec humanité, jettent leurs bras au cou des officiers d'état-major en signe de paix et de réconciliation, et prennent possession de la forteresse comme remise par capitulation » (*Deux Amis*, i. 338).

jetée sur lui, et que Hulin, se précipitant à nouveau dans la mêlée, l'avait pris dans ses bras et l'avait emporté, le vieil homme le pressait contre son cœur et s'écriait : « Tu es mon sauveur. Encore un peu de force et de courage... Reste avec moi jusqu'à l'Hôtel de Ville. » Et se tournant vers Élie, il s'exclama : » Est-ce là la sécurité que vous m'aviez promise ? Ah, monsieur, ne me quittez pas. »

Mais les forces de Hulin s'épuisaient rapidement. L'interminable voyage était presque terminé ; ils avaient atteint l'Arcade de St. Jean — plus que quarante pas vers l'Hôtel de Ville et la sécurité. Mais alors qu'ils pénètrent sur la Place de Grève, une horde de brigands furieux s'abat sur le cortège, et une fois de plus, De Launay est arraché des bras de ses protecteurs, tandis que cette fois Hulin, complètement épuisé, s'effondre sur un tas de pierres — ou, selon un autre récit, il y a été traîné par les cheveux et jeté sans connaissance. Lorsqu'il ouvre à nouveau les yeux, c'est pour voir la tête de De Launay dressée sur une pique au milieu des cris sauvages de ses meurtriers.

« J'ai vu le sieur Hulin, plus d'un an après, écrit Montjoie, pâlir d'horreur et verser des torrents de larmes en se rappelant ce spectacle sanglant ». Les dernières paroles du marquis de Launay résonneront toujours dans mon cœur, dit-il ; nuit et jour je le vois, accablé d'injures, couvert de sang, et adressant doucement à ses meurtriers ces mots : « Ah, mes amis, tuez-moi, tuez-moi sur-le-champ ! Par pitié, ne me laissez pas traîner ! »

Aussi horrible que soit le massacre de De Launay, il fut suivi de crimes encore plus criants d'injustice. Les Suisses qui, comme nous l'avons vu, pendant le siège de la Bastille, avaient été les plus ardents à poursuivre la défense, et à qui l'on devait la plupart des tirs, s'en tirèrent tous sans dommage, mais pour les Invalides, qui avaient sympathisé avec les assiégeants, la foule ne montra aucune pitié. Trois d'entre eux furent immédiatement mis à mort, dont Becquard, qui avait empêché De Launay de faire sauter le château. La main qui avait ainsi sauvé la vie d'innombrables citoyens fut coupée et exhibée dans les rues, puis Becquard lui-même fut hissé à la lanterne fatale. Trois officiers périrent également, et pour compléter la violence insensée de la journée, De Flue, qui tout au long du siège avait exhorté le gouverneur à une plus grande sévérité, fut autorisé à s'échapper, tandis que le miséricordieux De Losme fut barbarement massacré.

Deux anciens prisonniers de la Bastille, le marquis de Pelleport et le chevalier de Jean,[122] entrèrent sur la place de Grève au moment de la mort de De Launay. Pelleport, voyant que le même sort allait s'abattre sur De Losme, qui pendant sa captivité avait toujours été son ami, se précipita et jeta ses bras autour de lui.

« Attendez ! », cria-t-il à la foule, « vous allez sacrifier le meilleur homme du monde ! J'ai passé cinq ans à la Bastille, et il était mon consolateur, mon ami, mon père ! »

À ce moment-là, De Losme leva les yeux et dit doucement : « Jeune homme, que fais-tu ? Repartez, vous ne ferez que vous sacrifier sans me sauver. »

Mais Pelleport s'accrochait toujours à De Losme, et comme il n'était pas armé, il tentait avec ses mains de repousser la multitude en furie. » Je le défendrai contre vous tous ! s'écria-t-il ; « oui, oui, contre vous tous ! »

Un brigand dans la foule donna à Pelleport un coup de hache qui lui entailla le cou, et, levant l'arme, il allait frapper à nouveau lorsque De Jean se jeta sur lui et le jeta à terre. Mais De Jean fut à son tour assailli de toutes parts, frappé de sabres, transpercé de baïonnettes, jusqu'à ce qu'il s'évanouisse sur les marches de l'Hôtel de Ville. Alors De Losme fut massacré, sa tête fut élevée sur une pique et portée en procession avec celle de De Launay.

Les Invalides restants furent conduits à travers Paris au milieu des exécrations de la foule : vingt-deux de ces malheureux vieillards et plusieurs enfants suisses au service de la Bastille furent conduits à l'Hôtel de Ville, où, à leur arrivée, un électeur révolutionnaire[123] leur adressa brutalement ces mots : « Vous avez tiré sur vos concitoyens, vous méritez d'être pendus, et vous le serez sur place. Aussitôt, un chœur de voix s'élève au cri de "livrez-les-nous pour que nous les pendions". Mais les Gardes Françaises, avec Élie à leur tête, s'interposent, se jetant courageusement entre les Invalides et leurs assaillants.

> Je n'oublierai jamais ce moment terrible, écrit Pitra, la foule se jetant sur les prisonniers, les Suisses à genoux, les Invalides serrant les pieds d'Élie qui, debout sur une table couronnée de lauriers, s'efforçait en vain de faire entendre sa voix au-dessus du tumulte, tandis que les Gardes

---

[122] Charles de Jean de Manville, demi-frère de la Comtesse de Sabran, *mauvais sujet* qui avait été emprisonné à la Bastille pour avoir falsifié un testament.

[123] Bastille dévoilée, II 110 ; Hist. de la Révolution, par Montjoie.

Françaises les entouraient, faisant un rempart de leurs corps et les arrachant des mains de ceux qui auraient voulu les entraîner. »

Ainsi, dit Montjoie, « des hommes sans éducation, des soldats et des rebelles, donnèrent une leçon de justice et d'humanité à l'électeur barbare ».

Mais cette foule mobile, excitée par un mot à la violence, était aussi par un mot émue à la pitié. Soudain, l'un des Gardes Françaises s'écria à haute voix : « Nous demandons la vie de nos anciens camarades comme prix de la Bastille et des services que nous avons rendus ». Élie, d'une voix brisée, les lèvres tremblantes, joignit ses supplications aux leurs : « Je demande que l'on fasse preuve de miséricorde envers mes compagnons comme prix de nos actes » ; et montrant le plat d'argent appartenant à De Launay qui lui avait été offert, il ajouta : « Je ne veux pas de cet argent, je ne veux pas d'honneurs. Pitié, pitié pour ces enfants », se tourna-t-il vers le petit Suisse qui se tenait près de lui ; « pitié, pitié pour ces vieillards », ajouta-t-il en prenant les mains des Invalides tremblants, « car ils n'ont fait que leur devoir ». »

« Élie, dit Dussaulx, régnait en maître, car il continuait à calmer l'esprit du peuple. Ses cheveux en désordre, son front ruisselant, son épée cabossée qu'il tenait fièrement, ses vêtements déchirés et froissés, servaient à rehausser et à sanctifier la dignité de sa physionomie, et lui donnaient un air martial qui nous ramenait aux temps héroïques. Tous les yeux étaient fixés sur lui... Il me semble encore l'entendre parler : "Citoyens, surtout, prenez garde de ne pas tâcher de sang les lauriers que vous avez attachés à ma tête — sinon reprenez vos palmes et vos couronnes !"

À ces nobles paroles, un silence soudain s'est abattu sur la foule tumultueuse, puis quelques voix ont murmuré "Pitié ! et l'instant d'après, un cri puissant s'éleva de toutes les bouches. Pitié, oui, pitié, pitié pour tous !" et la grande salle se fit l'écho de ce cri de pardon.

Les Invalides et les petits Suisses furent enfin conduits par la même foule qui avait réclamé leur sang, et fêtés au milieu de la liesse générale.

"Ainsi se termina cette grande scène de fureur, de vengeance, de victoire, de joie, d'atrocités, mais où brillaient quelques rayons d'humanité."[124]

Plus que quelques rayons ! En ce terrible 14 juillet, de grands actes ont été accomplis, des actes de courage glorieux et d'abnégation. Sur le fond trouble de la brutalité et de l'horreur, les noms d'Élie, de Hulin, d'Arné, de

---

[124] Bailly, I 385.

Bonnemère se détachent en lettres brillantes, et le fait que ces hommes n'aient pas pris part aux excès ultérieurs de la Révolution montre qu'ils n'étaient pas les outils d'agitateurs mais des hommes honnêtes agissant de leur propre initiative et, comme tels, véritablement représentatifs du peuple. Pour de tels patriotes, les chefs révolutionnaires n'avaient que faire ; les instruments dont ils avaient besoin étaient d'une autre nature. Jourdan, Maillard, Théroigne, Desnot, le "cuisinier déplacé" qui avait coupé la tête de De Launay, tous ces personnages reviendront sans cesse dans les grandes scènes de la Révolution, mais d'Élie nous n'entendrons plus parler.

Quelle part devons-nous attribuer au peuple dans les crimes de ce jour ? Sur les 800 000 habitants de Paris, un millier environ a pris part au siège de la Bastille,[125] et nous avons déjà vu les éléments qui composaient ce millier. Que la foule par laquelle les atrocités ont été commises se composait principalement de brigands, le témoignage de Dussaulx l'atteste encore :

> "C'était des hommes," dit-il, armés comme des sauvages. Et quelle sorte d'hommes ? Du genre de ceux qu'on ne se souvient pas avoir jamais rencontrés en plein jour. D'où venaient-ils ? Qui les avait tirés de leurs sombres repaires ? Et encore : "Ils n'appartenaient pas à la nation, ces brigands qu'on voyait remplir l'Hôtel de Ville, les uns presque nus, les autres étrangement vêtus d'habits de diverses couleurs, hors d'état de nuire, la plupart ne sachant ce qu'ils voulaient, réclamant la mort des victimes qu'on leur désignait, et la réclamant sur un ton auquel plus d'une fois il fut impossible de résister. De plus, il est évident qu'ils ont été *engagés* pour leur tâche. Mme Vigée le Brun rapporte que le matin de ce jour, elle a entendu deux hommes parler ; l'un a dit à l'autre : 'Tu veux gagner 10 francs ? Viens faire du tapage avec nous. Vous n'avez qu'à crier : à bas celui-là, à bas celui-là. Dix francs, ça se gagne. L'autre répondit : 'Mais ne recevrons-nous pas de coups ? Allez-y ! » dit le premier homme, » c'est nous qui devons porter les coups !'

Dussaulx confirme cette affirmation en évoquant la *lanterne*, 'où des bouchers *payés* par de vrais assassins commettaient des atrocités dignes de cannibales.'

---

[125] Le siège de la Bastille a causé si peu d'agitation à Paris que le Dr Rigby, ignorant que quelque chose d'inhabituel se passait, est parti tôt dans l'après-midi pour visiter les jardins de Monceaux. « Je ne doute pas qu'elle (l'attaque de la Bastille) avait commencé depuis un temps considérable et même été achevée avant d'être connue de plusieurs milliers d'habitants ainsi que de nous-mêmes. »

Mais les outils, lorsqu'ils sont humains, sont parfois difficiles à manipuler. En massacrant la garnison de la Bastille, il est évident que les brigands ont outrepassé leurs ordres, car ni De Launay ni les Invalides n'avaient été proscrits dans les conseils des chefs révolutionnaires.[126] Le meurtre de Flesselles, le prévôt, avait cependant, comme nous l'avons vu, été ordonné au cours de la nuit précédente. Le faux billet fut préparé et distribué dans la population ; il se présentait comme un message de Flesselles à De Launay et contenait ces mots :' J'amuse les Parisiens avec des promesses et des cocardes ; tenez jusqu'au soir et vous serez renforcé. Ce billet, dont on n'a produit qu'une copie, et dont l'original, recherché pendant six mois, n'a jamais pu être découvert, est reconnu par Dussaulx, Bailly et Pitra comme n'étant que le prétexte inventé donné au peuple par ceux qui désiraient la mort de Flesselles. Mais à cette occasion," le peuple » s'est montré récalcitrant, et Flesselles a pu sortir indemne de l'Hôtel de Ville. C'est alors qu'un tueur à gages, « non pas un homme du peuple », dit Montjoie, mais un bijoutier aisé nommé Moraire, s'approcha de lui à la descente des marches et lui tira un revolver dans l'oreille. Flesselles tomba mort, et la foule, une fois de plus emportée par la vue du sang, lui coupa la tête et la porta sur une pique avec celle de De Launay au Palais Royal. Ainsi périt la première victime de la liste des proscriptions dressée par le Palais Royal ; la seule autre qui se trouvait à Paris à ce moment-là était le prince de Lambesc, mais bien qu'attaqué par la foule, son carrosse saisi et brûlé, il put s'échapper. Sur ordre du Roi, le Comte d'Artois, De Breteuil, et De Broglie quittèrent Versailles et réussirent à atteindre la frontière sans être inquiétés, évitant ainsi le sort que leur réservaient les conspirateurs, mais le Prince de Condé sur son chemin depuis Chantilly rencontra à Crépy-en-Valois — la circonscription du Duc d'Orléans — des émissaires envoyés par le duc pour soulever les paysans, et échappa de justesse à la noyade dans l'Oise.

Foullon, bien qu'averti des intentions des conspirateurs à son égard, était dans son château de Morangis et refusait de s'envoler. Aux supplications de sa belle-fille, il répondit seulement : « Ma fille, vous connaissez toutes les infamies qui circulent sur mon compte ; si je pars, je paraîtrai justifier ma condamnation. Ma vie est pure, je désire qu'elle soit examinée, et laisser à mes enfants un nom sans tache. » Il consentit cependant à se rendre au château de son ami M. de Sartines à Viry, et le 22 juillet au matin, il se mit en route à pied. M. de Sartines était sorti quand il arriva, et Foullon attendait son retour dans le jardin, quand tout à coup

---

[126] Malouet, I 325 ; Montjoie, *Conjuration de d'Orléans*, II 87. Sur ce point, Montjoie fait preuve d'une grande équité, car il n'attribue pas aux orléanistes des crimes qui ne sont pas de leur fait. Il est évident qu'il avait des motifs précis pour ses accusations.

une horde de ruffians, conduits par un certain Grappe, fit irruption. Il avait été découvert par la trahison d'un serviteur de Sartines — et non, comme certains auteurs l'ont affirmé, son propre serviteur, qui était resté avec lui et s'était efforcé de le protéger de ses meurtriers.

Puis le malheureux vieillard de soixante-quatorze ans fut conduit à Paris, et dans une affreuse moquerie, les ruffians entreprirent d'imiter les souffrances de notre Seigneur, couronnant Foullon d'épines et, lorsque sur la longue route vers Paris il se plaignit de la soif, lui donnant du vinaigre à boire.

À l'Hôtel de Ville, Lafayette tenta vainement de le sauver de la fureur de la populace.»Mais cette agitation, dit Bailly, aujourd'hui maire de Paris, n'était pas naturelle et spontanée. Sur la place, et même dans la salle, on vit des personnes d'apparence décente se mêler à la foule et l'exciter à la sévérité. Un homme bien mis, s'adressant au banc, s'écria avec colère : » Quel besoin de juger un homme qui a été jugé depuis trente ans ? » La phrase mensongère attribuée à Foullon, » Si le peuple n'a pas de pain, qu'il mange du foin », fut diffusée avec succès, et enfin la foule furieuse lui bourra la bouche de foin et le pendit à la lanterne.[127]

Pendant ce temps, le gendre de Foullon, Berthier, était arrêté à Compiègne, au milieu de ses efforts pour assurer le ravitaillement de Paris. On a dit, pour enflammer les passions de la foule, qu'il avait ordonné de couper les blés en vert pour affamer le peuple. La vérité est que des lettres lui étaient parvenues de toutes parts décrivant la demande urgente de grains, et que Necker lui-même lui avait écrit le 14 juillet pour lui ordonner de couper 20 000 septiers de seigle avant la récolte afin de subvenir aux besoins actuels,[128] mais Berthier avait refusé d'obtempérer, préférant assurer la circulation des grains déjà stockés, et par une activité inlassable, il parvint à assurer les fournitures nécessaires. Cela, bien sûr, les révolutionnaires ne pouvaient le lui pardonner, et Berthier fut conduit à Paris au milieu des exécrations de la populace. Alors qu'il entrait dans la capitale, suivi par une foule de brigands armés, la tête de son beau-père fut enfoncée à travers la fenêtre de sa voiture au bout d'une pique. Affamé et malade d'horreur, il atteint l'Hôtel de Ville, mais avant que la lanterne ne

---

[127] Von Sybel, dans son *Histoire de la Révolution française*, i. 81 (trad. ang.), dit de la mort de Foullon : « Ce crime n'était pas le résultat d'une explosion de fureur populaire, il avait coûté aux chefs révolutionnaires de grosses sommes d'argent, pour lesquelles il fallait avoir des milliers d'assassins. Dans la correspondance de Mirabeau, on trouve la déclaration suivante : "La mort de Foullon a coûté des centaines de milliers de francs, le meurtre du boulanger François quelques milliers seulement." »

[128] *La Prise de la Bastille*, par Gustave Bord, p. 33.

puisse être abaissée, un mutin de la Cravate royale lui plonge son sabre dans le corps. Un « monstre de férocité, un cannibale lui arracha le cœur, et Desnot, le « cuisinier déplacé » qui avait coupé la tête de De Launay et qui se trouvait à nouveau « par hasard » sur les lieux, la porta au Palais Royal. »[129] Cet affreux trophée, avec la tête de la victime, fut placé au milieu de la table autour de laquelle les brigands festoyaient.

Telles furent les conséquences du siège de la Bastille tant vanté par les panégyristes de la Révolution. M. Madelin a beau s'exclamer :

> « Une ère nouvelle est née d'un mensonge prodigieux. La liberté a porté une tache dès sa naissance, et le paradoxe une fois créé ne pourra jamais être dissipé. »

Et que dire de la Bastille, ce repaire du despotisme, dont la destruction devait expier ces atrocités ? Hélas, l'enquête menée dans la forteresse haïe ne révèle rien qui ressemble de près ou de loin aux visions présentées à l'imagination du peuple : pas de squelettes ni de cadavres, pas de captifs enchaînés, pas d'oubliettes, pas de salles de torture.[130] Certes, on découvrit un » corset de fer », « inventé pour restreindre un homme dans toutes ses articulations et le fixer dans une immobilité perpétuelle », mais il s'avéra qu'il s'agissait d'une armure ordinaire ; une machine destructrice, « dont on ne pouvait deviner l'usage », s'avéra être une presse d'imprimerie confisquée par la police ; tandis qu'une collection d'os humains qui semblait avoir une signification sinistre fut attribuée à la collection anatomique de la chirurgie.

Les prisonniers se révélèrent tout aussi décevants. Sept seulement furent retrouvés : quatre faussaires, Béchade, Lacaurège, Pujade et Laroche ; deux fous, Tavernier et De Whyte, qui l'étaient avant d'être emprisonnés, et le comte de Solages, incarcéré pour « crimes monstrueux » à la demande de sa famille. Les quatre premiers disparaissent dans Paris.

Les trois autres furent promenés dans les rues et exposés quotidiennement en guise de spectacle à une population intéressée. Enfin, le Comte de Solages fut renvoyé à ses relations peu appréciatrices, tandis qu'un perruquier au grand cœur tenta de garder Tavernier comme animal

---

[129] Notez que même les Deux Amis de la Liberté admettent que la mort de Berthier a été manigancée : « Il semble que le peuple, sans le savoir, ait été l'instrument aveugle de la vengeance des ennemis privés de l'intendant ou de la prudence cruelle de ses complices. Les électeurs ont remarqué, des fenêtres de l'Hôtel de Ville, plusieurs personnes éparses sur la place qui semblaient être les esprits dirigeants des différents groupes et diriger leurs mouvements » (*Deux Amis*, ii. 73).

[130] *Bastille dévoilée*, ii. 21, 39, 82.

de compagnie, mais fut obligé de le rendre en toute hâte au Comité, qui l'envoya avec De Whyte à l'asile d'aliénés de Charenton.

La Révolution s'est montrée moins indulgente envers les prisonniers de la Bastille que l'Ancien Régime. La conception romantique de Dickens dans le Conte de deux villes, où l'on fait remarquer à une ancienne victime du despotisme qu'« en tant que prisonnier de la Bastille, pas une âme ne lui ferait de mal à un cheveu de la tête », est entièrement réfutée par l'histoire. Deux d'entre eux, comme nous l'avons déjà vu, ont failli être massacrés dans leur tentative de sauver De Losme, et par la suite, *pas moins de dix prisonniers de la Bastille ont péri aux mains des révolutionnaires* — huit ont été guillotinés et deux fusillés. Parmi eux — et c'est la plus grande ironie — se trouve Linguet, l'homme dont les révélations ont contribué plus que toute autre preuve à enflammer le sentiment public au sujet de la Bastille. Linguet fait de son mieux pour expier les calomnies qu'il a fait circuler, puisqu'en décembre 1792, il écrit à Louis XVI pour lui demander l'honneur de le défendre. Dix-huit mois plus tard, dans une des nombreuses et horribles prisons de la Terreur où il attend sa convocation à la guillotine, Linguet a le loisir de méditer sur les agréments de la Bastille.

LA VISITE DU ROI À PARIS

C'est par l'intermédiaire du Palais Royal que la nouvelle de la prise de la Bastille parvint à Versailles, car les messagers du Roi furent interceptés par des émissaires révolutionnaires, tandis que le Vicomte de Noailles et d'autres Orléanistes étaient dépêchés pour annoncer les événements du jour à l'Assemblée. Il va sans dire que ces événements sont ingénieusement déformés pour servir l'intrigue : la Bastille a été prise par la force, De Launay a tiré sur la délégation de citoyens et a reçu la juste récompense de sa trahison de la part du « peuple ». La présence des troupes était, bien sûr, toujours présentée comme la seule raison de ces troubles.

Le Roi, informé de l'état désespéré des choses, répondit à l'Assemblée : » Vous me déchirez le cœur de plus en plus par le récit que vous me faites des troubles de Paris. Il n'est pas possible de croire que les ordres donnés aux troupes puissent en être la cause. Ils ne le furent certainement pas, et le retrait des troupes fut suivi une semaine plus tard, comme nous l'avons vu, de désordres encore plus effrayants dans les massacres de Foullon et de Berthier. Mais le roi, assuré par les députations successives qu'aucune autre mesure ne ramènerait la paix dans la capitale, partagé entre ses propres convictions et les supplications des députés, se résolut enfin à faire appel aux meilleurs sentiments de l'Assemblée. Accompagné de ses deux frères, il parut dans la grande salle, et dans ce langage humain et simple qui lui est propre et qui contraste si étrangement avec les périodes redondantes de la journée, il implora leur aide pour résoudre la crise :

« Messieurs, je vous ai réunis pour vous consulter sur les plus importantes affaires de l'État, dont aucune n'est plus urgente, aucune ne touche plus profondément mon cœur, que le désordre effrayant qui règne dans la capitale. Le chef de la nation vient avec confiance au milieu de ses représentants pour leur faire part de sa douleur, pour leur demander de trouver les moyens de rétablir le calme et l'ordre. Puis, évoquant les hideuses calomnies qui circulaient sur ses intentions — notamment la fable monstrueuse selon laquelle il aurait ordonné de miner la salle de l'Assemblée pour faire sauter les députés — il ajouta, avec un pathos et une dignité qui lui valurent la sympathie de presque toute l'Assemblée :

« Je sais que des gens ont éveillé dans vos esprits d'injustes soupçons ; je sais qu'ils ont osé dire que vos personnes n'étaient pas en sûreté. Est-il nécessaire de vous rassurer sur ces rumeurs criminelles, réfutées d'avance par la connaissance que vous avez de mon caractère ? Eh bien, c'est moi, qui ne fais qu'un avec ma nation, c'est moi qui ai confiance en vous ! Aidez-moi dans cette circonstance à assurer le salut de l'État ; je l'attends de l'Assemblée nationale, du zèle des représentants de mon peuple... »

Puis, comme il était persuadé que la *milice bourgeoise* était compétente pour maintenir « l'ordre » dans la capitale, il a terminé en annonçant qu'il avait ordonné aux troupes de se retirer de Paris à Versailles.

Dans le fol enthousiasme qui suivit ce discours du Roi, la voix des factions révolutionnaires fut pour une fois étouffée, et Louis XVI fut reconduit au Palais au milieu des acclamations des députés et du peuple. Les cris de « Vive le Roi ! » résonnaient de tous côtés, et la foule était si nombreuse que le roi mit une heure et demie à parcourir la courte distance entre la salle des Menus et le château. Le malheureux monarque, pressé de toutes parts, salué sans résistance sur les deux joues par une femme du peuple, grillé par les rayons du soleil de juillet, souffrit presque autant de la chaleur de l'affection de ses sujets que deux jours après il devait souffrir de leur froidure, et il atteignit enfin l'escalier de marbre presque suffoqué et ruisselant de transpiration.

Pendant ce temps, la Reine, tenant le Dauphin dans ses bras et la petite Madame Royale par la main, sortait sur le balcon — ce même balcon d'où, moins de trois mois plus tard, elle devait affronter une foule bien différente. Les enfants du Comte d'Artois vinrent lui baiser la main ; la Reine se baissa pour les embrasser, tenant le Dauphin vers eux. Les petits garçons le serrent contre leur cœur, et Madame Royale, glissant sa tête sous le bras de sa mère, se joint aux caresses. Le Roi arriva à ce moment et parut sur le balcon au milieu des acclamations et des bénédictions de son peuple.

À Paris, de même, le peuple aspirait à la paix. Lorsque, le même jour, quatre-vingt-quatre députés se rendirent dans la capitale pour lire à haute voix le discours du roi et annoncer le renvoi des troupes, ils furent accueillis par des acclamations, et de milliers de gorges s'éleva le cri de » Vive le Roi ! Vive la Nation ! La ville entière était dans une extase de bonheur. Lally, le tendre Lally, profita de la bonne humeur retrouvée du peuple pour s'adresser à lui à l'Hôtel de Ville et le supplier de mettre fin au désordre :

> « Messieurs, nous sommes venus vous apporter la paix du roi et de l'Assemblée nationale. (Cris de paix ! paix !) Vous êtes généreux ; vous êtes Français ; vous aimez vos femmes, vos enfants, votre pays. (Oui ! Oui !) Il n'y a plus de mauvais citoyens. Tout est calme, tout est paisible… il n'y aura plus de proscriptions, n'est-ce pas ? ». Et d'une seule voix, le peuple répondit : » Oui, oui, la paix ; plus de proscriptions ! »

Puis l'archevêque de Paris (Monseigneur de Juigné) a parlé avec une compassion paternelle des malheurs de la capitale, après quoi il a entraîné le peuple au milieu d'un tonnerre d'applaudissements pour chanter un Te Deum d'action de grâce à Notre Dame.

Hélas, le peuple ne put jouir longtemps de cette harmonie retrouvée ! L'étonnante ingéniosité des agitateurs et la crédulité des Parisiens étaient telles qu'en l'espace de quelques heures, la ville fut prise d'une nouvelle panique — « Les troupes ne sont pas renvoyées — la farine destinée à Paris est retenue — les soldats arrachent la cocarde nationale aux passants et en remplissent leurs fusils — la ville n'a que trois jours de provisions. » Les ouvriers engagés dans la démolition de la Bastille ont appris que leur pain et leur vin étaient empoisonnés.[131]

Puis, lorsque la fureur de la populace fut à nouveau bien éveillée, des députations de poissonnières furent envoyées par les chefs de la conspiration pour exiger que le Roi vienne à Paris. C'est la *première d'une série de tentatives faites par les révolutionnaires pour faire assassiner le roi par le peuple*. Ils n'osaient pas le faire eux-mêmes, car ils connaissaient le châtiment effroyable qui s'attache au régicide ; ils savaient, en outre, l'indignation furieuse qu'un crime aussi odieux soulèverait dans l'esprit du peuple en général, pour qui le roi était encore un être presque sacré. Mais si l'on parvenait à enflammer suffisamment la populace, et qu'au moment psychologique le roi fût amené au milieu d'elle, quelque brigand tapi dans la foule, quelque obscur fanatique, ne pourrait-il pas céder à une impulsion

---

[131] « Paris à nouveau travaillé par ses perfides agitateurs » (Marmontel, iv. 214). Voir aussi Ferrières, i. 154 ; Montjoie, *Conjuration de d'Orléans*, ii. 73 ; *Deux Amis*, ii. 32.

soudaine et appuyer sur la gâchette de son silex rouillé ? La chose n'était pas impossible.[132]

La Reine, qui entrevoyait les mêmes possibilités, se jeta en vain aux pieds du Roi et le supplia de ne pas s'exposer à la menace de la populace. Mais le Roi, convaincu

> « que si chaque citoyen doit à son souverain le sacrifice de sa vie, le souverain doit également à son pays le sacrifice de la sienne, fait la sourde oreille à tous les pressentiments, se fie à son peuple et au bon génie de la France, et malgré les supplications de la Reine se montre ferme et inébranlable. J'ai promis, dit-il, mes intentions sont pures, j'ai confiance en cela. Le peuple doit savoir que je l'aime, et, de toute façon, il peut faire de moi ce qu'il veut. » [133]

« Louis XVI, dit De Lescure, n'était ni une intelligence supérieure ni une volonté énergique, c'était une *conscience incorruptible* », et ces mots donnent la clef de toutes ses oscillations, car la conscience est nécessairement un guide plus incertain que la politique ou l'intérêt personnel. Tant qu'il se sentait convaincu de la justesse d'une certaine ligne de conduite, il la suivait sans se soucier de sa sécurité ou de son avantage personnel — l'ennui, c'est qu'il ne pouvait pas toujours décider de cette ligne de conduite et se laissait influencer par des conseils contradictoires. En cette occasion, il n'hésita pas — le peuple souhaitait qu'il aille à Paris ; il irait, et sa conscience étant en paix, il pourrait faire face à n'importe quel destin avec tranquillité.

Le 17 juillet, à dix heures du matin, le roi, escorté par les députés de l'Assemblée et la *milice bourgeoise*, se mit en route pour Paris. Ses gardes lui furent enlevés, et à leur place marchèrent 200 000 hommes armés de faux et de pioches, de fusils et de lances, traînant derrière eux des canons, et des femmes dansant comme des Bacchantes, en agitant des branches de feuilles attachées par des rubans. Pour ne pas fatiguer le peuple, le roi avait ordonné que le cortège marchât au pas, et il était quatre heures lorsqu'il arriva à Paris.[134] Au milieu de cette escorte menaçante, Louis XVI était assis, pâle et inquiet, et, en entrant dans la ville, il se pencha en avant, jetant des regards étonnés sur la multitude assemblée qui l'accueillit dans un silence de mauvais augure, car il avait été défendu au peuple de l'acclamer. Le charme exercé sur l'esprit populaire par les chefs de la Révolution était

---

[132] Montjoie, *Conjuration de d'Orléans*, II 77 ; *Souvenirs d'un Page* (le Comte d'Hézecques), p. 300.

[133] *Deux Amis*, II 42 ; Montjoie, *Conjuration de d'Orléans*, II 77.

[134] Montjoie, *Conjuration de d'Orléans*, II 81.

si puissant que pas une âme n'osait pousser le cri de « Vive le Roi ! » et les brigands postés dans la foule faisaient taire le moindre murmure d'applaudissements.[135] Ainsi, traîné comme un captif dans les rues de la ville, le Roi fut obligé de subir cette terrible humiliation dont il n'avait aucune cause ; il n'avait absolument rien fait pour perdre la popularité dont il jouissait deux jours auparavant. Le bon archevêque de Paris fut encore plus malmené par la populace, car seul de tout le cortège il fut sifflé par ceux qu'il s'était ruiné à nourrir. Assis dans son carrosse, les yeux baissés, s'efforçant de surmonter l'agitation de son esprit, ses pensées devaient en effet être amères.

Alors que le cortège traverse la Place Louis XV, la possibilité que la Reine et les dirigeants révolutionnaires avaient prévue se réalise — une main dans la foule appuie sur la gâchette d'un pistolet, et le tir qui manque le Roi tue une pauvre femme à l'arrière du carrosse royal.[136] L'incident a été étouffé, et même le roi ne s'en est pas rendu compte. Ainsi, sauvé par le pouvoir mystérieux qui le protégeait chaque fois que le mensonge était mis face au peuple, le Roi atteignit l'Hôtel de Ville.

Sous une voûte de piques et d'épées nues, il passe au trône préparé pour lui. Bailly lui présenta la cocarde tricolore, et le Roi, l'acceptant comme ce qu'elle prétendait être — la cocarde de Paris — la plaça dans son chapeau. Soudain, il semble que le charme soit rompu, et des cris de « Vive le Roi ! » éclatent de tous côtés. Une fois de plus, Lally en appelle passionnément à la loyauté du peuple :

> "Eh bien, citoyens, êtes-vous satisfaits ? Voici le roi que vous avez appelé à grands cris, et dont le nom seul a excité vos transports lorsqu'il y a deux jours nous l'avons prononcé au milieu de vous. Réjouissez-vous donc de sa présence et de ses bienfaits. Après avoir rappelé au peuple tout ce que le Roi avait fait pour la cause de la Liberté, il se tourne vers le Roi pour l'assurer de l'amour du peuple : "Il n'y a pas un homme ici qui ne soit prêt à verser pour vous la dernière goutte de son sang. Non, Sire, cette génération de Français ne reviendra pas sur quatorze siècles de fidélité. Nous périrons tous, s'il le faut, pour défendre le trône qui est aussi sacré pour nous que pour vous-même. Périssent les ennemis qui veulent semer la discorde entre la nation et son chef ! Roi, sujets, citoyens, unissons nos cœurs, nos vœux, nos efforts, et offrons aux yeux de l'univers le magnifique spectacle d'une de ses plus belles nations, libre, heureuse,

---

[135] Marmontel, iv. 24.

[136] Montjoie, *Conjuration de d'Orléans*, ii. 82 ; *Essais de Beaulieu*, i. ; Bailly, ii. 61.

triomphante, sous un Roi juste, chéri, révéré, qui, ne devant rien à la force, devra tout à ses vertus et à son amour. »

À maintes reprises, Lally a été interrompu par des applaudissements tumultueux, et le roi, accablé par cette soudaine révulsion du sentiment populaire, n'a pu que murmurer, en guise de réponse, que « mon peuple peut toujours compter sur mon amour ».

Son départ pour Versailles fut aussi triomphal que son arrivée avait été humiliante. Lorsqu'il entra dans son carrosse avec la cocarde tricolore sur son chapeau, une foule immense se rassembla autour de lui en criant :

« Vive notre bon Roi, notre ami, notre père ! »

Il était onze heures quand il arriva au château. Sur l'escalier de marbre, la Reine, avec le Dauphin dans ses bras, l'attendait dans une agonie de suspense, et à la vue de l'époux qu'elle n'avait pas osé espérer revoir un jour, Marie-Antoinette se jeta en pleurant sur son cou. Mais lorsqu'elle leva les yeux et vit ce sinistre insigne — les couleurs de l'ennemi dans son chapeau — son cœur se serra ; à partir de ce moment, elle sentit que tout était perdu.

Mais le roi était heureux, non pas parce que sa vie avait été épargnée, mais parce qu'il croyait avoir retrouvé l'amour de son peuple.

RÉSULTATS DE LA RÉVOLUTION DE JUILLET

Ainsi se terminait la Révolution de Juillet, et qu'avait-elle apporté au peuple ? Pour l'immense majorité, insensible comme nous l'avons vu aux *lettres de cachet*, la destruction de la Bastille ne signifiait pas plus que la destruction de la Tour de Londres ne signifierait aujourd'hui pour les habitants de Whitechapel. En effet, certains d'entre eux reconnaissaient astucieusement qu'en l'attaquant, ils combattaient pour une cause qui n'était pas la leur. L'abbé Rudemare, qui se promenait parmi les ruines de la Bastille le lendemain du siège, rencontra un ouvrier occupé à la démolition qui l'accosta brusquement en lui disant :

« Mon chevalier, vous ne dites pas que c'est pour nous que nous travaillons ; c'est bien pour vous, car nous autres, nous ne tâtons pas de la Bastille on nous f... à Bicêtre. N'y a-t-il rien pour boire à votre santé ? »[137]

---

[137] « Journal d'un prêtre parisien, 1789-1792 », publié dans *Documents pour servir à l'histoire de la Révolution de France*, par Charles d'Héricault et Gustave Bord, I 165.

Le peuple avait en effet admirablement servi le dessein des conspirateurs, prenant sur lui tous les risques et affrontant tous les dangers de la révolte, tandis que les hommes qui l'avaient poussé à la violence restaient discrètement à l'arrière-plan. Or, dans toutes les grandes explosions de la Révolution, on constate que le mécanisme est triple, composé d'abord des instigateurs, ensuite des agitateurs, enfin des instruments, et de ces trois classes, seules les deux dernières courent un danger. Ainsi, lors du siège de la Bastille, seuls les émeutiers et leurs chefs ont pris part à la bataille, tandis que les instigateurs se sont prudemment effacés. Car le rôle des instigateurs n'était pas de conduire l'insurrection, mais seulement de la provoquer, et, après avoir posé la mine, de se retirer en lieu sûr au moment où elle produisait l'explosion désirée. Ainsi, pendant tout le cours de la Révolution, nous ne trouverons jamais Danton figuré dans les tumultes qu'il avait contribué à préparer ; il n'assista donc pas au siège de la Bastille, mais il s'y rendit le lendemain quand tout danger fut écarté ;[138] St. Huruge se tint également à l'écart, mais il était à Versailles le lendemain, secouant le poing aux fenêtres de la reine et proférant de furieuses invectives contre la famille royale ;[139] Santerre se contenta d'envoyer ses chevaux de trait le représenter dans la mêlée ;[140] tandis que Camille Desmoulins, le héros du 12 juillet, qui le premier appela le peuple aux armes, eut soin de retarder son arrivée sur la scène jusqu'après la capitulation.

Les femmes de la conspiration orléaniste se montrèrent plus courageuses : Théroigne est au cœur du combat et reçoit une épée d'honneur des chefs ; Mme de Genlis assiste au siège depuis les fenêtres de la maison de Beaumarchais, en face de la porte de la Bastille, avec à ses côtés les ducs de Châtres et de Montpensier, fils du duc d'Orléans.

Le duc lui-même se comporta avec sa pusillanimité habituelle ; au lieu d'aller trouver le roi et de demander hardiment à être fait lieutenant général du royaume, comme les conjurés l'avaient prévu, il se présenta timidement à Versailles et demanda la permission de se rendre en Angleterre « dans le cas où les affaires deviendraient plus affligeantes qu'elles ne le sont actuellement ». Le roi le regarde froidement, hausse les épaules et ne répond pas.

Mais si les Orléanistes n'avaient pas réussi leur grand coup de mettre le Duc d'Orléans à la tête des affaires, ils avaient néanmoins accompli

---

[138] *Danton*, par Louis Madelin.

[139] *Mémoires de Mme Campan*, p. 235.

[140] *Le Marquis de Saint-Huruge*, par Henri Furgeot, p. 202.

beaucoup. La destruction de la Bastille par la force et non par un décret du roi avait porté un coup puissant à l'autorité royale, mais le résultat le plus important de l'éruption du point de vue des deux factions révolutionnaires était l'effet produit sur l'esprit public. Le peuple avant la Révolution de Juillet, dit Marmontel, « n'était pas assez accoutumé au crime, et pour l'y accoutumer il faut l'y exercer ». Les Parisiens, toujours avides de spectacles et enchantés par les nouveautés de toute nature, étaient maintenant initiés à une nouvelle forme de divertissement — la mode de porter les têtes sur des piques et de hisser les victimes à la lanterne ; et bien qu'il serait injuste d'accuser la masse du vrai peuple — les citoyens respectueux des lois et industrieux — de sympathie pour ces atrocités, il est indéniable qu'à partir de cette date, la populace de Paris — les oisifs, les gaspilleurs et les habitants ivres de la ville — acquit un goût pour le carnage qui fit d'eux les outils prêts de leurs chefs criminels. Ainsi, bien que, comme nous le verrons, les crimes qui suivirent furent invariablement fomentés, sinon accomplis, par des révolutionnaires professionnels, nous trouverons désormais dans l'esprit de la population une détérioration constante, et même dans la masse du vrai peuple une indifférence croissante pour l'effusion du sang et la soumission à la violence, qui, cinq ans plus tard, rendit possible le règne de la Terreur. Ainsi, la Révolution de Juillet, tout en servant la cause de la conspiration orléaniste, avait également ouvert la voie à l'Anarchie.

En Angleterre, la nouvelle du siège de la Bastille fut accueillie avec des sentiments mêlés. Tous les vrais amoureux de l'humanité se réjouirent d'un événement qui, à l'époque, leur semblait annoncer l'aube de la liberté, bien que de nombreux Anglais, comme Arthur Young[141] et Wordsworth, aient

---

[141] Il n'est peut-être pas connu de tous qu'Arthur Young, qui a été faussement cité comme le panégyriste de la Révolution française en raison de ses ouvrages antérieurs, *Travels in France*, 1789, et *On the Revolution in France*, 1792, s'est entièrement rétracté de ses anciennes opinions et a écrit en 1793 une dénonciation de la Révolution non moins véhémente que celle de Burke. Ce pamphlet, intitulé *L'exemple de la France, un avertissement pour la Grande-Bretagne*, a été très soigneusement ignoré par les écrivains démocratiques de ce pays. Lord Morley, dans son essai sur Burke (English Men of Letters, p. 162), explique cela en décrivant Young comme étant devenu « affolé ». Il existe cependant, je crois, une explication simple de la *volte-face* complète de Young sur le sujet de la Révolution. Son œuvre antérieure a été écrite en France sous l'influence du milieu de la société française qu'il fréquentait, et ce milieu, nous le verrons à l'examen, était entièrement orléaniste — d'où ses critiques exagérées de l'Ancien Régime. Il ne connaissait pas la meilleure partie de la « noblesse », ni même les « démocrates royalistes », et le dégoût qu'il exprime devant le comportement cynique de certains nobles lors d'un dîner auquel il assistait s'explique facilement par le fait que le groupe était composé du duc d'Orléans et de ses partisans (voir l'entrée du 22 juin 1789). C'est donc de ces sources que Young tirait ses premières opinions sur

vécu pour se rendre compte de leur erreur. Burke, plus clairvoyant, se demandait s'il devait blâmer ou applaudir ; enthousiasmé par la lutte pour la liberté, il frémissait néanmoins à l'apparition de la « férocité parisienne » et redoutait qu'elle ne se reproduise à l'avenir. Mais pour les Whigs et les révolutionnaires d'Angleterre, ce triomphe de la conspiration orléaniste était l'objet des plus vives félicitations.

> « Combien c'est le plus grand événement qui soit jamais arrivé dans le monde et combien c'est le meilleur ! écrit Fox à Fitzpatrick. Au duc d'Orléans, dont la conduite méprisable avait écœuré jusqu'à ses partisans en France, Fox jugea bon d'adresser ses chaleureux compliments : Dites-lui, ainsi qu'à Lauzun (le duc de Biron), que toutes mes préventions contre les liaisons françaises pour ce pays seront modifiées si cette Révolution a les conséquences que j'attends. L'anniversaire de la « chute » de la Bastille fut célébré l'année suivante par la Revolution Society à la taverne « The Crown and Anchor », où plus de 600 membres, présidés par Lord Stanhope, burent à la liberté du monde, et le Dr Price demanda l'inauguration d'une « ligue de paix ». »

Mais tandis que les subversifs de ce pays cèdent à la joie, le gouvernement d'Angleterre s'abstient résolument de toute expression de satisfaction à l'égard du coup porté à la monarchie française ; par respect pour Louis XVI, il est interdit aux théâtres de Londres de représenter sur scène le siège de la Bastille.

La conduite de l'Angleterre offre, en effet, un contraste marqué avec celle de la Prusse. Tous les symptômes d'anarchie en France, écrit Sorel, tous les signes de discrédit dans l'État français, sont saisis à l'étranger avec empressement par les agents prussiens et commentés à Berlin avec une satisfaction acrimonieuse. Hertzberg, tout en se targuant de ses « vues éclairées », se montre en cette occasion aussi bon Prussien que les favoris de son maître. C'est que la crise sert ses intrigues et qu'il espère en tirer profit. Le prestige de la royauté est anéanti en France, écrit-il au roi le 5 juillet, les troupes ont refusé de servir. Louis a déclaré la Séance Royale nulle et non avenue ;[142] c'est une scène à la manière de Charles Ier Voilà une situation dont les gouvernements devraient tirer parti.

> « Que le gouvernement anglais ne saisisse pas cette occasion pour attaquer le rival de sa suprématie navale est inconcevable pour l'esprit du bon Prussien. »

---

l'état de la France, qu'une meilleure connaissance des faits et non la « panique » l'amena à abandonner.

[142] C'était, bien sûr, absolument faux.

Le 14 juillet l'accable (Hertzberg) de joie... Il le salue à sa manière comme un jour de délivrance.

« *C'est le bon moment*, déclare Hertzberg ; la monarchie française est renversée, l'alliance autrichienne est anéantie, c'est le bon moment, et aussi la dernière occasion qui se présente à Votre Majesté de donner à sa monarchie le plus haut degré de stabilité. » [143]

Von der Goltz, toujours fidèle aux préceptes de son ancien maître, se montre aussi enthousiaste que Hertzberg ; lui aussi voit dans le 14 juillet la défaite définitive de la reine qu'il a si longtemps cherché à diffamer aux yeux de la nation française, et il ne comprend pas davantage l'attitude de l'ambassadeur britannique, lord Dorset, qui laisse ses sentiments personnels de gratitude et d'affection pour la famille royale de France l'emporter sur la satisfaction qu'il devrait éprouver devant l'occasion unique offerte à son pays. Le comte de Salmour, ministre de Saxe, avait rempli son poste de manière plus compétente. Le ministre de Saxe », écrit Von Goltz au roi de Prusse le 24 juillet,

"bien qu'il fréquente principalement la société de la Reine, à cause de son oncle, le baron de Bézenval, néanmoins, je dois lui rendre la justice de l'admettre, il continue à se comporter très bien avec moi (c'est-à-dire qu'il aide Von der Goltz dans ses plans contre la Cour ?). L'ambassadeur d'Angleterre, en raison de son attachement personnel à la Reine et au Comte d'Artois, est aussi affligé de tout ce qui s'est passé que si le coup était tombé sur le Roi, son maître.

En vérité, cela doit lui aller au cœur, mais ne serait-il pas bon qu'il distingue mieux entre ses affections personnelles et les intérêts de son poste ?"[144]

Frédéric-Guillaume, ravi du zèle de son ambassadeur, écrit alors pour ordonner à Von der Goltz de se mettre en rapport avec les chefs révolutionnaires de l'Assemblée nationale et de poursuivre sa campagne contre la reine. Von der Goltz, obéissant à ces ordres, attise la haine de Marie-Antoinette, « intrigue contre la Cour de Vienne, et grâce à ses relations équivoques avec les révolutionnaires, paralyse les mesures du ministère français ». *Pour les Prussiens, la chute de la Bastille est donc considérée comme le triomphe de la Prusse sur l'Autriche.* Le gouvernement de Berlin, dit Sorel, » voit ce qu'il n'osait espérer par la plus heureuse des fortunes, ce que toute la diplomatie de Frédéric avait si

---

[143] *L'Europe et la Révolution Française*, II 25.

[144] Flammermont, La Journée du 14 Juillet, et Rapport sur les Correspondances des Agents Diplomatiques, etc., p. 128.

souvent vainement tenté d'assurer — l'alliance autrichienne dissoute, le crédit de la reine perdu à jamais ; l'influence acquise par les partisans de la Prusse, et par suite *toutes les avenues ouvertes à l'ambition prussienne.* »[145]

---

[145] Sorel, L'Europe et la Révolution Française, II 25.

LA MARCHE SUR VERSAILLES

Troubles dans les provinces

L'ASPIRATION du peuple à la paix et au retour à l'ordre public, après la visite du roi à Paris le 17 juillet, oblige les chefs révolutionnaires à déployer des efforts considérables pour attiser la flamme de l'insurrection. Souvent, la tâche semblait presque sans espoir, et Camille Desmoulins — qui s'était lancé dans son sanguinaire *Discours de la Lanterne*, dans lequel les Parisiens étaient incités à pendre d'autres victimes — décrivit ensuite à l'Assemblée l'immense difficulté que les agitateurs rencontraient pour surmonter la désaffection du peuple pour la poursuite de la Révolution. Je réduis à trois, écrivit Buzot plus tard, les méthodes employées par les maîtres de la France pour conduire cette nation au point où elle en est arrivée : la *calomnie, la corruption* et la *terreur »*,[146] et bien que Buzot ait fait allusion dans ces mots aux hommes qui devinrent par la suite ses ennemis, les terroristes, ils pourraient s'appliquer de manière encore plus appropriée à ses anciens collègues, les membres de la conspiration orléaniste.[147]

Calomnie dirigée contre les victimes, corruption des instruments, terreur créée dans l'esprit du peuple, telle est l'histoire des trois mois qui ont précédé la marche sur Versailles.

De ces trois méthodes, la terreur s'est avérée la plus puissante ; pour soulever le peuple, il faut commencer par l'effrayer. C'est Adrien Duport,[148] l'un des membres les plus inventifs du Club Breton, qui a conçu le projet connu par les contemporains sous le nom de « la Grande Peur », un plan qui consistait à envoyer des messagers dans toutes les villes et tous les villages de France pour annoncer l'approche de brigands imaginaires, Autrichiens ou Anglais, qui arrivaient pour massacrer les citoyens.

---

[146] *Mémoires* de Buzot, p. 61.

[147] Il est probable que Buzot n'ait jamais été orléaniste mais, comme Robespierre, il a travaillé avec eux au début de la Révolution.

[148] *Essais* de Beaulieu, i. 506.

Le même jour, le 28 juillet, et presque à la même heure, cette manœuvre diabolique se répéta dans toute la France ; partout les paysans affolés prirent les armes, et ainsi se réalisa le grand dessein des chefs révolutionnaires, l'armement de la population entière contre l'ordre public.[149]

Par ce moyen, l'anarchie fut complète dans tout le royaume, et les crimes des 14 et 22 juillet à Paris furent suivis en province d'atrocités trop révoltantes pour être décrites.

Ce règne de la Terreur, organisé par les Orléanistes, fut, en fait, encore plus effrayant que la Terreur de Robespierre quatre ans plus tard ; les victimes ne furent traduites devant aucun tribunal révolutionnaire, ne reçurent aucun avertissement sur leur sort, mais se retrouvèrent soudainement au centre d'une foule en furie, accusées de crimes qu'elles n'avaient jamais commis, reprochées pour des mots qu'elles n'avaient jamais prononcés, et mises finalement à une mort encore plus horrible que la guillotine.

En aucun cas, cependant, nous *ne* trouvons ces outrages comme étant l'œuvre spontanée du peuple ; la conception de paysans opprimés se levant de manière incontrôlée pour renverser leurs oppresseurs, comme dans les premières *jacqueries*, est entièrement mythique, et n'existe dans l'esprit d'aucun contemporain. Les violences commises par le peuple étaient invariablement le fait d'émissaires révolutionnaires qui les persuadaient d'agir sous l'emprise d'un malentendu, et des méthodes d'une ingéniosité diabolique étaient employées pour vaincre leur réticence. Ainsi, par exemple, les agitateurs, profitant des proclamations bienveillantes du roi en faveur de la réforme, parvinrent à faire croire aux paysans que Louis XVI souhaitait prendre part avec eux à la lutte contre la noblesse, et invoquer leur aide pour démolir l'Ancien Régime. Des messagers sont envoyés dans les villes et les villages portant des pancartes ou proclamant de vive voix : "Le Roi ordonne de brûler tous les châteaux, il ne veut garder que le sien !" et l'étonnante crédulité des campagnards est telle qu'ils se

---

[149] *Moniteur*, i. 324 ; Beaulieu, i. 506 ; *Appel au Tribunal de l'Opinion Publique*, par Mounier ; *Mémoires de Frénilly*, p. 121. Voir le récit très curieux de la scène qui eut lieu à Forges en Normandie, donné par Mme de la Tour du Pin, *Journal d'une Femme de Cinquante Ans*, i. 191. Notons que la manœuvre fut admise et *approuvée* par Louis Blanc, *La Révolution*, i. 337.

mettent à brûler et à détruire, croyant en toute bonne foi qu'ils exécutent les ordres du « pas bon roi ».[150]

Mais lorsque la population se montre récalcitrante, les révolutionnaires sont obligés de recourir à la force ; en Dauphiné, en Bourgogne, en Franche-Comté, de véritables bandes de brigands sont employées pour soulever les villageois qui, dans certains cas, opposent une vive résistance.

> "Cette troupe de maniaques entrait dans tous les villages, sonnait les cloches pour rassembler les habitants, et les forçait, le pistolet sur la gorge, à se joindre à leur brigandage... Cette armée de bandits jeta la consternation dans toute la Bourgogne, où les plus braves habitants des villes et des campagnes unirent tous leurs efforts et s'avancèrent contre ces ennemis communs du genre humain, qui ne respiraient que le meurtre et le pillage."[151]

À Cluny, les paysans, conduits par les moines auxquels ils étaient dévoués, reçurent les brigands à coups de fusils et de canons et à coups de pierres lancées par les fenêtres. Ils ne laissèrent pas échapper un seul brigand, ils furent tous tués ou conduits comme prisonniers à la prison royale. Ils ont été trouvés en possession de formulaires imprimés :

> « Par ordre du Roi ». « Ce document donnait l'ordre de brûler les abbayes et les châteaux parce que les seigneurs et les abbés étaient accapareurs de grains et empoisonneurs de puits, et entendaient réduire le peuple et les sujets du roi à la plus basse misère. »[152]

Germain, les brigands l'emportèrent malheureusement, et les habitants envoyèrent une députation à l'Assemblée pour protester contre l'assassinat de leur maire, Sauvage, innocent, victime d'une « foule d'étrangers qui s'étaient jetés sur la ville » et avaient arraché le malheureux des mains de ses concitoyens.[153] Le maire de Saint-Denis, Châtel, connut un sort encore plus terrible. Pendant tout l'hiver précédent, on l'avait vu « toujours entouré de malheureux, auxquels il donnait des ordres gratuits de pain, de viande et de bois... de sorte que les habitants de Saint-Denis l'appelaient » le père et le sauveur des pauvres gens ». Mais tout à coup Châtel se trouva accusé par des messagers de Paris d'accaparer les grains, et fut mis à une

---

[150] Montjoie, *Conjuration de d'Orléans*, II 105 ; *Deux Amis*, II 255 ; *Moniteur*, I 324 ; *Essais* de Beaulieu, II 16.

[151] *Deux Amis*, II 257.

[152] *Lettres d'Aristocrate*, publiées par Pierre de Vassière, p. 256 ; *Deux Amis*, II 258.

[153] *Deux Amis*, II 93 ; « Rapport de la députation de Saint-Germain à l'Assemblée nationale », *Moniteur*, I 184.

mort lente dont les détails sont si indiciblement révoltants qu'il est impossible de les décrire.[154] Huez, le maire de Troyes, autre « bienfaiteur des pauvres », fut également massacré de la même manière. On voit donc que les aristocrates et le clergé ne sont pas les seules victimes désignées à la vengeance du peuple : le bourgeois respectueux des lois, le citoyen bienveillant, quel que soit son rang, est également exécré par les chefs révolutionnaires ; les maisons des paysans qui ne veulent pas se joindre aux excès sont également brûlées.[155] Il ne s'agissait pas d'une « fureur populaire mal dirigée », mais d'un système précis poursuivi par les agitateurs qui consistait à exterminer tous ceux qui encourageaient le contentement de l'Ancien Régime. Trois ans plus tard, le ministre Roland donne l'indice de ce dessein en déclarant qu'en 1789, le peuple égaré s'est laissé aller à la fureur et a immolé les hommes occupés à le nourrir. Le massacre de ces bons citoyens s'explique donc de la même manière que les attentats contre Réveillon et Berthier.[156]

Il était si évident, en effet, pour tous les contemporains, que ces outrages étaient contraires aux intérêts du peuple, que les écrivains révolutionnaires ne peuvent les expliquer que par la théorie qu'ils ont été fomentés par les « ennemis de la Révolution », c'est-à-dire par les aristocrates eux-mêmes, qui, pour jeter le discrédit sur la cause de la « liberté », ont excité le peuple à la violence, et, à cette fin, *ont fait brûler leurs propres châteaux !*[157] Mais si l'objectif des aristocrates de persuader le peuple de brûler leurs châteaux semble incompréhensible, l'objectif des chefs révolutionnaires est très évident, car par ce moyen non seulement les nobles ont été chassés du pays, mais dans le processus de destruction les greniers seigneuriaux ont été

---

[154] Montjoie, *Conjuration*, II 91 ; Deux Amis, II 172.

[155] Dans le Mâconnais, non loin de Vesoul, des bandits au nombre de 6000, rassemblés, mirent le feu aux maisons des paysans qui ne voulaient pas se joindre à eux, et en coupèrent 230 (*Rapport à l'Assemblée nationale*, 22 mars 1791).

[156] Le Ministre de l'Intérieur aux Corps Administratifs, 1er septembre 1792.

[157] Voir, par exemple, *Deux Amis de la Liberté*, II 90 et pages suivantes, où tous les excès décrits par Montjoie sont relatés dans un langage presque identique, mais le récit se termine par ces mots : « Telle fut la marche de l'aristocratie ! Que celui qui peut donner un sens au passage suivant : "Les ennemis de la Révolution, profitant de la disposition générale à la crédulité, s'efforçaient de fatiguer le peuple par des alarmes répandues à cet effet pour l'endormir ensuite dans une fausse sécurité : leur plan était de le pousser à des excès pour le faire passer par la licence sous le joug du despotisme." Mais comme peu de représailles ont été exercées, il est difficile de suivre ce raisonnement.

fréquemment brûlés également, les champs de maïs sur pied ont été piétinés, et par conséquent la famine a été sérieusement aggravée.[158]

La manière dont la nouvelle de tous ces excès fut reçue à l'Assemblée nationale ne prouve que trop clairement la collusion entre les députés révolutionnaires et les agitateurs de province. Aucun historien ne l'a révélé plus clairement que Taine, et son étrange inconséquence à intituler son chapitre sur les désordres en province « anarchie spontanée » a été commentée par plusieurs historiens français modernes.[159]

Ainsi, écrit Taine lui-même, se *prépare* la jacquerie rurale, et les fanatiques qui ont attisé la flamme à Paris l'attisent aussi en province. Vous voulez connaître les auteurs des troubles, écrit un homme de bon sens à la commission d'enquête, vous les trouverez parmi les députés du Tiers, et surtout parmi ceux qui sont avocats ou juristes. Ils écrivent des lettres incendiaires à leurs administrés, ces lettres sont reçues par les municipalités qui sont pareillement composées d'avocats et de juristes... elles sont lues à haute voix sur la place principale, et des copies sont envoyées dans tous les villages.[160]

« Je dirai à mon siècle, je dirai à la postérité, s'écrie Ferrières, que l'Assemblée nationale a autorisé ces meurtres et ces brûlures ! »[161]

En vain les vrais démocrates de l'Assemblée, Mounier, Malouet, Lally Tollendal, Virieu, Boufflers, s'élevèrent-ils pour protester contre les outrages à l'humanité et à la civilisation commis au nom de la liberté ; les membres des factions révolutionnaires défendirent dans tous les cas ces excès.

Le 20 juillet, Lally décrivit en termes poignants les horreurs qui se déroulaient en Normandie, en Bretagne et en Bourgogne, et termina par ces

---

[158] *Moniteur*, I 324 ; Fantin Desodoards, p. 196 : « Des hordes de brigands à la solde du duc d'Orléans dévastaient les propriétés rurales sans distinguer à quel parti appartenaient les propriétaires ; les greniers disparaissaient avec le grain qu'ils contenaient. »

[159] *La Conspiration révolutionnaire de 1789*, par Gustave Bord, p. 62 ; Chassin, I 109 ; La Révolution, par Louis Madelin, p. 74.

[160] Arthur Young était présent lorsqu'une de ces lettres fut reçue en province. « La nouvelle à la table d'hôte de Colmar curieuse, que la Reine avait un complot, presque sur le point d'être exécuté, de faire sauter l'Assemblée nationale par une mine, et de faire marcher l'armée sur-le-champ pour massacrer tout Paris... *Un député l'avait écrit* ; ils avaient vu la lettre... Ainsi en est-il des révolutions, un coquin écrit et cent mille sots croient » (Voyages, date du 24 juillet 1789).

[161] Ferrières, i, 161.

mots : » Un roi citoyen nous oblige à accepter notre liberté, et je ne sais pas pourquoi nous devrions la lui arracher comme à un tyran. Si j'insiste sur la motion que j'ai présentée, c'est que l'amour de mon pays m'y pousse, c'est que j'accède à l'impulsion de ma conscience ; et si le sang doit couler, du moins je me lave les mains de celui qui sera versé. »[162]

Ce discours fut accueilli par des cris de fureur de toutes les parties de l'Assemblée, bien que le côté des nobles se risquât à applaudir.

L'assassinat de Foullon et de Berthier avait rempli Lally d'une indignation brûlante. Le 22 juillet au matin, dit-il à l'Assemblée, le fils de Berthier, pâle et défiguré, était entré dans sa chambre en s'écriant : « Monsieur, vous avez passé quinze ans à défendre la mémoire de votre père ; sauvez la vie du mien et qu'on lui donne des juges ! » Mais Lally en appelle en vain à l'humanité de l'Assemblée. Barnave, se levant avec fureur, s'écria d'un geste violent : « Ce sang est-il donc si pur qu'il faille craindre de le verser ? »[163]

Mirabeau va plus loin. La nation, déclarait-il, doit avoir des victimes ! Dans une lettre à ses électeurs, il avait ouvertement défendu les crimes du siège de la Bastille :

> « Le peuple doit être essentiellement bienveillant puisqu'il y a eu si peu de sang versé... La colère du peuple ! ah ! si la colère du peuple est terrible, le sang-froid du despotisme est atroce ; ses cruautés systématiques font plus de malheurs en un jour que les insurrections populaires ne font de victimes pendant des années. »[164]

Le malheureux peuple de France n'avait pas encore appris que la démagogie peut aussi être systématique ; que la démagogie, en outre, peut devenir plus puissante que le despotisme, parce qu'elle ne se contente pas de faire peser sur le peuple une force extérieure, mais, comme un habile lutteur de jiujitsu, elle retourne la puissance du peuple contre lui-même. C'était là tout le secret du premier mouvement révolutionnaire : par la calomnie, la corruption et la terreur, le peuple était amené à travailler à sa propre destruction, à tuer ses meilleurs amis et à abattre les mains qui le nourrissaient.

---

[162] *Moniteur*, I 183.

[163] Article sur Lally Tollendal dans *Biographie Michaud* ; aussi Deuxième lettre de Lally Tollendal à ses constituants. Ce discours de Lally et l'exclamation de Barnave, pourtant rapportés par d'innombrables contemporains, sont supprimés dans le compte-rendu *du Moniteur* sur le débat qui eut lieu le 23 juillet.

[164] Dix-huitième lettre de Mirabeau à ses constituants. Voir *Moniteur*, I 191, note 2.

LE TRAVAIL DE LA RÉFORME

À Paris, comme en province, une grande peur tenait tous les cœurs en étau. L'anarchie est complète, écrit Lord Auckland le 27 août ;

« le peuple a renoncé à toute idée et à tout principe de subordination... même l'industrie de la classe ouvrière est interrompue et suspendue... en bref, il suffit de marcher dans les rues et de regarder les visages de ceux qui passent pour voir qu'il y a une impression générale de Calamité et de Terreur. »[165]

« L'Assemblée nationale », écrit Fersen une semaine plus tard, « tremble devant Paris, et Paris tremble devant 40 000 à 50 000 bandits et vagabonds campés à Montmartre et au Palais Royal. »[166]

Au milieu de ces alarmes, les démocrates royalistes de l'Assemblée poursuivaient courageusement l'œuvre de réforme. Déjà les bases de la Constitution avaient été jetées à la Séance Royale du 23 juin ; il ne restait plus à la noblesse et au clergé qu'à compléter le plan que le Roi avait inauguré en renonçant à ses droits seigneuriaux.

Or, le « peuple » de France est par nature attaché à ses possessions, et n'était donc pas disposé à croire qu'une classe jouissant de privilèges y renoncerait volontairement. Le grand dessein des chefs révolutionnaires, depuis le début de la Révolution, était de jouer sur cette conviction.[167] Dans les cahiers rédigés par Laclos et Sieyès, les « classes privilégiées » étaient constamment représentées comme opposées à la réforme, et plus tard, les désordres dans les provinces ont été provoqués par la même propagande.

Le moment était venu de réaliser le grand *coup* des révolutionnaires et de montrer la noblesse et le clergé au peuple comme leurs ennemis déclarés. Il s'agissait de proposer à l'Assemblée d'abolir d'un coup de balai l'ensemble du système féodal. Les ordres privilégiés ne manqueraient pas de protester, et un nouveau triomphe serait ainsi assuré à la cause orléaniste. Quel signal pour de nouvelles insurrections dans les provinces si l'on pouvait proclamer au peuple que les nobles et le clergé avaient formellement refusé de renoncer à leurs privilèges ! D'autre part, si les « ordres privilégiés » capitulaient, les orléanistes remporteraient une victoire, car, comme je l'ai montré, l'affaiblissement de la noblesse était une partie essentielle de leur plan pour faire du duc d'Orléans un monarque

---

[165] Lettre de Lord Auckland à Pitt, Auckland MSS.

[166] Le Comte de Fersen et la Cour de France, I xlix.

[167] Mémoires de l'Abbé Morellet, i. 335.

à la Louis XIV. « Ainsi, dit Montjoie, d'Orléans en arrivant au pouvoir ne trouverait plus ces états provinciaux, ces cours souveraines, ce clergé, cette *noblesse*... qui formaient un tribunal entre le roi et ses sujets... il n'y aurait en France qu'un seul maître et un peuple sans protecteurs. »[168]

Même le républicain Gouverneur Morris a clairement reconnu ce danger lorsqu'il a exhorté Lafayette à

> « préserver si possible une certaine autorité constitutionnelle au corps des nobles comme seul moyen de préserver toute liberté pour le peuple. »

Les Orléanistes, bien sûr, n'avaient aucune intention de donner la liberté au peuple, et donc la destruction de la noblesse et du clergé était nécessaire à leurs desseins. En conséquence, lors d'une réunion du Club Breton,[169] il fut décidé que le Vicomte de Noailles, un membre de la noblesse sans le sou et un ardent partisan du Duc d'Orléans, devrait proposer à l'Assemblée l'abolition complète des droits seigneuriaux.

Le plan fut exécuté dans la soirée du 4 août, mais, à leur honneur éternel, la noblesse et le clergé de France se levèrent comme un seul homme pour renoncer à tous leurs anciens privilèges, à la justice seigneuriale, aux dîmes, aux droits de chasse, à tous ces droits féodaux dont la perte réduisait à la mendicité de nombreux propriétaires terriens.

À la fin de la séance, Lally Tollendal se leva pour rappeler à l'Assemblée que c'était le Roi qui, le premier, lui avait donné l'exemple de l'abnégation en renonçant à ses droits, et pour proposer que « Louis XVI soit maintenant proclamé le Restaurateur de la liberté française ». Cette fois, l'éloquence de Lally emporta tout sur son passage ; la proposition fut instantanément reprise par les députés et le peuple ; pendant un quart d'heure, la salle de l'Assemblée retentit des cris de « Vive le Roi ! Vive Louis XVI, restaurateur de la liberté française ! »

La décision est transmise au roi par une adresse de l'Assemblée, et Louis XVI, en acceptant le titre d'honneur qui lui est conféré, déclare sa sympathie pour les nouvelles réformes :

---

[168] Sur ce point, l'opinion de Montjoie est confirmée par nul autre que Robespierre lui-même, car dans son lumineux *Rapport* sur la conspiration orléaniste, livré quatre ans plus tard par la bouche de Saint-Just, nous trouvons ce passage : « Ils (les Orléanistes) ont fait la guerre à la *noblesse*, aux amis coupables des Bourbons, *afin de frayer la voie à d'Orléans*. On voit à chaque pas les efforts de ce parti pour ruiner la Cour et conserver la monarchie. »

[169] Montjoie, *Conjuration*, ii. 120 ; *Histoire de l'Assemblée Constituante,* par Alexandre de Lameth, i. 96.

"Votre sagesse et vos intentions m'inspirent la plus grande confiance dans le résultat de vos délibérations. Allons prier le Ciel de nous guider, et rendons-lui grâces des sentiments généreux qui règnent dans l'Assemblée."

Le dernier obstacle à l'œuvre de réforme était maintenant levé, et il ne restait plus qu'à élaborer la Constitution conformément aux vœux du roi, des nobles, du clergé et du *peuple*.

Le 27 juillet, le démocrate royaliste Clermont Tonnerre avait présenté à l'Assemblée la "Déclaration des droits de l'homme",[170] et c'est sur la base de cette charte et des *résumés* des cahiers que devait être élaboré le texte de la Constitution. Or, le 27 août, Mounier, au nom du Comité de la Constitution, présente un plan amélioré par l'archevêque de Bordeaux.[171] On voit donc que les démocrates royalistes furent de nouveau les chefs de la réforme et méritèrent à juste titre le nom qu'ils portèrent plus tard de » constitutionnels », tandis que, d'autre part, il suffit de consulter le *Moniteur* pour constater que, dans les débats qui eurent lieu au sujet de la Constitution, les chefs révolutionnaires de l'Assemblée brillèrent par leur silence. L'éloquence tonitruante de Mirabeau, l'ironie mordante de Robespierre, si puissantes pour détruire, cessèrent dès que commença l'œuvre de reconstruction. Certes, l'abbé Sieyès, ce « cheval noir » de l'Assemblée, tantôt royaliste, tantôt républicain, et toujours *intime* des orléanistes, avait participé à la rédaction de la Constitution, mais lorsqu'il s'agit de renoncer à ses propres privilèges, Sieyès montre la valeur de son libéralisme et s'oppose ouvertement à l'abolition des dîmes,[172] tandis que l'archevêque de Paris, sifflé par la foule comme un aristocrate, s'avance à la tête du clergé pour y renoncer.[173] L'histoire de la Révolution est pleine de ces petites ironies.

Il devenait maintenant évident pour les chefs révolutionnaires que le vent tournait irrésistiblement contre eux ; au cours de la discussion de la Constitution, l'existence ni de la monarchie ni de la dynastie régnante n'avait été contestée — car, jusqu'ici, personne n'avait osé s'écarter des exigences unanimes des cahiers — et il était clair que non seulement les monarchistes mais les Louis Seizistes dirigeaient la Chambre.

---

[170] *Ibid.* I 216.

[171] *Ibid.* i. 390.

[172] Ibid. i. 328 ; Mémoires de Rivarol, p. 147.

[173] *Moniteur*, i. 331 ; *Rivarol*, p. 146.

« Louis XVI », avait déclaré un député, « n'est plus sur le trône par le hasard de la naissance ; il y est par le choix de la nation. »[174]

Pour les Orléanistes comme pour les Subversifs, l'avenir s'annonçait donc très sombre ; à ce rythme, la France serait régénérée sans nouvelles convulsions, et la monarchie et la dynastie régnante établies plus fermement que jamais. Du point de vue des Orléanistes, la Constitution s'avérerait inévitablement désastreuse, car soit elle arrêterait complètement la Révolution, soit, s'ils étaient capables de la continuer et d'apporter le changement de dynastie désiré, le Duc d'Orléans devrait se contenter de devenir un monarque constitutionnel — une position qui ne l'amuserait pas le moins du monde à occuper.

Il faut donc trouver immédiatement un prétexte pour créer de nouvelles dissensions. C'est ce que fournit le débat sur la « sanction royale » qui s'ouvre le 29 août et tourne autour des questions suivantes : « Faut-il laisser le Roi conserver le droit de "Veto" ? Dans l'affirmative, ce droit doit-il être "absolu" ou "suspensif", c'est-à-dire que le Roi doit pouvoir opposer un "veto" absolu à la promulgation d'une loi ou simplement suspendre sa promulgation jusqu'à une date ultérieure ? »

Sans doute le veto royal était-il une relique de l'autocratie et, en tant que tel, pouvait-il être raisonnablement condamné par des penseurs démocratiques indépendants, mais, comme plusieurs députés l'ont immédiatement fait remarquer, la question était de celles sur lesquelles l'Assemblée n'avait pas le pouvoir de délibérer, puisque » la sanction royale avait été demandée par le peuple dans les cahiers ». »[175]

« La loi a été faite par la nation », dit D'Espréménil, « nous n'avons qu'à la déclarer ». [176]

Ainsi parlait l'esprit de la démocratie pure.

Les démocrates royalistes, fidèles à leurs cahiers comme à leur roi, soutinrent donc unanimement la sanction royale. « Je regarde la sanction royale, déclara Lally Tollendal, comme un des premiers remparts de la liberté nationale. Je la défendrais, dit-il encore, jusqu'à mon dernier souffle, moins pour le roi que pour le peuple. »[177]

---

[174] *Moniteur*, I 391.

[175] Voir les articles VI. et VII. cités aux pages 7 et 8.

[176] *Moniteur*, I 397.

[177] *Moniteur*, I 399.

Voici donc le prétexte dont les chefs révolutionnaires avaient besoin pour susciter une fois de plus l'insurrection, et des agitateurs furent envoyés dans les clubs et les cafés de Paris pour dire aux citoyens que

> « les traîtres de l'Assemblée avaient voté le veto absolu du Roi, qui allait maintenant révoquer tous les décrets du 4 août et la France serait de nouveau asservie. »[178]

Ils se gardèrent bien, cependant, de mentionner au peuple que plusieurs députés orléanistes, dont Mirabeau lui-même — agissant vraisemblablement dans l'intérêt du duc — avaient voté le Veto *absolu*.[179] Les démocrates royalistes seuls, et *non* les royalistes opposés à la réforme, étaient représentés au peuple comme leurs ennemis. Playfair est l'un des rares contemporains anglais à avoir commenté ce fait significatif : « Peut-être que la chose qui peut le plus convaincre les hommes impartiaux de l'existence d'un complot criminel est que le parti modéré des réformateurs à l'Assemblée, c'est-à-dire ceux qui étaient royalistes, mais qui avaient obtenu la faveur populaire par leur éloquence et leur *amour de la liberté*, étaient ceux contre lesquels le parti au pouvoir, les Lameths, Barnave, Mirabeau, etc. se retournèrent contre eux avec la plus grande fureur. Mounier, le comte de Lally Tollendal, et plus de quarante autres du parti modéré, reçurent des lettres anonymes menaçant leur vie… Cela semble être la preuve que le parti régnant craignait plus les hommes attachés à la liberté que les purs royalistes, car le caractère personnel des premiers ne laissait aucun espoir de les entraîner vers les mesures violentes envisagées. »[180]

Nous retrouvons donc le *mouvement révolutionnaire diamétralement opposé à l'œuvre de réforme*. Que celui qui conteste cette affirmation explique la circonstance suivante : le plan de la Constitution fondée sur la Déclaration des droits de l'homme — universellement reconnue comme la plus pure expression de la démocratie — fut remis à l'Assemblée par les démocrates royalistes le 28 août, et deux jours après la tête de tous ces hommes fut mise à prix par les révolutionnaires au Palais Royal.[181]

---

[178] *Deux Amis*, II 361 ; *Mémoires de Bailly*, II 327 ; Ferrières, I 222.

[179] Selon les *Mémoires de La Fayette*, Mirabeau avait voté le Veto absolu sur le conseil de Clavière, le futur Girondin : « "Vous voyez cette tête chauve, dit-il en désignant Clavière à plusieurs députés qui lui parlaient en faveur du Veto suspensif, je ne fais rien sans le consulter. Et la tête chauve, républicaine à Genève le 10 août (1792), avait déclaré pour le Veto absolu" (*Mémoires de La Fayette*, iii. 311).

[180] Playfair's *History of Jacobinism*, p. 244.

[181] Article sur Mounier dans *Biographie Michaud* de Lally Tollendal.

Mounier, qui, dès le début, s'était montré le plus intrépide champion de la liberté, Mounier qui, dans un excès de zèle démocratique, avait proposé le serment de la Cour de Tennis, et à qui, plus qu'à personne, on devait les principes de la Constitution, était maintenant en butte à l'exécration populaire, et, à partir de ce moment, sa vie était perpétuellement menacée.[182] Peut-il y avoir une autre explication que celle offerte par Mounier lui-même, à savoir que toute cette agitation était un complot visant à empêcher l'élaboration de la Constitution ?[183]

Première tentative de marche sur Versailles

Par les méthodes habituelles de la calomnie et de la terreur, l'esprit de la population est à nouveau remué, et une panique au sujet du Veto se répand dans Paris. Le fait que pour beaucoup de gens, le mot latin n'avait aucune signification facilitait grandement le travail des agitateurs. « Savez-vous ce qu'est le Veto ? » s'écriaient-ils au coin des rues. "Écoutez donc. Vous rentrez chez vous, votre femme a préparé votre dîner, et le Roi dit « Veto ! » et vous n'avez rien à manger !"[184]

Le « Veto suspensif », disait un paysan à Bertrand de Molleville, était le droit du Roi de suspendre, *c'est-à-dire* de *pendre*, qui il voulait. Certains, en effet, croyaient que le Veto était vivant : « Qu'est-ce qu'il est, ce Veto ? Qu'a-t-il fait, ce brigand de Veto ? »[185]

Dans la soirée du dimanche 30 août, le jardin du Palais Royal était redevenu une mer déchaînée ; la foule était si immense qu'elle débordait dans les maisons environnantes ; les fenêtres et les toits mêmes étaient bondés de monde. Soudain, d'une fenêtre du café de Foy, surgissent les épaules et la tête noire et hirsute de Camille Desmoulins, qui s'adresse à la multitude en criant :

---

[182] « M. Mounier, l'un des principaux auteurs de la Révolution et l'un des premiers chefs du parti patriotique, est devenu tout à coup l'objet de la haine du peuple et de la faveur de l'aristocratie ! » (*Deux Amis*, III 166). Pour « peuple » comme d'habitude lire « révolutionnaires » !

[183] Mounier à l'Assemblée, 31 août : « Il est évident que des hommes pervers désirent édifier leur fortune sur les ruines du pays. Vous voyez le projet d'empêcher la Constitution de se former et de se développer » (*Moniteur*, I 400).

[184] *La Révolution*, par Louis Madelin, p. 87.

[185] Article sur St. Huruge dans la *Revue de la Révolution*, publiée par Gustave Bord, vol. vi p. 251.

« Messieurs, je viens de recevoir une lettre de Versailles qui m'apprend que la vie du comte de Mirabeau n'est plus en sûreté, et que c'est pour la défense de notre liberté qu'il est exposé au danger ! »[186]

La nouvelle panique se transmet de bouche en bouche — « Mirabeau a payé de son sang son attachement à la cause du peuple » — « Mirabeau a été poignardé au cœur — non, empoisonné » — une lettre de Mirabeau lui-même avertit le peuple que la patrie est en danger, que quatorze hommes ont trahi sa cause.[187]

Ces nouvelles plongèrent la foule dans une frénésie d'inquiétude, et c'est ainsi que se créa la situation ridicule d'une vaste multitude s'élevant contre le veto et en même temps frappée de panique pour la sécurité de son principal partisan — Mirabeau ! Le peuple, remarque Bailly, n'a pas encore compris la leçon. »[188]

C'est maintenant que les Orléanistes voient l'occasion de lancer leur grand projet de *marche sur Versailles*. Si le Roi s'obstinait à conserver sa popularité auprès du peuple en cédant à ses exigences et en continuant à favoriser les réformes, il était vain d'espérer que le peuple se soulève contre lui. L'éloignement de Versailles du centre de l'agitation ajoutait beaucoup au charme qui entourait la personne du Roi ; enfermé derrière les barrières dorées et les murs rouge sombre du grand château du Roi Soleil, Louis XVI conservait encore dans une certaine mesure le caractère d'un être sacré, dont les rares apparitions en public inspiraient à la grande masse du peuple une crainte émerveillée. Mais si Louis XVI pouvait être amené à Paris pour devenir l'objet de la contemplation quotidienne de la multitude, on pourrait s'attendre à ce que l'auréole tombe de sa tête. Au palais des Tuileries, près du Palais Royal, les chefs révolutionnaires l'auraient en leur pouvoir,[189] et la populace qu'ils tenaient sous leurs ordres pourrait être entraînée à dégrader la famille royale aux yeux du peuple encore fidèle.

En conséquence, on annonce au Palais Royal que pour sauver le pays des horreurs du veto, et pour assurer la sécurité de Mirabeau, une députation doit être envoyée à l'Assemblée pour insister pour que le Roi et le Dauphin soient amenés à Paris.

Camille Desmoulins criait que la reine devait être emprisonnée à Saint-Cyr et que la députation devait être composée de 15 000 hommes armés.

---

[186] *Procédure du Châtelet*, témoignage de Dwall, témoin cccxvii.

[187] Ferrières, i. 220 ; *Deux Amis*, ii. 360.

[188] Mémoires de Bailly, II 327.

[189] Appel au Tribunal de l'Opinion publique, par Mounier, p. 65.

Dans le même temps, des messages menaçants sont envoyés au président de l'Assemblée, l'évêque de Langres ; l'un d'eux, signé par Saint Huruge, se lit ainsi :

> "L'Assemblée patriotique du Palais Royal a l'honneur de vous informer que si cette partie de l'aristocratie, composée d'un parti dans le clergé, d'un parti dans la noblesse, et de 120 députés, ignorants et corrompus, continue à troubler la concorde et à réclamer la « sanction absolue », 15 000 hommes sont prêts à allumer leurs maisons et leurs châteaux, et le vôtre en particulier, Monsieur, et à faire subir aux députés qui trahissent leur pays le sort de Foullon et de Berthier."[190]

La paternité de ces deux meurtres était ainsi clairement révélée. Mais le nombre d'insurgés promis par les chefs ne fut pas au rendez-vous, et à dix heures du soir, Saint-Huruge, muni de la pétition, se mit en route à la tête de 1500 hommes seulement, désarmés, pour Versailles. L'aspect de leur chef était assez terrible pour inspirer du courage à ses partisans : figure massive surmontée d'un énorme visage rouge, yeux d'une audace extraordinaire jaillissant de dessous une épaisse perruque noire, St Huruge semblait l'incarnation même de l'esprit révolutionnaire.[191]

Mais l'audace de Saint-Huruge, comme celle de Danton, était plus apparente que réelle ; la première vue du danger le réduisait à la plus grande mollesse.[192] En cette occasion, il fut confronté à un danger d'une nature très redoutable — Lafayette, le grand adversaire de la conspiration orléaniste, était prêt à le recevoir. Le cortège, qui avait marché hardiment dans la rue Saint-Honoré, trouva son passage bloqué par la Garde nationale, dont Lafayette était le commandant, et, après avoir été refoulé, il se dirigea vers l'Hôtel de Ville, où Bailly et Lafayette lui-même l'attendaient pour le recevoir. Le général populaire n'eut guère de mal à soumettre St-Huruge qui, parfaitement docile et même "content", consentit à se retirer de la scène, mais pour plus de sûreté Lafayette l'emprisonna au Châtelet.

Ainsi se termine cette première tentative de marche sur Versailles. Mais le projet ne fut pas abandonné. Au contraire, dès ce moment, il fut perpétuellement discuté, et l'on chercha un nouveau prétexte pour soulever le peuple.

---

[190] Mémoires de Bailly, III 392.

[191] Esquisses historiques de la Révolution Française, par Dulaure, p. 286.

[192] Un contemporain rapporte que saint Huruge s'étant vu reprocher un jour de se laisser fouetter sans riposter, il répondit : « Je ne me mêle jamais de ce qui se passe dans mon dos » (*L'Ami des Lois*, 17 pluviôse, An VIII). Voir l'article sur St Huruge dans la *Revue de la Révolution* dirigée par Gustave Bord, vol. vi.

Événements à Versailles

Lorsque le 18 septembre le Roi fit sa réponse aux demandes de l'Assemblée lui demandant de sanctionner les réformes du 4 août, il devint évident qu'aucune opposition ne pouvait être espérée de la part de l'autorité royale. La réponse du roi est à la fois raisonnable et sympathique ; dans une analyse longue et détaillée, il discute chaque réforme, en soulignant que certains articles ne sont que le texte des lois que l'Assemblée doit élaborer. Il termine par ces mots : "J'approuve donc le plus grand nombre de ces articles, et je les sanctionnerai lorsqu'ils auront été rédigés en lois."

Cette réponse conciliante ne laissait aux chefs révolutionnaires aucun terrain d'agitation supplémentaire, et ils se contentèrent de faire remarquer avec insolence qu'il n'avait pas été demandé au roi de" sanctionner » les décrets de l'Assemblée, mais seulement de les » promulguer ». Des flots de rhétorique furent alors dépensés sur la signification précise de ces deux mots. Mais comme le roi l'a judicieusement fait remarquer, comment était-il possible de « promulguer » des lois qui n'avaient pas encore été élaborées ? Cependant, afin d'apaiser les députés contestataires, il finit par céder à leurs exigences, et deux jours plus tard, le 28 août, il accorda son « acceptation pure et simple » aux arrêtés du 4 août. [193]

L'Assemblée passe ensuite à la discussion de l'embarras des finances. Mais là encore, le roi montra son désir de soulager la situation en se présentant pour offrir tout son argenterie à la nation, tandis qu'en même temps la reine envoyait 60 000 livres à la Monnaie. La proposition suscite une réprobation immédiate de l'Assemblée, mais le Roi persiste dans sa résolution.[194]

C'est le moment que choisit Mirabeau pour une tirade contre « les riches » — « il faut combler le gouffre effrayant de la faillite », déclare-t-il à l'Assemblée. « Eh bien, voici la liste des propriétaires français. Choisissez parmi les plus riches afin de sacrifier le moins de citoyens... Frappez ! Immolez sans pitié ces misérables victimes ; précipitez-les dans

---

[193] On affirme souvent que le roi a refusé cette sanction jusqu'au 5 octobre, mais les contemporains de tous les partis sont explicites sur ce point. Voir *Deux Amis*, iii. 29 ; *Mémoires de Bailly*, ii. 379 ; Marmontel, iv. 238 ; *Histoire de l'Assemblée Constituante*, par Alexandre de Lameth, i. 142.

[194] *Moniteur*, i. 496 ; Bailly, ii. 389. Sur la question de la « rigide économie » du roi quant à ses dépenses personnelles, voir le discours de l'Assemblée nationale du 5 janvier 1790 (*Moniteur*, iii. 52).

l'abîme ; il se refermera ! ... Vous reculez d'horreur ? Hommes inconséquents ! Hommes pusillanimes ! »[195]

Le discours est accueilli par des « applaudissements presque convulsifs » par l'Assemblée. Mais comment Mirabeau lui-même mettait-il en œuvre le principe d'une austère abnégation ?

Camille Desmoulins va nous le dire. Le 29 septembre — trois jours exactement après la tirade de Mirabeau — Camille écrit ces mots : » Je suis depuis une semaine à Versailles avec Mirabeau. Nous sommes devenus de grands amis ; du moins il m'appelle son cher ami. À chaque instant il me prend par les mains, il me frappe, puis il s'en va à l'Assemblée, reprend sa dignité en entrant dans la salle et fait des merveilles, après quoi il revient dîner en excellente compagnie et quelquefois avec sa maîtresse, et nous buvons un excellent vin. Je sens que son repas trop délicat et sa table surchargée me corrompent.

Son bordeaux et son marasquin ont une vertu que je cherche vainement à ignorer, et j'ai toutes les peines du monde à reprendre mon austérité républicaine[196] et à détester les aristocrates dont le crime est de donner ces excellents dîners. Je prépare des motions, et Mirabeau appelle cela m'initier aux grandes affaires. Il me semble que je devrais me croire heureux quand je me rappelle ma position à Guise... » Oh, peuple, ce sont vos défenseurs !

On raconte que quelques semaines auparavant, Mirabeau, regardant par la fenêtre et voyant une foule de pauvres gens se battre pour du pain chez un boulanger, avait fait cette remarque cynique : « Cette canaille-là mérite bien de nous avoir pour législateurs ! Comme Danton, il était au moins franc, et personne n'aurait été plus amusé que Mirabeau lui-même par les efforts de ses biographes pour le présenter comme un idéaliste noble et un amoureux du peuple.

---

[195] *Moniteur*, I 519. Le comédien Molé, présent à cette occasion, réjouit Mirabeau en lui disant qu'il a manqué sa vocation, qu'il aurait dû monter sur les planches ! (*Souvenirs d'Étienne Dumont*, p. 133).

[196] L'utilisation du mot « républicain » par Desmoulins à cette date peut sembler contredire l'affirmation qu'il était orléaniste, mais le mot était fréquemment utilisé pendant les premières étapes de la Révolution pour signifier simplement « esprit public » (voir, par exemple, la remarque de Mounier à Mirabeau à la page 140). D'autre part, Montjoie a peut-être raison de dire qu'à ce moment Camille Desmoulins est passé provisoirement du côté de Lafayette et du républicanisme (*Conjuration de d'Orléans*, II 153). Cela expliquerait le désaccord qui semble avoir eu lieu entre Desmoulins et Mirabeau à l'issue de cette visite à Versailles.

Quelle était la vérité sur Mirabeau à ce moment où la marche sur Versailles se préparait dans les conseils des chefs orléanistes ? Était-il parmi eux ? Ses panégyristes se sont vainement efforcés de l'absoudre de toute complicité, mais les contemporains, même ceux qui étaient ses amis, sont obligés d'admettre qu'il savait ce qui allait se passer, même s'il n'a pas aidé à préparer le mouvement.

> "Je suis enclin à penser, dit Dumont, que Mirabeau était dans le secret des événements des 5 et 6 octobre... Ce que je crois, c'est, en tenant compte de tout, en supposant que l'insurrection de Versailles était conduite par les agents du duc d'Orléans, que Laclos était trop habile pour tout confier à l'indiscrétion de Mirabeau, mais qu'il s'était assuré de lui sous condition... Il est impossible de ne pas croire à quelque *liaison* entre eux. Ces propos tenus *dans l'intimité* de Mirabeau sont concluants. Camille Desmoulins, qui à cette date « idolâtrait » Mirabeau, trahit également son ami par la suite : 'Me fera-t-on croire qu'en séjournant à Versailles avec Mirabeau juste avant le 6 octobre [...] je n'ai rien vu des mouvements précurseurs des 5 et 6 ? Me fera-t-on croire que lorsque je suis allé chez Mirabeau au moment où il a appris que le duc d'Orléans était parti pour Londres, sa colère de se voir abandonné, ses imprécations... ne m'ont rien fait supposer ? »[197]

Le plan des conspirateurs était sans aucun doute de persuader la foule de marcher sur Versailles et d'assassiner le roi et la reine, ou plus probablement d'assassiner la reine seulement et d'amener le roi à Paris. Mirabeau était manifestement au courant de tout cela — même s'il n'était pas l'un des auteurs du plan — et il semblerait que, par moments, l'effroyable secret ait hanté son esprit. Peut-être, dans la fange de sa vie, quelques traditions héréditaires d'honneur, quelques instincts de chevalerie, avaient-ils survécu et l'avaient-ils fait reculer devant le crime brutal dont une noble et belle femme devait être la principale victime, et à ces moments-là, il était presque tenté d'abandonner la sordide intrigue dans laquelle il avait été entraîné et de se jeter dans la cause plus noble de la défense de son roi contre les desseins d'un usurpateur. Mais s'il le faisait, quel accueil recevrait-il de la Cour ? Le roi et la reine, il le savait bien, le considéraient avec aversion. N'était-il pas possible, par conséquent, qu'en abandonnant la conspiration, il devienne simplement l'ennemi d'Orléans et ne gagne aucune faveur auprès du Roi ? Ainsi hanté par l'horreur de la chose, il souhaitait que le roi découvre par lui-même la tragédie qui s'annonçait. Souvent, à cette époque, Mirabeau, en parlant de la Cour à son ami La Marck, s'interrogeait de façon incontrôlable :

---

[197] Fragment de l'Histoire secrète de la Révolution, 1793.

« À quoi pensent ces gens ? Ne voient-ils pas l'abîme qui s'ouvre sous leurs pieds ? »

Une fois, dans un violent accès d'exaspération, il s'écria :

« Tout est perdu ; le roi et la reine vont périr — vous le verrez — et la populace battra leurs cadavres. Et puis, voyant l'horreur sur le visage de La Marck, il répéta : "Oui, oui, leurs cadavres seront battus — vous ne comprenez pas assez le danger de leur position ; il faut le leur faire connaître. »

Mais elle avait été portée à leur connaissance, et par Lafayette lui-même dans une lettre au comte de Saint-Priest datée du 17 septembre. Le 23, donc, le roi avertit l'Assemblée des" menaces de personnes mal intentionnées de sortir de Paris avec des armes' et des mesures qu'il a prises pour la protection des députés. L'Assemblée, cependant, était déjà au courant de cette intention.

"Je répète sans crainte d'être contredit, dit Mounier, que tous les jours les ministres recevaient à ce sujet les renseignements les plus alarmants, et que les gardes du roi furent plusieurs fois obligés de passer la nuit en état de monter à cheval."[198]

Si, dans ces circonstances, un plan a été formé par certains royalistes pour transporter la famille royale à Metz ou dans un autre lieu sûr, est-ce vraiment surprenant ? L'existence d'un tel projet n'a jamais été prouvée — la seule preuve apportée par les auteurs révolutionnaires étant la copie brute d'une lettre du Comte d'Estaing à la Reine[199] qui est tombée entre les mains des conspirateurs — mais même si la supposition était correcte, quelle perfidie cela impliquerait-il de la part des royalistes ? Pourquoi, si les vies du Roi et de la Reine étaient quotidiennement menacées, leurs fidèles partisans ne tenteraient-ils pas de les sauver de leurs assassins ? Le plan n'impliquait aucune atteinte aux libertés de la nation, et la fuite de la famille royale à Metz aurait été entreprise, comme la fuite à Varennes deux ans plus tard, simplement en état de légitime défense. Quoi qu'il en soit, un fait indéniable demeure : le plan n'a pas été tenté, le roi et la reine ont décidé de leur plein gré de rester à Versailles et de faire face au danger.

---

[198] Appel au Tribunal de l'Opinion publique, p. 67.

[199] Deux Amis, III 101 ; Montjoie, Conjuration de d'Orléans, II 167.

Le Banquet du Garde du Corps

La municipalité de Versailles, alarmée non moins pour la sécurité de la ville que pour celle de la famille royale, décide alors, sur le conseil du comte d'Estaing, commandant de la garde nationale de Versailles, de demander au roi d'appeler un autre régiment en renfort des gardes du corps, des dragons suisses et de la *milice bourgeoise* qui constituent actuellement la garnison, et qui sont jugés insuffisants "pour résister à l'attaque de 2000 hommes armés". En conséquence, le Régiment de Flandre est envoyé à Versailles et arrive le 23 septembre. Les conspirateurs se mirent immédiatement au travail pour corrompre les troupes nouvellement arrivées, et des femmes de la ville furent envoyées pour distribuer de l'argent, de la nourriture et du vin parmi les soldats,[200] et pour exiger d'eux la promesse de ne pas défendre le Roi en cas d'insurrection. On n'aurait pas supposé, écrit un chroniqueur révolutionnaire de l'époque, que c'est à la plus vile classe de nos prostituées que nous devons l'heureux événement qui a amené le roi à Paris et la consolation que la journée du 5 octobre n'ait pas été plus meurtrière… Les chefs du peuple… envoyèrent à Versailles… par bandes et par différents chemins trois cents des plus jolies promeneuses du Palais Royal avec de l'argent, des instructions, et la promesse d'être éventrées par le peuple si elles ne remplissaient pas fidèlement leur mission. Ce furent ces députées qui, au milieu des plaisirs de l'amour, obtinrent des soldats le serment patriotique qui rendait leurs armes impuissantes devant leurs concitoyens. »[201]

Par le même moyen qui avait été employé pour séduire les Gardes-Françaises avant le siège de la Bastille, les hommes du Régiment de Flandre furent maintenant détournés de leur allégeance au Roi, et en *signe de défection* adoptèrent la cocarde tricolore.[202]

Les troupes loyales du roi virent tout cela avec une inquiétude croissante, et résolurent de ramener le régiment de Flandre à son allégeance. Or, la garde du corps du roi avait pour coutume de recevoir à dîner tout régiment nouvellement arrivé ; en conséquence, les officiers du régiment de Flandre furent invités à un banquet auquel participèrent également un certain nombre de gardes suisses, la *milice bourgeoise* et

---

[200] Montjoie, *Conjuration de d'Orléans*, ii. 172 ; Ferrières, ii. 273 ; témoignage d'Elisabeth Pannier, épouse d'un restaurateur de Versailles, témoin xx. dans *Procédure du Châtelet*.

[201] Correspondance secrète, I 414.

[202] Faits relatifs à la dernière insurrection, par Mounier.

d'autres. Le théâtre du château, prêté par le roi pour l'occasion, était brillamment décoré et éclairé par des centaines de bougies ; autour d'une immense table en fer à cheval, les officiers de la garde du corps et les officiers du régiment de Flandre étaient assis alternativement, et les fanfares des deux régiments jouèrent pendant toute la durée du festin. Les fidèles soldats du roi étaient-ils à blâmer s'ils profitaient de cette occasion pour ranimer la loyauté déclinante de leurs camarades ? Devaient-ils être accusés de trahison envers la nation si, sous leur influence, les hommes du régiment flamand se mettaient à crier 'Vive le Roi !'

Lorsqu'à ce moment la famille royale entre dans la salle, la Reine menant Madame Royale par la main, un officier de la garde du corps portant le Dauphin dans ses bras, l'enthousiasme ne connaît pas de limites, et une tempête d'acclamations éclate sans retenue.

Dans l'esprit des Français, il y avait quelque chose d'intensément tragique dans l'apparition soudaine du petit groupe au-dessus de la tête duquel une si terrible tempête se rassemblait, et à la vue de la Reine — une belle femme, une épouse, une mère, dont ils savaient que la vie était quotidiennement menacée — toute l'ancienne chevalerie de la France s'est réveillée en eux, et ils ont résolu de la défendre. La dernière touche de pathos a été donnée par la fanfare du Régiment de Flandre avec l'air de "Richard Cœur de Lion" :

O ! Richard ! o mon Roi ! l'univers t'abandonne !

Le choix était douloureusement approprié ; le monde entier abandonnait le malheureux roi et, avec la loyauté passionnée de leur race, les vaillants gardes du corps se rassemblèrent autour de lui en ce moment suprême. Les hommes des deux régiments bondissent sur leurs chaises, agitent leurs verres en l'air et s'époumonent aux cris de "Vive le Roi ! Vive la Reine ! Vive le Dauphin !"

La scène fut ensuite décrite par les révolutionnaires comme une "orgie d'ivrognes" ; il est possible que le vin et la musique soient montés à la tête des fêtards — le fait est-il tout à fait sans précédent dans les annales des dîners régimentaires ? — mais le fait n'implique aucune intention criminelle à l'égard de la nation.

L'occasion fournit cependant le prétexte qu'attendaient les conspirateurs, et le bruit courut aussitôt à Versailles et fut porté au Palais Royal — par le duc d'Orléans lui-même[203], dit-on — que les officiers de la garde du corps avaient refusé de boire la santé de la nation et avaient

---

[203] Témoignages de De Pelletier et de De Grandmaison dans la *procédure du Châtelet*.

foulé aux pieds la 'cocarde nationale ». L'accusation, catégoriquement démentie par les témoins oculaires de la scène,[204] reposait sur le témoignage d'un seul homme, un certain Laurent Lecointre, drapier et officier de la *milice bourgeoise* de Versailles, rempli de rancœur contre la garde du corps parce qu'il n'avait pas été invité au banquet, et qui n'était donc pas présent.

La vérité exacte sur le 'toast de la nation' est impossible à découvrir, mais d'après les témoignages les plus fiables, il apparaît que la santé de la nation n'a pas été bue parce que le toast n'était pas habituel, et n'a donc pas été proposé à cette occasion ou à une autre.[205] Il n'a donc pas été refusé.

Quant aux incidents des cocardes, les officiers de la garde du corps n'auraient pas pu arracher les cocardes nationales et les piétiner, pour la simple raison qu'ils ne les avaient pas adoptées mais portaient encore la cocarde blanche.[206] Dans le même temps, il semble que des cocardes blanches aient été distribuées par les dames de la Cour au Régiment de Flandre, et que l'on ait entendu des voix s'exclamer : 'Vive la cocarde blanche, c'est la bonne !'

Mais quand on se rappelle que le tricolore représentait les couleurs du duc d'Orléans, qu'il était devenu en réalité non pas la cocarde 'nationale' mais la 'cocarde révolutionnaire', et qu'il était considéré parmi les soldats comme l'insigne de la désertion,[207] était-il anormal que ceux qui voulaient faire triompher la cause du roi sur les desseins d'un usurpateur aient tenté de le remplacer par l'emblème royal ? Si oui, comme le souligne Mounier, 'Où était le crime ? Quelle loi obligeait à Versailles à porter la cocarde de Paris ? Pourquoi n'aurait-on pas eu le droit de préférer la couleur qui, de tout temps, avait été celle de notre drapeau ? Pourquoi, un jour où la famille royale était menacée, tous les hommes courageux ne se seraient-ils pas ralliés à ce signe de fidélité ?'[208]

Un étrange incident suivit le banquet. Un chasseur des Trois Évêchés fut trouvé par Miomandre, un officier de la Turenne royale, plongé dans le désespoir, le front appuyé sur la poignée de son épée. Lorsqu'on lui

---

[204] *Mémoires de Mme Campan*, p. 248 ; discours du marquis de Bonnay à l'Assemblée le 1er octobre 1790, dans *Moniteur* pour cette date ; témoignage de La Brousse de Belleville, témoin xxII dans *Procédure du Châtelet*, etc.

[205] Ferrières, I 275.

[206] *Ibid*. i. 260 ; *Deux Amis*, iii. 128.

[207] Faits relatifs à la dernière Insurrection, par Mounier, p. 9.

[208] *Appel au Tribunal*, par Mounier, p. 91.

demanda ce qu'il avait, il éclata en sanglots et en phrases décousues dans lesquelles on n'entendait que les mots suivants : 'Cette belle maison du Roi... Je suis un grand fou... Les monstres, que demandent-ils ? ... ces coquins de commandant et d'Orléans ! Puis, tombant sur son épée, il tenta de s'ôter la vie. À ce moment, plusieurs de ses camarades sont apparus sur la scène, et en entendant ce qui s'était passé, l'un d'eux s'est exclamé,' C'est un bon à rien — nous devons nous débarrasser de lui ! Ils ont alors tué le malheureux à coups de pied 'comme on écrase un insecte'.[209]

On voit donc combien étaient redoutables les conséquences pour quiconque tentait de trahir les desseins des conspirateurs, combien était puissante la' terreur » orléaniste qui, pendant les premiers temps de la Révolution, s'imposait à l'esprit des hommes et scellait les lèvres de ceux qui auraient révélé la vérité sur les préparatifs de l'insurrection du 5 octobre.

PRÉLIMINAIRES DE LA MARCHE SUR VERSAILLES

L'histoire de l'« orgie » des gardes avait servi à rendre ce loyal régiment odieux au peuple, mais un autre obstacle devait être écarté de leur chemin si les conspirateurs voulaient réussir dans leur projet d'amener le roi à Paris. » Il fallait, dit Mounier, pour l'exécution de leur plan, se débarrasser des gardes du roi et de tous ceux qui auraient défendu sa liberté. *Ils craignaient le courage de la reine*, il fallait donc la livrer à la fureur du peuple. Louis XVI, entouré de ses ministres faibles et aveugles, n'était pas à craindre ; ils n'avaient qu'à lui assurer que le peuple voulait qu'il aille à Paris et qu'il irait à Paris. Mais la reine verrait le complot et opposerait une résistance. Le Roi, disait Mirabeau un an plus tard, n'a qu'un seul homme avec lui, c'est sa femme. »[210]

Ainsi, par toutes les espèces de calomnies, par la circulation des libelles les plus infâmes, par tous les moyens que le « génie infernal » de Laclos pouvait imaginer,[211] on excitait la rage populaire contre la Reine au Palais Royal et dans les Faubourgs de Paris. La Reine était à la tête d'une contre-révolution — la Reine était la seule cause du désordre des finances — la Reine avait dit que « le plus beau jour de sa vie serait celui où elle pourrait

---

[209] *Deux Amis*, III 134 ; Ferrières, I 279.

[210] Correspondance entre Mirabeau et La Marck, p. 107.

[211] « Je sais que plusieurs des libelles publiés alors (avant le 5 octobre) ont été payés par les agents du duc d'Orléans » (*Mémoires de Malouet*, i. 344. D'autres ont sans doute été payés par Von der Goltz.

se laver les mains dans le sang des Français », qu'elle « ne craignait pas d'être enfermée à Paris, pourvu que les murs de sa prison fussent faits d'ossements de Français ». Mais l'accusation qui soulevait le plus profondément les passions du peuple était que la Reine était responsable de la pénurie de pain. En effet, malgré une récolte magnifique six semaines auparavant, les réserves de grains sont de nouveau déclarées insuffisantes, les boulangeries sont assiégées, les ouvriers attendent toute la journée pour obtenir une miche de 4 livres et retournent les mains vides dans leurs familles affamées.

La faim a tendance à rendre les gens étourdis ; sous son charme vertigineux, beaucoup de choses semblent possibles alors qu'avec un cerveau bien nourri, on les reconnaîtrait comme absurdes, et c'est ainsi que les habitants à demi-misérables des Faubourgs acceptent volontiers l'assurance que le roi, la reine et les « aristocrates » sont à l'origine du problème. Gouverneur Morris décrit ainsi un orateur haranguant le peuple :

> « La substance de son discours était : "Messieurs, nous manquons de pain, et en voici la raison — cela fait seulement trois jours que le Roi a eu le Veto suspensif, et déjà les aristocrates ont acheté des suspensions et envoyé le grain hors du royaume. À ce discours sensé et profond, son auditoire a donné un assentiment chaleureux. Ma foi, il a raison. Il n'y a que ça ! "Oh, c'est rare ! Ce sont les Athéniens modernes ! »

Mais ces pauvres gens étaient-ils tout à fait responsables de leur crédulité ? Beaucoup d'entre eux ne savaient ni lire ni écrire. Comment pouvaient-ils savoir que ni la Cour ni les aristocrates n'avaient la moindre part dans la circulation des grains en cette crise, puisque toute la question était placée sous le contrôle du « Comité des Subsistances », dirigé par le maire populaire Bailly, qui, impuissant comme jamais devant les manœuvres des Orléanistes, s'efforçait vainement de contrecarrer les accapareurs ?[212]

La vérité est que cette famine, comme celle qui avait menacé plus tôt dans l'année, était fictive ; le manque de pain, comme les contemporains de tous les partis en conviennent, n'existait pas réellement, mais était produit artificiellement afin d'enflammer les esprits du peuple contre la Cour et le gouvernement.[213] Ce point, habituellement négligé par les historiens, donne la clef de tout le mouvement du 5 octobre.

---

[212] *La Conspiration révolutionnaire de 1789,* par Gustave Bord, p. 211.

[213] Voir, parmi les affirmations d'innombrables contemporains, celle de Mounier, *Appel au Tribunal*, p. 74 : « À l'époque du 5 octobre, on adopta des moyens plusieurs fois essayés auparavant, ceux de créer une famine et d'accuser ensuite ceux qu'on appelait

D'ailleurs, que cette famine artificielle ait été encore l'œuvre de la conspiration orléaniste, il n'y a pas de doute possible, car, outre les déclarations de Montjoie, de Rivarol, du comte d'Hézecques et de Mounier, qui concordent toutes exactement, il y a celle de Bailly lui-même, et personne n'était mieux placé que le maire pour juger de l'état réel des choses, ni moins apte à défendre la Cour contre l'accusation de complot s'il en avait existé un. Qui étaient les auteurs du complot Bailly, cependant, indique très clairement : 'Les partis qui cherchaient à provoquer une insurrection, sachant bien qu'il n'y avait pas de plus belle occasion que le manque de vivres, s'efforçaient de faire un partage inégal, soit en pillant nos convois à l'extérieur (de la ville), soit en les prenant de force aux boulangers de l'intérieur, soit en s'accaparant le pain de telle sorte que les uns en aient trop et que les autres s'en privent, soit en plaçant à dessein parmi la foule assemblée à la porte des boulangers des hommes forts qui pouvaient maltraiter et blesser les faibles afin d'amener le peuple à se plaindre. Lorsque je passais devant une de ces boutiques et que je voyais cette foule, mon cœur se déchirait, et je ne peux encore guère voir une boutique de boulanger sans émotion.[214] Une autre méthode employée par les agitateurs consistait à dire au peuple que la farine était mauvaise, et comme une grande partie de celle qui était maintenant sur les marchés venait de l'étranger, et différait en couleur et en saveur de la variété locale, cette histoire était facilement crue, et les gens étaient persuadés de déchirer les sacs, dispersant le contenu. Pas moins de 2000 sacs ont été jetés dans la Seine.[215] Ces méthodes diaboliques eurent pour effet de vider les marchés et de pousser les pauvres de Paris au désespoir.

Pendant ce temps, les agitateurs travaillaient d'arrache-pied. Dans le faubourg Saint-Antoine, Santerre et l'orateur Gonchon, dont le visage rouge et tacheté rivalise en hideur avec celui de Danton ou de Saint-

---

aristocrates, afin de faire croire que l'abondance était à la disposition d'un prince sans pouvoir, et d'associer ainsi le sentiment de la vengeance au sentiment du besoin. Mounier poursuit en soulignant que Brissot lui-même a été obligé de reconnaître qu'avant l'insurrection du 5 octobre, » il existait depuis quelques jours cette famine apparente dont nous avons déjà parlé. *Cette famine n'a pas existé réellement* ». Brissot se lance alors dans l'accusation des « aristocrates », mais comme le fait remarquer Mounier : Nous ne chercherons pas à montrer combien il était absurde d'accuser de ces manœuvres ceux qui devaient en être les victimes, tandis qu'il eût été beaucoup plus juste de conclure que les aristocrates de Versailles étant les objets de la haine du peuple, cette haine était excitée par les partisans de la démocratie. Il est vrai en tout cas que M. Brissot a admis que la famine était *fictive* et par conséquent qu'un complot existait. »

[214] Bailly, II 406.

[215] *Ibid.* II 359.

Huruge, attisent l'insurrection.[216] Au Palais Royal, le dimanche 4 octobre, « Danton rugit ses dénonciations » et « Marat fait autant de bruit que les quatre trompettes au jour du jugement ». C'est maintenant que la marche du lendemain sur Versailles est annoncée publiquement sous le prétexte de « la disette du pain, du désir de venger la cocarde nationale et d'amener le roi à Paris ». »[217]

Par ces moyens, le mouvement, comme celui qui avait précédé le siège de la Bastille, était présenté comme spontané — un soulèvement incontrôlable du peuple que les dirigeants étaient impuissants à maîtriser.[218] Mais chez le duc d'Orléans, à Passy, la marche avait déjà été planifiée, et les éléments qui devaient composer la foule avaient été arrangés par les conspirateurs.

Si une insurrection était possible, avait dit Mirabeau, ce ne serait que dans le cas où les femmes se mêleraient au mouvement et en prendraient la tête.[219] L'idée d'une « marche de la faim des femmes » vient-elle de Mirabeau ? Ou avait-il simplement, dans un de ses fréquents moments d'indiscrétion, livré le secret de son parti ? La vérité ne sera jamais connue, mais une chose est sûre : le projet n'est pas né chez les femmes, mais a été adopté pour une excellente raison par les organisateurs de l'expédition.

Or, les chefs des foules révolutionnaires n'aiment pas affronter l'artillerie ou des troupes dont ils ne se sont pas assurés au préalable de la défection, et à Versailles, ils savent bien que non seulement la fidèle garde du corps du roi les attend, mais aussi certains canons qui pointent de façon menaçante sur l'avenue de Paris, par laquelle le cortège doit approcher du château. Si, toutefois, un contingent de femmes pouvait être amené à marcher en premier et à former un écran entre elles et les troupes, le reste de l'armée pourrait avancer en toute sécurité avec son artillerie.[220] Le plan était bien conçu, et les conspirateurs ne doutaient pas que les femmes de Paris pourraient être incitées à coopérer par les affres de la faim. En conséquence, les approvisionnements étaient maintenant entièrement

---

[216] Gonchon reçoit la somme de 30 000 à 40 000 francs pour chaque insurrection qu'il réussit à exciter (*Mémoires de la Comtesse de Bohm*, p. 196, édité par De Lescure).

[217] *Appel au Tribunal*, par Mounier, p. 123.

[218] *Histoire de la Révolution de France*, par Fantin Désodoards, I 340.

[219] *Crimes de la Révolution*, par Prudhomme, III 161.

[220] *Appel au Tribunal*, p. 123 : « Ceux qui la dirigeaient (l'insurrection) avaient jugé opportun de la faire commencer par les femmes, afin que les soldats soient moins enclins à employer la force. »

coupés, et lorsque le matin humide et venteux du lundi 5 octobre se leva, les Faubourgs de Saint-Antoine et de Saint-Marceau se trouvèrent absolument sans pain.

LE 5 OCTOBRE

Ce fut le signal du début de l'insurrection, et dès six heures du matin, des bandes d'émeutiers, conduites par des haridelles à l'aspect féroce, se mirent en route pour recueillir des recrues. Or, selon les livres d'histoire qui ont éclairé notre jeunesse, les femmes ainsi rassemblées et incitées à marcher sur Versailles étaient principalement des poissonnières, des furies en haillons et échevelées, douées, comme leurs homologues de notre vieux Billingsgate, d'un talent particulier pour l'invective. Rivarol, cependant, dans un passage que nous verrons plus tard confirmé par des preuves irréfutables, fait voler en éclats cette légende consacrée. » Les femmes qui allaient de Paris à Versailles sont toujours désignées par le nom de *poissardes*. C'est fâcheux pour celles qui vendent du poisson et des fruits dans les rues et sur les marchés ; la vérité oblige à dire que, loin de s'associer aux *poissardes factices* qui venaient les recruter, elles demandaient au corps de garde de la pointe de Saint-Eustache de l'aide pour les repousser. »[221] Pourquoi, en effet, les *poissardes* voudraient-elles marcher sur Versailles ? Autrefois, le roi et la reine n'avaient pas de sujets plus fidèles que les femmes que l'Ancien Régime désignait courtoisement comme « les dames du marché ». N'avaient-elles pas le privilège de se présenter devant leurs Majestés et d'exprimer en prose ou en vers leurs félicitations ou leurs condoléances à l'occasion de chaque événement important ?

De plus, la robe de gala de soie noire et de diamants qu'elles portaient en ces occasions[222] proclamait qu'elles n'étaient pas de misérables victimes du besoin et de la misère, telles que nous les avons vues montées sur les canons vers Versailles, mais des « citoyennes » prospères qui avaient une fierté toute parisienne de leur apparence. Comment s'étonner alors que les « Dames du Marché » aient refusé avec indignation de se joindre à la foule hétéroclite qui s'était rassemblée sur la place de Grève pour les besoins de l'insurrection ?

En effet, il était évident pour tous les badauds que cette foule n'était pas ce qu'elle prétendait être — un rassemblement de femmes affamées

---

[221] Mémoires de Rivarol, p. 263.

[222] Mémoires de Mme Campan, p. 167.

poussées par le désespoir à la révolte. Les premières femmes qui se présentèrent à l'Hôtel de Ville étaient poudrées, *coiffées*, vêtues de blanc, d'un air gai, et ne donnaient pas l'impression d'avoir de mauvaises intentions ; peu à peu leur nombre augmenta ; les unes sonnaient le tocsin, les autres riaient, chantaient, dansaient dans la cour »,[223] ce qui prouve, comme le dit Mounier, « que parmi ces femmes un grand nombre ne souffraient pas du besoin, mais étaient seulement envoyées pour exciter les autres ». [224]

De plus, l'aspect de certaines des haridelles et des soi-disant *poissardes* qui dirigeaient le mouvement frappait les observateurs comme étant particulier, car on remarquait que sous des jupes en lambeaux apparaissaient des pantalons, que des mentons rasés apparaissaient au-dessus des fichus de mousseline, et que de grands pieds lourdement chaussés présentaient un contraste étrange avec des visages rouillés et poudrés. En un mot, il apparut qu'un certain nombre de ces « affamées » n'étaient pas des femmes, mais des *hommes habillés en femmes*,[225] et l'on reconnut parmi elles plusieurs des chefs orléanistes — Laclos, Chamfort, Latouche, Sillery, Barnave, un des Lameth[226] — tandis qu'une *poissarde* « monstrueusement grosse » fut déclarée par le peuple être le duc d'Aiguillon. Selon certains contemporains, ces messieurs — notamment Laclos et Chamfort — étaient accompagnés de leurs maîtresses, et Taine ajoute que leur nombre était gonflé par une quantité de déserteurs des Gardes Françaises avec les femmes du Palais Royal, auxquelles ils servaient de *souteneurs*, et auxquelles ils auraient emprunté leurs déguisements.[227]

Tels étaient donc les éléments qui formaient le noyau de l'expédition, et l'on comprendra donc pourquoi le premier contingent de femmes présentait une apparence si gaie et prospère. Mais pour donner un air populaire au soulèvement, il était nécessaire de s'assurer la coopération du

---

[223] Témoignage de M. de Blois, membre de la Commune, témoin xxxv. de la *Procédure du Châtelet*.

[224] Appel au Tribunal, p. 124.

[225] Sur les hommes en habits de femme, voir *Appel au Tribunal*, par Mounier, p. 124, et les témoignages des témoins oculaires vii, ix, x, xxxiii, xxxiv, xxxv, xliv, lix, xcviii, cx, cxlvi, clxv, ccxxxvii, cccxvi, et bien d'autres dans la *Procédure du Châtelet*.

[226] *Mémoires concernant Marie-Antoinette*, par Joseph Weber, II 210 ; Montjoie, *Conjuration de d'Orléans*, II 245 ; témoignage du Chevalier de La Serre, témoin ccxxvI dans *Procédure du Châtelet*.

[227] Taine, *La Révolution*, i. 153.

plus grand nombre de « femmes du peuple » que l'on pouvait inciter à se joindre au cortège. Par conséquent, on pénétra dans les magasins, les ateliers et les maisons privées, et les cuisinières, les couturières, les mères de famille furent soudoyées ou forcées de suivre — menacées de violence si elles refusaient. Une lavandière de la Seine décrivit au Chevalier d'Estrées les efforts faits pour enrôler les ouvrières dans le mouvement. « Quoi ! », avait ironisé le Chevalier à cette femme le 5 octobre, « vous n'êtes pas à Versailles ? », à quoi la lavandière répondit avec indignation :

> « Monsieur le Chevalier, vous vous trompez, comme tout le monde, en vous imaginant que ce sont les blanchisseuses et autres femmes du même genre qui sont allées à Versailles. Quelqu'un est certainement venu à mon bateau et nous a fait la proposition à moi et à mes compagnons, et c'est une femme qui nous a offert six et douze francs, mais cette femme n'est pas plus une femme que vous ; je l'ai reconnue distinctement pour un seigneur habitant le Palais-Royal ou ses environs, dont je lave le valet. »[228]

Mais si les femmes honnêtes et laborieuses du peuple se montraient réticentes, il y avait néanmoins dans les bas-fonds de Paris un terrible élément de violence que même un autre siècle de civilisation n'a jamais privé de sa férocité, et qui, une fois ses passions éveillées, ne connaît ni raison ni pitié. De ces bas-fonds jaillissaient des bandes de vagabonds et de dégénérés, des femmes ivres agrippées à des balais, et surtout des promeneurs enflammés par les passions faciles de leur espèce, insouciants, abandonnés, hurlant des invectives immondes — tous se rassemblaient sur la place de Grève et se lançaient à l'assaut de l'Hôtel de Ville. Ils repoussent à coups de pierres les gardes à cheval qui défendent l'entrée, enfoncent les portes, pénètrent dans l'édifice, pillent l'arsenal, emportent deux canons, huit cents fusils, ainsi que des munitions et de l'argent, tentent de pendre un prêtre malchanceux qu'ils découvrent dans le beffroi, en criant :

> « Les hommes n'ont pas de courage, ils n'osent pas se venger ! Nous allons agir pour eux ! Les représentants de la Commune sont des traîtres et de mauvais citoyens, ils méritent la mort, M. Bailly et Lafayette en premier lieu — ils doivent être pendus à la lanterne. »

Ces imprécations montrent à nouveau très clairement les influences à l'œuvre dans la foule, car Bailly et Lafayette étaient tous deux les idoles du peuple, mais ils s'étaient rendus odieux aux agitateurs — Bailly par ses efforts infatigables pour fournir du pain à la capitale, et Lafayette par son

---

[228] Témoignage de St. Firmin, bourgeois de Paris, témoin xlv. dans *Procédure du Châtelet*.

opposition constante à la conspiration orléaniste. Ainsi, une fois de plus, nous voyons le pouvoir de la foule se retourner contre le peuple.

Pendant ce temps, les hommes qui avaient mené l'attaque de la Bastille — connus sous le nom de *volontaires de la Bastille* — avaient été convoqués et arrivaient maintenant sur la place de Grève, conduits par Maillard, qui saisit un tambour, fait l'appel et invite les femmes à le suivre à Versailles. Cette armée hétéroclite de femmes, d'hommes en habits de femmes, de brigands des Faubourgs, armés de pistolets, de faux, de piques et de mousquets, se rassembla aux Champs-Élysées, et à une heure, se mit en route pour Versailles avec Maillard à leur tête. Comme à l'ordinaire, les organisateurs du mouvement avaient pris soin de ne s'exposer à aucun danger, ceux qui se joignaient au cortège s'abritant prudemment derrière des jupons contre le feu éventuel des troupes du roi, tandis que les hommes dont l'éloquence avait excité l'agitation populaire — Danton, Marat, Santerre, Camille Desmoulins, Gonchon — ne prirent aucune part aux actes de la journée, mais se tinrent complètement à l'écart du théâtre de l'action.[229] Les seuls orléanistes de premier plan qui s'aventurèrent en cette occasion sans la sauvegarde d'un *incognito* furent Maillard, le « généralissime des brigands », et Théroigne de Méricourt, qui apparaissait maintenant sur un cheval noir, vêtu d'un habit d'équitation écarlate et d'un chapeau noir, et escorté d'un jockey portant les mêmes couleurs, qui étaient les couleurs de course du duc d'Orléans.[230]

De nouveau, comme lors du siège de la Bastille, c'est principalement sur quelques obscurs ruffians que les conspirateurs comptaient pour l'exécution de leurs desseins — Desnot, le » cuisinier hors de propos », qui avait participé au meurtre de De Launay et de Foullon, et Mathieu Jourdan, *alias* Jouve, tour à tour boucher, forgeron, contrebandier et modèle d'artiste, « l'homme à la longue barbe » dont les témoins parlent avec effroi et qui, ce jour-là, devait mériter le nom de « Coupe-Tête ».

C'est donc sous le vent et la pluie que commença la marche de dix miles vers Versailles, et si nous ne pouvons déceler dans ce départ aucun élément d'héroïsme comme dans le départ pour la Bastille, il y a cependant une note poignante de pathos à trouver parmi les femmes ouvrières arrachées à leurs paisibles travaux et forcées de s'embarquer dans une entreprise hasardeuse dont elles ne pouvaient comprendre que vaguement le but. Plusieurs de ces

---

[229] Saint Huruge était encore en sécurité au Châtelet, son courage ne pouvait donc pas être mis à l'épreuve.

[230] Témoignage de Jeanne Martin, infirmière malade forcée de défiler « sous la menace de violences », témoin lxxxii, et de Villelongue, témoin lxxxix. Dans *Procédure du Châtelet*.

femmes — pauvres outils patients des conspirateurs — ont décrit par la suite les méthodes employées pour les pousser à continuer, alors que, grelottant sous la bruine froide, elles commençaient leur pénible voyage. Les imprécations des *poissardes de pacotille* contre la famille royale augmentaient leur désenchantement. »Oui, oui ! » s'écria l'une des furies, une *demi-mondaine* notoire, armée d'une épée, » nous allons à Versailles pour ramener la tête de la Reine sur la pointe d'une épée. *Mais les autres femmes la font taire.*[231]

De nombreux membres de la foule étaient soudoyés ; des femmes aux pieds nus tiraient de leurs poches des pièces de six écus enveloppées dans du papier, des hommes en haillons jetaient en l'air des pièces d'or et d'argent, et l'espoir d'un gain supplémentaire les poussait encore à avancer.[232] D'autres marchaient patiemment, attirés par la promesse de pain que le bon Roi devait leur donner, et, en effet, parmi la multitude en marche, la nourriture faisait cruellement défaut. Lorsqu'elles atteignirent Sèvres, les douleurs de la faim étaient devenues aiguës, et les habitants terrifiés ayant fermé leurs magasins et s'étant barricadés derrière les portes et les fenêtres, les femmes se jetèrent sur les restaurants, enfoncèrent les volets, et après s'être régalées de toute la nourriture et du vin qui se trouvaient à portée de main, se dirigèrent vers Versailles, où elles entrèrent vers quatre heures de l'après-midi, en criant tumultueusement « Vive le Roi ! » tout en marchant tumultueusement.[233]

Pendant que ces scènes se déroulaient à Paris, le calme de Versailles n'était pas troublé. Tout le monde sait que le Roi est allé à la chasse, car aucun historien n'a oublié de le mentionner, mais peu, voire aucun, n'a oublié d'ajouter qu'il ne savait rien du tumulte de Paris.[234] Il était certainement connu de nombreux députés de l'Assemblée, mais personne ne semble avoir jugé nécessaire d'en informer le Roi, et on le laissa partir pour Meudon, sereinement inconscient du danger à venir. D'ailleurs, le détachement des « représentants du peuple » des troubles de la capitale était

---

[231] Témoignage de Jeanne Martin et de Madeleine Glain, femme de ménage, témoin lxxxiii. dans *Procédure du Châtelet*.

[232] Témoignages des témoins x, lvi, lxxxii, cxcix, cclxxii et ccclxxxvii dans la *procédure du Châtelet*.

[233] Témoignage de Maillard, témoin lxxxi. dans *Procédure du Châtelet ; Deux Amis*, iii. 178.

[234] Aucun messager n'a pu atteindre le roi, car ils ont tous été arrêtés par la foule de femmes sur la route de Paris (*Deux Amis*, iii. 177).

tel que, pendant que la foule révolutionnaire se rassemblait, ils continuaient tranquillement à discuter du nouveau code pénal.

Mirabeau avoua ensuite qu'il avait été averti le matin de « l'agitation croissante du peuple », et que « la nature des choses » lui disait que Paris marchait sur Versailles, mais qu'il avait passé l'après-midi avec La Marck à étudier les cartes du Brabant.[235] Cet aveu, destiné à prouver sa non-complicité avec le mouvement, témoignait certainement du degré de sympathie qu'il éprouvait pour le peuple. L'apparente insouciance du roi est donc moins singulière qu'on ne l'a fait croire. Mais si l'Assemblée avait omis d'informer le roi des troubles de Paris, elle n'avait pas oublié de réitérer sa demande de sanction des premiers principes de la Constitution et de la Déclaration des droits de l'homme. Avant de partir pour la chasse, Louis XVI envoya sa réponse à cette demande.[236]

Les principes de la Constitution, il l'admettait franchement, ne « présentaient pas indistinctement à son esprit l'idée de la perfection », et ne pouvaient être jugés que sur leur achèvement. « Si toutefois, ajoutait-il, ils répondent aux vœux de mon peuple et assurent la tranquillité du royaume, j'accorde, conformément à vos désirs, mon consentement à ces articles, mais à la condition expresse, dont je ne me départirai jamais, que, *conformément au résultat de vos délibérations,* le pouvoir exécutif réside *entièrement entre les mains du monarque* (*a son entier effet entre les mains du monarque*). En d'autres termes, le Roi a stipulé qu'*il ne devait pas être appelé à renoncer au pouvoir qui lui était accordé par la Constitution elle-même.*[237]

La Déclaration des droits de l'homme, il avouait avoir du mal à la comprendre — elle contenait sans doute d'excellentes maximes, mais ne pouvait être "justement appréciée que lorsque son sens réel aurait été défini par les lois auxquelles elle doit servir de base". »

Louis XVI n'était pas un disciple de Rousseau mais de Fénelon ; il pouvait comprendre les besoins tangibles du peuple, mais les vagues théories sur l'égalité et le bonheur universel le déconcertaient.

La réponse du roi provoqua une nouvelle explosion de fureur de la part des factions révolutionnaires de l'Assemblée. Robespierre la déclare destructive de la Constitution, « contraire aux droits de la nation » ; Pétion,

---

[235] *Moniteur*, vi. 31.

[236] *Ibid.* ii. 8.

[237] Principes de la Constitution, article iii : « Le pouvoir exécutif suprême *réside exclusivement dans les mains du* roi » (*Moniteur*, i. 390).

profitant du tumulte qui s'ensuit, se lève pour dénoncer le banquet de la garde du corps. De tous côtés, des cris éclatent : « Orgies, menaces, la cocarde patriotique foulée aux pieds ».[238] Les Orléanistes, Sillery, Mirabeau, les Lameths, s'écrient d'un ton furieux : « Il faut que la nation ait des victimes ! Le comte de Barbantane, assis dans une tribune avec Mme de Genlis et les deux fils du duc d'Orléans, le duc de Chartres et le duc de Montpensier, s'écria d'un ton menaçant : "Il est évident que ces messieurs veulent d'autres lanternes ; eh bien, ils les auront ! Et on entend la voix du duc de Chartres qui ajoute : « Oui, oui, messieurs, il faut plus de lanternes ! »

À ce moment, le marquis de Raigecourt et le marquis de Beauharnais se sont levés indignés en s'exclamant : « Il est abominable que quelqu'un ose exprimer de tels sentiments ici ! ».[239]

Monsieur de Monspey exigea que Pétion justifie ses accusations contre le garde du corps, mais Mirabeau s'interposa.

> « Que l'Assemblée déclare qu'en France tout le monde est inviolable, excepté le roi, et je ferai moi-même la dénonciation ! et se tournant vers les députés qui l'entouraient, il ajouta ces mots terribles : "Je dénoncerai la Reine et le Duc de Guiche ! »

De nouveau une voix se fit entendre de la tribune occupée par Mme de Genlis et les fils du duc d'Orléans : « Quoi la reine » Et une autre voix dans la même tribune répondit : « La reine autant que les autres si elle est coupable ! »[240]

Que Mounier ait entendu ou non ces mots, il est évident que, comme tous les autres témoins de la scène, il s'est rendu compte que la déclaration de Mirabeau à l'Assemblée était dirigée contre la Reine,[241] et qu'elle pouvait être le signal de son assassinat par les occupants de la tribune si la dénonciation était poursuivie ; en conséquence, il a clos la discussion.

Mounier, à cette crise, ne doutait plus de la complicité de Mirabeau dans le complot criminel contre la famille royale. Pendant la scène qui venait

---

[238] Ferrieres, I 295.

[239] Cette scène n'est, bien entendu, pas relatée dans le *Moniteur*. Elle a été relatée par le marquis de Digoine du Palais, témoin CLXVIII, et le marquis de Raigecourt, témoin CCIV. dans la *Procédure du Châtelet*, et confirmée par d'autres témoins présents, dont Mounier, président de l'Assemblée, dans son *Appel au Tribunal*, p. 233.

[240] Témoignage du marquis de Digoine du Palais dans la *procédure du Châtelet* ; Ferrières, I 299.

[241] Faits relatifs à la dernière Insurrection, par Mounier.

d'avoir lieu, Mirabeau avait quitté son siège, et faisant le tour du fauteuil du Président, il avait murmuré à Mounier, sous le couvert du tumulte :

« Monsieur le Président, 40 000 hommes arrivent de Paris ; hâtez la discussion, fermez la séance — soyez malade — dites que vous allez chez le Roi ! »

« Et pourquoi, Monsieur ?

"Voici une lettre, M. le Président, annonçant l'arrivée de 40 000 hommes de Paris. »[242]

« Raison de plus, répondit Mounier, pour que l'Assemblée reste à son poste. Mais, Monsieur le Président, vous allez être tué ! »

« Tant mieux », dit Mounier avec une ironie amère, « s'ils nous tuent tous, mais *tous*, vous comprenez, sans exception ; les affaires *de la république en iront* mieux ».[243]

« Monsieur le Président, le *mot est joli* ! »

Mais pendant que ce dialogue avait lieu, l'avant-garde des « femmes » de Paris avait descendu l'avenue de Paris qui fait face au château de Versailles, et était maintenant rassemblée à la porte de l'Assemblée, demandant à être admise. Maillard, vêtu d'un minable manteau noir, une épée nue à la main, à la tête d'une vingtaine de femmes, fut autorisé à entrer et commença aussitôt, sur un ton furieux, à dénoncer les « accapareurs de grains » :

« Les aristocrates veulent nous faire mourir de faim ; ils ont envoyé aujourd'hui à un meunier un billet de deux cents livres lui ordonnant de ne pas moudre ».

'Nommez-les ! Nommez-les ! » criaient les royalistes de l'Assemblée.

---

[242] Notons que Mirabeau a déclaré par la suite qu'il avait seulement deviné « par la nature des choses » que Paris marchait sur Versailles. Voir *Moniteur*.

[243] *Appel au Tribunal*, p. 302. Mirabeau, en racontant cette scène (*Moniteur*, vI 31), décrit Mounier comme ayant dit : « Tant mieux, nous serons d'autant plus tôt en république ! C'était sans doute pour discréditer Mounier aux yeux des royalistes, mais il est évident que Mounier, qui n'a jamais caché son allégeance à la monarchie, n'a pas pu dire cela, et qu'il a utilisé le mot *république* dans le sens de *res-publica* — le bien public — dans lequel il était fréquemment employé à cette époque par les royalistes comme par les révolutionnaires.

Mais devant cet appel direct, les députés révolutionnaires et les délégués du peuple restent muets. Enfin, Maillard, ou selon d'autres témoignages, les femmes, répondirent : 'C'est l'archevêque de Paris ! »[244]

À cette monstrueuse calomnie, l'Assemblée elle-même se leva indignée, et d'une seule voix déclara : « L'archevêque de Paris est incapable d'une telle atrocité ! »[245]

Maillard, une fois de plus pressé par Mounier d'étayer ses accusations, ne put que murmurer d'un air embarrassé qu'une dame « qu'il avait rencontrée dans une voiture sur la route de Versailles » l'avait assuré du fait.

C'est à cela que se réduisent les accusations des dirigeants révolutionnaires contre les « aristocrates » de monopoliser les céréales !

Afin de satisfaire les revendications des femmes, l'Assemblée décide finalement d'envoyer une députation de plusieurs d'entre elles auprès du roi, de retour de la chasse. Ce n'est que lorsque plusieurs bandes de femmes et de brigands (qui avaient devancé la foule révolutionnaire) sont arrivées à Versailles que Louis XVI est informé de l'insurrection. De Cubières, un écuyer, se rendit à Meudon avec un billet du comte de Saint-Priest ; le roi le lut et, se tournant vers ses gentilshommes, dit : « Messieurs, Monsieur de Saint-Priest écrit que les femmes de Paris viennent me demander du pain. » Ses yeux se remplirent de larmes. « Hélas ! si j'en avais, je n'attendrais pas qu'elles viennent me le demander. Allons leur parler. »

Rien n'était plus éloigné de son esprit que l'idée d'une manifestation hostile ; c'est à lui, le père de son peuple, que ces « femmes affamées » s'étaient adressées dans leur détresse, et son seul souci était de les aider.

Un étranger présent, M. de la Devèze, voyant son émotion, la prit pour de la peur.

« Sire, je supplie votre Majesté de ne pas avoir peur. »

« Peur, Monsieur ? » répondit fièrement le roi. » Je n'ai jamais eu peur de ma vie ! 'et enfourchant son cheval, il se dirigea au galop vers le château. Le comte de Luxembourg l'attendait et demanda que des ordres soient donnés à la garde du corps.

"Des ordres ? « dit le roi en riant. Des ordres de guerre contre les femmes ? Vous plaisantez, Monsieur de Luxembourg ! »

---

[244] De Juigné, dont j'ai déjà évoqué la bienveillance.

[245] *Deux Amis*, III 183.

La ruse des Orléanistes avait réussi, et par l'avant-garde de soi-disant femmes, les défenseurs du roi furent désarmés.

Des fenêtres de la Chambre de Conseil Louis XVI regardait la foule armée qui avançait à travers le vent et la pluie le long de l'Avenue de Paris vers le Château ; avant longtemps la Place des Armes était devenue une mer de piques et de mousquets. Au milieu de cette multitude déchaînée, Mounier, à la tête de sa députation, s'avançait à pied dans la boue, et pendant le quart d'heure d'attente pour être admis à la grille du Château, il fut obligé de supporter les injures de la foule, qui criait que' les députés de l'Assemblée, avec leurs 18 francs par jour, jouissaient de la gaieté, tandis qu'ils laissaient les pauvres mourir de faim "que quand ils n'avaient qu'un roi, ils avaient du pain, mais que depuis qu'ils en avaient 1200, ils périssaient dans la misère."[246]

La députation, composée de six députés avec six femmes accrochées à leurs bras, fut augmentée de six autres femmes avant leur admission dans la salle de Conseil. Louis XVI les reçoit avec sa bienveillance habituelle.

Sire, dit Louison Chabry, une jolie vendeuse de fleurs de dix-sept ans du Palais Royal, nous voulons du pain."

« Vous connaissez mon cœur, répondit le roi ; je vais ordonner qu'on ramasse tout le pain de Versailles et qu'on vous le donne. »

Sur quoi Louison, vaincu par la bonté du roi, tomba évanoui à terre. On apporta des sels odorants ; Louison revint à la vie et supplia qu'on lui permît de baiser la main du roi.

« Elle mérite mieux que cela ! dit Louis XVI en l'embrassant.

Louison s'en alla avec les autres femmes, enchantée de leur visite, en s'écriant :

---

[246] Ces paroles, prononcées par le peuple lui-même et entendues par un membre de la députation, Alexandre de Lameth (voir son *Histoire de l'Assemblée Constituante*, I 150), furent ensuite attribuées par Mirabeau à Saint-Priest à l'Assemblée (*Moniteur*, II 36), évidemment pour se venger de Saint-Priest pour avoir expliqué aux femmes que c'était la Commune de Paris et non le Roi qui était responsable de l'approvisionnement de la capitale (voir la lettre de Saint-Priest à l'Assemblée nationale dans Mémoires de Bailly, III 422). Priest pour avoir expliqué aux femmes que la Commune de Paris et non le Roi était responsable de l'approvisionnement de la capitale (voir la lettre de St. Priest à l'Assemblée nationale dans *Mémoires de Bailly*, III 422). Mais si, comme l'affirment plusieurs contemporains, Mirabeau lui-même se trouvait parmi la foule devant la *grille* du château lorsque ces paroles ont été prononcées, il est évident où il les a réellement entendues.

"Vive le Roi ! Vive notre bon Roi ! Maintenant nous aurons du pain ! »

Mais l'une d'entre elles manifestait encore du ressentiment. Le Chevalier de la Serre essaya de la raisonner, en lui faisant remarquer qu'ils avaient à faire à un bon Roi, à un bon père, que leur condition l'affligeait beaucoup ; mais la femme répondit : 'Notre père est le Duc d'Orléans ! »

Ses compagnons l'ont interrompue en répétant : « Vive le Roi ! »

'Non, f... réplique-t-elle, c'est « Vive le Duc d'Orléans ! »'[247]

Il est donc évident que certaines de ces femmes avaient été amorcées par les orléanistes, mais la plus grande partie était, comme le dit Ferrières, « de bonne foi : elles ne connaissaient pas les projets des conspirateurs ». Traînés de force à Versailles, entendant répéter sans cesse que le peuple mourait de faim, et que le seul moyen d'arrêter la famine était d'en appeler au roi et à l'Assemblée nationale, ils crurent avoir atteint l'objet de leur voyage en obtenant un décret de l'Assemblée et en le faisant sanctionner par le roi. Quelle ne fut donc pas leur consternation, lorsqu'ils revinrent triomphants devant la multitude qui les attendait avec la promesse du roi, de se voir accueillis par des hurlements d'exécration : 'Ce sont des tricheurs, ils ont reçu de l'argent ! Ils n'ont reçu aucun ordre écrit, ils doivent être pendus ! Une furie de la foule, arrachant sa jarretière, entraîna l'une des femmes vers un réverbère et l'y aurait pendue si un officier de la garde du corps ne s'était précipité à son secours et ne l'avait mise, avec le reste de la députation, en sûreté, à l'intérieur de la Cour Royale. Ces femmes supplièrent alors qu'on leur permette de retourner voir le Roi et de lui demander son ordre par écrit, et cette requête ayant été accordée, elles réapparurent en brandissant la signature royale. Leurs récits de la bonté du Roi eurent pour effet de calmer temporairement l'excitation de la foule ; des cris de « Vive le Roi ! » Les défenseurs du Roi pensaient pour l'instant que la situation était sauvée.

Les femmes qui avaient formé la députation, comprenant maintenant qu'elles avaient été les dupes des conspirateurs, insistèrent pour retourner à Paris afin de raconter à la Commune leur réception à Versailles, et Louis XVI, informé de leur intention, ordonna que des carrosses royaux soient fournis pour le voyage. Mais de crainte qu'un récit trop élogieux de la bienveillance du roi ne soit transmis à Paris, Maillard est chargé par les chefs de l'insurrection d'accompagner les femmes et de contrer leur influence.

---

[247] Témoignage du Chevalier de la Serre, témoin ccxxvz. dans *Procédure du Châtelet*.

Selon toute probabilité, si le tumulte avait été, comme on le représente habituellement, le soulèvement spontané d'une multitude affamée, poussée par le besoin à demander du pain au roi, l'affaire se serait arrêtée là, et le peuple, ayant accompli son dessein, serait rentré paisiblement chez lui. Mais les conspirateurs en avaient décidé autrement.

Dès l'arrivée de la foule armée, tous les efforts avaient été faits pour provoquer une querelle avec la garde du corps, mais ces braves hommes, fidèles à leurs ordres de ne pas utiliser la force contre le peuple, ont enduré insultes et menaces sans répondre. Quand enfin un homme de la milice de Paris tenta, l'épée à la main, de percer le régiment, le marquis de Savonnières, suivi de trois autres officiers, poursuivit l'insurgé et le frappa du plat de son épée, mais un coup de feu tiré par Charpentier, de la milice de Versailles, brisa le bras de Savonnières et lui infligea des blessures dont il mourut quelques semaines plus tard.

Cette altercation donna le signal de la bataille ; de tous côtés, on cria que les gardes chargeaient le peuple ; la milice avança en hâte ses canons dans l'avenue de Paris vers la grille du château, et la foule, se rapprochant des gardes du corps, les attaqua avec des piques et des pierres et tira dans leurs rangs, heureusement avec si peu de certitude de visée que les hommes s'en tirèrent avec de légères blessures. Les gardes du corps s'abstiennent cependant de riposter, et Lecointre, qui avait dénoncé leur "orgie" quatre jours plus tôt, voyant cela, et craignant qu'aucun prétexte ne soit fourni pour de nouvelles violences, se précipite et les accable de reproches.[248] C'est dans cette crise que le roi, informé des cris de' Vive le Roi ! et de l'arrêt momentané des hostilités produit par la députation des femmes, et concluant que la paix était maintenant rétablie, envoya son fatal message à la garde du corps pour qu'elle se retire. La milice de Versailles, profitant du mouvement, ouvrit aussitôt une volée de mousqueterie sur les troupes en retraite, tandis que des brigands armés de fusils et de piques les poursuivaient de coups de feu et de coups de poing. Les Orléanistes dirent ensuite que les gardes du corps ripostèrent aux tirs des insurgés et traitèrent le peuple avec rudesse, le repoussant à coups de sabre, mais on ne put produire de ces actes que deux témoins oculaires, l'Orléaniste De Liancourt,[249] et encore Lecointre,[250] l'ennemi invétéré des gardes du corps

---

[248] *Appel au Tribunal*, par Mounier, p. 145. Témoignage de La Brosse de Belville, témoin xxii. de la *Procédure du Châtelet*. Miomandre de Sainte Marie, garde du corps, témoin xviii, déclare également que c'est Lecointre qui a soulevé la foule contre le garde du corps.

[249] *Appel au Tribunal*, par Mounier, p. 155.

[250] *Ibid.* p. 148.

que les conjurés mettaient en avant à tout bout de champ pour prouver leurs accusations contre les défenseurs du roi. En revanche, des contemporains dignes de foi ne parlent que de la patience et de la longanimité de ces braves gens qui, obéissant aux ordres, s'abstinrent de faire usage des armes dont ils disposaient.[251] Ainsi, une fois de plus, le bras de la loi et de l'ordre a été paralysé, et le peuple qui aurait dû être protégé est devenu la victime des conspirateurs.

Pendant que ces scènes se passaient sur la place d'Armes, Mounier, s'imaginant que des réformes dans le gouvernement satisferaient la multitude qui réclamait du pain, continuait d'importuner le roi pour obtenir sa sanction des principes de la Constitution et de la Déclaration des droits de l'homme. Louis XVI, dont le bon sens lui montre l'absurdité d'accorder la sanction royale à des axiomes philosophiques, répète qu'à ce stade son acceptation serait prématurée, mais, sur l'assurance de Mounier que rien d'autre n'apaiserait le tumulte, appose enfin sa signature sur les mots : « J'accepte purement et simplement les articles de la Constitution et la Déclaration des droits de l'homme. » Puis, sûr d'avoir fait tout ce qui était en son pouvoir pour rétablir la tranquillité publique, il attendit les événements avec calme. Répondant aux instances du comte d'Estaing qui demandait que des mesures fussent prises pour la défense du château, il écrivit à sept heures, en cette terrible soirée, après le départ de Mounier et de ses collègues députés, ces mots stupéfiants :

> « Vous désirez, mon cousin, que j'exprime mon opinion sur les circonstances critiques dans lesquelles je me trouve, et que je prenne un parti violent, que je fasse usage des moyens légitimes de défense, ou que je quitte Versailles. Quelle que soit l'audace de mes ennemis, ils ne réussiront pas ; le Français est incapable de régicide... J'ose croire que ce danger n'est pas aussi pressant que mes amis s'en persuadent. La fuite serait ma perte totale et la guerre civile en serait le résultat désastreux... Agissons avec prudence... Si je succombe, au moins je n'aurai pas à me le reprocher. Je viens de voir plusieurs membres de l'Assemblée et je suis satisfait... Que Dieu veuille que la tranquillité publique soit rétablie — mais pas d'agression, pas d'action qui puisse laisser croire que je songe à me venger ou même à me défendre. »

Pendant ce temps, Mounier, revenant triomphalement à l'Assemblée avec la sanction royale, trouva la scène de confusion la plus sauvage qui

---

[251] *Appel au Tribunal*, p. 148. Alexis Chauchard, capitaine d'infanterie, témoin ci. dans *Procédure du Châtelet*, déclare que « les gardes du Roi se sont conduits dans cette affaire avec la plus grande circonspection ; qu'il a vu le peuple leur jeter de la boue et des pierres et vomir des imprécations contre eux sans qu'ils aient fait aucune tentative pour repousser cette attaque. »

soit. Une foule de femmes,[252] de brigands et d'hommes habillés en femmes avait envahi la salle et pris possession des sièges des députés, où ils se régalaient de sandwiches au jambon, de tartes et de vin apportés d'un restaurant voisin. Les brigands, en haillons et d'aspect féroce, adoptaient une attitude menaçante, mais les *filles de joie* s'amusaient énormément. C'était une situation qui plaisait irrésistiblement à leur humour moqueur ; véritables *gamines* de Paris, elles trouvaient exquisément drôle de chahuter ces législateurs solennels et de danser sur l'estrade du président, d'accabler le malheureux évêque de Langres — occupant le fauteuil présidentiel en l'absence de Mounier — de plaisanteries obscènes.»Maintenant il faut nous embrasser, *calotin !* » Et l'évêque, au milieu des cris de rire, fut obligé, en poussant de profonds soupirs, de se soumettre à leurs étreintes vineuses.

Mounier, qui arriva au milieu de ce pandémonium avec son précieux document, s'imagina tendrement que l'annonce de la « sanction royale » agirait comme de l'huile sur les eaux troubles, et profitant d'une accalmie dans le tumulte, il lut à haute voix le message du Roi. Mais pour les femmes de Paris, comme pour le roi lui-même, ces formules vagues ne signifiaient pas grand-chose, et l'annonce de Mounier fut accueillie par les éléments affamés parmi eux avec le cri suivant : « Cela donnera-t-il du pain aux pauvres de Paris ? »

Le Président, se rendant compte de l'impossibilité de poursuivre le débat — la plupart des députés avaient en effet déjà quitté la salle — rompt l'Assemblée. Mais les femmes n'ont pas l'intention de se faire priver de leur soirée et réclament impérieusement le retour des députés. On sonne la cloche du Président, on va chercher les députés dans leur lit, l'Assemblée reprend ses travaux. Une fois de plus, le message contenant la sanction royale est lu à haute voix, et le même cri de » Du pain ! Donnez-nous du pain ! »

---

[252] Il faut noter que les témoins oculaires, contrairement aux historiens, ne décrivent pas les femmes qui ont créé ce tumulte à l'Assemblée comme des *poissardes* mais comme des « femmes légères », certaines même d'une classe trop supérieure pour être considérées comme des « femmes entretenues » (voir le témoignage du Vicomte de Mirabeau, témoin cxlvi. dans *Procédure du Châtelet*), tandis que presque tous déclarent qu'un grand nombre d'hommes déguisés en femmes ont été vus parmi elles. Sans doute y avait-il parmi ceux qui réclamaient du pain un certain nombre de « femmes du peuple » qui avaient été obligées de marcher sur Versailles, mais les « scènes indécentes » décrites étaient évidemment produites par les conspirateurs orléanistes et les femmes qu'ils avaient amenées avec eux. Ce sont surtout les chefs de l'expédition qui se pressent à l'Assemblée ; la plupart des pauvres créatures des Faubourgs sont laissées dehors sous la pluie.

Rien n'est plus étonnant dans l'histoire de la Révolution que l'incapacité totale des « représentants du peuple » à comprendre l'esprit du peuple. Le roi, sollicité par les femmes affamées, s'associe volontiers à leurs souffrances, mais l'Assemblée, en réponse à leurs appels au pain, leur offre la première pierre de la Constitution. En effet, à ce moment suprême, ces soi-disant démocrates, en réalité entourés de la foule en liesse, reprirent calmement leur discussion sur le code pénal.

Il n'est pas étonnant qu'à ce moment-là, l'indignation des femmes ait éclaté de nouveau, et que l'Assemblée ait reçu l'ordre péremptoire de discuter la question de l'approvisionnement en nourriture. La voix d'un député s'adressant à l'Assemblée est noyée dans les cris de « Du pain ! du pain ! pas tant de longs discours ! » et « Faites taire ce bavard. Tout cela n'a pas d'importance, c'est le pain qui compte ! » Certaines femmes réclament Mirabeau, dont l'aspect grotesque les amuse : « Où est notre Comte de Mirabeau — notre petite mère Mirabeau ? » Un homme dans la tribune à côté du président s'exclame bruyamment que les députés doivent s'occuper du peuple.

À ce moment, Mirabeau, qui n'avait pas l'intention de laisser la *canaille* commander, se leva et tonna :

> « Je voudrais savoir de quel droit quelqu'un pourrait nous dicter le cours de nos débats ? Que les tribuns se souviennent du respect qu'ils doivent à l'Assemblée nationale ! »

Les femmes, enchantées par cette démonstration d'autorité, tapent bruyamment dans leurs mains et crient « Bravo ! ». »

Pendant que ce tumulte faisait rage à l'Assemblée, des scènes bien plus terribles se déroulaient au dehors, sur la place d'Armes. Le jour sauvage de l'automne s'était transformé en une nuit humide et sans joie, et l'immense multitude, incapable de trouver un abri, se rassemblait autour de grands feux qu'ils avaient allumés par intervalles sur la place, et à l'un desquels un cheval de la garde du corps, massacré dans la mêlée, était en train d'être cuit et mangé. C'est sur une telle scène de misère et de sordidité que le grand château du Roi Soleil a jeté les yeux en cette terrible soirée ! Les femmes, mouillées jusqu'à la peau, couvertes de boue après la longue marche depuis Paris, erraient dans les cours en sanglotant pitoyablement, criant qu''on les avait forcées à marcher et qu'elles ne savaient pas ce qu'elles venaient faire »[253]; d'autres, sauvages de faim et de fatigue, dansaient autour des feux en hurlant des imprécations furieuses contre la reine, Lafayette, Mounier, l'abbé Maury, l'archevêque de Paris. Marie-

---

[253] Mémoires de Madame de la Tour du Pin, i. 222.

Antoinette a dansé pour son plaisir, elle va danser pour le nôtre ! « Oui, que le jade saute, nous jetterons sa tête par les fenêtres ! Nous n'aurons plus l'ivrogne pour roi, c'est le duc d'Orléans que nous devons avoir pour roi ! »

Ainsi les furies du monde souterrain, assez révoltantes en vérité, mais sûrement moins révoltantes que le duc d'Orléans, se faufilant à travers la foule dans l'avenue de Paris, « s'efforçant d'échapper à la détection mais incapable de fuir sa conscience »,[254] moins révoltantes encore que les roues à jupons du Palais Royal, incitant une population pauvre et affamée à commettre des crimes qu'ils n'osaient pas entreprendre eux-mêmes. Il a été dit par de nombreux témoins, et jamais démenti par aucun alibi concluant, que pendant toute cette nuit effrayante, et encore le lendemain matin, les membres de la conspiration étaient à l'œuvre pour distribuer de l'argent et inciter le peuple à la violence ; que Mirabeau, brandissant une épée nue, a été vu dans les rangs du Régiment de Flandre les exhortant à la défection[255]... ; que Théroigne, dans son habit écarlate, allait de groupe en groupe, donnant les noms des députés à massacrer, et distribuant de l'argent empaqueté dans des paquets de papier[256] ; que de beaux messieurs en gilet brodé « glissaient dans les mains des femmes des pièces de monnaie cachées dans des cocardes »[257] ; que Laclos, Sillery, Barnave, le duc d'Aiguillon, déguisés en femmes, étaient encore reconnus se mêlant à la foule, attisant la flamme de la fureur populaire en vue des massacres du lendemain.

Soudain, à minuit, alors que la frénésie de la populace avait atteint son paroxysme, le roulement des tambours et l'éclat rouge des torches annoncèrent l'arrivée de Lafayette à la tête des Gardes Françaises dans l'avenue de Paris.

Comment Lafayette s'est-il retrouvé à la tête de cette deuxième armée d'insurgés à Versailles ? Ce fait a fourni aux écrivains orléanistes le prétexte pour rejeter la responsabilité de l'insurrection sur leur adversaire, et c'est précisément pour pouvoir le faire qu'ils avaient imaginé

---

[254] Ferrières, I 313 ; témoignage de De Boisse de la garde du corps du Roi, témoin ccxiv. dans *Procédure du Châtelet*.

[255] Montjoie, *Conjuration de d'Orléans*, iii. 90 ; Weber, ii. 207 ; Fantin Desodoards, i. 213 ; *Procédure du Châtelet*, témoins xxxvi., clvii. clxi., ccxxvi. ; Ferrières, i. 307.

[256] *Procédure du Châtelet*, témoins xci. et clvi.

[257] Témoignage d'un témoin oculaire, Anne Marguerite Andelle, ccxxxvi. dans *Procédure du Châtelet*, lingère traînée de force à Versailles. Sur l'argent distribué aux soldats du régiment de Flandre et au peuple, voir aussi les témoins XLIX, LVI, LXXI, LXXXIL, cx et cxxvi.

d'impliquer Lafayette dans le mouvement. En effet, Lafayette a résisté pendant des heures aux supplications de ses hommes qui, poussés par les orléanistes, ont insisté pour qu'il les conduise à Versailles. Ce matin-là, à l'Hôtel de Ville, alors que Lafayette était occupé à envoyer des dépêches pour prévenir Versailles de l'invasion imminente, six grenadiers étaient entrés et l'avaient accosté en ces termes :

> « Général, nous sommes députés par six compagnies de grenadiers : nous ne vous prenons pas pour un traître, mais nous pensons que le gouvernement nous trahit. Il est temps que tout cela cesse... Le peuple est malheureux ; la source du mal est à Versailles ; il faut aller chercher le Roi et le ramener à Paris ; il faut exterminer le Régiment de Flandre et les gardes du corps qui osent fouler aux pieds la cocarde nationale. Si le Roi est trop faible pour porter sa couronne, qu'il y renonce. Nous couronnerons son fils, un conseil de régence sera nommé, et tout ira bien. »

Comme c'est précisément le plan de la conspiration orléaniste, Lafayette comprend immédiatement que les hommes ne font que répéter leur leçon, et, reconnaissant le piège qui lui est tendu, il tente de les dissuader de marcher sur Versailles.

> « Quoi ! dit-il, vous voulez donc faire la guerre au Roi et le forcer à nous abandonner ? »

L'emploi du pronom final est significatif ; même le républicain Lafayette fut obligé, dans ses moments les plus honnêtes, d'admettre que Louis XVI était du côté du peuple, et les soldats, ainsi interpellés, oublièrent momentanément leur leçon et s'y rangèrent volontiers :

> « Général, en effet, nous serions bien désolés, car nous l'aimons bien, mais s'il nous quittait, nous avons Monsieur le Dauphin. »

En vain, Lafayette poursuit ses remontrances ; les hommes reprennent le refrain :

> « La source du mal est à Versailles ; il faut aller chercher le Roi et l'amener à Paris ; tout le peuple le souhaite ».

Enfin, Lafayette se rend sur la place de Grève et tente, avec Bailly, de s'adresser à la foule rassemblée. Mais le peuple, il avait commencé à le découvrir, était plus facile à exciter qu'à apaiser, et l'esprit d'insubordination qu'il avait ouvertement encouragé au début de la Révolution se retournait maintenant contre lui. Il s'efforça en vain de se faire entendre ; un tumulte de colère s'éleva ; une voix s'éleva au-dessus des autres pour crier :

> « Il est étrange que M. de Lafayette veuille commander au peuple quand c'est au peuple de le commander ! »

Puis Lafayette, montant à contrecœur sur son blanc destrier, se place à la tête des troupes, dont le nombre est maintenant rapidement augmenté par la plus basse populace des Faubourgs, qui, armée de piques et de fourches, de coutelas et de hachettes, se déverse sur la place de Grève aux cris de « Du pain ! du pain ! À Versailles ! »

À la vue de cette terrible armée, Lafayette hésite de nouveau, et, voyant cela, la foule éclate en fureur ; des hurlements de rage, des menaces de mort s'élèvent de mille gorges ; pour la première fois Lafayette, idole du peuple, entend la voix du peuple s'élever contre lui. Il devint d'abord rouge, puis pâle, fit un mouvement comme s'il voulait monter, mais une douzaine de mains saisirent sa bride : « Non, général, vous ne nous échapperez pas ! » Pendant qu'il tergiversait, on lui glissa dans la main un message de la Commune lui ordonnant de marcher. Lafayette jeta un coup d'œil sur le papier, devint encore plus pâle, puis ramassa ses rênes et, le visage figé, donna l'ordre de marcher.

« Il chevauchait à la tête de ses troupes, dit Montjoie, comme un criminel qu'on conduit à l'exécution, et Lafayette savait bien que, selon toute probabilité, il allait à la mort, mais, ce qui est encore plus amer, c'est que cette mort serait celle du déshonneur ! »

C'est ainsi qu'à minuit, après huit heures de marche, Lafayette entra dans Versailles. Faisant halte au tournant de la route menant à l'Assemblée nationale, il exigea de son armée le serment de fidélité à la nation, à la loi et au roi ; puis pénétrant dans l'Assemblée remplie de la foule ivre, il se fraya un chemin à travers le tumulte jusqu'au fauteuil du président et assura Mounier qu'il pouvait répondre de la fidélité de ses troupes.

Bien que si épuisé qu'il pouvait à peine se traîner dans l'escalier, Lafayette se présenta ensuite au château et donna les mêmes assurances apaisantes.

« J'étais sans appréhension, écrivit-il plus tard, le peuple m'avait promis de rester tranquille. »

Mais la reine, qui n'avait aucune confiance dans la bienveillance des foules révolutionnaires ou dans les généraux qui marchaient à leur tête, reçut Lafayette froidement. Elle se rend compte, contrairement à lui et à son optimisme insensé, de l'effroyable danger qui les menace cette nuit.

« Je sais, dit-elle, qu'ils sont venus demander ma tête, mais j'ai appris de ma mère à ne pas craindre la mort, et je peux l'attendre avec calme. »

Tout autour d'elle, dans le château, régnaient la terreur et la confusion ; les femmes couraient de-ci de-là, épiant avec effroi par les fenêtres la lueur terne au-delà des grilles, où, à la lueur du feu et des torches, cette mer déchaînée d'humanité se balançait tumultueusement, écoutant le cœur battant les murmures rauques, entrecoupés de temps à autre de hurlements sauvages et de rires diaboliques ; D'autres, impuissants et distraits, arpentaient la grande Galerie des Glaces, scène de tant de splendeur, et dans tous les esprits une question se posait : cette nuit devait-elle être la dernière ?

Au milieu de ces scènes, Marie-Antoinette resta seule calme et continua, avec une sérénité intacte, à réveiller les esprits défaillants de ceux qui l'entouraient. Lorsqu'un certain nombre de ses gentilshommes se présentèrent à sa porte pour demander la permission de commander les chevaux des écuries royales et de les monter pour défendre la famille royale, la reine ne répondit que par cette phrase :

« Je consens à vous donner l'ordre que vous souhaitez à la condition que si la vie du Roi est en danger, vous en fassiez immédiatement usage, mais si c'est moi seule qui suis en danger, vous n'en ferez pas usage. »

Ses femmes, comprenant qu'elle était la principale victime désignée par les conspirateurs, se jetèrent à ses pieds et la supplièrent de s'échapper.

« Non, répondit-elle, jamais, jamais je n'abandonnerai le roi ni mes enfants ; quel que soit le sort qui les attend, je le partagerai. »

Puis, congédiant ses assistants, elle resta seule, attendant la mort. À ce moment, on lui apporta un billet ; elle l'ouvrit, et lut ces terribles paroles :

« Je préviens Sa Majesté qu'elle sera assassinée demain matin à six heures ».

Elle sut alors qu'il lui restait encore six heures à vivre, et, mettant le billet dans sa poche, elle annonça tranquillement son intention de se retirer au lit. En vain, ses messieurs supplièrent qu'on leur permette de rester et de la protéger.

« Non, Messieurs, répondit-elle sans émotion, partez, je vous en prie ; demain vous prouvera que vous aviez besoin de repos cette nuit. »

Sur ces mots, elle les quitta et dormit d'un sommeil paisible jusqu'à l'effrayante aube du lendemain.

LE 6 OCTOBRE

Lafayette, selon le rapport actuel de cette crise, se retira et dormit aussi. « Il dormit contre son roi », écrit amèrement Rivarol. Mais a-t-il vraiment dormi ? La vérité ne sera probablement jamais connue. Montjoie dit que non ; Lafayette lui-même dit que, épuisé de fatigue, il s'est rendu à l'hôtel de Noailles et allait arracher quelques heures de sommeil quand le tumulte du lendemain l'a rappelé au château. Mais s'il a dormi, il faut certainement l'attribuer non pas à une trahison, mais à un épuisement physique incontrôlable, associé à la conviction que les Gardes Françaises étaient entièrement sous son contrôle et que toute nouvelle perturbation était impossible.

Mais la garde du corps, plus consciente du danger, avait refusé sur les assurances de Lafayette de laisser le château sans protection, et resta donc toute la nuit en sentinelle devant les portes de la famille royale. Pour plus de sécurité, les dames de compagnie de la reine, Madame Thibault et Madame Augué, se placèrent contre les portes de sa chambre à coucher, et par ce dévouement lui sauvèrent la vie.

Pendant près de trois heures, tout est calme : la Reine dort dans sa grande chambre donnant sur la paisible Orangerie ; le Roi dort dans la sienne, face aux cours et à la Place d'Armes désormais déserte ; la foule dort également, partout et n'importe où — dans les hangars et les écuries, sur le sol des toilettes extérieures et des cuisines ; huit ou neuf cents personnes passent la nuit sur les bancs de l'Assemblée.

Mais toute la nuit, Luillier, du corps de la garde, commandant de la compagnie écossaise, monta la garde, errant autour du château et s'assurant que si le tumulte recommençait, les grandes barrières dorées suffiraient à empêcher l'accès de la population en furie. Puis, vers l'aube, une main invisible déverrouilla une porte dans la balustrade, et immédiatement une bande de femmes et d'hommes armés afflua vers les cours et le jardin qui se trouvaient sous les fenêtres de la Reine, de l'autre côté du Château.

Luillier, consterné, cherche le marquis d'Aguesseau, major de la garde du corps, et, le rencontrant au pied du grand escalier de marbre qui conduit aux appartements de la reine, lui dit :

« Monsieur, le roi et la famille royale sont perdus si les brigands qui passent maintenant par les cours pour se rendre sur la terrasse pénètrent dans le château. Je vous implore de donner des ordres positifs. »

Placez deux sentinelles à chacune des portes, répondit d'Aguesseau ; et se tournant vers le corps de garde, il dit :

"Messieurs, le roi vous ordonne et vous supplie de ne pas tirer, de ne toucher personne, en un mot, de ne pas vous défendre."

Monsieur, dit Luillier, assurez notre malheureux maître que ses ordres seront exécutés, mais que nous serons tous assassinés. Pour le sublime dévouement au devoir, pour l'obéissance héroïque à des ordres insensés, la conduite de la garde du corps du roi en ce 6 octobre ne peut avoir aucun parallèle dans l'histoire, sauf, peut-être, dans la charge de Balaclava. De tous les historiens, Montjoie est le seul à avoir rendu à ces hommes courageux ce qui leur est dû, et c'est à ses pages que nous devons emprunter l'histoire glorieuse de leur résistance à des forces aussi terribles et écrasantes. Leurs noms mêmes n'apportent-ils pas avec eux un souffle de chevalerie ? Guéroult de Berville, Guéroult de Valmet, Miomandre de Sainte Marie, De Charmand, De Varicourt, nous avons l'impression de lire un rouleau doré qui raconte les exploits des chevaliers de Saint Louis autour des murs d'Antioche. On a dit que l'Ancien Ordre était dépassé, et cela pourrait être vrai si on le jugeait à l'aune des courtisans infidèles qui, au premier signe de danger, abandonnaient le roi et la patrie ; mais parmi ces soldats du roi, il y avait encore des choses sévères qui, si on leur avait permis de jouer pleinement, auraient sauvé la monarchie. Pour la dernière fois, nous les voyons, ces guerriers de la vieille France, se rallier dans un dernier effort expirant autour du trône chancelant. Désormais, le roi doit chercher ailleurs ses défenseurs — les gardes suisses saigneront et mourront pour lui, des gentilshommes super-annulés tireront des épées inefficaces à son service, des femmes jetteront leurs corps fragiles entre le roi et ses assassins, mais le garde du corps héroïque n'apparaîtra plus sur la scène — la longue romance de la chevalerie française est terminée.

Il était six heures moins le quart, dans l'aube grise de ce matin d'automne, lorsque la foule en furie fit irruption dans la Cour Royale par la porte latérale. Les sentinelles de la milice de Paris, dont Lafayette s'était porté garant, n'opposèrent aucune résistance, et voyant cela, les brigands, qui avaient d'abord tremblé de se trouver dans l'enceinte royale, comprirent qu'ils ne couraient aucun danger, et » se jetèrent comme des tigres sur tous les membres de la garde du corps qu'ils rencontrèrent ». Le brave Deshuttes tomba percé de cent blessures ; son corps fut traîné dans la Cour des Ministres, où Jourdan « Coupe-Tête » lui coupa la tête, et dans un accès de fureur meurtrière, barbouilla du sang de sa victime son visage, ses bras, sa longue barbe en lambeaux. À cet horrible spectacle, la foule devint folle elle aussi et, s'étalant de la même manière, dansa autour du cadavre mutilé. Puis le cri s'éleva : « Il nous faut le cœur de la reine ! » Mais déjà une grande partie de la foule avait franchi l'arcade de la chapelle et de la cour des Princes pour faire irruption dans le château.

La scène qui s'ensuivit fut horrible ; même à cette distance du temps, le cœur s'arrête en lisant les descriptions des contemporains qui, avec un réalisme affreux, font défiler devant nos yeux la course folle de la foule qui montait le grand escalier de marbre du Roi Soleil vers les appartements de la Reine ; on les voit, on les entend, on les sent même, ces brigands en lambeaux des Faubourgs, ces haridelles ébouriffées et ces femmes blasphématrices de la ville, tachées de boue et hagardes de fatigue après la longue marche depuis Paris et les quelques brèves heures de sommeil arrachées sur les planchers et les bancs, et tous fous de sang, tous serrant des armes cruelles de leur propre conception — des couteaux attachés à des balais, des faux, des piques et des crochets à billets — et hurlant comme une meute de bêtes sauvages se précipitant sur leur proie. « Où est cette *f... coquine ?* Nous lui couperons la tête ; nous lui arracherons le cœur ; nous ferons des cocardes de ses entrailles, et ça ne s'arrêtera pas là ! Et au milieu de ces hideuses imprécations, toujours le même refrain : "Vive Orléans ! Vive notre père, notre roi Orléans !" »

Le duc d'Orléans était-il lui-même parmi la horde de cannibales sur l'escalier de marbre ? Sa main indiquait-elle le chemin vers la porte des appartements de la reine ? De nombreux contemporains l'ont cru, mais nous reviendrons plus tard sur ce point et laisserons au lecteur le soin de se faire sa propre opinion sur les preuves apportées. Ce qui est certain, c'est que la foule ne s'est jamais arrêtée, n'a jamais hésité un instant, comme on pourrait s'attendre à ce que des personnes peu familières de l'intérieur du château le fassent, mais s'est dirigée directement vers la salle des gardes du corps de la reine « *comme si elle était conduite par quelqu'un qui connaissait le chemin* ».[258]

Sur le seuil, douze des gardes attendaient de les recevoir. Miomandre de Sainte-Marie s'avança hardiment et tenta d'endiguer l'élan sauvage de la foule par un appel désespéré à leur loyauté disparue :

« Mes amis, vous aimez votre Roi, mais vous venez l'inquiéter dans son propre palais ! »

Pour toute réponse, la foule se précipita sur Miomandre et faillit le faire tomber à terre, et les gardes, interdits de se défendre, furent repoussés dans la salle où, par un mouvement rapide, ils réussirent à fermer les portes au nez de leurs assaillants.

---

[258] *Mémoires de Madame de la Tour du Pin*, I 227.

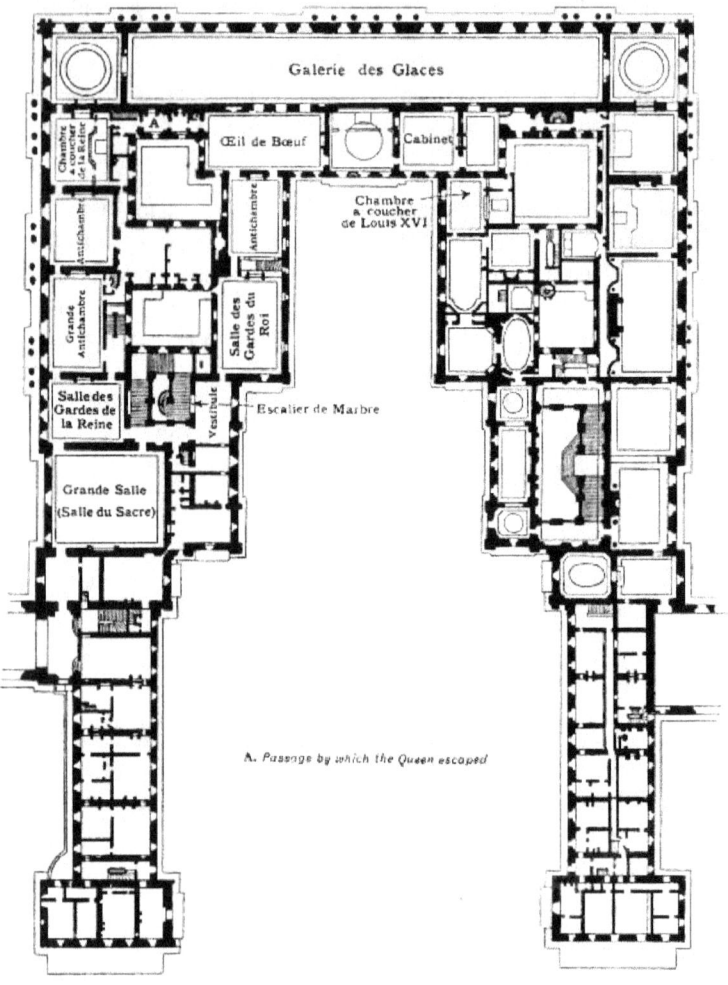

Il n'y avait plus que trois pièces entre la Reine et ses assassins — quatre portes pliantes à enfoncer avant que la horde sauvage ne puisse se refermer autour de son lit et enfoncer leurs terribles armes dans son cœur ! Les gardes, pour gagner du temps, barricadent les portes de leur salle, mais les fragiles panneaux cèdent rapidement sous les coups de piques et de mousquets ; la foule se précipite dans la salle. Déjà De Varicourt était tué et sa tête était allée rejoindre celle de Deshuttes sur une pique à l'extérieur dans la cour. Les gardes furent repoussés pas à pas sur le parquet dans la Grande Salle ; Du Repaire resta seul pour garder la porte de la garde du corps de la Reine. L'instant d'après, Du Repaire fut renversé et traîné à la tête de l'escalier ; un homme armé d'une pique et un autre en habits de femme[259] s'emparèrent de lui — Miomandre se précipita au secours et sauva la vie de Du Repaire qui, arrachant une pique à ses assaillants, continua à se défendre. Puis Miomandre, le visage ruisselant de sang, comprenant que rien ne pouvait désormais retenir la foule en furie, se précipita vers la porte de l'antichambre de la Reine, l'ouvrit et cria à Madame Augue, une des femmes de la Reine :

> « Madame, sauvez la Reine, ils sont venus pour la tuer ! Je suis ici seul contre deux mille tigres ; mes camarades ont été obligés de quitter leur salle ! »

Il n'y avait rien d'autre à faire que d'abandonner le brave Miomandre à son sort. Madame Augué ferme rapidement la porte, pousse le grand verrou et vole au chevet de la reine :

> « Madame, sortez du lit ! Ne vous habillez pas, fuyez vers le roi ! »

La reine jaillit du lit ; ses dames lui jetèrent un manteau autour des épaules, un jupon sur la tête, et la précipitèrent par une porte latérale qui conduisait à l'Œil de Bœuf par un étroit passage. Au bout de celui-ci, la porte, invariablement ouverte, était, ce jour-là entre tous, *verrouillée*. Elle battit sur les panneaux ; au bout de cinq minutes angoissantes, un domestique lui ouvrit, et elle atteignit les chambres du roi en toute sécurité, en criant :

> « Mes amis, mes chers amis, sauvez-moi et mes enfants ! »

Ainsi, grâce au courage des deux gardes héroïques, la reine vit encore — le grand *coup* des conspirateurs a échoué.

Pendant ce temps, autour de la porte des gardes de la Reine, le combat continuait ; les gardes faisaient enfin usage d'armes — Du Repaire avec la pique qu'il avait capturée, Luillier et Miomandre avec leurs épées, défendaient leur vie contre la horde d'assassins.

Miomandre, d'un coup de pique, fut jeté à terre, et un assassin qui se tenait au-dessus de lui leva la crosse de son fusil, qui s'abattit sur le crâne de sa victime. Miomandre, baignant dans son sang, fut laissé pour mort, mais la foule ayant franchi la porte des appartements de la reine, il se releva en titubant et s'échappa.

L'instant d'après, la porte de la chambre à coucher de la reine fut enfoncée, et la horde furieuse, parmi laquelle se trouvaient deux hommes

---

[259] « Au moment où il a été jeté à terre, il a vu un pantalon de couleur sous la jupe d'un de ceux qui l'ont attaqué » (déposition de Du Repaire, témoin ix. dans *Procédure du Châtelet*).

déguisés en femmes, se précipita sur le lit pour le trouver vide. Montjoie et Rivarol racontent que, dans leur fureur, ils plongèrent leurs piques dans le matelas, entaillèrent les draps avec leurs sabres, puis, passant par la grande galerie des Glaces, ils attaquèrent l'Œil de Bœuf ; selon Madame Campan, ils n'entrèrent pas dans la chambre de la Reine, mais atteignirent l'Œil de Bœuf par la salle des gardes du Roi. Dans un cas comme dans l'autre, leur intention était d'enfoncer les portes de l'Œil de Bœuf, où étaient retranchés les quelques membres restants de la garde du corps, et, après avoir massacré les derniers défenseurs du roi, de tomber sur la famille royale, qui s'était réfugiée dans la chambre du roi située au-delà. Mais ce plan est contrarié par un obstacle inattendu : un détachement de grenadiers appartenant aux anciennes Gardes Françaises se tient devant les portes de l'Œil de Bœuf. Que s'était-il passé pour provoquer ce soudain retour à la loyauté chez les mutins qui, lors du siège de la Bastille, s'étaient ralliés à l'étendard de la révolte ? Une seule chose : Lafayette, enfin tiré de sa léthargie optimiste, s'était montré à la hauteur de la situation. Dès le début de l'attaque du château — cette attaque dont il avait persisté à croire qu'elle n'aurait jamais lieu — sa conduite fut admirable, et c'est incontestablement à Lafayette que revient l'honneur éternel d'avoir sauvé la vie de la famille royale en ce 6 octobre. Au premier bruit du tumulte, il s'était levé, était monté sur son cheval et avait appelé ses grenadiers au secours du roi et de la garde du corps. « Grenadiers », s'écrie-t-il, « souffrirez-vous que des hommes courageux soient bassement assassinés ? ... Jurez-moi sur votre honneur de grenadiers qu'il ne leur sera fait aucun mal ! »

Les grenadiers prêtèrent serment, et se ralliant autour de leur commandant toujours adoré, se hâtèrent de secourir les gardes qui étaient tombés dans les griffes des assassins. Ils furent immédiatement rejoints par les hommes de la milice parisienne qui, serrant dans leurs bras les brigadiers à cheveux blancs de la garde du corps, s'écrièrent : « Non, nous n'assassinerons pas des hommes courageux comme vous ! »

Ainsi encore, comme après le siège de la Bastille, les soldats mutinés sont passés par un mot de la fureur révolutionnaire aux sentiments d'humanité, et ce sont ces hommes qui hier encore avaient marché contre leur roi qui se sont rangés pour sa défense devant l'Œil de Bœuf.

À l'intérieur de la pièce, les officiers de la garde du corps, qui avaient été repoussés de la porte des appartements de la Reine, attendaient pour empêcher les insurgés d'atteindre la famille royale rassemblée dans la chambre du Roi située au-delà, et les grenadiers, souhaitant maintenant effectuer une coalition avec leurs anciens ennemis, cliquetaient sur la poignée de la porte pour attirer leur attention, tout en maintenant la foule à distance.

Chevannes, Vaulabelle, et Mondollot du garde du corps ont crié à travers la porte : » Qui frappe ? »

« Grenadiers ! »

Puis Chevannes, ouvrant la porte, a courageusement affronté les hommes qu'il prenait pour ses ennemis.

« Messieurs, dit-il, c'est une victime que vous cherchez ? En voici une. Je m'offre. Je suis un des commandants du poste ; c'est à moi qu'appartient l'honneur de mourir le premier pour la défense de mon roi, mais, par Dieu, apprenez à respecter ce bon roi ! »

Mais Gondran, commandant des grenadiers, tendit la main :

« Loin de vouloir prendre votre vie, nous sommes venus vous défendre contre vos assassins. »

En un instant, grenadiers et gardes tombèrent dans les bras les uns des autres, mêlant des larmes de joie, s'appelant amis et camarades ; les gardes consentirent à porter la cocarde tricolore, et enfin les hommes des deux régiments unissant leurs forces chassèrent la populace du château.

Le vent avait maintenant tourné irrésistiblement contre les conspirateurs. En bas, dans la Cour de Marbre, les grenadiers se battaient encore bravement pour la vie des gardes, et le Roi, voyant la mêlée par les fenêtres, se précipita sur le balcon de la grande chambre de Louis XIV et cria au peuple pour que l'on fasse preuve de pitié envers ses fidèles défenseurs. Plusieurs des gardes présents le suivent et, agitant leurs chapeaux ornés de la cocarde tricolore, crient : « Vive la nation ! »

La situation était sauvée ; en un instant, cette étrange foule parisienne avait oublié sa fureur, et aux cris de » Vive la nation ! elle répondait par des cris de « Vive le Roi ! ». Les conspirateurs décidèrent alors de faire un dernier effort pour atteindre leur but, et des voix s'élevèrent pour demander à la Reine de se présenter également au balcon.

Pendant tout ce temps, Marie-Antoinette était restée dans la chambre du roi avec ses enfants, entourée de ses femmes en pleurs et de ses courtisans distraits ; les ministres Luzerne et Montmorin semblaient incapables d'agir, tandis que dans un coin, Necker, l'idole du peuple, était assis, sanglotant, sans défense. Seule Marie-Antoinette est calme, redonnant courage à ceux qui l'entourent, calmant le petit Dauphin qui répète plaintivement : « Maman, j'ai faim ». Mais à un moment donné, sa sérénité l'abandonna lorsque, regardant par les fenêtres, elle aperçut soudain, au milieu de la foule en furie, la silhouette de Philippe d'Orléans marchant gaiement bras dessus bras dessous avec Adrien Duport[260]. À cette vision sinistre, la Reine serra le Dauphin contre son cœur et, se levant à moitié de son siège, s'écria dans une agonie de terreur : « Ils viennent tuer mon fils ! » Marie-Antoinette sait bien que ce n'est pas "le peuple" qui est le plus à craindre.

Les cris de "Vive le Roi !" qui avaient éclaté lorsque le Roi était apparu sur le balcon montraient qu'au moins il n'avait pas perdu sa place dans leurs cœurs, et lorsqu'à ce moment on apporta la nouvelle que la Reine devait aussi se montrer à la foule, elle s'avança avec confiance vers le balcon en tenant le Dauphin et Madame Royale par la main.

"Elle a emmené ses enfants avec elle par sécurité", dit un écrivain révolutionnaire — elle qui serait morte de cent morts pour les sauver ! Aucune calomnie plus cruelle n'a jamais été proférée contre Marie-Antoinette. Il est facile de comprendre l'idée qui a inspiré son geste. Quelle mère digne de ce nom ne croit pas que la vue de sa progéniture doit faire fondre le cœur le plus féroce ? Et il n'y avait sûrement pas de plus fort appel à ces femmes qu'elle croyait être les mêmes *poissardes* qui, quelques années auparavant, s'étaient présentées à cet endroit même pour saluer la naissance du Dauphin, que de leur montrer maintenant son jeune frère ! Les *poissardes* n'étaient-elles pas aussi des mères ? Sans doute, si les *poissardes* avaient composé la foule, le résultat aurait été exactement celui que prévoyait la Reine, mais les conspirateurs avaient astucieusement prévu cela aussi, et une voix d'homme dans la foule s'écria d'un ton menaçant : » Pas d'enfants ! À ce moment, Marie-Antoinette, comprenant que la rage de la multitude n'était pas calmée, remit les enfants à Madame de Tourzel et s'avança seule.

Debout sur le balcon, dans la lumière blafarde de la matinée d'octobre, les cheveux en désordre, un petit manteau à rayures jaunes jeté à la hâte sur sa tenue de nuit,[261] le visage dont les teintes éblouissantes avaient défié l'art du peintre et qui était devenu d'une pâleur extrême, Marie-Antoinette n'avait jamais paru aussi reine. Les mains croisées sur la poitrine, elle lève les yeux au-dessus de la mer furieuse de piques et de mousquets qui remplit

---

[260] Ferrières, I 327. Voir aussi le témoignage du marquis de Digoine du Palais, témoin clxvIII de la *Procédure du Châtelet* : « Dans le même lieu (la Cour de Marbre) était M. le Duc d'Orléans se promenant avec M. Duport qu'il tenait sous le bras, et avec lequel il causait d'une manière très gaie et très facile. » Le duc a également été vu à cette heure par les témoins cxxvII, cxxxII, cxxxIII, cxxxvI, cxcv. qui l'ont décrit jouant avec un interrupteur qu'il portait à la main et « riant sans cesse ». »

[261] Témoignage de M. de Sainte-Aulaire, lieutenant-commandant dans la garde du corps, témoin clviii. dans la *procédure du Châtelet*.

les cours du château et s'étend de la place d'Armes à l'avenue de Versailles, et regarde vers le ciel, « comme une victime qui s'offre à la mort ». »

Et à cette vue, un silence s'abattit sur la foule tumultueuse, un silence haletant et terrible pendant lequel la vie de la Reine était suspendue dans la balance. Mais parmi toute cette vaste multitude, il ne se trouva qu'un seul homme prêt à exécuter le dessein des conspirateurs. Ce brigand leva son fusil à l'épaule, visa la reine, mais, au dire de Ferrières, n'osa pas appuyer sur la gâchette ; au dire de Weber, l'arme lui fut arrachée des mains par ses compagnons avec colère. L'instant d'après, le silence fut rompu par une explosion d'applaudissements sauvages ; les cris de « Vive la Reine ! » résonnaient de tous côtés.

Lafayette, s'avançant au balcon, porta la main de la reine à ses lèvres et la baisa. La tempête d'acclamations redouble ; la situation est sauvée.

Ainsi, une fois de plus, les plans des Orléanistes ont été frustrés ; il ne leur restait qu'un seul espoir : si le Roi et la Reine étaient amenés à Paris, le peuple pourrait encore être poussé à la fureur nécessaire à leur assassinat. En conséquence, on entendit une voix dans la foule[262] qui criait : « Le roi à Paris ! Le Roi à Paris ! et ce cri fut repris instantanément par la multitude. En entendant cela, le Roi décida de consulter l'Assemblée, et un message fut envoyé à la salle pour demander que les députés viennent au Château pour discuter de la situation. "Il ne faut pas hésiter", répondit Mounier ; volons vers le roi. Mais Mirabeau n'avait pas l'intention d'exposer sa personne à la tendresse des foules révolutionnaires dont il ne se lassait pas de louer la bienveillance,[263] et s'opposa immédiatement à cette proposition. 'Il est incompatible avec la dignité de l'Assemblée d'aller chez le Roi ; nous ne pouvons pas délibérer dans le palais d'un Roi.'

> "Notre dignité, répliqua Mounier, consiste à faire notre devoir, et dans ce moment de danger, notre devoir sacré est d'être avec le roi ; nous nous reprocherons éternellement de le négliger."

Alors le Roi, avec le courage qui manquait aux députés, annonça son intention d'aller à l'Assemblée puisque l'Assemblée ne voulait pas aller à lui, et alors l'Assemblée, "au bruit de la mousqueterie tout autour", se mit à discuter longuement sur la manière de le recevoir.[264]

---

[262] Ferrières dit « quelques voix » ; Bertrand de Molleville, « une seule voix ».

[263] « M. le Comte de Mirabeau représente *le danger* de quitter le lieu habituel des séances » (*Moniteur*, ii. 12).

[264] *Moniteur*, ii. 12.

Pendant que ces délais inconcevables se déroulaient, la foule était de plus en plus excitée, et finalement le Roi, désespérant de la coopération de l'Assemblée, décida de prendre l'affaire en main et d'accéder aux demandes du peuple. Il sort une fois de plus sur le balcon et s'adresse à la foule en ces termes :

> "Mes enfants, vous souhaitez que je vous suive à Paris. J'y consens, mais à la condition de ne pas être séparé de ma femme et de mes enfants, et je demande la sécurité de mon garde du corps."

La foule a répondu par des cris de "Vive le Roi ! Vive les gardes du corps !" Des coups de feu sont tirés en signe de réjouissance. Mais une fois de plus, les agitateurs parvinrent à renverser le courant du sentiment populaire, et c'est au milieu d'un troupeau en furie que la famille royale entreprit le terrible voyage de sept heures vers Paris. Autour du carrosse s'étaient rassemblés les plus vils de la populace, se pressant si étroitement contre lui qu'il semblait être porté sur leurs épaules ; assis à califourchon sur des canons se trouvaient les femmes de pêcheurs de pacotille, portant des branches de peuplier ornées de rubans, et les femmes des rues, encore ivres de sang et de vin, chantant des chansons immondes de caniveau, et insultant la reine par leurs gestes et leurs grimaces.

Afin de donner de la couleur à l'histoire selon laquelle la Cour avait accaparé le grain, les Orléanistes ont maintenant libéré des provisions et ont amené des chariots de grain pour se joindre au cortège.[265] Le peuple, complètement dupé par cette manœuvre, entoura les chariots en criant à plusieurs reprises : "Nous *vous amenons le boulanger, la boulangère et le petit mitron*". »

À l'arrière se trouvaient les restes tragiques de la garde du corps — quarante à cinquante hommes brisés, désarmés, tête nue, usés par la faim et la fatigue, leurs vêtements déchirés et tachés de sang, conduits prisonniers par des brigands armés de piques et de sabres, pour rencontrer, pour ce qu'ils savaient, un sort aussi hideux que leurs camarades Deshuttes et Varicourt, dont les têtes avaient été transportées deux heures plus tôt à Paris, et apportées en triomphe au Palais Royal.[266]

---

[265] Montjoie, Conjuration de d'Orléans, ii. 272.

[266] De nombreux contemporains, dont Madame de Campan, affirment que ces têtes ont été portées dans le cortège, mais Weber, les *Deux Amis*, Bertrand de Molleville, et Gouverneur Morris affirment distinctement qu'elles ont été portées en avant et sont arrivées à Paris à douze heures, avant que le cortège ne soit parti de Versailles. Le Chancelier Pasquier les a vus porter au Palais Royal (*Mémoires*, p. 72).

Alors que le cortège traversait Passy, le duc d'Orléans, qui s'était précipité en avant, fut vu sur la terrasse de sa maison entouré de ses enfants, et avec eux Madame de Genlis, frénétiquement impatiente d'assister à l'humiliation de la reine, à la cour de laquelle elle n'avait jamais pu être admise. À la vue de leurs rivaux vaincus, une joie sans retenue éclate sur les visages de cette ignoble famille. Mademoiselle d'Orléans se laissa aller à des rires hystériques. Certains des brigands de la foule, reconnaissant le duc, malgré ses efforts pour se dissimuler derrière le reste du groupe, s'écrièrent : « Vive le Duc d'Orléans ! Vive notre père d'Orléans ! » Les froncements de sourcils et les gestes du duc ne pouvaient pas non plus faire taire ces acclamations incriminantes.[267]

Il est sept heures du soir lorsque la famille royale rejoint l'Hôtel de Ville pour être complimentée par Bailly sur « la belle journée » qui a amené le roi à Paris.

Louis XVI, d'une voix affaiblie par la faim et l'épuisement, répondit qu'il venait « avec joie et avec confiance dans la bonne ville de Paris ». Bailly, en répétant les paroles du Roi au peuple, a omis de dire « avec confiance », mais la Reine, dont la présence d'esprit, même dans cette crise, ne l'avait pas abandonnée, a interposé d'un ton clair : « Vous oubliez, Monsieur, que le Roi a dit « et avec confiance ». Bailly, se tournant vers le peuple, ajoute : "Vous entendez, Messieurs ? Vous avez plus de chance que si je l'avais dit moi-même. » À neuf heures et demie, à la lueur des torches, la famille royale entra dans le palais des Tuileries qui, pendant près de trois ans, devait être sa prison. On dit que le roi était radieux, qu'il avait de nouveau confiance en son peuple, car dans cette crise, comme dans toutes les autres crises de la Révolution, il ne perdait jamais de vue que le peuple était trompé et qu'il fallait le plaindre plutôt que le blâmer.

"Il y a des hommes méchants, dit-il le lendemain au petit Dauphin, qui ont excité le peuple, et les excès commis sont leur ouvrage ; *il ne faut pas en vouloir au peuple.*" Dans cette conviction, dont Louis XVI ne s'est jamais départi jusqu'au dernier jour de sa vie, se trouve le secret de cet étonnant esprit d'indulgence qu'on a attribué à sa faiblesse.

LE RÔLE DU PEUPLE

Le point que Louis XVI n'a pas compris est que la foule révolutionnaire qui a marché sur Versailles n'était pas du tout le peuple, mais un

---

[267] Montjoie, II 273 ; *Histoire de la Révolution de France*, par le Vicomte F. de Conny ; témoignage du Vicomte de Mirabeau, témoin cxlvI dans *Procédure du Châtelet*.

assemblage composé d'imposteurs, hommes et femmes, et de la populace des Faubourgs ; le seul élément qui pouvait être décrit comme représentant le peuple était ces pauvres femmes forcées contre leur volonté à marcher.

Les vraies femmes du peuple étaient si indignées de la mascarade organisée en leur nom que, le lendemain matin de l'arrivée de la famille royale à Paris, une députation des « Dames du Marché » se présenta à la Commune de Paris pour répudier toute complicité avec le mouvement au moyen de la pétition suivante :

> 'Messieurs, nous venons vous représenter que nous, à la halle aux grains, nous n'avons pris aucune part à ce qui s'est passé hier ; nous le désapprouvons… ; nous vouons à la justice publique des femmes qui n'ont d'autre qualification que celle de femmes légères (*femmes du monde*) et prostituées à ceux qui, comme elles, ne veulent que troubler la paix et la tranquillité des bons citoyens.'[268]

La députation déclare ensuite 'qu'elle désapprouve la manière indécente dont ces femmes se sont présentées au Roi et à la Reine, et que, loin d'avoir parlé contre Messieurs Bailly et Lafayette, elle les défendrait jusqu'à la dernière goutte de leur sang. » Ils demandaient que la garde nationale reçût l'ordre de ramener ces femmes à l'ordre. Cette petite pétition a été déposée sur la table et signée par les membres de la députation, mais parmi ceux-ci trois seulement ont pu écrire leurs noms.[269]

Selon Rivarol, les *poissardes* se rendirent également aux Tuileries le même matin et "présentèrent une pétition au Roi et à la Reine pour demander justice de l'horrible calomnie qui les rendait complices des violences commises la veille envers leurs Majestés".[270]

---

[268] Une confirmation de l'affirmation de certains contemporains selon laquelle Laclos, Chamfort et d'autres grands orléanistes emmenaient leurs maîtresses avec eux.

[269] « Extrait du procès-verbal des représentants de la Commune de Paris », publié dans l'*Histoire Parlementaire* de Buchez et Roux, iii. 137.

[270] *Mémoires de Rivarol*, p. 263. Madame Campan, dans ses *Mémoires*, fait également allusion à cette visite des *poissardes* aux Tuileries, mais, contrairement à Rivarol, les décrit comme identiques aux femmes qui ont marché sur Versailles, et déclare qu'elles ont ouvert l'entretien par des reproches contre la reine, bien qu'elles aient terminé en criant « Vive Marie-Antoinette ! Vive notre bonne reine ! Mais le récit de Madame Campan sur le 6 octobre est inexact sur plusieurs points ; de plus, nous savons que sa loyauté envers la reine est plus que douteuse, et comme elle s'est abstenue de toute allusion à la députation à la Commune qui a témoigné si fortement en faveur de la reine, il est tout aussi probable qu'elle a déformé la vérité sur la députation aux Tuileries. Sur la loyauté des "Dames de la Halle" à ce moment, voir aussi *Lettres d'un Attaché de*

À la lumière de la députation à la Commune, cette déclaration de Rivarol semble assez crédible ; si les femmes ont protesté auprès des électeurs de Paris, pourquoi n'auraient-elles pas protesté auprès du Roi et de la Reine ? On peut suggérer que ce sont les femmes de la halle aux *grains* seulement qui se sont rendues à la Commune, mais dans ce cas, pourquoi n'ont-elles pas dit que c'était des femmes de la halle aux *poissons* qu'elles voulaient se dissocier, au lieu de déclarer distinctement que les femmes qui ont marché sur Versailles étaient d'une classe tout à fait différente — la classe des "femmes légères" que les "pauvres respectables" ont habituellement en horreur ?

L'ensemble de cet incident a été très soigneusement gardé dans l'ombre par la conspiration de l'histoire, car, bien sûr, il met fin à la légende révolutionnaire si chère selon laquelle la marche sur Versailles a été menée par des femmes du peuple. Même si nous doutons de la véracité de Rivarol, la pétition à la Commune est une réfutation absolument irréfutable de cette théorie, et c'est pourquoi aucun écrivain révolutionnaire, que ce soit parmi les contemporains ou la postérité, n'en a fait mention.

Au point de vue du peuple, la marche sur Versailles se révéla naturellement désastreuse ; la cause de la liberté avait été déshonorée aux yeux du monde et l'œuvre de réforme arrêtée en plein essor. Plusieurs députés démocrates, s'en rendant compte, quittèrent le pays avec désespoir, et parmi eux, deux des plus ardents défenseurs du peuple, Mounier[271] et Lally Tollendal. Clermont Tonnerre resta massacré à son poste, Virieu périt

---

Légation, date du 16 octobre ; *Documents pour servir à l'Histoire de la Révolution Française*, par Charles d'Héricault et Gustave Bord, 2e série, p. 260.

[271] La dénonciation du 6 octobre par Mounier dans son *Appel au Tribunal de l'Opinion publique* contient un des témoignages les plus éloquents de la démocratie de Louis XVI : « Sans doute la nation était depuis longtemps opprimée par une foule d'abus ; les droits des citoyens n'étaient pas assez protégés contre l'arbitraire. Mais ces abus avaient-ils commencé sous le règne de Louis XVI ? N'avait-il rien fait pour mériter notre reconnaissance ? Quel prince a jamais prêté une oreille plus attentive à tous ceux qui lui parlaient en faveur de son peuple ? ... A-t-il déshonoré son règne par des ordres sanguinaires, par des proscriptions ? A-t-il volé des biens ? Et quelle atroce exagération que de qualifier les fautes de ses ministres d'excès qui ont usé la patience du peuple, et de les considérer comme des raisons suffisantes pour détrôner le roi ! Je ne parlerai pas ici de tous les avantages que nous devons à sa bienveillance, de l'abolition de la servitude dans ses domaines, de l'abolition des corvées et des tortures, de l'établissement de l'administration provinciale, de l'état civil des protestants reconnu, de la liberté des mers. *Aurait-il perdu toute son autorité s'il avait eu moins de confiance dans l'amour de son peuple* ? » Notons que toutes ces réformes mentionnées par Mounier datent d'*avant la* Révolution.

sur l'échafaud ; Malouet seul, parmi les démocrates royalistes, survécut aux tempêtes successives de la Révolution.

LE RÔLE DES ORLÉANISTES

Même les yeux de Lafayette s'ouvrent enfin sur la vérité de la conspiration orléaniste. Jusqu'alors, sa ferveur républicaine l'avait empêché de s'opposer trop résolument au mouvement révolutionnaire, mais si le 14 juillet avait modéré son ardeur révolutionnaire, le 6 octobre, déclara-t-il au comte d'Estaing, avait fait de lui un royaliste. C'en était fait de la liberté,[272] voyait-il maintenant, si les orléanistes l'emportaient, et avec un courage qu'il n'avait que trop rarement montré, il résolut de dire au roi toute la vérité, et d'insister sur l'exil ou la condamnation du duc. En même temps, Lafayette chercha à obtenir une entrevue avec le duc lui-même, dont le récit suivant est donné dans la *Correspondance de Lord Auckland* :

> "Le duc était à la tête d'un parti formidable, dont le but était de renvoyer le roi, sinon pire, et de se faire nommer régent, etc. M. de Lafayette a élaboré ce complot dans un merveilleux silence, et une fois maître de toutes les preuves, il a attendu le duc samedi dernier (10 octobre) pour la première fois, et lui a dit ces mots sur lesquels vous pouvez compter :
>
> 'Monseigneur, je crains qu'il y ait bientôt sur l'échafaud la tête de quelqu'un de votre nom."
>
> Le duc a eu l'air surpris.
>
> Vous avez l'intention, Monseigneur, de me faire assassiner, mais soyez sûr que vous serez vous-même une heure plus tard. »
>
> "Le duc jura sur sa parole d'honneur qu'il n'était pas coupable." L'autre poursuivit en disant :
>
> "Monseigneur, je dois accepter votre parole d'honneur, mais comme j'ai sous la main la preuve la plus forte de toute votre conduite, votre Altesse doit quitter la France ou bien je vous ferai comparaître devant un tribunal dans les vingt-quatre heures. Le Roi est descendu de plusieurs marches de son trône, mais je me suis placé sur la dernière ; il ne descendra pas davantage, et pour l'atteindre il vous faudra passer sur mon corps. Vous avez des raisons de vous plaindre de la reine, et moi aussi, mais c'est le moment d'oublier tous les griefs."

---

[272] « M. de Lafayette m'a juré sur la route (de Versailles à Paris le 6 octobre) que les atrocités avaient fait de lui un royaliste » (Lettre du Comte d'Estaing à la Reine, 7 octobre 1789).

"Le duc consentit à partir. Le lendemain, ils étaient chez le roi, devant lequel le marquis répéta au duc tout ce qu'il avait dit."[273]

Mais Louis XVI, toujours magnanime, s'abstint d'humilier son cousin par une dénonciation publique de sa conduite, et se contenta de l'envoyer en prétendue mission en Angleterre. Selon Montjoie, il espérait par cette indulgence dissuader le duc de continuer à s'accaparer le grain. Dans la situation où tant de malheurs et de crimes m'ont placé, dit-il à Orléans, je ne vois que les besoins du peuple. Mon seul désir et aussi mon premier devoir sont de lui rendre sa subsistance. En conséquence, il accepte de pardonner tout ce qui s'est passé, à condition que le duc ouvre ses greniers, dont un certain nombre se trouvent en Angleterre, et restitue le blé qu'il a caché. Une mission à la cour d'Angleterre devait être le prétexte de son départ.[274]

Que Montjoie ait raison sur l'objet réel du voyage du duc — et son affirmation est confirmée par les Désodoards révolutionnaires[275] — il est certain que la mission du duc d'Orléans en Angleterre n'était pas, comme ses partisans voudraient nous le faire croire, une mission officielle, mais un prétexte soit pour couvrir sa restauration du grain, soit simplement pour le faire sortir du pays. La correspondance des contemporains anglais sur ce point est concluante, et montre qu'en Angleterre aussi le duc d'Orléans était universellement considéré comme l'auteur des atrocités commises le 6 octobre.[276]

---

[273] Lettre de M. Huber à Paris à Lord Auckland, datée du 15 octobre 1789. La conversation ci-dessus est donnée par M. Huber en français. Son récit de l'incident est confirmé dans les *Mémoires de Lafayette*.

[274] *Conjuration de d'Orléans*, ii. 318.

[275] *Histoire Philosophique*, par Fantin Désodoards, I 222.

[276] Voir, outre la lettre précédente à Lord Auckland, celles de Lord Henry Fitzgerald à Paris au Duc de Leeds, publiées dans *Dispatches from Paris*, édité par Oscar Browning. Le 29 octobre, Fitzgerald écrit : « En résumé, Milord, l'impression générale est que le Prince a été le principal promoteur de tous les troubles ici, de l'expédition du lundi 5 de ce mois à Versailles, que ses desseins contre le Roi étaient de nature très criminelle, qu'il visait la régence du royaume pour lui-même et se proposait d'amener son propre parti au pouvoir. On suppose aussi que M. de Lafayette est la personne qui a découvert la conspiration qui se formait, et que, l'ayant fait connaître au Roi, sa Majesté, dans sa bonté d'âme, l'a employé à une prétendue commission en Angleterre, comme un prétexte seulement, et pour le soustraire par un exil honorable à toute poursuite. »

Encore le 6 novembre : « Je dois assurer à Votre Grâce que j'ai toutes les raisons de croire que sa commission en Angleterre était une fausse commission », etc.

Les démocrates royalistes, parmi lesquels on peut compter Lafayette, refusent cependant de se contenter du simple exil du duc, et résolvent de dévoiler tout le dessein de la conspiration orléaniste. Mounier fut le principal instigateur de ce mouvement.[277]

Aussi le Châtelet de Paris ouvrit-il en novembre une immense enquête sur les événements des 5 et 6 octobre. Malgré les menaces des orléanistes, un grand nombre de témoins se présentent pour dénoncer les manœuvres infâmes du duc et de ses partisans, et ces témoins ne sont pas pris seulement parmi les aristocrates ou les royalistes, mais parmi les hommes et les femmes de toutes les classes - soldats, coiffeurs, députés de l'Assemblée, les lavandières, les dames d'honneur, les commerçants, les domestiques se bousculent dans les 570 pages publiées par le Châtelet, et nul ne devrait tenter d'écrire une ligne sur les 5 et 6 octobre sans consulter les descriptions graphiques données par ces témoins oculaires de la manière dont la marche sur Versailles a été organisée. À la lumière de cette grande masse de preuves,[278] aucun esprit impartial ne peut douter que toute l'insurrection était l'œuvre de la conspiration orléaniste — la force des femmes à marcher, les hommes en vêtements de femmes, l'argent distribué dans la foule, la présence du duc lui-même et de ses partisans au milieu du tumulte toujours suivi des cris de « Vive le bon duc d'Orléans ! Vive notre *roi* d'Orléans ! » Tous ces faits ont été prouvés de façon incontestable.

On peut difficilement douter que le duc se trouvait effectivement parmi la foule sur l'escalier de marbre pour lui montrer le chemin vers les appartements de la Reine, mais sur ce point, le lecteur doit se faire sa propre opinion à partir des preuves fournies dans l'annexe de ce livre.[279]

Voir aussi Playfair's *History of Jacobinism*, p. 220, note ; *Biographical Memoirs of the French Revolution*, par John Adolphus, ii. 249 et suivants.

[277] Avant-propos du Tableau des Témoins… dans la Procédure du Châtelet, 1790.

[278] L'ensemble de l'enquête se trouve au British Museum sous le titre Procédure criminelle instruite au Châtelet de Paris sur la dénonciation des faits arrivés à Versailles dans la journée du 6 octobre 1789. Imprimée par ordre de l'Assemblée Nationale. Marque de presse du musée, 491.1.2. Le lecteur doit se garder de consulter la publication orléaniste, Abrégé de la Procédure criminelle instruite au Châtelet, etc., où les preuves les plus importantes sont supprimées, mais la brochure intitulée Tableau des Témoins et recueil des faits les plus intéressants, etc.

[279] Von Sybel, l'historien allemand, considère que « la preuve la plus forte contre le duc d'Orléans a été fournie quelques années plus tard par la découverte d'une lettre portant la date du 6 octobre dans laquelle il ordonne à son banquier de ne pas verser les sommes convenues : "Courez vite, mon ami, chez le banquier… et dites-lui de ne pas livrer la somme ; l'argent n'a pas été gagné, le marmot vit encore !". (*le marmot vit encore*) ». Cela semble indiquer que quelqu'un avait été soudoyé pour assassiner le Dauphin, mais

Le Châtelet ayant ainsi accumulé des informations de toutes parts, sollicita finalement le témoignage de la victime contre laquelle tous les pires outrages du 6 octobre avaient été dirigés : la reine de France. Mais aux interrogations des commissaires qui se présentèrent aux Tuileries à cet effet, Marie-Antoinette ne fit que la réponse suivante : « J'ai *tout vu,* j'ai *tout entendu,* j'ai *tout* oublié ». »[280]

L'occasion suprême lui avait été donnée de traduire son ennemi juré en justice, ce qui aurait pu sauver la vie de la famille royale et mettre un terme à toute la révolution, mais avec une magnanimité sublime, elle a choisi de la rejeter. Pourtant, il y a encore des historiens capables de dire que Marie-Antoinette « ne savait pas pardonner » !

Mais les preuves recueillies par le Châtelet sont déjà plus que suffisantes pour prouver que les événements des 5 et 6 octobre sont l'œuvre d'une conspiration. Même le « Comité des Recherches » de la municipalité de Paris, auquel le Châtelet s'adresse pour obtenir des renseignements, bien que de connivence avec les orléanistes — Brissot en est d'ailleurs l'un des principaux membres, Brissot en était d'ailleurs l'un des principaux membres — admet dans son rapport que « le crime exécrable qui a souillé le château de Versailles dans la matinée du mardi 6 octobre avait pour instruments des bandits mis en mouvement par des manœuvres clandestines qui se mêlaient aux citoyens », mais, pour éviter toute recherche sur les auteurs de ces manœuvres, le Comité refuse d'étendre ses investigations à tout ce qui s'est passé avant le 6 au matin. Par ce moyen, comme le souligne Mounier, tous les préparatifs de la marche sur Versailles, et même l'organisation de la marche elle-même, devaient être tenus dans l'ombre, afin de rejeter toute la responsabilité sur « quelques obscurs ruffians » que les conspirateurs étaient tout prêts à livrer à la justice.[281]

Malgré ces obstacles, le Châtelet n'a cependant aucun mal à déterminer qui sont les véritables auteurs de l'insurrection, et le 5 août 1790, les

---

l'incident ne repose que sur l'autorité de Réal, ministre de la police sous l'Empire, qui a déclaré avoir tenu le billet entre ses mains. Voir *Philippe d'Orléans Égalité,* par Auguste Ducoin, p. 72.

[280] Montjoie, Conjuration de d'Orléans, II 71 ; Dépêches de Paris, II 311.

[281] *Appel au Tribunal,* p. 76. Voir aussi Fantin Désodoards, p. 283 : « Les Orléanistes ne doutaient pas que le Châtelet ne considérât cette affaire au point de vue indiqué par eux, et ne jetât tout l'odieux sur quelques obscurs ruffians qu'il était facile de représenter comme des agents secrets des royalistes. »

magistrats condamnent à l'unanimité le duc d'Orléans et Mirabeau comme méritant d'être arrêtés.

Le lendemain, une délégation du Châtelet s'est présentée à l'Assemblée et a déposé sur la table toutes les preuves documentaires qu'elle avait recueillies.

Boucher d'Argis ouvre alors le débat par ces mots dramatiques :

> « Nous avons enfin déchiré le voile de l'événement déplorable aujourd'hui trop célébré. Ils seront connus — ces secrets pleins d'horreur ; ils seront révélés — ces crimes qui ont souillé le palais de nos rois au matin du 6 octobre ! »

Mais les Orléanistes ont encore beaucoup trop de pouvoir sur l'Assemblée pour être traduits en justice. Chabroud, le mercenaire du duc,[282] fut chargé de rédiger un rapport disculpant les deux délinquants, suivi de tirades de Mirabeau et du duc de Biron, qui eurent l'effet habituel d'intimider l'Assemblée. Pour tout esprit impartial, ces discours de la défense ne sont guère une preuve moins convaincante de la culpabilité des conspirateurs que le rapport du Châtelet. Pas une seule des accusations portées contre les accusés n'est efficacement réfutée ; la faiblesse des arguments employés n'a d'égale que leur audace. Le « peuple » que ces démagogues n'hésitent pas à stigmatiser comme « ruffians » ou comme « tigres »[283] est seul à blâmer ; la seule conspiration est celle des « ennemis de la Révolution » ! En d'autres termes, ce sont les « aristocrates » qui ont organisé la marche sur Versailles !

Mirabeau, adoptant son procédé habituel consistant à noyer son absence de raison ou de logique dans des flots de verbiage dénué de sens, tonnait contre le Châtelet : » Cette histoire est profondément odieuse. Les annales du crime offrent peu d'exemples d'infamie à la fois si éhontée et si peu habile. Il admet hardiment plusieurs des accusations les plus incriminantes,[284] mais s'efforce de les expliquer par des sophismes si

---

[282] Montjoie, *Conjuration de d'Orléans*, III 84. Fantin Désodoards (*Histoire Philosophique*, etc. I 286) dit que Chabroud a reçu 60 000 francs du Duc d'Orléans pour ce rapport.

[283] « Peut-être que des ruffians s'étaient mêlés à la multitude et qu'il était devenu leur instrument mobile... Une bande meurtrière avance, dans sa frénésie elle ne respecte rien. Bientôt il n'y a plus rien entre les tigres et Louis XVI » (Discours de Chabroud).

[284] Par exemple, le docteur la Fisse, témoin lv. de la *Procédure du Châtelet*, avait déclaré que Mirabeau, en recevant après le 6 octobre un billet du duc d'Orléans disant qu'il partait pour l'Angleterre, s'était écrié furieusement à son entourage : « Voyez ici lire ! Il est aussi lâche qu'un laquais, c'est un *jean-foutre* qui ne mérite pas toute la peine qu'on se donne pour lui ! » (Comparez avec la description faite par Camille Desmoulins

futiles que l'Assemblée elle-même aurait été forcée de les rejeter si Mirabeau, avec une superbe ruse, n'avait pas trouvé un argument qui terrifiait l'Assemblée. Ce n'est pas le 6 octobre, s'écria-t-il, que l'on juge, c'est la Révolution ! Et sur ce, l'Assemblée, dominée par les deux factions révolutionnaires, qui savaient bien que si la Révolution finissait, c'en était fini d'elles, se hâta de renverser le jugement du Châtelet et de déclarer Orléans et Mirabeau innocents. À cette décision monstrueuse de l'Assemblée, un cri d'indignation s'éleva de tous ceux qui aimaient la justice, et qui depuis le début de la Révolution avaient lutté pour la cause de la vraie liberté.[285]

Parmi eux, Mounier, qui écrivit de Suisse son *Appel au Tribunal de l'Opinion Publique* dénonçant le rapport de Chabroud : « Je ne conçois rien de si révoltant que les efforts de M. Chabroud pour justifier les crimes les plus effroyables, son indulgence pour les assassins, sa haine pour les victimes, ses outrages contre les témoins et contre les juges (du Châtelet), le ton menaçant du duc d'Orléans et du comte de Mirabeau, l'empressement avec lequel les conclusions du rapporteur (Chabroud) ont été admises à la hâte, sans examen et sans discussion. Rien de tout cela ne doit m'étonner, et pourtant cela a provoqué en moi une indignation presque égale à celle que j'ai éprouvée les 5 et 6 octobre 1789. Peut-être l'apologie du crime devrait-elle inspirer plus d'horreur que le crime lui-même. »

C'est pourtant cette apologie des crimes des 5 et 6 octobre qui, depuis plus de cent ans, a triomphé de la vérité et de la justice ; la *Procédure du Châtelet* et la grande dénonciation de Mounier — que jusqu'ici on n'a cessé de citer à l'appui des doctrines révolutionnaires — ont été obstinément ignorées par presque tous les historiens, et le caractère du peuple français

---

de la « colère de Mirabeau de se voir abandonné », citée à la p. 126 de cet ouvrage). Mirabeau reconnut avoir fait cette remarque, mais expliqua qu'il voulait seulement dire que c'était « une erreur » pour le duc d'aller en Angleterre !

[285] Pour les opinions des contemporains anglais sur l'absolution de l'Assemblée à l'instigation du « blanchisseur Chabroud », voir, par exemple, Playfair's *History of Jacobinism*, p. 220 ; Robison's *Proofs of a Conspiracy*, p. 392 ; et la déclaration d'Helen Maria Williams, une ennemie acharnée du roi, dans sa *Correspondance de Louis XVI*. i. 235. Même Dumont, l'ami — et évidemment, pour un temps, le complice — de Mirabeau, admet l'honnêteté douteuse de l'Assemblée en le disculpant. « Les événements des 5 et 6 octobre, écrit Dumont, ont été imputés au duc d'Orléans, et le Châtelet a impliqué Mirabeau dans la conspiration ». L'Assemblée nationale a déclaré qu'il n'y avait pas lieu de condamner l'un ou l'autre. *Mais l'absolution de l'Assemblée n'est pas l'absolution de l'histoire*, et bien des voiles restent encore à lever avant que l'on puisse se prononcer sur ces événements « (*Souvenirs sur Mirabeau*, p. 117).

a été noirci pour mieux blanchir un prince ignoble et ses compagnons de bonté. Telle est la méthode « démocratique » d'écrire l'histoire !

La vérité est que la marche sur Versailles n'a été qu'un soulèvement orléaniste ; non seulement le peuple doit être exonéré de toute responsabilité, mais encore les autres intrigues révolutionnaires. Dans tous les préparatifs qui ont eu lieu auparavant, dans tous les aperçus jetés par le Châtelet sur les crimes commis, on ne trouve trace ni de la collaboration anarchiste, ni de la collaboration anglaise, ni de la collaboration prussienne ; les chefs étaient des hommes connus pour n'être dévoués qu'aux intérêts du duc d'Orléans, les instruments étaient à sa solde. Mais si ces autres intrigants ne prenaient aucune part effective au mouvement, ils lui accordaient leur plus vive sympathie. Les outrages du 6 octobre avaient favorisé la cause de l'anarchie. Robespierre pouvait encore se permettre de faire profil bas, d'attendre son heure, tandis que les orléanistes poursuivaient leur travail de démolition.

Les événements des 5 et 6 octobre furent salués par les révolutionnaires d'Angleterre avec de nouvelles réjouissances. À la maison de réunion de la Vieille Juiverie, le 4 novembre, le Dr Price a prononcé son célèbre sermon politique à la gloire de la Révolution française. » Quelle période mouvementée que la nôtre ! Je suis reconnaissant d'avoir vécu pour la voir ; je pourrais presque dire « Seigneur, laisse maintenant ton serviteur partir en paix, car mes yeux ont vu ton salut » — J'ai vécu pour voir une diffusion de la connaissance qui a sapé la superstition et l'erreur. J'ai vécu pour voir trente millions de personnes indignées et résolues, méprisant l'esclavage et réclamant la liberté d'une voix irrésistible. Leur roi mené en triomphe, et un monarque arbitraire se livrant à ses sujets. »

Après ce discours, les membres de la Société révolutionnaire de Grande-Bretagne se sont rendus à la Taverne de Londres et ont adopté un discours de félicitations sur le « glorieux exemple de la France », qui a été transmis par Lord Stanhope à l'Assemblée nationale.

Mais il y avait en Angleterre un homme dont l'amour passionné de la liberté lui inspirait l'éloquence qui seule pouvait contrer ces libelles monstrueux contre une noble cause. Brûlant d'indignation, Edmund Burke se leva et, dans ses immortelles *Réflexions*, ouvrit les yeux de ses compatriotes sur le véritable caractère de la Révolution française et des outrages du 6 octobre. Est-ce un triomphe à consacrer sur les autels ? à commémorer avec des remerciements reconnaissants ? à offrir à l'humanité divine avec des prières ferventes et des éjaculations enthousiastes ? ... Je ne penserai jamais qu'un prince, dont les actes de tout le règne ont été une suite de concessions à ses sujets, qui était disposé à relâcher son autorité, à remettre ses prérogatives, à appeler son peuple à une part de liberté non connue, peut-être non désirée, par ses ancêtres... Je serai conduit avec beaucoup de peine à penser qu'il mérite le triomphe cruel et insultant de Paris et du Dr Price. *Je tremble pour la cause de la liberté, d'un tel exemple aux rois. Je tremble pour la cause de l'humanité, devant les outrages impunis du plus méchant des hommes.* »

L'appel vibrant de Burke rencontra un succès prodigieux et entraîna avec lui toute la partie saine du peuple. Jusqu'alors, ils avaient conservé une certaine sympathie pour la Révolution ; l'instinct national « sportif » avait répondu, comme nous l'avons vu, à l'entreprise de l'attaque de la Bastille, mais ce même instinct avait reculé devant la lâche tentative de massacrer dans leur lit la famille royale sans défense. Après le 6 octobre, dit le républicain Dumont, beaucoup d'hommes sensés (en Angleterre) ont commencé à penser que les Français traitaient de façon infâme un roi qui avait tant fait pour eux. »[286]

L'effet du discours de Burke fut sans doute de sauver l'Angleterre de la révolution ; Dumont va même jusqu'à se demander s'il ne fut pas « le sauveur de l'Europe ». C'est en vain que les révolutionnaires anglais ont répliqué par une tempête de pamphlets séditieux ; leurs efforts ont été rapidement transformés en vieux papiers, tandis que la dénonciation de Burke vivra aussi longtemps que la langue anglaise sera parlée.

Son mérite, écrit le contemporain John Adolphus, ne peut être apprécié que par la rancœur jamais éteinte qu'il a excitée dans l'esprit de ses adversaires, une rancœur que l'âge, l'affliction, la maladie et même la mort n'ont pu assouvir. Elle n'est pas encore apaisée ![287] Pourtant, après plus de cent ans, la presse radicale ne se lasse pas d'injurier l'auteur des grandes *Réflexions*, et c'est grâce à ses efforts incessants que l'Angleterre n'a jamais pu connaître la dette qu'elle a envers Edmund Burke.[288]

Mais si l'Angleterre commence désormais à considérer la Révolution française avec aversion, la Prusse continue à exprimer une admiration non feinte pour les principes de la liberté française. Les décrets du 4 août, qui privaient les princes allemands de leurs domaines d'Alsace et de Lorraine,

---

[286] *Souvenirs sur Mirabeau*, p. 96.

[287] *Histoire de la Révolution française*, par John Adolphus, II 298.

[288] Cette propagande a été si bien menée que dans l'édition populaire des *Réflexions*, que le bon goût du public britannique a rendu nécessaire de publier, une préface a été insérée expliquant que Burke était mal informé sur le sujet et invitant le lecteur à consulter les *Voyages en France* de M. Arthur Young. Mais l'auteur s'abstient soigneusement de mentionner l'ouvrage ultérieur d'Arthur Young, *The Example of France*, qui confirme chaque mot prononcé par Burke dans un langage un peu plus fort !

avaient déjà aigri les sentiments entre l'Autriche et la France, et ouvert la voie à la dissolution de la détestable alliance franco-autrichienne ; et, bien que la Prusse ne s'en rendît peut-être pas compte à l'époque, le premier pas avait été fait vers l'incorporation de ces provinces au futur Empire allemand. Hertzberg et Von der Goltz pouvaient se réjouir de chaque étape successive de la Révolution ! Un roi sans autorité, écrit le ministre de Saxe à Berlin, alors que se prépare la marche sur Versailles, un État sans argent ni puissance militaire, en un mot un vaisseau pris dans la tempête et dont Mirabeau est le seul pilote, quelle importance la France peut-elle avoir désormais en Europe ? »[289]

La Prusse avait en effet toutes les raisons d'être reconnaissante envers la Révolution. Est-ce la reconnaissance de cette dette qui a poussé les Prussiens à entrer à Versailles, quatre-vingt-deux ans plus tard, aux accents de la Marseillaise ? Le 6 octobre 1789 n'avait été que le prélude au 8 janvier 1871, et dans la grande galerie du palais, maculée du sang des gardes du corps du roi, Guillaume Ier de Prusse fut proclamé empereur d'Allemagne au milieu des acclamations de ses hordes conquérantes.

---

[289] *L'Europe et la Révolution Française*, par A. Sorel, II 26.

L'INVASION DES TUILERIES

DÉROULEMENT DES INTRIGUES EN 1790 ET 1791

UNE PÉRIODE de près de trois ans s'est écoulée entre les deuxième et troisième grandes éruptions de la Révolution. Pendant cet intervalle, des changements si fondamentaux se produisirent parmi les factions que les explosions de 1792 doivent être considérées comme un mouvement entièrement différent — en fait, comme une révolution nouvelle et distincte.

Pour comprendre les causes qui ont produit cette seconde révolution, il est donc nécessaire de se faire une idée du cours pris par les intrigues révolutionnaires depuis la marche sur Versailles.

Avec l'exil du duc d'Orléans et de son mentor Choderlos de Laclos, la conspiration orléaniste fut temporairement arrêtée, et par la désertion de Mirabeau au printemps suivant, elle perdit sa principale force dynamique. Mirabeau, disait-on, avait été « acheté » par la Cour ; certes, Mirabeau fut payé, mais cette fois pour l'expression de ses véritables opinions. Il avait toujours méprisé le duc d'Orléans, et une fois que la générosité du roi l'eut libéré de cette ignoble servitude, il consacra toute son immense énergie à renforcer l'autorité royale qu'il avait passé les années précédentes à renverser.

Louis XVI, qui, comme l'exprime bien M. Sorel, « ne voyait dans la Révolution qu'un malentendu entre lui et son peuple, exploité et attisé par une bande de séditieux », espérait par la capture du principal agitateur mettre fin aux hostilités.

Le 13 juillet 1790, avant de prêter serment de maintenir la Constitution le lendemain à la Fête de la Fédération, Louis XVI se présente à l'Assemblée, et se livre à ce message étrangement humain à son peuple :

> « Dites à vos concitoyens que je voudrais pouvoir leur parler à tous comme je vous parle ici ; dites-leur encore que leur Roi est leur père, leur frère, leur ami ; qu'il ne peut être heureux que dans leur bonheur, grand par leur gloire, puissant par leur liberté, riche par leur prospérité, qu'il ne peut souffrir que dans leurs peines. Faites entendre les paroles ou plutôt les sentiments de mon cœur dans les plus humbles chaumières et dans les

habitations des malheureux ; dites-leur que si je ne puis aller avec vous dans leurs demeures, je désire y être par mon affection et par des lois qui protégeront les faibles, veiller avec eux, vivre pour eux, mourir au besoin pour eux... »

Mais le retour du duc d'Orléans deux jours plus tôt — auquel Lafayette est trop bête ou trop lâche pour s'opposer — donne un nouvel élan aux conspirateurs, et l'insurrection éclate avec une fureur redoublée au Palais Royal. Les agitateurs professionnels de 1789 — St-Huruge, Grammont, Fournier l'Américain — étaient maintenant renforcés par une bande de brigands à gages, connue sous le nom de compagnie du « Sabbat », levée par les De Lameth et composée principalement d'Italiens — notamment Rotondo, Malga et Cavallanti — que nous trouvons maintenant mêlés à toutes les foules révolutionnaires et commettant toutes les formes de violence sanguinaire.[290] Au cours de l'été 1790, peu après la Fête de la Fédération, Rotondo fut envoyé à St-Cloud pour assassiner la Reine alors qu'elle se promenait dans le jardin, et n'échoua que parce que la pluie la retint à l'intérieur le jour prévu ;[291] de nouveau, au mois de novembre suivant, Rotondo et Cavallanti conduisirent une foule pour piller la maison du Duc de Castries, qui avait blessé un des De Lameths dans un duel. Au même moment, le duc d'Orléans entrait en relation avec une autre intrigante - Madame de la Motte, célèbre dans l'affaire du collier, qui retournait maintenant à Paris, et occupait un magnifique hôtel sur la Place Vendôme fourni par le duc en échange de nouveaux libelles sur la reine.[292]

Entre-temps, bien qu'il ait juré de maintenir la Constitution et qu'il n'ait mis aucun obstacle à l'Assemblée, le roi est toujours retenu prisonnier par Lafayette aux Tuileries, en violation directe des principes établis par le peuple.[293]

C'est dans ces circonstances que Louis XVI décide en désespoir de cause de faire appel à l'intervention des puissances étrangères. À la fin du

---

[290] La Conspiration révolutionnaire de 1789, par Gustave Bord, p. 20 ; Le Marquis de St. Huruge, par Henri Furgeot, pp. 192, 225 ; Crimes et Forfaits de L.P.J. d'Orléans découverts par un citoyen.

[291] *Mémoires de Mme Campan*, p. 276.

[292] *Mémoires de Lafayette*, iii. 157 ; Correspondance secrète, p. 481.

[293] Voir le *Résumé des Cahiers*, p. 7, article II. « La personne du Roi est inviolable et sacrée », Article XI « La liberté individuelle est sacrée ». Par conséquent, que ce soit en tant que Roi ou en tant que sujet, Louis XVI ne pouvait légalement être gardé prisonnier, non seulement sans la formalité d'un procès, mais sans même qu'aucune raison ne soit donnée pour sa détention.

mois d'octobre, un émissaire est envoyé au marquis de Bouillé, commandant sur la frontière, pour l'informer que « la position du roi sous la geôle de Lafayette est devenue si intolérable qu'il songe à fuir sur la frontière dans une des places commandées par Bouillé, afin de rassembler autour de lui toutes les troupes et aussi ceux de ses sujets qui lui étaient restés fidèles, de s'efforcer de reconquérir le reste de son peuple qui avait été égaré par les séditieux, et de chercher un appui dans le secours de ses alliés si tous les autres moyens de rétablir l'ordre et la paix se révélaient infructueux. »[294]

Puisque la suggestion contenue dans cette lettre d'un appel aux alliés du roi, les Autrichiens, est devenue le principal motif d'accusation contre Louis XVI et Marie-Antoinette, il est important de comprendre leurs véritables intentions sur cette question de l'Appel à l'Étranger. Personne n'a expliqué la question plus clairement que M. Louis Madelin, l'historien qui représente le mieux l'opinion française moderne :

> « Marie-Antoinette… semble avoir pensé à cet appel à l'Europe vers l'été 1790. L'idée qu'elle s'en faisait — idée de femme, parfaitement enfantine — est encore peu connue en général. Elle ne rêvait nullement d'une contre-révolution amenée à Paris dans les bagages de l'étranger, mais d'*une simple manifestation aux frontières,* par laquelle la Cour montrerait qu'elle "désapprouve la manière dont le roi est traité". L'Empereur masserait ses troupes, ferait une feinte d'avance, Louis XVI se placerait à la tête de l'armée française, et Léopold se retirerait alors devant son beau-frère, qui, auréolé de cette victoire, rentrerait dans Paris entouré de l'amour d'un peuple qui l'attend. »

Le plan était toutefois vain, car les sentiments « amicaux » des souverains européens auxquels cet appel était adressé étaient dépassés par leurs ambitions politiques. « La cause des rois ! La cause des dynasties ! » s'écrie M. Madelin ; » on dira cela hypocritement en 1792, mais la Révolution n'alarme ni ne scandalise l'Europe en 1789 et 1790, elle est plutôt un motif de réjouissance. Toute la splendeur de l'ancienne France qui avait suscité l'envie et l'admiration des monarques étrangers était concentrée non seulement à la Cour mais dans la dynastie capétienne, aussi la vue de la France, leur éternelle rivale, saignant dans la poussière de blessures qu'elle s'était elle-même infligées, ne semblait pas à ces puissances inférieures une occasion de faire des chevaliers errants. Quant aux liens du sang que l'on a représentés comme liant les familles royales d'Europe dans une confraternité dangereuse pour les intérêts de leurs sujets, leur faiblesse n'a jamais été mieux illustrée que dans la Révolution

---

[294] Mémoires de Bouillé, p. 181.

française, car de tous les souverains européens Léopold II, empereur d'Autriche, frère de la reine de France, fut peut-être le moins empressé à défendre les intérêts de sa sœur ou même à assurer sa sécurité, tandis que Gustave III de Suède, lié par aucun lien de parenté, fit seul preuve d'activité pour répondre à son appel.

Dans le cas de Frédéric-Guillaume II de Prusse, il ne s'agissait pas simplement d'un acquiescement passif aux désordres de la France, mais, comme nous l'avons déjà vu, d'une coopération active. L'intrigue de Von den Goltz — que nous devons suivre dans les pages de Sorel — avait merveilleusement prospéré depuis la marche sur Versailles, car il avait réussi à mettre à exécution les injonctions de sa Majesté prussienne en formant une coalition avec plusieurs des chefs révolutionnaires les plus influents, En mai 1790, Frédéric-Guillaume avait écrit à Von der Goltz pour lui ordonner « de tenir ce Pétion en éveil, de lui exprimer la satisfaction qu'il (le roi) éprouve de sa conduite, et de lui faire savoir à Berlin s'il ne serait pas opportun de lui donner une pension ».[295]

Cette lettre fut suivie cinq mois plus tard par l'envoi d'un nouvel émissaire en France, un certain agitateur juif nommé Éphraïm, qui arriva à Paris le 14 septembre 1790, muni d'une lettre du roi de Prusse à Von der Goltz le chargeant de mettre Éphraïm en contact avec les chefs révolutionnaires et de lui ouvrir la voie :

> « Goltz l'avait préparé depuis longtemps. Il avait fait admettre l'intermédiaire royal chez Lafayette, chez Barnave, chez Lameth ; il l'avait mis en rapport avec Pétion, Brissot, Gensonné et leurs amis (*c'est-à-dire* avec les futurs Girondins). Éphraïm les trouva pleins d'animosité contre l'Autriche et *pleins de cordialité envers la Prusse*. Il se montra encore plus anti-autrichien qu'aucun d'entre eux, et le cynisme de son langage à l'égard de la reine semblait une garantie certaine de la sincérité de ses sympathies pour la France. »

Éphraïm tente alors de se glisser dans la confidence du ministre du roi, Montmorin, mais sans succès. » L'objet qu'il a mis en avant, dit Montmorin, est un traité commercial, mais j'ai l'occasion de croire que sa mission s'étend plus loin et qu'il a été chargé de nous sonder sur une entente politique. « ... Montmorin avait de bonnes raisons de se méfier de toutes ces manœuvres prussiennes ; Éphraïm jouait à Paris un rôle très perfide. Il fréquentait les clubs et se faisait remarquer par ses violences démocratiques. Son but, écrit Montmorin, est de nous brouiller avec l'empereur d'Autriche, et il pense qu'en excitant le public contre la reine,

---

[295] Toutes les citations suivantes sont extraites de *L'Europe et la Révolution Française*, par Albert Sorel, vol. II pp. 69, 157.

il y réussira plus facilement. Il se livre à des manœuvres sournoises et essaie de travailler sur les journalistes. Je suis presque certain qu'il distribue de l'argent, et je sais qu'il tire de grosses sommes du banquier. »[296]

Les soupçons de Montmorin étaient parfaitement justes, car nous avons sur ce point les témoignages de contemporains appartenant à des partis absolument opposés. Ainsi le comte de Fersen, écrivant à Gustave III de Suède le 8 mars 1791, affirme qu'Éphraïm a fourni de l'argent aux agents de la propagande révolutionnaire — » il n'y a pas longtemps qu'il a encore reçu 600 000 louis ». Et Camille Desmoulins éclaire encore l'affaire en 1793 par cette phrase significative : « N'est-ce pas un fait opportunément rapporté par Philippeaux que le trésorier du roi de Prusse, en lui rendant compte des dépenses de l'année dernière, produit un poste de *six millions d'écus pour les corruptions en France ?* ». Dans toutes les annales sordides des Hohenzollern, aucune perfidie plus grande n'a jamais été mise en lumière ; déjà, ils s'étaient lancés dans le programme qu'ils poursuivent de nos jours avec un succès sans faille — *l'ingénierie de la révolution* dans tous les pays qu'ils veulent soumettre. Le jacobin anglais Miles pourrait bien s'exclamer :

> « De tous les mécréants sceptiques qui ont déshonoré la royauté depuis que vous et moi avons parcouru cette terre, je n'en connais aucun d'aussi vil, d'aussi méchant, d'aussi infâme que l'actuel roi de Prusse. Il a autorisé ses agents à travers l'Europe à commettre une sorte de pillage général — à cajoler et à voler toutes les nations. »

---

[296] C'est son refus de former une alliance avec la Prusse dans cette crise qui constitua la principale accusation contre Montmorin lorsqu'il fut traduit en justice par les Girondins deux ans plus tard. Les termes dans lesquels cette accusation est formulée prouvent clairement que les Girondins agissaient dans l'intérêt de la Prusse, et jettent une lumière curieuse sur leur moralité politique : « On avait supposé, lit-on dans le rapport officiel lu à haute voix par le Girondin Lasource, que M. de Montmorin » n'avait pas cru à la sincérité des avances faites par la Cour de Berlin. Il n'était pas possible que cette Cour n'eût pas été de bonne foi, puisqu'elle (la Cour de Berlin !) l'a été de tout temps, et qu'elle ne peut être que l'ennemie naturelle de celle de Vienne... M. de Montmorin... savait que la jalousie et la rivalité se fomentaient plus que jamais entre ces deux Cours, puisqu'il savait et reconnaissait lui-même que c'était le *roi de Prusse qui avait excité et fomenté par ses agents l'insurrection des Belges et des Liégeois* (contre l'Autriche). Il connaissait donc parfaitement l'attitude du roi de Prusse, et s'il refusait d'adopter ses vues, ce n'était pas parce qu'il doutait de sa sincérité, mais parce qu'il ne souhaitait pas une alliance avec cette Cour. Quels reproches, Messieurs, la France n'a-t-elle pas à adresser à cet ex-ministre ? (*Moniteur*, xiii 591). Montmorin devait donc être condamné comme traître à la France parce qu'il avait refusé de s'allier à une Cour qu'il savait fomenter la sédition dans un État rival !

Car Miles, tout révolutionnaire qu'il était, ne manquait pas de perspicacité pour voir clair dans les intrigues de certains prétendus démocrates, et il n'était pas trompé, comme le sont nos visionnaires d'aujourd'hui, par les protestations de sympathie pour la cause de la liberté émanant des esclaves volontaires du despotisme prussien. « Quelques-uns des tribunaux allemands, écrit-il le 12 mars 1791, ont ici des émissaires — tous apôtres de la liberté — qui prêchent l'égalité des droits et *assurent à la multitude étourdie que leur exemple sera suivi par le monde entier*. La Prusse, pour l'intrigue, prend la tête. Elle fait la cour à chaque parti selon les apparences. Elle ne tient pas compte des Tuileries. Tous ses agents vocifèrent contre la maison d'Autriche qui complote avec la Reine dans le but de détruire la Révolution. »[297]

L'habileté avec laquelle cette intrigue est menée montre que les enseignements de Frédéric le Grand ont été mis en pratique par ses disciples. Frédéric avait toujours cru à la diffusion des doctrines démocratiques à l'étranger tout en restant maître dans l'art de contrer leur influence à l'intérieur du pays. Les souverains des différents États allemands avaient plus que jamais besoin d'exercer ce talent, car le peuple allemand présentait des symptômes alarmants de fièvre révolutionnaire. Les doctrines des Illuminés allemands qui avaient contribué si puissamment à la révolution en France se faisaient maintenant sentir dans le pays qui leur avait donné naissance. Burke, écrivant en cette même année 1791, remarque :

> « Une grande révolution se prépare en Allemagne ; et une révolution, à mon avis, susceptible d'être plus décisive sur le sort général des nations que celle de la France elle-même... ».

Cette révolution, qui aurait pu représenter le salut du monde civilisé en renversant le despotisme des Hohenzollern, a été évitée par la révolution en France.

La mort de Mirabeau, en avril 1791, écarte un obstacle redoutable du chemin de la Prusse. L'auteur de l'*Histoire secrète de la cour de Berlin*, qui avait déclaré que « la guerre est l'industrie nationale de la Prusse », n'était pas homme à se laisser tromper par les protestations pacifiques des émissaires de Frédéric-Guillaume. Mirabeau en savait beaucoup plus qu'il ne convenait sur les intrigues des Hohenzollern, et il détestait Hertzberg.

---

[297] La correspondance de William Augustus Miles sur la Révolution française, I 256.

Ce vieux renard, déclare-t-il avec exaltation à Dumouriez, n'a plus beaucoup de temps à vivre. »[298]

Quatre jours plus tard, Mirabeau lui-même était mort. La véracité du verdict, « mort de causes naturelles », ne fut jamais prouvée de manière concluante, et les Orléanistes furent fortement soupçonnés de se venger par le poison de la défection de leur allié le plus précieux. Mais est-il tout à fait impossible qu'Éphraïm ait pu être impliqué dans cette affaire ? L'agitateur juif, en tout cas, a joué un rôle actif dans le tumulte qui a eu lieu quinze jours plus tard lorsque les orléanistes, espérant une fois de plus obtenir la mort du roi de la main du peuple,[299] ont conduit une foule aux Tuileries sous le prétexte d'empêcher la famille royale de se rendre à Saint-Cloud pour Pâques. La même chose avait été tentée l'année précédente, lorsque des femmes avaient été envoyées pour inciter la foule à la violence, mais leurs efforts s'étaient avérés vains, et le Roi avait pris la route au milieu des acclamations des Parisiens et des cris de « Bon voyage au bon Papa ! Les dirigeants révolutionnaires se rendirent compte qu'ils devaient utiliser des instruments plus puissants s'ils voulaient réussir leur coup. Danton, le principal organisateur du mouvement,[300] reste comme d'habitude à l'arrière-plan, mais Laclos déguisé en jockey et Sillery en laquais sont reconnus dans la foule. Une fois de plus, on avait fait appel aux agitateurs professionnels — Saint Huruge et les membres sanguinaires du *Sabbat* ; "Malga gorgé d'or et de vin" se mêlait aux troupes, les incitant au meurtre ; Rotondo menait la populace.[301] Mais on dit que c'est Éphraïm qui avait financé le mouvement avec les fonds que lui avait confiés son maître royal.[302]

Cet outrage décida finalement Louis XVI à mettre à exécution son projet de fuite vers la frontière, et le 20 juin, la famille royale entreprit le fatal voyage vers Montmédy qui se termina par leur arrestation à Varennes. Les Orléanistes saisissent immédiatement l'occasion d'attiser la fureur populaire contre le roi ; la presse à scandale à leur solde déverse des

---

[298] Mémoires de Dumouriez.

[299] « L'objet du complot était l'assassinat du roi » (*Choderlos de Laclos*, par Émile Dard, p. 286).

[300] Danton s'en est vanté à son procès : « C'est moi qui ai empêché le voyage à Saint-Cloud. » Voir *Notes de Topino Lebrun* ; également *Bulletin du Tribunal révolutionnaire*, n° 21822, « Défense de Danton. »

[301] Émile Dard, *op. cit.* ; *Correspondance secrète*, 523 ; *Lettres d'Aristocrates*, par Pierre de Vaissière, p. 291.

[302] Émile Dard, *op. cit.*

pamphlets décrivant Louis XVI comme *le gros cochon*,[303] un ivrogne invétéré, » un accapareur, un escroc, un faux-nez, un dévoreur d'hommes ». Au club des Jacobins, Réal, au milieu d'injures furieuses contre le roi, propose de pousser le duc d'Orléans à accepter la régence.[304] Le duc, qui, à la première nouvelle de la fuite du roi, avait parcouru Paris, le sourire aux lèvres, en se félicitant de sa victoire, fut maintenant frappé de panique, et exaspéra ses partisans en publiant une lettre composée pour lui par Madame de Genlis, déclinant la régence.[305] Mais Laclos, toujours aussi énergique dans la cause de son « protégé » royal, rédige une pétition en collaboration avec Brissot, demandant la déposition du roi et, malgré les protestations de Brissot,[306] « son remplacement par voie constitutionnelle », c'est-à-dire la substitution du duc d'Orléans à Louis XVI.

Les Orléanistes, cependant, avaient dépassé les bornes en dégradant le Roi ; ils avaient réussi à dégrader la monarchie, et maintenant, *pour la première fois,* le cri de « Plus de rois ! et l'on proposa de remplacer la phrase de Laclos par une phrase exigeant l'abolition de la monarchie.[307]

Cette proposition de République, émanant du Club des Cordeliers et d'un quartier de Paris entièrement contrôlé par eux, le Théâtre Français,[308] ne rencontra l'appui que de quelques révolutionnaires isolés, dont Brissot et Condorcet, dont les convictions républicaines étaient plus que douteuses, et fut violemment combattue par les Jacobins, principalement orléanistes. Déjà, lors d'une séance du Club, immédiatement après la fuite à Varennes, un membre qui s'était risqué à proposer une République avait été indignement bousculé,[309] et l'amendement suggéré par les prétendus

---

[303] *Le Nouveau Paris,* par Mercier, I 192.

[304] Séances des Jacobins du 3 juillet 1791.

[305] *Mémoires de Mme de Genlis,* iv. 92.

[306] *Mémoires de Mme Roland,* ii. 285 ; *Mémoires de Brissot,* iv. 342.

[307] Séances des Jacobins d'Aulard, iii. 43.

[308] Buchez et Roux, x. 145.

[309] Voir *Journal des Débats de la Société des Amis de la Constitution,* etc., *Séance* du 1er juillet 1791. M. Varennes demande si le trône doit être rétabli, et si un gouvernement monarchique ou républicain serait le meilleur : « Grand bruit, brouhahas » ; le Président rappelle le député à l'ordre. Toujours dans la *séance* du 8 juillet 1791, M. Goupil, dans un discours, fait allusion « aux opinions qui règnent dans cette société en faveur du républicanisme. » Le plus grand tumulte s'élève à cette phrase, et un membre rappelle à l'orateur que « tout ce tumulte est causé par le fait que

"républicains" fut donc rejeté par les Jacobins, et la proposition originale de Laclos maintenue dans la pétition qui devait être présentée à "l'autel de la patrie" dressé sur le Champ de Mars.

Par des cajoleries, des menaces et la diffusion de nouvelles paniques,[310] quelques milliers de signatures furent obtenues dans les Faubourgs — principalement celles des femmes et des enfants[311] — et tôt le matin du jour fixé, le 17 juillet 1791, une foule désordonnée s'assembla sur le Champ de Mars, et après avoir inauguré la cérémonie par le meurtre de deux citoyens innocents, un vieux soldat et un perruquier, qui s'étaient réfugiés sous les marches de l'autel pour se protéger des rayons du soleil et prendre un petit déjeuner frugal[312], ils se livrèrent au passe-temps révolutionnaire habituel en lançant des pierres sur les troupes rassemblées par Lafayette. Sur quoi Lafayette et Bailly, le maire, avec une fermeté inhabituelle, hissent le drapeau rouge et proclament la loi martiale, mais les soldats, exaspérés par les coups de pistolet qui succèdent maintenant à la grêle de pierres, sans attendre d'autres ordres, tirent sur les émeutiers et en tuent plusieurs.[313]

Comme dans tous les tumultes populaires, la démonstration de force ramena la foule à la raison ; en un instant, tout le Champ de Mars fut balayé par les insurgés, mais, ce qui est plus important, la fusillade eut pour effet de terrifier les chefs révolutionnaires. Les Jacobins, rassemblés dans leur Club, s'échappent en toute hâte par les portes et les fenêtres, et courent pour sauver leur vie au milieu des railleries de la populace.[314] Brissot,

---

vous attribuez à la société des sentiments qu'elle n'a jamais entretenus. (Applaudissements universels.) »

[310] Beaulieu, ii. 540.

[311] *Ibid.* II 538.

[312] *Ibid.* II 541.

[313] Ce soi-disant « massacre » fut ensuite imputé à Lafayette par les chefs révolutionnaires ; Bailly le paya de sa vie. Il est pourtant certain que Lafayette a fait tout ce qui était en son pouvoir pour contenir l'indignation des troupes. Voir Beaulieu, ii. 543, et le témoignage de Gouverneur Morris, témoin oculaire de la scène : « Défiler dans les rues sous un soleil brûlant, puis se tenir debout comme des dindes de vacances pour être abattus par des coups de brique, c'était un peu plus que ce qu'ils (les troupes) avaient la patience de supporter ; alors, *sans attendre les ordres*, ils ont tiré et tué une douzaine ou deux membres du régiment en haillons. Le reste s'est enfui comme des gars vigoureux », etc. (*Journal et lettres de Gouverneur Morris*, i. 434).

[314] Beaulieu, II 545.

Camille Desmoulins et Fréron disparaissent ;[315] Marat se réfugie à nouveau dans une cave ;[316] Robespierre, tremblant de tous ses membres, change en toute hâte de logement ;[317] Danton s'enfuit à la campagne, puis en Angleterre ;[318] tandis qu'Hébert, le terrible Père Duchesne, qui, pour une fois, s'était aventuré dans un tumulte populaire et avait entendu les balles de la soldatesque siffler à ses oreilles, "ne se remit jamais de sa frayeur" Il semble, dit son biographe, M. d'Estrée, que chaque fois que ses pamphlets mentionnent cette fusillade... "ils transpirent l'angoisse ; et cette terreur redouble sa férocité."[319] Au même moment, le juif Éphraïm, ouvertement accusé par les écrivains royalistes de financer des libelles séditieux et de comploter la mort de la reine, est arrêté et emprisonné pendant deux jours à l'Abbaye, après quoi il est renvoyé en Prusse et on n'entend plus parler de lui.[320]

Le tumulte, décrit désormais par les auteurs révolutionnaires comme "le massacre du Champ de Mars", n'est d'ailleurs pas le seul échec reçu par la faction orléaniste lors de cette crise ; un revers plus grave est la défection de plusieurs des chefs orléanistes les plus influents.

Barnave, qui avait été envoyé avec Pétion pour escorter la famille royale dans le terrible voyage de retour de Varennes, avait été conquis par le spectacle du courage et de la souffrance de la reine, et désormais le plus truculent des révolutionnaires ne pensait plus qu'à se dévouer à la cause de celle qu'il admirait et plaignait si profondément. À son arrivée à Paris, il réussit à détacher de la conspiration orléaniste un certain nombre d'autres membres, parmi lesquels Le Chapelier, Adrien Duport, Alexandre de Lameth, le vicomte de Noailles, Muguet de Nantou, le duc de Liancourt.

---

[315] *Histoire des Girondins*, par Granier de Cassagnac, I 330 ; *La Tribune des Patriotes*, par Prudhomme ; *Révolutions de France*, par Camille Desmoulins, n° 86 ; *Camille Desmoulins*, par Édouard Fleury, I 230.

[316] *Camille Desmoulins*, par Édouard Fleury, I 227 : « La terreur de Marat semble avoir commencé le lendemain de la fuite (à Varennes), lorsqu'il fut pris de panique de peur que Louis XVI ne revienne à la tête d'une armée et ne le mette "dans un four chaud". » Voir *L'Ami du Peuple*, n° 497.

[317] *Mémoires de Mme Roland*, i. 65, 209, 210 et note. La terreur de Robespierre commence aussi lors de la fuite à Varennes (*ibid.* p. 204).

[318] *Danton Émigré*, par le Dr Robinet, p. 24.

[319] *Le Père Duchesne*, par Paul d'Estrée, p. 61.

[320] *Le Marquis de St. Huruge*, par Henry Furgeot, p. 233.

Ce parti s'associe désormais à Bailly et Lafayette pour soutenir le roi et la Constitution.[321]

Les agitateurs les plus dangereux ayant ainsi été intimidés ou vaincus, la Révolution est une fois de plus paralysée — la plupart des contemporains pensent même qu'elle est définitivement terminée.[322]

La vérité, c'est qu'à cette époque, le peuple en avait sincèrement assez de la Révolution, qui non seulement lui avait apporté une agitation et des alarmes perpétuelles, mais avait aussi créé le grave problème du chômage.

> "Les effets néfastes de la Révolution, écrit Arthur Young en 1792, ont été ressentis plus durement par les manufacturiers du royaume que par toute autre classe du peuple... Cet effet, qui a été la mort absolue en affamant plusieurs milliers de familles, est un résultat qui, à mon avis, aurait pu être évité. Il n'a découlé que du fait de porter les choses à l'extrême — de chasser la noblesse du royaume et de s'emparer, au lieu de la réguler, de toute l'autorité royale."

Car les révolutionnaires de 1789, comme certains socialistes d'aujourd'hui, qui n'ont qu'une idée, c'est de faire table rase de tout ce qui existe, n'avaient jamais pris le temps de s'interroger sur la manière dont on pourrait construire un édifice social sur les ruines, et le résultat de la destruction, de l'appauvrissement ou de la mise en fuite des classes aisées et fortunées avait été simplement de disloquer tout le système industriel et de ruiner l'agriculture. C'est pourquoi les démocrates de 1789 étaient devenus les aristocrates de 1792, et ce n'étaient plus seulement les nobles qui maudissaient la Révolution, mais les paysans, les industriels et les bourgeois laborieux qui, trois ans plus tôt, avaient salué "l'aube de la liberté", et qui se retrouvaient maintenant à partager le sort de la classe qu'ils avaient tant voulu détrôner.[323]

---

[321] Montjoie, *Conjuration de d'Orléans*, III 139 ; Beaulieu, II 530 ; *Mémoires de Mme de Campan*, p. 294. Fersen pensait que ce parti ne passait au roi que par intérêt, et que ni lui ni la reine n'avaient confiance en eux (*Le Comte de Fersen et la Cour de France*, II 7, 213). On l'a reproché amèrement à Marie-Antoinette, mais quand on se souvient de leurs antécédents, de l'attitude de Barnave à l'égard de l'assassinat de Foullon, de la levée de la Compagnie du Sabbat par les De Lameth, du rôle infâme qu'ils avaient tous joué dans les anciennes insurrections, cela n'a rien d'étonnant.

[322] Il faut noter que cette réaction s'est produite avant l'acceptation définitive de la Constitution par le roi, le 13 septembre 1791. M. Louis Madelin (*La Révolution*, p. 187) dit que du 1er août au 1er octobre, l'opinion générale était que la Révolution était terminée.

[323] « Sans doute y avait-il des paysans français qui se réjouissaient au spectacle de toutes les grandes propriétés du royaume nivelées par la nation ; ils ne prévoyaient pas,

Avec les employeurs de main-d'œuvre, les travailleurs ont souffert à un degré encore plus grand. Toutes les mains qui avaient servi aux besoins ou aux caprices des riches étaient maintenant oisives — brodeurs, éventaillistes, tapissiers, doreurs, carrossiers, relieurs, graveurs, erraient sans but dans les rues de Paris ; 3000 apprentis tailleurs, autant de cordonniers et de barbiers, 4000 domestiques se rassemblaient en foule pour délibérer sur la misère de leur condition.[324]

Pour ajouter à leurs difficultés, l'insurrection, encouragée par les révolutionnaires de Saint-Domingue, avait empêché l'importation de fournitures coloniales, de sorte que "le charpentier, le serrurier, le maçon et le porteur du marché n'ont plus leur café et leur lait du matin, et ils grognent chaque matin à la pensée que la récompense de leur patriotisme est une augmentation des privations". »[325]

Mais tandis que, dans le grand bouleversement, beaucoup de gens étaient descendus dans les profondeurs de la misère, quelques-uns s'étaient élevés au sommet de la prospérité et étaient devenus les oppresseurs des pauvres. Lorsqu'en juin 1791, des bandes d'ouvriers demandèrent à Marat de les protéger contre leurs employeurs, c'est contre les maîtres qui avaient été eux-mêmes des ouvriers que leurs plaintes étaient principalement dirigées,[326] et contre lesquels ils ne pouvaient obtenir aucune réparation, car l'Assemblée, malgré tout le respect qu'elle professait pour la « souveraineté du peuple », manifestait habituellement une totale indifférence à l'égard des projets pratiques de réforme sociale.[327] En ce qui

---

cependant, que ce serait ensuite leur propre tour ; que le principe d'égalité étant une fois étranger, nivellerait infailliblement TOUTES les propriétés » (Arthur Young, *The Example of France*, p. 33).

[324] Taine, *La Révolution*, iii. 136.

[325] *Ibid.* v. 236.

[326] Voir cette pétition dans Buchez et Roux, x. 196, où les pires délinquants sont désignés par les ouvriers en des termes tels que : « journalier enrichi maintenant de 50 000 livres de revenus » ou « arrivé à Paris en sabots et possédant maintenant quatre belles maisons ».

[327] Voir, par exemple, les lois votées le 14 juin 1791, supprimant les « coalitions d'ouvriers » — c'est-à-dire les syndicats de métiers — dans les termes suivants : « Article 1er. L'anéantissement de toutes sortes de corporations de citoyens appartenant à un même état ou à une même profession étant une des bases fondamentales de la constitution française, il est défendu de les rétablir sous quelque prétexte et sous quelque forme que ce soit. Il est en outre interdit aux ouvriers de "nommer des présidents, de tenir des registres, de prendre des résolutions, de délibérer ou de rédiger des règlements sur leurs prétendus intérêts communs" ou de s'entendre sur un barème fixe des salaires. Ces résolutions furent votées presque sans discussion et sans un mot

concerne l'administration de la justice dans tout le pays, le gouvernement révolutionnaire s'était montré tout aussi incapable, et les petits avocats maintenant au pouvoir,

> « fiers de se trouver investis de l'autorité de l'ancienne police, exerçaient la tyrannie la plus vexatoire, prononçaient des verdicts arbitraires et ordonnaient que les citoyens soient arrêtés et emprisonnés sous le plus faible prétexte. Des hommes et des femmes étaient arrachés de leur lit sur l'ordre erratique d'un président d'arrondissement... »[328]

En un mot, la situation du pays était devenue parfaitement chaotique ; personne ne pouvait se sentir en sécurité, ni pour ses personnes ni pour ses biens, et le désir universel était maintenant de voir revenir la loi et l'ordre. Les chefs révolutionnaires étaient assez habiles pour tourner cette agitation populaire à leur avantage ; tous leurs problèmes, disaient-ils au peuple, prendraient fin lorsque le roi aurait enfin accepté la Constitution, qui était sur le point d'être achevée, mais ils avaient soin d'insinuer que le roi était entièrement opposé aux principes qu'elle contenait. C'était, bien sûr, absolument faux ; Louis XVI avait toujours été d'accord avec toutes les vraies réformes et avait déjà accepté les principes de la Constitution *tels qu'ils avaient été exprimés par les cahiers*, mais il n'avait jamais caché qu'il n'approuvait pas la superstructure érigée par l'Assemblée, qui non seulement le privait de l'autorité qui lui avait été accordée par la volonté unanime du peuple, mais qu'il considérait comme directement opposée aux intérêts du peuple lui-même. En fait, la Constitution, dans sa forme achevée, était un amas de contradictions ; elle n'était ni démocratique ni autocratique, ni républicaine ni monarchique, et par conséquent ne satisfaisait ni les royalistes ni les révolutionnaires.

> « À la vérité, déclara ouvertement Camille Desmoulins au Club des Jacobins, il y a eu une telle confusion de plans, et tant de gens y ont travaillé dans des directions contraires, que c'est une véritable tour de Babel. »[329]

C'est cette tour de Babel que l'on a reproché amèrement à Louis XVI de critiquer. Mais en septembre 1791, le temps de la critique est passé ;

---

de protestation de la part de Robespierre ou des autres prétendus démocrates de l'Assemblée (Buchez et Roux, x. 196) ; elles furent d'ailleurs appliquées avec plus de sévérité encore plus tard sous le règne de Robespierre. Voir les édits votés par le Comité de salut public le 22 frimaire an II, cités par Aulard, *Études et Leçons sur la Révolution française*, iv. 51.

[328] *Mémoires de Ferrières*, III 204.

[329] « Discours sur la Situation politique de la Nation du 21 Octobre 1791 », *Séances des Jacobins* d'Aulard, III 208.

chaque remontrance, même raisonnable, faite par le roi ne rencontre que l'insolence des factions révolutionnaires de l'Assemblée, et Louis XVI comprend alors qu'il doit soit accepter la Constitution dans son intégralité, soit provoquer une nouvelle révolution. Il décide donc de l'accepter sans condition, laissant au peuple le soin de découvrir ses imperfections par lui-même. C'est ce que les historiens révolutionnaires décrivent comme la « duplicité du roi dans l'affaire de la Constitution » — « il n'était pas sincère », écrivent-ils, « dans son acceptation ». Or, l'attitude précise du roi à l'égard de la Constitution, ainsi qu'à l'égard de la question de l'appel aux puissances étrangères, est expliquée dans une longue lettre confidentielle qu'il écrivit à ses frères à cette date et dont les passages les plus importants doivent être cités textuellement :

> « Vous avez sans doute été informé, écrit Louis XVI au comte de Provence et au comte d'Artois, que j'ai accepté la Constitution, et vous connaissez les raisons que j'ai données à l'Assemblée, mais elles ne doivent pas vous suffire ; je veux vous faire connaître tous mes motifs. L'état de la France est tel qu'elle est à la veille d'une dissolution complète, qui ne sera que précipitée si l'on veut apporter des remèdes violents aux maux qui l'accablent. L'esprit de parti qui la divise et la destruction de toute autorité sont les causes de son trouble. Il faut faire cesser les divisions et rétablir l'autorité, mais pour cela deux moyens seulement sont possibles : l'union ou la force. La force ne peut être employée que par des armées étrangères, et cela signifie avoir recours à la guerre. Un roi peut-il se permettre de porter la guerre dans ses propres États ? Le remède n'est-il pas pire que le mal ? ... J'ai donc conclu que cette idée doit être abandonnée et que je dois essayer le seul autre moyen qui me reste — l'union de ma volonté avec les principes de la Constitution. Je ressens toutes les difficultés de gouverner une si grande nation. Je pourrais dire que j'en ressens l'impossibilité, mais tout obstacle que j'aurais mis sur le chemin aurait provoqué la guerre que je voulais éviter, et aurait empêché le peuple de juger la Constitution, car il n'aurait vu que mon opposition constante. En adoptant leurs idées et en les suivant en toute bonne foi, ils apprendront la cause de leurs maux ; l'opinion publique changera ; et comme sans ce changement on ne peut espérer que de nouvelles convulsions, j'amènerai un meilleur ordre de choses par mon acceptation que par mon refus... J'ai voulu vous faire connaître les motifs de mon acceptation, afin que votre conduite soit en accord avec la mienne. Votre attachement pour moi et votre sagesse devraient vous faire renoncer aux idées dangereuses que je n'adopte pas... Je terminais cette lettre quand j'ai reçu celle que vous m'avez envoyée... [les deux princes avaient écrit pour refuser de reconnaître l'acceptation de la Constitution par le Roi]. Vous ne pouvez pas savoir combien cette action m'a peiné. J'étais déjà très chagriné que le comte d'Artois se rende à la conférence de Pilnitz sans mon consentement, mais je ne vous ferai aucun reproche, mon cœur ne peut s'y résoudre. Je vous ferai seulement

remarquer qu'en agissant indépendamment de moi, il contrarie mes plans comme je déconcerte les siens... Je vous ai déjà dit que le peuple a supporté toutes ses privations parce qu'il a toujours été assuré que celles-ci prendraient fin avec la Constitution. Il n'y a que deux jours qu'elle est terminée, et vous vous attendez à ce que leur avis soit déjà changé. J'ai le courage de l'accepter, afin de donner à la nation le temps de faire l'expérience de ce bonheur dont on l'a bernée, et vous voulez que je renonce à cette expérience utile ! Les séditieux l'ont toujours empêchée de juger leur ouvrage en lui parlant sans cesse des obstacles que je mettais à son exécution ; au lieu de leur ôter cette dernière ressource, voulez-vous servir leur fureur en me faisant accuser de porter la guerre dans mon royaume ? Vous vous flattez de les tromper en déclarant que vous marchez malgré moi, mais comment leur en persuader quand la déclaration de l'empereur et du roi de Prusse a été occasionnée à votre demande ? Croira-t-on jamais que mes frères n'exécutent pas mes ordres ? Ainsi, vous me montrerez à la nation comme acceptant (la Constitution) d'une main et sollicitant les puissances étrangères de l'autre. Quel homme droit pourrait respecter une telle conduite, et pensez-vous m'aider en me privant de l'estime de tous les bien-pensants ? »

C'est précisément cette conduite tortueuse, si fortement décriée par le roi, qui lui a été attribuée par la conjuration de l'histoire, et représentée à la postérité comme la cause de la seconde Révolution. Louis XVI, nous dit-on, a accepté la Constitution sans aucune intention de la maintenir, et tout en sollicitant l'intervention étrangère par les armes. La vérité — qu'aucun écrivain révolutionnaire n'a jamais pu réfuter — est que, selon les mots de Bertrand de Molleville, dès son acceptation de la Constitution, « le Roi n'a jamais varié un seul instant de la résolution d'exécuter fidèlement la Constitution par tous les moyens en son pouvoir » ; que loin d'inviter à l'agression étrangère, il écrivit au même moment à l'empereur d'Autriche pour le prier de s'abstenir de toute intervention ultérieure, et Léopold, trop heureux d'abandonner la campagne, s'engagea formellement à ne plus intervenir dans les affaires de la France.

La paix est revenue et l'acceptation de la Constitution par le roi a provoqué une explosion d'enthousiasme populaire.

Les écrivains qui présentent la fuite à Varennes comme ayant définitivement perdu au Roi l'affection de son peuple ne tiennent absolument pas compte des témoignages unanimes des contemporains selon lesquels, deux ou trois mois après ce voyage fatidique, non seulement le Roi mais aussi la Reine étaient plus populaires que jamais.[330] Lorsqu'ils

---

[330] Prudhomme, *Révolutions de Paris*, ix. 570 ; *Journal d'un Étudiant*, par Gaston Maugras, p. 166 ; Madelin, p. 186 ; *Le Journal de Mary Frampton*, lettre de James

apparaissaient en public, le peuple les poursuivait de » Bravos ! À l'opéra, la reine était accueillie, en particulier par les femmes, avec un enthousiasme frénétique et des cris de » Vive la Reine ! Dans les rues, on entendait un nouveau refrain populaire :

> Not' bon Roi
> À tout fait
> Et not' bonne Reine
> Qu'elle eut de la peine !
> Enfin les v'là
> Hors d'embarras !

La tentative des députés de la nouvelle Assemblée législative d'insulter le roi en gardant leur chapeau quand il entrait dans la salle, et en le privant de ses titres d'honneur, rencontra de violentes remontrances de la part du peuple. »Le samedi à la comédie, écrit un contemporain, le peuple en foule autour de la porte s'écriait : Vive le roi et la reine ! Rendez-nous notre *noblesse* qui nous faisait vivre, notre clergé et nos cours ! Et dans le théâtre, on criait « Vive Sire », « Sa Majesté », et un patriote qui criait « Vive la Nation » était malmené, traîné dehors et jeté dans le caniveau. À l'Assemblée, les députés furent gravement insultés et traités de *va-nu-pieds*, et cela parce que, par un décret qu'ils furent obligés de révoquer le lendemain, ils avaient privé le Roi du nom de Sire et du titre de Majesté, du fauteuil d'honneur à l'Assemblée, et enfin de la préséance au Président. »[331]

Le roi, ravi de l'entente retrouvée entre lui et son peuple, écrit avec reconnaissance : » La fin de la Révolution est arrivée ; que la nation reprenne son heureux caractère ! »

Quel besoin y avait-il de nouvelles agitations ? La crainte d'une agression étrangère avait été définitivement écartée, toutes les demandes de la nation avaient été satisfaites, et la seule cause de mécontentement populaire n'était pas que la Révolution n'était pas allée assez loin, mais qu'elle était allée trop loin.

Pourquoi, alors, une deuxième Révolution a-t-elle eu lieu ? Pour une seule raison : les factions étaient résolues à renverser le roi et la

---

Frampton du 2 octobre 1791 : « Vous ne pouvez pas concevoir combien il est ridicule d'entendre l'étonnante popularité du roi à l'heure actuelle. » Également dans le même volume, lettre de C.B. Wollaston du 12 octobre 1791.

[331] Lettre de M. Fougeret à M. Lecoy de la Marche, 10 octobre 1791, dans *Lettres d'Aristocrates*, par Pierre de Vaissiere, p. 413 ; *Journal et Lettres de Gouverneur Morris*, i. 462.

Constitution. Bien plus qu'au début de la première Révolution, les objectifs des révolutionnaires étaient opposés à ceux du peuple. La nation avait *alors* unanimement demandé un changement de gouvernement et, pendant un certain temps, les travaux de révolution et de réforme s'étaient déroulés simultanément ; *maintenant, les* deux étaient diamétralement opposés, car le peuple n'avait plus aucun grief, l'ordre des choses existant avait été établi selon sa volonté et, par conséquent, la tentative de le renverser était une conspiration délibérée et criminelle contre la volonté et les libertés de la nation.

Pour comprendre la manière dont se déroula cette conspiration, il faut se faire une idée des éléments qui composaient l'Assemblée nationale au début de 1792. Or, lorsque, au moment de l'achèvement de la Constitution, en septembre 1791, l'Assemblée constituante fut dissoute, tous ses membres, c'est-à-dire tous les hommes qui avaient élaboré les grandes réformes du gouvernement, furent, sur la proposition de Robespierre, empêchés de siéger dans l'Assemblée législative qui suivit. Cette mesure, qui excluait Robespierre lui-même, était une ordonnance moins désintéressée qu'il n'y paraît à première vue, car en 1791, ce n'était plus l'Assemblée qui gouvernait la France, mais le Club des Jacobins, dont Robespierre était un membre éminent. Cette association, née sous le nom de Club Breton à Versailles en 1789, où, comme nous l'avons vu, se réunissaient les partisans du duc d'Orléans, s'était transportée à Paris après le [6] octobre, et s'était installée dans le couvent des Dominicains de la rue Saint-Honoré, communément appelé les Jacobins, parce que le couvent principal de l'ordre était dans la rue Saint-Jacques. C'est là que fut inauguré, sous le nom d'«Amis de la Constitution», un centre révolutionnaire, et bientôt les Jacobins, comme on les appelait vulgairement, avaient ouvert des branches du club dans les villes et les villages de toute la France. Par ce moyen, à un signal du quartier général, des insurrections pouvaient être organisées, ou des adresses censées provenir des habitants des districts de campagne pouvaient être rédigées et envoyées à Paris par les agents de la société.

Rien dans l'histoire de la Révolution n'est plus surprenant que l'habileté avec laquelle ce système a été appliqué. Les Français en tant que nation sont notoirement peu méthodiques, et la chute de l'Ancien Régime peut être largement attribuée à son manque d'organisation. D'où vient donc ce talent d'organisation manifesté par les seuls chefs révolutionnaires ? Robison, dans son ouvrage *Proofs of a Conspiracy*, fournit la clef du problème. Les premiers chefs révolutionnaires étaient, comme nous l'avons vu, les disciples des Illuminés allemands, et ce sont eux qui les ont initiés à l'art de former des comités politiques « pour réaliser le grand projet d'un renversement général de la religion et du gouvernement... ». Ces comités sont issus des Illuminés de Bavière... et ces comités ont produit le Club des Jacobins. La principale leçon, poursuit Robison, que les dirigeants révolutionnaires ont tirée de l'Allemagne, c'est la méthode de faire des affaires, de gérer leur propre correspondance et de trouver et former des élèves. Ces propagandes étaient très systématiquement menées au sein du peuple, et dans les mémorandums confidentiels envoyés par le quartier général se trouvait une « exhortation sérieuse à établir dans chaque quartier des écoles secrètes d'éducation politique, et des écoles pour l'éducation publique des enfants du peuple, sous la direction de maîtres bien intentionnés », de maîtres, c'est-à-dire, qui inculqueraient à leurs élèves le mépris de toute religion et de tout gouvernement.

Les Allemands, comme nous avons aujourd'hui des raisons de le savoir, sont passés maîtres dans l'art de diffuser une propagande mensongère et de tromper les classes non éduquées, et le fait que les Jacobins de France étaient leurs disciples explique l'extraordinaire ressemblance entre les méthodes des chefs révolutionnaires français et celles des chefs allemands dans la récente guerre. Ainsi, le projet de commettre des atrocités et de les attribuer ensuite à ses ennemis, de justifier l'agression par l'argument de la légitime défense, d'annoncer de sinistres desseins de la part de la victime visée, est une forme de jésuitisme propre à l'esprit allemand, et c'était tout le projet des révolutionnaires français. Chaque fois qu'ils envisageaient d'attaquer le roi, on faisait circuler une alarme selon laquelle le roi méditait un massacre du peuple ; les citoyens désarmés, les prêtres inoffensifs, les femmes et les enfants qui périssaient, étaient invariablement des « conspirateurs » nourrissant de sombres desseins, et ces propagandes étaient menées avec une telle habileté qu'elles trompaient non seulement des contemporains ignorants mais aussi une postérité instruite.

Grâce à ce système allemand de propagande, l'Assemblée a cessé d'être démocratique, c'est-à-dire d'être l'expression de la volonté du peuple. En 1789, le peuple avait choisi ses propres représentants à l'Assemblée constituante ; en 1791, les députés de l'Assemblée législative étaient le choix du club des Jacobins. »Cette société, dit Dumouriez, étendant partout ses nombreuses affiliations, se servit des clubs provinciaux pour se rendre maître des élections. Tous les grincheux, tous les scribouillards séditieux, tous les agitateurs furent choisis pour aller représenter la nation, » pour défendre ses intérêts, disait-on, contre une cour perfide ». Très peu d'hommes sages ou éclairés, encore moins de nobles, furent choisis, et l'Assemblée nationale, ainsi composée, s'assembla armée de préjugés et d'opinions hostiles au malheureux Louis et à sa cour. Elle commença par « adorer » la Constitution afin de s'établir en toute sécurité... ».[332]

Prudhomme, démocrate plus conséquent que la plupart des auteurs révolutionnaires, fait sienne cette description : » Ce nouveau corps ne comprenait pas les trois castes qui existaient dans l'Assemblée constituante, il était composé presque pour moitié d'avocats qui s'étaient jetés dans la Révolution, comme on va le voir, plutôt par intérêt personnel que par amour de la patrie ou de la Liberté. Ces hommes montraient bien peu d'attachement à la Constitution qu'ils avaient juré de défendre ; parmi eux tous, Prudhomme ne pouvait en citer que deux « qui ayant reçu de leurs commettants des pouvoirs pour le maintien de la charte royale... eurent le courage — et nous pourrions ajouter l'honnêteté — d'exécuter leurs instructions ».[333]

Dans ces conditions, la situation du roi était dès le départ désespérée. Que pouvait lui apporter sa résolution de maintenir la Constitution alors que tous les chefs de la nouvelle Assemblée, avec les Jacobins derrière eux, conspiraient secrètement pour la renverser et pour le renverser ? Une autre complication résidait dans le fait que ces chefs étaient tous divisés dans leurs objectifs, et que le Club des Jacobins lui-même était déchiré par les disputes des factions opposées.

LES FACTIONS EN 1792

Pour comprendre les causes qui ont conduit à la Révolution de 1792, il importe de se faire une idée de la politique qui inspirait chacune de ces factions, or rien n'est plus difficile, car leurs opinions avouées non seulement variaient perpétuellement, mais ne coïncidaient nullement avec leurs buts secrets. Après, quand la République fut un fait établi, tous les principaux révolutionnaires déclarèrent qu'ils avaient été républicains dès le début, mais jusqu'à cette date, non seulement ils s'abstenaient d'admettre de telles opinions, mais ils les désavouaient avec indignation.

Si ces hommes n'étaient pas républicains, qu'étaient-ils alors ? Pour autant qu'il soit possible de tirer une conclusion de leurs déclarations ambiguës et contradictoires, la politique de ces factions peut être indiquée en gros comme suit :

---

[332] *Mémoires de Dumouriez*, ii 117.

[333] *Ibid*. iv. 213.

I.   Les *Cordeliers*, qui tirent leur nom de l'église des moines Cordeliers où ils tiennent leurs premières séances, sont dirigés par Danton, et comprennent Marat, Camille Desmoulins, Hébert — le Père Duchesne — et le Prussien Clootz. Selon Beaulieu, leurs sympathies étaient partagées entre l'orléanisme et l'anarchie.[334] Plusieurs de ces hommes, comme nous l'avons vu, avaient commencé leur carrière révolutionnaire en tant qu'instruments mineurs de la conspiration orléaniste, et maintenant, en raison de la défection des alliés aristocratiques du duc, ils s'étaient élevés de la position de simples orateurs de la foule à celle de politiciens influents. Pourtant, leur allégeance au duc d'Orléans était manifestement spasmodique ; ainsi, en 1791, Marat « bénit le ciel pour le don de Louis XVI », un peu plus tard, il réclame un « dictateur militaire », puis l'année suivante, il exige publiquement 15 000 francs du duc d'Orléans pour l'impression de ses pamphlets, tout en réclamant des « têtes » et encore des « têtes » avec une triste répétition. Desmoulins, après l'interruption temporaire où, selon Bouillé, il avait été acheté à la Cour par Lafayette,[335] était revenu chez les Orléanistes, et se montrait infatigable à écrire des injures furieuses tantôt contre Louis XVI, tantôt contre ses ennemis les Brissotins. Danton, moins sanguinaire que Marat et moins vitriolique que Desmoulins, était cependant plus vénal que l'un et l'autre. Essentiellement homme de plaisir, il affichait toute la *bonhomie* du dépensier et du voluptuaire quand ses désirs étaient satisfaits, toute la fureur de la passion contrariée quand le manque d'argent l'obligeait à l'abnégation. Et au début, la Révolution avait été décevante. Réduit à vivre avec un louis par semaine, que lui avait accordé son beau-père — un *limonadier* prospère — au début de 1789, ses activités d'agitateur orléaniste ne lui avaient apporté qu'une confortable compétence à la fin de l'année.[336] Mais une compétence confortable n'est pas utile à Danton, et 1791 le trouve une fois de plus profondément endetté.

À ce moment, Louis XVI se laisse convaincre par son ministre Montmorin de négocier avec Danton, dans l'espoir de « modérer ses fureurs anarchiques et ses intrigues coupables ». Danton accepte l'argent

---

[334] Beaulieu, III 192.

[335]. *Mémoires de Bouillé*, I 185. Voir aussi la note de Mirabeau (*Correspondance entre Mirabeau et le Comte de la Marck*, II 68), dans laquelle il dit de Desmoulins : « cet homme est très accessible à l'argent ». Barbaroux déclara que Desmoulins « recevait indistinctement des aristocrates et des patriotes » pour les opinions qu'il exprimait dans son journal (*Mémoires de Barbaroux*, p. 9).

[336] Mémoires de Mme Roland, I 333.

du roi, en investit une partie dans une grande propriété à Arcis-sur-Aube,[337] fait quelques motions inutiles en faveur du roi aux Cordeliers, puis retourne à sa véritable affinité, le duc d'Orléans. Danton était sans doute l'orléaniste le plus sincère de tous ; nous le retrouverons désormais constamment attaché aux intérêts du duc, peut-être pour une rémunération faible ou nulle ; mais comme, dans les postes influents qu'il occupa successivement, sa main était dans toutes les caisses, il pouvait se passer de cette reconnaissance tangible de ses services.

Quant au républicanisme professé par les Cordeliers à l'occasion de la pétition au Champ de Mars, nous n'en trouvons plus trace dans leurs discours et leurs écrits au cours de l'année suivante. Au contraire, trois mois plus tard, nous trouvons Camille Desmoulins protestant avec indignation contre l'imputation de républicanisme.

> « Qu'on ne me calomnie plus ; qu'on ne dise pas que je prêche la République, et qu'il faut supprimer les rois. Ceux qui nous ont appelés dernièrement républicains et ennemis des rois, pour nous diffamer dans l'opinion des imbéciles, n'étaient pas de bonne foi ; *ils savaient bien que nous ne sommes pas assez ignorants pour faire consister la liberté dans l'absence du roi.* »[338]

Plus tard, nous trouvons Danton déclarant à Lafayette :

> « Général, je suis plus monarchiste que vous ! et Marat, au moment même où la République est inaugurée, mettant passionnément en garde ses compatriotes contre les désastres qui doivent l'accompagner : » Cinquante ans d'anarchie vous attendent, et vous n'en sortirez qu'avec un dictateur ! »

II.   Les *Brissotins*, connus plus tard sous le nom de *Girondins* — nom par lequel, pour éviter toute confusion, il est plus simple de les désigner — étaient, comme les Cordeliers, dirigés par un membre de la conspiration

---

[337]. Danton, conscient que l'acquisition de cette propriété avait éveillé des soupçons sur son intégrité, expliqua aux Communs qu'il ne s'agissait que d'une obscure ferme achetée avec la somme versée en dédommagement de son poste d'avocat au Conseil du Roi désormais supprimé (Beaulieu, III 198). Mais M. Lenôtre révèle que la « ferme » était « presque un château » dans un parc d'environ 27 hectares (voir *Paris révolutionnaire*, p. 260), et les *Mémoires de Lafayette* expliquent la transaction à laquelle Danton se réfère en ces termes : « Danton s'était vendu à condition d'être payé 100 000 livres pour son poste d'avoué au conseil qui, depuis sa suppression, ne valait plus que 10 000 livres. Le cadeau du roi était donc de 90 000 livres… *Danton était prêt à se vendre à tous les partis* » (*Mémoires de Lafayette*, III 85).

[338] « Discours sur la Situation politique de la Nation du 21 Octobre 1791 », *Séances des Jacobins* d'Aulard, III 206.

orléaniste. C'est avec Brissot, comme nous l'avons vu plus haut dans ce livre, qu'était née l'idée d'une « seconde Fronde », avec le duc d'Orléans à sa tête, tandis que Buzot, Pétion, Servan et Clavière avaient tous pris une part active à la Révolution de 1789. Mais avec l'avènement des députés de la Gironde — Vergniaud, Guadet, Gensonné, Ducos, Fonfrède — à l'Assemblée législative, un élément nouveau s'introduisit dans la faction, et des buts divers se manifestèrent, qui tous consistaient non dans un changement de gouvernement, mais seulement dans un changement de roi. Parmi les candidats proposés figure encore le duc d'Orléans, mais d'autres membres de la faction — notamment Dumouriez — préfèrent son fils le duc de Chartres ; d'autres encore proposent de déposer Louis XVI et de placer le Dauphin sur le trône, les membres de leur propre parti devant exercer le pouvoir de régence. Mais le projet le plus scandaleux de tous est celui sur lequel la conspiration de l'histoire a gardé un silence discret, car rien n'est plus discréditant pour la Révolution. On se souvient que parmi les chefs révolutionnaires approchés par l'émissaire de Frédéric-Guillaume, le juif Éphraïm, se trouvaient les principaux membres de cette faction — Brissot, Pétion, Gensonné et leurs amis — et les efforts d'Éphraïm eurent un tel succès qu'un parti résolument pro-allemand se forma parmi eux, dont la politique devait consister non seulement à rompre l'alliance entre la France et l'Autriche, mais à *placer un prince d'origine allemande sur le trône de France*.

Ce prince devait être soit le duc d'York, fils de Georges III d'Angleterre, soit le célèbre duc de Brunswick, futur signataire du fameux *Manifeste*, longtemps vénéré par les tenants de la « démocratie » en France.

Que ce plan ait été sérieusement envisagé par certains des Girondins et qu'il ait joué un rôle important dans la Révolution de 1792, on ne peut en douter, d'après les témoignages d'autorités aussi divergentes dans leurs partis pris politiques que Montjoie, Prudhomme, Camille Desmoulins et Saint-Just ;[339] nous y trouverons, en fait, une référence dans les œuvres de presque tous les contemporains — plusieurs des Girondins l'ont même admis eux-mêmes.[340]

---

[339] Montjoie, *Conjuration de d'Orléans*, iii. 204 ; Prudhomme, *Révolutions de Paris*, xiii. 526. Voir aussi *Deux Amis*, viii. 93 ; *Mémoires de Barère*, ii. 45. Les déclarations de Camille Desmoulins et de Saint-Just seront données plus loin dans cet ouvrage.

[340] Beaulieu rapporte qu'au début de l'année 1793, alors que les Brissotins commençaient à se trouver sous le pouvoir de Robespierre, le général Wimpfen tomba sur Pétion et Buzot, engagés dans une conversation. « Eh bien, leur dit-il, cette République que vous voulez établir à la Constituante vous met donc maintenant dans un grand embarras. » « Moi, répondit Buzot, je n'ai jamais souhaité une République en

Le duc d'York semble avoir été le premier candidat envisagé par ce parti, et, comme il fut ensuite suggéré de le marier à Mlle d'Orléans, le projet attira particulièrement les Girondins qui avaient conservé une sympathie pour la cause orléaniste. Brissot, qui avait épousé une des servantes de Mlle d'Orléans, fut sans doute influencé par ce lien en faveur du projet. C'est apparemment dans le but d'effectuer ce changement de dynastie que Pétion fut envoyé à Londres à l'automne 1791 avec Mlle d'Orléans et sa gouvernante, Madame de Sillery (*alias* Madame de Genlis), qui avait toujours joué un rôle insidieux dans la conspiration orléaniste. Dans la *Correspondance secrète*, sous la date du 26 novembre 1791, nous trouvons une référence significative à ce voyage :

> "... un nouveau plan plane sur le républicanisme, et a pris naissance au milieu des Jacobins. Il consiste, dans le cas de la déposition de Louis XVI, à appeler au trône un fils du roi d'Angleterre, à condition qu'il soutienne la Révolution contre ceux qui veulent la détruire. Il semble que ce projet ait été la raison du voyage que M. Pétion a fait en Angleterre, où il s'est concerté avec la "Société des Amis de la Révolution de 1688".[341] Il a, nous assure-t-on, été chaleureusement repris par les protestants et les républicains de nos provinces méridionales. »

On verra donc qu'en Angleterre, ce n'est pas, comme en Prusse, avec le gouvernement que les intrigues révolutionnaires ont été menées, mais avec les opposants au gouvernement, les Jacobins anglais. Le duc d'York lui-même ne semble pas avoir été consulté à ce sujet et, comme nous le verrons plus loin, le complot fut indignement dénoncé par George III lorsqu'il en eut vent. Au début de 1792, ce projet de changement de dynastie avait suffisamment mûri pour qu'un membre de la conspiration le propose publiquement lors d'une séance des Jacobins. Le membre qui se fit le porte-parole du parti était un certain Jean Louis Carra, qui avait subi deux ans d'emprisonnement pour avoir volé une veuve. L'un des ennemis les plus acharnés de Louis XVI, Carra était depuis longtemps un fervent admirateur des personnages royaux allemands, et en 1783, il avait reçu de Frédéric le Grand le cadeau d'une tabatière en or et émail sertie de perles,

---

France ; sa grandeur et le caractère de ses habitants s'opposent à l'établissement d'une telle forme de gouvernement. » « Que voulez-vous donc ? » « Un changement de dynastie. » « Mais qui choisiriez-vous ? » « Un prince de la maison royale d'Angleterre. » (*Essais de Beaulieu*, v. 192.)

[341]. Voir la description faite par Pétion dans son discours au Club des Jacobins le 18 novembre 1791, de la « réception flatteuse » que lui firent les « Amis de la Révolution » en Angleterre. Plusieurs membres de la Société portaient l'insigne tricolore, un drapeau tricolore décorait le plafond de la salle, et la fanfare jouait le « Ça ira ! ».

en reconnaissance des « preuves réitérées » qu'il avait données à sa Majesté prussienne « de son attachement ».[342] L'idée d'un roi allemand, même anglicisé, plaît donc naturellement à Carra, et le 4 janvier, il monte à la tribune du Club des Jacobins et propose définitivement de détrôner Louis XVI en faveur du duc d'York.[343] Ce discours se heurte à une remontrance de Danton, et Carra est rappelé à l'ordre, ce qui ne le dissuade pas de réitérer sa proposition cinq jours plus tard dans la presse.[344] De plus, dans la réprimande de Danton, on ne distingue rien de cette éloquence tonitruante avec laquelle il est censé avoir dénoncé les ennemis de son pays. De l'audace et encore de l'audace », voilà ce qu'il fallait peut-être pour soumettre les partisans du trône de France, mais les plus douces remontrances lui suffisaient lorsqu'il s'agissait de remettre corps et biens ce trône à l'étranger.

Il est possible que, dans la suggestion de Carra, Danton ait vu plus une indiscrétion qu'une trahison flagrante de son pays, car la vérité est que Danton lui-même n'hésitait pas à recourir à l'intervention étrangère quand elle pouvait servir ses intérêts, et qu'il était justement engagé dans une intrigue avec précisément le même parti en Angleterre que celui approché par Pétion et soutenu par Carra. « Danton, dit son panégyriste, le docteur Robinet, » avait d'abord espéré en Allemagne, où il comptait sur

---

[342] Précis de la Défense de Carra, p. 17.

[343] Cette proposition est si discréditée pour les Jacobins qu'elle est supprimée dans le compte-rendu de leurs débats. *Le Journal des Débats* rapporte l'incident dans les termes suivants : « M. Carra monte à la tribune où il prononce un discours sur l'objet de la guerre… Certaines propositions qui ne semblent pas en accord avec les principes de la Constitution éveillent l'attention de M. Danton, et sur sa motion l'orateur est rappelé à l'ordre au nom de la Constitution et de la Société. » M. Aulard fournit l'indice manquant dans ses *Séances des Jacobins*, iii. 311. D'ailleurs Carra l'a admis plus tard à son procès. Voir *Précis de la Défense de Carra*, p. 13.

[344] *Annales Patriotiques* du 9 janvier 1792. Ce journal de Carra, l'une des plus violentes de toutes les publications révolutionnaires, exerça une influence immense sur les provinces de France. Wordsworth, à Paris à cette date, décrit ainsi le rôle important joué par Carra dans la Révolution de 1792 :

> Le pays tout entier grouille de passion, comme une plaine
> Dévorés par les criquets, — Carra, Gorsas, — ajouter
> Une centaine d'autres noms, oubliés maintenant,
> On n'en entend plus parler, mais ce sont des pouvoirs,
> Comme les tremblements de terre, les chocs se répètent jour après jour,
> Et ressentie dans chaque recoin de la ville et des champs.
> *Le prélude*, « Résidence en France ».

l'influence des adversaires de l'alliance austro-prussienne, mais c'est l'opposition anglaise qui formait son appui le plus sérieux. »[345]

Lorsque, après l'émeute du Champ de Mars, Danton s'était réfugié en Angleterre, il en avait profité pour remplir une mission politique. L'objet principal de cette mission était d'obtenir la neutralité de l'Angleterre dans la guerre que les révolutionnaires français espéraient déclencher avec l'Autriche, et Danton, qui connaissait bien l'Angleterre, fut chargé de s'assurer les sympathies des Whigs. Avec l'aide de son vieil ami Thomas Paine et de Christie, un autre révolutionnaire anglais, Danton obtient des entrevues avec Fox, Sheridan et Lord Stanhope, avec lesquels il parvient à établir des relations cordiales.[346] Danton ayant ainsi ouvert la voie, Talleyrand — qui, selon le Dr Robinet, était l'allié politique de Danton — se rendit à Londres au printemps suivant et offrit de céder à l'Angleterre les îles de France, de Bourbon et de Tabago, ainsi que de démolir les fortifications de Cherbourg — le triomphe du règne de Louis XVI — si l'Angleterre s'alliait à la France et entrait en guerre contre l'Autriche.[347] Brissot va plus loin et propose de céder Calais et Dunkerque à l'Angleterre. [348]Et ce sont ces hommes qui accusent Louis XVI d'intriguer avec des puissances étrangères pour trahir les intérêts de la France !

Les missions, tant de Danton que de Talleyrand, rencontrent un succès très concret, car dès l'été 1792, une correspondance animée s'est établie entre les jacobins français et anglais ; un certain nombre de ces derniers viennent à Paris — certains deviennent même membres du Club de la rue Saint-Honoré — et, ce qui est plus important, des guinées anglaises sont envoyées pour financer la sédition. Le 26 avril, l'auteur de la *Correspondance secrète* écrit avec complaisance : « Une collecte a été ouverte en Angleterre en faveur de notre Révolution ; un particulier seul s'est inscrit pour 1500 louis. »

Quelle autre preuve faut-il donner de l'origine de l'« or de Pitt » ? Car c'est encore à Pitt, avec une superbe ruse, que les factions révolutionnaires attribuèrent ces corruptions — à Pitt, qui avait résolument refusé de

---

[345] *Danton Émigré*, par le Dr Robinet, p. 4.

[346] *Ibid.* p. 5. 24.

[347] *Journal et lettres de Gouverneur Morris*, i. 510, 516. Talleyrand « reçut pour réponse que l'Angleterre ne pouvait prendre aucun engagement concernant les affaires de la France ».

[348] *Ibid.* p. 511.

s'associer au duc d'Orléans, qui détestait Danton,[349] et qui reçut la députation révolutionnaire de Talleyrand avec une aversion si peu dissimulée que Chauvelin fut réduit au digne expédient de piétiner l'orteil de Pitt pour se venger.[350]

La politique des Cordeliers et des Girondins est donc de détrôner Louis XVI au profit d'un orléaniste ou d'un monarque étranger. Il n'était pas question d'une République. Les révolutionnaires eux-mêmes l'admettent ; Brissot déclara ensuite qu'il n'y avait à cette date que trois véritables républicains : Buzot, Pétion et lui-même,[351] et nous avons déjà vu en quoi consistait le « républicanisme » de Pétion et de Buzot. Pétion en compte cinq juste avant le 10 août.[352] Peut-être M. Biré est-il plus près de la vérité en disant qu'il y en avait exactement deux — l'Anglais Thomas Paine et le baron prussien Clootz.[353]

III.   Et *Robespierre ? Le* rôle de Robespierre à ce moment-là est d'une telle importance que, bien qu'il n'ait pas encore formé un parti définitif, il doit être considéré comme un parti en soi. Car c'est Robespierre qui, dès la fin de 1791, s'est montré le grand adversaire de tous les projets d'usurpation. Bien qu'au début de la Révolution il ait travaillé avec les orléanistes, il est probable qu'il n'avait jamais adhéré à leur projet de placer le duc d'Orléans sur le trône ; son plan était simplement d'utiliser la machine révolutionnaire qu'ils avaient construite pour anéantir l'Ancien Régime.[354] Les orgies de Philippe et de ses compagnons d'infortune

---

[349] Danton Émigré, p. 90.

[350] *Souvenirs d'Étienne Dumont*, p. 302. « En ce qui concerne Talleyrand », écrit M. Burges de Londres à Lord Auckland le 29 mai 1792, « il est intime avec Paine, Horne Tooke, Lord Lansdowne, et quelques autres de ce genre, et généralement repéré par tous les autres » (*Journal and Correspondence of Lord Auckland*, ii. 410).

[351] Pamphlet de Brissot, *À tous les Républicains*.

[352] Discours de Jérôme Pétion sur l'accusation intentée contre Maximilien Robespierre, novembre 1792.

[353] *Journal d'un Bourgeois de Paris*, I 95.

[354] Sur ce point, les contemporains sont divisés ; Montjoie et Pagès représentent tous deux Robespierre comme un orléaniste, tandis que Beaulieu (*Essais*, ii. 159) et le marquis de Bouillé (*Mémoires*, p. 100) affirment qu'il n'a fait que feindre la sympathie avec les orléanistes pour servir ses propres desseins. J'ai adopté cette dernière théorie parce qu'elle me paraît la plus convaincante et qu'elle explique seule la conduite de Robespierre à certaines crises de la Révolution. Car on remarquera que chaque fois qu'il pouvait porter un coup aux orléanistes sans nuire à sa propre cause, il ne manquait jamais de le faire.

n'avaient aucun attrait pour l'austère Maximilien. « Le vin de Champagne », disait-il, « est le poison de la liberté ». Ce n'est pas sans raison qu'il a mérité le titre d'« Incorruptible » ; il n'a que faire de l'argent et son système nerveux anormal lui interdit toute forme d'excès. Il n'est plus le Subversif sans but qu'il était en 1789, il désire par-dessus tout le pouvoir, un pouvoir qui doit lui être accordé par le peuple. C'est pourquoi les Orléanistes et les Girondins lui font horreur ; avec Philippe ou un prince allemand sur le trône, le peuple n'aurait pas voix au chapitre — même le monarque actuel est préférable à un tel gouvernement. Comme il avait donc compris qu'à ce stade de la Révolution, toute tentative de détrôner Louis XVI conduirait inévitablement à un gouvernement beaucoup moins démocratique que celui de l'Ancien Régime, il se prononça haut et fort en faveur de la monarchie existante. Son discours aux Jacobins, quatre jours avant l'émeute du Champ de Mars, était vraiment admirable de bon sens et de logique :

> « On m'a accusé, au milieu de l'Assemblée, d'être républicain ; on me fait trop d'honneur, je ne le suis pas. Si on m'avait accusé d'être monarchiste, on m'aurait déshonoré ; je ne le suis pas non plus. J'observerai d'abord que, pour beaucoup de gens, les mots "république" et "monarchie" sont complètement vides de sens. Le mot république ne désigne aucune forme de gouvernement en particulier ; il s'applique à tout gouvernement d'hommes libres qui possèdent un pays. On peut donc être tout aussi libre avec un monarque qu'avec un sénat. Quelle est la constitution française actuelle ? C'est une république avec un monarque. Elle n'est donc ni une monarchie ni une république, elle est les deux. »[355]

Huit mois plus tard, alors que le Club des Jacobins est tombé sous la domination des Girondins, Robespierre indique plus clairement encore sa politique en se dissociant de leurs projets d'usurpation :

> « Quant à moi, je déclare, et je le fais au nom de la Société, qui ne me réfutera pas, que je préfère l'individu que le hasard, la naissance et les circonstances nous ont donné pour roi à *tous les rois qu'on nous donnerait*. »[356]

Cette référence voilée était caractéristique de Robespierre. Ce n'est pas sans raison que tant de ceux qui l'ont connu décrivent Robespierre comme un « chat-tigre » — félin était sa nature et félin étaient ses méthodes. Son plan était toujours de se servir d'une faction pour en détruire une autre, et il avait encore besoin des Girondins et des Orléanistes pour détruire

---

[355] *Séances des Jacobins* d'Aulard, III 12, Séance du 13 Juillet 1791.

[356] *Ibid.* III 420, Séance du 2 Mars 1792.

Lafayette, qu'il soupçonnait, non sans raison, d'aspirer au rôle de Cromwell. Aussi, lorsqu'un député courageux de l'Assemblée, Raimond Ribes, dénonça les tentatives des orléanistes pour opérer un changement de dynastie, les intrigues de Talleyrand et de Brissot pour trahir les intérêts de la France en cédant des ports et des colonies à l'Angleterre,[357] Robespierre, qui devait plus tard, par la plume de Camille Desmoulins et la bouche de Saint-Just, confirmer toutes ces accusations, se joignit à ses collègues jacobins du Club pour les déclarer fondées sur une fable. Ainsi, avec une ruse superbe, le chat-tigre restait accroupi, observant d'un œil vert et froid les manœuvres des factions rivales. L'heure du printemps n'avait pas encore sonné.

Telle était donc la situation compliquée à laquelle était confronté le malheureux Louis XVI à l'automne 1791. Comme toutes les autres concessions qu'il avait faites à la cause de la liberté, son acceptation de la Constitution fut suivie d'une nouvelle flambée de fureur révolutionnaire, et un mois plus tard eut lieu la terrible affaire de la Glacière d'Avignon. À cette occasion, il semble que le peuple d'Avignon, paysans affamés, femmes, ouvriers sans travail, indigné par le pillage des églises par une horde de brigands — étrangers pour la plupart, conduits par Jourdan Coupe-Tête — se soit soulevé spontanément contre les chefs révolutionnaires et ait mis à mort l'un d'eux. En représailles, Jourdan et sa troupe, gorgés de liqueurs ardentes, se retournèrent contre le peuple, et un massacre de trois jours commença, au cours duquel, au milieu d'atrocités trop horribles pour être consignées — viols, cannibalisme et fureur alcoolique[358] — les malheureuses victimes, vieillards, femmes, enfants, mères avec des bébés sur la poitrine, furent jetées, certaines mortes, d'autres vivantes, dans un profond fossé appelé « Glacière » et recouvertes de chaux vive.[359]

Les Girondins ont obtenu une amnistie pour les auteurs de ces actes !

Le massacre d'Avignon est suivi d'autres effusions de sang dans les provinces et, à la fin de l'année, il est évident qu'il n'y a plus aucun espoir de rétablir l'ordre dans le royaume, sauf par une aide extérieure.

Marie-Antoinette, à ce stade, pense sans doute que rien d'autre qu'une guerre ouverte ne peut sauver la situation, mais Louis XVI recule encore devant les mesures violentes et revient à son ancienne idée d'intervention

---

[357] *Moniteur*, xII 583.

[358] *Crimes de la Révolution*, par Prudhomme, iv. 21.

[359] *Ibid.* iv. 2.

des puissances étrangères. Il écrit donc aux principaux souverains d'Europe pour leur proposer de former « un congrès appuyé par une force armée comme le meilleur moyen d'arrêter les factions et d'établir un ordre de choses plus désirable en France ». Il n'est pas question d'agression armée, de légions hostiles marchant contre le peuple français, mais d'invoquer un soutien moral pour réprimer les troubles et, en cas d'échec, d'appeler des alliés amis au secours non seulement de la monarchie mais du *peuple lui-même*. Si le roi fait appel au soutien de l'étranger, ce n'est pas contre le peuple, mais contre ses traîtres, les hommes qui l'affament, l'oppriment, l'emprisonnent et le massacrent. Des armées, même hostiles, auraient-elles pu produire des horreurs pires que celles qui se déroulaient déjà ? Le roi ne souhaitait pas la guerre ; au contraire, il a fait tout ce qui était en son pouvoir pour l'empêcher en apportant une solution pacifique à la crise.[360]

Lorsque, en mars 1792, les Brissotins réussirent à chasser ses ministres, le roi, désireux de ne plus donner à ses ennemis un nouveau *motif de guerre*, résolut la mesure désespérée de former un nouveau ministère parmi les Jacobins eux-mêmes.

> « J'avais choisi pour mes premiers agents, écrit-il à l'Assemblée, des hommes connus par leurs principes et investis de la confiance du public ; ils ont quitté le ministère ; j'ai donc cru devoir les remplacer par des hommes qui ont obtenu le crédit de leurs opinions *populaires*. Vous m'avez souvent dit que c'était le seul moyen de faire marcher le gouvernement ; j'ai cru devoir l'employer de manière à ne laisser à la malveillance aucun prétexte de douter de mon désir de coopérer de toutes mes forces au bien-être de notre pays. »

Le roi décide donc de nommer les six ministres girondins que Brissot lui a désignés : Roland, faible et irascible, Servan, austère et atrabilaire, Clavière, banquier boursicoteur, Dumouriez, aventurier orléaniste, et, par erreur de Brissot, deux honnêtes hommes, Lacoste et Duranton.

---

[360] Voir le témoignage du ministre du Roi, Bigot de Sainte-Croix : « Dès le printemps de 1791, le Roi empêcha l'exécution d'un plan secret formé à Mantoue pour attaquer deux mois plus tard la France dont les armées étaient incomplètes et les frontières sans défense ; dans l'été de la même année, il entrava les effets de la Convention de Pilnitz ; l'automne suivant, il se concerta avec l'Empereur pour contenir au-delà du Rhin les desseins et les préparatifs hostiles qui s'y formaient. Qu'on nous rende notre correspondance pour qu'elle soit publiée ; tout témoignera des efforts du Roi pour éviter cette guerre provoquée et commencée par ceux qui aujourd'hui osent la lui imputer » (*Histoire de la Conspiration du 10 Août*, p. 152). Voir aussi Fantin Désodoards, op. cit. iv. 48.

Malheureusement, le choix du roi n'était pas aussi « populaire » qu'il l'imaginait, car les Girondins étaient précisément la faction la moins proche du « peuple ». Ce sont les classes moyennes — non pas la *bourgeoisie* respectueuse des lois, mais les visionnaires du monde littéraire, les petits avocats, les adorateurs de Rousseau — parmi lesquelles les Girondins trouvent leurs partisans ; pour le « peuple », ils n'ont que du mépris.[361]

La « démocratie » des Girondins n'a jamais été mise en lumière de manière aussi impitoyable que par une habituée du salon de Madame Roland, Sophie Grandchamp. Après avoir décrit les discussions politiques qui avaient lieu entre les Roland et leurs amis, Madame Grandchamp fait remarquer :

> « J'ai été un témoin intéressé de ces débats, et pourtant, au milieu de tout ce beau zèle, j'ai cru percevoir que très peu l'auraient montré si le bien-être public avait été la seule récompense. La tenue austère qu'ils adoptaient comme livrée de leur parti me paraissait une ostentation mesquine pour des hommes véritablement épris de liberté, d'ailleurs elle contrastait d'une manière ridicule avec le ton et les mœurs frivoles qu'ils affichaient. Je demandais à Roland quel bien on pouvait attendre d'un peuple qui n'avait aucun respect pour les liens sociaux les plus sacrés... "Ils aideront à renverser le despotisme", répondaient mes amis ; "leurs actions privées n'affectent pas les vérités qu'ils répandent". Ce sont pourtant ces actions privées qui ont propagé la corruption et détruit nos espérances. Jamais l'amour du plaisir, de la table, des femmes, du jeu, ne fut plus grand qu'au moment où l'on voulait nous améliorer. Ils ont quitté les enceintes où se pesaient les destinées de l'Empire pour voler dans les bras de la luxure et de la débauche. Quelques phrases pompeuses sur la liberté et la souveraineté du peuple ont suffi pour sanctionner ou du moins pour excuser la conduite la plus irrégulière... »

Des phrases ! Toujours des phrases ! « La phrase les enivre ! » remarque M. Louis Madelin, et rien ne saurait mieux décrire l'éloquence tant vantée des Girondins. Ils appartenaient à cette classe éternelle qui s'avère désastreuse pour tout gouvernement sain, les « Intellectuels politiques »,

---

[361] Par exemple, Buzot (*Mémoires*, pp. 32, 35. 43. 195) : « Il faut avoir les vices du peuple de Paris pour lui plaire... Le peuple stupide de France... Des âmes de boue ! ... Quel peuple est celui de Paris ! Quelle frivolité, quelle inconstance, quel mépris ! » Barbaroux (*Mémoires*, p. 84) : « Le peuple ne mérite pas qu'on s'attache à lui, car il est essentiellement ingrat ; plus on défend ses droits, plus il en profite. » Madame Roland (*Mémoires*, i. 300) : « Lâcheté caractérisée par l'égoïsme et la corruption d'un peuple dégradé que l'on espérait pouvoir régénérer (...) mais qui était trop brutalisé par ses vices. »

adeptes du *tissage des mots*, qui ne se soucient pas des conséquences auxquelles leurs théories peuvent conduire, si seulement ces théories semblent plausibles en paroles et en caractères. Ainsi Brissot avait consacré ses talents littéraires à la rédaction de traités philosophiques où il justifiait le vol[362] et prônait le cannibalisme,[363] tandis que le vertueux Roland, célèbre par ses systèmes sur le commerce et les manufactures, avait élaboré en 1787 un plan qu'il présenta à l'Académie de Lyon pour utiliser les corps des morts en convertissant la graisse en lamproie et les os en acide phosphorique[364], proposition que Lyon, peu éclairée par la « Kultur », rejeta.

Si, comme l'écrit avec indignation Madame Roland, Louis XVI ne prenait pas au sérieux ses nouveaux ministres, est-ce bien surprenant ? Leurs manières ne le déconcertent pas moins que leurs mentalités. Il aurait pu comprendre les hommes du peuple, mais ces philosophes, « habillés comme des quakers en habits du dimanche », qui le rabrouaient, l'interrompaient au milieu d'une phrase, se querellaient entre eux et faillirent en venir aux mains en sa présence,[365] ne ressemblaient à rien de ce qu'il avait pu rencontrer auparavant. Mais Louis XVI, malgré toute sa lourdeur, n'était pas dépourvu d'un certain sens de l'humour lent, et nous en décelons un soupçon dans l'affirmation de Madame Roland selon laquelle il traitait ses nouveaux ministres avec la plus grande *bonhomie*, et détournait la conversation de toutes les questions d'importance politique. « Le conseil ne fut bientôt plus qu'un café où ils s'amusaient à bavarder. »[366]

Au cours de ces entretiens, les nouveaux ministres découvrirent que le Roi n'était nullement l'imbécile que ses ennemis lui avaient représenté,

---

[362] Nos institutions sociales, écrit Brissot, punissent le vol, action vertueuse commandée par la nature elle-même (*Recherches philosophiques sur le Droit de Propriété*, etc.). Comme Brissot avait lui-même été emprisonné pour vol, ce point de vue n'est pas surprenant.

[363] « Les hommes doivent-ils se nourrir de leur espèce ? Un seul mot décide de cette question, et ce mot est dicté par la Nature elle-même. Tous les êtres ont le droit de se nourrir de la manière qui satisfera leurs besoins » (*Bibliothèque philosophique*, par Brissot de Warville, vI 313).

[364] Histoire particulière des Événements qui ont eu lieu en France pendant les Mois de Juin, Juillet, d'Août, et de Septembre 1792, par Maton de la Varenne ; Mémoires pour servir d'Histoire de la Ville de Lyon pendant la Révolution, par l'Abbé Guillon de Montléon, I 58, 59.

[365] *Deux Amis*, vii. 235.

[366] Mémoires de Mme Roland, I 238.

qu'il » avait une belle mémoire et montrait beaucoup d'activité, qu'il n'était jamais oisif et lisait souvent. Il gardait en mémoire les différents traités faits par la France avec les puissances voisines ; il savait bien son histoire ; il était le meilleur géographe de son royaume... On ne pouvait lui présenter aucun sujet sur lequel il ne pût exprimer une opinion fondée sur des faits certains. »[367]

Peu à peu, dans cette atmosphère chaleureuse, les ministres perdent un peu de leur austérité : Roland commence à se vanter de la faveur royale dont il bénéficie ; Clavière, encouragé par la bienveillance du roi, présente une demande de 95 000 livres pour meubler ses propres appartements.[368] Pendant un temps, il semble que le roi ait réussi à désarmer ses adversaires. Mais il avait compté sans Madame Roland — et, à l'exception peut-être du duc d'Orléans, le roi, et plus particulièrement la reine, n'avait pas d'ennemi plus acharné.

La malveillance de Madame Roland était de longue date. Dix-huit ans plus tôt, sous le nom de Manon Phlipon, fille d'un graveur parisien, elle était allée à Versailles avec sa mère sur l'invitation d'une vieille dame au service de la Cour. Pendant toute une semaine, elle avait assisté aux dîners de la famille royale, à la messe, aux jeux de cartes, aux présentations. Mais Manon n'était pas impressionnée par ces brillantes fonctions, et quand, au bout de quelques jours, Madame Phlipon s'informa si sa fille était contente de sa visite, Manon répondit amèrement :

« Oui, pourvu que cela finisse bientôt ; encore quelques jours et je détesterai tous ces gens si vivement que je ne saurai que faire de ma haine. »

Elle n'avait jamais su quoi faire de sa haine ; tout au long des années qui avaient suivi, elle était restée refoulée dans son cœur, empoisonnant sa jeunesse, transformant la joie de vivre en fiel. Le souvenir de ces êtres exaltés, dont elle avait interprété la gracieuseté à son égard comme du mécénat, était devenu une obsession ; de nouvelles rencontres avec leurs semblables ne faisaient qu'accroître son ressentiment. Pourtant, elle méprisait la *petite bourgeoisie* parmi laquelle le destin l'avait placée, autant qu'elle détestait la classe supérieure ; les ouvertures des amants obscurs qui se présentaient en foule ne faisaient que l'humilier. Par son mariage avec le vieux et ennuyeux Roland de la Platière, elle vit quelque espoir de « s'élever au rang qui lui convenait ». Mais cela non plus ne mena à rien ; sa tentative pour lui obtenir « un titre de noblesse » ne rencontra aucun succès ; la vie à la campagne l'ennuya jusqu'à l'exaspération. Quand enfin

---

[367] *Ibid.* p. 233.

[368] *Révolutions de Paris*, par Prudhomme, xii. 485.

l'orage révolutionnaire éclata sur la France, Manon Roland le salua avec ravissement, apparemment comme l'aube de la liberté, en réalité comme un châtiment contre le système social qui lui accordait une place sans importance. Dans la terrible lettre qu'elle écrivit à Bosc immédiatement après le massacre de Foullon et de Berthier, toute la vieille haine s'enflamma, et sous son influence, cette femme qui s'était nourrie des classiques descendit au langage d'une barge :

> « Vous vous occupez, écrit-elle le 26 juillet 1789, d'une municipalité, et vous laissez échapper des têtes qui vont tramer de nouvelles horreurs. Vous n'êtes que des enfants ; votre enthousiasme est un feu de paille ; et si l'Assemblée nationale ne fait pas formellement le procès de deux têtes illustres, ou si quelque généreux Décius ne les raye pas, vous êtes tous f... »[369]

La phrase se termine par l'obscénité révolutionnaire habituelle.

Lorsqu'enfin, en mars 1792, Roland est élu au ministère, Manon connaît un moment d'exaltation ; le passage au superbe hôtel de Calonne, cédé au ministère de l'Intérieur, la fait passer d'un état de « langueur dévorante » à une soudaine vitalité exubérante. Mais une fois de plus, la désillusion l'attend. À quoi servaient les salons dorés, les plafonds peints, les laquais géants placés de part et d'autre des grandes portes battantes, pour ouvrir l'une ou l'autre selon le rang de l'hôte qui arrivait[370] — observez l'égalité pratiquée par nos austères représentants de la démocratie ! — si les Tuileries l'ignoraient ? Là-bas, dans ce lointain château mystérieux, à l'écart du monde bruyant de Paris, au milieu de ses jardins majestueux, habitait la femme sur laquelle Manon avait résolu de se venger. Elle savait maintenant quoi faire de sa haine, et à partir de ce moment, elle poursuivit sa victime avec une malveillance qui, même au pied de l'échafaud, ne connut aucun répit.

Le défaut des grands historiens est de négliger l'existence de détails apparemment insignifiants. Pourtant, de nombreux événements qui ont bouleversé le monde peuvent être attribués à des causes insignifiantes. Le 20 juin 1792 fut en grande partie le résultat du désir de vengeance d'une femme.

Ce n'est pas que Madame Roland ait créé les éléments de la révolution — ils étaient déjà à portée de main — mais elle a fourni les prétextes pour susciter l'agitation. Comme Laclos avait été « l'âme de la conspiration

---

[369] Lettres de Mme Roland aux demoiselles Cannet, II 573.

[370] Souvenirs de Sophie Grandchamp.

orléaniste », galvanisant dans l'activité les roués oisifs du Palais Royal, Manon Roland, avec une ingéniosité infatigable, aiguillonna les Girondins vains et stupides, qui, sans l'influence, auraient pu se contenter de leur accession au ministère. Lorsque Roland et ses collègues reviennent des conseils aux Tuileries, et déclarent que le Roi est manifestement sincère dans sa détermination à maintenir la Constitution, Marion Roland se moque d'eux. »Pendant trois semaines, écrit-elle, j'ai vu Roland et Clavière enchantés de l'attitude du Roi, ne rêvant que d'un meilleur ordre de choses, et se flattant que la Révolution était finie. Bon Dieu ! leur dis-je, chaque fois que je vous vois partir pour le conseil plein de cette belle confiance, il me semble toujours que vous êtes prêts à commettre quelque folie. Je vous assure, me répondit Clavière, que le roi sent parfaitement que son intérêt est lié au maintien des lois qui viennent d'être établies ; il en raisonne trop pertinemment pour qu'on ne soit pas convaincu de cette vérité. » Ma foi, ajouta Roland, s'il n'est pas un honnête homme, c'est le plus grand coquin du royaume ; personne ne pourrait dissimuler ainsi. » Quant à moi, je répondis que je ne pouvais croire à l'amour de la Constitution de la part d'un homme nourri des préjugés du despotisme, accoutumé à en jouir, et dont la conduite a prouvé récemment l'absence de génie et de vertu. Le vol à Varennes fut mon grand argument. » [371]

Parce que, par conséquent, *elle*, Manon Roland, ne pouvait pas concevoir qu'une personne possédant un pouvoir ou des privilèges soit prête à y renoncer, le Roi devait être accusé, *sans aucune preuve*, de vouloir violer la Constitution. À partir de ce moment, Mme Roland consacre toute son énergie à un seul but : ébranler la confiance du peuple dans le roi.

Mais cela, au début de l'année 1792, n'est pas chose facile, car l'opinion publique est encore convaincue de la sincérité du roi, comme le révèle le passage significatif suivant du journal d'un jeune étudiant alors à Paris — un ardent admirateur des Girondins :

« Oh ! erreur fatale ! les traîtres ont réussi à persuader ce peuple trop crédule et trop confiant qu'un roi qui, dès sa plus tendre enfance, a sucé le suc venimeux du despotisme, s'est tout à coup converti au patriotisme… Par degrés il se fait de nombreux partisans, surtout il s'attache l'opinion publique… il réussira à envahir la liberté nationale. Les Parisiens eux-mêmes semblent vouloir hâter ce moment funeste.

Écoutez-les dans les groupes du Palais-Royal et des Tuileries, ils se précipitent vers un esclavage inévitable. Qui aurait cru que ce peuple se tromperait sur ses vrais amis au point de se défier de l'inestimable Pétion,

---

[371] *Mémoires de Mme Roland*, I 236.

et prodiguerait sa confiance et ses applaudissements à ces êtres perfides qui, profitant de son aveuglement et de sa torpeur, abusent des mots sacrés de la loi et de la constitution d'une manière si exécrable qu'ils le conduisent aux pieds d'un roi, aux pieds d'un traître, d'un parjure, d'*un vrai tigre déguisé en cochon*. Les gardes nationaux, surtout, ont dégénéré de façon extraordinaire... Ce sont de véritables *sbirri* animés de cet *esprit de corps* si fatal à la liberté... Tel est le triste état des choses à Paris, et je ne vois que deux grands maux capables de sauver la liberté, la guerre ou la fuite du Roi. Je dirai même que je désire ardemment l'une de ces terribles afflictions, parce que, comme nous l'a prédit Mirabeau, notre liberté ne peut être assurée qu'autant qu'elle a pour lit des matelas de cadavres, et parce que, pour assurer cette liberté, je consens, s'il le faut, à devenir un de ces cadavres. »[372]

Madame Roland et ses amis virent cette disposition pacifique du peuple avec une inquiétude croissante, et conçurent alors un plan caractéristique de leur moralité politique. De grandes pancartes attaquant l'autorité royale devaient être affichées dans tout Paris, et afin de couvrir les dépenses nécessaires à cet effet, ils demandèrent à leur allié, Pétion, le maire de Paris, une somme d'argent à prendre sur le fonds qu'il tenait à la disposition de la police de Paris. Pétion se montra tout à fait disposé à coopérer ; malheureusement, le fonds de la police se trouvait à ce moment-là épuisé. En conséquence, Dumouriez, en tant que ministre des Affaires étrangères, est chargé de demander au roi de fournir à Pétion une somme importante pour la police, qui sera ensuite remise aux Rolands. Louis XVI, sollicité à ce sujet, fait preuve d'une certaine perspicacité, mais décide de donner à Pétion une chance de prouver sa bonne foi.

« Pétion est mon ennemi, dit-il à Dumouriez ; vous verrez qu'il dépensera cet argent en écrits contre moi, mais si vous croyez qu'il sera utile, donnez-le-lui. »[373]

La somme a été versée et, bien entendu, employée comme le Roi le soupçonnait. « L'expédient, remarque Madame Roland, était simple, et il fut adopté. »[374]

Nous nous émerveillons, en lisant ces mots, non pas tant de la basse trahison consistant à obtenir de l'argent sous de faux prétextes et, comme le roi lui-même l'a exprimé, à « lui demander de fournir des baguettes pour se flageller », mais de l'absence totale de tout sens de l'honneur qui a

---

[372] *Journal d'un Étudiant pendant la Révolution*, édité par M. Gaston Maugras, p. 203.

[373] Mémoires de Dumouriez, II 152, 153 ; Mémoires de Mme Roland, I 142.

[374] *Ibid*. I 83.

permis à Madame Roland, sans rougir, d'admettre le plan dans ses mémoires. Elle ne voit pas que la manœuvre était en quoi que ce soit discutable ; à ses yeux, elle était « toute simple ».

Mais les placards diffamatoires ne suffisent pas à provoquer une révolution ; il faut une *cause de guerre* précise. Si seulement le Roi pouvait être représenté comme violant la Constitution ou complotant avec les ennemis de la France, il serait plus facile de susciter l'indignation populaire. Mais le roi fait preuve d'une fidélité irritante à la Constitution — son habitude de sortir de sa poche une copie de la Charte et de la citer en toute occasion commence à agacer ses ministres — tandis que la correspondance qu'il entretient avec l'Autriche ne peut être qualifiée de trahison, puisque l'Autriche reste l'alliée de la France.

Pour prouver que le roi est un traître, il faut donc non seulement rompre l'alliance de 1756, mais aussi provoquer la guerre entre la France et l'Autriche. Il fallait, selon les termes mêmes de Brissot, » trouver une occasion de *tendre des pièges au Roi*, afin de démontrer sa mauvaise foi et sa collusion avec les princes émigrés ». Il est bon de se souvenir de cet aveu en lisant les diatribes adressées à Louis XVI pour avoir invité l'invasion étrangère. La guerre, qui pendant vingt-trois ans allait appauvrir la France et décimer sa population, n'avait pas été déclarée par l'Autriche, mais avait été provoquée par les Girondins, en grande partie dans l'intérêt de la Prusse, à un moment où l'Autriche semblait hésiter à entrer en France.[375] Aux Jacobins, Danton et Robespierre s'y opposèrent, car ils percevaient astucieusement que si les puissances étrangères avaient besoin d'une incitation pour marcher au secours de la famille royale, la déclaration de guerre était pour elles une invitation directe à avancer. Mais le parti pro-prussien l'emporte, et le projet de Frédéric le Grand se réalise enfin.

Si l'on avait besoin d'une autre preuve des manœuvres de la Prusse, on la trouverait dans les débats qui eurent lieu à l'Assemblée, car on remarquera que, bien que le 7 février la Prusse ait fait alliance avec l'Autriche, et que le 7 mars le duc de Brunswick ait été placé à la tête des armées alliées, c'est contre l'Autriche seule que les Girondins voulaient que la guerre fût déclarée ; dans tous leurs discours, c'est contre l'Autriche, jamais contre la Prusse, que sont dirigées leurs invectives ; ce sont les Habsbourg, non les Hohenzollern, qui inspirent leur fureur.

Les Girondins savent bien qu'ils n'ont rien à craindre de la Prusse ou de Brunswick.

---

[375] *Moniteur*, xii. 183, 184 ; *Deux Amis*, vii. 156.

« Le duc Ferdinand, écrit Sorel, avait toujours aimé la France et professé la détestation de l'Autriche... Le parti révolutionnaire professait pour sa personne une singulière estime. Loin de voir en lui un suppôt des tyrans, beaucoup de révolutionnaires le tenaient pour un ami des doctrines éclairées et un allié naturel de la France. Les Girondins le respectaient, Dumouriez l'admirait... »[376] Cette admiration était si grande qu'au moment même où le duc recevait le commandement suprême, les Girondins entreprirent de le placer sur le trône de France.

« J'ai lu le 18 mars, écrit Mallet du Pan, un écrit, soutenu par une bonne autorité, dans lequel on affirme que le plan des chefs des Jacobins n'est pas précisément une république, mais un changement de dynastie, parce qu'ils considèrent que le Roi sera toujours attaché à la *noblesse* et peu à la Constitution. En conséquence, *ils ont offert la couronne au duc de Brunswick...* En faisant adopter ce projet par le duc et l'Angleterre, ils se flattent de pouvoir détacher la Prusse de la Maison d'Autriche, *ils lui offrent même d'autres avantages*. Le moyen imaginé pour détrôner le roi est de faire déclarer par l'Assemblée nationale qu'il a perdu la confiance de la nation. Messieurs Condorcet, Brissot et autres ne sont que les instruments, les agents de l'entreprise dont le chef principal et l'auteur est l'abbé Sièyes... »[377] Mais Sorel a sans doute raison de considérer que Mallet du Pan a été mal informé sur ce dernier point ; aucune autre preuve ne condamne Sièyes pour sa complicité avec ce complot dont l'auteur principal est sans doute Carra.

Dans tous les débats qui eurent lieu à l'Assemblée au sujet du « Comité autrichien », que le roi et la reine étaient accusés de tenir aux Tuileries, et dont les Girondins tentaient en vain de prouver l'existence, ce fut toujours Carra qui s'éleva le plus haut contre la perfidie de Marie-Antoinette et de ses alliés autrichiens. Mais ce n'est que lorsque Brunswick marcha effectivement contre la France que Carra montra sa main en proposant publiquement de lui donner la couronne.

Tout au long de l'année 1792, les chefs révolutionnaires français ont admirablement servi la cause de la Prusse — qu'ils aient été dupes ou complices, il est impossible de le dire avec certitude. Même la cause des Orléanistes était désormais subordonnée à la réalisation du grand dessein de Frédéric le Grand - la rupture de cette alliance qui barrait la route à l'agrandissement de la Prusse. Telle était donc la politique de la faction qui menait toutes les attaques contre Louis XVI pour avoir intrigué avec les

---

[376] La Mission de Custine à Brunswick, par Albert Sorel ; Revue Historique, I 157.

[377] Mémoires de Mallet du Pan, I 259.

puissances étrangères, et qui plus tard eut l'audace de l'accuser de précipiter la France dans la guerre. Pourtant, il y avait des larmes dans ses yeux lorsque, le 20 avril, il annonça officiellement la déclaration de guerre à l'Autriche.[378]

La reine, cependant, a poussé un soupir de soulagement. N'importe quoi, pensait-elle, serait mieux que la situation actuelle. L'état de Paris devenait chaque jour plus alarmant. Au printemps 1792, un élément nouveau et terrible avait fait son apparition dans la ville — la bande de ruffians qui, d'après les vêtements en lambeaux qu'ils portaient et qui faisaient office de culottes, était connue sous le nom de Sans-Culottes. Les membres de cette légion en haillons, pour la plupart de jeunes garçons, appartenaient à une classe qui n'était pas propre à la France révolutionnaire, mais qui correspondait aux « hooligans » du Londres moderne, aux Apaches du Paris moderne ou aux durs de la Bowery de New York, et il est facile d'imaginer la terreur qu'ils inspiraient aux citoyens paisibles lorsqu'ils étaient formés en corps et protégés, et non retenus, par la police. Montjoie raconte qu'à la seule vue de deux Sans-Culottes armés de piques, portant les bonnets rouges des galériens qui, au printemps 1792, sont devenus l'insigne de la révolution, les habitants d'une rue de Paris se réfugiaient en tremblant dans leurs maisons et barricadaient leurs portes.[379]

Chaque jour, deux à trois cents de ces Sans-Culottes envahissent les jardins des Tuileries et attisent le sentiment populaire contre la reine.[380]

> « Vous me voyez au désespoir », dit-elle un jour au roi en présence de Dumouriez. »Je n'ose pas me montrer à la fenêtre du côté des jardins. Hier soir, pour respirer l'air, je me suis montrée à la fenêtre du côté de la Cour ; un canonnier m'a apostrophée d'une injure grossière, ajoutant : » Quel plaisir j'aurai à voir votre tête sur la pointe de ma baïonnette ». « … Si je jette les yeux sur cet affreux jardin, il y a un homme debout sur une chaise qui lit à haute voix des horreurs contre nous, il y a un soldat ou un abbé traîné à la fontaine et accablé de coups et d'injures… Quelle demeure ! Quel peuple ! »

« La reine, dit Ferrières, n'exagérait pas : les Orléanistes et les Girondins ne cessaient d'exciter la populace contre le roi et la reine… Une foule d'orateurs à gages déclamait chaque jour les libelles composés par la faction… Louis XVI était représenté comme un Néron, un monstre sanguinaire ne respirant que le meurtre et le carnage, désireux de faire

---

[378] Deux Amis, vii. 166 ; Mémoires tirés des Papiers d'un Homme d'État, i. 333.

[379] Montjoie, Conjuration de d'Orléans, iii. 171.

[380] Correspondance secrète, p. 600.

entrer des troupes étrangères en France et de les utiliser pour le soutenir dans l'exécution de ses plans... La reine était peinte soit sous les couleurs dégradantes d'une Messaline livrée à la plus honteuse licence, soit comme une furie ne cherchant qu'à se baigner dans le sang des Français. Ces horreurs calomnieuses étaient criées à haute voix dans toutes les rues, étaient répétées à la tribune des Jacobins, à la barre de l'Assemblée. »

Comment s'étonner que Marie-Antoinette ait désiré que son propre peuple vienne la délivrer ? Comment s'étonner qu'elle ait désespéré de la nation française quand c'était la part de celle-ci qui s'offrait quotidiennement à sa vue ?

Louis XVI était encore plus affecté par l'horreur de la situation, et finalement, raconte Madame Campan, « tomba dans un état de dépression qui atteignit le point d'effondrement physique. Il fut dix jours de suite sans prononcer un mot, même au milieu de sa famille... la reine le tira de ce funeste état... en se jetant à ses pieds, tantôt lui faisant des visions destinées à l'alarmer, tantôt lui exprimant son amour pour lui. Il s'agit d'un cas évident de dépression mentale[381], et il faut en tenir compte pour juger de la conduite du roi à cette crise. Sans aucun doute, il hésitait, prêtant tantôt l'oreille aux hommes qui le persuadaient que le salut se trouvait dans telle ou telle faction révolutionnaire, tantôt convaincu par Fersen ou la Reine que rien d'autre qu'une intervention étrangère ne pourrait rétablir la loi et l'ordre. Ainsi, les mois du printemps passèrent et juin arriva — le dernier juin de la monarchie.

PRÉLIMINAIRES DU 20 JUIN

Le projet de lever une foule pour marcher sur les Tuileries, avoua par la suite l'un des meneurs, fut "conçu et planifié dans le salon de Madame Roland". Il est certain en tout cas que, comme l'a fait remarquer Mortimer Ternaux, » la journée du 20 juin avait été préparée de longue date par les agitateurs faubouriens ; la date était arrêtée, c'était celle du serment du tennis[382], les rôles étaient distribués, les complicités convenues et

---

[381] *Mémoires de Mme Campan*, p. 328. Voir aussi *Correspondance secrète*, p. 600, et le *Journal d'un Étudiant*, édité par M. Gaston Maugras, p. 248.

[382] On notera l'hypocrisie de ce prétexte, puisque les hommes qui avaient proposé le serment du court de tennis étaient maintenant considérés par les chefs révolutionnaires comme leurs ennemis les plus acharnés — Mounier avait été chassé du pays, et Bailly, objet de leurs exécrations perpétuelles, allait périr de leurs mains dans des circonstances d'une brutalité révoltante. La vérité est, comme le fait remarquer Bigot de Sainte-Croix, que le 20 juin fut choisi comme date anniversaire de la fuite à Varennes dans l'espoir

acceptées, l'issue seule était incertaine ; elle dépendait du degré d'excitation et d'exaspération auquel on pouvait porter les masses « . » Les raisons données par les écrivains révolutionnaires pour l'invasion des Tuileries ne sont donc que les prétextes que l'on donnait au peuple pour l'amener à exécuter les desseins des chefs. Mais, comme nous l'avons déjà vu, le peuple, à ce moment, n'était pas d'humeur à se soulever. Même les Faubourgs de Saint-Antoine et de Saint-Marceau ne montraient que peu de tendance à la révolte, bien qu'ils fussent perpétuellement agités par Santerre et par Gonchon.

Théroigne de Méricourt, qui n'est plus la *fille de joie* qui avait chevauché la foule jusqu'à Versailles, mais une virago hagarde et aigrie, est également à l'œuvre à Saint-Antoine, où elle a organisé des clubs révolutionnaires pour les femmes sur le modèle de la Société Fraternelle qui formait une annexe des Jacobins et servait d'école de formation pour les futures *tricoteuses*. Mais les efforts de Théroigne se heurtent à de violentes remontrances de la part des ouvriers de Saint-Antoine, qui se plaignent à Santerre que la douceur du tempérament de leurs épouses n'est pas augmentée par la fréquentation de ces assemblées, et les Jacobins sont obligés de demander à Mlle Théroigne de « modérer son activité ».[383]

Rien n'est plus surprenant, en effet, que la résistance des Faubouriens aux séductions des Jacobins, résistance dont les historiens n'ont aucune idée, mais qui n'est révélée que par l'étude de la littérature contemporaine, surtout ultra-révolutionnaire. C'est dans les pages de Prudhomme, dans les comptes-rendus des Séances des Jacobins, que l'on découvre les immenses efforts des révolutionnaires et leurs échecs répétés à s'attirer les sympathies du peuple. Car quand on considère la misère du peuple à cette crise, et qu'on se rend compte que les bras des Jacobins étaient toujours ouverts pour le recevoir ; quand on se rappelle que tout déserteur de l'armée qui faisait appel à la sympathie de la Société avait d'excellentes chances de recevoir une couronne civique, que tout homme ou femme qui entrait dans la salle et exprimait des sentiments révolutionnaires recevait une ovation et, dans bien des cas, une somme d'argent, que tout écolier qui récitait un poème révolutionnaire était invité aux honneurs de la Séance et accablé de

---

de faire revivre l'impopularité que les orléanistes avaient réussi à susciter contre le roi ce jour-là.

[383] Voir l'aveu de Santerre lors d'une séance des Jacobins le 13 avril 1792 : « Les hommes de ce Faubourg (Saint-Antoine) aimeraient mieux, en rentrant de leur travail, trouver leur maison en ordre que de voir leurs femmes revenir d'une assemblée où elles ne gagnent pas toujours un esprit de douceur, et c'est pourquoi ils ont regardé avec défaveur ces assemblées qui se répètent trois fois dans la semaine. »

compliments, on ne peut que s'étonner que les Faubourgs ne se soient pas rendus *en masse* au club de la rue Saint-Honoré. Mais non, ce n'est qu'ici et là qu'un habitant égaré des Faubourgs y trouve son chemin, et alors avec quel triomphe et quelle longueur l'incident est enregistré dans le journal de la Société !

Il est vrai que nous lirons souvent des députations des « sections de Paris » arrivant, tant à l'Assemblée qu'aux Jacobins, mais nous n'avons pas besoin des explications de Montjoie, de Beaulieu ou des *Deux Amis de la Liberté* pour nous rendre compte que les discours bourrés d'allusions classiques prononcés en ces occasions n'étaient pas l'œuvre des habitants pauvres et sans instruction des Faubourgs, mais des agents révolutionnaires qui les distribuaient à des orateurs si peu instruits qu'ils étaient à peine capables de lire les mots à haute voix.[384] Quant aux expressions spontanées des sentiments du peuple, elles étaient rarement entendues et, en tout cas, n'étaient pas enregistrées dans la presse qui, à cette date, était presque entièrement à la solde des chefs révolutionnaires. Ainsi, nous lisons qu'une imposante députation de Saint-Marceau à l'Assemblée nationale, composée de 6 000 hommes armés de piques et de fourches, de femmes portant des armes menaçantes et d'enfants portant des épées nues, était dirigée par « un orateur en haillons qui parlait comme Cicéron » pour louer la Révolution, mais une pétition signée par 30 000 citoyens, présentée quelques jours plus tard pour protester contre la tyrannie des Jacobins, n'est même pas mentionnée dans les comptes-rendus des débats.[385]

---

[384] *Deux Amis de la Liberté*, vii. 242, viii. 24. Voir aussi Montjoie, *Conjuration de d'Orléans*, iii. 189 ; *Essais de Beaulieu*, iii. 104. « Rien n'était plus habituel que cette espèce de fraude, écrit le contemporain Sénac de Meillan ; on faisait parler les sections et les Faubourgs ; on les mettait en mouvement même à leur insu... On vit un jour arriver le Faubourg Saint-Antoine, au nombre de huit à neuf mille hommes. Eh bien, ce Faubourg Saint-Antoine était composé d'une cinquantaine de bandits à peine connus dans le quartier, qui avaient rassemblé sur leur route tous ceux qu'ils voyaient dans les boutiques ou les ateliers, de manière à former une masse imposante. Ces braves gens étaient sur la place Vendôme, très ennuyés, ne sachant pas ce qu'ils étaient venus chercher, et attendant avec impatience que les chefs leur donnassent la permission de se retirer. »

[385] Cette pétition est consignée dans le journal de Mme Jullien, *Journal d'une Bourgeoise*, p. 89 : « Il y a une pétition signée par 30 000 fainéants (*badauds*) qui doit paraître dimanche à l'Assemblée nationale contre les Jacobins. » Il ne faut pas oublier que dans le langage révolutionnaire, les termes « badauds », « brigands » ou « canailles » signifient les membres du peuple respectueux des lois. Ainsi Prudhomme, *Révolutions de Paris*, xii. 526 : « La horde de fanatiques et de contre-révolutionnaires qui, au nombre de plus de 60 000, s'est réfugiée [...] dans la capitale. »

Adolphe Schmidt, dans ses études sur le Paris révolutionnaire, a établi par des statistiques que, sur l'ensemble des 600 000 à 800 000 habitants de la capitale, il n'y avait pas, en 1792, plus de 5 000 à 6 000 véritables révolutionnaires — nombre qui diminua l'année suivante pour atteindre près de la moitié — et que, pendant toute la période révolutionnaire, les antirévolutionnaires constituèrent les neuf dixièmes de la population. En ce mois de juin 1792, l'administration départementale rangeait dans cette catégorie des » honnêtes gens « et des » jeunes gens « » les hommes utiles et laborieux attachés à l'État sur tous les points de leur existence et par tous les objets de leurs affections, propriétaires, cultivateurs, commerçants, artisans, ouvriers, et tous ces citoyens estimables dont l'activité et l'économie contribuent au trésor public, et animent toutes les ressources de la prospérité nationale. Tous ces hommes professent un dévouement sans bornes à la Constitution, et principalement à la souveraineté de la nation, à l'égalité politique et à la monarchie constitutionnelle. » « Le Club des Jacobins, déclare le même rapport, est seul responsable des troubles qui se produisent dans la ville. »[386]

Il fallait donc, pour persuader le peuple de Paris de marcher sur les Tuileries, un stimulant très puissant. Depuis quelques mois, les Girondins, Brissot, Gensonné, et surtout Carra, s'efforçaient d'enflammer l'esprit populaire par des déclamations continuelles contre le prétendu « Comité autrichien », par lequel on déclarait que Marie-Antoinette trahissait la France à l'empereur d'Autriche, mais leurs efforts pour prouver l'existence de ce comité s'étaient soldés par un ignoble échec. À la demande d'un exposé écrit de leurs accusations, ils répondirent : « Que voulez-vous que nous prouvions ? *Les conspirations ne s'écrivent pas* » (Conspiracies cannot be written down). Plus tard, lors de leur procès, lorsqu'ils demandent à Fouquier Tinville les preuves de leur culpabilité, Fouquier leur cite ces mots et les envoie à la guillotine.[387]

La peur du » comité autrichien « n'ayant pas réussi à réveiller le peuple, les Girondins se mirent à imaginer d'autres « pièges » pour le roi. Si seulement Louis XVI refusait sa sanction aux décrets votés par

---

[386] *Paris pendant la Révolution*, par Adolphe Schmidt, p. 21. Ce rapport de l'administration parisienne est cité par Prudhomme, *Révolutions de Paris*, xII 523, comme un « libelle » insultant.

[387] *Mémoires de Hua*, p. 119. Voir la référence de Camille Desmoulins à cet incident dans son *Fragment de l'Histoire secrète*, etc., p. 5 : « J'établirai d'ailleurs contre Brissot et Gensonné l'existence d'un comité anglo-prussien par un certain nombre de preuves cent fois plus fortes que celles par lesquelles ils ont, Brissot et Gensonne, prouvé l'existence d'un comité autrichien. »

l'Assemblée, le vieux cri contre le » veto « pourrait être lancé, et une insurrection pourrait en résulter. En conséquence, trois décrets iniques furent soumis à l'Assemblée. Le premier décrétait que tous les prêtres non jureurs — c'est-à-dire ceux qui n'avaient pas souscrit à la constitution civile du clergé — devaient être déportés ; le second que le roi devait être privé de sa garde rapprochée de 1800 hommes que lui accordait la Constitution, mais que les révolutionnaires soupçonnaient de fidélité à sa personne, et le troisième qu'un camp de 20 000 hommes devait être formé hors de Paris. Louis donna sa sanction au second décret, mais la refusa au premier et au troisième. Or, comme le premier décret fut principalement instigué par Roland, et que le troisième fut proposé par Servan — l'allié particulier de Madame Roland au ministère — il est impossible de ne pas reconnaître la main de Madame Roland dans tout cela. Les trois décrets étaient, bien sûr, directement inconstitutionnels, le dernier parce que, selon les termes de la Constitution, le Roi avait seul le pouvoir de proposer toute addition à l'armée permanente, et le camp de 20 000 hommes fut proposé par Servan entièrement de sa propre autorité, sans en référer au Roi ni même aux autres ministres. De plus, comme les 20 000 hommes devaient être composés de "confédérés" des provinces, c'est-à-dire qu'ils devaient être choisis par les clubs jacobins de toute la France, le plan suscita une réprobation immédiate, non seulement de la part du roi, mais aussi d'hommes sains d'esprit de tous les partis. Lafayette écrit au roi depuis son camp de Maubeuge pour l'exhorter à persister dans son refus de sanctionner le décret ; même Robespierre exprime sa désapprobation.

Les ministres eux-mêmes sont violemment divisés sur le sujet, Roland, Servan et Clavière soutenant le plan, Dumouriez, Lacoste et Duranton protestant — Dumouriez, en effet, a failli en venir aux mains avec Servan en présence du roi.[388]

Mais surtout, la proposition fut mal accueillie par la Garde Nationale de Paris — corps essentiellement représentatif du peuple — qui envoya une députation à l'Assemblée pour protester contre l'imputation de leur incompétence à défendre la capitale. Servan, dit l'orateur de cette députation, a violé la Constitution, s'est montré "l'instrument infâme d'une faction qui déchire le royaume". »Nous citoyens de Paris, nous qui avons été les premiers à conquérir la liberté, nous saurons la défendre en tout temps contre toute espèce de tyran ; nous avons encore la force et le courage des hommes du 14 juillet. À ce moment, Vergniaud, s'emportant, déclare que les pétitionnaires sont coupables d'une « audace inconcevable » et qu'il faut leur refuser » les honneurs de la séance », c'est-

---

[388] Madelin, p. 219.

à-dire les chasser de la salle. Une autre députation de la Garde nationale, armée d'une pétition portant 8000 signatures, reçoit le même accueil, et l'Assemblée clôt alors le débat.[389]

C'est donc à cela qu'on avait réduit la « souveraineté du peuple ». Tout au long de la Révolution, nous trouverons la même méthode employée ; les seules députations reconnues comme représentatives du peuple sont celles organisées par les chefs révolutionnaires et qui marchent au mot d'ordre ; les manifestations spontanées sont invariablement réduites au silence et déclarées « séditieuses ».

Le Club des Jacobins, dominé par les Girondins, dont la violence, au début de l'année 1792, dépasse même celle des futurs Terroristes, a réussi à établir une tyrannie qui soulève l'indignation de tous les vrais amoureux de la liberté. Dans son camp de Maubeuge, Lafayette reçoit de la part des corps administratifs et municipaux de tout le pays de nouvelles plaintes sur leurs excès, et il se résout une fois de plus à venir au secours de la monarchie. La lettre qu'il adresse à l'Assemblée le 16 juin est l'un des rares incidents admirables de sa carrière vacillante.

> « Pouvez-vous nier, écrit-il avec indignation, qu'une faction — et pour éviter les dénominations vagues, la faction jacobine — n'ait causé tous les désordres ? C'est cette faction que j'accuse à haute voix. »

Organisée comme un empire à part dans sa métropole et ses affiliations, aveuglément dirigée par quelques chefs ambitieux, cette secte forme une corporation distincte au milieu du peuple français, dont elle usurpe les pouvoirs en subjuguant ses représentants et ses agents. C'est là que, dans les réunions publiques, l'attachement à la loi est appelé « aristocratie » et sa violation « patriotisme » ; là triomphent les assassins de Desilles, les crimes de Jourdan trouvent des panégyristes... C'est moi qui vous dénonce cette secte... et comment tarder plus longtemps à remplir ce devoir quand chaque jour affaiblit l'autorité constituée, *substitue l'esprit de parti à la volonté du peuple*, quand l'audace des agitateurs impose le silence aux paisibles citoyens et écarte les hommes qui pourraient être utiles... Que le pouvoir royal reste intact, car il est garanti par la Constitution ; qu'il soit indépendant, car cette indépendance est un des ressorts de notre liberté ; que le Roi soit révéré, car il est investi de la majesté de la nation ; qu'il choisisse un ministère qui ne porte les chaînes d'aucun parti, et s'il y a des conspirateurs, qu'ils périssent sous la puissance de l'épée.

> « En un mot, que le règne des clubs soit détruit par vous et fasse place au règne de la loi... leurs maximes désorganisatrices (cèdent) aux vrais

---

[389] Buchez et Roux, xv. 19-30.

principes de la liberté, leurs fureurs délirantes au courage calme et arrêté d'une nation qui connaît ses droits et les défend, que les considérations de parti cèdent aux véritables intérêts du pays, qui, dans ce moment de danger, devraient unir tous ceux pour qui son asservissement et sa ruine ne sont pas une affaire de profit atroce et de spéculation infâme. »

Ces paroles courageuses de Lafayette sont accueillies avec un hurlement d'exécration par les Girondins. Vergniaud se lève avec colère pour déclarer que « c'en est fait de la liberté si un général peut dicter des lois à l'Assemblée ».

Pas moins de soixante-cinq départements de France et plusieurs grandes villes s'empressèrent de se rallier aux sentiments de Lafayette. [390]Mais il était inutile, en effet, de s'opposer aux Girondins dans cette crise ; le pouvoir était tout entier entre leurs mains, et Dumouriez, s'en rendant compte, n'osa pas s'y opposer ; aussi, bien qu'il eût déclaré que » ceux qui demandaient la formation d'un camp de 20 000 hommes près de Paris étaient autant les ennemis du pays que les ennemis du roi », il finit par conseiller à Louis XVI de sanctionner le décret.

C'était le grand malheur du malheureux roi, à chaque crise de la Révolution, de manquer de conseillers désintéressés. Avant le siège de la Bastille, Necker n'avait pas osé se mettre à ses côtés ; lors de la marche sur Versailles, tous ses ministres s'étaient distingués par leur ineptie ; et maintenant, avant l'invasion des Tuileries, Dumouriez lui faisait ignominieusement défaut.

Longtemps après, dans ses *Mémoires*, Dumouriez justifia complètement la conduite du Roi en refusant sa sanction aux deux décrets, mais son hommage à l'intégrité de Louis XVI ne fait que placer sa propre perfidie sous un jour plus noir. Un jour, raconte Dumouriez, le roi, le prenant par la main, lui dit, « avec des accents que ni l'art ni la dissimulation n'auraient pu imiter, Dieu m'est témoin que je ne veux que le bonheur de la France », et Dumouriez, les larmes aux yeux, répondit : « Sire, je n'en doute pas… si toute la France vous connaissait comme moi, tous nos malheurs seraient finis ! » Pourtant, après cela, Dumouriez le trahit. Car Louis XVI ayant refusé de sanctionner les deux décrets, Dumouriez n'attend que l'inévitable explosion pour démissionner de son poste au ministère et revenir à l'armée — et au duc de Chartres.

Entre-temps, Madame Roland avait vu l'occasion de provoquer la crise qu'elle attendait depuis si longtemps, et avant que le Roi ne puisse

---

[390] *Mémoires de Lafayette*, iii. 332.

annoncer sa décision finale, elle avait conçu un nouveau piège qui, cette fois, devait s'avérer efficace.

La révocation de Necker avait servi de prétexte à la Révolution de juillet 1789 ; on pouvait s'attendre à ce que la révocation des trois « ministres patriotes », Roland, Servan et Clavière, entraîne la Révolution de juin 1792. En conséquence, elle composa une lettre[391] que Roland devait remettre au roi au conseil comme étant de sa propre composition, mais dont la paternité n'était que trop évidente. Qui, si ce n'est Madame Roland, avec son insatiable soif de pouvoir, aurait pu rudoyer Louis XVI en lui faisant miroiter la perte de ces prérogatives auxquelles il avait volontairement renoncé ?

« Votre Majesté a joui des grandes prérogatives qu'elle croyait appartenir à la royauté. Élevée dans l'idée de les conserver, elle n'a pu éprouver aucun plaisir à les voir lui être enlevées ; le désir de les voir restituées est aussi naturel que le regret de les voir supprimées. Puis, abandonnant le ton de condoléances dédaigneuses, elle se met à le menacer, et toute sa férocité ancienne jaillit à nouveau : "Deux décrets importants ont été rédigés, l'un et l'autre d'un intérêt essentiel pour la tranquillité publique et le salut de l'État. Le retard mis à les sanctionner inspire la méfiance ; s'il se prolonge, il provoquera le mécontentement ; et je suis forcé de dire que dans l'agitation actuelle de tous les esprits, le mécontentement peut mener à tout. Il n'est pas temps de reculer, il n'est même plus possible de temporiser — la révolution est faite dans l'esprit du peuple, elle sera achevée au prix du sang, et sera cimentée par le sang, si la sagesse ne prévient pas le malheur qu'il est possible d'éviter.

« Je sais que le langage austère de la vérité est rarement accueilli près du trône ; je sais aussi que c'est parce qu'il ne peut s'y faire entendre que les révolutions deviennent nécessaires… et je ne connais rien qui puisse m'empêcher d'accomplir mon devoir conscient," etc.

Non content de remettre au roi ce précieux document, Roland, obéissant aux instructions de Manon, insista pour le lui lire à haute voix, après quoi il se livra à une violente tirade contenant « les détails les plus amers et les plus insultants » sur la conduite du roi, le représentant comme un « parjure », lui faisant des reproches au sujet de son confesseur et de sa garde du corps, sur les imprudences de la reine, et les intrigues de la Cour avec l'Autriche.[392] La patience de Louis XVI avait des limites, et cette attaque de Roland eut pour effet de mettre les choses en crise. Le 12 juin,

---

[391] « Je fis la fameuse lettre », *Mémoires de Mme Roland*, I 241.

[392] Mémoires de Dumouriez, II 274.

le roi renvoya Roland, Servan et Clavière ; le 19, il mit enfin son « veto » aux deux décrets.

Rien ne pouvait mieux convenir à Madame Roland. Pour une fois, nous pouvons la croire sincère quand elle nous assure qu'elle a été enchantée du renvoi des trois ministres, car, si l'action du roi ajoutait du combustible à sa fureur, elle avait fourni le dernier prétexte à l'insurrection.[393]

Le projet concerté dans le salon de Madame Roland de rassembler une foule pour marcher sur les Tuileries était mûri dans les conseils des orléanistes. À Charenton, Danton, Marat, Santerre, Camille Desmoulins[394] se réunissent la nuit, comme les orléanistes de 1789 s'étaient réunis à Montrouge ou à Passy, car eux seuls peuvent contrôler les rouages de la grande machine révolutionnaire ; eux qui choisissent et paient les chefs de la foule, eux qui distribuent les rôles, incitent les orateurs, prodiguent l'or et les boissons fortes à la multitude obéissante qu'ils tiennent sous leurs ordres. Les Girondins ne pouvaient que suggérer et pérorer ; les Orléanistes savaient passer de la parole aux actes. Alors les conspirateurs se mirent à l'œuvre pour enflammer les esprits du peuple : Carra, Gorsas, Brissot et Condorcet distribuent des pamphlets séditieux, Pétion et Manuel placardent sur les murs de la ville de nouvelles calomnies contre la famille royale.[395] On colporte sur les quais une caricature représentant Louis XVI, la couronne lui échappant, assis au picquet avec le duc d'Orléans, et s'exclamant : « J'ai écarté les cœurs, il a pour lui les *piques*, j'ai perdu la partie ». Les piques étaient littéralement celles d'Orléans, car Pétion avait

---

[393] Que l'insurrection du 20 juin ait été préparée longtemps avant la révocation des trois ministres, le 12, et le refus définitif du roi de sanctionner les deux décrets, le 19, et que ces circonstances n'aient donc été que les prétextes donnés au peuple pour marcher sur les Tuileries, c'est ce qui ressort encore de ce que le plan de l'insurrection était connu à Londres au moins dix jours avant qu'elle eût lieu. Le 13 juin, un membre du Club des Jacobins lisait à haute voix une lettre qu'il avait reçue de Londres et qui annonçait un mouvement devant avoir lieu entre le 13 et le 20, et dans la *Correspondance secrète* du 16 juin, nous trouvons une inscription au même effet : « Des lettres de Londres annoncent un grand mouvement à Paris pour le 20 de ce mois ». On a *remarqué que les grands événements de la Révolution nous ont toujours été prédits par les Anglais.* » La coopération des révolutionnaires anglais est ici clairement évidente.

[394] *Crimes de la Révolution*, par Prudhomme, iv. 43. Montjoie affirme que Robespierre était également présent aux réunions thématiques, mais cela semble improbable, puisque le mouvement était mené par ses ennemis les Brissotins et les Orléanistes. De plus, au Club des Jacobins, il s'était fortement opposé au projet d'insurrection. S'il était présent, cela ne peut s'expliquer que par sa timidité naturelle — il a peut-être eu peur de rester à l'écart de peur d'être accusé de sympathie avec la Cour. Mais il semble peu probable qu'il ait pris une part active à la procédure.

[395] Montjoie, *Conjuration de d'Orléans*, III 174 ; Ferrières, III 105.

ordonné d'en forger 30 000 pour armer la populace, et par un raffinement de brutalité, les pointes étaient construites de manière à non seulement blesser mais à lacérer horriblement la chair des victimes. [396]Ces armes, ainsi que 50 000 bonnets rouges de la liberté, furent distribués dans les Faubourgs. Pendant ce temps, Gorsas défilait dans les rues en s'écriant :

"Mes amis, il faut aller demain planter sous les fenêtres du gros Louis non pas le chêne de la liberté mais un tremble ! » [397]

Comme d'habitude, le peuple n'était pas admis dans les secrets des chefs, dont la méthode ingénieuse consistait invariablement à proposer une manifestation apparemment inoffensive, puis à inciter le peuple à commettre des excès. Par ce moyen, il était toujours possible de se soustraire à toute responsabilité et d'attribuer la responsabilité de toute violence survenue aux passions incontrôlables de la population. Comme le 14 juillet on n'avait dit au peuple que de marcher sur la Bastille afin de se procurer des armes pour sa défense, et le 5 octobre d'aller à Versailles demander du pain au roi, ainsi avant le 20 juin le programme officiellement proposé aux habitants de Saint-Antoine et de Saint-Marceau était de former une procession pour présenter au roi et à l'Assemblée législative une pétition demandant la sanction des deux décrets et le rappel des ministres révoqués.[398] Ils devaient ensuite se rendre sur la terrasse des Tuileries et planter un « arbre de la liberté », pour commémorer l'anniversaire du serment de la Cour de Tennis. Rien de plus innocent ne pouvait être imaginé, et pour inciter les plus pacifiques d'entre eux, on a suggéré qu'il serait agréable de visiter l'intérieur des Tuileries et de voir Monsieur et Madame Veto chez eux.[399] Mais pour s'assurer de la coopération de la population, des méthodes plus puissantes furent employées, et parmi celles-ci, comme dans chaque déclenchement de la Révolution, l'alcool joua le rôle principal. Ainsi, dans les Faubourgs, tout au long de la journée du 19 juin, le champagne, distribué par Santerre, coule à flots,[400] tandis que les instigateurs professionnels du crime qui ont participé à tous les tumultes précédents — Gonchon, St-Huruge, Fournier l'Américain, Rotondo — attisent l'insurrection. Aux Champs-Élysées, on donna une fête à laquelle furent conviés les habitants de Saint-Antoine et de Saint-Marceau ; dans

---

[396] Montjoie, *Conjuration de d'Orléans*, iii 174 ; *Histoire particulière*, etc., par Maton de la Varenne.

[397] Ibid.

[398] Roederer, *Chronique des Cinquante Jours* (édition de Lescure), p. 18.

[399] Mortimer Ternaux, *Histoire de la Terreur*, i. 141.

[400] *Deux Amis*, viii. 25.

les cabarets environnants, des Sans-Culottes à moitié nus se rassemblèrent, des discours incendiaires furent prononcés, le Prussien Clootz, en tant que maître de toast, proposa la déposition de Louis XVI ; et bien que les plus prudents des chefs affectèrent de soutenir cette proposition, on permit au comédien Dugazon de chanter des vers provoquant le peuple à assassiner le roi.[401]

Louis XVI savait bien ce qui se passait dans la ville. Ce jour-là, il écrit à son confesseur, le priant de venir le voir : 'Je n'ai jamais eu un si grand besoin de vos consolations ; j'en ai fini avec les hommes, c'est vers le Ciel que je tourne mes yeux. De grands désastres sont annoncés pour demain ; j'aurai du courage. Et comme il regardait, ce soir d'été, dans les grands jardins des Tuileries, le soleil qui s'abaissait derrière les Champs-Élysées, il dit au bon vieux Malesherbes qui se tenait près de lui : « Qui sait si je verrai le soleil se coucher demain ? Puis, la conscience tranquille, il alla se reposer, prêt à accueillir la mort qui le délivrerait du hideux cauchemar de la vie. Et dans des centaines de petites maisons françaises, cette nuit-là, le peuple, qui aimait encore son roi, se coucha également pour se reposer, sans se douter des scènes terribles du lendemain qui, dans les pages mensongères de l'histoire, allaient leur être attribuées.

LE 20 JUIN

Mais pendant que le peuple dormait, les conspirateurs étaient tous éveillés ; chez Santerre, on mettait la dernière main au plan d'insurrection ; Chabot, Bazire, Merlin, Lasource continuaient à haranguer les habitants du faubourg Saint-Antoine, dont trois, outrés par les discours incendiaires des agitateurs, les dénoncèrent plus tard à l'Assemblée, en déclarant que Chabot avait rassemblé le peuple dans une église du quartier et avait effectivement proposé l'assassinat du roi.[402]

L'allumette fut donc mise à la mine, et les conspirateurs attendirent avec impatience l'explosion. Mais, contrairement à leur attente, Saint-Antoine ne manifesta aucune envie irrésistible de se lever. À cinq heures du matin, le 20, Santerre n'avait réussi qu'à soulever une foule de

---

[401] Maton de la Varenne, *op. cit.* ; Ferrières, iii. 105 ; Montjoie, *Conjuration de d'Orléans*, iii. 175.

[402] Buchez et Roux, xv. 196. Chabot a nié l'accusation, mais même s'il n'a pas fait cette proposition précise, il est certain qu'il était à Saint-Antoine pendant la nuit en train de soulever le peuple contre le roi. Voir Montjoie, *Conjuration de d'Orléans*, iii. 175 ; Roederer, p. 19 ; Ferrières, iii. 106 ; Prudhomme, *Crimes*, iv. 38.

1500 personnes ;[403] selon un récit de la journée, ce nombre n'était pas dépassé à onze heures, y compris ceux qui s'étaient rassemblés par curiosité, et » ce n'est qu'après que le sieur Santerre se fut placé à la tête d'un détachement d'*invalides*... et qu'il ait incité pendant leur marche tous les badauds à se joindre à eux, que la multitude augmenta considérablement. Pendant ce temps, à Saint-Marceau, une foule hétéroclite d'hommes, de femmes et d'enfants s'était rassemblée, armée des piques fournies par Pétion, qui envoyait maintenant, avec une hypocrisie consommée, des commissaires pour faire semblant de les dissuader de prendre les armes et de former un cortège. Le peuple, bien maîtrisé par les agitateurs, refusa bien sûr de rentrer chez lui où il avait été convoqué ; quelques-uns même répondirent en toute bonne foi qu'ils n'avaient aucune mauvaise intention, et qu'ils étaient résolus à marcher. Enfin les Faubourgs, auxquels s'étaient joints un certain nombre de déserteurs de la garde nationale, se mirent en marche, divisés en trois bandes conduites par Santerre, St. Huruge et Théroigne de Méricourt, et enfin, à mesure qu'ils passaient dans les rues, les recrues commençaient à affluer de toutes parts — charbonniers, porteurs, ramoneurs — prêts, pour le prix d'une journée de travail[404] et la promesse de boissons gratuites, à se jeter dans n'importe quel tumulte ; mais aussi de terribles monstres de l'humanité, mi-nus, mi-en haillons, la lie non seulement de la pègre parisienne mais des villes étrangères, des Italiens, des nègres et des négresses, des brigands du Sud, portant outre les armes révolutionnaires habituelles — piques, faux, des pioches, des bâtons noués et des épées rouillées, d'horribles emblèmes de leur cru, des pantalons sales accrochés à des perches, l'insigne des Sans-Culottes, le cœur saignant d'un veau étiqueté « cœur d'aristocrate », des gibets de jouets, des cordes de bourreaux. Les témoins oculaires parlent avec effroi de ce cortège ; rien d'aussi révoltant n'avait encore été vu à Paris.

Les organisateurs du mouvement — qui, comme d'habitude, restaient prudemment à l'arrière-plan — avaient toutes les raisons de se féliciter du succès de leurs efforts ; jamais auparavant, dans tout le cours de la Révolution, une foule aussi formidable n'avait été rassemblée : à peine 1000 personnes avaient marché sur la Bastille, 8000 sur Versailles, mais maintenant, le 20 juin, certains contemporains déclarent que pas moins de 20 000 hommes, femmes et enfants ont pris part au mouvement.[405]

---

[403] Roederer, p. 22.

[404] Voir la déclaration de Santerre sur ces paiements aux ouvriers citée dans les *Mémoires de la Comtesse de Bohm* (édition de Lescure), p. 196.

[405] Sur ce point, les contemporains ne sont pas du tout d'accord. Napoléon, témoin oculaire de la scène, n'évalue la foule qu'à 6000 ; Beaulieu dit 8000, mais Roederer

Arithmétiquement, ils ne représentaient qu'un trentième environ de la population de la ville, mais ce nombre était suffisant pour donner un semblant de vérité à l'affirmation selon laquelle « tout le peuple » s'était soulevé pour la cause de la liberté.

C'était plus que suffisant pour alarmer l'Assemblée, qui, apprenant que l'avant-garde de l'armée composée de 8000 personnes était à la porte de l'Assemblée pour en demander l'entrée, fut appelée à décider instantanément si le cortège devait être autorisé à traverser la salle avec ses armes. »Puisqu'ils sont 8000, et que nous ne sommes que 745, s'écria un député pris de panique, c'est le moment de lever la séance et de partir ! » Hua, plus courageux, déclara que l'Assemblée devait tenir bon et refuser l'entrée à la foule. 'Qui sont ces hommes qui se disent le peuple et qui nous apportent une pétition avec des canons et des piques ? Fermez les portes ; ils pourront les enfoncer s'ils le veulent, mais au moins l'Assemblée ne les aura pas reçus et aura conservé sa dignité ! »

Mais les Girondins — Vergniaud, Guadet, Lasource — dont la collusion avec les chefs de la populace était une garantie pour leur sécurité personnelle, se levèrent avec indignation pour demander que « le peuple » puisse entrer et faire part à l'Assemblée de ses « souffrances et de ses angoisses ». Jaucourt s'exclame alors avec justesse : 'Il est évident que ceux qui les ont amenés ici ne peuvent les renvoyer ! »

D'autres membres se lèvent pour prendre la parole, quand soudain la foule qui attendait, dont le murmure de colère s'était amplifié, brise les barrières et fait irruption dans la salle. Une scène de confusion indescriptible s'ensuit ; des cris de protestation et d'alarme s'élèvent de toutes parts de l'Assemblée ; les membres se jettent sur les bancs et s'efforcent vainement de faire entendre leur voix au-dessus du tumulte. Le Président se hâte de mettre son chapeau pour signifier que la séance est terminée. Finalement, l'avant-garde de la foule est repoussée et, après une nouvelle discussion, l'Assemblée décide d'admettre une députation du "peuple". L'orateur de la députation, un homme nommé Sylvestre Huguenin, anciennement déserteur de l'armée, maintenant agent des maisons closes, n'était certainement pas calculé pour inspirer confiance dans la disposition pacifique de ses partisans. Grand et décharné, avec un front chauve, des yeux injectés de sang, une peau sèche et flétrie, son aspect n'était pas moins effrayant que la tirade qu'il livrait maintenant à l'Assemblée, dont chaque mot était une provocation voilée pour assassiner le roi. »Un seul homme ne doit pas influencer la volonté de

---

dit 20 000. M. Croker pense qu'il s'agit d'une exagération intentionnelle afin de « faire passer la foule pour le peuple » et d'excuser la terreur de l'Assemblée.

20 000 hommes. Si par considération nous le maintenons à son poste, c'est à la condition qu'il le remplisse constitutionnellement ; s'il ne le fait pas, il ne compte pour rien dans la nation française *et mérite la peine extrême*. En tant qu'adresse censée avoir été rédigée par les habitants de Saint-Antoine, la chose était la plus maladroite des fraudes, car dans cette pétition, comme dans toutes les autres pétitions bidon présentées à l'Assemblée, la phraséologie du Club des Jacobins était clairement reconnaissable. Ainsi, les ouvriers de Saint-Antoine étaient représentés comme disant : 'Imitez Cicéron et Démosthène et dévoilez devant tout le Sénat les perfides machinations de Catilina ! ou encore, dans un fouillis de métaphores : « Le peuple le veut, et sa tête a autant de valeur que celle des despotes couronnés. Cette tête est l'arbre généalogique de la nation, et sous ce chêne robuste le faible roseau doit plier. »

À chaque menace sanguinaire, les tribunes éclatent en applaudissements tumultueux, et l'on décide alors de laisser les Faubourgs défiler dans l'Assemblée. Aussitôt, la horde sauvage, dont un grand nombre était maintenant sous l'influence de la boisson, entra dans la salle sous la conduite de Santerre et de St Huruge ; sept ou huit musiciens jouèrent d'abord le 'Ça ira !' et derrière eux, des femmes armées de sabres chantant et dansant sur les airs, les hommes brandissant leurs bannières en lambeaux et d'affreux trophées au bout de perches, et tous criant de façon incohérente : 'Vive les Sans-Culottes ! Vive la nation ! À bas le veto !'

'Le cortège, dit le député Hua, a duré trois heures ; des visages hideux étaient là ; je vois encore cette forêt mouvante de piques, ces mouchoirs, ces chiffons qui servaient d'étendards…' Pendant ce temps, à l'extérieur de la salle, un immense encombrement avait eu lieu. Pour le comprendre, il faut se rendre compte de la situation de la salle occupée par l'Assemblée. Cette salle était le Manège royal, c'est-à-dire le manège des Tuileries, et se trouvait à l'endroit où actuellement la rue Castiglione rejoint la rue de Rivoli. À l'époque de la Révolution, aucune de ces deux rues n'existait, car les grands jardins des couvents et des maisons particulières de la rue Saint-Honoré s'étendaient jusqu'à la ligne occupée aujourd'hui par la rue de Rivoli, et n'étaient séparés des Tuileries que par une cour longue et étroite, la cour du Manège, tandis qu'un passage encore plus étroit, le passage des Feuillants, prenait la place de la rue Castiglione et conduisait de la rue Saint-Honoré à la porte des Feuillants qui donnait sur le jardin des Tuileries. On entrait dans la salle de l'Assemblée par deux portes, l'une dans la cour du Manège, l'autre dans le passage des Feuillants, et c'est à cette dernière entrée que la foule s'était rangée pour demander l'entrée. Pendant le délai qui s'ensuivit, l'arrière-garde du cortège continua à se déverser dans le passage qui, la porte des Feuillants étant fermée à clef, formait une impasse, et se trouva bientôt tassée jusqu'à l'étouffement. La foule, étouffant par manque d'air et fatiguée par l'inaction, commença à chercher une issue, et tandis qu'une partie entreprenait de briser la porte des Feuillants et de se répandre dans les jardins des Tuileries, une autre pensait au peuplier qu'elle avait apporté avec elle sur une charrette pour représenter l'"arbre de la liberté'. »

Or, la plantation de cet arbre devait former la principale cérémonie de la journée, et le peuple, trouvant que ses chefs n'avaient pas exécuté leur programme, se fit justice lui-même et, faisant irruption dans le jardin du couvent des Capucins voisin de l'Assemblée, s'amusa à y planter l'arbre de la liberté. Cette diversion terminée, la foule commençait à s'ennuyer et allait se disperser quand le roulement des tambours et les accents du "Ça ira !" qui retentissent dans la salle de l'Assemblée la rallient à nouveau, et toute la masse s'avance par la porte.

Ce long délai était sans doute une erreur de la part des conspirateurs, car il avait enlevé la première pointe de la frénésie du peuple, qui, si on l'avait fait marcher droit sur les Tuileries, aurait pu se montrer capable de plus de violence. En fait, lorsqu'ils eurent fini de défiler dans la salle, non seulement ils avaient évacué une grande partie de leur excitation, mais aussi, sans doute, les effets du vin qui avait inspiré leur entrée hilarante à l'Assemblée.

Il était près de quatre heures quand enfin Santerre, comprenant la nécessité de s'atteler aux vraies affaires du jour, commença à rassembler son troupeau vers la sortie, en criant d'un ton de stentor : "En avant ! Marche ! Le moment suprême était arrivé. La foule terrible des hommes et des femmes en haillons, victimes du vice et de la misère, allait maintenant consommer le crime que, depuis trois ans, les conspirateurs s'efforçaient vainement d'accomplir. Trois fois déjà, les 17 juillet et 6 octobre 1789, et le 18 avril 1791, cette même populace de Paris avait été poussée contre son roi, et chaque fois elle s'était abstenue de toute violence ; maintenant, pour la dernière fois, la grande tentative allait être faite, et, à en juger par l'aspect féroce qu'elle présentait, il semblait peu douteux que, parmi cette horde sauvage, une main meurtrière ne manquerait pas.[406]

---

[406] Même Roederer est obligé d'admettre que c'était l'idée des meneurs : « L'absence d'action concertée entre les personnes assemblées semble ne laisser place qu'à une seule opinion, celle que les plus hardis et les plus subtils comploteurs de violence espéraient que parmi tant de gens désordonnés une main fanatique se lèverait contre le monarque pour lequel on n'avait pas cru devoir désigner ni même chercher un assassin. » (*Chronique des Cinquante Jours* (édition de Lescure), p. 38).

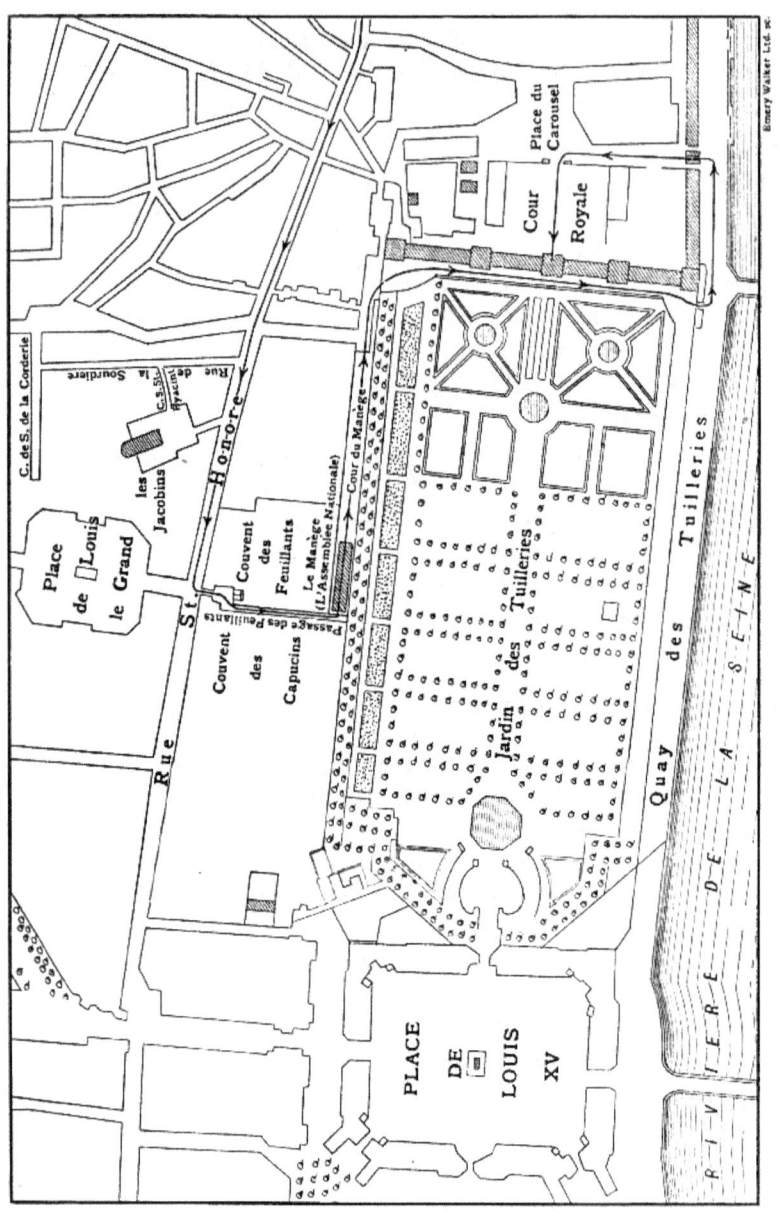

Santerre et Saint-Huruge, en effet, étaient manifestement si sûrs qu'on pouvait compter sur "le peuple" pour exécuter le crime, qu'au lieu de marcher à leur tête comme ils l'avaient fait le matin en les conduisant à l'Assemblée, ils restèrent prudemment en arrière dans la salle. Il y avait tout lieu de préférer cette retraite sûre, car il apparaissait aujourd'hui que les autorités militaires entendaient opposer une résistance très énergique à toute invasion du château. Dix bataillons de la garde nationale étaient rangés le long de la terrasse ouest, deux autres étaient stationnés à l'extrémité sud près de la rivière, quatre autres bataillons ainsi que cinq ou six cents gendarmes à cheval et vingt canons gardaient la Cour Royale.

Ainsi, en cette occasion, ce ne sont pas seulement les principaux auteurs du mouvement — Brissot, Danton, Pétion, Manuel — qui, selon leur invariable coutume, sont restés à l'arrière-plan, mais les chefs de la foule eux-mêmes qui se sont retirés en lieu sûr, laissant aux misérables instruments qu'ils avaient rassemblés le soin d'accomplir l'acte et d'en assumer les conséquences. Il est remarquable que, dans tous les récits de la journée, on ne trouve aucune mention des agitateurs habituels — Rotondo, Grammont, Malga, ou Fournier l'Américain — se mêlant à la foule à ce stade de la procédure ; même Théroigne semble avoir disparu, car nous n'entendons plus parler d'elle après son départ pour l'Assemblée à la tête de son contingent.

La foule, livrée ainsi à elle-même, longea la cour du Manège en direction du Château, puis s'arrêta, comme si elle ne savait pas si elle devait continuer vers la place du Carrousel ou si elle devait pénétrer dans le jardin des Tuileries par la porte de droite, dite 'porte du Dauphin'. C'est, paraît-il, Mouchet, un petit officier municipal aux jambes arquées, posté à cette porte, qui les persuada d'adopter ce dernier parti, et alors toute la foule se répandit dans le jardin.[407]

Mais le troupeau incompréhensif n'a pas encore compris les desseins des conspirateurs, car ils n'ont pas tenté d'envahir le château — qui était le plus accessible de ce côté — mais ont longé la terrasse jusqu'à la porte menant au quai, et pendant cette marche devant les troupes, leur comportement a été si paisible que le roi avec sa famille et son *entourage*, regardant le cortège depuis les fenêtres, et le voyant passer par la porte avec un immense soulagement, a conclu que le mouvement était terminé : pendant un moment, il a semblé que le 6 octobre ne devait pas se répéter.

Une fois à l'extérieur du jardin, la foule tourna à gauche, mais au lieu de continuer son chemin le long du quai, elle s'arrêta devant la porte menant au Carrousel, où elle fut accueillie par l'avis extraordinaire, affiché

---

[407] C'est à ce moment que Napoléon Bonaparte, sortant d'un restaurant proche du Palais Royal avec Bourrienne, prononce sa mémorable exclamation : « Quels imbéciles, comment ont-ils pu laisser entrer cette *canaille* ? Ils auraient dû en balayer quatre ou cinq cents à coups de canon et le reste courrait encore ! ». (*Mémoires de Bourrienne*, i. 49).

ici, selon lequel seules les" personnes armées, de quelque manière que ce soit," devaient être admises. En réponse à cette invitation — émise manifestement par des officiers municipaux de connivence avec les meneurs — toute la foule, armée ou non, se déverse sur la place. Pourtant, même à ce moment-là, le peuple ne montrait aucune intention d'envahir le château, mais se dirigeait vers la rue Saint-Nicaise, apparemment avec l'intention de retourner d'où il venait. Le fait est que la journée était très chaude et que les gens, debout depuis l'aube, étaient de plus en plus fatigués de tout ce spectacle. L'arbre de la liberté avait été planté, la pétition avait été lue à haute voix à l'Assemblée, et maintenant ils étaient prêts à rentrer chez eux.[408]

Mais Santerre et Saint-Huruge avaient été informés de ce contretemps, et, comprenant que, si l'invasion des Tuileries devait s'accomplir, ils devaient se placer de nouveau à la tête du mouvement, ils apparurent maintenant sur la scène. Santerre, s'adressant à son contingent de Saint-Antoine, s'écrie péremptoirement : « Pourquoi n'êtes-vous pas entrés dans le château ? *Il faut* y entrer ! C'est pour cela que nous sommes venus ici ! »[409] Et se tournant vers ses artilleurs, il leur ordonna de le suivre avec leurs canons, déclarant que si les portes leur étaient fermées, elles devaient être enfoncées à coups de boulets. Alors la foule, ralliée au mot d'ordre, se dirigea *en masse* vers la porte de la Cour Royale.

Comme nous l'avons déjà vu, les troupes rangées autour de la porte étaient bien plus que suffisantes pour résister à l'incursion de la foule, et bien que la centaine de policiers à cheval du Carrousel se soient montrés peu enclins à utiliser la force, la garde nationale, au premier assaut, a opposé une résistance énergique. « Nous mourrons plutôt que de les laisser entrer ! » s'écrièrent certains ; et d'autres répondirent : « Mais nous n'avons pas d'ordres et pas d'officiers pour nous commander ! » Et c'était vrai, car Romainvilliers, leur commandant, resta absolument inerte, donnant ensuite pour raison que n'ayant reçu aucun ordre du maire, il ne pouvait prendre sur lui de proclamer la loi martiale ; mais comme le maire était Pétion, le principal organisateur du mouvement, cette omission n'est guère surprenante.

La vérité est évidemment que, comme les 12 et 14 juillet et le 5 octobre 1789, les chefs militaires étaient paralysés par leur connaissance de ce que M. Croker décrit bien comme « la malheureuse monomanie du roi qui veut qu'aucun coup ne soit jamais porté pour sa défense ». Dans ces conditions,

---

[408] Mortimer Ternaux, i. 184 ; Buchez et Roux, xv. 118.

[409] Buchez et Roux, xv. 118.

ils n'osaient pas offrir de résistance, incertains des conséquences d'une éventuelle blessure du peuple. Conservant donc leur attitude de stricte neutralité, ils laissèrent la foule avancer ses canons et les diriger contre la grande porte de la Cour Royale.

Par quelle perfidie cette porte fut-elle enfin ouverte ? Il est impossible de le dire avec certitude, car, de même qu'au siège de la Bastille une main invisible avait baissé le dernier pont-levis, et qu'à l'invasion de Versailles une autre main invisible avait ouvert la porte de la cour de Marbre, ainsi, par le même organisme mystérieux, la cour des Tuileries fut ouverte aux envahisseurs. Santerre, dit Roederer, s'était assuré à l'avance de deux officiers municipaux, et ces hommes, comptant à juste titre sur l'autorité inspirée par leurs écharpes de fonction, se présentèrent alors et, d'un ton impérieux, demandèrent que les portes soient ouvertes. Quel que soit celui qui obéit alors à cet ordre,[410] le fait est que la grande barre qui ferme les portes fut soulevée de l'intérieur et qu'instantanément la foule se déversa dans la Cour Royale.

Enfin, quatre officiers, plus courageux que leurs camarades, Mandat, Pinon, Vanotte et Acloque, un brasseur du faubourg Saint-Antoine, s'élancent pour fermer la porte qui mène au grand escalier du palais, appelant à leur secours gardes nationaux, canonniers et gendarmes. Mais il est trop tard pour commander l'obéissance ; les artilleurs, poussés par Santerre, sont déjà en rébellion ouverte et repoussent les officiers qui les commandent.

Santerre fut encore contraint, à contrecœur, de rester à la tête de la foule et de diriger les opérations. Car même à cette crise, la grande masse du peuple continuait à faire preuve d'indifférence, et semblait, dit Roederer,

> « n'être qu'égarée ou emportée, ou amenée là par la curiosité, et ne pas comprendre que c'était un outrage au Roi que de violer son palais. Plusieurs bâillaient de fatigue et d'ennui. Il aurait été facile de compter les hommes menés par des passions violentes et des desseins féroces. »[411]

Voyant cela, un groupe de citoyens respectueux de la loi, qui s'était rassemblé au pied de l'escalier, s'avança et apostropha furieusement Santerre, le menaçant de le rendre responsable de tout le mal qui pourrait résulter de ce jour fatal, « car, lui dirent-ils, vous êtes seul l'auteur de cette

---

[410] Boucher Réné, officier municipal, dans sa déposition à la police, dit « un canonnier » ; La Reynie, qui a déclaré que Boucher Réné était un des officiers à donner l'ordre, dit « des hommes de la garde nationale. » Roederer et Mortimer Ternaux acceptent cette dernière affirmation.

[411] Roederer, p. 46.

assemblée inconstitutionnelle, vous êtes seul à avoir trompé ces braves gens, et parmi eux tous vous êtes seul un scélérat ! » Santerre pâlit, et échangeant un regard avec son allié, le boucher Legendre, il se tourne vers ses troupes et prononce ces paroles hypocrites : « Messieurs, dressez un procès-verbal de mon refus de marcher à votre tête dans les appartements du roi ! ». Alors les ruffians qui composaient la suite du lâche brasseur, comprenant son intention, jetèrent à terre les honnêtes citoyens, et comme un grand raz-de-marée la foule, une fois de plus fouettée par la fureur, fit irruption dans le château. L'élan de cette puissante ruée est tel qu'un canon, porté par les envahisseurs, est transporté sur leurs épaules jusqu'au splendide escalier, orné des emblèmes de Louis XIV et des armes de Colbert, jusqu'à l'immense salle des Cent Suisses, où il se coince dans l'embrasure de la porte, arrêtant momentanément la marée. Mais l'obstacle est rapidement levé à coups de hachette sur les boiseries, et la foule s'élance vers l'Œil de Bœuf.

Ils étaient enfin sur le seuil de cette demeure mystérieuse que sont les appartements du roi. Sans doute, parmi la grande partie du peuple, l'émotion prédominante en ce moment formidable était la curiosité, teintée de crainte superstitieuse, car, dans l'esprit de beaucoup des pauvres habitants des Faubourgs, la royauté n'avait pas encore perdu son charme, malgré tous les efforts des agitateurs pour la ridiculiser et la dégrader. Mais cette mer tumultueuse n'en contenait pas moins des éléments dangereux, des cerveaux qui palpitaient sauvagement au son de 'Ça ira !' des mains qui se refermaient autour d'armes meurtrières dans l'attente fiévreuse de la violence à venir, et dans ces imaginations désordonnées la superstition prenait une forme terrible — ce n'était pas Louis XVI, le descendant de St. Louis, qu'ils allaient maintenant rencontrer face à face, mais ce sinistre personnage, « Monsieur Veto » — Néron, Machiavel et Charles IX à la fois — le monstre sanguinaire, et sa compagne encore plus coupable, qui avec une ruse diabolique avait bercé un peuple confiant dans la sécurité tout en planifiant un second massacre de la Saint-Barthélemy — peut-être sur ce même Quai du Louvre leurs pieds avaient-ils traversé jusqu'au Château. Poussés à la frénésie par ces visions, les meneurs de la foule continuèrent à frapper sur les portes fermées, réclamant à grands cris l'entrée ; puis, ne recevant aucune réponse, ils les attaquèrent avec leurs armes ; sous leurs coups sauvages, les panneaux inférieurs cédèrent et tombèrent vers l'intérieur — instantanément, un faisceau de piques fut poussé de façon menaçante par l'ouverture.

Soudain, de l'intérieur, une voix s'écrie : « Ouvrez ! Je n'ai rien à craindre des Français ! » Un garde suisse a ouvert les portes. La foule s'avance, puis, comme une vague furieuse qui se retire avec un rugissement d'écume, s'arrête dans la confusion, car devant elle se tient le roi. La sensation produite sur la foule par cette soudaine apparition, tous les contemporains le rapportent, était une *stupeur* — ils étaient complètement déconcertés, car ils ne voyaient pas devant eux un monstre sanguinaire mais un personnage ordinaire, pas plus imposant que ses cheveux poudrés et son manteau brodé, qui se tenait debout et les regardait avec une expression d'extrême bienveillance, évidemment sans mélange de peur. Louis XVI n'a pas eu peur en cet instant effrayant. Lorsque le fidèle Acloque s'était précipité dans sa chambre, où toute la famille royale était rassemblée, pour annoncer l'incursion de la foule, le roi avait instantanément décidé d'aller à sa rencontre, insistant seulement pour que la reine, contre laquelle la haine du peuple était principalement dirigée, reste en sécurité ; et tandis que Marie-Antoinette, enfin empêchée par la force de le suivre, était précipitée dans la chambre du Dauphin, le Roi passait tranquillement à l'Œil de Bœuf, Madame Élisabeth accrochée à son bras, et suivi de ceux de ses fidèles défenseurs qui étaient restés à ses côtés. Deux heures auparavant, le roi, prévoyant l'invasion du château, avait renvoyé presque tous ses fidèles, de peur que leur présence ne servît à irriter la populace, mais plusieurs d'entre eux, parmi lesquels le vieux maréchal de Mouchy, cet étrange personnage qu'était le chevalier de Rougeville, et le brave jeune Canolles, un garçon de dix-huit ans qui avait appartenu à l'ancienne garde du roi, avaient refusé de le quitter ; D'autres, empruntant des piques et des vêtements en loques à quelques insurgés, se mêlèrent à la foule, et, ainsi déguisés, tournèrent autour du roi pour le protéger.[412] Arrivé à l'Œil de Bœuf, Louis XVI appelle à ses côtés quatre grenadiers de la garde nationale, et l'un d'eux, De la Chesnaye, voyant que les portes étaient sur le point d'être enfoncées, dit au roi : « Sire, n'ayez pas peur ». Je n'ai pas peur, répondit le roi ; mettez la main sur mon cœur, il est calme et tranquille, et prenant la main du grenadier, il la pressa sur son cœur, qui, en vérité, ne battait pas plus vite en face de l'effroyable danger.

Quel était le secret de l'intrépidité du roi ? Les révolutionnaires, obligés d'admettre son étonnant sang-froid dans cette crise, ont essayé de l'expliquer par le flegme naturel de son caractère, mais en réalité son courage tout au long de la Révolution peut toujours être attribué à la même cause — le fait que, comme Bertrand de Molleville l'a observé, *il n'avait jamais peur quand il était face au peuple*. C'est cette conviction qu'il n'avait rien à craindre du peuple lui-même qui l'avait poussé à entreprendre le périlleux voyage vers Paris le 17 juillet 1789, qui lui avait permis d'affronter la foule déchaînée le 6 octobre et qui, le 20 juin, lui inspirait à nouveau une sérénité qui étonnait tous les observateurs. Ainsi, par l'aspect

---

[412] Mémoires de Hua, p. 136.

calme et imperturbable du Roi, la horde déchaînée fut momentanément ramenée sur le seuil de l'Œil de Bœuf. Mais certains des brigands, remis du premier choc de la surprise, se frayèrent un chemin dans la pièce, brandissant piques et sabres en réclamant à haute voix la mort du roi. Les gardes suisses tirent leurs épées, mais Louis XVI s'interpose : « Remettez vos épées dans leurs fourreaux, je vous l'ordonne. » Alors un homme, armé d'un bâton sur lequel était fixée une lance, s'élance en avant en criant : « Où est Veto pour que je le tue ? Le jeune Canolles se jette alors sur l'assassin et, le forçant à s'agenouiller aux pieds du Roi, l'oblige à crier : « Vive le Roi ! »[413]

Cet acte de courage eut pour effet de stupéfier une fois de plus la foule, et les défenseurs du roi, profitant de la pause qui s'ensuivit, réussirent à le conduire à un siège dans l'embrasure d'une fenêtre, formant là un rempart autour de lui avec leurs corps. Cette bande héroïque comprenait les quatre grenadiers de la garde nationale, le maréchal de Mouchy, âgé de soixante-dix-sept ans, l'intrépide brasseur Acloque, et Stéphanie de Bourbon-Conti, fille naturelle du prince de Conti, qui s'était armée d'une épée et d'un sabre, et ne cessa pendant toute la journée de défendre le roi contre les assauts de ses assassins.[414]

Pendant ce temps, Madame Elizabeth ne se montra pas moins héroïque ; entendant la foule réclamer la tête de la Reine, elle s'avança et, offrant sa poitrine à leurs poignards, dit : « Voici la Reine ! ». Plusieurs de ses serviteurs s'écrièrent : « Non, non, ce n'est pas la Reine, c'est Madame Elizabeth ! »

Ah, messieurs, répondit-elle, pourquoi les décevoir ? N'était-il pas préférable qu'ils versent mon sang plutôt que celui de ma sœur ? 'Les armes meurtrières furent abaissées, et Madame Élisabeth fut placée par ses défenseurs dans l'embrasure de la fenêtre voisine de celle qu'occupait le roi.

Pendant quatre heures terribles, Louis XVI et Madame Elisabeth ont enduré les menaces et les insultes de la foule. Tout au long de la chaude après-midi de juin, ils ont respiré l'atmosphère fétide exhalée par la masse dense de chiffons et de nudité qui se pressait autour d'eux ; ils ont vu défiler sous leurs yeux tout ce qu'il y a de plus bas et de plus dégradé dans la nature humaine, la lie des pays étrangers, surtout les brigands du Midi, vomissant des imprécations, faisant pendre sous leurs yeux ces horribles

---

[413] *Histoire particulière*, etc., par Maton de la Varenne. Canolles est guillotiné pour cette action le 23 mai 1794.

[414] Ibid.

emblèmes — le cœur saignant étiqueté « Cœur d'aristocrate », une potence miniature à laquelle était attachée une figure féminine avec les mots « Pour Antoinette », une guillotine portant l'inscription « Pour le tyran ».

Près du roi, un groupe d'hommes s'était jeté dans les fauteuils dorés du palais, et réunis autour d'une table couverte de bouteilles de vin, fumaient et buvaient au milieu du tumulte.[415] Quelqu'un passa une bouteille au roi, lui ordonnant de boire à la santé de la nation ; en même temps on lui enfonça sur la tête un bonnet de liberté.[416] Louis XVI porta la bouteille à ses lèvres en s'exclamant : 'Peuple de Paris, je bois à votre santé et à celle de la nation française ! Cette action courageuse, raillée par les révolutionnaires, alla droit au cœur du peuple,[417] qui éclata en applaudissements, aux cris de » Vive la nation ! Vive la liberté ! et même 'Vive le Roi ! Si Louis XVI avait su tirer le meilleur parti de ce moment, il est possible que l'invasion de son palais se serait transformée en une ovation en sa faveur ; malheureusement, son esprit lent n'a jamais pu concevoir ces phrases heureuses qui ont exercé un si grand pouvoir sur les Parisiens émus. Pour ce peuple qui aime le drame, un roi qui, à l'occasion, pouvait « prendre une attitude », se montrer autoritaire et héroïque, devait être irrésistible. Louis XVI était désespérément dépourvu de sens dramatique ; son discours provenait toujours directement de son cœur, jamais de son imagination ; il ne pouvait pas calculer les effets, déclamer à l'ordre, jouer sur les émotions de la foule mobile comme les chefs révolutionnaires savaient si bien le faire, et ainsi, à ce moment suprême, il resta inarticulé, laissant à ses ennemis le soin de lui arracher sa victoire. Legendre s'avança et s'adressa à lui brutalement :

> 'Monsieur, vous êtes là pour nous écouter. Vous êtes un traître, vous nous avez toujours trompés, vous nous trompez encore. Mais faites attention, la mesure déborde, et le peuple en a assez d'être votre jouet. Et il lut à haute voix une pétition pleine de menaces et d'injures, 'exprimant les vœux du peuple, dont il se disait l'orateur'.

Le roi répond calmement :

---

[415] Mémoires de Hua.

[416] Selon Maton de la Varenne, c'est Santerre qui a mis le bonnet de la liberté sur la tête du roi ; selon Beaulieu, c'est Clément, mais d'autres contemporains racontent que le roi l'a mis de son propre chef. Cela semble improbable et est contredit par la déclaration du roi à Bertrand de Molleville.

[417] « Ce qui a sauvé Louis XVI, c'est sa présence d'esprit en mettant le bonnet rouge et en buvant à la bouteille que lui offrait un vrai Sans-Culotte » (*Crimes de la Révolution*, par Prudhomme, iv. 43).

'Je ferai ce que la loi et la Constitution m'ordonnent de faire.'

Pendant que ces scènes se déroulaient, le maire, Pétion, arriva, et se frayant un chemin dans la foule, s'adressa au roi en ces termes hypocrites :

'Sire, je n'ai appris qu'à l'instant la situation dans laquelle vous avez été placé.'

'C'est très étonnant, interrompit brusquement Louis XVI, puisque cela dure depuis deux heures.'

Le zèle du maire de Paris, eut l'effronterie de déclarer plus tard Condorcet, l'ascendant que ses vertus et son patriotisme exerçaient sur le peuple, empêchaient tous les désordres' ; en fait, sa présence servit directement d'encouragement au désordre, car, comme pas un mot de protestation ne lui échappa pendant tout le cours de l'après-midi, les brigands ne tardèrent pas à reconnaître en lui un allié et, protégés par l'appui que lui donnait sa position officielle, passèrent à une plus grande violence. Se frayant un chemin vers le front de la foule, ils s'élancèrent sur le roi avec leurs armes, qui ne furent déviées que par les baïonnettes des quatre courageux grenadiers.

Deux jeunes gens, Clément et Bourgoing, portant de longues casquettes sur lesquelles les mots » La Mort » étaient inscrits en grosses lettres, réclamaient à grands cris la mort du roi et de toute la famille royale. Clément, prenant place à côté du maire, continue à répéter sans cesse les phrases perroquets composées par les auteurs de l'agitation : 'Sire ! Sire ! Je demande au nom des 100 000 âmes qui m'entourent le rappel des ministres patriotes que vous avez révoqués ! J'exige la sanction du décret sur les prêtres et sur les 20 000 hommes et l'accomplissement de la loi, ou vous périrez ! Pendant toute cette tirade, accompagnée de gestes furieux, Pétion ne prononça aucune remontrance, et, non content de complimenter le peuple sur sa conduite, il déclara ensuite à l'Assemblée que « personne n'avait été insulté, qu'aucun excès ou délit n'avait été commis, et que le roi lui-même n'avait pas à se plaindre ».

Ce jour-là, en tout cas, Louis XVI se montra non seulement héroïque, mais capable d'une résolution vraiment étonnante. À la demande réitérée de la sanction des deux décrets et du rappel des ministres, il répondit immuablement : "Ce n'est ni le moment de demander ni celui d'accorder", et à propos du décret sur les prêtres, il ajouta : "J'aime mieux renoncer à ma couronne que de me soumettre à une telle tyrannie des consciences".

C'est à cette crise qu'arriva une députation de l'Assemblée. La scène qui s'offre à leurs yeux est indescriptible ; la splendide salle de l'Œil de Bœuf a l'apparence d'une taverne — à travers l'atmosphère suffocante, épaisse des vapeurs de tabac fétide, on aperçoit Louis XVI assis dans l'embrasure de la fenêtre, le bonnet rouge de la liberté toujours perché sur sa tête poudrée, contemplant ses étranges invités avec une parfaite tranquillité.

Lorsque les députés s'avancèrent pour l'informer que' l'Assemblée ne négligerait aucun moyen pour assurer sa liberté », le roi, indiquant d'un geste les brigands en goguette, les bouteilles de vin, les fusils, les piques, les emblèmes sanguinaires dont il était entouré, répondit brièvement : « Vous voyez ! » Puis se tournant vers un membre de la députation, il ajouta avec un soudain et rare trait d'humour : « Vous qui avez beaucoup voyagé, que pensez-vous qu'on dirait de nous dans les pays étrangers ? »[418]

Certains députés se risquant à répéter au Roi qu'ils étaient venus pour assurer sa sécurité, Louis XVI répondit qu'il était au milieu du peuple français et qu'il n'avait rien à craindre.[419] Se tournant à nouveau vers l'un des grenadiers, il lui pose la main sur le cœur en disant : « Voyez si c'est le mouvement d'un cœur agité par la peur ! »[420]

L'attitude intrépide du roi ne fut pas sans effet sur ses assaillants, et à huit heures du soir, il devint évident qu'il restait peu d'espoir de l'assassiner. Pétion, comprenant qu'il n'y avait plus rien à gagner à une nouvelle agitation, décida que le moment était venu de se poser en restaurateur de la loi et de l'ordre. En conséquence, montant sur un fauteuil, il s'adressa à la foule de piques et de chiffons, aux porteurs de guillotines et de gibets jouets, aux brigands ivres et à moitié nus du Sud, dans les termes suivants :

> « Peuple, vous vous êtes montré digne de vous ! Vous avez conservé toute votre dignité au milieu d'alarmes aiguës. Aucun excès n'a entaché vos sublimes mouvements. Espérez et croyez que votre voix sera enfin entendue. Mais la nuit approche, et ses ombres pourraient favoriser les tentatives des personnes mal disposées pour se glisser dans votre sein. Peuple, retirez-vous ! »[421]

La foule, comprenant qu'il s'agissait en réalité d'un ordre de dispersion, se montra très désireuse d'obtempérer et se dirigea vers les portes. Mais les meneurs avaient résolu d'aller plus loin et, au lieu de diriger le peuple vers

---

[418] Mémoires de Ferrières, III 115.

[419] Témoignage des députés Brunck et Lejosne, *Moniteur*, xII 719.

[420] Témoignage du député Alos, *ibid*. Le grenadier, un tailleur de profession nommé Lalanne, fut guillotiné plus tard « pour s'être vanté que Capet lui avait pris la main et l'avait portée à son cœur » (Granier de Cassagnac, *Causes de la Révolution*, III 217).

[421] Mémoires de Hua. Le Moniteur atténue ce discours.

l'escalier, ils le conduisirent vers la salle du conseil où la reine et ses enfants s'étaient réfugiés. Santerre les y avait déjà précédés. À l'arrivée des députés, constatant l'échec du mouvement, on l'avait entendu murmurer rageusement : « Le coup est manqué ! ». Mais, si le roi avait réussi à intimider » ce troupeau imbécile qu'est le peuple », la reine pouvait encore servir à exciter sa fureur, aussi, rassemblant autour de lui une horde de brigands, et suivi d'une grande partie de la populace, il s'était mis en quête de cette nouvelle victime.

Or, lors de la première incursion de la foule dans le château, tandis que le gros de l'armée attaquait l'Œil de Bœuf, une bande de furies s'était introduite dans les appartements de la reine au rez-de-chaussée et en avait saccagé tous les recoins à la recherche de sa proie. Pendant ce temps, Marie-Antoinette, à l'étage dans la chambre du Dauphin, tente vainement de suivre Louis XVI dans l'Œil de Bœuf.»Laissez-moi passer, s'écrie-t-elle aux gentilshommes qui lui barrent le passage, ma place est auprès du roi. Je le rejoindrai, ou je périrai s'il le faut pour le défendre. Mais, convaincue enfin que toute tentative de pénétrer dans la mer de piques qui la séparait de Louis XVI devait être le signal d'une effusion de sang, elle se laissa entraîner dans l'embrasure de la fenêtre de la salle du Conseil. C'est là que Santerre et sa horde la découvrent. Derrière la grande table du conseil, Marie-Antoinette est assise, entourée de ses dames - Madame de Tourzel, Madame de la Roche-Aymon, Madame de Maillé, et l'héroïque Princesse de Tarente, prête à verser la dernière goutte de son sang pour défendre la Reine. Aux côtés de Marie-Antoinette se tenait la petite Madame Royale ; le Dauphin était assis sur la table, les bras de sa mère l'entourant. Devant, plusieurs rangs de grenadiers appartenant au loyal bataillon des « Filles-Saint-Thomas » sont rangés. Santerre ordonne brutalement à cette garde rapprochée de se mettre à l'écart : « Faites place pour que le peuple puisse voir la Reine ! » Instantanément, la foule se précipite en lançant des imprécations, mais à la vue des grenadiers, elle s'arrête, incertaine. Une femme, plus audacieuse que les autres, jeta sur la table un bonnet rouge de la liberté et, dans un langage grossier, ordonna à la reine de le placer sur la tête du Dauphin. L'insigne hideux du galérien était tiré sur les belles boucles du garçon.

La reine et les braves femmes qui l'entourent supportent leur terrible épreuve sans un signe de faiblesse. Lorsque le gros de l'armée en haillons, après avoir évacué l'Œil de Bœuf, fut conduit à travers la Chambre de Conseil, au-delà de la table du conseil, Marie-Antoinette regarda sans broncher les emblèmes épouvantables qui s'offraient à ses yeux — la potence à laquelle était suspendue son effigie, les bannières portant des légendes obscènes ; elle entendit sans trembler les imprécations furieuses que lui adressaient les furies échevelées, et, comme le 6 octobre, elle finit par désarmer ses assaillants. L'étrange pouvoir qui avait touché jusqu'au cœur corrompu de Mirabeau, qui avait transformé Barnave, démagogue sanguinaire, en royaliste prêt à mourir pour la défendre, qui devait plus tard gagner l'admiration réticente de ses geôliers et arracher la pitié des *tricoteuses* du Tribunal révolutionnaire, se fit peu à peu sentir parmi les femmes folles de boisson et de frénésie révolutionnaire qui la contemplaient à travers la table du conseil aux Tuileries. Quelques-unes des furies de la foule, attendries par la vue de la reine — après tout une femme et une mère comme elles, abritant de son bras son petit-fils qui regardait avec des yeux étonnés l'étrange spectacle qui s'offrait à lui — s'écrièrent qu'elles verseraient jusqu'à la dernière goutte de leur sang pour la reine et le Dauphin. Une autre, se souvenant mieux de sa leçon, commença à déverser de nouvelles invectives, quand la Reine demanda gentiment :

« Vous ai-je fait du mal ? "Non, répondit la femme, mais c'est vous qui faites le malheur de la nation. On vous l'a dit, répondit Marie-Antoinette, mais vous avez été trompée. Je suis la femme du roi de France, la mère du Dauphin. Je suis française ; jamais plus je ne reverrai mon pays. Je ne peux être heureuse ou malheureuse qu'en France. J'étais heureuse quand vous m'aimiez. »

Alors la furie, éclatant en sanglots, implora le pardon de la Reine en sanglotant :

"C'est que je ne savais pas. Je vois maintenant combien vous êtes bonne."[422]

À ce moment-là, Santerre, stupéfait de la tournure que prenaient les choses, s'exclama :

"Qu'est-ce qui arrive à cette femme pour qu'elle pleure ainsi ? Elle doit être ivre de vin." [423]

Mais un instant après, Santerre, se frayant un chemin dans la foule, se trouva face à face avec la Reine et tomba tout à coup sous son charme.[424] Plantant ses deux poings sur la table, il ordonne brutalement aux spectateurs d'enlever le bonnet rouge de la tête du Dauphin, qui étouffe sous sa chaleur ; puis se tournant vers la Reine, il dit : 'Ah, Madame, ne craignez rien, je ne veux pas vous faire de mal, je veux plutôt vous

---

[422] Mémoires de Mme Campan, p. 331.

[423] *Vie de Marie-Antoinette*, par Montjoie, p. 323.

[424] Ibid.

défendre ! Mais, se repentant rapidement de sa faiblesse, il ajouta brutalement : « N'oubliez pas qu'il est dangereux de tromper le peuple ! »

À ces mots, Marie-Antoinette lève la tête et, regardant Santerre impérieusement dans les yeux, s'exclame avec indignation :

'Ce n'est pas par *vous*, monsieur, que je juge le peuple !'[425]

Santerre, complètement intimidé par cette réponse, n'eut d'autre idée que de battre en retraite aussi rapidement que possible. Se tournant vers sa horde de brigands, il donna l'ordre de marcher, et poussant brutalement devant lui le reste de la foule, il les chassa de la salle comme des moutons tremblants.[426]

Ainsi, dans le crépuscule croissant, la puissante marée humaine s'est retirée du château des Tuileries, laissant les grandes salles 'dans la solitude et la stupeur'. »

La famille royale, à nouveau unie, s'est jetée en pleurs dans les bras de l'autre. La terrible épreuve était enfin terminée. Quelques instants plus tard, plusieurs députés arrivèrent de l'Assemblée ; l'un d'eux, se tournant vers la Reine, debout au milieu des décombres laissés par les envahisseurs — les meubles brisés, les panneaux fracassés, les portes arrachées de leurs gonds — observa avec une ironie inconsciente : 'Sans tout excuser, vous devez admettre, Madame, que le peuple s'est montré bienveillant ?'

'Le roi et moi, monsieur, répondit Marie-Antoinette, sommes persuadés de la bonté naturelle du peuple ; il n'est méchant que lorsqu'il est trompé.'[427]

Il ne fait aucun doute que le roi aurait pu être assassiné ce 20 juin si le peuple avait ressenti un désir unanime de le voir mourir. Que pouvait faire sa poignée de défenseurs contre l'assaut déterminé d'une foule de plusieurs milliers d'hommes armés ? Si 'le peuple' avait voulu le tuer, il devait alors périr. Mais sur ce point, tous les contemporains sont d'accord. La grande majorité de la foule semblait tout entière frappée de stupeur, et ne montrait

---

[425] *Vie de Marie-Antoinette*, par Montjoie, p. 323 ; Maton de la Varenne, *op. cit.*

[426] Ferrières, iii. 119 ; Maton de la Varenne, *op. cit.* ; *Conjuration de d'Orléans*, par Montjoie, iii. 184.

[427] Dernières années de Louis XVI, par François Hue, p. 244.

aucune envie de se joindre aux insultes et aux menaces sanguinaires des meneurs.[428]

On entendit Santerre, conduisant son troupeau dans l'escalier du château, s'exclamer avec colère :

'Le roi a été difficile à déplacer aujourd'hui, mais nous reviendrons demain et nous le ferons évacuer !'.[429]

Mais de pauvres créatures, toutes en haillons, se murmuraient entre elles :

'Ce serait dommage, en quelque sorte, il a l'air d'un bon gars !'[430]

Le lendemain de l'invasion des Tuileries, un témoin, qui comparaissait devant un magistrat de Paris, racontait qu'il avait parcouru tout le faubourg Saint-Antoine pour découvrir la disposition du peuple, que dans une auberge près de la Barrière du Trône, il avait écouté plusieurs hommes parler, et entendu ces paroles :

'Oui, nous aurions pu... mais quand nous avons vu... c'est si imposant... et puis nous sommes Français... Sacredieu ! si c'était quelqu'un d'autre, nous aurions pu lui tordre le cou comme à un enfant... mais lui, il vient et il dit : "Me voici ! Me voici !"'

Le témoin ajoute qu'il a vu plusieurs de ces hommes qui ont été emmenés par Santerre, et qu'ils lui ont assuré que la majorité des citoyens du Faubourg étaient affligés de l'action entreprise envers le Roi, que ce

---

[428] « Rien de tout cela ne pouvait émouvoir la foule. Divisée entre le roi et sa sœur, elle restait immobile. On lisait dans tous les yeux l'étonnement, la stupidité ou l'appréhension » (Montjoie, *Conjuration de d'Orléans*, iii. 181).

« En vérité, et nous sommes heureux de le dire, parmi toutes les personnes qui se sont présentées aux appartements, très peu ont partagé cette atroce attitude. Il paraît, d'après les divers rapports, que le plus grand nombre n'a manifesté que le désir de voir le Roi et la famille royale » (*Rapport fait au Conseil du Département par MM. Garnier, Leveillard et Demautort, Commissaires, au Sujet des Événements du 20 Juin*).

« Le peuple, honteux de se trouver tout à la fois en présence de son roi et au milieu de ses appartements, semblait effrayé de sa propre témérité, à la vue de l'antique majesté du trône que quatorze siècles de respect avaient en quelque sorte rendu sacré » (Ferrières, iii. 113).

[429] Témoignages de soldats et de commissaires, *Revue rétrospective*, 2ième, série, tome I pp. 213, 254.

[430] *Crimes de la Révolution*, par Prudhomme, iv. 43.

n'était pas leur intention, et qu'on pouvait être sûr que cela ne se reproduirait plus, et qu'il y avait quelque chose derrière tout cela.[431]

Les auteurs du mouvement, cependant, ne connaissaient aucun répit. Madame Roland, apprenant les souffrances de la Reine en cet affreux après-midi, s'écria de façon incontrôlable :

'Ah ! comme j'aurais aimé assister à sa longue humiliation !'[432]

Mais le triomphe de Manon se mêle à une amère déception. Du point de vue des Girondins comme des Orléanistes, la journée s'était soldée par un échec ; ce n'était pas seulement pour *humilier* la famille royale qu'ils avaient projeté l'invasion des Tuileries, le grand coup du jour, comme disait Santerre, avait échoué. Le peuple, comme l'âne de Balaam, s'était avancé pour la quatrième fois contre le roi, et, voyant devant lui dans le chemin l'ange à l'épée flamboyante, avait refusé de bouger malgré les coups et les malédictions. Ainsi, le crime devant lequel la plus basse populace des Faubourgs avait reculé était laissé aux hommes instruits, aux philosophes et aux 'intellectuels' pour l'exécuter.

LES EFFETS DU 20 JUIN

Le 'vrai peuple', la grande masse des citoyens de Paris, n'avait, bien entendu, pris aucune part au 20 juin.

'Pour l'honneur de notre pays, s'écrie Poujoulat, et pour la vérité historique, il faut savoir que les crimes et les ignominies de la Révolution française n'ont pas été l'œuvre de la nation française... Le peuple de Paris n'était pas sous les bannières immondes de Santerre, de Saint-Huruge et de Théroigne, il était autour des Tuileries, le 21 juin, enragé contre ces tentatives criminelles, plaignant le roi et la reine, maudissant Pétion, la Gironde et les Jacobins, et signant ses protestations.'

Dans toute la France, une grande tempête d'indignation s'élève ; les adresses affluent des provinces, dénonçant dans un langage véhément les efforts des factions pour renverser le roi et la Constitution. Le département du Pas-de-Calais a appris avec horreur ce qui s'est passé au palais du roi le 20 du mois ; Rouen déclare la patrie en danger, et demande justice à l'Assemblée : « Punissez les auteurs des délits commis le 20 de ce mois au château des Tuileries. C'est un outrage public, c'est un attentat contre les

---

[431] Déclarations de la Reynie et Fayel reçues par le Juge de Paix de la Section du Roi de Sicile.

[432] Lamartine, *Histoire des Girondins*, III 3.

droits du peuple français qui ne veut pas accepter les lois de quelques brigands de la capitale ; nous vous demandons vengeance. » Le département de l'Aisne presse l'Assemblée de réprimer les Jacobins et de cesser les dissensions :

> « Faites cesser le scandale de vos divisions... faites cesser l'oppression intolérable, la tyrannie révoltante des tribunes (les galeries occupées par les *claques* des factions). Les factions de la capitale n'ont pas le droit de dicter l'opinion publique. L'opinion de Paris n'est que l'opinion de la 83e partie de l'Empire. Nous demandons vengeance de l'exécrable journée du 20 juin, jour de honte impérissable pour Paris, de deuil pour toute la France. »[433]

> "Le 20 juin", rapporte Hua, » produisit une commotion salutaire dans tous les esprits... Les gardes nationales, plus que jamais soulevées, offrirent au Roi leurs services et leur entier dévouement. Les habitants de Paris, particulièrement responsables devant la France de la sécurité du Roi depuis son départ de Versailles... honteux des excès qui venaient d'être commis en leur nom, demandaient réparation et vengeance. Une pétition adressée à l'Assemblée portait 20 000 signatures ; elle fut appelée' la pétition des 20 000". '... Presque tous les départements de France se mirent à délibérer, et adressèrent des demandes unanimes pour la punition de l'outrage. Ils offrirent d'envoyer toutes les forces qui pourraient être nécessaires. Ce fut un concours universel ; il semblait que toute la France eût levé le bras pour anéantir les factions. »[434]

Inutile de dire que les Jacobins s'efforcèrent d'étouffer le rapport de ces adresses, de faire taire les orateurs envoyés pour les lire à haute voix à l'Assemblée, de discréditer les auteurs, de prouver que les signatures étaient frauduleuses, et aussi de fournir des contre-bouffées sous forme de fausses adresses approuvant les événements du 20 juin, et prétendant venir des provinces et des sections de Paris. Ainsi, par exemple, le 25 juin, une députation de Saint-Antoine, se disant « les hommes du 14 juillet », se présente à l'Assemblée, conduite par l'orateur professionnel Gonchon, qui se livre à une furieuse harangue révolutionnaire commençant par ces mots : Législateurs, c'est nous, pères de famille, c'est nous, conquérants de la Bastille, c'est nous qui sommes persécutés, outragés, calomniés, etc.

Mais où, parmi cette bande de pétitionnaires, se trouvaient les conquérants de la Bastille ? Où étaient « les hommes du 14 juillet » — Élie, Hullin, Tournay, Bonnemère — les vrais héros de ce jour ? Nous les

---

[433] *Moniteur*, xiii 5.

[434] *Mémoires de Hua*, p. 138 ; *Deux Amis*, vIII 19 ; Dumont, *Souvenirs de Mirabeau* : « La masse entière de la France était lasse des excès des Jacobins, et l'outrage du 20 juin avait excité une indignation générale. » Voir aussi Taine, *La Révolution*, v. 259.

chercherons peut-être en vain parmi les ruffians de Gonchon, mais si nous nous rendons dans les jardins des Tuileries, nous découvrirons Hullin, à ce moment précis, occupé à autre chose. Ce même jour, à midi et demi, un *gendarme national* rapporte au club des Jacobins qu'il a rencontré le Roi aux Tuileries, suivi d'une foule de » brigands », à la tête de laquelle se trouvait M. Hullin qui suivait le Roi et criait de toutes ses forces : 'Vive le Roi ! Un sous-lieutenant lui répondit par le cri de « Vive la Nation », et "le brave Hullin" lui asséna un violent coup sur la tête, et sans l'intervention du gendarme, il l'aurait conduit en prison.[435]

Telle fut donc l'attitude des véritables' hommes du 14 juillet 'à l'égard de la seconde Révolution ; aucun *de* leurs noms n'apparaît dans les récits des outrages commis aux Tuileries ou dans les députations révolutionnaires, et les seuls hommes de la première Révolution dont les chefs purent s'assurer les services furent quelques égorgeurs, dont l'un, nommé Soudin, s'était distingué en lavant les têtes de Foullon et de Berthier et en les livrant comme trophées à la populace.[436]

Quant à Gonchon lui-même, qui était passé des Orléanistes à la solde des Girondins, Camille Desmoulins révéla par la suite qu'il avait reçu plus de 2000 francs de Roland pour la seule lecture de la fausse pétition à l'Assemblée.[437]

Par de telles méthodes, la voix du vrai peuple était étouffée et le caractère de la nation française déformé aux yeux du monde civilisé. Les outrages du 20 juin ne furent nulle part aussi amèrement ressentis que dans les armées à la frontière. Lafayette, accablé par les protestations de ses hommes, décide enfin de laisser le commandement à Lückner et se hâte vers Paris.

Se présentant à la barre de l'Assemblée, il dénonça, en des termes brûlants, les efforts des conspirateurs pour renverser la monarchie et la Constitution :

> « Les violences commises au Château le 20 de ce mois ont excité l'alarme de tous les bons citoyens ; j'ai reçu des adresses des différents corps de mon armée. Officiers, sous-officiers et hommes ne font qu'un, et expriment par là leur haine patriotique des factions... déjà *plusieurs d'entre eux se demandent si c'est bien la cause de la liberté qu'ils défendent...* Je supplie, en mon nom et en celui de tous les honnêtes gens, que l'Assemblée

---

[435] Séances des Jacobins d'Aulard, iv. 48.

[436] Buchez et Roux, xv. 165, 237.

[437] *Fragment d'Histoire secrète de la Révolution*, par Camille Desmoulins, p. 55.

prenne des mesures efficaces pour faire respecter l'autorité constituée, et pour donner à l'armée l'assurance qu'aucune attaque ne sera faite contre la Constitution de l'intérieur, alors qu'elle verse son sang pour la protéger des ennemis extérieurs. »

Malgré les insultes dont les Girondins accueillent ces paroles, Lafayette réussit à maintenir sa popularité, et il est suivi dans les rues par des foules qui crient : 'À bas, les Jacobins ! Mais une fois de plus, "le héros des deux mondes" montre sa lamentable faiblesse. Si, dans cette crise, il avait utilisé son pouvoir et fermé définitivement le Club des Jacobins, toute la situation aurait pu être sauvée. Le plan lui fut proposé par une députation de gardes nationaux, qui déclarèrent que s'il se mettait à leur tête et marchait avec deux canons jusqu'à la rue Saint-Honoré, ils s'engageaient à dégager le bâtiment. Mais Lafayette, toujours hésitant entre deux opinions, la détestation des séditieux d'une part, la crainte des ultra-royalistes d'autre part, refuse d'accéder à la proposition de ses grenadiers.[438]

Si, dans ces circonstances, la reine a refusé de se prévaloir de ses services, est-ce bien surprenant ? Il vaudrait mieux périr que d'être sauvé par Lafayette', s'écria-t-elle, lorsqu'il se présenta à ce moment comme le champion de la monarchie. Quelle raison, en effet, avait-elle de lui faire confiance ? Lafayette, qui, avant le siège de la Bastille, avait déclaré que "l'insurrection était le plus sacré des devoirs", et qui avait ensuite dénoncé les tumultes de juillet ; qui avait condamné le duc d'Orléans pour conspiration en vue d'usurper le trône, et qui avait ensuite facilité son retour en France ; qui avait fait subir au roi et à la reine les humiliations de son intolérable emprisonnement, et qui parlait ensuite du respect dû à la personne du monarque ; qui se déclarait tantôt l'adversaire des désordres, et tantôt se joignait au chant de' Ça ira ! Quelle dépendance pouvait-on avoir à l'égard d'une telle girouette ? Pendant tout le cours de la Révolution, c'est plutôt en ennemi du duc d'Orléans qu'en partisan de Louis XVI qu'il avait défendu le trône ; envers la famille royale, il n'avait manifesté ni sympathie ni allégeance ; ce n'est que lorsque l'orléanisme a relevé la tête que la main de Lafayette s'est portée sur son épée et qu'il est devenu le champion de la royauté. Dans cette seconde Révolution, il voyait sans doute une renaissance de la conspiration détestée, mais qu'est-ce qui garantissait que, lorsqu'il aurait à nouveau réussi à l'écraser, il n'utiliserait pas son pouvoir pour tyranniser le Roi ?

---

[438] Essais de Beaulieu, iii. 396.

Ainsi Lafayette, refroidi par son accueil à la Cour, quitte Paris et regagne la frontière, tandis que les orléanistes brûlent triomphalement son effigie au Palais Royal.

Pourtant, le 20 juin avait déçu les espoirs des conspirateurs, comme d'ailleurs toutes les intrigues révolutionnaires — Orléanistes, Girondins, Subversifs, Prussiens, Jacobins anglais — avaient tous rencontré un sévère revers. En effet, non seulement l'invasion des Tuileries avait montré le roi sous son vrai jour à la nation, mais en suscitant l'indignation du public dans toute la France, elle avait révélé au monde les véritables désirs de la nation. La journée s'était donc terminée non seulement par une victoire du roi, mais aussi par une victoire du *peuple*.

LE SIÈGE DES TUILERIES

LA PATRIE EN DANGER

L E FIASCO du 20 juin et les protestations énergiques de la nation convainquirent les chefs révolutionnaires que des prétextes aussi peu convaincants que « la révocation des trois ministres patriotes » et le veto du roi sur les deux décrets ne suffiraient pas à obtenir la déposition de Louis XVI, et qu'il fallait donc employer des moyens plus puissants pour soulever le peuple. La calomnie et la corruption avaient échoué, mais la *terreur* pouvait encore s'avérer efficace. La crainte d'une invasion étrangère était une crainte qui, ils le savaient bien, pouvait toujours être utilisée pour réveiller le patriotisme de la nation. Ainsi, lorsqu'au début du mois de juillet, les troupes prussiennes arrivèrent à la frontière, un prétexte admirable fut fourni pour créer une panique dans tout le pays par la proclamation de « La Patrie en danger ».

Le pays était certainement menacé d'invasion, car les outrages subis par la famille royale le 20 juin avaient non seulement irrité les frères du roi et les *émigrés*, mais aussi inquiété l'empereur d'Autriche et le roi de Prusse. Frédéric-Guillaume comprit enfin que la propagande révolutionnaire qu'il avait contribué à diffuser était allée trop loin et mettait en péril la cause de la monarchie, et qu'il fallait donc tenter de marcher au secours de la famille royale de France ; mais qu'il n'ait jamais été désintéressé dans cette intention ne peut être mis en doute à la lumière des événements ultérieurs.[439] Il est vrai que le fameux « Manifeste de Brunswick »,

---

[439] Albert Sorel a ainsi admirablement expliqué la politique du roi de Prusse en marchant au secours de Louis XVI. « Les conquêtes lui ayant échappé, Frédéric-Guillaume perçut qu'il avait de grands devoirs à remplir envers le monde, envers les rois, envers l'Allemagne. Il oublie les Hongrois qu'il a soulevés, les Belges à qui il a promis l'indépendance, les Turcs, les Suédois, les Polonais qu'il a poussés à la guerre... ». Goltz a fourni les arguments nécessaires pour convaincre... Frédéric-Guillaume. Ce parfait Prussien qui s'était employé à Paris... à ébranler le trône, reconnut qu'il serait à la fois plus louable, plus expéditif et plus profitable de le relever. » Goltz calcula encore que la France devrait dédommager l'Autriche en lui cédant l'Alsace ou la Flandre, et que l'Autriche devrait alors, pour maintenir l'équilibre

proclamé à Paris le 3 août, exprimait la plus vive inquiétude pour la sécurité du roi et de la reine de France, mais il n'a eu pour effet que d'aggraver considérablement le danger de leur position.

Aux termes de cette proclamation, l'empereur d'Autriche et le roi de Prusse annoncent que le grand intérêt qui leur tient le plus à cœur est « celui de mettre fin à l'anarchie intérieure de la France, d'arrêter les attaques qui sont dirigées contre l'autel et le trône, de rétablir le pouvoir légitime, de rendre au roi la liberté et la sécurité dont il est privé », etc. Le Manifeste prend alors une tournure plus diplomatique, puisqu'il dit : « Convaincus que la partie saine du peuple français a horreur des excès d'un parti qui l'asservit, et que la majorité des habitants attend avec impatience l'avènement d'un secours qui lui permette de se déclarer ouvertement contre les odieux desseins de ses oppresseurs, Sa Majesté l'Empereur et Sa Majesté le Roi de Prusse les conjurent de revenir immédiatement à l'appel de la raison et de la justice, de l'ordre et de la paix ». La première partie de ce passage était sans aucun doute vraie ; la grande majorité de la nation attendait impatiemment d'être délivrée de l'oppression intolérable des Jacobins, mais faire suivre cette ouverture conciliante de commandements et de menaces, c'était s'aliéner même la partie loyale du peuple qui se serait ralliée à l'étendard du Roi. Ainsi, bien que leurs Majestés soient présentées comme déclarant qu'elles n'ont « aucune intention d'interférer avec le gouvernement intérieur de la France » et que « leurs armées combinées protégeront toutes les villes et tous les villages qui se soumettent au roi de France », les habitants qui tireront sur les troupes « seront punis avec toute la rigueur des lois de la guerre » ; que si les Tuileries sont de nouveau envahies, ou si la moindre agression est perpétrée contre la famille royale, « leurs Majestés impériales et royales se vengeront d'une manière exemplaire et jamais oubliée en livrant la ville de Paris à l'exécution militaire et à la subversion totale, et les rebelles coupables à la mort qu'ils ont méritée. »

Ce document étonnamment injuste, qui est souvent considéré comme un monument d'arrogance prussienne ou royale, n'était en réalité pas du tout l'œuvre d'un étranger ou d'un prince royal, mais d'un *émigré* français, le marquis de Limon, autrefois conseiller financier du duc d'Orléans,[440] et bien qu'approuvée par l'Empereur et le Roi de Prusse, elle se heurta à de violentes remontrances de la part du démocratique Duc de Brunswick, qui

---

des forces, céder à la Prusse un territoire équivalent en Bohême et en Moldavie (*L'Europe et la Révolution Française*, ii. 72).

[440] Le Comte de Fersen et ta Cour de France, ii. 25.

refusa d'abord d'y apposer sa signature, et ne s'y plia finalement que par obéissance aux ordres desdits monarques.

Selon Beaulieu, De Limon consulta à ce sujet un certain Heymann, qui avait servi dans un régiment du duc d'Orléans ; ces deux hommes avaient autrefois joué un rôle actif dans la conspiration orléaniste.[441] Il n'est donc pas impossible que le fameux Manifeste ait été inspiré par l'influence orléaniste, et que le Comte de Fersen, mal inspiré, et par son influence Marie-Antoinette, en lui donnant leur approbation, aient fait le jeu de leurs ennemis. Fersen, toujours illusionné sur la bonne foi du roi de Prusse, s'imaginait sans doute qu'on pouvait compter sur les armées de Prusse pour sauver la famille royale, et, se rendant compte de la lâcheté des chefs révolutionnaires, il croyait que la menace de représailles pouvait être utilisée avec avantage pour les intimider.

Mais les chefs révolutionnaires, mieux informés de la politique réelle de Frédéric-Guillaume, ne se laissent pas intimider et utilisent à leur tour le Manifeste pour alarmer le peuple français.

Le peuple de France, bien que moins alarmé que les auteurs révolutionnaires voudraient nous le faire croire, était néanmoins indigné par le ton truculent du Manifeste. Aucun pays, écrit le Dr Moore, qui est arrivé à Paris au mois d'août, n'a jamais manifesté un enthousiasme plus noble ou plus patriotique que celui qui règne en France en ce moment, et qui brille avec une ardeur croissante depuis la publication du Manifeste du duc de Brunswick et l'entrée des Prussiens dans le pays. »

Les chefs révolutionnaires étaient assez habiles pour exploiter au maximum cet esprit de patriotisme, mais, comme nous l'avons vu, l'attitude de certains hommes parmi eux envers Brunswick était loin d'être antagoniste. Le 21 juillet, une semaine avant la publication du Manifeste, l'auteur de la *Correspondance secrète* écrit : « On dit qu'il entre encore dans les projets des Jacobins de s'entendre avec le duc de Brunswick *en lui offrant la couronne de France.* Quatre jours plus tard, cette rumeur était confirmée par la presse, car le 25 juillet, c'est-à-dire le *jour même où* Brunswick signait le Manifeste préparé à son intention, Carra publiait le passage suivant dans ses *Annales patriotiques :*

> « Rien n'est si insensé que de croire, ou de vouloir faire croire, que les Prussiens désirent détruire les Jacobins… Ces mêmes Jacobins, depuis la Révolution, n'ont cessé de réclamer à grands cris la rupture du traité de 1756, et la formation d'alliances avec la Maison de Brandenbourg (*c'est-à-dire* Hohenzollern) et de Hanovre, tandis que les gazettes, dirigées par le

---

[441] Beaulieu, iv. 172.

Comité autrichien des Tuileries, n'ont cessé de louer l'Autriche et d'insulter les Cours de Berlin et de La Haye. Non, ces cours ne sont pas assez maladroites pour vouloir détruire ces Jacobins qui ont des *idées si heureuses pour les changements de dynasties*, et qui, en cas de besoin, peuvent servir considérablement les intérêts des maisons de Brandebourg et de Hanovre contre l'Autriche. Croyez-vous que le célèbre duc de Brunswick ne sache pas sur quoi compter dans tout cela... ? C'est le plus grand guerrier et le plus grand politique de l'Europe, le duc de Brunswick ; il est très instruit, très aimable ; il *ne lui manque peut-être qu'une couronne* pour être, je ne dirai pas le plus grand roi du monde, mais le vrai restaurateur de la liberté en Europe. S'il arrive à Paris, je parie que son premier pas sera de venir chez les Jacobins et de mettre le bonnet rouge. »

On prétendra que ces sentiments n'étaient que ceux d'un individu, ou d'une faction du Club des Jacobins, mais comment expliquer qu'*aucune protestation n'ait été élevée* par *aucun* des autres chefs révolutionnaires, et que tous ces prétendus patriotes soient restés en bons termes avec l'homme qui aurait livré le pays au despotisme étranger ? D'ailleurs, lorsque plus tard il fallut envoyer un délégué à la frontière pour parlementer avec les Prussiens, Carra fut l'un des émissaires choisis par les chefs. Ce n'est que longtemps après que ses propositions de trahison ont été portées contre lui par les Robespierristes, et encore, seulement comme moyen de détruire une faction rivale. Quelle conclusion pouvons-nous tirer de tout cela sinon que les Jacobins avaient une entente avec Brunswick, et que, bien que le projet de lui offrir le trône n'ait pas été envisagé par tous, ils étaient néanmoins tous intéressés à rester en bons termes avec lui jusqu'à ce qu'ils aient renversé la monarchie et usurpé définitivement les rênes du pouvoir ? Le Manifeste de Brunswick, qui arriva à Paris trois jours après la publication du panégyrique de Carra sur son auteur supposé, ne servit qu'à modérer l'ardeur du parti pro-allemand pour Brunswick et à raviver son enthousiasme pour un monarque hanovrien. Le 1er août, l'auteur de la *Correspondance secrète* écrit encore :

« Le duc de Brunswick est tombé dans l'estime des Jacobins depuis son Manifeste ; *ils pensent moins à lui offrir le trône*. Leur système actuel est celui de la République. Mais ils attendent de voir quelle forme l'opinion publique prendra à cet égard pendant l'interrègne. Ils parlent encore du duc d'York. »

Selon les *Mémoires de Barère*, les partisans de ce changement de dynastie étaient désormais Brissot, Pétion, Guadet, Gensonné et Rabaud de Saint-Étienne.

« Le 17 juillet, écrit un député de l'Assemblée législative à Barère, dans l'escalier de la Commission des Onze, à l'Assemblée, Brissot dit à ses associés du moment : » Je vous montrerai ce soir, dans ma correspondance avec le Cabinet de Saint-James, qu'il dépend de nous d'amalgamer notre Constitution à celle de l'Angleterre en faisant du duc d'York un monarque constitutionnel à la place de Louis XVI. »[442]

Comme d'habitude, bien sûr, le gouvernement anglais a servi de couverture au dessein concerté avec les révolutionnaires anglais. Le mensonge de Brissot est définitivement réfuté par l'auteur de la *Correspondance secrète*, qui rapporte que le roi d'Angleterre, ayant eu vent de cette intrigue, écrivit à Louis XVI « pour l'avertir que le duc d'Orléans projetait de donner la couronne de France au duc d'York avec la main de Mlle d'Orléans ».[443]

Telles étaient donc les intrigues qui se tramaient parmi les Jacobins, tandis que les Prussiens et les Autrichiens se rassemblaient sur la frontière. De toutes les légendes révolutionnaires, celle de la « ferveur patriotique » des chefs est la plus absurde ; la menace d'une invasion étrangère servait de prétexte pour soulever le peuple, non contre les envahisseurs, mais contre le roi de France. Alors que, le 11 juillet, les citoyens de Paris, répondant à la proclamation de « La Patrie en danger », affluaient dans les tentes de recrutement pour s'offrir à la défense du pays, les orateurs révolutionnaires, postés aux coins des rues, s'efforçaient de freiner leur ardeur. »Malheureux ! où vous envolez-vous ? Pensez aux chefs sous lesquels vous devez marcher contre l'ennemi ! Vos principaux officiers sont presque tous des nobles ; un Lafayette vous conduira à la boucherie !

Ah ! ne voyez-vous pas que sous les stores des Tuileries, ils sourient férocement à votre enthousiasme généreux mais aveugle ? »[444]

Il suffit, dit M. Mortimer Ternaux, de parcourir le *Journal de la Société des Amis de la Constitution* pour voir qu'au moment où l'Assemblée nationale consacre toutes ses forces à la défense nationale, les Jacobins ne parlent de nos armées que pour dénoncer la perfidie des généraux, et exciter les soldats contre leurs officiers. *Ils s'occupent beaucoup moins des moyens de défendre les frontières contre l'invasion que de l'accablement de la monarchie.* »[445]

L'ARRIVÉE DES MARSEILLAIS

---

[442] Mémoires de Barère, ii 45.

[443] *Correspondance secrète*, p. 614, date du 10 août 1792.

[444] *Révolutions de Paris*, par Prudhomme, xiii 139.

[445] *Histoire de la Terreur*, par Mortimer Ternaux, ii 104.

Parmi les orateurs de la foule, les partisans du duc d'Orléans étaient les plus actifs.

> « Ses créanciers, écrit Barbaroux, ses mercenaires, ses compagnons d'infortune, Marat et ses Cordeliers, tous les escrocs, tous les hommes enfoncés dans les dettes et le déshonneur, furent vus à l'œuvre sur les places publiques, poussant à la déposition (du roi), avide d'or et d'honneurs, sous un régent qui eût été leur complice et leur outil. »[446]

Pour donner un air populaire à cette clameur du renversement de Louis XVI, on adopta la méthode habituelle des députations, et, pour grossir leur nombre, on enrôla au service des Jacobins des hommes appelés « confédérés », venus du camp de Soissons.

> « Ces pétitions, dit Beaulieu, ces adresses incendiaires qui demandaient la tête de Lafayette et l'extermination du roi, n'étaient pas l'ouvrage de ces confédérés, tout cela était concocté au comité particulier des Jacobins ; ils (les confédérés) ne les lisaient à haute voix que pour faire croire au peuple trompé que le renversement du trône était voulu par les départements. »[447]

Au même moment, un conseil, connu sous le nom de « Comité d'insurrection », fut formé, qui tenait la plupart de ses séances dans une taverne de Charenton connue sous le nom de « Cadran Bleu », et comprenait parmi ses membres principaux Carra, Santerre, l'Allemand Westermann, Fournier l'Américain et le Polonais Lazowski.

Dans la soirée du 26 juillet, ce comité se réunit à la taverne du Soleil d'Or, à l'entrée du faubourg Saint-Antoine, afin d'organiser une seconde marche sur les Tuileries. Tous les efforts furent faits pour exciter le peuple ; on afficha des pancartes ordonnant de se joindre à la marche, et l'on fit circuler des nouvelles affolantes selon lesquelles Chabot et Merlin avaient été assassinés par les *chevaliers du poignard*, et que le Château s'armait contre les citoyens. Mais, bien que les agitateurs aient travaillé avec ardeur toute la nuit, le Faubourg, en cette occasion, refusa absolument de se lever. En vain, à quatre heures du matin, les 400 ou 500 confédérés, que les meneurs avaient réussi à rassembler, sonnent le tocsin et battent la *générale* à Saint-Antoine ; quelques habitants seulement, armés de piques et de fusils, répondent à l'appel, tandis que Carra, envoyé à Saint-Marceau pour savoir ce qui s'était passé pour empêcher le Faubourg d'arriver sur les

---

[446] Mémoires de Barbaroux, p. 44.

[447] Beaulieu, iii 409. Notons la formulation d'une de ces pétitions où les *fédérés* se qualifient de Scaevolas ! (Buchez et Roux, xvi 250).

lieux, trouve tout le quartier enveloppé' dans la plus parfaite tranquillité », c'est-à-dire dans le sommeil.[448]

Pendant tout ce mois, le peuple a fait preuve de la même apathie à l'égard du mouvement révolutionnaire. Je suis convaincu, écrit un contemporain le 7 juillet, que nos séditieux et nos *enragés* commencent à avoir peur, et tout ce qu'ils font le dénote. Ils voudraient exciter le peuple à commettre des excès, mais je doute qu'ils y réussissent. Ils feront travailler les vauriens qu'ils ont sous leurs ordres et qu'ils paient, mais en général, ce qu'on peut appeler « le peuple », les ouvriers et les *bourgeois*, ne pensent pas comme ces messieurs. Ils sont fatigués, las, épuisés par cette misérable révolution qui ne produit que des maux, des crimes, des désordres, de l'anarchie, et ne peut rien faire de bon... Je me promène et j'observe impartialement les groupes qui s'assemblent, et je peux vous assurer qu'à part quelques fanatiques qui prêchent le meurtre et le régicide, je ne vois aucune inclination générale à l'insurrection. »[449]

Pour les chefs révolutionnaires également, il était maintenant clairement évident que le peuple ne serait jamais persuadé de coopérer au détrônement de Louis XVI ; Marat, en effet, avait depuis longtemps désespéré de lui ; les Parisiens, disait-il à Barbaroux, n'étaient que de « pitoyables révolutionnaires » — « donnez-moi 200 Napolitains armés de poignards, et avec eux j'envahirai la France et je ferai une révolution ». C'était une perception de la même vérité qui, aux premiers jours de la Révolution, avait conduit les conspirateurs orléanistes à faire venir des brigands du Midi, et plus tard à enrôler des Italiens dans la compagnie du *Sabbat*. Le conseil de Marat ne fut pas perdu pour Barbaroux. Ce jeune avocat marseillais avait été découvert par Roland, et introduit auprès des députés de la Gironde. C'est ainsi que Barbaroux prit une part active aux préparatifs de la nuit d'août et que, sur la proposition de Marat, il discuta avec Monsieur et Madame Roland de l'opportunité d'appeler le Midi à l'aide. Le résultat de ces délibérations, raconte Barbaroux, fut un message à Marseille demandant « 600 hommes qui savaient mourir », c'est-à-dire 600 hommes qui savaient tuer.

Il est évident, cependant, que le célèbre contingent de 500 personnes qui arriva à Paris le 30 juillet, n'était qu'une petite partie du nombre convoqué par les Girondins, car des milliers de personnes étaient déjà

---

[448] *Pièces importantes pour l'Histoire*, cité par Buchez et Roux, xvi 189-192 ; Mortimer Ternaux, ii 129.

[449] Lettre de M. Lefebvre d'Arcy à M. Vanlerberghe dans *Lettres d'Aristocrates*, par Pierre de Vaissière, p. 469. Voir aussi Ferrières, III 153 : « Le peuple de Paris, fatigué d'être continuellement ballotté,... restait dans un repos apathique. »

arrivées dans le courant du mois. Un honnête député de Marseille, Blanc-Gilli, voyant arriver dans la capitale ces légions sanguinaires, publia alors une lettre « aux bons citoyens de Paris » révélant l'identité des prétendus Marsellais :

> « La ville de Marseille, située sur la Méditerranée [...] écrit Blanc-Gilli le 5 juillet, doit être considérée, à cause de son port, comme le puits du vice pour une grande partie du globe, où s'amassent toutes les impuretés de la nature humaine. C'est là que l'on voit constamment fermenter l'écume du crime, vomie par les prisons de Gênes, du Piémont, de la Sicile, en fait de toute l'Italie, de l'Espagne, de l'Archipel et de la Barbarie — déplorable fatalité de notre position géographique et de nos relations commerciales. C'est le fléau de Marseille, et la première cause de la frénésie attribuée à tous ses citoyens... Chaque fois que les gardes nationaux de Marseille se sont mis en marche hors de ses murs, la horde des brigands sans patrie n'a pas manqué de se jeter à leur suite, et de porter la dévastation partout sur leur passage... Plusieurs milliers de ces brigands sont depuis plus d'un *mois* arrivés à Paris ; un très grand nombre est encore en route. J'ai envoyé de nombreux avertissements à l'administration. »[450]

Telles étaient donc les légions étrangères que les hommes qui accusaient Louis XVI d'appeler à l'aide de l'étranger ont jugé bon d'appeler à leur propre secours pour le massacre de leurs concitoyens. Le dernier contingent de 500 personnes qui arriva à Paris le 30 juillet, — décrit romantiquement par les historiens comme « la brave bande des Marseillais », « les enfants du Midi et de la liberté », « chantant leur hymne national, la Marseillaise » — comprenait les mêmes hommes qui avaient exécuté l'horrible massacre de la Glacière d'Avignon, [451]et devaient répéter les mêmes atrocités à Paris en septembre. Quant à la magnifique mélodie qu'ils s'étaient appropriée, elle n'avait rien à voir avec Marseille, mais avait été composée trois mois plus tôt à Strasbourg, à la demande du maire Dietrich, par Rouget de l'Isle, qui était loin de se douter que son « appel aux armes contre les cohortes étrangères » deviendrait le cri de

---

[450] Voir aussi *Crimes de la Révolution*, par Prudhomme, vI 115, et *Mémoires de Hua*, p. 153, note : « Cette horde de bandits... était une collection d'aventuriers étrangers : Génois, Maltais, Piémontais, Corses, Grecs, vagabonds, ayant pour principaux chefs un nommé Fournier dit l'Américain et le Polonais Lazowski ». « Cinquante Génois, dit Beaulieu, étaient logés ensemble rue Sainte-Marguerite, faubourg Saint-Antoine ». On pourrait en citer bien d'autres ; les révolutionnaires les plus furieux, ceux qui commettaient des assassinats, étaient en grande partie des étrangers, et le fameux bataillon marseillais en comprenait un grand nombre ; j'ai entendu leur accent, leur mauvais jargon, et je peux le certifier. »

[451] Taine, *La Révolution*, v. 272 ; *Crimes de la Révolution*, par Prudhomme, iv. 96 ; Adolphus, ii. 346.

guerre d'une cohorte étrangère bien plus terrible que toutes celles rassemblées sur la frontière.[452] Il semble, en effet, que les Girondins eux-mêmes, voyant les instruments qu'ils avaient appelés à leur secours, aient été pris de panique, car ce n'est pas par Roland ou ses collègues que les Marseillais furent reçus, mais par Santerre, Danton et les autres chefs de la faction orléaniste.

« C'est le 30 juillet, écrit Thiebault, que ces hideux confédérés, vomis par Marseille, arrivèrent à Paris… Je ne crois pas qu'il soit possible d'imaginer quelque chose de plus effrayant que ces 500 fous, aux trois quarts ivres, presque tous en bonnet rouge et bras nus, suivis de la lie du peuple, sans cesse renforcés par le trop-plein des Faubourgs Saint-Antoine et Saint-Marceau, et fraternisant de taverne en taverne avec des bandes aussi redoutables que celle qu'ils formaient ». C'est ainsi qu'ils défilèrent en farandoles par les principales rues… et boulevards… jusqu'aux Champs Élysées, où l'orgie à laquelle ils avaient été conviés par Santerre fut précédée de danses sataniques. »[453]

Cette orgie s'est déroulée — manifestement avec intention — à proximité d'un restaurant où une centaine de grenadiers des Filles-Saint-Thomas — les plus fidèles de toutes les Gardes du Roi — tenaient un dîner régimentaire. Les Marseillais, rassemblant une foule de femmes et d'enfants, ont commencé à jeter de la boue et des pierres sur les soldats, et ont fini par en tuer un et en blesser plusieurs autres. Les Grenadiers se réfugient alors aux Tuileries, où la Reine panse leurs blessures, et cette action est immédiatement interprétée par les révolutionnaires comme un complot concerté entre la Cour et le régiment.[454]

LA DÉPOSITION DU ROI PROPOSÉE

En vain Louis XVI implorait-il les factions de s'unir devant le péril dont le Manifeste de Brunswick menaçait la France, pour les assurer qu'il faisait corps avec son peuple en ce moment de crise nationale. « Les dangers personnels, écrivait-il à l'Assemblée, » ne sont rien auprès des malheurs publics ». Ah ! que sont les dangers personnels pour un roi à qui l'on veut

---

[452] La mère de Rouget de l'Isle lui écrit à ce moment les mots suivants : « Quel est cet hymne révolutionnaire qui est chanté par une horde de brigands qui traversent la France et auquel votre nom est associé ? ». Rouget de l'Isle fut emprisonné plus tard sous la Terreur et le maire Dietrich fut guillotiné. Ainsi la Révolution récompensa-t-elle les auteurs de la « Marseillaise ».

[453] Mémoires de Thiébault, I 296.

[454] Beaulieu, iii. 428.

enlever l'amour de son peuple ? C'est là la plaie qui me fait mal au cœur. (*C'est là qu'est la véritable plaie de mon cœur.*) Un jour peut-être le peuple saura combien son bien-être m'est cher, combien il a toujours été mon seul intérêt et mon plus grand besoin. Quel chagrin pourrait être dissipé par le moindre signe de leur retour vers moi ! »

La réponse à cet appel fut une députation, dirigée par Pétion, de la Commune de Paris réitérant la demande de détrônement du roi, dans laquelle, faute de mieux, Louis XVI était dénoncé pour « ses projets sanguinaires contre la ville de Paris », « l'aversion qu'il montrait pour le peuple », et même pour son action dans l'affaire de la fermeture de la salle de l'Assemblée le jour du « Serment de la Cour de Tennis » trois ans auparavant ! Mais Pétion a montré sa main dans une phrase significative :

« Comme il est très douteux que la nation puisse avoir confiance dans la *dynastie existante*, un gouvernement provisoire doit être établi. »

Ces mots ont été universellement interprétés comme signifiant un changement des Bourbons à la Maison d'Orléans, mais ils pourraient tout aussi bien s'appliquer à la proposition de remplacer Louis XVI par un monarque allemand.

Le discours de Pétion fut suivi, le lendemain, d'une résolution transmise par la section révolutionnaire de Paris, dite « Mauconseil », demandant également la déposition du roi. Quarante-sept des quarante-huit sections de Paris, nous assurent les historiens révolutionnaires, appuyèrent cette résolution, et pour confirmer leurs dires, ils citent le journal de *Carra* ![455] En effet, l'examen des registres des sections effectué par M. Mortimer Ternaux révèle que la proposition de Mauconseil n'a été appuyée que par quatorze sections de Paris, rejetée par seize, passée sous silence par dix, tandis que la réponse des huit autres sections n'est pas enregistrée.[456] Plusieurs sections, en effet, adressèrent à l'Assemblée des protestations très énergiques, dénonçant les efforts faits « pour diviser les citoyens de l'Empire, pour allumer la guerre civile, et pour substituer à la Constitution la plus horrible anarchie… ». Le fait étonnant est que la pétition de Mauconseil fut finalement annulée comme inconstitutionnelle par l'Assemblée sur proposition de Vergniaud,[457] un mois auparavant, s'était

---

[455] Cette déclaration a été faite par Carra dans les *Annales Patriotiques* le 28 juillet avant que l'appel aux sections n'ait été fait, et est donc une pure invention.

[456] Mortimer Ternaux, ii. 441.

[457] Buchez et Roux, xvi 323.

livré à la plus violente diatribe contre le roi.[458] Brissot manifesta également à ce moment un attachement soudain à la monarchie et à la Constitution, car si le 9 juillet il avait demandé formellement la déposition du roi, déclarant que » frapper la cour des Tuileries, c'était frapper d'un coup tous les traîtres »,[459] il s'avança le 25 juillet pour dénoncer « cette faction de régicides qui voulait créer un dictateur et établir une République ». Si ce pacte des régicides existe, s'écrie-t-il, s'il existe des hommes qui cherchent maintenant à établir la République sur les ruines de la Constitution, le glaive de la loi doit les frapper... comme les contre-révolutionnaires de Coblentz. »[460]

De nouveau, le lendemain, Brissot représenta à l'Assemblée que, la collusion du roi avec les ennemis de la France n'étant pas clairement prouvée, il serait prématuré de le déposer. D'ailleurs, la nation ne pourrait-elle pas avoir son mot à dire dans cette affaire ?

Brissot n'a fait qu'exprimer la crainte qui se cachait dans l'esprit de tous les chefs révolutionnaires lorsqu'il a décrit les conséquences possibles du renversement de la monarchie et de la Constitution. »Ne voyez-vous pas dès ce moment les portes du royaume ouvertes par les Français eux-mêmes aux étrangers ? Ne voyez-vous pas ces Français serrant la main de ces étrangers, et les invitant à se joindre à eux pour rétablir leur Constitution et maintenir le Roi sur le trône malgré les efforts des factions ? Ainsi, de l'avis de l'un des plus éminents chefs révolutionnaires, *ce n'était pas seulement la reine et son parti qui soupiraient après Brunswick, mais une grande partie du peuple français qui, avant l'arrivée du Manifeste, aurait accueilli même l'intervention étrangère pour être sauvé de l'intolérable tyrannie des Jacobins.*

Comment expliquer le brusque changement de front des Girondins lors de cette crise ? Tout simplement qu'ils avaient perçu que le mouvement révolutionnaire passait de leurs mains à celles des Cordeliers et des Robespierristes, et qu'ils étaient prêts à accepter toutes les mesures qui ramèneraient leur propre parti au pouvoir.

Il serait, en effet, vain de chercher une politique plus exaltée parmi les factions révolutionnaires à cette crise, car aucune n'adhérait de manière cohérente à un plan de gouvernement défini.

---

[458] Séance du 3 Juillet, *Moniteur*, xiii 32.

[459] *Moniteur*, xiii 86.

[460] *Ibid.* xiii 242.

« Au milieu de ce chaos, de cette confusion générale, disent les Deux Amis de la Liberté, les uns voulaient la déposition du monarque, les autres sa suspension ; ceux-ci, qu'il se laissât gouverner par eux, ceux-là, qu'il cédât la couronne à son fils ; que l'un d'eux fût régent, et que toutes les charges de l'État leur fussent réservées. Un grand nombre appelait le duc d'Orléans au trône, quelques-uns pensaient à un prince étranger, et sept ou huit personnes à une république. »[461]

Ce méli-mélo de plans explique que les membres de chaque faction se soient tour à tour alarmés et qu'au dernier moment, avant le renversement de la monarchie, ils aient secrètement offert leurs services au roi. Dans le tourbillon qui menaçait de les engloutir tous, nul ne savait qui coulerait et qui nagerait, et c'est ainsi que, pris de panique, ils se sont tournés et accrochés à l'arche de la Constitution qui contenait le Roi et qui, comme ils le savaient tous, était portée par cette puissante marée qu'est la *volonté du peuple*.

C'est ainsi qu'à la onzième heure, Brissot, Vergniaud et Gensonné, par un intermédiaire, le peintre Boze, avertissent le roi de l'insurrection imminente et s'engagent à la réprimer si les ministres girondins sont rappelés et les décrets qu'ils ont proposés sanctionnés par le roi.[462] Louis XVI rejeta cette proposition, et c'est ainsi que sa « déposition fut irrévocablement décrétée par ceux qui venaient de déclarer que le salut de la France était dans la Constitution ».[463]

Robespierre aussi, à cette époque, continuait à défendre la Constitution ; son collègue, le comédien retraité Collot d'Herbois, répétait sans cesse :

« Ah ! si le Roi était vraiment patriote, il choisirait ses ministres et ses agents parmi les Jacobins ». Mais Louis XVI se méfie aussi de cette faction, et alors « ces hommes qui n'ont rien obtenu dans un sens se tournent dans l'autre et se proclament républicains tout en devenant anarchistes ».[464]

Pendant ce temps, les Cordeliers, principaux instigateurs de l'insurrection, étaient prêts à des extrémités bien plus grandes pour sauver le roi, pourvu qu'on les dédommageât suffisamment de cette entreprise. »Marat, dit Barbaroux, m'envoya, vers la fin de juillet, un

---

[461] *Deux Amis*, viii 94.

[462] *Crimes de la Révolution*, par Prudhomme, iv. 213 ; *Mémoires de Hua*, p. 141. Boze fut arrêté pour cela sur ordre de Tallien le 3 janvier 1793 (*La Démagogie à Paris en 1993*, par C.A. Dauban, p. 8).

[463] Beaulieu, III 408.

[464] *Crimes de la Révolution*, par Prudhomme, iv. 212.

document de plusieurs pages, qu'il me priait de faire imprimer et distribuer aux Marseillais au moment de leur arrivée... L'ouvrage me parut abominable, c'était une provocation faite aux Marseillais de tomber sur l'Assemblée législative. *La famille royale*, disait-il, *devait être sauvegardée*, mais l'Assemblée, évidemment antirévolutionnaire, exterminée. »[465]

Cette affirmation de Barbaroux est confirmée par Michaud, qui raconte que quelques jours plus tard, au début du mois d'août, un autre Cordelier, Fabre d'Églantine, ami et confident de Danton, fit précisément la même proposition à M. Dubouchage, ministre de la Marine, avec lequel il avait obtenu une entrevue en écrivant plusieurs fois au Roi. Fabre d'Églantine se présenta au rendez-vous, et » après de grandes protestations d'intérêt et de zèle pour le roi, d'estime et d'admiration pour les vrais royalistes, entra dans de grands détails sur les complots qui se formaient contre le château des Tuileries et sur les dangers qui entouraient la famille royale ». En conséquence, il proposa un plan qui, disait-il, serait infaillible, et rendrait à Louis XVI son ancienne autorité. Ce plan était de soudoyer les canonniers et les chefs de sédition dont il était sûr, puis de tomber en force sur les Jacobins et l'Assemblée, et de délivrer ainsi la France de ses plus grands ennemis. Pour l'exécution de ce plan, il demandait la somme de trois millions. M. Dubouchage rendit compte de cette conférence au roi, qui fut épouvanté des mesures violentes proposées... Beaulieu ajoute : « D'autres propositions de ce genre furent faites à Louis XVI et à la Reine, dans le moment où tous deux savaient avec certitude que l'insurrection allait éclater, et par des personnes en qui ils pouvaient avoir confiance ; ils les repoussèrent avec horreur, ne pouvant supporter l'idée de voir l'innocent sacrifié avec le coupable, et ces hommes qu'ils avaient épargnés quand ils auraient pu les anéantir les traitèrent de » monstres, de tigres et de cannibales. »[466]

Mais, sans vouloir accéder aux suggestions sanguinaires des Cordeliers, Louis XVI, comprenant que l'avidité pour l'or était à la base de la plupart de leur frénésie révolutionnaire, résolut une fois de plus de les concilier par des dons d'argent. Une semaine avant le 10 août, Danton reçut la somme de 50 000 écus, et la Cour, convaincue que cette fois le grand démagogue serait fidèle à son marché, n'éprouva plus aucune appréhension. »Notre esprit est tranquille, disait Madame Elisabeth, nous pouvons compter sur

---

[465] Mémoires de Barbaroux, p. 60.

[466] Beaulieu, iv. 17.

Danton. Mais la Cour s'était trompée dans le calcul de la somme requise. Danton empoche l'argent et trahit le Roi.[467]

Le fait est que la Cour était désormais trop pauvre pour acheter des partisans parmi les factions, qui voyaient dans le bouleversement imminent des possibilités d'enrichissement bien plus grandes. « Hélas ! combien de prétendus républicains auraient été de furieux royalistes si la Cour avait été disposée à les gagner et si elle avait eu assez d'argent pour les payer », reconnaît le révolutionnaire Prudhomme. Mais elle n'en avait pas assez pour tous ceux qui demandaient, tous ceux qui aspiraient. L'Assemblée législative était pleine d'hommes de cette sorte, royalistes ou républicains, selon le sens du vent, et il faut dire, bien qu'à la honte de la Révolution, que ce furent les éléments du 10 août, pendant lequel le *peuple seul fut désintéressé et de bonne foi.* »[468]

On ne peut douter que Danton ait été le principal organisateur du 10 août. Vers la fin de juillet, Prudhomme raconte qu'il reçut la visite de Danton, de Camille Desmoulins et de Fabre d'Églantine. Danton dit, » dans le langage trivial qui lui est habituel » :

> « Nous sommes venus, *petit jean-foutre*, te consulter comme vieux patriote, bien que tu ne sois plus à la hauteur ; mais comme tu as souvent prévu les événements et leurs résultats, nous voulons ton avis sur un plan d'insurrection. »

Prudhomme a demandé en quoi consistait ce plan.

« Nous voulons renverser le tyran », répondit Danton. »Lequel ? »

« Celui des Tuileries. Cette p —— de Révolution n'a rien apporté aux patriotes. C'est-à-dire, messieurs, que vous voulez faire fortune au nom de la liberté et de l'égalité. Comment pensez-vous renverser la monarchie ? »

« Par agression. »

Prudhomme insista sur la témérité de la proposition.

« Votre plan, dit-il, est l'œuvre d'une coterie de Jacobins et de Cordeliers. Vous ne connaissez pas les intentions des habitants de Paris, ni de la majorité de ceux des départements. »

Fabre d'Églantine dit :

---

[467] *Mémoires de Lafayette*, iii. 85 ; Mémoires de Hua, p. 149.

[468] *Crimes de la Révolution*, iv. 216.

« Nous avons la promesse de cent députés, Girondins et Brissotins et des agents dans toutes les sociétés populaires de France. »

« Vous voulez renverser le monarque », répondit Prudhomme. Qui allez-vous mettre à sa place ? »

Le duc d'Orléans », s'est écrié l'*enfant terrible*, Camille Desmoulins. Mais Danton s'est empressé d'intervenir :

« Nous verrons après ce que nous ferons. Dans les révolutions comme sur le champ de bataille, il ne faut jamais se projeter sur le lendemain. Je m'engage à remuer la *canaille* des Faubourgs Saint-Antoine et Saint-Marceau. Les Marseillais seront à leur tête — ils ne sont pas venus à Paris pour des prunes. »[469]

Mais même la *canaille* avait besoin d'un stimulant pour se lever, et en ce moment, il n'y en avait pas. C'est dans un état de désespoir inspiré par ces réflexions que le député Chabot s'écria un jour de façon incontrôlée : « Si seulement la Cour voulait essayer d'assassiner quelqu'un ! L'attentat contre un député » patriote », déclara-t-il à Grangeneuve, serait un prétexte inestimable pour soulever le peuple. Malheureusement, la Cour n'a pas l'intention de mettre ce projet à exécution, mais Chabot et Grangeneuve ne se laissent pas déconcerter par un obstacle aussi insignifiant. Dans un élan de ferveur « patriotique », les deux Tartarins décident alors *de se faire assassiner*, afin de fournir une accusation contre la Cour. Chabot s'engagea à engager des assassins qui devaient les surprendre et les abattre au coin de la rue. Mais la nuit prévue, Chabot semble avoir eu raison de son projet, car ni lui ni les assassins ne sont venus, et Grangeneuve, après avoir fait son testament et attendu longtemps d'être assassiné, est rentré chez lui indigné de se trouver en vie.[470]

Ainsi privés de l'ombre d'un prétexte pour marcher une seconde fois sur les Tuileries, les meneurs furent obligés d'en inventer un, et pour persuader le peuple d'attaquer le Château, on proclama hautement que le Château allait attaquer le peuple — « 15 000 aristocrates sont prêts à massacrer tous les patriotes ». Mais malgré ces alarmes, Paris reste plongé dans la léthargie. Pourtant, au soir du 9 août, tous les moyens n'avaient pas réussi à soulever la grande masse de la population. Les chefs révolutionnaires prirent donc la loi en main et, en cette nuit funeste, le

---

[469] Histoire des Causes de la Révolution Française, par Granier de Cassagnac, III 456 ; Journal d'un Bourgeois de Paris, par Edmond Bire, I 290.

[470] Mémoires de Mme Roland, i. 157 ; Mémoires du Chancelier Pasquier, p. 81.

terrible conseil de la « Commune », connu sous le nom de « Conseil général révolutionnaire du 10 août », vit le jour.

LA NUIT DU 9 AOÛT

Les agitateurs du faubourg Saint-Antoine s'étaient d'abord réunis à la section des Quinze-Vingt de leur quartier, mais, leurs efforts pour en faire le centre de l'agitation ayant échoué, ils lancèrent à onze heures du soir un appel aux quarante-sept autres sections de Paris, les priant d'envoyer chacune leurs représentants pour coopérer à l'insurrection projetée avec la Commune à l'Hôtel de Ville.

Un grand nombre de sections ne répondirent pas à cet appel ; quelques-unes même protestèrent énergiquement contre la tentative de troubler la paix, après quoi les chefs eurent recours à leurs méthodes habituelles de fraude et de violence. Dès la nuit, dit Beaulieu, les révolutionnaires, dont les rôles avaient été préparés à l'avance, sortent dans toutes les sections (*c'est-à-dire* les halles des quartiers) que les bourgeois paisibles ont abandonnées, soit pour se présenter au corps de garde, soit pour rentrer chez eux et se livrer au repos. Les révolutionnaires, s'étant ainsi rendus maîtres des débats, se déclarent le peuple souverain, usurpent ses droits, et décrètent que toute autorité constituée est en suspens. Cette résolution étant prise et communiquée entre elles, les sections révolutionnaires sonnent le tocsin dans toutes les églises de Paris ; cette alarme entendue au milieu de la nuit frappe de terreur tous les cœurs... »[471]

Par de telles méthodes, même les sections qui avaient protesté contre le plan d'insurrection étaient représentées comme envoyant des délégués pour coopérer avec le mouvement,[472] et ainsi, bien que vingt sections ne

---

[471] Beaulieu, III 448. Cette manœuvre est décrite presque dans les mêmes termes par Montjoie, *Conjuration de d'Orléans*, III 189. Voir aussi l'*Histoire de la Conspiration du 10 Août*, par Bigot de Sainte-Croix, p. 21, et la *Révolution du 10 Août*, par Peltier, I 73 : « L'heure fatale sonne, le tocsin se fait entendre, la *générale* est sonnée, 300 rebelles réunissent les sections factices. Tous les citoyens étaient avec leurs bataillons. À la section des Lombards, on ne trouve que huit personnes pour nommer cinq commissaires. » Les recherches de Mortimer Ternaux confirment ces affirmations : À l'Arsenal, six personnes qui se trouvent par hasard dans la salle du comité en désignent trois parmi elles pour représenter 1400 « citoyens actifs » (*c'est-à-dire des* citoyens qui ont le droit de vote). Les choses se passent à peu près de la même manière au Louvre, à l'Observatoire, au Roi de Sicile » (*Histoire de la Terreur*, II 234).

[472] Par exemple, les sections de Montreuil, du Roi de Sicile, des Invalides et de Sainte-Geneviève (Mortimer Ternaux, ii. 427, 431, 434, 437).

soient toujours pas représentées, il était possible de déclarer que la majorité des sections avaient répondu à l'appel.[473]

C'est ainsi que se forma la Commune insurrectionnelle. Prudhomme, à cette date dans le secret des chefs, décrivit ensuite le processus en ces termes éclairants :

> « La veille de la fameuse journée (le 10 août) les confédérés, vers dix heures du soir, s'assemblent au nombre de vingt ou trente, et aussitôt de leur propre initiative nomment de nouveaux membres sans même recueillir les vœux de la majorité des sections. Ce choix fait, les nommés, ou plutôt les conspirateurs, se donnent rendez-vous à la Commune. Ils se présentent armés du pouvoir de remplacer les magistrats alors en exercice. Ceux-ci hésitent un instant et sont secrètement menacés ; ils cèdent leurs places et sortent tous, à l'exception de Pétion et de Manuel, qui sont maintenus. »

Tout fut arrangé dans les *conciliabules qui s'*étaient tenus au Palais Royal ou à la Rapée, où se trouvaient d'Orléans, Danton, Marat, Pétion, Robespierre, etc... Paris changea de magistrats sans le savoir, et l'insurrection eut lieu... sans aucun obstacle ; on aurait pu supposer que tout le monde était d'accord. Mais avec ces confabulations secrètes, le rôle des chefs s'arrêtait. Comme d'habitude, quand l'heure du danger a sonné, ces patriotes audacieux, Danton, Marat, Robespierre, et Camille Desmoulins, se retirèrent dans la clandestinité. La veille de cette seconde attaque des Tuileries, Marat, pris de panique, avait supplié Barbaroux de le faire sortir clandestinement de Paris, déguisé en jockey,[474] et, sur le refus de Barbaroux, s'était de nouveau réfugié dans sa cave,[475] ce que fit également Robespierre.[476] Quant à Camille Desmoulins et Danton, le journal de Madame Desmoulins révèle qu'ils ont passé une grande partie de cette nuit, alors que l'insurrection se préparait, endormis chez Danton. Au moment où le tocsin allait sonner, Danton, toujours enclin à la somnolence, se retira dans son lit, d'où les émissaires de la Commune eurent quelque peine à le déloger, et même alors il était bientôt de retour, et dormait encore paisiblement pendant que la foule marchait sur les Tuileries.

---

[473] Buchez et Roux, xvi. 423 ; Mortimer Ternaux, ii. 240, 444.

[474] Marat écrivit trois fois à Barbaroux à ce sujet. « Le 9 au soir, dit Barbaroux, il me fit savoir que rien n'était plus urgent, et me proposa de nouveau de se déguiser en jockey » (*Mémoires de Barbaroux*, pp. 61, 62).

[475] Mortimer Ternaux, II 241. Voir aussi la pancarte de Marat sortie de sa « retraite souterraine » (*Marat*, par A. Bougeart, II 36).

[476] Ferrières, III 201 ; Barbaroux, p. 82 ; Maton de la Varenne, p. 228.

Ce furent donc encore une fois, en cette occasion, les agitateurs professionnels qui restèrent pour exécuter les plans des chefs, et pendant un certain temps, il sembla que leurs efforts allaient être récompensés par aucun succès, car les Faubourgs se montrèrent encore récalcitrants, et jusqu'à deux heures et demie du matin du 10, on apporta à Roederer au château la nouvelle que l'insurrection n'aurait pas lieu. Mais enfin, vers l'aube, l'armée révolutionnaire commence à se rassembler. Santerre rassembla autour de lui les brigands du faubourg Saint-Antoine ; Lazowski et Alexandre s'enrôlèrent à Saint-Marceau, Barbaroux et Fournier prirent la tête des Marseillais.

Pendant ce temps, les Tuileries préparaient leurs plans de défense. Le marquis de Mandat, commandant de la garde nationale, averti de l'imminence de l'insurrection, avait sonné l'appel aux armes, et toute la nuit ses bataillons affluèrent vers le château, où ils prirent position dans les cours du Carrousel et sur les terrasses bordant la rivière et le jardin. Ces bataillons, au nombre de seize, représentaient un total de 2400 hommes, tandis que dans le château même se trouvaient 950 Suisses et 200 nobles armés d'épées et de pistolets.

Comme le 20 juin, le château est donc bien défendu ; de plus, les troupes ne sont pas commandées par un faible Ramainvilliers, mais par un chef sur lequel on peut compter pour opposer une résistance vigoureuse. Mandat, les chefs révolutionnaires le savent bien, est fidèle au roi et, comme Pétion, combinant le rôle d'espion à celui de maire de Paris, découvert lors de ses pérégrinations autour du château, a réellement un plan de campagne, il faut donc se débarrasser de Mandat.

En conséquence, à sept heures du matin, Mandat est convoqué à l'Hôtel de Ville, et sommé de rendre compte de sa conduite dans l'organisation des défenses du château. Mandat répondit qu'il avait agi sur l'ordre de Pétion pour résister à l'attaque par la force. Mais toutes les explications sont inutiles ; Mandat a été envoyé pour être assassiné, pas pour être jugé. Huguenin, l'« orateur » du 20 juin, devenu président de la Commune, d'un geste horizontal sur la gorge, dit : « Qu'on l'emmène ». On fit sortir Mandat, et une demi-heure après, alors qu'il descendait les marches de l'Hôtel de Ville pour se rendre à la prison de l'Abbaye, un jeune homme nommé Rossignol, employé de Danton,[477] s'approcha et lui tira une balle

---

[477] Danton l'a admis lors de son procès : « J'ai dressé l'arrêt de mort de Mandat qui avait reçu l'ordre de tirer sur le peuple. » Voir *Notes de Topino Lebrun sur le procès de Danton*.

dans la tête. Inutile de dire que Pétion attribua cette faute au peuple.[478] Pétion lui-même avait une raison personnelle de désirer la mort de Mandat, et il a sans doute agi de connivence avec Danton, car l'ordre de résister à l'attaque par la force avait réellement été donné par lui à Mandat trois jours auparavant par écrit, et c'est apparemment pour retirer ce document compromettant de sa poche que Mandat a été assassiné.[479] Le but précis de Pétion en l'écrivant n'est pas clairement établi ; peut-être, comme le suggère Montjoie, était-ce pour donner un prétexte aux Marseillais pour tirer sur les troupes, mais cela peut aussi s'expliquer par le fait que Pétion avait reçu une grosse somme d'argent du roi juste avant le 10 août pour maintenir l'ordre,[480] et pendant un moment il a pu avoir l'intention de gagner son paiement honnêtement. Mais lorsqu'il vit que l'insurrection prenait des proportions formidables, il fut pris de panique et résolut de détruire les preuves écrites de sa défection momentanée de la cause révolutionnaire. En tout cas, il fait désormais tout ce qui est en son pouvoir pour aider le mouvement. Ainsi, bien que, en tant que chef de la municipalité, il ait refusé pendant cette nuit de fournir aux forces des Tuileries des munitions pour la défense du château, il s'arrangea pour que 5000 cartouches à balles soient délivrées aux Marseillais. Pétion s'était également entendu avec Carra pour que, si l'insurrection éclatait, il soit empêché par la force de s'y opposer par une convocation à l'Hôtel de Ville, où il devait être retenu pendant l'attaque du Château. Carra a omis de le faire, et Pétion a passé une heure ou deux très inconfortables à attendre dans le jardin des Tuileries, suivi par plusieurs grenadiers fidèles qui soupçonnaient astucieusement sa perfidie. Comme la convocation attendue n'arrivait toujours pas, il adopta finalement l'ingénieux expédient d'envoyer des ordres répétés à lui-même, et en réponse à ceux-ci, il quitta son poste à 2 h 30, et après s'être présenté à l'Assemblée, il se plaça sous contrainte dans ses propres quartiers à l'Hôtel de Ville avec une garde de 400 hommes pour l'empêcher de reprendre son service.[481]

---

[478] Récit du 10 Août par Pétion, maire de Paris.

[479] Peltier, Révolution du 10 Août, i. 83, 84 ; Montjoie, Conjuration de d'Orléans, iii. 197 ; Journal du Dr John Moore, i. 151.

[480] Mémoires de Mme Campan, p. 342 ; Mémoires de Malouet, ii. 141.

[481] Voir le récit naïf que Pétion fait lui-même de cette manœuvre en réponse à l'accusation de Robespierre, plus tard, de ne pas avoir contribué au 10 août : « Pour concilier ma position officielle de maire avec ma résolution fixe de faire avancer le mouvement, il avait été arrangé que je serais arrêté, afin de ne pouvoir lui opposer aucune autorité légale ; mais dans la précipitation et l'agitation du moment, cela a été oublié... Qui, d'après vous, a envoyé plusieurs fois demander l'exécution de ce plan ? C'est moi, oui, moi-même ; car dès que j'ai su que le mouvement était général, loin de

Ainsi, par la plus basse des trahisons, le château fut désarmé devant ses assaillants. Par la mort de Mandat, comme les conspirateurs l'avaient prévu, tous les plans de défense sont désorganisés, et les forces rassemblées aux Tuileries se retrouvent sans chef.

Le 10 août

Le Roi et la Reine connaissaient bien le sort qui, selon toute probabilité, les attendait. Deux fois déjà, depuis le 20 juin, la reine avait échappé de peu à un assassinat — une fois au Champ de Mars, le 14 juillet, une fois à minuit, lorsque le meurtrier fut arrêté sur le seuil de son appartement — et pendant toutes ces semaines, dit Montjoie, Louis XVI avait dormi tout habillé, prêt à se lever à la première alerte.

Maintenant, tandis que le glas sinistre du tocsin résonnait dans la ville, la Reine était assise et pleurait en silence ; le Roi faisait les cent pas dans les grandes salles du Château, s'efforçant de décider de la ligne de conduite à suivre. Les troupes, il le savait, pouvaient opposer une résistance vigoureuse à l'assaut, mais cela signifiait une effusion de sang, et de nouveau la vieille question qui, à chaque crise de la Révolution, l'avait torturé, surgissait dans son esprit : « Un roi est-il justifié de verser le sang de son peuple pour sa propre défense ? » Les royalistes disaient oui ; les partisans de la « souveraineté du peuple » disaient non ; de plus, la propre conscience du roi disait non également.

Ce dilemme produisit chez Louis XVI une agonie d'irrésolution qui n'aurait jamais pu affliger aucun de ses prédécesseurs. Henri IV. Henri IV, malgré toute sa bienveillance, aurait bouclé son épée, monté sur son cheval et se serait montré à ses troupes comme leur chef souverain, et sans doute, si Louis XVI avait fait cela, Barbaroux lui-même admet que la journée aurait été gagnée, car « la grande majorité des bataillons s'était déclarée pour lui ».

Il semble qu'en fin de compte, le roi, cédant aux supplications des royalistes, ait décidé que le château serait défendu par la force des armes, mais cette décision, terrible pour lui, n'a été prise qu'après des heures de conflit mental. Lorsque, le 10 au matin, à cinq heures et demie, il sortit de ses appartements pour inspecter les troupes, ses défenseurs constatèrent avec consternation que le sang-froid qui l'avait sauvé le 20 juin n'était plus à sa disposition — *son sang-froid avait disparu*.

---

songer à l'arrêter, j'ai été résolu à le faciliter » (*Observations de J. Pétion sur la Lettre de Robespierre*).

Ce n'était pas le résultat d'une lâcheté ; le cavalier le plus endurant, l'aviateur le plus audacieux, peut se trouver soudainement, à la suite d'une exposition continue au danger, victime d'une défaillance nerveuse, et Louis XVI, comme nous le savons, était sujet à de telles attaques sous l'influence d'une tension mentale aiguë. D'après les récits de tous les témoins oculaires, il est évident qu'à ce moment suprême, le roi souffrait d'un retour du mal qui l'avait affligé trois mois auparavant et qui le privait maintenant de toute l'énergie nécessaire pour affronter la crise. Par-dessus le violet de son manteau, son visage était blanc comme la mort, ses yeux étaient mouillés de larmes, ses cheveux poudrés étaient en désordre — « il avait l'air, dit Madame Campan, d'avoir cessé d'exister ».

L'effet sur les troupes était, bien sûr, déplorable. Jusqu'à ce moment, leur enthousiasme était resté à son point culminant, et lorsque le Roi passa sur son chemin, « tous les plafonds voûtés du palais résonnèrent aux cris de "Vive le Roi !" Non, Sire, s'écrièrent les troupes, ne craignez pas que le 20 juin se reproduise, nous effacerons cette tache ; la dernière goutte de notre sang appartient à votre Majesté ! Lorsque le Roi descendit dans les cours, des acclamations bruyantes éclatèrent de toutes les compagnies de gardes nationales :

« Vive le Roi ! Vive Louis XVI ! Vive le Roi de la Constitution ! Nous le souhaitons ! Nous n'en souhaitons pas d'autre ! Qu'il se mette à notre tête et nous le défendrons jusqu'à la mort ! »[482]

Si seulement il s'était mis à leur tête ! S'il avait pu trouver des tons sonores pour répondre à ces acclamations, faire naître des sourires sur ses lèvres, et ainsi gagner enfin tous les cœurs à sa cause ! Mais il semble que Louis XVI, plus que jamais inarticulé sous le coup d'une grande émotion, ait jeté un froid sur l'esprit des hommes, et lorsque les cris de « Vive le Roi ! » s'éteignent, on entend des voix répondre par « Vive la nation ! »

De l'autre côté du château, la situation prend un aspect plus menaçant, car au moment où le roi entre dans le jardin, l'avant-garde de l'armée révolutionnaire, armée de piques, arrive du faubourg Saint-Marceau et l'accable d'insultes. Par une étrange erreur de gestion, ce bataillon révolutionnaire fut autorisé à prendre position parmi les autres troupes ; inévitablement, l'esprit d'insurrection se répandit, et lorsque le Roi rentra au Château par la terrasse bordant la rivière, des cris de colère s'élevèrent : « À bas le Roi ! Vive les Sans-Culottes ! » et d'autres invectives d'un genre

---

[482] Procès-verbal de J. J. Leroux, officier municipal.

plus grossier — seulement une douzaine de voix en tout, mais assez fortes pour être entendues dans le château.[483]

Les murmures sinistres parvinrent aux oreilles de la Reine. M. Dubouchage se précipite à la fenêtre et s'écrie avec horreur :

« Bon Dieu ! C'est le Roi qu'on hulule ! Que diable fait-il là ? Descendons le chercher. La reine éclate en sanglots. Tout est perdu, dit-elle, quand un instant plus tard le roi revint pâle et essoufflé, cette revue a fait plus de mal que de bien. »

Tout était en effet perdu. La nouvelle était arrivée que Mandat avait été tué ou arrêté, que « tout Paris » était à pied, que les Faubourgs s'étaient rassemblés et marchaient sur le château avec leurs canons. Alors les royalistes qui s'étaient rassemblés dans le palais surent que le moment était venu de se rallier au roi, et M. d'Hervilly, l'épée tirée à la main, ordonna à l'huissier d'ouvrir les portes à « la noblesse française ! »

Mais où sont les « 15 000 aristocrates » que les révolutionnaires déclarent être cachés au Château ? Où étaient les *chevaliers du poignard* sanguinaires qui devaient exécuter un nouveau massacre de la Saint-Barthélemy aux ordres d'Antoinette Médicis ? Rien de plus éloigné de cette description ne pouvait être imaginé que l'étrange cortège qui affluait maintenant dans la salle, conduit par le vieux maréchal de Mailly, âgé de quatre-vingt-six ans, et composé de deux à trois cents hommes et garçons, dont beaucoup n'avaient aucune prétention à la» noblesse », mais » ennoblis par leur dévouement » à une cause perdue.[484] Peu d'entre eux avaient pu se procurer des fusils, et la plupart n'étaient armés que d'épées ou de pistolets, ou d'armes improvisées à la hâte qu'ils avaient saisies sur leur passage — un écuyer et un page s'étaient partagé une paire de pinces à feu. Toujours, pendant toute la Révolution, la même impréparation, le même manque désespéré de conception de la part de l'Ancien Ordre, et de l'autre côté la prévoyance, la méthode, la superbe organisation ! N'est-ce pas un avertissement pour tous les âges que le courage et le dévouement peuvent s'avérer inefficaces devant la lâcheté calculatrice et la malveillance organisée ? Si la bravoure avait pu l'emporter en ce 10 août, le Château devait triompher. La Reine, maintenant que le danger était effectivement aux portes, sécha ses larmes, et résolut que, puisque le Roi ne pouvait inspirer aucun enthousiasme à ses défenseurs, elle prendrait elle-même son rôle. Lorsque certains gardes nationaux murmurent à propos de l'intrusion de la « noblesse », qu'ils considèrent comme une atteinte à

---

[483] Procès-verbal de J. J. Leroux, officier municipal.

[484] *Mémoires de Mme Campan*, p. 348.

leur propre capacité à défendre la famille royale, Marie-Antoinette les supplie de se réconcilier. Ce sont nos meilleurs amis, dit-elle, ils partageront les dangers des gardes nationaux, ils vous obéiront, et se tournant vers quelques grenadiers proches, elle ajoute :

> « Messieurs, souvenez-vous que tout ce que vous avez de plus cher, vos femmes, vos enfants, vos biens, dépend de notre existence ; notre intérêt est unique ; vous ne devez pas avoir la moindre défiance envers ces braves gens, qui vous défendront jusqu'à leur dernier souffle. »

Selon Beaulieu, ces paroles eurent pour résultat de favoriser une entente complète entre les deux partis des défenseurs du roi, et tous se tenaient maintenant ensemble, résolus à résister à l'attaque par la force des armes.

Pendant ce temps, un ordre dans le même sens est donné par le procureur général Roederer[485] et l'officier municipal Leroux aux troupes qui entourent le château, mais d'une manière si peu énergique qu'elle ne fait qu'augmenter l'audace des insurgés ; les artilleurs répondent par un défi en déchargeant leurs canons, et une députation de sept ou huit citoyens se présente pour demander la déposition du roi. Les deux magistrats décident alors que la résistance est inutile, et qu'il faut persuader le roi de quitter le château avec sa famille, et de se réfugier dans la salle de l'Assemblée nationale. Leroux revint donc dans les appartements royaux et se présenta au Roi, qui était dans sa chambre entouré de sa famille et de plusieurs ministres. Le danger, dit Leroux, est maintenant à son comble, les gardes nationaux ont été corrompus, et le roi et la reine, avec leurs enfants et leur entourage, seront tous massacrés s'ils restent au château.

Marie-Antoinette, qui avait toujours pensé qu' » un roi doit mourir sur son trône », s'écria avec indignation qu'elle préférait être clouée aux murs du château plutôt que de le quitter ; mais Louis XVI, toujours soucieux d'éviter une effusion de sang, ne semblait pas ne pas vouloir considérer la proposition. Voyant cela, la reine saisit sa main et, la portant à ses yeux, la couvrit de larmes.[486] Roederer, qui arriva un instant après, joignit ses

---

[485] Roederer, dont la *Chronique des Cinquante Jours* contient le récit le plus détaillé des 20 juin et 10 août, est un témoin loin d'être impartial, car ses sympathies vont toutes aux auteurs de ces journées. Croker, du vivant de Roederer, l'accusait franchement d'orléanisme : « M. Roederer — courtisan du fils d'Égalité — ne s'offusquera pas *maintenant* de ce que nous disons que nous l'avons toujours considéré comme du parti orléaniste, auquel Brissot et d'autres girondins appartenaient originairement... » (*Essais sur la Révolution française*, p. 211).

[486] Déclaration de Leroux.

supplications à celles de Leroux, et aux protestations réitérées de la reine, il répondit :

> « Vous voulez donc, Madame, vous rendre responsable de la mort du roi, de votre fils, de votre fille, de vous-même et de tous ceux qui voudraient vous défendre ». »

Et à la mention de ses enfants, la Reine, touchée dans son point le plus vulnérable, s'est rendue.

Le roi la regarda avec des larmes dans les yeux, se leva de son siège et dit : « Allons, marchons ». »

Sa famille s'est rassemblée autour de lui.

« Monsieur Roederer, » dit Madame Elizabeth, « répondrez-vous de la vie du Roi ? "Oui, madame, sur ma personne. »

Mais quand, un moment plus tard, la Reine répéta la question : « Répondrez-vous de la vie du Roi et de celle de mon fils ? ». »

Roederer a répondu d'un air sombre : « Madame, nous répondrons de notre mort à vos côtés, c'est tout ce que nous pouvons promettre. »

À la demande insistante de Roederer, aucun membre de la Cour n'a été autorisé à escorter la famille royale jusqu'à l'Assemblée, et le roi, manifestement dans l'intention de signifier qu'ils étaient désormais libres de partir, s'est tourné vers ses nobles en disant : « Venez, messieurs, il n'y a plus rien à faire ici, ni pour vous ni pour moi ». »

Mais au pied de l'escalier, pris d'inquiétude pour leur sécurité, il s'arrête et, se retournant vers ses fidèles défenseurs, il dit à Roederer : « Mais que va-t-il advenir d'eux tous ? ». »

Sire, répondit Roederer, il m'a semblé qu'ils étaient en manteau de couleur (*c'est-à-dire* pas en uniforme) ; ceux qui ont des épées n'ont qu'à les ôter et vous suivre, en sortant par le jardin. Pourtant, après cette assurance, et bien que ce soit à la demande même de Roederer que le Roi ait quitté le Château et que les nobles ne l'aient pas escorté, Roederer a laissé dire par son ami Pétion, sans contradiction, que le Roi, avec un sang-froid complet, laissait ses satellites au Château pour être massacrés ».[487]

---

[487] Ce mensonge fut répété par Danton avec des ajouts une semaine plus tard — « tandis que ses plus anciens courtisans protégeaient de leurs corps la porte de sa chambre *où ils le croyaient*, il (Louis XVI) s'enfuyait par *une porte dérobée* avec sa famille à l'Assemblée nationale… ». (« Lettre de Danton aux Tribunaux », 18 août 1792, publiée dans Buchez et Roux, xvII 294). Louis XVI et sa famille, comme chacun sait, quittèrent

Les royalistes, il est vrai, furent indignés de son départ ; ils étaient tous prêts à se battre pour lui, et croyaient que s'il avait tenu bon et ordonné sans remords aux Suisses de tirer sur la foule, la journée aurait été gagnée. Au point de vue des partisans du despotisme, le Roi était donc coupable d'une faiblesse criminelle, mais que les partisans de la démocratie le blâment est monstrueux. Il a quitté le château uniquement pour éviter une effusion de sang.

Il faut se rappeler que l'attaque du château n'était pas encore commencée, et ne le fut qu'une heure environ après que le roi l'eut quitté, et il ne s'imagina pas sans raison que, le mouvement étant dirigé contre lui, son départ ferait disparaître tout *motif de guerre ;* il ne pouvait prévoir que les chefs révolutionnaires se rendraient coupables d'une lâcheté aussi inconcevable que de se venger sur les malheureux gardes suisses, hommes du peuple pour la plupart, qui ne faisaient que leur devoir en restant à leur poste. Selon Montjoie, le roi, en quittant le château, aurait donné des ordres stricts aux Suisses pour qu'ils ne tirent pas sur les insurgés et n'opposent aucune résistance quoi qu'il arrive, privant ainsi les Marseillais de tout prétexte d'agression, et, que Montjoie ait raison ou non, c'est précisément ce que firent les Suisses, comme nous allons le voir.

Le Roi, satisfait donc qu'aucune hostilité ne pouvait désormais avoir lieu, ouvrit le chemin de l'Assemblée. La Reine suivait avec Madame de Tourzel, chacune tenant une main du Dauphin ; Madame Elisabeth avec Madame Royale, et la Princesse de Lamballe marchait derrière elles avec un des ministres. Une escorte, formée de 150 Suisses et de 300 gardes nationaux, défile en ligne de chaque côté de la famille royale.

Dans la fraîcheur de la glorieuse matinée d'août, le cortège tragique se dirigea d'abord vers la grande allée centrale du jardin des Tuileries, avec ses fontaines fraîches et ses parterres de fleurs flamboyants, puis vers la droite, à l'ombre des vieux châtaigniers, dont les feuilles, dans la chaleur de cet été tropical, avaient déjà commencé à voler sur l'allée, où les jardiniers, indifférents à la chute des dynasties, étaient employés à les balayer proprement en tas. C'est peut-être le rappel soudain des faits normaux de la vie produit par cette circonstance qui a suscité la remarque mémorable du roi : « Les feuilles tombent tôt cette année ». »

Mais à la Porte des Feuillants, les sombres réalités reprennent le dessus. À l'extérieur de la porte, une foule d'hommes et de femmes, manifestement animés d'intentions hostiles, attendaient, et c'est précisément à ce moment,

---

publiquement le château par l'escalier principal sous le regard de tous les courtisans. Voir, outre le récit de Roederer ci-dessus, les *Mémoires de Mme Campan*, p. 350.

alors que la famille royale avait le plus besoin de protection, que Roederer choisit de la priver de son escorte militaire sous le prétexte ridicule que la terrasse des Feuillants était la propriété de l'Assemblée nationale. Que ce soit donc par la bêtise officielle ou par la trahison délibérée de Roederer, la famille royale est obligée de s'avancer au milieu de la foule, escortée seulement par quelques députés de l'Assemblée venus à sa rencontre. Instantanément, la horde de ruffians s'avance en hurlant des exécrations. « Non, non, ils ne doivent pas entrer dans l'Assemblée, ils sont la cause de tous nos maux ! À bas eux ! À bas ! » Comme d'habitude, c'est contre la reine que leur fureur se dirigeait principalement, et maintenant, se pressant autour d'elle, ils lui arrachèrent sa montre et sa bourse, l'accablant d'injures. Un homme d'une taille énorme et d'un « visage atroce » saisit le Dauphin de sa mère, mais au cri de terreur de la Reine, il dit d'un ton rassurant : « N'ayez pas peur. Je ne lui ferai aucun mal. » Et un passage à travers la foule étant enfin libéré, il porte le garçon dans ses bras jusqu'à l'Assemblée.

La famille royale entre dans la salle.

« Messieurs, dit Louis XVI en s'adressant à l'Assemblée, je suis venu ici pour prévenir un grand crime, et je crois ne pouvoir être plus en sûreté que parmi vous, messieurs. »

Hélas ! le roi n'avait pas empêché les crimes de se produire en ce jour terrible. La vengeance des meneurs n'était pas seulement dirigée contre le roi et la famille royale ; d'autres victimes avaient été désignées, et rien de ce que le malheureux Louis XVI aurait pu faire ou dire n'aurait pu apaiser leur soif de sang. Au moment même où le roi prononce ces mots, trois têtes sont portées sur des piques devant la porte de l'Assemblée.

Comme d'habitude dans les flambées révolutionnaires, la foule rassemblée à la porte des Feuillants ne s'était pas présentée spontanément pour insulter la famille royale. Les émissaires du duc d'Orléans sont à l'origine du mouvement.[488] Ce sont eux qui ont dit au peuple qu'il ne fallait pas laisser la famille royale se réfugier à l'Assemblée, et ce sont eux qui ont poussé la foule à exécuter les premières proscriptions de la liste qu'ils avaient dressée pour la journée.

De tous les ennemis que le duc d'Orléans s'était faits au cours de sa carrière révolutionnaire, aucun n'était aussi violent ni aussi implacable que le journaliste Suleau. François Louis Suleau n'était pas un aristocrate, mais le fils d'un drapier, et il s'était jeté dans le mouvement contre-

---

[488] Ferrières, iii. 189.

révolutionnaire avec toute l'ardeur qu'on ne trouve habituellement que dans le camp adverse.

Esprit vigoureux, donnant toujours libre cours à des salves d'esprit et à des éclats de rire endiablés, avec une gaieté débridée mais contagieuse... Méridien du Nord, aimant le danger pour le danger... joyeux champion des causes perdues... se moquant de la révolution »,[489] Suleau avait tout d'un rebelle, et au début de la Révolution, il avait marché à l'avant-garde de l'insurrection. Mais très vite, son amour farouche de la justice l'attira vers la cause du roi, en qui il reconnaissait le seul espoir de liberté pour la France, et dans son *Petit Mot à Louis XVI*, loin d'être respectueux, il déclara franchement la raison de cette allégeance :

> « Si le bien de l'humanité et le salut de mon pays ne se trouvaient pas identifiés avec les intérêts de votre gloire, vous me trouveriez parmi les plus intrépides à vous prouver que je suis homme et citoyen avant d'être votre sujet. C'est parce qu'il détestait la fraude et l'imposture, parce qu'il redoutait les malheurs que l'usurpation du trône par le duc d'Orléans aurait fait courir à la France, que, dès le mois d'août 1789, il avait consacré tous ses talents, tout son esprit et son infatigable énergie, à combattre la conspiration orléaniste. Insouciant des conséquences, perpétuellement menacé d'assassinat, Suleau avait continué de sa plume à attaquer le duc — » il l'avait outragé, menacé, défié de toutes les manières, devant les tribunaux et la justice des hommes, et devant le jugement de Dieu. »[490]

Naturellement, le nom de Suleau figurait depuis longtemps sur la liste des proscriptions dressée par les orléanistes. Deux jours avant le 10 août, Camille Desmoulins, son ancien camarade de collège, qui lui était resté attaché malgré leur antagonisme politique, l'avertit que sa tête était l'une des premières marquées par les chefs de l'insurrection, et lui offre un refuge dans sa propre maison. Suleau refusa de compromettre son ami, et s'avança hardiment vers son destin ; le sacrifice de sa vie, disait-il, était depuis longtemps fait. Le 10 août, à huit heures du matin, Suleau, qui avait passé la nuit aux Tuileries, sortit sur la terrasse des Feuillants où la foule, mise en mouvement par les Orléanistes, s'était rassemblée. Sa belle apparence, sa tenue fraîche et son épée étincelante attirent l'attention, et il est arrêté sous prétexte qu'il fait partie d'une fausse patrouille. Suleau prouva son innocence et fut libéré, mais les Orléanistes avaient cette fois-ci assuré leur victime. Dans la cour des Feuillants, Théroigne de Méricourt l'attendait, Théroigne au plus fort de la frénésie révolutionnaire. Le petit Belge avait une vengeance personnelle à exécuter en attaquant Suleau, car

---

[489] Article sur Suleau par L. Meister.

[490] *Philippe d'Orléans Égalité*, par Auguste Ducoin, p. 170.

le spirituel journaliste, dans sa campagne contre la conspiration orléaniste, avait souvent fait de Théroigne la cible de ses plaisanteries, et ce n'était pas seulement comme partisan du duc, mais en tant que femme outragée dans sa vanité et même dans sa pudeur — car, toute *fille de joie qu*'elle était, Théroigne ne supportait pas les imputations sur sa « vertu » — qu'elle désirait ardemment plonger son poignard dans le cœur de son persécuteur.

Pourtant, il serait absurde d'accepter l'opinion de M. Louis Blanc selon laquelle Théroigne agissait indépendamment dans cette occasion, car c'était toujours en tant qu'agent du duc d'Orléans qu'elle avait figuré dans le mouvement révolutionnaire, c'était en tant qu'Orléaniste qu'elle avait encouru l'animosité de Robespierre et de Collot d'Herbois,[491] et puisque, comme nous l'avons vu, c'étaient les Orléanistes qui avaient planifié la mort de Suleau, c'était évidemment à leur demande qu'elle avait exécuté le projet. Sa rancune personnelle ne faisait que rendre plus aiguë sa fureur, qui atteignait dans cette crise un degré voisin de la folie qui devait plus tard devenir chronique. Théroigne, au matin de ce 10 août, était presque aussi folle que la hyène enragée qui porta plus tard son nom à la Salpêtrière, mais cette folie qui devait lui ôter toute apparence d'être humain lui donnait aujourd'hui une sorte de beauté diabolique qui étonnait tous les regards. Vêtue d'un habit de cheval bleu, portant sur la tête un chapeau à plumes *à la Henri IV*. La petite créature semblait avoir retrouvé tout à coup sa jeunesse perdue, car son visage, hagard dans le repos, était maintenant éclairé par un feu intérieur qui brillait dans sa peau sombre, et qui jaillissait de ses yeux en effaçant les ravages des années malheureuses. Thiébault, qui la rencontra à ce moment-là, lui donna vingt ans à peine — aucune femme, écrivit-il longtemps après, ne lui avait fait une telle impression :

> « Je dis, avec une sorte d'horreur, qu'elle était jolie, très jolie, son excitation rehaussait sa beauté... car elle était en proie à une hystérie révolutionnaire impossible à décrire ».

Forcer le passage à travers la foule dans la Cour des Feuillants au cri de « Faites place ! Faites place ! » Théroigne s'élance sur un canon et crie : « Jusqu'à quand vous laisserez-vous tromper par de vaines paroles ? Jouant sur les passions de la foule, elle l'incite à la violence. "Où est Suleau, l'abbé Suleau ? Elle s'écria, car elle n'avait jamais vu son ennemi et s'imaginait que c'était un prêtre.

---

[491] Voir *Séances des Jacobins*, date du 23 avril 1792, où « M. Collot se lève pour se féliciter de ce que Mlle Théroigne lui a retiré son amitié comme à M. Robespierre ». À ce moment, Mlle Théroigne s'élance sur Collot, les poings serrés, et est expulsée de la salle au milieu du tumulte.

Alors Suleau, voyant que sa mort était décidée, et espérant par le sacrifice de sa vie éviter une nouvelle effusion de sang, dit aux gardes nationaux qui l'entouraient : "Je vois qu'aujourd'hui le peuple veut du sang ; peut-être une victime suffira-t-elle, laissez-moi aller vers lui. Je paierai pour tous. Les gardes tentent de le retenir, mais Suleau se précipite pour faire face à ses assassins. Pour la première fois, ces deux ennemis jurés — la petite virago montée sur le canon, et le jeune homme dans toute la beauté de sa force et de son courage farouche — se regardèrent dans les yeux. L'heure des comptes avait enfin sonné. Terriblement furieux, Théroigne s'élança sur sa victime, la saisit au collet, et, aidé par les ruffians armés qui la suivaient, l'entraîna vers la cour. Mais si Suleau était prêt à mourir, il n'alla pas comme un agneau à l'abattoir ; toujours batailleur, il s'arrangea pour se munir d'un sabre et combattit ses assaillants comme un lion. Trois autres victimes tombèrent à ses côtés, le gigantesque abbé Bouyon et deux officiers de l'ancienne garde du corps du roi, M. de Solminiac et M. du Vigier, connu pour sa beauté sous le nom de « le beau Vigier ». Enfin, Suleau, voyant qu'il devait lui aussi être accablé, croisa les bras et s'écria d'un air de défi : 'Tuez-moi donc, et vous verrez comment un royaliste peut mourir ! Instantanément, Théroigne et sa horde meurtrière se refermèrent sur lui — Suleau tomba transpercé de coups de dague. Son corps sans vie fut traîné jusqu'à la Place Vendôme et découpé en morceaux. Puis cette noble tête fut élevée sur une pique et portée en triomphe[492] devant la porte de l'Assemblée au moment où la famille royale entrait dans la salle.

Pendant que ces scènes se déroulent autour de la salle du Manège, la confusion règne au Château. Les troupes, que la mort de Mandat a laissées sans chef, ne peuvent décider d'un plan de campagne ; certains sont partisans de quitter leur poste et de se retirer dans les casernes, déclarant que maintenant que la famille royale est partie, il ne reste plus que des briques et du mortier à défendre. La *gendarmerie* stationnée sur la place du Louvre étant de cet avis se retira calmement au Palais Royal, laissant l'approche du Château ouverte à l'ennemi.

Mais les nobles restés dans les appartements royaux étaient pour la résistance ; quelques-uns seulement avaient suivi le roi, et les autres, ralliés au maréchal de Mailly, s'associaient avec enthousiasme à son plan pour résister jusqu'au bout à l'invasion. »Voici les galants, voici les derniers de la noblesse, s'écria l'héroïque vieillard tandis que cette pathétique légion se rangeait en ordre de bataille ; le poste d'un général et de ses compagnons

---

[492] Article sur Suleau dans la *Biographie Michaud* ; Beaulieu, III 470 ; *Deux Amis*, vIII 168 ; Peltier, I 104.

d'armes est à l'endroit où le trône est attaqué et en péril ! Et, tout en parcourant les rangs, il ne cessait de répéter : "Conquérir ou mourir, messieurs, conquérir ou mourir !"

Le premier détachement des Marseillais est maintenant arrivé au Carrousel, mais l'attaque du château est retardée, car les Faubourgs ne se présentent pas. Une fois de plus, l'âne de Balaam a refusé d'avancer. Santerre en effet, qui devait mener Saint-Antoine, "le faubourg de la gloire", à l'assaut, semble au dernier moment pris de panique, et presse ses bataillons de ne pas marcher sur le château, où il dit que les royalistes sont rassemblés en force. Sur quoi Westermann, tenant son épée sur la gorge de Santerre, lui ordonna de conduire ses hommes, ce à quoi Santerre obéit ; mais à l'Hôtel de Ville, il s'arrangea pour se faire élire commandant en chef, et, sous prétexte que son poste devait désormais être au quartier général, s'absenta de l'armée et on ne le vit plus de la journée.

Enfin, les Faubourgs, commandés par Westermann et Lazowski, arrivent sur le champ de bataille devant l'entrée du château. Telle est l'armée d'attaque — une avant-garde de Marseillais composée en grande partie d'Italiens, une arrière-garde réticente des Faubourgs dirigée par un Allemand et un Polonais.[493] Et voilà le peuple français qui se lève comme un seul homme pour renverser la monarchie !

Au premier assaut, les Marseillais et les confédérés de Brest, en Bretagne, montrèrent seuls quelque résolution, et ce furent eux qui s'avancèrent vers les cours d'où les Suisses et les gardes nationaux s'étaient retirés dans le palais,[494] et qui battirent les grandes portes du château en demandant l'entrée. Les concierges royaux retirent les verrous et s'enfuient. Une bande de Marseillais se précipita dans les bras des artilleurs de la garde nationale, qui, élément toujours déloyal dans ce corps, se joignit aussitôt aux insurgés, et, sortant leurs canons, les pointa contre le château.

À ce moment-là, la foule de Paris avait enfin commencé à se rassembler, car l'impunité avec laquelle les bataillons révolutionnaires

---

[493] Beaulieu, III 471.

[494] Cet ordre fut donné dès que le Roi quitta le Château ; voir le récit du 10 août donné par M. Victor Constant de Rebecqui, officier aux gardes suisses du Roi, Auckland MSS. in British Museum : « Le Roi et sa famille se retirent à l'Assemblée accompagnés d'une partie du régiment et de nos commandants ; on nous fait tous retirer dans l'intérieur des appartements et abandonner les postes extérieurs ; alors les assaillants enfoncent la porte de la cour et entrent au même instant ; les canonniers placés là pour la défense du Château abandonnent leurs canons, qui tombent entre les mains de ceux (c'*est-à-dire les* canonniers) des Faubourgs. »

avaient pénétré dans le Carrousel et les cours rassurait les plus timorés, et des flots de fainéants, toujours avides de spectacle, se précipitaient vers le lieu de l'action.

Il ne restait plus qu'environ 750 Suisses, une poignée de gardes nationaux et 200 nobles pour défendre le château. Si seulement les Suisses pouvaient être subornés ou vaincus, toute autre résistance serait impossible ; et la foule, voyant un certain nombre de ces hommes qui les regardaient des fenêtres, cria à haute voix : "À bas les Suisses ! Déposez vos armes !"

Les Suisses, qui n'éprouvaient aucun sentiment d'hostilité à l'égard de la population, répondirent par des gestes conciliants pour la persuader de renoncer à l'attaque, et pour mieux prouver leurs intentions pacifiques, jetèrent des paquets de cartouches parmi eux.

Mais le groupe de sentinelles suisses dressé au pied de l'escalier[495] présentait un aspect plus redoutable, et pendant un quart d'heure, cette vaillante bande tint à distance l'immense foule par son air intrépide et ses visages résolus. Enfin, une douzaine de Marseillais, conduits par Westermann, s'avancent et ordonnent aux hommes de déposer les armes, en ajoutant : "Nous sommes venus fraterniser avec vous."

Les Suisses, qui comprennent peu le français, restent immobiles. Westermann répète la demande en allemand, les exhortant à ne pas sacrifier leur vie sur l'ordre de leurs officiers.

Le sergent Blazer répondit :

> "Nous sommes suisses, et les Suisses ne déposent leurs armes qu'au prix de leur vie. Nous ne considérons pas avoir mérité une telle insulte. Si le régiment n'est pas nécessaire, qu'on lui ordonne légalement de se retirer, mais nous ne quitterons pas nos postes et nous ne serons pas désarmés."[496]

Westermann et ses troupes battirent en retraite, car il n'a jamais été dans les habitudes des révolutionnaires d'avancer sur des hommes armés, même inférieurs en nombre, et aucun des "braves Marseillais" ne se sentait enclin à engager un combat ouvert avec les Suisses. Certains des insurgés étaient cependant armés de longs piques crochus à l'extrémité, et ces ruffians s'aventurèrent alors en avant et, tout en restant hors de portée des épées des sentinelles, parvinrent à harponner cinq des malheureux, les entraînant en

---

[495] Beaulieu, III 474 ; *Deux Amis*, vIII 180 ; Peltier, I 111.

[496] Mortimer Ternaux, II 314.

même temps vers eux au moyen des crochets fixés dans leurs vêtements.[497] Cette manœuvre réjouit la foule, qui se rassembla en poussant des cris de rire, tandis que les cinq Suisses étaient désarmés, dépouillés, et finalement massacrés au pied de l'escalier.[498] Soudain, un coup de feu fut tiré — par qui les contemporains ne peuvent s'accorder pour le préciser. Les révolutionnaires, bien sûr, ont déclaré que les Suisses étaient les agresseurs, mais D'Ossonville, témoin oculaire, puis agent du Comité de salut public pendant la Terreur, qui, en tant que révolutionnaire, n'avait aucun intérêt à blanchir les Suisses, affirme que' plusieurs rebelles s'étant déguisés en Suisses se sont glissés dans leurs rangs, ont tiré sur les insurgés, et dès que le premier bruit s'est fait entendre, des femmes, postées à dessein sur la terrasse, ont commencé à crier : 'Ah ! les coquins de Suisses tirent sur nos frères les patriotes ! Au même moment, le combat commença, et devint général... Voilà ce qui est resté inconnu, mais *ce que j'ai vu et observé*. Mais il fallait dire que le Roi avait ordonné l'attaque quand il l'avait expressément interdite. »[499]

La question de cette décharge est cependant de peu d'importance, car la question n'est pas de savoir qui a tiré le premier coup de feu, mais qui a versé le premier sang. Ce n'est pas le bruit d'un canon qui a donné le signal de la bataille, mais le lâche assassinat des cinq sentinelles, et si les Suisses ont alors tiré, ils n'étaient en rien les agresseurs.[500]

---

[497] Montjoie, *Conjuration de d'Orléans*, iii. 195 ; Peltier, i. 111 ; Beaulieu, 474.

[498] *Deux Amis*, viii. 180.

[499] « Fragments des Mémoires de d'Ossonville », publié dans *Documents pour servir à l'Histoire de la Révolution Française*, par Charles d'Héricault et Gustave Bord, vol. II p. 2.

[500] Sur la prétendue trahison des Suisses, voir aussi le récit du ministre Bigot de Sainte-Croix, *Histoire de la Conspiration du 10 Août*, p. 58 : « Lorsque les troupes postées dans les cours eurent appris d'une manière certaine le départ de Leurs Majestés, elles se regardèrent les unes les autres, et, que les paroles du Roi leur fussent parvenues ou non, se dirent les unes aux autres : "Il n'y a plus rien à faire ici ; pourquoi en viendrions-nous aux mains ? Pourquoi nous massacrerions-nous ? Une députation est envoyée chez les confédérés pour apporter les paroles de paix, et un de leurs détachements revient avec la députation pour ratifier l'accord. Les scélérats ! Ils ne sont pas plus tôt au milieu de la cour qu'ils font signe à leurs cohortes de les suivre, ils s'avancent au milieu de rires injurieux et féroces, et se précipitent tous à la fois au pied du grand escalier où se tiennent les Suisses : 'Où sont les Suisses ? ils crient d'un ton sanguinaire, 'où sont les Suisses ?'. Et cinq de ces sentinelles sont tombées sous leurs coups. Alors, oui, *alors* les compagnies suisses et les gardes nationaux sont tombés sur les assassins ; *alors* ils ont opposé la force à la force, ils ont combattu pour leur vie et non pour la défense d'un palais où le roi n'était plus ; mais la rage des maniaques a vu dans le palais des hommes à massacrer et des murs à détruire. Telle fut donc la trahison des défenseurs de la Cour,

En tout cas, ils ont tiré maintenant, et ils ont tiré vigoureusement ; une grêle parfaite de mousqueterie a balayé les premiers rangs des assaillants, après quoi les Suisses des étages supérieurs, avec les nobles et les gardes nationaux, se sont joints à la fusillade, tirant sur la foule depuis les balcons, les toits et les fenêtres.

L'effet fut terrible, car les insurgés, après avoir répondu par quelques boulets de canon, dont la visée était si incertaine qu'ils ne causèrent que peu de dégâts, furent soudain pris de panique et, d'un seul coup, la vaste masse de gens qui remplissait les cours et le Carrousel vacilla, recula et finit par se ruer.[501] La scène qui s'ensuivit était indescriptible — de robustes Bretons, de braves Marseillais, des Sans-Culottes à casquette rouge armés de piques, des femmes' patriotes' tirant par la main des enfants terrifiés, tous courant comme des fous pour sauver leur vie, et sautant même par-dessus le parapet dans la rivière ; la police montée s'élançant au galop, écrasant les passants sous les pieds de leurs chevaux, et tous' pâles comme des spectres », tous criant en fuyant : « Aux armes, citoyens, aux armes ! ils massacrent vos parents, vos frères, vos fils ! Par toutes les issues du Carrousel, ils se précipitaient frénétiquement, tombant les uns sur les autres dans la lutte ; ils couraient dans les rues, et certains ne cessaient de courir qu'une fois arrivés au Faubourg Saint-Antoine, où ils s'enfermaient dans leurs portes pour être en sécurité.[502]

Le Château avait maintenant remporté une victoire complète ; les seuls insurgés qui restaient pour poursuivre le siège se réfugièrent derrière les bâtiments de l'autre côté du Carrousel, d'où ils continuèrent à tirer spasmodiquement leurs canons sur le palais, et, par variation, à incendier les bâtiments qui entouraient la cour. Les Suisses, voyant que tout le front du Château était maintenant débarrassé des assaillants, descendirent triomphalement dans les cours, et emportèrent quelques-uns des canons laissés par les Marseillais dans leur fuite.

Pourquoi personne n'a informé le roi de la situation réelle ? Pourquoi n'y avait-il pas d'homme d'énergie pour lui indiquer le chemin du retour vers son palais et son trône reconquis par le vaillant Suisse ? Mais ce malin destin qui voulait qu'à chaque crise de la Révolution le Roi soit victime de

---

tels furent les vœux de conciliation apportés par les confédérés ; cette foi violée par des signes d'amitié et ces embrassements fraternels...'

[501] Mortimer Ternaux, ii. 316 ; Beaulieu, iii. 475 ; Ferriéres, iii. 195. « Les Suisses et les gardes nationaux ont repoussé les insurgés au-delà de la rue Nicaise » (D'Ossonville, *op. cit.*).

[502] Mortimer Ternaux, ii. 316 ; *Deux Amis*, viii. 182.

conseils perfides le poursuivait encore, et l'on apportait à l'Assemblée un message mensonger selon lequel les Suisses » massacraient le peuple », et aussi que le Château était sur le point d'être forcé. Les députés affolés se rassemblent autour de lui, le suppliant d'intervenir en faveur de son peuple. Louis XVI, qui ne sait rien d'autre que ce qu'on lui dit, ce que semblent confirmer le fracas de la bataille et le fracas des boulets de canon sur le toit de l'Assemblée, conclut que ses ordres de ne pas tirer sur la foule ont été volontairement désobéis, et se laisse donc convaincre d'écrire le message fatal aux Suisses, leur ordonnant de cesser le feu et de le rejoindre dans la salle de l'Assemblée.

« Cette ordonnance, dit Beaulieu, peut être regardée comme le dernier coup porté à la monarchie. J'ai lieu de croire, d'après tout ce que j'ai observé, que si les défenseurs du roi avaient profité de leur avantage, le roi aurait été, dans le courant de la journée, de nouveau sur son trône. Je sais que plusieurs bataillons étaient en marche pour défendre le Château, et parmi eux ceux des Champs Élysées et du Pont Neuf. Si un seul de ces bataillons était arrivé à temps, cela aurait suffi pour assurer la victoire et donner du courage aux Suisses, qui jusqu'alors avaient agi seuls, mais quand ces bataillons ont vu que tout était abandonné, ils se sont joints à ceux qu'ils avaient voulu repousser contre ceux qu'ils avaient voulu défendre ; c'est ce qu'on a toujours vu et qu'on verra toujours arriver dans toutes les révolutions. »

Cet acte désastreux qui scellait le sort de la monarchie fut rapidement diffusé à l'étranger et donna un nouvel élan aux légions révolutionnaires. Le Roi avait interdit aux Suisses de faire feu sur eux — ils pouvaient donc impunément revenir à la charge et massacrer les Suisses ![503]

Lorsque, obéissant à l'ordre du Roi, deux colonnes de Suisses abandonnèrent leurs postes et traversèrent le jardin des Tuileries, une grêle de tirs de mousquets fut dirigée sur elles par des insurgés dissimulés derrière les arbres. Une colonne réussit à atteindre l'Assemblée en sécurité, et ces hommes, ainsi que leurs camarades qui avaient accompagné le Roi à l'Assemblée, furent déposés dans l'église des Feuillants et survécurent au massacre. Mais l'autre colonne, qui s'était dirigée vers le pont tournant menant à la place Louis XV, fut impitoyablement massacrée ; beaucoup tombèrent sous les marronniers du jardin ; le reste ayant atteint la statue de Louis XV au centre de la grande place, se forma en phalange et se prépara

---

[503] « Les Suisses, dit Napoléon, témoin oculaire de l'affront, ont fait jouer vigoureusement leur artillerie ; les Marseillais ont été repoussés jusqu'à la rue de l'Échelle et *ne sont revenus que lorsque les Suisses se sont retirés par ordre du roi.* » Voir aussi Mortimer Ternaux, ii. 325.

à la défense, mais la police montée les chargea avec ses sabres et les abattit presque tous. Napoléon, qui traversa le jardin à ce moment-là, déclara à la fin de sa vie qu'aucun de ses champs de bataille ne lui avait donné l'idée d'autant de cadavres que les Tuileries, en ce matin d'août, jonchées des corps des Suisses.

Cependant, toute la garnison n'avait pas évacué le palais ; 300 à 400 Suisses, qui n'avaient pas entendu ou pas obéi à l'ordre de retraite,[504] restaient encore dans les appartements du roi, où un boulet de canon, éclatant au milieu d'eux, en avait tué ou blessé un grand nombre.[505] Ces soldats, quelques nobles et dames de la Cour, et une centaine de domestiques étaient donc les seuls occupants du château, qui, après l'ordre du Roi de cesser le feu, n'opposa plus aucune défense. Les insurgés derrière le Carrousel, constatant que leurs tirs ne rencontraient plus aucune réponse, s'aventurèrent enfin timidement à travers les cours, et pénétrèrent enfin dans le hall du palais, évacué cinq minutes plus tôt par les deux colonnes de Suisses. L'impunité avec laquelle cette manœuvre fut exécutée rassura la foule qui s'attardait à distance ; des traînards affluèrent de tous côtés, et bientôt une immense cohue tumultueuse fit irruption dans la salle du Château.

C'est ainsi qu'ils avaient fait irruption dans cette même salle sept semaines plus tôt ; c'est ainsi qu'ils avaient gravi le grand escalier en respirant les menaces et les massacres, pour être mis en échec lorsqu'ils avaient atteint leur but ; maintenant, avec le féroce Marseillais à leur tête, il ne devait pas y avoir de pause, pas de relâche, et comme un torrent dévastateur, ils ont déferlé et se sont répandus dans tout le palais.

Une rage folle de destruction les possédait ; tout ce qui était animé ou inanimé tombait sous les coups de leurs piques et de leurs mousquets, les meubles étaient jetés par les fenêtres, les grands miroirs dans lesquels « Médicis-Antoinette avait étudié les airs hypocrites qu'elle prenait en public »[506] volaient en mille fragments ; les trésors d'art, horloges, tableaux, porcelaines, argent, bijoux, étaient pillés ou détruits. Tous les Suisses — les soldats restés à leur poste, même les blessés gisant sans défense sur les planchers et les médecins se penchant sur eux pour panser leurs blessures — sont massacrés de façon barbare ; des rivières de sang

---

[504] Mortimer Ternaux, II 330.

[505] « J'étais alors dans les appartements du Roi avec 300 à 400 de nos hommes » un boulet de canon nous avait jetés en désordre et tué un grand nombre ; (témoignage de M. Victor Constant de Rebecqui).

[506] Prudhomme, Révolutions de Paris.

coulent sur le parquet brillant des grands appartements. Partout, la horde sauvage poursuivait ses victimes, les porteurs aux cheveux gris étaient tirés de leurs loges, les fugitifs étaient traqués jusque dans les caves les plus profondes, jusque dans les greniers les plus reculés, et mis à mort. Dans la chambre à coucher de la reine, les femmes de la ville déchiraient les armoires et s'habillaient avec les robes de la reine ; l'une d'elles, se jetant sur le lit, criait que quelqu'un était caché sous la literie, et le matelas étant arraché au milieu des rires des ivrognes, une Suisse tremblante était découverte et massacrée. Les scènes qui se déroulèrent étaient si indiciblement hideuses que l'on voudrait heureusement tirer un voile sur ce qui suivit, mais si nous voulons comprendre la Révolution française telle qu'elle fut réellement, si nous voulons voir ce 10 août, tant vanté par les auteurs révolutionnaires, sous son vrai jour, nous devons regarder les faits en face. Et pour rendre pleinement justice au peuple, il ne faut pas oublier une circonstance : la foule qui a commis ces atrocités était littéralement folle de boisson. En effet, lors de cette première ruée sauvage, une bande d'insurgés avait trouvé le chemin des caves et s'était gavée de vin et de liqueurs.[507] Pas moins de deux cents d'entre eux, dit Prudhomme, moururent des effets de la boisson. Puis, tandis que certains restaient couchés, impuissants, sur le sol des caves, d'autres ravitaillaient leurs camarades d'en haut — le contenu de 10 000 bouteilles fut distribué à la foule ;[508] le jardin et les cours autour du château devinrent une mer de verre brisé. L'effet de cette débauche de boissons étrangères mélangées sauvagement a été de produire chez les gens un état de démence complète, et c'est comme des créatures privées de toute faculté de raisonnement, de toute apparence d'humanité, pas plus responsables de leurs actions que Bedlam soudainement lâché, que nous devons les considérer.

Car en ce terrible 10 août, seul parmi tous les grands jours de la Révolution à Paris, c'est par « le peuple » que ces atrocités ont été commises. Les sauvages Marseillais se montrèrent moins féroces. Toutes les dames de la Cour furent épargnées par ordre de leurs chefs, le mot étant donné : « On ne tue pas les femmes ».[509]

---

[507] Mercier, *Le Nouveau Paris*, i. 209.

[508] Le Comte de Fersen et la Cour de France, ii. 348.

[509] Beaulieu, III 483 ; *Mémoires de Mme Campan*, p. 351.

Cinquante ou soixante des Suisses volants furent également sauvés par eux ;[510] plus étrange encore, le vieux et belliqueux Maréchal de Mailly réussit à désarmer ses assaillants.

> « La figure du Maréchal, dit Soulavie, ayant arrêté la main d'un confédéré qui avait levé le bras pour le tuer, cet homme demande qui il est, le saisit, fait semblant de le maltraiter, lui dit de se taire, écarte la foule, et le reconduit sain et sauf à sa maison. »[511]

Le médecin du roi, Lemonnier, est également ramené chez lui en triomphe. Pendant l'invasion du château, il était resté tranquillement assis dans son cabinet de travail ; tout à coup, « des hommes aux bras tachés de sang » frappèrent sur les panneaux de la porte. Le vieil homme leur ouvre.

Que faites-vous ici ? disent-ils. « Vous êtes bien silencieux. »

« Je suis à mon poste. »

« Que faites-vous au Château ? »

« Vous ne voyez pas à mon manteau ? Je suis le médecin du roi. Et n'avez-vous pas peur ? »

« De quoi ? Je ne suis pas armé. Est-ce qu'on blesse un homme qui ne blesse pas ? »

« Vous êtes un brave garçon. Écoutez ; il n'est pas bon pour vous d'être ici ; d'autres moins raisonnables que nous pourraient vous confondre avec les autres. Vous n'êtes pas en sécurité. Où voulez-vous qu'on vous emmène ? »

« Au palais du Luxembourg. Venez, suivez-nous et ne craignez rien. »

« Je vous ai déjà dit que je n'ai pas peur de ceux à qui je n'ai fait aucun mal. »

Puis ils le conduisirent à travers les rangs serrés de baïonnettes et de fusils chargés, en criant devant lui : « Camarades, laissez passer cet homme. C'est le médecin du roi, mais il n'a pas peur, c'est un brave homme. »[512]

---

[510] Journal du Dr John Moore, I 60.

[511] Un autre contemporain, le comte d'Aubarède (*Lettres d'Aristocrates*, par Pierre de Vaissière, p. 538), dit que c'est par un pauvre artisan que le Maréchal fut sauvé. Mais les révolutionnaires ne l'épargnèrent pas ; il fut guillotiné sous Joseph Lebon, à l'âge de quatre-vingt-sept ans. Ses derniers mots sur l'échafaud furent : « Vive le Roi ! Je le dis comme mes ancêtres ! ».

[512] *Crimes de la Révolution*, par Prudhomme, iv. 70.

Ce n'est donc pas aux Marseillais qu'il faut attribuer les plus grandes atrocités de l'époque, mais au peuple, ou plutôt à la populace de Paris — surtout aux *femmes*, et, comme dans toutes les explosions révolutionnaires, c'est le « peuple » lui-même qui a le plus souffert.

Pour les domestiques en particulier, la foule ne montra aucune pitié. Pauvres âmes, ils n'avaient pas songé à s'enfuir ; beaucoup, en effet, étaient imprégnés de doctrines révolutionnaires,[513] et, ne se doutant guère que la rage de la populace se retournerait contre eux, restaient tranquillement à leur travail, au milieu duquel la foule ivre les surprenait. Les cuisines, comme les appartements dorés d'en haut, devinrent un capharnaüm ; tous les hommes, depuis les chefs de cuisine jusqu'aux plus humbles commis, périrent — « la tête des cuisiniers tomba dans les casseroles où ils préparaient les mets. »[514]

« Oh ! comble de la barbarie ! » s'écrie Mercier, « un malheureux sous-cuisinier, qui n'avait pas eu le temps de s'échapper, a été saisi par ces tigres, enfoncé dans un cuivre, et exposé dans cet état à la chaleur de la fournaise. Puis, tombant sur les provisions, chacun s'empare de ce qui lui tombe sous la main. L'un emporte des poulets à la broche ; un autre un turbot ; celui-là une carpe du Rhin aussi grosse que lui... Des monstres à visage humain se rassemblent par centaines sous le porche de l'Escalier du Midi, et dansent au milieu des torrents de sang et de vin. Un assassin jouait du violon à côté des cadavres, et des voleurs, les poches pleines d'or, pendaient d'autres voleurs à la rampe. Il y eut des horreurs pires encore, qu'on ne peut écrire, des indécences sans nom, des débauches hideuses, d'affreuses mutilations de morts,[515] et encore, comme après le siège de la Bastille, des orgies cannibales. Devant de grands feux allumés à la hâte dans les appartements, on grillait et mangeait des "côtelettes de Suisse" ;[516] le comédien Grammont — l'un des premiers mercenaires du duc d'Orléans, et le dernier à insulter la reine sur le chemin de l'échafaud — dans un accès de frénésie révolutionnaire, buvait un verre de sang.[517]

---

[513] Beaulieu, iii. 482.

[514] Montjoie, *Conjuration de d'Orléans*, III 196 ; *Révolutions de Paris*, par Prudhomme, xIII 236.

[515] *Crimes de la Révolution*, par Prudhomme, iv. 69 ; Montjoie, *Conjuration de d'Orléans*, III 195 ; *Histoire particulière*, etc., par Maton de la Varenne, p. 139.

[516] *Crimes de la Révolution*, par Prudhomme, iv. 68.

[517] Beaulieu, III 482 ; *Révolution du 10 Août*, par Peltier.

Dehors, dans le jardin du château, des scènes épouvantables s'offraient aux regards ; sur les corps sans vie des Suissesses perchées comme des vautours, jubilant sur leurs victimes ; on vit une jeune fille de dix-huit ans plonger un sabre dans les cadavres.[518]

Il va sans dire que la masse du vrai peuple ne prit aucune part à ces atrocités.

"Des citoyens paisibles, dit Mercier, que la curiosité avait attirés aux Tuileries pour découvrir si le château existait encore, erraient lentement, frappés d'une stupeur lugubre, le long de la terrasse couverte de bouteilles brisées. Ils ne pleuraient pas, ils semblaient pétrifiés, abasourdis ; ils reculaient d'horreur à chaque pas devant l'odeur et l'aspect de ces cadavres saignants..."

LE RÔLE DES MENEURS

Mais si le vrai peuple frémit, les auteurs du jour sont sans pitié. Pour eux, le 10 août était un "jour de gloire", dont chacun s'empressait de revendiquer la responsabilité. Dès que le château fut tombé et que la foule se fut montrée victorieuse, chaque patriote se mit bravement en avant. Danton, dit Louvet, qui s'était caché pendant la bataille, parut après la victoire armé d'un grand sabre, et marchant à la tête d'un bataillon de Marseillais comme s'il eût été le héros du jour.

Les autres "grands révolutionnaires" étaient tous restés dans leurs cachettes jusqu'à ce que le danger soit passé. Que faisaient, demande Prudhomme, les principaux Jacobins pendant l'attaque du château ? »Ils savaient tout ; aucun d'eux ne parut en armes au siège des Tuileries. Marat, Robespierre,[519] Danton, aucun d'eux n'a osé se montrer. Tous ces gens-là montraient invariablement la plus grande bravoure, mais seulement à la tribune ; la langue était leur arme favorite. Les quelques Jacobins qui sortirent se placèrent prudemment à la queue des bandes de Marseillais et de Bretons. Il n'y a rien de plus lâche qu'un révolutionnaire de la spéculation ! »[520]

---

[518] Montjoie, Conjuration de d'Orléans, iii. 196.

[519] Tallien, qui participa au siège, accusa plus tard, à l'Assemblée électorale, Robespierre en face de lui d'être « resté trois jours et trois nuits en terre dans sa cave et de n'en être sorti que pour profiter de la tournure des événements » (Notes d'Alexandre, publiées dans la *Revue de la Révolution*, par Gustave Bord, vIII 175).

[520] *Crimes de la Révolution*, par Prudhomme, iv. 67.

Mais si ce n'est pas aux efforts de ces hommes que le 10 août a dû son triomphe, les excès de la journée sont à leur porte seulement. L'instigateur d'un crime n'est-il pas infiniment plus criminel que le misérable instrument qui le commet ? Et les orateurs et les écrivains, Marat, Danton, Desmoulins, Brissot, Carra, Madame Roland, n'ont-ils pas été plus vraiment les auteurs de ces excès que la populace folle et ivre qui a mis leurs préceptes en pratique ? Car les cannibales des Tuileries, les horribles femmes des Faubourgs de Paris plongeant leurs couteaux dans le corps de leurs victimes, n'avaient pas élaboré de tels actes à partir de leur propre conscience intérieure ; pendant des mois, ils avaient été formés pour ce rôle dans les Sociétés Fraternelles des Jacobins, où le meurtre et la violence étaient systématiquement prêchés, et tous les moyens employés pour exciter leurs passions. On prétendra qu'ils devaient eux-mêmes être foncièrement mauvais pour répondre de manière aussi atroce aux suggestions de leurs chefs ; on avancera la vieille théorie de la « férocité parisienne » pour expliquer le phénomène. Mais il suffit d'étudier les mémoires de l'époque pour découvrir que les femmes de Paris n'étaient pas les seules sur lesquelles ces doctrines produisaient le même effet déshumanisant.

Ainsi, par exemple, Thiébault, lui-même ardent démocrate, raconte que peu après le 10 août, il dîna chez des amis prussiens, Monsieur et Madame Bitaube, et que parmi les invités se trouvaient Chamfort, l'Orléaniste, et une auteure anglaise, Helen Maria Williams. Chamfort ravit Miss Williams avec ses vers révolutionnaires, et Thiébault ajoute : » Ce qui m'a le plus frappé, c'est l'exagération politique de Miss Williams, qui s'est montrée enthousiaste pour notre Révolution, *même pour ses excès*, ce qui, à mon avis, l'a damnée. » Plus étonnante encore était l'attitude des deux bons Allemands. « Que M. et Mme Bitaube, dit Thiebault, qui avaient tous deux plus de soixante ans, qui étaient tout ce qu'il y a de meilleur sur cette terre, qui étaient distingués, lui par son mérite, elle par son esprit fin et doux, se soient montrés plus révolutionnaires que leurs deux invités, qu'ils se soient faits les apologistes du 10 août, cela m'a stupéfié ! Mais ce n'est pas le seul exemple que je pourrais citer de ce genre d'aberration. »[521]

Pour apprécier l'attitude de Mlle Williams et de ses dignes amis allemands, nous devons nous référer à une description de l'état de Paris en ce moment, donnée par M. Burges dans une lettre à Lord Auckland, datée du 4 septembre. Le messager anglais, Morley, écrit Burges, vient de revenir de Paris, où il rapporte que l'on s'attend maintenant à la peste.

---

[521] Mémoires de Thiébault, I 313.

Il était plus facile de tuer que d'enterrer les victimes de la 10e. Ceux qui s'amusaient à verser le sang se sont vite lassés de creuser des tombes ; bien sûr, un grand nombre d'entre elles ont été mises à l'écart de manière quelque peu négligente, et les caves et autres lieux souterrains ont été trouvés des réceptacles commodes pour les cadavres ; on y jetait un nombre immense de cadavres, et lorsqu'ils étaient pleins, on les refermait de la meilleure manière que la hâte de l'opération permettait. Les conséquences naturelles de l'inhumation commençaient alors à se manifester assez fortement. Morley dit que, étant obligé, le dernier jour ou les deux derniers jours qu'il resta à Paris, de courir souvent dans la ville pour obtenir ses passeports, il fut salué dans plusieurs rues par de telles bouffées de putréfaction qu'il fut obligé de se couvrir le visage et de s'enfuir aussi vite qu'il le pouvait. »[522]

Dans ces circonstances, il n'était pas possible d'oublier un instant les récents massacres, tandis que l'état chaotique de la capitale rendait évident que les atrocités qui venaient de se produire n'étaient que le prélude à d'autres plus terribles encore. »Ah ! quelle chance vous avez de ne pas habiter cette ville », écrit un Parisien à un ami du pays le 16 août. » Les gens qui pensent ne connaissent ni nuit ni jour le repos. Tous les jours, en se levant, on entend parler de la mort de voisins ou d'amis. Jusqu'ici ce ne sont que des feuilles de rose — la fin du mois nous réserve de plus grands dangers. »[523]

« Vous pensez, écrivent deux autres contemporains, qu'on peut voir ces horreurs sans frémir ? On serait presque un barbare ! »[524]

Pourtant, ce n'est pas un barbare, mais une Anglaise cultivée, une « intellectuelle » et une sentimentale, que nous trouvons en train de dîner au milieu de ces scènes horribles et de les applaudir avec enthousiasme. Qu'on en finisse donc avec la théorie futile de la « férocité parisienne » par laquelle les panégyristes de la Révolution expliquent ses crimes ; ces crimes ne sont pas accidentels à la Révolution, ils *ne sont pas le* résultat du tempérament latin, mais le résultat direct de ces doctrines qui ont produit chez les hommes et les femmes de toutes les nations, anglaises, françaises ou allemandes, une férocité sans répit.

---

[522] Correspondance de Lord Auckland, II 438.

[523] M. Rochet à Mme de Thomassin Mandat, *Lettres d'Aristocrates*, par Pierre de Vaissière, p. 533.

[524] MM. Simon et Pierre N. à M. Lhoste, *ibid.* p. 537.

Le rôle des intrigues

Helen Maria Williams n'était pas unique dans sa race, car bien que la grande masse du peuple anglais ait frémi aux atrocités du 10 août, et que la Cour de Saint-James ait retiré son ambassadeur de Paris, les « jacobins anglais » accordèrent leur approbation sans réserve à leurs alliés français. Nous réserverons cependant leurs lettres et adresses de félicitations pour la fin du chapitre suivant, car il faudra attendre les massacres de septembre pour que leur admiration soit portée à son comble.

La Prusse, il va sans dire, trouve également des raisons de se réjouir de l'attaque des Tuileries et de l'emprisonnement de la famille royale dans le Temple. « Le rêve le plus splendide qu'un roi puisse faire », disait Frédéric le Grand, « est de rêver qu'il est roi de France ». Le 10 août avait ôté toute cause de jalousie au successeur de Frédéric.

Quant aux Girondins et aux Orléanistes qui avaient manigancé le mouvement, leur triomphe était destiné à être de courte durée. Certes, le trône était désormais vacant, et l'on avait ainsi fait le premier pas vers un changement de dynastie. Mais la pose de la mine s'était révélée malhabile ; on avait employé trop de dynamite, et la charge par laquelle ils avaient voulu se frayer un chemin vers le pouvoir avait produit une explosion si formidable qu'elle avait entraîné tout l'ordre des choses existant dans le chaos.

L'effet du 10 août fut de paralyser la France.

> « La terreur qu'il répandit, dit Hua, fut presque universelle. Dans quelques endroits, il y eut une tentative de résistance, mais nulle part elle ne put s'organiser. Toute action pour être puissante doit émaner d'un centre ; la Révolution a prouvé mille fois que le sort des départements se décide à Paris : ces mêmes autorités qui avaient protesté avec tant d'énergie contre la journée du 20 juin se sont tues devant celle du 10 août. »[525]

Lafayette seul osa élever la voix en signe de protestation ; et dès que la nouvelle des événements de Paris lui parvint sur la frontière, il fit une proclamation à l'armée pour lui demander, « en bons citoyens et en braves soldats, de se rallier à la Constitution qu'ils avaient juré de défendre jusqu'à la mort ». Mais, bien que les troupes immédiatement sous ses ordres « aient montré par leurs cris d'indignation qu'elles partageaient les sentiments de leur général »,[526] et que l'arrondissement de Sedan où il campait, ainsi que

---

[525] Mémoires de Hua, p. 164.

[526] *Ibid.* p. 165.

le département des Ardennes, lui aient accordé un vigoureux soutien, les efforts de Lafayette se révèlent vains en raison de l'opposition de ses collègues généraux — Lückner, jusque-là fidèle au roi, passe prudemment du côté du plus fort, les Jacobins ; Dumouriez reprend ses intrigues orléanistes ; Dillon, qui avait d'abord appuyé les protestations de Lafayette, s'affole et se rétracte.

La puissance des Jacobins emporte tout sur son passage. Le maire de Sedan et les administrateurs des Ardennes sont arrêtés ; et le 19 août, l'Assemblée, tremblant sous les diktats de la Commune, émet un acte d'accusation contre « Motier Lafayette, ci-devant général de l'armée du Nord, convaincu du crime de rébellion contre la loi, de conspiration contre la liberté et de trahison envers la nation ».

Puis Lafayette, autrefois geôlier de son roi, goûte lui-même aux plaisirs de la captivité. Réduit au même expédient que le malheureux Louis XVI — la fuite à la frontière — il est arrêté par les Autrichiens et emprisonné dans la forteresse de Magdebourg, où il a le loisir de reconsidérer son précédent dicton selon lequel « l'insurrection est le plus sacré des devoirs ». »

L'insurrection du 10 août apparaît, en tout cas à Lafayette, comme un désastre incommensurable ; ce n'est pas, cependant, la destruction définitive de l'Ancien Régime, mais celle de la liberté retrouvée qu'il déplore.

« Je sais bien, écrit-il au duc de Rochefoucauld le 25 août, qu'on aura parlé de complots au Château, de collusion avec l'ennemi, de folies de toutes sortes commises par la Cour ; je n'en suis ni le confident ni l'apologiste ; mais l'acte constitutionnel est là, et ce n'est pas le Roi qui l'a violé ; le Château n'est pas allé attaquer les Faubourgs, et les Marseillais n'ont pas été convoqués par lui. Les préparatifs qui ont été faits depuis trois semaines ont été dénoncés par le Roi. Ce n'est pas lui qui a fait massacrer des femmes et des enfants, qui a livré à l'exécution tous ceux qui étaient connus pour leur attachement à la Constitution, qui a détruit en un jour la liberté de la presse, des postes, du jugement par jury... en un mot, tout ce qui assure la liberté des hommes et des nations. »

Lafayette n'avait pas exagéré ; dans le chaos qui suivit le 10 août, la cause de la liberté périt complètement, et le peuple, ostensiblement vainqueur du jour, perdit tout ce qu'il avait gagné par la Révolution.

Au début, la rage de destruction qui avait tenu la foule sous son emprise pendant l'attaque des Tuileries, et qui se poursuivit pendant les semaines qui suivirent, donna au peuple un semblant de pouvoir. En renversant les splendides statues des rois sur toutes les places de Paris, la populace put s'imaginer qu'elle était bien le « peuple souverain », mais déjà ses nouveaux maîtres étaient à l'œuvre pour forger les chaînes qui allaient la lier dans une servitude telle qu'elle n'en avait jamais connue.

Le 17 août, à l'instigation de Robespierre, le « Tribunal Criminel », précurseur du Tribunal Révolutionnaire de la Terreur, est inauguré par la Commune. Cinq jours plus tard, le Dr Moore rapporte qu'« une nouvelle sorte de *lettres de cachet* est émise par la Commune de Paris à profusion » et « ce qui rend la chose plus redoutable, c'est... qu'un homme arrêté et envoyé en prison ne sait pas combien de temps il peut être enfermé avant d'avoir l'occasion de prouver son innocence ». Plus sinistre encore fut l'apparition sur la place du Carrousel de ce nouvel instrument, la guillotine, symbole de l'ère nouvelle qui allait s'ouvrir en France. En effet, bien que les factions révolutionnaires et la population se réjouissent de leur prétendue victoire, le 10 août inaugure le règne ni des orléanistes, ni des girondins, ni du « peuple souverain », mais d'une seule intrigue, l'intrigue qui, depuis le début de la Révolution, avait lentement gagné en force et qui, en balayant le roi, les nobles et le clergé, devait détruire non seulement le trône lui-même, mais tout gouvernement, toute religion, et établir à leur place le règne de l'anarchie.

LES MASSACRES DE SEPTEMBRE

AVEC la déposition de Louis XVI et la montée au pouvoir de la Commune, le mouvement révolutionnaire entre dans une nouvelle phase. L'autorité royale a été renversée, mais il reste à s'occuper des « contre-révolutionnaires » ; aussi est-ce moins contre les malheureux prisonniers du Temple que contre la « portion gangrenée de la nation » que s'adressent désormais les invectives des chefs révolutionnaires. Quelle est la vérité sur cette gangrène ? A-t-elle existé ? En un sens, oui. Mais pour comprendre comment elle est apparue, il faut jeter un regard sur l'histoire des vingt dernières années.

Quand Louis XV. regardant autour de lui à la fin de son règne, dit : « Les choses dureront mon temps, mais après moi le déluge ! » il diagnostiquait avec une remarquable justesse la maladie qui affligeait l'État. La France, telle qu'elle existait à cette date, ne pouvait durer, car aucun État dans lequel une classe est opprimée ne peut conserver sa vigueur. Sous Louis XV, les paysans, s'ils étaient moins malheureux qu'on ne le dit — car la bienveillance féodale fit plus que l'histoire ne le dit pour contrecarrer l'oppression de l'Ancien Régime — n'en étaient pas moins des *cyphres dans l'État ;* leurs désirs ne comptaient pas, leur voix n'était pas entendue, leurs besoins n'étaient pas officiellement reconnus, et ainsi, par constriction, ils devenaient comme un membre mortifère répandant les germes de la mort dans tout le corps.

Louis XVI, comme nous l'avons vu, dès le premier moment de son avènement, résolut de remédier à cet état de choses, de détacher les liens qui attachaient le peuple, de donner au membre contracté le libre jeu. *Il n'était pas trop tard pour cela*, comme certains écrivains voudraient nous le faire croire ; le membre répondit admirablement au traitement ; jamais le peuple de France n'avait montré plus de vigueur qu'à la veille de la Révolution. Le corps de l'État, comme le fait remarquer M. Dauban, était à ce moment « tout sauf inerte et passif ».

Partout circulent la pensée, la passion, le sang. Le vœu presque unanime des cahiers témoigne de la force de cohésion de l'opinion et de la puissance de l'esprit public... Paris n'a pas plus de part à l'esprit qui l'anime que Marseille, Bordeaux, et les autres régions de France. Dans les trois années qui suivent, quel enthousiasme, quelle ardeur, quelle vitalité dans les provinces ! »[527]

Mais, au moment même où le peuple était libéré de la servitude, la Révolution est intervenue et a inversé le processus en s'emparant de deux autres membres de l'État, la noblesse et le clergé, et en les enchaînant sans relâche. Ce n'est pas comme si les révolutionnaires avaient dit aux « ordres privilégiés » : « Vous avez trop longtemps joui exclusivement des bonnes choses de la vie, vous allez maintenant les partager avec vos semblables. Venez, abandonnez vos châteaux et vos grands espaces, et cultivez la terre avec les autres. Rien de tel n'a été suggéré, pas la moindre lueur d'idéal socialiste ne semble avoir illuminé l'esprit des premiers extrémistes révolutionnaires ; leur seule idée était de soumettre les ordres jusqu'alors privilégiés à une oppression bien pire que celle dont le peuple avait été délivré. Car si, sous l'Ancien Régime, le peuple avait été négligé, ignoré, écrasé par les impôts, sous le régime révolutionnaire, les nobles et le clergé étaient activement maltraités — insultés, crachés, agressés, dépouillés de tous leurs biens, chassés du pays ou massacrés. On avait laissé le peuple se battre pour exister ; les nobles et le clergé se voyaient refuser le droit même de vivre.

On leur refusait aussi, en tant que classe, toute vertu. Aucune distinction n'était faite entre les nobles libéraux qui avaient marché à l'avant-garde de la réforme et les réactionnaires qui se rassemblaient autour du comte d'Artois, entre les courtisans qui, pour des raisons purement égoïstes, s'accrochaient à l'Ancien Régime et les *seigneurs* provinciaux qui se consacraient au bien-être des paysans de leurs domaines.[528] L'enthousiasme généreux avec lequel, le 4 août, les nobles en corps avaient volontairement renoncé à leurs privilèges ne fut récompensé par les chefs révolutionnaires que par des insultes et des injures.

"Tous les royalistes, disait Camille Desmoulins au club des Jacobins, vivent de la sueur du peuple ; ils n'ont ni esprit ni vertu que pour l'intrigue et la scélératesse."[529]

Dans ces circonstances, comment s'étonner que les nobles soient devenus irréconciliables, et que beaucoup de ceux qui avaient sympathisé avec la Révolution se soient retournés contre le mouvement tout entier, aient injurié la Constitution, et aient employé tous leurs efforts à restaurer

---

[527] *La Démagogie en 1793*, par A. Dauban, p. ix.

[528] J'ai montré ailleurs combien ces nobles philanthropes étaient nombreux. Voir *Le Chevalier de Boufflers*, p. 256 et suivantes.

[529] *Séances des Jacobins*, date du 17 juin 1792.

l'ordre ancien dans son intégralité ? "Maudite liberté, j'abhorre son nom même !" Un Français indigné s'exclama au Dr Moore, et ce sentiment fut sans doute partagé par des milliers de ses compatriotes qui, aigris par la persécution, souhaitaient maintenant un retour aux conditions prérévolutionnaires. Ce ressentiment n'était pas non plus limité aux nobles et au clergé, car, comme je l'ai montré, la Révolution avait entraîné la ruine et la misère d'un grand nombre de bourgeois et du peuple, et le mécontentement régnait dans toutes les classes. Ainsi, par un procédé exactement identique à celui employé par Louis XV, mais appliqué à une partie différente de la nation, un nouveau centre de mortification fut établi, et le nouvel ordre devint aussi moribond que l'ancien. Chaque faction révolutionnaire n'avait travaillé qu'en vue d'une popularité momentanée, chaque démagogue à son tour avait procédé selon le principe suivant : "Les choses dureront le temps de mon pouvoir, mais après moi le déluge", et, afin de prolonger cette période de pouvoir, il s'était efforcé non pas d'assurer le bien-être de la nation dans son ensemble, mais d'obtenir la faveur d'une seule partie — la foule de Paris.

MARAT

Telle était donc la situation à laquelle se trouvait confrontée, après le cataclysme du 10 août, la Commune, qui tenait désormais les rênes du pouvoir. D'un côté, une population enragée, enivrée par la joie de la liberté retrouvée de brûler et de détruire, et, de l'autre, une grande nation silencieuse, parmi laquelle, comme l'avaient montré les protestations qui avaient suivi le 20 juin, une haine amère de la Révolution était née. Car le silence qui suivit le 10 août n'était pas, comme les dirigeants le savaient bien, le silence de l'assentiment mais celui d'une stupeur momentanée, dont ceux des nobles et du clergé qui étaient restés dans le pays allaient s'efforcer de réveiller la nation.

C'est ce qui, aux yeux de la Commune, rendait nécessaire la troisième Révolution — l'influence des antirévolutionnaires ne pouvant jamais être contrecarrée, il fallait détruire les antirévolutionnaires eux-mêmes.

Marat l'avait compris depuis le début. Comme Louis XV, il a diagnostiqué avec perspicacité la maladie dont souffre l'État. Les autres révolutionnaires reconnaissaient l'existence de la "gangrène", mais ne voyaient pas qu'elle était de leur fait. Marat, lui, a su remonter jusqu'à sa véritable cause. Si, dit-il un jour à Camille Desmoulins, les fautes de la Constituante ne nous avaient pas créé des ennemis irréconciliables dans la vieille noblesse, je persiste à croire que ce grand mouvement aurait pu s'avancer dans le monde par des moyens pacifiques ; mais après l'édit absurde qui maintient ces ennemis de force parmi nous (*i.e. les décrets contre l'émigration), je n'ai plus qu'un seul mot à dire.* les décrets contre l'émigration), après les coups maladroits portés à leur orgueil par l'abolition des titres, après avoir extorqué violemment les biens du clergé, je maintiens qu'il n'y a plus moyen de les rallier à la Révolution... il faut renoncer à la Révolution ou se débarrasser de ces hommes. Ce que je vous propose n'est pas une vaine rigueur soutenue par des lois. Je veux une expédition armée contre les étrangers, qui se sont volontairement placés hors de notre gouvernement. *Nous sommes en état de guerre avec des ennemis irréductibles ; il faut les détruire.* »[530]

En un mot, le seul remède à la maladie était l'*amputation*. Isnard, le Girondin, dans une phrase terrible, avait dix mois plus tôt proposé l'opération : « Coupons la partie gangrenée, afin de sauver le reste du corps ! Mais les Girondins n'ont jamais eu l'habitude de mettre en pratique leurs théories sanguinaires ; ils se contentaient de suggérer, puis reculaient d'horreur lorsque leurs paroles étaient interprétées par des hommes plus audacieux. Isnard, qui avait condensé dans sa proposition tout le système de la Terreur, devait plus tard consacrer toute son éloquence à dénoncer ce même système, lorsqu'il était passé de la région des idées à une effroyable réalité. Le projet du philosophe Isnard fut laissé à l'exécution du chirurgien Marat.

Jean Paul Marat, fils de Jean Mara, un Espagnol, qui s'était établi d'abord en Sardaigne, puis en Suisse, est né à Boudry, près de Neuchâtel, et a passé de nombreuses années en Angleterre, où il a étudié la médecine, et a exercé pendant un certain temps à Church Street, Soho. En 1777, Marat est allé en France, où il est devenu chirurgien breveté de la garde du corps du Comte d'Artois, mais le poste semble s'être avéré peu rémunérateur, car il a été obligé de compléter son revenu en composant des médicaments de charlatan pour quelques patients aristocratiques confiants.[531] Pendant son séjour à Londres, il avait cependant déjà entamé sa carrière révolutionnaire par la publication d'un pamphlet intitulé *Les chaînes de l'esclavage*, dans lequel, se présentant comme un Anglais, il s'efforçait de soulever la nation contre le gouvernement.[532] La Grande-Bretagne ne répondit pas du tout à cet appel et le pamphlet fut un échec total, mais au moment où la Révolution éclata en France, Danton, réalisant la valeur de Marat en tant

---

[530] *Histoire des Montagnards*, par Esquiros, p. 206.

[531] *Histoire secrète de la Révolution*, par François Pagès (1797), ii. 19 ; Montjoie, *Conjuration de d'Orléans*, ii. 154 ; *Mémoires de Monseigneur de Salamon*, p. 15.

[532] *Marat en Angleterre*, par H.S. Ashbee.

qu'agitateur, le prit à son service.[533] En peu de temps, les écrits séditieux de Marat attirèrent l'attention de Lafayette, qui fit marcher un régiment contre le malheureux nain, et le terrifia tellement qu'il fut obligé de se retirer sous terre pour se cacher. Pendant les semaines que Marat passa dans les caves de Paris, il eut le loisir d'élaborer de nouveaux plans politiques, dans lesquels il serait impossible de découvrir un plan de gouvernement cohérent. Il ne préconisait certainement pas une république, mais soit une monarchie sous Louis XVI ou le duc d'Orléans, soit une dictature sous un homme du peuple ou lui-même. Le seul thème continu que nous pouvons trouver dans tous ses écrits est l'abolition de toutes les distinctions de classe, pour laquelle tout élément résistant dans la communauté doit être détruit. Les petites persécutions des Orléanistes et des Girondins n'avaient servi qu'à irriter les « classes privilégiées » ; les attaques contre la propriété avaient aliéné la *bourgeoisie*, et rien d'autre qu'un massacre en masse ne pouvait désormais soulager la situation. Cette idée devint une obsession ; à la fin de son séjour dans les caves, Marat était sans doute fou. "Marat, dit son admirateur Panis, est resté six semaines sur une fesse dans un cachot. Panis considérait donc Marat comme un prophète, un second saint Siméon Stylite.[534] Il serait plus juste de le décrire comme un « fakir ». Les rives du Gange regorgent de prophètes de ce genre, victimes d'une *idée fixe*, qui ont passé de longues années dans cette attitude, regardant le bout de leur nez ou répétant l'incantation sacrée 'Ram Sita Ram ! Comme le chant monotone du fakir, le cri de Marat pour les "têtes" était aussi une confession de foi, mais il n'en était pas moins un symptôme de folie — le résultat d'une manie meurtrière. Le fait qu'à certains moments il pouvait raisonner logiquement ne réfute pas cette affirmation ; les fous sont souvent sains d'esprit jusqu'à l'abrutissement sur tous les points, sauf sur leur propre manie.

En apparence, Marat n'était pas sans rappeler les nains malins que l'on rencontre dans les villages de sa Suisse natale. Haut de moins d'un mètre cinquante, avec une tête monstrueuse, le nez cassé du dégénéré, une peau de parchemin jauni, l'aspect de 'l'ami du peuple' était plus que hideux, il était surnaturel. Son portrait au musée Carnavalet n'est pas celui d'un être humain mais d'un 'élémentaire', d'une matérialisation du mal pur émanant des ténèbres extérieures. 'Physiquement, dit celui qui l'a connu, Marat avait l'œil brûlant et hagard d'une hyène ; comme une hyène, son regard était toujours inquiet et en mouvement ; ses mouvements étaient courts, rapides et saccadés ; une mobilité continuelle donnait à ses muscles et à ses

---

[533] *Biographie Michaud*, article sur Danton par Beaulieu.

[534] *Révolutions de Paris*, par Prudhomme, xIII 522.

traits une contraction convulsive, qui affectait même sa façon de marcher — il ne marchait pas, il sautait. Tel était l'individu appelé Marat.'[535] Lorsqu'à cette apparence extérieure s'ajoutent des particularités mentales telles que» l'exaltation furieuse, la surexcitation perpétuelle, l'insomnie chronique, la *folie des grandeurs,* la manie d'être victime de persécutions »[536], il est impossible de considérer Marat comme un être humain raisonnable. 'On craignait de parler devant Marat, dit son panégyriste Esquiros ; à la moindre contradiction, il donnait des signes de fureur, et si l'on persistait dans son opinion, il entrait en fureur et écumait la bouche.'

Mais, en dehors de toute autre preuve, les écrits de Marat sont une preuve suffisante de sa folie ; il suffit de tourner les pages de *L'Ami du Peuple* ou du *Journal de la République Française* pour se rendre compte que l'on écoute les délires d'un esprit en plein délire. Par exemple :

> 'N'allez jamais à l'Assemblée sans avoir les poches pleines de pierres destinées à être jetées sur les coquins qui ont l'impudence de prêcher des maximes...'[537] Citoyens, élevez 800 gibets dans les jardins des Tuileries, et pendez-y tous les traîtres à la patrie... en même temps que vous construisez un vaste tas au milieu du bassin de la fontaine pour faire rôtir les ministres et leurs agents.[538] Citoyens, que le feu du patriotisme se rallume dans vos seins et votre triomphe est assuré ; courez aux armes ; vous savez aujourd'hui quelles sont les vraies victimes qu'il faut immoler pour votre salut ; que vos premiers coups tombent sur l'infâme général (Lafayette) ; immolez tout l'état-major... immolez les députés corrompus de l'Assemblée nationale... coupez les pouces des mains des anciens nobles qui ont conspiré contre vous ; fendez la langue de tous les prêtres

---

[535] *Anecdotes,* par Harmand de la Meuse, membre de la Convention. Sur l'apparence de Marat, les contemporains sont curieusement d'accord ; il semble avoir inspiré la même horreur à tous les observateurs. Ainsi, par exemple, Garat le décrit comme « un homme dont le visage, couvert d'un jaune bronzé, lui donnait l'air de sortir de la caverne sanglante des cannibales ou de la terre rouge de l'enfer ; qu'à sa démarche convulsive, brusque et saccadée on reconnaissait pour un assassin qui avait échappé au bourreau mais non aux furies, et qui voulait anéantir le genre humain. Le Dr Moore corrobore exactement Garat : "Marat est un petit homme au teint cadavérique et à la physionomie extrêmement expressive de ses dispositions ; pour un peintre de massacres, la tête de Marat serait précieuse. De telles têtes sont rares dans ce pays (l'Angleterre), mais on en rencontre parfois à l'Old Bailey" (*Journal d'un séjour en France,* I 455).

[536] Taine, *La Révolution,* vII 198.

[537] L'Ami du Peuple, n° 258.

[538] *Ibid.* n° 198.

qui ont prêché la servitude...[539] Ce n'est pas la retraite des ministres, c'est leur tête qu'il nous faut... etc.

Le nombre de têtes exigé par Marat augmenta régulièrement au fur et à mesure que la Révolution avançait ; en juillet 1790, il n'en demandait que 600 ; cinq mois plus tard, pas moins de 10 000 lui suffisaient ; puis les chiffres passèrent à 20 000, à 40 000, jusqu'à ce qu'à l'été 1792, il expliquât à Barbaroux que ce serait un 'expédient vraiment humain' de massacrer 260 000 hommes en un jour. « Sans doute, ajoute Barbaroux, avait-il une prédilection pour ce chiffre, car depuis lors il a toujours demandé exactement 260 000 têtes ; rarement il est allé jusqu'à 300 000. »[540]

Il serait inutile de s'étendre sur les théories d'un esprit aussi manifestement désordonné, si ce n'était le rôle immensément important joué par Marat pendant la dernière année de sa vie. Comme Laclos avait été "l'âme de la conspiration orléaniste", et par conséquent de la première Révolution ; comme Madame Roland avait été "l'âme de la Gironde", et par conséquent de la seconde Révolution ; Marat a été, comme le dit vraiment Bougeart, "l'âme de la Commune", et par conséquent de la troisième Révolution — des massacres de septembre et du règne de la Terreur. Car, bien que Marat soit mort avant le début de la "Grande Terreur", c'est lui qui avait inspiré le système qui l'a produite ; c'est lui qui est devenu le mauvais génie de Robespierre et de Danton, qui a stimulé la fureur destructrice des Hébertistes, et qui a lâché la horde de bêtes sauvages qui, à la fin de 1793, a dévasté les provinces de France.

MARAT PLANIFIE LES MASSACRES

Juste après le 10 août, Marat commença à inciter la population à massacrer les royalistes et les Suisses, qui avaient été emprisonnés après le siège du château. "Quelle folie", écrit-il, "de leur faire un procès". » Et il se lance à nouveau dans l'histoire des persécutions imaginaires :

'Combien de temps encore allez-vous sommeiller, amis du pays, alors que votre ruine se prépare avec plus de fureur que jamais ? Frémissez devant le sort qui vous attend ! Trente-sept d'entre vous, dont l'ami du peuple (Marat lui-même) a eu l'honneur de faire partie, étaient destinés à être *frits dans l'huile bouillante* si les monstres des Tuileries avaient été

---

[539] *Ibid.* No. 305.

[540] *Mémoires de Barbaroux*, p. 57 ; confirmé par Marat lui-même à la Convention. Voir *Moniteur* du 26 octobre 1792.

vainqueurs, comme l'ont reconnu certains valets d'Antoinette, et 30 000 citoyens auraient été massacrés de façon barbare. N'espérons pas un autre sort si nous laissons la victoire nous être enlevée... Debout, Français, vous qui voulez vivre librement ; debout, debout, et que le sang des traîtres commence à couler. C'est le seul moyen de sauver le pays !'[541]

Mais déjà Marat s'était rendu compte qu'il ne fallait pas compter sur le peuple pour réaliser ces projets, et il avait consulté Danton sur la meilleure méthode pour "vider les prisons". Deux jours après la nomination de Danton comme ministre de la justice, c'est-à-dire le 14 août, raconte Prudhomme, Marat dit à Danton :

'*Foutre !* Voulez-vous que tous les coquins qui sont dans les prisons soient judiciairement punis ? »

'Pourquoi ?', lui a demandé Danton.

"Parce que si vous ne les expédiez pas comme à la Glacière d'Avignon, ces ruffians vont réussir à nous massacrer tous ; il y a un tas de nobles dont il faut se débarrasser ainsi que des prêtres."

Danton lui répondit :

"Je sais bien qu'il faut une Saint-Barthélemy, mais les moyens de l'exécuter paraissent difficiles."

Marat répondit :

"Laissez-moi faire ; préparez pour votre compte les députés que vous connaissez : nous avons à Paris des *bougres à* poil qui nous donneront un coup de main."

Le lendemain, ils font circuler la rumeur d'une grande conspiration de la part des prisonniers pour massacrer les patriotes. Camille Desmoulins est dans le secret, ainsi que Fabre d'Églantine et Robert, tous trois secrétaires de Danton.[542]

---

[541] *L'Ami du Peuple*, n° 680, pp. 7 et 8, date du 19 août 1792.

[542] *Crimes de la Révolution*, par Prudhomme, iv. 155. Cette conversation est entièrement ignorée par les historiens qui ont tenté de prouver que Marat n'était pas l'auteur des massacres de septembre. Mais Prudhomme, en tant qu'*intime* des Montagnards, ne pouvait avoir aucun objet possible en l'inventant, il n'a fait, comme beaucoup d'autres de leurs complices, que finir par les trahir. D'ailleurs, tous les témoignages de Prudhomme sur cette période sont exactement confirmés par d'autres autorités. Le dialogue est donné dans les mêmes termes par Proussinalle (*Histoire secrète du Tribunal révolutionnaire*, p. 39, publiée en 1815).

Danton est alors chargé de confier le plan à Robespierre. Mais Robespierre, toujours opposé à cette époque aux mesures violentes, se rebiffe. Il ne faut pas se fier absolument à Marat, dit-il, *c'est une mauvaise tête*. Ce n'était pas la première fois que Robespierre s'opposait aux projets sanguinaires de Marat. Un an plus tôt, il avait déjà reproché à Marat d'avoir détruit l'immense influence de son journal en' trempant sa plume dans le sang des ennemis de la liberté, en parlant de cordes et de poignards ». À ces remontrances, Marat répond en réitérant sa demande de massacres en masse.

> "Robespierre, écrit Marat dans son récit de l'incident, m'écouta avec consternation ; il devint pâle et garda le silence pendant quelque temps. Cette entrevue me confirma dans l'opinion que j'avais toujours eue de lui, à savoir qu'il joignait aux vues éclairées d'un sage sénateur l'intégrité d'un homme vertueux et le zèle d'un vrai patriote, mais qu'il manquait également des vues et de l'audace d'un homme d'État."[543]

Le massacre des prisons proposé par Marat parut alors trop audacieux à Robespierre, mais il est impossible de se joindre à ses panégyristes pour l'absoudre de toute complicité. Robespierre était au courant du crime projeté, et il ne s'y opposa jamais sérieusement ; il assista même, selon Prudhomme et Proussinalle, à deux réunions des meneurs ; il justifia ensuite tout ce qui s'était passé ; Robespierre doit donc être considéré comme complice, sinon comme auteur des massacres.[544]

ORGANISATION DES MASSACRES

La manière dont les massacres dans les prisons ont été organisés diffère entièrement de celle employée dans les précédentes flambées révolutionnaires. Dans ces dernières, comme nous l'avons vu, le plan avait consisté à inciter le peuple à se lever *en masse* et à se jeter sur les victimes désignées par les chefs. Ce plan avait échoué, et la Commune, dirigée par Marat, s'était rendu compte de l'inutilité de compter sur l'âne de Balaam comme mode de progression ; le 20 juin, elle avait refusé d'avancer, le 10 août, elle était devenue folle et terrifiait ses cavaliers. Les meurtres de cuisiniers et de simples soldats, les scènes hideuses de cannibalisme et de fureur alcoolique qui avaient eu lieu aux Tuileries, bien qu'applaudis par

---

[543] Article de Marat, Buchez et Roux, xiv. 188.

[544] Ceci est admis même par M. Louis Blanc, *Révolution*, vii. 193 : « Entre Danton concourant aux massacres parce qu'il les approuve, et Robespierre ne les empêchant pas bien qu'il les déplore, je n'hésite pas à déclarer que le plus coupable est Robespierre. »

les chefs révolutionnaires, ne servaient aucun but réel, et s'ils se répétaient, ils pouvaient devenir dangereux pour les chefs eux-mêmes. Marat, qui n'avait jamais eu confiance dans le peuple, exprima cette crainte plus tard lorsque, en réponse à l'accusation de ses ennemis selon laquelle il aspirait au pouvoir suprême, il déclara que" si la nation entière me mettait en même temps la couronne sur la tête, je la secouerais, car telle est la légèreté, la frivolité, l'inconstance du peuple que je ne serais pas sûr qu'après m'avoir couronné le matin, on ne me pendrait pas le soir ». Le peuple de Paris — ces « pitoyables révolutionnaires » — ne doit donc pas être invité indistinctement à coopérer, aussi, à cette occasion, aucune armée de piques et de chiffons n'est convoquée dans les Faubourgs, aucun chef de foule n'est appelé, aucun *conciliabule* n'a lieu dans les tavernes du Soleil d'Or ou du Cadran Bleu. En un mot, la vieille machine révolutionnaire était « mise au rebut » ; elle avait fait son temps et devait être remplacée par un système plus efficace.

Selon Prudhomme, les conseils secrets qui précédèrent les massacres de septembre eurent lieu au Comité de Surveillance de la Commune,[545] en présence de Marat, Danton, Manuel, Billaud-Varenne, Collot d'Herbois, Panis, Sergent, Tallien et, aux deux occasions précitées, Maximilien Robespierre.[546] Ici, tout le plan a été élaboré avec une ingéniosité diabolique. Tout d'abord, un certain nombre de nouveaux prisonniers devaient être incarcérés, principalement des personnes riches, car les massacres ne devaient pas être une simple méthode d'extermination, mais un vol de grand chemin sur une grande échelle. La Commune avait besoin d'argent — dans quel but nous le verrons plus tard — et le pillage systématique qu'elle avait inauguré après le 10 août, lorsque non seulement les Tuileries et d'autres châteaux royaux, mais aussi les maisons de nombreux particuliers avaient été pillés par leurs agents,[547] n'avait pas encore rapporté des sommes suffisantes.

Mais, outre les hommes dont la mort ne devait être que le moyen d'acquérir leurs biens, un certain nombre de victimes furent désignées pour d'autres motifs par différents membres de la Commune, et sur cette question s'élevèrent de vives discussions. Robespierre, lors d'une de ces réunions, craignant un massacre sans discernement, avait dit : « Il ne faut traduire en justice que les prêtres et les nobles ». Mais lorsque Marat

---

[545] *Crimes de la Révolution*, par Prudhomme, iv. 156.

[546] *Ibid* ; Maton de la Varenne, *Histoire particulière*, p. 285 ; *Histoire secrète*, par Proussinalle, pp. 40, 41.

[547] Granier de Cassagnac, Histoire des Girondins, ii. 9 ; Mémoires de Mme Roland, i. 112.

proposa d'ajouter à la liste certains membres de la faction rivale, Brissot et Roland[548], il semble que les scrupules de Robespierre se soient évanouis, et la suite des événements montre que l'espoir de se débarrasser enfin des Brissotins détestés a contribué plus que tout à réconcilier Robespierre avec l'idée des massacres.

Danton, cependant, se montra magnanime. Lui aussi aurait volontiers vu Roland écarté de son chemin, car le ministre de l'intérieur avait la fâcheuse habitude de demander au ministre de la justice de présenter ses comptes à l'Assemblée,[549] et Danton avait récemment tiré du trésor public la somme de 100 000 écus pour des fins qu'il refusait de révéler, se contentant de déclarer vaguement qu'il avait donné « 20 000 francs à tel, 10 000 à tel autre, et ainsi de suite », « pour l'amour de la Révolution », « à cause de leur patriotisme », etc.[550] Roland, qui se doutait bien que c'était son propre patriotisme que Danton avait cru bon de récompenser, persista à demander les noms des personnes auxquelles ces sommes avaient été versées, irritant ainsi profondément Danton. Mais, soit qu'il gardât quelque gratitude pour la soupe de Mme Roland, dont il avait récemment consommé, soit que, par leur intrigue commune avec les Jacobins anglais, il eût quelque entente secrète avec les Brissotins, Danton ne voulait pas les faire assassiner. Aussi, à la proposition de les inclure dans les massacres, il répondit fermement : « Vous savez que je n'hésite pas au crime quand il est nécessaire, mais que je le dédaigne quand il est inutile ». Non content de cette remontrance, Danton alla trouver Robespierre et intercéda pour Brissot et Roland.

Robespierre dit froidement : » Ces deux individus ne sont-ils pas des contre-révolutionnaires ? » Danton répondit : » Ce n'est pas encore prouvé ; d'ailleurs, on peut toujours trouver un bon moment pour les juger. »

Mais Robespierre a déjà son plan pour les traduire en justice, qu'il exécute deux jours plus tard.

Danton s'empresse alors de rejoindre Marat à la Commune.

« Vous êtes une canaille », a-t-il dit dans la langue qu'ils utilisaient tous les deux, « vous allez tout gâcher ». »

---

[548] *Ibid.* iv. 158 ; Proussinalle, p. 43 ; *Mémoires de Hua*, p. 167.

[549] *Crimes de la Révolution*, par Prudhomme, iv. 161.

[550] Mémoires de Mme Roland, II 94.

Marat répondit : « Je réponds du succès sur ma tête ; si vous étiez tous *des bougres* comme moi, il y en aurait 10 000 de massacrés. »[551]

La difficulté de réaliser un massacre à grande échelle a fait l'objet de discussions lors de plusieurs réunions des dirigeants. Même si seulement 2000 prisonniers étaient incarcérés, comment se débarrasser d'un si grand nombre d'êtres humains ? »Marat, dit Prudhomme, proposa de mettre le feu aux prisons, mais on lui fit remarquer que les maisons voisines seraient en danger ; un autre conseilla de les inonder. Billaud-Varenne proposa de tuer les prisonniers... Un autre lui dit : « Vous proposez de tuer, mais vous ne trouverez pas assez de tueurs. Billaud-Varenne répondit avec chaleur : "On en trouvera". "Tallien, qui refusa de prendre part à la discussion, manifesta son dégoût, mais n'eut pas le courage de s'opposer au projet."[552]

Billaud, qui, selon la plupart des contemporains, se montra le plus féroce de tous les hommes qui organisèrent les massacres, entreprit finalement de fournir les instruments nécessaires, et en coopération avec Maillard — celui qui avait conduit les femmes à Versailles le 5 octobre — réussit à former une bande d'assassins parmi les Marseillais et les éléments révolutionnaires de Paris, mais, contrairement à ses attentes, ce contingent s'avéra insuffisant, et il fut nécessaire de gonfler ses effectifs en libérant une quantité de voleurs et d'assassins qui se trouvaient dans les prisons.[553] Cependant, même à cette horde de criminels, les chefs n'osèrent pas avouer leurs véritables intentions, et une histoire de conspirations effrayante fut inventée pour les inciter à accomplir l'effroyable travail. Ils décrivaient aux assassins, dit Maton de la Varenne, » Paris livré à l'ennemi par des coquins dont les chefs étaient dans les prisons, où ils conspiraient encore ; des potences plantées dans toutes les rues pour pendre les amis de la Révolution, leurs femmes et leurs enfants massacrés sous leurs yeux ; Capet remontant insolemment sur le trône et exerçant les vengeances les plus horribles ». Le vin coula à torrents pendant et après cette harangue infernale et calomnieuse, et la vie de ceux qu'ils appelaient les traîtres fut placée à trente livres indépendamment du butin. »[554]

---

[551] *Crimes de la Révolution*, par Prudhomme, iv. 159.

[552] *Ibid.* iv. 156 ; *Histoire particulière*, etc., par Maton de la Varenne, p. 285.

[553] *Histoire secrète du Tribunal révolutionnaire*, par Proussinalle, p. 42. (Proussinalle est le pseudonyme de P. J. A. Roussel).

[554] *Histoire particulière*, etc., par Maton de la Varenne, p. 285. Le taux de salaire était fixé par Billaud-Varenne (voir *Histoire des Girondins*, par Granier de Cassagnac, II 48, 49).

La même histoire fabuleuse de conspirations, les mêmes fausses alarmes, furent maintenant répandues parmi le peuple afin de préparer les esprits aux massacres et de s'assurer de leur assentiment. En effet, bien que le peuple ne soit pas invité cette fois à coopérer, on lui attribue néanmoins tout le mouvement. Dans chaque prison, un simulacre de tribunal devait être installé, où des juges fournis par la Commune et des assassins engagés par elle, armés de listes de proscription établies dans les conseils secrets des chefs, devaient rendre la soi-disant « justice », sous le titre ronflant de « Tribunal du peuple souverain ».[555] Les massacres devaient alors être présentés comme le simple résultat d'une « irrépressible effervescence populaire », produite par la panique soudaine à l'approche de Brunswick et la découverte de la collusion entre les armées d'invasion et les « conspirateurs » dans les prisons. À cette fin, on inventa une phrase qui, dit-on ensuite, passa de bouche en bouche parmi les Parisiens terrifiés, à savoir qu'avant de marcher sur l'ennemi, il fallait mettre à mort tous ces conspirateurs.[556]

Le prétexte était manifestement absurde. Paris n'a jamais eu l'habitude de céder à la panique face à un danger venant de l'extérieur, et il attendait l'avancée des légions de Brunswick avec son sang-froid habituel.

« Pendant que les Prussiens étaient en Champagne, dit Mercier, qui n'aurait pas pensé qu'une profonde alarme existait dans tous les esprits ? Pas du tout ; les théâtres, les restaurants, tous deux pleins, n'affichaient que de paisibles marchands de journaux. Toutes les vaines menaces de nos ennemis, nous ne les entendions pas ; de toutes leurs espérances meurtrières, nous étions loin d'avoir la moindre idée. La capitale, soit par sa taille, soit par le sentiment de sa force, s'est toujours crue inattaquable, à l'abri de tout revers dans la bataille, et calculée pour vaincre ses ennemis. On se moquait des plans de défense, considérés comme absolument inutiles, puisque personne n'oserait jamais attaquer la grande ville. Ce stoïcisme était un des plus grands remparts de la liberté… jamais le peuple ne fut sérieusement intimidé, soit par les banquets de la garde du corps, où Antoinette était décrite sous le nom de tigresse d'Allemagne, tenant le Dauphin dans ses bras et excitant les hostilités les plus sanguinaires, soit par la fuite du Roi, qui semblait dissoudre tout gouvernement, soit par la

---

[555] Histoire secrète du Tribunal révolutionnaire, par Proussinalle, p. 41.

[556] « Le Comité de surveillance avait entrepris de préparer les esprits (du peuple) à cette idée effrayante (les massacres de septembre) ; il faisait circuler partout ce *mot d'ordre* qu'il comptait exploiter plus tard : "Avant de voler aux frontières, nous devons nous assurer de ne laisser derrière nous aucun traître, aucun conspirateur" » (*Histoire de la Terreur*, par Mortimer Ternaux, iii. 194 ; cf. *Journal du Club des Jacobins*, n° CCLV).

prise de Verdun, soit par les Manifestes de tous les Rois de l'Europe. Il était impossible de leur faire éprouver la terreur de l'ennemi... »[557]

Et c'est ce peuple que l'on veut représenter comme étant si lâche que, dans un accès de panique aveugle, il s'est jeté sur ses compatriotes et les a mis à mort sans discernement !

Quant à la crainte d'une » conspiration » dans les prisons, cette idée n'a jamais effleuré la tête des Parisiens. Comment des gens, enfermés derrière des verrous et des barreaux, coupés de toute communication avec le monde extérieur, pourraient-ils *conspirer* ? Comment les prêtres, contre lesquels le mouvement était principalement dirigé, pouvaient-ils former un renfort efficace aux légions entraînées de Brunswick ? Comment des hommes, des femmes et des enfants désarmés pourraient-ils prendre part à un massacre ? L'idée était saugrenue et provenait non pas du peuple mais des membres de la Commune, qui la faisaient circuler dans Paris par l'intermédiaire d'agents placés dans la foule à cet effet. Qu'un certain nombre de citoyens y aient cru, c'est indéniable, mais attribuer aux Parisiens intelligents la paternité d'une telle fable, ou la lâcheté d'y donner suite en tombant sur les prisonniers, c'est une calomnie grossière et hideuse qui doit être définitivement réfutée.

VISITES À DOMICILE

Le 29 août, l'incarcération des prisonniers fortunés commença. À une heure de la nuit, des commissaires de la Commune furent envoyés dans toute la ville pour effectuer l'inquisition connue sous le nom de « visites domiciliaires », qui consistait à arrêter tous les citoyens que la Commune choisissait de considérer comme « suspects ».

---

[557] Mercier, *Le Nouveau Paris*, I 154. Le médecin anglais John Moore a remarqué exactement la même chose. Le 19 août, après avoir traversé les Champs-Élysées en voiture, il écrit : « Tous ces vastes champs étaient encombrés de compagnies d'une sorte ou d'une autre ; un nombre immense de petits kiosques étaient érigés, où l'on vendait des rafraîchissements, et qui résonnaient de musique et de chants. Des pantomimes et des spectacles de marionnettes de toutes sortes y sont présentés, et dans certaines parties, on dansait en plein champ. Ces gens sont-ils aussi heureux qu'ils le semblent ? dis-je à un Français qui m'accompagnait. Ils sont heureux comme des dieux, Monsieur », répondit-il. Pensez-vous que le duc de Brunswick n'entre jamais dans leurs pensées ? » Je dis : « Soyez sûr, Monsieur, reprit-il, que Brunswick est précisément l'homme du monde auquel ils pensent le moins » « . (*Journal d'un séjour en France*, I 122).

Peltier a décrit de façon saisissante l'horreur de cette belle nuit d'été, alors que le silence de la mort régnait sur la ville autrefois brillante.

> « Tous les magasins sont fermés ; chacun se retire dans sa maison et tremble pour sa vie et ses biens... Partout on cache des personnes et des biens, partout on entend le bruit intermittent du marteau rembourré qui frappe de lents coups sourds pour compléter une cachette. Les toits, les greniers, les égouts, les cheminées, tout est pareil pour la peur qui ne prend aucun risque en calcul. Cet homme retiré derrière le lambris qu'on a cloué sur lui semble faire partie du mur, et est presque privé de souffle et de vie ; celui-là, tendu le long d'une forte et large poutre dans un placard, se couvre de toute la poussière que le lieu contient... un autre étouffe de peur et de chaleur entre deux matelas, un autre enroulé dans un tonneau perd toute sensation de vie par la tension de ses nerfs. La peur est plus grande que la douleur ; ils tremblent mais ne pleurent pas, leur cœur est flétri, leurs yeux sont ternes, leurs seins contractés. Les femmes se sont surpassées dans cette occasion ; ce sont des femmes intrépides qui ont caché le plus grand nombre des hommes. »[558]

Pendant les trois nuits du 29 au 31 août que durent les visites domiciliaires, un nombre énorme de personnes sont arrêtées — selon certains témoignages 3000, selon d'autres 8000. Une certaine proportion fut relâchée, le reste fut rassemblé à l'Hôtel de Ville en attendant d'être incarcéré dans les différentes prisons.

Au cours de ces visites, les pillages étaient nombreux et, pour s'assurer d'un butin suffisant, on disait aux prêtres — dont les maisons offraient sans doute peu d'occasions de piller — qu'ils allaient bientôt être envoyés en voyage et qu'ils devaient donc se munir d'argent ; on leur conseillait en fait de porter sur eux tous leurs objets de valeur.[559] C'est ainsi que les victimes des massacres se sont retrouvées en possession de toutes les montres en or, tabatières, argent et bijoux qui sont ensuite tombés entre les mains de la Commune.[560]

La plupart des prêtres ainsi arrêtés n'étaient accusés d'aucun autre crime que celui de refuser de violer leur conscience en prêtant le serment de fidélité à la constitution civile du clergé. Certains, cependant, semblent

---

[558] Révolution du 10 Août, II 219.

[559] Histoire particulière, par Maton de la Varenne, p. 287 ; Histoire secrète du Tribunal révolutionnaire, par Proussinalle, i. 45 ; Mémoires de Monseigneur de Salamon, p. 33 ; Récit de l'Abbé Berthelet, cité par M. de Granier de Cassagnac, Histoire des Girondins, ii. 285.

[560] *La Démagogie à Paris*, par C.A. Dauban, p. 64.

avoir été l'objet d'une vengeance privée de la part de membres de la Commune. Parmi eux, un certain abbé Sicard, qui avait consacré sa vie à l'enseignement des sourds-muets.[561] Le 26 août, l'abbé est donc arrêté. Quelques jours plus tard, une députation de ses élèves se présenta à l'Assemblée avec une touchante pétition pour sa libération ; l'Assemblée répondit durement qu'aucune exception ne pouvait être faite en faveur de l'abbé, et les sourds-muets furent renvoyés avec la vaine consolation qu'on leur avait fait les honneurs de la séance. »[562]

Les membres de la Commune savent cependant faire des exceptions pour les personnes auxquelles ils s'intéressent ; ainsi Danton obtient la libération d'un de ses amis voleur, Camille Desmoulins celle d'un prêtre auquel il est attaché, et Fabre d'Églantine celle de son cuisinier, qu'il avait fait arrêter pour l'avoir volé.[563] Parallèlement, l'argent joue son rôle et de nombreux aristocrates obtiennent leur liberté grâce à des *largesses* judicieusement réparties entre les démagogues.

ALARME À PARIS

Tout était maintenant prêt ; il ne restait plus qu'à donner un air populaire au mouvement en déclenchant la panique proposée sur le thème de la « conspiration dans les prisons ».

Le 1er septembre, un malheureux charretier, nommé Jean Jullien, condamné à dix ans de travaux forcés, fut, selon la coutume barbare encore conservée sous le règne de la Liberté, exposé publiquement sur un pilori, sur la place de Grève. Ainsi exposé aux railleries de la foule, l'homme s'affola et se mit à crier furieusement : « Vive le Roi ! Vive la Reine ! » À bas la nation ! Sur ordre de la Commune, il fut alors transféré à la Conciergerie en attendant un nouveau procès, et le peuple fut alors informé que pendant sa détention, il avait avoué sa complicité dans un immense complot royaliste qui avait des ramifications dans toutes les prisons.[564] En fait, Jullien ne déclara rien de tel, comme le révéla par la suite le registre

---

[561] « Procès-verbaux de la Commune », dans *Mémoires sur les Journées de Septembre*, p. 272, note.

[562] *Moniteur*, xIII 587.

[563] *Le véritable Ami du Peuple*, par Roch Marcandier (secrétaire de Camille Desmoulins) ; *Histoire secrète du Tribunal révolutionnaire*, par Proussinalle, p. 43.

[564] Mortimer Ternaux, iii. 200.

du Tribunal criminel,[565] mais il fut condamné à mort comme conspirateur, et guillotiné sur la place du Carrousel.

Il n'est pas possible, écrit le Dr Moore avec indignation, que la Cour ait pu croire que ce charretier avait l'intention d'exciter une quelconque sédition ; ce qu'il a dit n'était qu'une réplique irréfléchie à la foule, qui l'insultait dans sa misère. Si *leur* cri avait été « Vive le Roi et la Reine ! le *sien* aurait été "Vive la nation ! Il est donc évident qu'il a été condamné à mourir pour plaire au peuple. »[566]

Le Dr Moore, qui n'était pas au courant des événements, a mal interprété l'incident ; le malheureux Jean Jullien a été sacrifié non pas pour plaire au peuple, mais pour aiguiser son appétit de sang en prévision des événements du lendemain, et aussi pour donner de la couleur à l'histoire de la conspiration dans les prisons.

Le même jour, des pamphlets sont distribués annonçant : « Grande trahison de Louis Capet. Complot découvert pour assassiner tous les bons citoyens dans la nuit du 2 au 3 de ce mois. »[567]

Pendant ce temps, la rumeur mensongère de la chute de Verdun circulait à dessein dans tout Paris, et rien, remarque Madame Roland, « n'était oublié qui pût enflammer l'imagination, grossir les faits, et faire paraître les dangers plus grands. »[568]

Mais ce n'est qu'à midi le lendemain — dimanche 2 septembre — que l'arrivée imminente des Prussiens est officiellement proclamée. »L'ennemi est aux portes de Paris ; Verdun, qui arrête sa marche, ne peut tenir qu'une semaine... Citoyens, aujourd'hui même, immédiatement, que tous les amis de la liberté se rallient à sa bannière, qu'une armée de 60 000 hommes soit trouvée sans délai, marchons sur l'ennemi... »[569]

Au même moment, le tocsin retentit, des canons sont tirés, la *générale* est sonnée et, de tous côtés, les citoyens prennent les armes. Le Dr Moore, en sortant de l'église, « trouva des gens qui se pressaient de long en large avec des visages anxieux ; des groupes... se formaient à chaque coin de rue ; l'un racontait qu'un courrier était arrivé avec de très mauvaises nouvelles ; un autre affirmait que Verdun avait été trahi comme Longwy,

---

[565] *Ibid*. III 472.

[566] Journal d'un séjour en France, I 294.

[567] Madelin, p. 255.

[568] Mémoires de Mme Roland, I 100.

[569] *Procès-verbaux de la Commune*, Séance du 2 Septembre 1792.

et que l'ennemi avançait ; d'autres secouaient la tête et disaient que c'était les traîtres à l'intérieur de Paris et non les ennemis déclarés aux frontières qu'il fallait craindre. »[570]

Mais ce n'est pas parmi le peuple que cette dernière alarme s'est élevée ; les affoleurs étaient des émissaires de la Commune envoyés pour faire circuler la phrase perroquet composée par les chefs.[571] « Aussitôt après la proclamation, dit Beaulieu, les hommes qui ont l'ordre de commencer les massacres s'écrient que, pendant que les amis de la liberté seront aux prises avec les soldats des despotes, leurs femmes et leurs enfants seront à la merci des aristocrates, et qu'avant de commencer ils doivent exterminer ces scélérats plus avides du sang des patriotes que les Prussiens et les Autrichiens eux-mêmes. »[572]

Un grand nombre de citoyens écoutèrent avec étonnement ces suggestions, se demandant « pourquoi, au moindre danger, des gens se plaisaient à jeter l'alarme dans Paris, à frapper de terreur tous ses habitants, au lieu d'entretenir dans leur cœur cette énergie masculine qui convient aux guerriers et qui assure la victoire dans les combats ». N'était-ce pas là, en effet, un moyen efficace d'ébranler leur courage ? Mais ceux qui ne connaissaient pas les secrets des conspirateurs furent bientôt éclairés par leur propre expérience. »[573]

Pendant ce temps, à l'Assemblée, Danton prononce son célèbre discours.

> « Il est très gratifiant, Messieurs, pour le ministre de la justice d'un peuple libre d'avoir la tâche de lui annoncer que le pays sera sauvé... Vous savez que Verdun n'est pas encore au pouvoir de nos ennemis. Une partie du peuple marchera aux frontières, une autre creusera des tranchées, une troisième défendra à coups de piques l'intérieur de nos villes... Le tocsin, qui va sonner, n'est pas un signal d'alarme, c'est la charge contre les ennemis du pays. Pour les vaincre, Messieurs, il faut de l'*audace, encore de l'audace, toujours de l'audace, et la France est sauvée !* »

Ces mots, qui ont résonné au fil des ans comme l'appel de la trompette du patriotisme, doivent être étudiés dans leur contexte afin de comprendre leur véritable signification. La postérité qui, au moment du danger national,

---

[570] Journal d'une résidence en France, I 300.

[571] Fantin Désodoards, ii. 240.

[572] Beaulieu, iv. 96.

[573] Mercier, Le Nouveau Paris, I 98 ; Histoire des Hommes de Proie, par Roch Marcandier.

soupire : 'Oh, Danton tient pour acquis que l'audace dont parlait le grand démagogue devait se manifester à l'égard des Autrichiens et des Prussiens en marche. Dans ce cas, pourquoi employer le mot *audace* ? En parlant des soldats qui marchent contre les ennemis de leur pays, nous pouvons dire qu'ils sont audacieux ou courageux, nous pouvons les décrire comme « audacieux » pour avoir entrepris une méthode d'attaque nouvelle ou dangereuse, mais nous ne les appelons pas' audacieux ». L'audace ne signifie pas seulement la bravoure, elle implique un certain degré d'effronterie, de mépris insolent pour l'opinion publique, la résolution mentale de réaliser un coup et d'en assumer les conséquences. C'est précisément dans ce sens qu'il a été appliqué par Danton, car le tocsin auquel il se référait n'était pas un appel aux Français à marcher contre les Prussiens, mais l'appel aux Français à tomber sur les Français ; c'*était le signal des massacres de septembre.*[574]

Danton, ayant prononcé sa fameuse apostrophe, rentra chez lui, et dit à ses collègues qui l'attendaient : « *Foutre !* Je les ai électrisés ! Maintenant nous pouvons aller de l'avant ! ce qui, selon Proussinalle, signifiait » nous pouvons commencer les massacres ». Il était alors midi. Les hommes de sang qui attendaient ce signal sortirent précipitamment des ministres ; bientôt le tocsin et le canon d'alarme se firent entendre, les assassins se mirent en marche vers les prisons, et les massacres commencèrent. »[575]

Un certain avocat nommé Grandpré, raconte Madame Roland, était employé par Roland à cette époque pour visiter les prisons, et, trouvant qu'une grande alarme y régnait sur le bruit d'un massacre projeté, il entra chez Danton le matin même, au sortir d'une séance du conseil au ministère de l'intérieur, et le pria d'assurer la sûreté des prisonniers. 'Il est interrompu par une exclamation de Danton, criant de sa voix de taureau, les yeux sortant de la tête, et avec un geste furieux : "Que m'importe les prisonniers ! Qu'ils se débrouillent tout seuls ! "(*Je me f... bien des Prisonniers ! qu'ils deviennent ce qu'ils pourront !)*"[576]

Grandpré ne fut pas le seul homme qui s'approcha de Danton dans cette fatale matinée. Le journaliste Prudhomme, assis dans son bureau,

---

[574] « Tout le monde sait aujourd'hui que le canon d'alarme devait, en ce jour de sang, être le signal du massacre » (« Relation de l'Abbé Sicard », *Mémoires sur les Journées de Septembre*, p. 100).

[575] Histoire secrète du Tribunal révolutionnaire, par Proussinalle, I 48 ; Crimes de la Révolution, par Prudhomme, iv. 141.

[576] Mémoires de Mme Roland, I 31.

entendant le son du tocsin et du canon, se précipite au ministère de la justice, où il trouve Danton, et lui dit :

'Que signifie ce canon d'alarme, ce tocsin, et la rumeur de l'arrivée des Prussiens à Paris ? »

'Restez calme, vieil ami de la liberté, répondit Danton, c'est le tocsin de la victoire. Mais, persiste Prudhomme, on parle de massacrer... Oui, dit Danton, nous devions tous être massacrés cette nuit, à commencer par les plus purs patriotes. Ces coquins d'aristocrates qui sont dans les prisons s'étaient procuré des armes à feu et des poignards. À une certaine heure indiquée cette nuit, les portes devaient leur être ouvertes. Ils se seraient dispersés dans les différents quartiers pour égorger les femmes et les enfants des patriotes qui marchent contre les Prussiens.'

Prudhomme, déconcerté par cette monstrueuse fable, s'enquit des moyens qui avaient été pris pour empêcher l'exécution du complot. « Quels moyens ? » s'écria Danton ; « le peuple irrité, prévenu à temps, entend faire justice lui-même à tous les scélérats qui sont dans les prisons. »

Prudhomme déclare avoir été saisi de stupeur et d'horreur ; on peut se demander s'il s'est risqué, à ce moment-là, à faire des remontrances avec le courage qu'il s'attribue par la suite. Lorsque, un instant après, Camille Desmoulins entra, raconte Prudhomme, Danton se tourna vers lui en disant :

« Prudhomme est venu demander ce qu'on va faire ». »

« Oui, dit Prudhomme, mon cœur est déchiré par ce que je viens d'entendre. »

« Vous ne lui avez donc pas dit, dit Camille en se tournant vers Danton, que l'innocent ne sera pas confondu avec le coupable ? Prudhomme continua à faire des remontrances, mais Danton répondit avec fermeté : "Toute espèce de mesure modérée est inutile ; la colère du peuple est à son comble, il serait réellement dangereux de l'arrêter. Quand sa première colère sera apaisée, nous pourrons lui faire entendre raison. »

« Mais si, suggère Prudhomme, le corps législatif et les autorités constituées parcouraient Paris et haranguaient le peuple ? »

« Non, non, répondit Camille, ce serait trop dangereux, car le peuple dans sa première colère pourrait trouver des victimes dans la personne de ses plus chers amis. »[577]

---

[577] *Crimes de la Révolution*, par Prudhomme, iv. 91. Prudhomme, désormais convaincu par le raisonnement de Danton que les massacres étaient en réalité un cas de fureur populaire irrépressible face à la découverte d'un gigantesque complot contre la vie des

Prudhomme sortit tristement, et en traversant la salle à manger, il aperçut un agréable dîner en cours — Madame Desmoulins, Madame Danton, et Fabre d'Églantine étaient parmi les invités.[578] La nouvelle ayant été apportée à ce moment à Danton que « tout allait bien », le ministre de la justice prit place à table avec complaisance.[579]

Ainsi, au moment même où les assassins commençaient leur terrible besogne, les auteurs du crime se sont assis pour festoyer.

LE PREMIER MASSACRE À L'ABBAYE[580]

À midi pile, une troupe de confédérés marseillais et avignonnais, parmi lesquels se trouvaient un certain nombre d'hommes ayant pris part à la Glacière d'Avignon[581], arrivait, obéissant aux ordres et chantant la Marseillaise, à l'Hôtel de Ville, pour transférer le premier lot de prisonniers à l'Abbaye. Vingt-quatre prêtres, parmi lesquels, malgré l'appel des sourds-muets, se trouvait l'abbé Sicard, furent poussés dans plusieurs fiacres, et les chauffeurs reçurent l'ordre d'avancer lentement dans les rues sous peine d'être massacrés sur leur siège s'ils désobéissaient. Les confédérés, qui formaient l'escorte, informèrent bruyamment les prisonniers qu'ils n'atteindraient jamais l'Abbaye, car « les gens » à qui ils devaient être livrés avaient l'intention de les massacrer en chemin. Pour

---

citoyens, publie une justification du mouvement dans ses *Révolutions de Paris*, n° 165. Ce n'est que bien plus tard qu'il se rendit compte qu'il avait été dupé. Quand, dans les *Révolutions de Paris*, écrit-il après coup, nous avons qualifié cette journée (le 2 septembre) de « justice du peuple », nous n'étions pas seulement autorisés par les idées que nous avions alors, mais encore par le silence criminel du corps législatif et des ministres. C'est surtout la conduite rusée et atroce de la Commune de Paris qui nous a fait commettre beaucoup d'erreurs involontaires » (*Crimes de la Révolution*, iv. 87). Les historiens révolutionnaires citent volontiers le premier ouvrage, mais sont bien sûr parfaitement silencieux sur le second.

[578] Ibid. et aussi *Histoire secrète du Tribunal révolutionnaire*, par Proussinalle, i. 48.

[579] Ibid.

[580] Autorités consultées sur le premier massacre de l'Abbaye : *Mémoires de l'Abbé Sicard* ; *La Vérité toute entière sur les vrais Acteurs de la Journée du 2 Septembre 1792*, par Felhémési. Felhémési est une anagramme de Méhée fils. L'auteur de ce pamphlet, spectateur et non prisonnier, était le fils de l'archiviste Méhée et l'ami de Danton et de Desmoulins ; son objet n'est donc pas de dire la vérité sur les véritables auteurs des massacres, car il en attribue toute la responsabilité à Billaud-Varenne, mais en tant que témoin oculaire, son récit des événements est précieux.

[581] *Crimes de la Révolution*, par Prudhomme, iv. 96.

faciliter cette opération, les portes des cabines étaient laissées ouvertes, et tous les efforts des prêtres pour les fermer étaient vaincus par les soldats, qui, désignant les prisonniers de leurs sabres, criaient à la foule désordonnée qui suivait le cortège :

> 'Voici vos ennemis, les complices de ceux qui ont livré Verdun, ceux qui n'attendent que votre départ pour assassiner vos femmes et vos enfants. Voici nos piques et nos sabres ; mettez ces monstres à mort ! »

Mais si les meneurs avaient espéré donner un air populaire aux événements en incitant la foule à commencer les massacres, ils furent déçus, car les gens autour des fiacres se contentèrent de crier des injures, et les Marseillais furent obligés de faire eux-mêmes usage de leurs armes. Après avoir taillé les prêtres sans défense avec leurs sabres, un des soldats monte enfin sur les marches d'un fiacre et plonge son sabre dans le cœur de la première victime.[582] Ses camarades ne tardent pas à suivre son exemple et se jettent sur les prisonniers par les portes ouvertes, mais les coups étant mal dirigés, seuls quelques-uns sont mortellement blessés, et ce n'est que lorsque le cortège s'arrête aux portes de l'Abbaye, où Maillard et ses tueurs à gages attendent, que les massacres commencent sérieusement. Sur les vingt-quatre prisonniers, vingt et un périrent ; deux, dont l'abbé Sicard, parvinrent à s'échapper jusqu'au "Comité de la Section" voisin, et, se jetant dans les bras des commissaires qui y étaient réunis, s'écrièrent : "Sauvez-nous ! Sauvez-nous !" Plusieurs de ces hommes, terrifiés pour leur propre vie, repoussèrent rudement les malheureux prêtres, en répondant : "Allez-vous-en ! voulez-vous nous faire massacrer ?" Mais l'un d'eux, reconnaissant l'abbé Sicard, les conduisit dans la salle intérieure et referma la porte sur la foule. Ils auraient pu y rester en sécurité si une » furie' de la foule, qui se trouvait être le complice des ennemis de l'abbé Sicard, ne s'était précipitée pour les informer de sa fuite. L'instant d'après, des coups violents retentissent sur les portes et des voix appellent à haute voix les deux prisonniers.

L'abbé Sicard sentit que sa dernière heure était venue. Remettant sa montre à l'un des commissaires, il dit : « Donnez ceci au premier sourd-muet qui demandera de mes nouvelles. » Les coups sur la porte redoublent. L'abbé Sicard tomba à genoux, fit sa dernière prière, puis, se levant, embrassa son camarade et lui dit :

> « Serrons-nous fort et mourons ensemble ; la porte va s'ouvrir, les assassins sont là, nous n'avons pas cinq minutes à vivre. »

---

[582] Mortimer Ternaux, iii. 225.

L'instant d'après, les assassins font irruption dans la salle et se précipitent sur les prisonniers. Le compagnon de l'abbé Sicard tomba mort à ses côtés ; Sicard lui-même vit une pique dirigée sur sa poitrine, quand tout à coup un des commissaires de la section, un horloger nommé Monnot, se fraya un chemin à travers la foule, et, se jetant entre les assassins et leur victime, il découvrit sa poitrine à leurs coups, en s'écriant :

> 'Voici la poitrine par laquelle vous devez passer pour atteindre celle-là. C'est l'abbé Sicard, un des hommes qui ont rendu les plus grands services à son pays, le père des sourds-muets. Tu dois traverser mon corps pour l'atteindre ! »

À ces mots, la pique meurtrière fut abaissée, et pendant un moment, il sembla que le courageux horloger avait réussi à désarmer les assassins. Mais à l'extérieur de la salle, le reste de la bande féroce attendait, hurlant comme des loups pour leur proie. Alors le bon abbé, se montrant à la fenêtre, obtint un moment de silence, et s'adressa en ces termes au troupeau en furie :

> « Mes amis, voici un homme innocent, le feriez-vous mourir sans l'écouter ? »

> Les voix ont répondu, « Vous étiez avec les autres que nous venons de tuer ». Vous êtes aussi coupable qu'eux ! »

> « Écoutez-moi un instant, et si après m'avoir entendu vous décrétez ma mort, je ne me plaindrai pas. Ma vie est entre vos mains. Apprenez donc ce que je fais, qui je suis, et alors vous déciderez de mon sort. Je suis l'abbé Sicard. »

> Un murmure circule : « C'est l'abbé Sicard, le père des sourds-muets, il faut l'écouter ».

L'abbé continua :

> 'J'enseigne les sourds-muets dès leur naissance, et, comme le nombre de ces malheureux est plus grand parmi les pauvres que parmi les riches, je suis plus à vous qu'aux riches. Une voix s'est alors élevée : "Il faut sauver l'abbé Sicard. Il est un homme trop précieux pour périr. Toute sa vie est employée à faire une grande œuvre ; non, il n'a pas le temps d'être conspirateur. »

Immédiatement, un chœur a repris les derniers mots, ajoutant :

> 'Nous devons le sauver ! Nous devons le sauver ! »

Sur quoi les assassins, qui se tenaient derrière l'abbé à la fenêtre, le saisirent dans leurs bras et le conduisirent à travers les rangs de leurs camarades couverts de sang, qui se jetèrent à son cou, l'embrassèrent et supplièrent qu'on leur permette de le ramener chez lui en triomphe.

Rien n'est plus étrange dans toute l'étrange histoire de la Révolution que la preuve d'un idéalisme latent qui semble avoir subsisté dans de nombreux cœurs féroces : comment se fait-il que, parmi cette horde effrayante, on puisse trouver des hommes qui applaudissent une vie noble et en perçoivent la valeur pour le monde, alors qu'eux-mêmes ne sont employés qu'au crime et à la destruction ?

Mais, bien que l'abbé Sicard ait réussi à désarmer ses terribles assassins par un appel direct à leurs meilleurs sentiments, il fut tout à fait incapable de toucher le cœur des hommes qui avaient ordonné le crime, car, ayant refusé de sortir de la prison jusqu'à ce que la Commune le libère légalement, il attendit en vain cet ordre ; deux jours après, nous le trouvons encore écrivant des appels plaintifs à l'Assemblée pour qu'elle le délivre du lieu d'horreur où il est enfermé, et où il est perpétuellement menacé d'une mort hideuse. L'Assemblée se contenta de transmettre la lettre à la Commune. Mais comme c'était là que sa mort avait été décrétée, le malheureux abbé fut abandonné à son sort, et ce ne fut que le 4 septembre à sept heures du soir, par l'intercession du député Pastoret auprès de l'Hérault de Sechelles, que l'abbé Sicard obtint sa libération.[583]

À cinq heures du soir du 2, alors que le carnage était momentanément suspendu, Billaud-Varenne arriva dans son manteau puce et sa perruque noire, coiffé de son écharpe municipale de délégué de la Commune.[584] Enjambant les corps des prêtres morts, il s'adresse ainsi aux assassins :

« Respectables citoyens, vous avez tué des scélérats ; vous avez fait votre devoir, et vous aurez chacun vingt-quatre livres. »[585]

Ce discours excita de nouveau la fureur des assassins, et ils se mirent à réclamer à haute voix d'autres victimes. Alors Maillard, dit Tape-Dur, répondit à haute voix :

'Il n'y a plus rien à faire ici, allons aux Carmes ! »[586]

---

[583] « Relation de l'Abbé Sicard », également « Procès-verbaux de la Commune de Paris », dans *Mémoires sur les Journées de Septembre*, p. 272.

[584] Felhémési ; Beaulieu, iv. 119.

[585] *Les Crimes de Marat*, par Maton de la Varenne.

[586] Felhémés I.

Le Massacre aux Carmes[587]

Au couvent des Carmes, dans la rue de Vaugirard, 150 à 200 prêtres avaient été incarcérés après le 10 août. Pendant un certain temps, ils s'étaient crus simplement menacés de déportation, mais pendant les deux jours qui ont précédé les massacres, un certain nombre d'indices sinistres leur ont montré qu'ils n'avaient plus que peu de temps à vivre.

Le patriarche de cette bande, le vénérable archevêque d'Arles, qui, malgré son âge et ses infirmités, tenait à partager avec ses compagnons toutes les épreuves et les privations, réussit à leur inspirer à tous un esprit héroïque, et c'est ainsi que, dans un calme et une résignation parfaits, ils attendirent leur fin. Lorsque, en ce terrible dimanche après-midi du 2 septembre, Joachim Ceyrat, le principal organisateur de ce massacre, dont la haine invétérée de la religion le remplissait d'une fureur implacable envers ses ministres, leur ordonna à tous de quitter l'église qui leur servait de prison et de se rassembler dans le jardin, ils savaient bien que leur dernier moment était arrivé. Et c'est encore avec une sérénité tranquille que, pendant une demi-heure, ils arpentèrent les allées ombragées, tandis que la terrible bande de Maillard se rapprochait sans cesse.

Soudain, à l'entrée du couvent, on entendit des cris de rage, on vit à travers les barreaux l'éclair des sabres, et à ce moment les prêtres, se retirant dans un petit oratoire au fond du jardin, tombèrent à genoux et se donnèrent la dernière bénédiction.

L'abbé de Pannonie, debout dans l'embrasure de cette chapelle avec l'archevêque d'Arles, dit : « Monseigneur, je crois qu'on est venu nous assassiner. »

« Alors, dit l'archevêque, voici le moment de notre sacrifice ; résignons-nous et remercions Dieu de pouvoir Lui offrir notre sang dans une cause aussi splendide. » Et sur ces mots, il entra dans l'oratoire et s'agenouilla en prière devant l'autel.

Au moment même où il parlait, les portes du jardin étaient enfoncées, et une bande d'assassins ivres, armés de pistolets et de sabres, se jetaient avec des hurlements sauvages sur leurs victimes. Le premier à périr fut le Père Gérault, qui, absorbé dans son bréviaire, se promenait de long en large

---

[587] Autorités consultées sur le massacre des Carmes : *Le Couvent des Carmes*, d'Alexandre Sorel ; *Histoire du Clergé*, de l'abbé Barruel (1794) ; *La Révolution du 10 Août*, tome ii, de Peltier ; également Granier de Cassagnac et Mortimer Ternaux, *op. cit.* ; article sur « Les Carmes » dans le *Paris révolutionnaire*, de G. Lenôtre.

près de la fontaine au milieu du jardin ; le second fut l'Abbé Salins, qui s'était précipité auprès de son camarade tombé.

Pendant ce temps, un autre groupe d'assassins se dirigeait vers l'oratoire en criant furieusement : « Où est l'archevêque d'Arles ? Où est l'archevêque d'Arles ? » L'archevêque, entendant son nom, se leva de ses genoux et s'approcha de la porte. En vain, ses compagnons tentèrent de le retenir. « Laissez-moi passer », dit-il, 'que mon sang les apaise ! »

Puis, debout sur les marches de la chapelle, il a affronté sans crainte ses assassins.

« C'est toi, vieux scélérat, qui es l'archevêque d'Arles ? » s'écria le chef de la bande.

« Oui, messieurs, c'est moi ».

« C'est vous qui avez fait verser le sang des patriotes à Arles ? »

« Messieurs, je n'ai jamais fait verser le sang de personne, et je n'ai jamais blessé personne de ma vie. »

« Eh bien, alors, je vais te blesser ! »

répondit le meurtrier en frappant l'archevêque au front avec un sabre. Un deuxième assassin lui assène un coup de cimeterre effrayant, lui coupant le visage presque en deux.

L'héroïque vieillard n'a jamais émis un murmure, mais, toujours droit sur les marches de la chapelle, il a levé les mains vers la blessure qui coulait, puis, à un troisième coup, il est tombé en avant aux pieds de ses meurtriers, et une pique a été plantée dans son cœur.

À cette vue, un sauvage hurlement de triomphe s'éleva de tous les assassins, et, braquant leurs pistolets sur les prêtres agenouillés à l'intérieur de la chapelle, ils commencèrent une fusillade meurtrière ; en quelques instants, le sol fut jonché de morts et de mourants.

Parmi les prêtres qui ne s'étaient pas réfugiés dans l'oratoire, il y avait un certain nombre de jeunes gens moins résignés que leurs supérieurs, et ceux-ci, voyant le massacre en cours, tentèrent d'échapper à leurs meurtriers.

Puis, dans le vieux jardin, une terrible chasse à l'homme commença ; autour des troncs d'arbres, à l'intérieur et à l'extérieur parmi les buissons, la horde enragée poursuivait ses victimes en proférant d'immondes blasphèmes contre la religion et en chantant le refrain sanguinaire :

> Dansons la Carmagnole,
> Vive le son ! vive le son !

Dansons la Carmagnole,
Vive le son du canon !

Quelques-uns des jeunes prêtres, avec une agilité extraordinaire, réussirent à escalader le mur de dix pieds du jardin pour se rendre dans la rue Cassette voisine, en s'aidant de la figure en pierre d'un moine qui se trouvait tout près de ce mur ; mais quelques-uns d'entre eux, après avoir atteint la sécurité, furent frappés de remords de peur que leur fuite ne rende plus terrible le sort de ceux qu'ils avaient laissés derrière eux, et, avec un courage sublime, ils remontèrent dans le jardin et trouvèrent la mort.

Soudain, au milieu de la boucherie, une voix a crié : « Halte ! Ce n'est pas une façon de se rendre au travail ! »

C'est Maillard qui, s'interposant entre les assassins et leurs victimes, ordonne que les prêtres encore en vie soient conduits dans l'église, tandis qu'un tribunal est constitué pour les juger.

Aux Carmes, ce prétendu « tribunal du peuple souverain » était encore plus ridicule que dans les autres prisons, car ici, aucune personne de la population n'était admise pour assister au massacre ;[588] En effet, les « dames du quartier », c'est-à-dire les femmes pauvres des rues environnantes, qui s'étaient rassemblées devant la porte où elles pouvaient apercevoir la scène qui se déroulait dans le jardin, protestèrent bruyamment contre la fusillade des prêtres,[589] Il semble que ce soit principalement pour cette raison que l'on ait décidé de terminer le massacre d'une manière plus ordonnée, à l'abri des regards de la rue, tandis qu'un cordon de Gendarmes Nationaux, posté aux portes, empêchait la population de s'introduire et d'interférer avec les assassins.[590] Une table fut alors dressée dans un cloître lugubre du couvent, et c'est là que Maillard ou un commissaire nommé Violette[591] s'assit avec la liste des prisonniers, dressée par Joachim Ceyrat, étalée devant lui. Inutile de dire qu'il n'y eut pas de procès, car Ceyrat, le matin même, avait prononcé le verdict : « Tous ceux qui sont aux Carmes sont coupables ! ». Quelques-uns parvinrent à se cacher et survécurent au massacre ; quelques autres réussirent à faire fondre le cœur des assassins ;

---

[588] « La principale porte de l'église donnant sur la rue de Vaugirard resta fermée pendant toute l'exécution. Le peuple n'y a pas pris la moindre part » (Peltier, *La Révolution du 10 Août*, ii. 245).

[589] Granier de Cassagnac, *Histoire des Girondins*, ii. 292.

[590] *Histoire du Clergé*, par l'Abbé Barruel, p. 251.

[591] Granier de Cassagnac dit que c'était Violette ; Sorel (*Le Couvent des Carmes*, p. 132) dit que c'était plus probablement Maillard.

les autres, convoqués deux par deux dans l'église pour comparaître devant le tribunal, se levèrent de leurs genoux en bénissant Dieu pour le privilège de verser leur sang pour Sa cause, et serrant les Écritures dans leurs mains, les yeux levés vers le ciel, sortirent dans le couloir pour rencontrer leur mort. En moins de deux heures, cent dix-neuf victimes avaient péri.

LE DEUXIÈME MASSACRE À L'ABBAYE[592]

À sept heures du soir, après le massacre des Carmes, Maillard et sa bande revinrent à l'Abbaye, où un certain nombre de prisonniers restaient encore incarcérés, car le meurtre du contingent en cabines à l'entrée n'avait été que le prélude d'un massacre général.

L'abbé de Salamon, un jeune nonce du pape, dont le récit de ces journées de septembre est peut-être le plus passionnant de tous les documents existants, a décrit, avec une minutie effrayante, l'agonie d'esprit dans laquelle lui et une compagnie de prêtres ont passé cet interminable dimanche après-midi. À deux heures et demie, alors qu'ils venaient de finir de dîner dans la longue salle sombre qui leur servait de prison, le geôlier tira bruyamment les verrous et ouvrit la porte en disant : « Dépêchez-vous, le peuple marche sur les prisons et a déjà commencé à massacrer tous les prisonniers ». C'est, en effet, à ce moment précis que le cortège des fiacres arriva à l'Abbaye et que le carnage commença.

À cette nouvelle, dit l'abbé Salamon, 'il y eut une grande agitation parmi nous. Certains criaient : « Que va-t-il nous arriver ? Beaucoup allèrent à la porte pour regarder par le trou de la serrure — un trou qui n'existait pas, car les serrures des prisons ne s'ouvrent que de l'extérieur et ne montrent aucune ouverture à l'intérieur. D'autres se sont levés sur leurs talons comme pour regarder par les fenêtres, qui avaient quatorze pieds de haut ; enfin, d'autres marchant de long en large sans savoir où ils allaient se cognaient violemment les jambes contre les sièges et les tables... Nous avons commencé à entendre les cris du peuple ; c'était comme un grand murmure lointain. »

À l'écart, deux jeunes frères Minim, dont le plus jeune avait un visage angélique. L'abbé Salamon, s'approchant d'eux, leur adressa des paroles de réconfort. 'Ah, mon Dieu, monsieur, répondit le plus jeune, je ne regarde

---

[592] Autorités consultées sur les massacres de l'Abbaye (témoignages de prisonniers) : Mon Agonie de trente-huit Heures, par Jourgniac de St. Méard ; Mémoires de l'Abbé Sicard ; Mémoires inédits de l'Internonce à Paris pendant la Révolution, Monseigneur de Salamon (Plon Nourrit, 1890) ; Felhémési, op. cit.

pas comme un déshonneur de mourir pour la religion ; au contraire, je crains qu'on ne me tue pas parce que je ne suis qu'un sous-diacre. L'abbé Salamon, peu dévot lui-même, avoue avoir rougi à ces mots, « dignes des premiers martyrs de l'Église ».'

Mais l'heure du martyre n'était pas encore arrivée ; la bande d'assassins, après avoir tué les prêtres à l'entrée du couvent, s'était dirigée vers les Carmes, et pendant quelques heures tout était calme. Les prêtres passèrent le reste de l'après-midi en prière et en confession. Puis, tout à coup, la porte fut de nouveau ouverte, et la voix du geôlier cria rudement : « Le peuple est de plus en plus irrité ; il y a peut-être 2000 hommes dans l'Abbaye. »

Et, en effet, le tumulte et les hurlements de la foule pouvaient maintenant être entendus distinctement par les prisonniers. Le geôlier ajouta brutalement : « On vient d'annoncer que tous les prêtres des Carmes ont été massacrés ». À ces mots, la troupe assemblée se jette d'un commun accord aux pieds du curé de Saint-Jean-en-Grève, un saint vieillard de quatre-vingts ans, « qui conservait toute la sérénité d'une âme noble », et le supplie de lui donner l'absolution *in articulo mortis*.

Après cela, tous restèrent agenouillés, tandis que le vieux guérisseur disait : « Nous pouvons nous considérer comme des malades sur le point de mourir... Je vais réciter les prières des mourants ; joignez-vous à moi pour que Dieu ait pitié de nous. »

Mais aux premiers mots, prononcés avec une si grande dignité par le vieux prêtre, « Retirez-vous de ce monde, âmes chrétiennes, au nom de Dieu le Père tout-puissant... ». presque tous fondent en larmes. « Quelques frères convers se lamentèrent bruyamment de mourir si jeunes, et se livrèrent à des imprécations contre leurs assassins. Le bon curé les interrompit, leur représentant avec beaucoup de douceur qu'il fallait pardonner généreusement, et que peut-être si Dieu était content de leur résignation, il pourrait créer des moyens pour les sauver. »

Tels étaient les hommes qui étaient représentés comme ayant l'intention de massacrer les femmes et les enfants des citoyens !

Pendant ce temps, devant la porte de la prison de la rue Sainte-Marguerite, le massacre des prisonniers avait commencé. Une bande d'assassins, précédant celle de Maillard, qui était encore occupée aux Carmes, avait assiégé la porte en réclamant des victimes, et le concierge, craignant de leur résister, leur avait remis plusieurs prisonniers confiés à ses soins. C'est ainsi que, lorsque Maillard et sa bande revinrent des Carmes, ils trouvèrent l'œuvre hideuse déjà commencée. Cette » bande de massacreurs », dit Felhémési, » revient couverte de sang et de poussière ;

ces monstres sont fatigués de carnage mais non rassasiés de sang. Ils sont à bout de souffle, ils demandent du vin, du vin, ou la mort. Quelle réponse faire à ce désir irrésistible ? Le comité civil de la section leur donne l'ordre de tirer 24 pintes chez un marchand de vin voisin. Bientôt ils ont bu, ils sont enivrés, et contemplent avec satisfaction les cadavres qui jonchent la cour de l'Abbaye. »

Il fut alors décidé, afin de donner un air de justice à leurs procédures, qu'un soi-disant « tribunal populaire », sous la direction de Maillard, serait à nouveau mis en place.

Maillard, qui était lui-même un voleur,[593] avait amené avec lui douze escrocs pour lui servir de complices, et ces hommes, se mêlant dans la foule « comme par hasard », s'avancèrent » au nom du peuple souverain » et s'emparèrent des registres de la prison. À ce moment, 'les clefs de voûte tremblent, le geôlier et la femme du geôlier s'évanouissent, la prison est entourée d'hommes furieux, les cris et le tumulte augmentent. Soudain, un des commissaires de la section apparaît sur les lieux et, debout sur un pouf, tente d'apaiser la foule qu'il prend pour la cause du tumulte : « Mes camarades, mes amis, vous êtes de bons patriotes... mais vous devez aimer la justice. Il n'y a pas un seul d'entre vous qui ne frémisse à l'idée effrayante de tremper ses mains dans le sang d'un innocent ! » Même cette foule vile, rassemblée par les chefs pour les aider dans leurs crimes, s'est montrée sensible aux sentiments d'humanité et de justice, et a crié haut et fort : « Oui ! Oui ! ».

Mais ceux qui avaient ordonné les massacres s'étaient préparés à toute éventualité de ce genre, et un homme dans la foule était prêt avec la phrase prescrite. S'élançant en avant, les yeux flamboyants et brandissant une épée tachée de sang, il interrompit l'orateur en ces termes :

« Dites donc, monsieur le citoyen,... voulez-vous nous endormir ? ... Je ne suis pas un orateur, je ne fais illusion à personne, et je vous dis que je suis père de famille, que j'ai une femme et cinq enfants que je veux bien laisser ici sous la protection de ma section pour aller combattre l'ennemi, mais en attendant je ne veux pas dire que les coquins qui sont dans cette prison, ou ceux qui leur ouvriront les portes, iront assassiner ma femme et mes enfants... alors par moi, ou par d'autres, la prison sera purgée de tous ces maudits scélérats ! »

Aussitôt la foule, ralliée au mot d'ordre, s'écrie :

---

[593] *Mémoires de Sénart* (édition de Lescure), p. 28.

« Il a raison, pas de pitié ! ». et les complices de Maillard réclament la formation d'un tribunal par leur chef : 'Monsieur Maillard ! Le citoyen Maillard comme président ! C'est un brave homme, le citoyen Maillard ! »[594]

Dans une salle ouvrant sur le jardin du couvent, le terrible tribunal fut alors installé. À une table recouverte d'une nappe verte, sur laquelle étaient disposés encre, plumes et papier, Maillard, dans son manteau noir et ses cheveux poudrés, prit place, le registre de la prison étalé devant lui. Ce registre, conservé par la préfecture de police, est resté longtemps l'un des vestiges les plus effroyables de l'époque révolutionnaire ; sur les pages grasses, on pouvait voir de grandes traces de vin et de sang, et tout au long de la liste des noms, des empreintes digitales tachées de sang laissées par les assassins, lorsqu'ils désignaient le prisonnier au sujet duquel ils demandaient des ordres.[595]

Inutile de dire que les verdicts avaient été arrangés à l'avance, et qu'il a été convenu qu'au lieu de prononcer la sentence de mort, les mots « À la Force ! … » Par ce moyen, les victimes, s'imaginant être acquittées et sur le point d'être transférées dans cette autre prison, s'avançaient sans lutte dans les bras de leurs assassins. La ruse, sans doute, avait un double but, car dans les cas où aucune preuve n'était apportée contre le prisonnier, les soi-disant « juges » pouvaient s'absoudre de l'injustice de sa condamnation et attribuer sa mort aux passions incontrôlables du « peuple ». »

Les premières victimes de ce simulacre de tribunal furent les Suisses, qui avaient été emprisonnés après le siège des Tuileries, le 10 août. Ceux-ci, au nombre de quarante-trois, étaient tous de simples soldats, car leurs officiers, à l'exception de M. de Reding, qui gisait blessé dans la chapelle de l'Abbaye, avaient été conduits à la Conciergerie. Une voix, qui parlait par la fenêtre de la salle occupée par le « tribunal », et qui se déclarait « chargée de la volonté du peuple », s'écriait maintenant à haute voix : 'Il y a des Suisses dans la prison, ne perdez pas de temps à les examiner ; ils sont tous coupables, pas un ne doit s'échapper ! Et la populace répondit docilement : "C'est juste, c'est juste, commençons par eux ! Le tribunal a alors prononcé les mots : « À La Force ! »

Maillard se rendit alors auprès des Suisses et leur ordonna de se présenter. « Vous avez assassiné le peuple le 10 août ; aujourd'hui il

---

[594] Felhémési, op. cit.

[595] *Histoire des Girondins*, par Granier de Cassagnac, ii. 165. M. de Cassagnac s'est servi de ces documents pour son ouvrage, mais ils ont été détruits plus tard par la Commune en 1871.

réclame justice, vous devez vous rendre à La Force. » Les malheureux Suisses, comprenant instantanément la portée de ces paroles, car les hurlements de la foule étaient parvenus jusqu'à eux dans leur prison, tombèrent à genoux en s'écriant : « Pitié ! Pitié ! » Mais Maillard est inexorable. Deux des assassins suivirent, disant durement aux prisonniers : 'Allons, allons, décidez-vous ! Laissez-nous partir ! Alors s'élevèrent des « lamentations et d'horribles gémissements » ; les malheureux Suisses, tous serrés les uns contre les autres au fond de la salle, se cramponnaient, s'embrassaient, se laissaient aller à un désespoir pitoyable à la vue d'une mort si hideuse. Quelques vieillards aux cheveux blancs, dont la physionomie ressemblait à celle de Coligny », réussirent presque à désarmer leurs meurtriers. Mais une voix implacable s'écria : « Eh bien, lequel d'entre vous sortira le premier ? ». À ce moment, un grand jeune homme en manteau bleu, au visage noble et à l'air martial, s'avança sans crainte : 'Je passe le premier ! » s'écria-t-il, » Je donnerai l'exemple ! Jetant son chapeau, il s'avança fièrement, « avec le calme apparent d'une fureur concentrée », et fit face à la foule en furie.

Pendant un moment, la horde, stupéfaite par son intrépidité, recula ; un cercle se forma autour de lui ; les bras croisés, il se tint debout, défiant, puis, comprenant que la mort était inévitable, il se précipita soudain sur les piques et les baïonnettes, et l'instant d'après, il tomba percé de cent blessures.

Tous ses malheureux camarades, à l'exception d'un seul, ont partagé le même sort ; ce seul survivant, un garçon « à l'air ingénu », a réussi à s'attirer la sympathie d'un Marseillais, qui l'a porté triomphalement au milieu des applaudissements de la foule.

Quatre autres victimes suivirent, accusées de faux assignats ; puis Montmorin, ancien ministre des Affaires étrangères, ennemi juré de Brissot et du parti pro-prussien. Montmorin avait été cité à la barre de l'Assemblée le 22 août et accusé par les Girondins de s'être opposé à une alliance entre la France et la Prusse, et de vouloir maintenir l'alliance franco-autrichienne, mais l'Assemblée, qui n'était pas entièrement dominée par cette faction, avait acquitté Montmorin, et c'est ainsi que sa mort par la force fut décrétée. Peut-on douter que Peltier n'ait eu raison de dire que ce crime immonde était à la porte de Brissot,[596] et ne peut-on pas y déceler aussi la main de la Prusse ? Mais cela aussi, on l'attribue à la fureur du « peuple » ! Le registre de Maillard porte ces mots, à côté du nom de

---

[596] Peltier, *La Révolution du 10 Août*, ii. 193, 194. 389.

Montmorin : « Le 4 septembre 1792, le sieur Montmorin a été jugé par le peuple et exécuté sur le champ ».[597]

D'autres victimes suivirent rapidement : Thierry de Ville d'Avray, *valet de chambre* du Roi, gardien du Garde Meuble où étaient conservés les joyaux de la Couronne, fut condamné par ces mots : « Tel maître, tel homme ». Deux magistrats, Buob et Bosquillon, qui avaient ouvert une enquête sur les événements du 20 juin, le comte de Saint-Marc, le comte de Wittgenstein, l'avoué Séron — accusé de calomnier la nation parce qu'il s'était plaint d'avoir été rudement réveillé de son sommeil la nuit de son arrestation — furent tous mis à mort avec une barbarie indescriptible.

Jourgniac de St. Méard a décrit de façon saisissante l'agonie de l'esprit dans laquelle lui et ses compagnons de détention ont passé cette terrible nuit et le non moins terrible jour qui suivit, car les cris perçants des victimes les pénétraient dans leur prison, et personne ne doutait qu'avant longtemps leur propre tour viendrait.

> « La principale chose dont nous nous occupions, dit St Méard, était de savoir quelle position nous devions prendre pour recevoir la mort le moins douloureusement quand nous entrerions dans le lieu du massacre. De temps en temps nous envoyions un de nos camarades à la fenêtre de la tour, pour nous dire quelle position prenaient ces malheureux qu'on immolait alors, afin de calculer d'après leur rapport celle qu'il nous serait préférable de prendre. Ils rapportèrent que ceux qui tendaient les mains souffraient beaucoup plus longtemps, parce que les coups de sabre s'arrêtaient avant d'atteindre leur tête — il y en avait même dont les mains et les bras tombaient avant leur corps — et que ceux qui les tenaient dans le dos semblaient souffrir beaucoup moins... Eh bien, c'est sur ces horribles détails que nous avons délibéré... Nous calculâmes les avantages de cette dernière position, et nous nous conseillâmes mutuellement de l'adopter lorsque notre tour viendrait d'être massacré ! ... »

Ce n'est que vers minuit que la troupe des prêtres, dont faisait partie l'abbé Salamon, fut conduite devant le terrible tribunal.

> « Nous marchâmes, dit le nonce, qui n'avait certes pas acquis la résignation de ses compagnons plus dévots, escortés par une foule en armes, au milieu d'un grand nombre de torches, et sous les rayons d'une belle lune qui éclairait tous ces vils scélérats. » Traduits devant la table couverte de verdure, ils attendirent leur sentence, tandis qu'une querelle s'engageait entre les juges. Enfin Maillard, en faisant sonner bruyamment sa cloche, obtint le silence, et un de ses assistants s'adressa à la foule : » Voilà un tas de coquins qui attendent la juste punition de leurs crimes. Tous

---

[597] Il s'agit d'une erreur. Montmorin a été massacré le 2 septembre.

ces gens sont des prêtres ; ce sont les ennemis jurés de la nation, qui n'ont pas voulu prêter serment… ; ce sont de vrais aristocrates, il faut commencer par eux, certainement ce sont les plus coupables. »

La forme de l'interrogatoire se bornait à une seule question : « Avez-vous prêté le serment ? ».

« Le premier à y répondre fut le vieux curé de Saint-Jean-en-Grève qui, avouant courageusement qu'il ne l'avait pas prêté parce qu'il le considérait comme contraire aux principes de sa religion, demanda seulement qu'on lui épargne une mort lente en considération de son grand âge et de son infirmité. Aussitôt une tempête de coups s'abattit sur la tête du vénérable, et un instant après son corps sans vie était traîné dehors aux cris de » Vive la nation ! »

Presque tous ses compagnons partagèrent le même sort ; parmi les derniers à tomber se trouvaient les deux frères Minim, au sujet desquels une lutte furieuse eut lieu, les uns des assassins voulant les faire sortir et les tuer, les autres les retenir dans la salle.

« J'ai remarqué, dit Salamon, que le sous-diacre qui désirait tant mourir opposait moins de résistance à ceux qui voulaient le traîner dehors qu'à ceux qui voulaient le sauver. À la fin, les scélérats triomphèrent, et ils furent massacrés. »

Telle était la nature de la « gangrène » que les régénérateurs de la France jugeaient nécessaire de détruire ! Tel était le clergé de l'Ancien Régime, qu'on nous a décrit comme « vicieux » et « efféminé », et dont le sort n'était que la juste rétribution de ses actes ! Parmi les prêtres qui périrent en ces jours de septembre, il n'y en avait pas un seul qui se fût distingué par sa prodigalité ou son extravagance ; la grande majorité était constituée d'hommes humbles et saints, dont beaucoup avaient des cheveux blancs et étaient vénérables, qui avaient passé leur vie à faire le bien et qui, dans la mort, manifestaient une résignation héroïque jamais égalée dans les premiers temps de la chrétienté. Non, le vieil ordre n'était pas effacé qui a produit de tels hommes ! Les prisonniers laïcs, cependant, n'étaient pas tous de l'étoffe dont sont faits les martyrs.

Certains se défendirent vigoureusement. Deux hommes tout à fait jeunes, qui avaient été reconnus comme membres de la nouvelle garde du corps du roi, ont été traînés en avant et dénoncés à la foule comme étant des *chevaliers du poignard*, qui devaient être punis sur place, ce à quoi la foule a répondu par des hurlements sauvages de « mort ! mort ! ».

« C'étaient, dit l'abbé Salamon, deux jeunes gens d'une figure superbe et d'un beau visage… » ; la foule 'commença à les accabler d'injures ; puis un homme, plus lâche que les autres, donna au plus grand un violent coup de sabre, auquel il ne répondit que par un haussement d'épaules. Alors commença une lutte horrible entre ces vils buveurs de sang et ces deux jeunes gens, qui, quoique sans armes, se défendirent comme des lions. Ils en jetèrent plusieurs (de leurs assaillants) à terre, et je pense que si seulement ils avaient eu un couteau, ils auraient été victorieux. Enfin, ils tombèrent sur le sol de la salle, tous percés de coups. Ils semblaient désespérer de mourir, et j'en ai entendu un s'écrier : « Faut-il mourir à cet âge et de cette manière ? ».

Pendant toute cette nuit épouvantable, les massacres continuèrent dans les cours de la prison. L'abbé Sicard, toujours détenu dans le hall de la section, entendait les cris des victimes, les hurlements des assassins, les chants et les danses sauvages qui se déroulaient autour des corps des morts. Par intervalles, un assassin, les manches retroussées, serrant un sabre taché de sang, venait à la section réclamer de la boisson : « Nos bons frères ont longtemps travaillé dans la cour ; ils sont fatigués, leurs lèvres sont sèches ; je viens demander du vin pour eux ! » Et finalement le comité leur commanda en tremblant quatre autres flagellations. Puis, rendus fous par les vapeurs de l'alcool, les massacreurs reprirent leur hideuse besogne.

> 'On se plaignit, dit l'abbé Sicard, que ces aristocrates mouraient trop vite, que les premiers seulement avaient le plaisir de frapper, et l'on décida de ne les frapper que du plat de l'épée, et de les faire ensuite courir entre deux rangs de massacreurs, comme on le faisait autrefois pour les soldats condamnés à être flagellés. Il fut également décidé qu'il y aurait des sièges autour de cet endroit pour les « dames » et les « messieurs ». '... On peut imaginer, ajoute Sicard de manière significative, quelles *dames* c'étaient ! »

Le conseil de la Commune avait pris soin de fournir non seulement les acteurs mais aussi le public. Les femmes du quartier, formées à la Société Fraternelle, furent renforcées lors des massacres de septembre par une terrible brigade de malfaiteurs féminins libérés des prisons, dont le rôle était d'applaudir les assassinats et d'inciter les meurtriers à de nouvelles violences. C'est cette légion qui peupla par la suite les tribunes de la Terreur, et qui fut connue sous le nom de *tricoteuses* ou » furies 'de la guillotine.[598]

Rien n'avait été laissé au hasard par les organisateurs des massacres. Au milieu de la nuit, les membres de la Commune, alarmés par la crainte que, sous l'influence de boissons ardentes et de l'excitation, une partie du butin sur lequel ils comptaient ne leur échappe, députent à nouveau Billaud-Varenne pour haranguer les massacreurs.

---

[598] Histoire secrète du Tribunal révolutionnaire, par Proussinalle, p. 42 ; Crimes de la Révolution, par Prudhomme, iii. 272, 273.

« Mes amis, mes bons amis, s'écria Billaud, debout sur une estrade au milieu d'eux, la Commune m'envoie vers vous pour vous représenter que vous déshonorez cette *belle journée*. On leur a dit que vous voliez ces coquins d'aristocrates après avoir exécuté sur eux la justice. Partez, laissez tous les bijoux, tout l'argent et les biens qu'ils ont sur eux pour les frais du grand acte de justice que vous exercez. *Ils auront le soin de vous payer comme cela a été convenu avec vous*. Soyez noble, grand et généreux comme la profession que vous exercez. Que tout dans ce grand jour soit digne du peuple dont la souveraineté vous est confiée ! »[599]

Et ce sont ces massacres que la Commune s'est ensuite déclarée impuissante à *empêcher* !

Même pour l'observateur le plus ingénu, il était évident que les atrocités qui se produisaient n'étaient pas le fruit d'une fureur populaire mal dirigée, mais le résultat d'un plan bien ficelé. L'honnête Dr John Moore, étranger à toutes les intrigues, avait appris plus tôt dans la journée que « le peuple » avait fait irruption dans l'Abbaye et massacrait les prisonniers. Mais à minuit, alors qu'il est assis en train d'écrire dans son hôtel, tout près de la prison, une soudaine révélation lui vient : d'un seul coup, il comprend, et avec un frisson de réalisation, il écrit ces mots lumineux : '*Est-ce* l'œuvre d'une foule furieuse et désorientée ? Comment se fait-il que les citoyens de cette métropole populeuse restent les spectateurs passifs d'un outrage aussi épouvantable ? Est-il possible que ce soit l'accomplissement d'un plan concerté il y a deux ou trois semaines ; que ces arrestations arbitraires aient été ordonnées dans ce but ; que de fausses rumeurs de trahisons et de projets d'insurrections et de massacres aient été répandues pour exaspérer le peuple ; et que, profitant des rumeurs de mauvaises nouvelles en provenance des frontières, des ordres ont été donnés pour faire tirer le canon et sonner le tocsin, afin d'accroître l'alarme et de terrifier le public

---

[599] *Mémoires de l'Abbé Sicard* ; Felhémési, op. cit. Il semble cependant que Billaud ne les ait pas payés comme convenu, car Felhémési raconte qu'un terrible tumulte s'éleva le lendemain lorsqu'il réapparut à la prison, et qu'il fut entouré d'une horde d'assassins réclamant des salaires plus élevés. « Pensez-vous que je n'ai gagné que 24 francs ? », dit à haute voix un apprenti boucher, armé d'une massue. « J'en ai tué plus de quarante pour mon propre compte. Cela semble confirmer la déclaration de Maton de la Varenne selon laquelle, à l'engagement, on leur promettait 30 livres, mais certains ne furent payés que 24 livres, comme le révèlent les registres de la Commune. L'abbé de Salamon, qui les a vus être payés le mercredi matin 5 septembre par un membre de la Commune portant son écharpe municipale, raconte : "Le salaire donné à ceux qui avaient, comme on disait, 'bien travaillé' — c'est-à-dire bien massacré — était de 30 à 35 francs. Un certain nombre obtenait moins. J'en ai même vu un qui n'a obtenu que 6 francs. Son travail n'était pas jugé suffisant » (*Mémoires de Monseigneur de Salamon*, p. 122).

pour qu'il acquiesce, *tandis qu'une bande de brutes choisies a été engagée pour massacrer ceux que la haine, la vengeance ou la peur avaient destinés à la destruction, mais que la loi et la justice ne pouvaient pas détruire ?*

« Il est maintenant minuit passé, et le travail sanglant continue ! Dieu tout-puissant ! »

MASSACRE À LA FORCE[600]

Ce n'est pas seulement à l'Abbaye que l'œuvre sanglante était en cours ; pendant la même nuit, le Châtelet et la Conciergerie avaient été envahis par d'autres bandes de massacreurs. À une heure du matin, le 3 septembre, le massacre commença à La Force. C'est là qu'un certain nombre d'aristocrates avaient été incarcérés après le 10 août, parmi lesquels M. de Rulhières, ex-commandant de la garde montée de Paris, MM. de Baudin et de la Chesnaye, qui avaient conservé le commandement des Tuileries après l'assassinat de Mandat ; plusieurs dames de la reine, Madame et Mademoiselle de Tourzel, Madame de Sainte-Brice, la princesse de Lamballe, Madame de Mackau, Madame Bazire, Madame de Navarre ; un frère adoptif de la reine, nommé Weber, et Maton de la Varenne, auteur des mémoires déjà cités. Il y avait aussi dix ou douze prêtres ; le reste des prisonniers étaient des malfaiteurs ordinaires. Très peu d'aristocrates périrent, environ six en tout, dont De Rulhières et De la Chesnaye. Weber et Maton de la Varenne, pourtant tous deux ardents royalistes, sont acquittés, au milieu des applaudissements frénétiques de la populace.[601] Toutes les dames de la Reine, à une exception tragique près, sont également libérées par la Commune grâce à l'influence de Manuel. Mais il y eut une victime que même Manuel fut impuissant à sauver. C'était l'amie de la Reine, la malheureuse Princesse de Lamballe.

"La condamnation de la princesse de Lamballe," écrivent MM. Buchez et Roux ont l'infamie d'écrire : "ne s'explique-t-elle pas tout simplement par la haine particulière que le peuple lui portait ?".[602] Jamais calomnie plus noire ne fut proférée contre la princesse ou le peuple. Au milieu de toutes nos agitations, reconnaît même le révolutionnaire Mercier, elle n'avait joué aucun rôle ; *rien ne pouvait la rendre suspecte aux yeux du peuple,* par lequel elle n'était connue que par d'innombrables actes de bienveillance.

---

[600] Autorités consultées sur le massacre de La Force : *Mémoires de Weber*, II 265 ; *Ma Résurrection*, par Maton de la Varenne ; *Les Crimes de Marat*, par Maton de la Varenne.

[601] *Moniteur*, xiii. 603.

[602] Buchez et Roux, xvII 418.

Dans les domaines de son beau-père, le duc de Penthièvre, avec lequel elle vivait depuis la mort prématurée de son mari, on l'appelait « le bon ange » ; dans le monde entier, elle n'avait qu'un ennemi implacable, le beau-frère de son mari, Philippe d'Orléans. On a dit que la dot de la princesse avait excité la cupidité du duc, et que, par sa mort, il espérait l'ajouter à sa fortune décroissante ; que cela soit vrai ou non, le duc avait un autre motif de ressentiment, à savoir que la princesse, reconnaissant sa complicité dans la marche sur Versailles le 5 octobre 1789, avait refusé dès lors de le fréquenter.[603] C'était assez pour exciter toute la haine amère dont Philippe se montrait particulièrement capable, et sous l'influence d'une vanité blessée, il projeta une terrible vengeance.

Manuel, qui avait été jusqu'alors partisan du duc d'Orléans, avait cependant reçu la somme de 50 000 écus pour sauver la princesse, et, contrairement à Danton, Manuel faisait preuve d'une certaine intégrité à l'égard des pactes de ce genre. Il exécuta donc sa promesse de délivrer Madame et Mademoiselle de Tourzel, pour lesquelles il avait reçu une forte rançon, et donna également l'ordre de mettre en liberté la princesse de Lamballe.[604] Mais les complices du duc sont trop forts pour lui. Une fois de plus, on avait fait appel aux services du sanguinaire Rotondo, qui, après la dissolution de la Compagnie du Sabbat, était toujours à la solde de la conspiration orléaniste, et qui se plaçait à la tête d'une bande d'assassins féroces spécialement engagés pour exécuter la vengeance du duc. Les hommes qui composaient cette bande étaient Gonor, un charron, Renier, dit « le grand Nicolas », un agitateur du Palais Royal appelé Petit Mamain, Grison et Charlat.[605]

Le 3 septembre, à huit heures du matin, la princesse de Lamballe est traduite devant le prétendu « tribunal » présidé par Hébert,[606] devenu à jamais infâme comme auteur de l'atroce accusation portée contre la reine lors de son procès. Le verdict est, bien sûr, couru d'avance.

'Lorsque la princesse fut arrivée devant cet effrayant tribunal, dit Peltier, la vue des armes tachées de sang, des assassins, dont le visage et

---

[603] Montjoie, *Conjuration de d'Orléans*, iii. 210 ; *Histoire particulière*, par Maton de la Varenne, p. 395 ; Peltier, *Révolution du 10 Août*, ii. 313.

[604] Montjoie, *Conjuration de d'Orléans*, iii. 210 ; *Histoire particulière*, par Maton de la Varenne, p. 395.

[605] *Ibid* ; également Beaulieu, iv. 110 ; *Histoire des Girondins*, par Granier de Cassagnac, II 510, 515 ; Mortimer Ternaux, III 498.

[606] *Histoire particulière*, par Maton de la Varenne ; *Révolution du 10 Août*, par Peltier, ii. 305.

les vêtements étaient marqués de sang, lui causa un si grand choc qu'elle tomba dans un évanouissement successif. Puis, dès qu'elle a suffisamment repris connaissance, son contre-interrogatoire commence.

« Qui êtes-vous ? »

'Marie Louise, princesse de Savoie. »

"Votre position ?"

"Surintendant de la maison de la Reine."

"Avez-vous connaissance des complots du 10 août ?"

"Je ne sais pas s'il y avait des complots le 10 août, mais je sais que je n'en avais pas connaissance."

"Prêtez le serment de liberté, d'égalité, de haine du roi, de la reine et de la royauté. Je jure volontiers sur le premier, mais pas sur le dernier. Ce n'est pas dans mon cœur."

Quelqu'un lui a chuchoté : "Jure, si tu ne le fais pas, tu es morte". »

Mais cette femme héroïque, dont la nervosité excessive avait excité jusqu'à la moquerie bienveillante de ses amis, maintenant que le moment suprême était arrivé, n'a jamais faibli dans sa résolution ; sur la chair frémissante, l'esprit indomptable s'est élevé triomphalement. Sans un mot, elle se dirigea vers le guichet, sachant bien le sort qui l'y attendait.

Le juge a alors dit : "Libérez Madame". Ces mots étaient le signal de la mort.[607]

Instantanément, la bande d'assassins engagés s'est refermée sur elle. La porte a été ouverte. On dit qu'à la vue des cadavres entassés autour d'elle, elle a crié faiblement "Fi ! l'horreur !". et que deux de ses assassins, dont l'un était Gonor, la tenant par les bras, l'ont forcée à avancer, s'évanouissant à chaque pas, sur les corps des morts.

Mais l'histoire hideuse de sa fin est déjà connue de tous, et il n'est pas nécessaire de la raconter ici. Pour le but de ce livre, il est seulement nécessaire de suivre l'intrigue qui a ordonné le crime, et de prouver la non-complicité du peuple.

Le principal meurtrier de la Princesse de Lamballe était donc un Italien — Rotondo. Il n'y a aucun doute à ce sujet, car, outre les affirmations de Montjoie, nous avons les témoignages de Maton de la Varenne, qui était à

---

[607] Peltier, Histoire de la Révolution du 10 Août, ii. 3o6.

la prison de La Force à l'époque,[608] et de Peltier, qui était à Londres lorsque Rotondo, dans une taverne de cette ville, s'est ouvertement vanté de sa participation au crime.[609] De plus, lorsque Rotondo s'est ensuite enfui en Suisse, il a été arrêté par le gouvernement comme "l'un des assassins de la princesse de Lamballe" et emprisonné par le roi de Sardaigne.[610]

Un document curieux, conservé parmi les papiers de Chatham au Record Office de Londres, jette une lumière supplémentaire sur cet incident. Apparemment, Pitt avait l'habitude d'employer des agents secrets pour lui fournir des informations sur les intrigues révolutionnaires, et l'un d'entre eux lui a demandé des renseignements sur Rotondo, dont la vantardise dans la taverne avait peut-être atteint ses oreilles. À cette demande, son correspondant répond de manière étonnante que Rotondo était le mari d'une des cuisinières de la Princesse de Lamballe, qui avait aidé à démembrer le corps de sa maîtresse.[611]

Or, on disait à Paris que plusieurs valets de pied de la princesse, déguisés en massacreurs, avaient tenté de la sauver,[612] mais qu'ils avaient été reconnus dans la foule et maîtrisés. Qui était si susceptible de les reconnaître comme leur compagnon de service ? Et puisque Rotondo était depuis plus de deux ans à la solde du duc d'Orléans, n'est-il pas possible que sa femme — elle aussi peut-être italienne — ait été introduite à l'hôtel de Penthièvre comme complice de la conspiration orléaniste ?

Il est évident, d'ailleurs, que la bande avait été engagée pour ce seul crime, puisqu'aucun d'entre eux n'a été payé par la Commune,[613] et qu'ils ne semblent pas avoir pris part aux massacres, mais dès qu'ils eurent accompli leur mission sanguinaire, ils partirent avec leur trophée, la tête de la princesse, pour la montrer à leur employeur. Par un raffinement de brutalité, ils s'arrêtèrent d'abord chez un coiffeur pour que les longues boucles blondes soient lavées des taches de sang et fraîchement poudrées, puis, menés par Charlat portant la tête sur une pique, ils allèrent l'exhiber

---

[608] Maton de la Varenne, *Histoire particulière*, etc., p. 395.

[609] Peltier, Révolution du 10 Août, ii. 313.

[610] Vieilles Maisons vieux Papiers, par G. Lenôtre, ii. 153.

[611] Voir l'annexe, p. 504.

[612] La Révolution du 10 Août, par Peltier, ii. 380.

[613] Voir la liste des assassins publiée par Granier de Cassagnac, *Histoire des Girondins*, ii. 502.

aux deux meilleures amies de la princesse morte, Gabrielle de Beauvau, abbesse de l'Abbaye de Saint-Antoine, et Marie-Antoinette au Temple.

Après cela, le cortège s'est mis en marche au milieu du roulement des tambours et au son de' Ça ira ! jusqu'au Palais Royal. Le duc d'Orléans venait de se mettre à table avec sa maîtresse, Madame Buffon, et plusieurs Anglais, lorsque les hurlements sauvages de triomphe qui annonçaient cette arrivée attirèrent son attention. Il se dirigea vers la fenêtre, regarda calmement la scène, contempla d'un air parfaitement impassible le visage blanc et mort, les boucles blondes flottant autour de la tête de brochet, et sans un mot retourna à sa place à table. L'un des Anglais présents, saisi d'horreur, se leva et quitta la pièce ; les autres restèrent à festoyer avec le meurtrier.[614] Nous verrons plus tard qui étaient ces hommes.

Mais une fois de plus Philippe d'Orléans s'était dépassé ; l'effet de ce crime atroce fut de lui aliéner les sympathies d'au moins deux de ses partisans. Manuel, dit Montjoie, outragé par l'assassinat de la princesse de Lamballe, déclara dès ce moment une guerre à mort à d'Orléans. Impulsif dans ses passions, ne connaissant la modération ni en bien ni en mal, il n'était plus ni républicain, ni royaliste, ni constitutionnel, ni monarchiste ; il n'était plus qu'anti-Orléaniste... Ce n'était pas de la haine, c'était de la rage. L'abbé Fauchet fut pris de la même fureur... Il se mit à composer un journal qui n'était qu'un long tissu d'injures et d'imprécations contre le parti qu'il avait enfin abandonné. Souvent en relisant ses pages, il disait : « Ah mais mon Dieu ! que faut-il faire pour avoir l'honneur d'être massacré par ces gens-là ? »

Plusieurs membres de la Convention se rangent par la suite du côté de Manuel et de Fauchet.

La plupart des assassins de la princesse de Lamballe finirent aussi misérablement que leur chef ; après le 9 thermidor, une enquête fut ouverte sur les massacres de septembre, et Renier, le grand Nicolas, fut condamné à vingt ans de fers, Petit Mamain à la déportation, Charlat, porteur de la tête de la princesse, et coupable d'autres outrages qu'on ne saurait décrire, fut mis à mort par les soldats du régiment dans lequel il s'était engagé et à qui il avait vanté son crime, tandis que Rotondo, le chef de la bande, mena une vie de chasseur exécré par tous ses semblables, et mourut en prison ou sur la potence.

---

[614] Montjoie, *Conjuration de d'Orléans*, iii. 211 ; Beaulieu, iv. 114 ; Peltier, ii. 312.

LES VICTIMES DES MASSACRES

Il n'est heureusement pas nécessaire au but de ce livre de décrire le reste des massacres, qui ont duré cinq jours et cinq nuits de suite ;[615] on en a déjà assez dit pour donner une faible idée des horreurs qui se sont déroulées tout au long de cette semaine d'infâme mémoire — toute la vérité serait insupportable à lire, encore plus à écrire. Il ne reste plus qu'à montrer qui furent les principales victimes.

Le nombre des aristocrates qui périrent fut, comme nous l'avons vu, comparativement infinitésimal ; plusieurs des plus ardents royalistes réussirent à désarmer leurs assassins. À l'Abbaye, où le massacre se poursuivit pendant deux jours et deux nuits presque sans interruption, l'héroïque princesse de Tarente, ayant refusé, dans des termes presque identiques à ceux de la princesse de Lamballe, de trahir la reine, fut portée en triomphe par la foule.[616] Mademoiselle de Cazotte, entourant de ses bras son père aux cheveux blancs, toucha le cœur des spectateurs, et le vieillard fut mis en liberté par la populace,[617] pour tomber trois semaines plus tard sous les coups du tribunal révolutionnaire. Mademoiselle de Sombreuil, qui avait réellement bu le verre de sang pour sauver la vie de son père, obtint également pour lui un sursis temporaire.[618] Jourgniac de St. Méard est acquitté après s'être avoué hardiment « un franc royaliste ». L'abbé de Salamon fut sauvé par sa gouvernante, Madame Blanchet, une vieille paysanne héroïque qui l'avait suivi en pleurant jusqu'à la porte de l'Abbaye, et avait attendu patiemment pendant cinq jours sans toucher à la nourriture solide. Apprenant à un moment donné que son maître avait été massacré, Blanchet et une amie, une femme du peuple aussi robuste et courageuse qu'elle, se rendirent dans la cour de l'Abbaye, résolues à connaître le pire.

Puis, pleurant amèrement, les deux pauvres femmes retournèrent un à un les cadavres nus, craignant chaque fois de trouver le visage qu'elles cherchaient. Quand elles eurent ainsi examiné une centaine de morts,

---

[615] C'est-à-dire du dimanche 2 au jeudi 6, ou peut-être au vendredi 7. Granier de Cassagnac, ii. 419 ; Beaulieu, iv. 115 ; *Mémoires de Monseigneur de Salamon*, p. 121 ; voir aussi la Lettre de Pétion à l'Assemblée le 7 septembre, *Moniteur*, xiii. 644.

[616] *Révolution du 10 Août*, ii. 285, par Peltier.

[617] « Le peuple, touché par ce spectacle, demanda grâce pour lui et l'obtint » (*Mon Agonie de Trente-huit Heures*, par Jourgniac de St Méard).

[618] Cette histoire a été déclarée comme étant une légende, mais Granier de Cassagnac la confirme par des preuves documentaires ; voir *Histoire des Girondins*, ii. 223, 226.

Madame Blanchet s'écria avec des larmes de joie : « Il n'est pas là ! et à partir de ce moment, elle supplia tous ceux qu'elle rencontrait d'obtenir sa libération.

Ces efforts n'ayant pas abouti, Madame Blanchet saisit enfin par le col de son manteau un député de l'Assemblée qui traversait le jardin des Tuileries, et le contraignit à intercéder pour l'abbé de Salamon. Par ce moyen, la fidèle Blanchet parvint à ses fins, et son maître lui fut rendu vivant.

Si un certain nombre d'aristocrates furent ainsi sauvés des massacres, pour » le peuple », comme le 10 août, les révolutionnaires n'eurent aucune pitié. Car si l'objet des massacres était, comme nous l'avons vu, de débarrasser l'État de ce membre gangrené qu'était la noblesse et le clergé, l'opération fut très imparfaitement réalisée, tandis qu'en revanche une amputation drastique fut exercée sur « le peuple ». »

Ainsi, à la Conciergerie, où le massacre commença dans la nuit du 2 au 3 septembre, les prisonniers, à l'exception de M. de Montmorin, gouverneur de Fontainebleau, et de sept ou huit officiers suisses, étaient tous des criminels ordinaires des classes les plus pauvres,[619] et parmi eux, 320 au moins furent massacrés sans même la formalité d'un procès.[620] Trente-six survivants furent libérés à condition de s'associer aux assassins, et soixante-quinze femmes, pour la plupart des voleuses, furent enrôlées avec le reste des délinquantes libérées pour grossir les rangs des futures *tricoteuses*. [621]Une seule femme — une marchande de fleurs du Palais Royal — périt ici après les tortures les plus inhumaines.[622]

Le Châtelet, attaqué la même nuit, ne contenait que des hommes du peuple — tous étaient des voleurs ; 223 ont péri également sans procès.[623]

De ces pauvres victimes de la cause de la « liberté », nous n'avons aucune trace ; dans le grand tourbillon de la Révolution, elles ont sombré dans une masse indistincte ; aucun chroniqueur n'était là pour décrire leurs derniers instants, aucun survivant n'a écrit ses mémoires ; de plusieurs centaines, en fait, on ne sait pas si elles ont vécu ou si elles sont mortes —

---

[619] Granier de Cassagnac, *Histoire des Girondins*, ii. 343.

[620] *Ibid.* pp. 351-367.

[621] *Crimes de la Révolution*, par Prudhomme, iv. 112.

[622] *Ibid.* iv. 113.

[623] Granier de Cassagnac, *op, cit.* pp. 372, 377-389.

elles ont simplement disparu.[624] Un trait d'héroïsme se détache des ténèbres de l'oubli : un pauvre criminel, à qui l'on avait offert la vie à condition qu'il s'enrôle parmi les massacreurs, s'est attelé à l'horrible besogne, a porté un ou deux coups mal ciblés, puis, pris d'horreur pour lui-même, a jeté la hachette en s'écriant : « Non, non, je ne peux pas ! Mieux vaut être une victime qu'un meurtrier ! J'aime mieux recevoir ma mort de vauriens comme vous que de la donner à des innocents désarmés. Frappez-moi ! » Et il tomba instantanément sous les coups de ses assassins.

Le lendemain, 3 septembre, la Tour Saint-Bernard fut attaquée ; là, soixante-quinze hommes condamnés aux galères furent mis à mort, et leurs corps dépouillés de leurs pauvres économies.[625] Mais de toutes les brutalités qui eurent lieu en ces jours de septembre, le massacre de Bicêtre fut le plus atroce. Bicêtre avait toujours été la prison du peuple, et, comme nous l'avons vu plus haut dans ce livre, bien plus redoutée par lui que la Bastille. On aurait donc pu s'attendre à ce que l'ouverture de cette forteresse du despotisme se termine, comme la « prise » de la Bastille, par la libération triomphale de ses victimes. Si la Révolution avait été faite par le peuple, c'est sans doute ce qui serait arrivé, mais c'est par les sections révolutionnaires de Paris, sous le contrôle de la Commune, que l'attaque de Bicêtre fut organisée, et c'est par elles que des canons furent fournis à cet effet.[626] On alla à Bicêtre avec sept canons, dit le rapport menteur de l'Assemblée ; le peuple, en exerçant sa vengeance, montra ainsi sa justice. Quelle forme a pris cette justice [627]? Le massacre de 170 pauvres gens, parmi lesquels se trouvaient un certain nombre de jeunes garçons de *douze* ans et plus — de malheureux petits » gamins des rues « détenus, dans bien des cas, à la demande de leurs parents, en guise de punition pour des délits mineurs.[628] Dans toutes les annales de la Révolution, il n'y a pas de passage plus déchirant que le récit de cet acte immonde donné plus de quarante ans plus tard par l'un des geôliers :

> "Ils en ont tué trente-trois, les malheureux ! Les assassins nous ont dit — et d'ailleurs nous avons pu le constater par nous-mêmes — que ces pauvres enfants étaient bien plus difficiles à achever que les hommes adultes. Vous comprenez qu'à cet âge-là, la vie est dure. Ils en ont tué trente-trois ! Ils en ont fait une montagne, là-bas dans le coin... à votre

---

[624] *Ibid*. p. 352.

[625] Mortimer Ternaux, iii. 272 ; Granier de Cassagnac, *op. cit.* ii. 83, 468.

[626] Granier de Cassagnac, *op. cit.* ii. 432.

[627] Procès-verbaux de l'Assemblée Nationale, xiv. 219.

[628] Mortimer Ternaux, iii. 294 ; Granier de Cassagnac, ii. 434.

droite... Le lendemain, quand on a dû les enterrer, c'était un spectacle à vous couper le souffle ! Il y en avait un qui avait l'air d'être endormi, comme un ange du bon Dieu ; mais les autres étaient horriblement mutilés."[629]

À la Salpetrière, maison de correction pour les femmes, comme Bicêtre l'était pour les hommes, des barbaries indicibles ont eu lieu ; trente-cinq victimes en tout ont péri, et ce ne sont pas les plus malheureuses. Les abominations commises sur des petites filles de dix à quinze ans ne peuvent être décrites.[630]

"Si vous saviez les détails effrayants !" écrivit plus tard Madame Roland à propos du massacre de la Salpêtrière, » des femmes brutalement violées avant d'être mises en pièces par ces tigres ! ...

Vous connaissez mon enthousiasme pour la Révolution ; eh bien, j'en ai honte ; elle est déshonorée par des scélérats, elle est devenue hideuse ! »[631]

Le fait que le « peuple » ait été la principale victime des massacres de septembre n'est pas une question d'opinion mais de fait. Le tableau suivant donne les statistiques précises concernant la classe des victimes sacrifiées :

---

[629] Barthélemy Maurice, *Histoire politique et anecdotique des Prisons de la Seine*, p. 329.

[630] *Crimes de la Révolution*, par Prudhomme, iv. 118, 119.

[631] Madame Roland, *Lettres à Bancal des Issarts*, pp. 348, 349.

Analyse des victimes dans les massacres de septembre[632]

Nom de la prison	Aristocrates et fonctionnaires	Prêtres	Personnes	Total
L'Abbaye	circ. 28 (dont 11 officiers)	44	circ. 99 (dont 69 soldats)	circ. 171
Les Carmes	1	119	..	120
St. Firmin	..	79	..	79
Châtelet	..	..	223	223
Conciergerie	8 (dont 7 officiers suisses)	..	320	328
La Force	6 (dont 2 officiers	3	160	169
Bernardins	..	..	73	73
Bicêtre	..	..	170	170
Salpetrière	..	..	35	35
	43	245	1080	1368

Si, par conséquent, nous excluons les soixante-neuf soldats qui ont péri en tant que derniers défenseurs de la royauté, nous arrivons à l'énorme total de *1011 victimes parmi « le peuple » qui n'avait aucun lien avec la situation politique.* Pourtant, c'est cette boucherie insensée et massive que les chefs révolutionnaires ont décrite comme « juste » et « nécessaire », mais que, lorsqu'ils ont réalisé l'horreur universelle qu'elle inspirait, ils ont bassement attribuée au peuple.

---

[632] Les totaux de ces listes sont tirés de M. Mortimer Ternaux (*Histoire de la Terreur*, III 548) ; les détails de M. Granier de Cassagnac (*Histoire des Girondins*, tome II). Les chiffres donnés sont les plus bas possibles ; selon M. Granier de Cassagnac, 370 personnes ont péri à la Conciergerie ; selon Prudhomme, 380. Voir *Crimes de la Révolution*, iv. 86.

« C'était un mouvement populaire », déclara ensuite Robespierre, » et non pas, comme on l'a ridiculement supposé, la sédition partielle de quelques scélérats payés pour assassiner leurs semblables ».

Et avec une hypocrisie révoltante, il ajoutait :

« On nous assure qu'*un innocent* a péri - on s'est plu à en exagérer le nombre — mais *un seul* est de trop sans doute. Citoyens, pleurez cette cruelle erreur, nous l'avons longtemps pleurée... mais laissez votre chagrin avoir son terme comme toutes les choses humaines ! Gardons quelques larmes pour des calamités plus touchantes ! »[633]

Marat rejeta également toute la responsabilité sur le peuple : « Les événements désastreux des 2 et 3 septembre furent entièrement provoqués par l'indignation du peuple qui se voyait l'esclave de tous les traîtres qui avaient causé ses désastres et ses malheurs ». C'est une « insinuation perfide que d'attribuer ces exécutions populaires » à la Commune, exécutions que, dans le même souffle, Marat, avec sa folle inconséquence habituelle, qualifie de « malheureusement trop nécessaires ». Si elles étaient nécessaires, pourquoi était-il perfide de les attribuer à la Commune ?

Les historiens qui se sont fait un devoir de blanchir Marat, Danton et Robespierre, atteignent leur but par le même procédé de noircissement du peuple.

« Nous croyons que le massacre de la prison de l'Abbaye, écrit Bougeart, l'adorateur de Marat, a été exécuté par le peuple, *par le vrai peuple*... Marat ne peut en être accusé, car il a tout fait avant et pendant l'événement pour empêcher des atrocités aussi horribles. De toutes les calomnies sur le peuple proférées par les hommes qui se disaient ses amis, cette accusation d'avoir commis les massacres de septembre est la plus infâme et la plus infondée. Outre les révélations de Prudhomme, à qui les auteurs des massacres ont confié leurs desseins dans les dialogues déjà cités,[634] outre les témoignages de témoins oculaires qui ont vu les assassins se faire payer par les émissaires de la Commune, nous avons des preuves

---

[633] Robespierre, *Lettres à ses commettants*, n° 4, p. 170, 172, 173. Cet « innocent » n'était pas, cela va sans dire, l'innocente princesse de Lamballe, ni les prêtres martyrs, ni les pauvres petits garçons de Bicêtre. La victime en question était simplement un bon citoyen, nommé électeur la veille par sa section (Granier de Cassagnac, *Histoire des Girondins*, II 66).

[634] Voir aussi la déclaration catégorique de Prudhomme : « Le peuple ne tuait pas, les massacreurs étaient des hommes payés pour le faire » (*Crimes de la Révolution*, iv. 107).

documentaires de ces faits — les registres de la Commune consignant les sommes versées ont été conservés ;[635] un certain nombre de reçus signés par les assassins existaient encore jusqu'en 1871.[636] Les immenses recherches de M. Granier de Cassagnac et de M. Mortimer Ternaux ont depuis longtemps mis à nu toute l'intrigue, et aucun écrivain révolutionnaire n'a jamais réussi à réfuter leurs affirmations. Et pourtant, malgré toutes ces preuves accablantes, nous lisons encore dans les livres anglais — non seulement les livres des fanatiques, mais des histoires sèches et des manuels scolaires — que le peuple de Paris, pris de panique, marcha sur les prisons et massacra les prisonniers !

LES ASSASSINS

Qui étaient les hommes que les chefs ont réussi à enrôler pour cette tâche hideuse ? On s'est donné beaucoup de mal, écrit le Dr John Moore le 10 septembre, pour insister sur l'idée « que les assassins n'étaient rien d'autre qu'une foule de citoyens de Paris *aux mœurs légères* ». C'est absolument faux.[637] Les assassins formaient une bande organisée de 300 hommes au maximum — un point sur lequel s'accordent tous les contemporains qui ne sont pas de connivence avec les chefs.[638] Il n'y a pas non plus de mystère sur leur identité, car les noms et professions du plus grand nombre sont connus, et ont été publiés par M. Granier de Cassagnac.[639] Il y avait donc, outre les Marseillais et les forçats libérés qui formaient le noyau de la bande, un certain nombre d'hommes que l'on pouvait qualifier de citoyens de Paris, et, chose étrange, ce n'étaient pas pour la plupart des brutes des péniches de la Seine ou des masures de Saint-

---

[635] « Procès-verbaux de la Commune de Paris », publié dans les *Mémoires sur les Journées de Septembre*, p. 286, 314 ; Mortimer Ternaux, iii. 525-528 ; Beaulieu, iv. 120-123.

[636] Une liasse de vingt-quatre de ces reçus a été conservée à la Préfecture de police de Paris (Mortimer Ternaux, iii. 525, 527). M. Granier de Cassagnac en a reproduit deux en fac-similé (*Histoire des Girondins*, ii. 514). Ceux-ci ont également été détruits par la Commune de 1871.

[637] *Journal d'une résidence en France*, I 374.

[638] « Le nombre des assassins n'a pas dépassé 300" (Roch Marcandier (témoin oculaire), *Histoire des Hommes de Proie*) ; Louvet dit environ 200 (*Accusation contre Maximilien Robespierre*, Séance de la Convention du 29 octobre 1792) ; « 300", dit Mercier (*Le Nouveau Paris*, i. 94) ; M. Granier de Cassagnac donne 235 comme nombre approximatif (*Histoire des Girondins* ii. 30).

[639] Histoire des Girondins, ii. 502-516.

Marceau, mais des *boutiquiers* ou petits commerçants, bottiers, bijoutiers, tailleurs — deux d'entre eux étaient Allemands — quelques-uns, en effet, paraissent avoir été des hommes instruits.[640] C'est cette dernière classe qui semble s'être prêtée le plus volontiers à ce travail hideux ; les autres ont été persuadés par divers moyens de coopérer. Le plus grand nombre a sans doute cédé à la soif de l'or, à la promesse de vin et de butin en plus de leur salaire ; d'autres, les plus ignorants sans doute, ont cru l'histoire qu'on leur a racontée du complot ourdi par les prisonniers pour massacrer leurs femmes et leurs enfants, et sont partis en toute bonne foi pour détruire les prétendus ennemis de leur pays. Quant à la férocité dont ils firent preuve après s'être mis à la tâche, elle s'explique de la même manière que les outrages commis aux Tuileries le 10 août, par l'effet de la liqueur ardente sur des cerveaux surmenés. D'ailleurs, cette fois, ce n'était pas seulement de l'alcool qu'on leur avait donné, mais quelque chose de plus insidieux qu'on avait introduit à dessein dans la boisson dont on les abreuvait sans cesse. Maton de la Varenne dit que Manuel avait ordonné de mélanger de la poudre à canon à leur eau-de-vie, afin de les maintenir dans un état de frénésie ; mais les *Deux Amis de la Liberté* déclarent qu'ils étaient *drogués* :

> "Il est incontestable que la boisson qui avait été distribuée aux assassins était mêlée à une drogue particulière qui inspirait une fureur terrible, et ne laissait à ceux qui la prenaient aucune possibilité de retour à la raison. Nous connaissions un porteur qui, depuis vingt ans, faisait des courses... dans la rue des Noyers. Il avait toujours joui de la plus grande réputation, et tous les habitants du quartier lui confiaient aveuglément les colis les plus précieux... Il fut traîné le 3 septembre au couvent de Saint-Firmin, où on l'obligea à faire le métier de bourreau. Nous le vîmes six jours après, lorsque nous fûmes nous-mêmes proscrits, et, ayant besoin d'un homme digne de confiance pour nous aider à nous déplacer secrètement, nous nous adressâmes à lui. Il était retourné à son poste ; il tremblait de tous ses membres, avait l'écume à la bouche, demandait sans cesse du vin, sans jamais étancher sa soif et sans être victime de l'ivresse ordinaire. "On me donnait à boire abondamment, disait-il, mais je travaillais bien ; j'ai tué plus de vingt prêtres pour mon compte. Mille autres discours de ce genre lui échappaient, et chaque phrase était interrompue par ces mots : « J'ai soif ». Afin qu'il ne se sente pas enclin à étancher sa soif avec notre sang, nous lui

---

[640] « Ils n'étaient pas tous de la lie du peuple », dit l'abbé Barruel des massacreurs des Carmes ; « leur accent, leurs discours trahissaient parmi eux des adeptes que la philosophie des clubs et des écoles du jour, bien plus que l'ignorance rustre, avait enflammés contre les prêtres » (*Histoire du Clergé*, p. 248).

donnâmes autant de vin qu'il le désirait. Il mourut un mois plus tard sans avoir jamais dormi dans l'intervalle."[641]

Cette circonstance explique que, par moments, les assassins se soient montrés capables d'humanité — évidemment, lorsque les premiers effets de la drogue ont commencé à se dissiper, ils sont revenus à peu près à un état d'esprit normal. Ainsi, les deux égorgeurs, qui ramenèrent le Chevalier de Bertrand chez lui, insistèrent pour monter avec lui à l'étage et contempler la joie de sa famille. Les sauveteurs de Jourgniac de St. Meard — un Marseillais, un maçon et un perruquier — refusèrent la récompense qui leur était offerte en disant : « Nous ne faisons pas cela pour l'argent ». Plus tard, Beaulieu rencontre ces hommes chez St-Méard. « Ce qui me frappa, dit-il, c'est qu'à travers tous leurs propos féroces, je percevais des sentiments généreux, des hommes décidés à tout entreprendre pour protéger ceux dont ils avaient embrassé la cause. Le plus grand nombre de ces maniaques, *dupes des êtres machiavéliques qui les ont mis en mouvement*, sont morts ou se meurent dans la misère. »[642]

LE RÔLE DU PEUPLE

Du point de vue des dirigeants, la population se montra décevante lors des massacres de septembre, car si l'on n'avait pas jugé bon de faire marcher les Faubourgs *en masse* sur les prisons, on espérait que, le moment venu, une certaine proportion de la populace parisienne se joindrait à la tuerie comme elle l'avait fait au massacre de la Saint-Barthélemy. »Malgré toute l'activité déployée, dit Prudhomme, les 30 000 victimes, désignées par Danton lui-même, ne trouvèrent pas assez de bourreaux. Ils (les chefs) comptaient sur le peuple ; ils l'accréditaient avec plus de férocité. Ils espéraient qu'il ne resterait pas spectateur oisif de *cinq à six mille*[643] massacres exécutés sous ses yeux ; ils supposaient qu'il frapperait lui-même *en masse*, et qu'après avoir vidé les prisons, il entrerait dans les maisons et répéterait les mêmes scènes, mais ils ne purent jamais réussir à exaspérer la multitude à ce point. »[644]

Au contraire, même pour la foule rassemblée autour des prisons, chaque acquittement enregistré est salué par des acclamations, souvent par des

---

[641] *Deux Amis*, viii 296.

[642] Beaulieu, iv. 109.

[643] Prudhomme, comme Peltier, a surestimé le nombre de victimes.

[644] *Crimes de la Révolution*, par Prudhomme, iv. 107.

applaudissements nourris — un prisonnier qui s'élance vers la liberté est certain de trouver la foule qui s'ouvre pour le laisser passer.

Le royaliste, Weber, eut du mal à se dégager de l'étreinte des badauds, parmi lesquels des haridelles à l'air sauvage, préoccupées par ses bas de soie blanche, criaient d'un air réprobateur aux gardes qui le conduisaient : 'Prenez garde ! Vous faites marcher Monsieur dans le caniveau !' Pourtant, il est indéniable que la foule, obéissant aux suggestions des meneurs, excitée par la boisson et attaquée par cette étrange folie familière à tous ceux qui ont étudié la « psychologie des foules », s'est laissée entraîner à d'autres moments à applaudir les massacres, est restée sans rien faire et n'a prononcé que quelques mots de protestation. Mais s'agissait-il du 'peuple' ? Mille fois non ! Nous avons déjà vu d'où ils venaient ; les vrais hommes et femmes du peuple restaient loin de telles scènes.

Je témoignerai à l'Europe, s'écrie Bigot de Sainte-Croix, que le peuple de mon pays, que celui de la capitale, n'a pas ordonné, n'a pas voulu ces massacres, que *le peuple ne les a même pas vus se commettre*. Le peuple a fermé ses fenêtres, ses ateliers, ses boutiques ; il s'est réfugié dans les coins les plus reculés de ses habitations pour fermer ses oreilles et ses yeux au tumulte, à la vue de ces êtres étrangers au peuple et à la nature humaine, qui, armés de couteaux, de sabres, de massues, le visage et les bras souillés de sang, portaient par les rues des têtes et des fragments de corps mutilés, et s'assourdissaient de l'hymne féroce (la Carmagnole ?) qu'on leur avait dicté. Ah ! pourquoi calomnier à nouveau le peuple ?... »[645]

Et Mortimer Ternaux ajoute : » Oui, c'est mentir à l'histoire, c'est trahir la cause sacrée de l'humanité, c'est *déserter les intérêts les plus évidents de la démocratie*, que de calomnier le peuple, de prendre pour lui quelques centaines de misérables… allant bassement chercher leurs victimes une à une dans les cellules de l'Abbaye ou de La Force… Le peuple, le vrai peuple, composé d'ouvriers honnêtes et laborieux, chaleureux et patriotes, de jeunes bourgeois aux aspirations généreuses et au courage indomptable, ne s'est pas mêlé un seul instant aux scélérats recrutés par Maillard… le peuple, le vrai peuple, était tout entier au Champ de Mars ou devant les plates-formes de recrutement, offrant son meilleur sang pour la défense de la patrie ; il aurait eu honte de verser celui de victimes sans défense. »[646]

Mais, dira-t-on, pourquoi le peuple de Paris n'est-il pas intervenu ? Pourquoi, au lieu de se retirer dans leurs maisons et de se boucher les oreilles et les yeux, ne se sont-ils pas précipités dans les rues et n'ont-ils

---

[645] *Histoire de la Conspiration du 10 Août*, par Bigot de Sainte-Croix, p. 104.

[646] Mortimer Ternaux, III 185.

pas arrêté les meurtriers ? Au lieu de se rassembler au Champ de Mars, n'ont-ils pas marché sur les prisons et délivré les victimes ?

> 'Tout Paris a laissé faire (*laissa faire*), écrit Madame Roland avec indignation ; tout Paris est maudit à mes yeux, et je n'espère plus que la liberté s'établisse parmi des lâches insensibles aux pires outrages qu'on puisse commettre contre la Nature et l'humanité, spectateurs froids de crimes que le courage de cinquante hommes armés aurait pu aisément prévenir.'[647]

Madame Roland connaissait bien la véritable explication de la conduite du peuple — son propre comportement lors des massacres dont nous parlerons plus loin ; elle savait parfaitement que c'était la lâcheté des autorités, de son ami Pétion, du 'vertueux Roland' lui-même qui permettait à la Commune d'exécuter ses desseins sans entrave, qui empêchait le peuple d'intervenir.

> 'Si le peuple, dit Prudhomme, n'a pas fait cesser les meurtres commis en sa présence, c'est qu'en voyant que ses représentants, ses magistrats, l'état-major de sa force armée ne faisaient aucune tentative pour empêcher cette boucherie, il ne pouvait que croire à des actes de justice d'un genre nouveau.'[648]

Voici donc l'explication. En premier lieu, on a dit au peuple de Paris — et dans certains cas on lui a fait croire — que les massacres étaient un acte de précaution nécessaire en raison de la conspiration entre les prisonniers pour massacrer les citoyens ; deuxièmement, les massacres ont été effectués officiellement sous les yeux des autorités, présidés par des fonctionnaires portant leurs écharpes municipales,[649] et exécutés dans certains cas par des assassins se faisant passer pour des gardes nationaux ;[650] et troisièmement, *le peuple a été empêché par la force armée d'intervenir*. Nous savons par les recherches de M. Mortimer Ternaux et de M. Granier de Cassagnac que le commandant général Santerre a été autorisé à entourer les prisons de troupes pendant les massacres,' pour prévenir les accidents','[651] et la nature de ces accidents est ailleurs très

---

[647] Mémoires de Mme Roland, I 110.

[648] . *Crimes de la Révolution*, par Prudhomme, iv. 130.

[649] Beaulieu, iv. 119 ; *Deux Amis*, viii. 308.

[650] Témoignage d'un témoin oculaire, M. de la Roserie, qui assista au massacre des Carmes, et déclara que « la moitié des assassins employés là étaient, par une prostitution infâme, sous l'uniforme des gardes nationaux » (*Mémoires de Thiébault*, i. 319).

[651] Extrait des registres des sections de Paris publiés par M. Mortimer Ternaux, *Histoire de la Terreur*, III 480.

clairement révélée. Ainsi, comme nous l'avons déjà vu aux Carmes, un cordon de police était prévu pour protéger les assassins de la foule, et Sénart raconte que la même précaution fut exigée à La Force : « Le boucher Legendre alla trouver un des commandants de l'Arsenal, et lui demanda deux cents hommes armés pour aller à La Force afin de seconder les assassins et de *les protéger,* parce que le nombre des prisonniers était très grand et qu'il n'y avait pas assez de massacreurs » — demande à laquelle l'honnête commandant refusa indignement d'accéder.[652] Mais le fait que les massacreurs *aient* bénéficié d'une protection armée pendant leur hideuse tâche a reçu une confirmation supplémentaire juste cent ans plus tard. Dans l'*Intermédiaire des Chercheurs et Curieux* du 20 avril 1892, M. Alfred Bégis raconte qu'il vient d'acquérir un exemplaire d'une brochure de Garat ayant appartenu à Sergent, qui, avec Panis, le beau-frère du Santerre, avait été chargé de la police et des prisons comme membres du Comité de surveillance de la Commune. Or, dans cette brochure, annotée de la main de Sergent, Garat pose la question de savoir pourquoi le peuple a permis les massacres de septembre : « Comment se fait-il que tant de sang ait coulé sous d'autres lames que celle de la justice, sans que les législateurs, sans que les magistrats du peuple, sans *que le peuple entier lui-même ait* convoqué toutes les forces publiques sur le lieu de ces scènes sanglantes ? »

À cette question, Sergent répondit en marge : « *Les massacreurs de l'Abbaye ont demandé à être protégés pendant leur affreuse besogne par une garde qui leur a été accordée* ». La foule de Paris rassemblée autour des prisons avait alors tenté de s'en mêler, puisque les assassins étaient obligés de demander protection, et c'est ce genre d'» accident » que les forces armées étaient envoyées pour prévenir !

Sans doute faut-il blâmer les soldats d'avoir obéi à cet ordre monstrueux, mais il faut se rappeler que tous les éléments normaux de l'armée étaient rassemblés à la frontière, et que les seules forces qui restaient à Paris étaient celles dont les chefs révolutionnaires s'étaient assurés — les confédérés de Marseille, ou de Brest, ou du camp de Soissons. L'appel aux armes avait donc admirablement servi leur but en les débarrassant de tous ces citoyens loyaux et patriotes dont on aurait pu attendre qu'ils empêchent l'effusion de sang.

LES AUTEURS DES MASSACRES

---

[652] *Mémoires de Sénart* (édition de Lescure), p. 29.

La vérité est donc que les seuls hommes qui attribuèrent les massacres de septembre au peuple de Paris furent les hommes qui les avaient eux-mêmes conçus et ordonnés. Avec une hypocrisie consommée, la Commune déclara qu'elle avait envoyé des émissaires dans les prisons pour s'opposer aux désordres, mais qu'ils n'avaient pu réussir à calmer le peuple. Cependant, outre les témoignages des témoins oculaires, qui ont unanimement affirmé que les émissaires de la Commune ont incité les assassins à une plus grande violence, nous avons une autre preuve documentaire de la culpabilité de la Commune dans l'atroce proclamation qu'elle a envoyée publiquement le 3 septembre aux provinces, les exhortant à exécuter la même boucherie dans toute la France, et leur transmettant le même mot d'ordre qui avait servi à Paris de prétexte aux massacres.

« La Commune de Paris s'empresse d'informer ses frères de tous les départements qu'une partie des féroces conspirateurs détenus dans les prisons ont été mis à mort par le peuple actes de justice qui lui ont paru indispensables pour retenir par la terreur les légions de traîtres cachées dans ses murs au moment où elle allait marcher sur l'ennemi ; et sans doute la nation entière, après la longue suite de trahisons qui l'ont conduite au bord de l'abîme, s'empressera d'adopter cette mesure si nécessaire à la sécurité publique, et tous les Français s'écrieront comme les Parisiens : "Nous marcherons sur l'ennemi, mais nous ne laisserons pas derrière nous des brigands pour assassiner nos femmes et nos enfants." »

"Signé — Duplain, Panis, Sergent, Lenfant, Jourdeuil, Marat, *l'ami du peuple*, Deforgues, Duffort, Cally."

Que Marat ait été l'auteur principal de la proclamation, on ne peut en douter, mais elle a été envoyée sous le contreseing de Danton, ministre de la Justice. C'est donc à Danton que revient le plus grand blâme, car Marat ne peut être considéré comme un être humain responsable, alors que Danton a conservé pendant toute la Révolution la pleine possession de ses facultés.

« Que Marat, dit Mortimer Ternaux, le menteur le plus éhonté et le faussaire le plus audacieux qui ait jamais existé (nous nous servons des expressions exactes que MM. Michelet et Louis Blanc à l'égard de cet homme), que Marat, disons-nous, ait rédigé cette effroyable circulaire, et que de sa propre autorité il y ait apposé les signatures de ses collègues, est strictement possible. Mais les deux hommes qui ne pourront jamais se disculper d'avoir coopéré à la propagation de cette œuvre sanglante sont Danton et Fabre d'Églantine, le ministre de la justice et son secrétaire. »[653]

Il est douteux, en effet, que Danton ait voulu se dédouaner de la responsabilité des massacres de septembre, ou de la proposition de les répéter en province. Maintenant que la monarchie était renversée, Danton savait qu'il n'avait rien à craindre en avouant sa part des crimes de la Révolution ; campé en toute sécurité du côté le plus fort, il put gagner cette réputation d'audace qui l'a auréolé aux yeux de la postérité.[654]

Les massacres de septembre sont donc avant tout l'œuvre des anarchistes, mais ils sont tolérés, voire aidés, par les autres intrigues, comme nous allons le voir maintenant.

RÔLE DES ORLÉANISTES

Sur ce point, il reste peu à dire, car en septembre 1792, les Orléanistes avaient cessé d'être un parti distinct, et étaient devenus indissociables des Anarchistes. Selon de nombreux contemporains, Danton et Marat, en promouvant l'anarchie, travaillaient uniquement dans l'intérêt du duc d'Orléans ; Montjoie pense que c'est pour effectuer le changement de dynastie que les massacres ont été conçus.

Mais en dehors de ces vagues accusations, il ne fait aucun doute que le duc d'Orléans avait quelque lien secret avec les meneurs ; de cela le meurtre de la princesse de Lamballe par ses agents est une preuve suffisante. C'est d'ailleurs à ce moment précis, le 2 septembre, que Marat réclame publiquement 15 000 francs au duc pour l'impression de plusieurs de ses pamphlets,[655] et semble les avoir obtenus, car nous le trouverons désormais toujours favorable à « l'Égalité citoyenne »[656], nom que prend bientôt le duc d'Orléans pour se faire élire député à la Convention.

---

[653] Mortimer Ternaux, III 309.

[654] Selon Louis Philippe, Danton a franchement reconnu sa responsabilité dans les journées de septembre. Le futur roi, alors duc de Chartres, raconte que lors d'une visite à Paris depuis la frontière, il rencontra Danton et se risqua à accuser les auteurs des massacres. À cette remontrance, Danton répondit : « *C'est moi qui l'ai fait. Tous les Parisiens sont des jean-foutres.* Il fallait mettre un fleuve de sang entre eux et les *émigrés* » (*Récit du Duc d'Aumale*, cité par Taine, *La Révolution*, vi. 30).

[655] Prudhomme, *Révolutions de Paris*, x111. 522.

[656] Beaulieu, iv. 145.

Mais quelles que soient les intentions ultimes de ces hommes qui ont conçu les massacres — et sur ce point personne ne peut s'exprimer avec certitude — leur but immédiat ne peut être exprimé que par un seul mot : l'anarchie.

RÔLE DES GIRONDINS

Le rôle joué par les Girondins dans les massacres de septembre n'est qu'une connivence criminelle. À l'exception de Pétion, dont les sympathies étaient incontestablement orléanistes, aucun membre de cette faction ne semble avoir pris une part active au mouvement. Vergniaud, certes, dénonça bruyamment les arrestations arbitraires qui précédèrent les massacres, mais comme à cette époque les murs de Paris étaient déjà placardés par Marat d'invectives contre les députés de la Gironde,[657] il s'agissait peut-être moins d'un acte de courage que d'une mesure d'autodéfense. En tout cas, dès le début des massacres, aucun membre de cette faction n'a tenté d'intervenir.

Le 5 septembre, alors que le troisième jour du massacre de La Force était en cours, Duhem raconte ensuite qu'il dîna chez Pétion avec Brissot, Gensonné et plusieurs autres députés.

> « Vers la fin du dîner, les portes pliantes s'ouvrirent, et je fus surpris de voir entrer deux égorgeurs, les mains ruisselantes de sang. Ils venaient demander les ordres du maire au sujet des quatre-vingts prisonniers qui restaient encore à massacrer à La Force ; Pétion leur donna à boire et les renvoya en leur disant de faire tout pour le mieux. »[658]

Quant à Madame Roland, qui maudit ensuite le peuple de Paris pour sa non-intervention, comment fut-elle employée ? Le soir du 2 septembre, raconte-t-elle, alors que la boucherie avait commencé, « une foule d'environ 200 hommes, violemment agitée », se présenta au ministère de l'Intérieur pour demander des armes ; nous savons par d'autres sources qu'il s'agissait des massacreurs,[659] qui, s'imaginant que Roland était un de leurs employeurs, demandèrent aussi le paiement de leur salaire, et, selon Felhémési, ils le reçurent. Mais Felhémési, en tant que Dantoniste, ne doit pas être cru. Quoi qu'il en soit, après cette scène effrayante, alors que les massacres battaient leur plein le lendemain à La Force, à l'Abbaye et à la

---

[657] Dr. Moore, Journal of a Résidence in France, i. 256.

[658] *Procès des Vingt-Deux*, témoignage de Duhem. Selon les *Deux Amis de la Liberté*, viii 304, les assassins sont entrés la tête dans les mains.

[659] *Mémoires de Sénart* (édition de Lescure), p. 34.

Tour Saint-Bernard, Madame Roland jugea bon de donner un déjeuner — ou, comme on appelait alors le repas de deux heures, un « dîner » — à un certain nombre de ses amis et connaissances, parmi lesquels « les événements de la journée formaient le sujet de la conversation ». L'un des invités (désavoué par la suite par Madame Roland) était le baron prussien Clootz, que nous rencontrerons plus tard comme l'apôtre de la « fraternité universelle », et qui s'est distingué pendant les massacres de septembre en inventant le mot « *septembriser* » — il regrettait, déclara-t-il ensuite, qu'on n'ait pas assez « septembrisé ».[660]

Le même jour, cependant, le vertueux Roland se hasarda à émettre une faible protestation contre la continuation des massacres. Commençant par une longue dissertation sur la nécessité de maîtriser l'irrépressible indignation du peuple — dont il savait bien, d'après les écrits ultérieurs de Madame Roland, qu'il n'était pas l'auteur de ces crimes, — au milieu d'éloges redondants de son propre courage et de son désintéressement, Roland décrit ainsi les massacres du 2 septembre : « C'était hier un jour sur les événements duquel nous devrions peut-être jeter un voile ; je sais que le peuple, terrible dans sa vengeance, y apporte pourtant une sorte de justice », mais le moment était venu pour « les législateurs de parler, pour le peuple d'écouter, et pour le règne du droit d'être rétabli ».[661]

Le fait est qu'il s'était produit la veille au soir un événement qui rendait hautement souhaitable, au point de vue des Girondins, la modération de l'activité de la Commune. Robespierre avait été contrecarré par Danton dans son projet de faire figurer Roland et Brissot sur les listes de proscription des massacreurs, mais il n'avait pas abandonné tout espoir de sa proie. Sous le couvert de la confusion générale qui régnait à Paris le 2 septembre, le chat-tigre avait saisi l'occasion de bondir. Soutenu par son allié Billaud-Varenne, Robespierre se présente à la séance du soir du Conseil général de la Commune, et accuse ouvertement Brissot et *un parti puissant* de conspirer pour placer le duc de Brunswick sur le trône de France.[662] Cette accusation a été présentée par les antagonistes de Robespierre comme une simple fable inventée par lui pour provoquer la

---

[660] J. P. Brissot à ses Commettants, p. 52 ; Beaulieu, v. 247.

[661] Buchez et Roux, xvii 382.

[662] *Procès-verbaux de la Commune de Paris,* date du 2 septembre. Les termes précis employés par Robespierre ne sont pas donnés dans ce rapport, mais sont rapportés en partie par Peltier (*Révolution du 10 Août,* ii. 234) ; c'est Hamel (*Vie de Robespierre,* i. 415) qui affirme que Robespierre a employé l'expression « un parti puissant ». Sur cette accusation, voir aussi Beaulieu, iv. 147 ; *Moniteur,* xiii. 617, 620-622 ; Mortimer Ternaux, iii. 205.

chute de Brissot, mais, comme nous l'avons déjà vu, l'intrigue en faveur de Brunswick n'avait rien de fabuleux, au contraire, elle était de notoriété publique. Carra ne l'avait-il pas publiquement proclamée six semaines plus tôt dans son journal ? Et Carra n'était-il pas encore l'homme de confiance de Brissot et des Rolands ? Robespierre avait donc parfaitement raison d'accuser Brissot ; deux jours plus tard, dans une conversation privée avec Pétion — dont il était apparemment loin de soupçonner les intrigues — il répétait sa conviction que Brissot était du côté de Brunswick.[663] Que, par sa dénonciation opportune, il ait espéré envelopper les Brissotins dans les massacres, nous n'en pouvons douter, mais nous devons reconnaître qu'en cela il s'est montré plus logique que les autres membres de la Commune. Car s'il fallait mettre à mort des gens soupçonnés de collusion avec les Prussiens, ne serait-ce pas plutôt les membres du parti encore en liberté qui s'était définitivement proposé de livrer le pays au chef des armées d'invasion, plutôt qu'une foule sans défense de prêtres, d'hommes, de femmes et d'enfants désarmés et en sécurité derrière des verrous et des barreaux ?

La réponse de Brissot à cette accusation de Robespierre est caractéristique de la politique de l'autruche affichée par les Girondins.

> « Hier dimanche, écrit-il à ses concitoyens, j'ai été dénoncé à la Commune de Paris, comme aussi une partie des députés de la Gironde, et d'autres hommes également vertueux. On nous a accusés de vouloir livrer la France au duc de Brunswick, d'avoir reçu de lui des millions, et d'avoir projeté de fuir en Angleterre. Moi, l'éternel ennemi des rois, qui n'ai pas attendu 1789 pour leur manifester ma haine ; moi, le partisan d'un duc ! Mieux vaut périr mille fois que de reconnaître un tel despote ! » etc.[664]

Mais si l'on considère qu'avant 1789 Brissot avait violemment dénoncé dans la presse « le crime abominable d'attenter à la monarchie », qu'il avait qualifié Ravaillac et Damiens de « monstres vomis par l'enfer »,[665] et que six semaines seulement avant les massacres de septembre — le 25 juillet 1792 — il avait déclaré que le couperet de la loi devait frapper quiconque tenterait d'établir une République ; Si l'on considère, en outre, qu'il ne s'est jamais désolidarisé de Carra, le partisan déclaré de Brunswick, la défense de Brissot est loin d'être convaincante.

Les Brissotins constituaient donc un danger très réel pour le pays au moment où il était menacé par une invasion étrangère, mais nous

---

[663] Discours de Pétion sur l'Accusation intentée contre Maximilien Robespierre, p. 16.

[664] *Moniteur*, xiii. 623.

[665] *Les Moyens d'adoucir la Rigueur des Lois pénales en France*, 1781.

admirerions davantage le courage et le patriotisme de Robespierre en les attaquant s'il n'avait pas attendu si longtemps pour tirer son coup. L'intrigue avec la Prusse durait depuis au moins dix-huit mois — pourquoi ne l'avait-il pas exposée plus tôt ? Pourquoi, à la publication du plaidoyer absurde de Carra pour Brunswick, Robespierre ne s'est-il pas levé et ne l'a-t-il pas dénoncé comme traître, ou du moins n'a-t-il pas exigé son expulsion des rangs des « patriotes » du Club des Jacobins ? Mais non, Robespierre avait jusqu'alors gardé un silence complet sur les trois intrigues — les Orléanistes, les Jacobins anglais et les Prussiens — et avait même, comme nous l'avons vu, participé au ridicule de Ribes pour les avoir dénoncées. L'explication réside sans doute dans la timidité naturelle de Robespierre ; il n'a jamais eu l'habitude de combattre ses adversaires, mais toujours de rester tranquille jusqu'à ce que l'occasion se présente de les tuer purement et simplement — le tigré sait mieux que quiconque qu'il ne faut pas montrer ses griffes avant le moment de s'élancer. Les massacres de septembre avaient semblé être le moment propice, mais Danton avait barré la route ; la prochaine fois, il devait dire avec des larmes : « Je ne peux pas les sauver ! »

Les Girondins se rendaient bien compte du danger qui les avait menacés, et c'est pourquoi, après avoir toléré les massacres, ils finirent par les dénoncer. Mais s'ils déplorent maintenant le règne de l'anarchie, c'est surtout parce qu'ils voient le mouvement qu'ils ont contribué à produire se retourner contre eux, et l'abîme dans lequel ils ont précipité la monarchie bailler sous leurs propres pieds.

LES JACOBINS ANGLAIS

La nouvelle des massacres de septembre remplit d'indignation la partie saine du peuple anglais, et aliène même ceux qui, trompés par la propagande des Whigs et des sociétés révolutionnaires en Angleterre, conservaient encore une sympathie persistante pour la prétendue « lutte pour la liberté » qui se déroulait outre-Manche. Les dernières horreurs en France », écrit M. Burges à Lord Auckland sur la liste de septembre, « ont au moins eu une bonne conséquence, car elles ont renversé très soudainement le courant de l'opinion générale ici. Les principes français, et même les Français, deviennent chaque jour plus impopulaires, et je ne pense pas qu'il soit impossible que, dans peu de temps, l'impudence de certains de ces niveleurs ait un effet tel sur le tempérament de notre peuple que l'Angleterre ne soit plus pour eux une résidence agréable ni sûre. »

Un messager de Paris rapporta à Lord Auckland, le 10 septembre, que les détails dépassaient toute conception. Il m'est impossible d'exprimer l'horreur que je ressens encore ; je n'aurais pu croire jusqu'à présent que la nature humaine était capable de telles abominations. Lord Auckland lui-même est « si affecté » qu'il « peut à peine écrire à ce sujet » — toute l'histoire de Gibbon, bien que le livre le plus sanglant qu'il ait jamais lu, « ne contient pas d'histoire d'une telle cruauté gratuite et injustifiée ». »

Lord Stanhope, cependant, n'avait qu'un mépris plein de pitié pour la pudeur qui pouvait reculer devant de telles scènes. « La Révolution française », écrit-il le 18 septembre, « *a effrayé certains esprits faibles*, les œuvres de M. Paine d'autres. Et les derniers événements en France en ont intimidé plus d'un. *Si méprisables que soient de tels sentiments*, abstraitement considérés, quand ils sont assez généraux, ils doivent être traités avec quelque respect. »[666]

Parmi les esprits faibles, nous devons certainement inclure ceux de la quasi-totalité de la population, car ces » sentiments méprisables « n'étaient pas seulement » assez généraux », ils étaient partagés par toutes les classes de la communauté. Les sympathies de la nation allaient aux victimes, et non aux auteurs de la Révolution, et les malheureux *émigrés*, volant des horreurs de Paris aux rivages de l'Angleterre, reçurent un accueil enthousiaste. Il faut avoir vécu trois années de révolution, dit l'un de ces *émigrés*, au milieu des Girondins, des Jacobins et autres, pour comprendre ce que la première vue des Anglais transmettait, l'extase d'arriver dans cette « île de sérénité » des régions de la terreur : « c'était le doux réveil de l'âme qui, longtemps tourmentée par la vision des monstres et des furies, sort de ce rêve effrayant ».[667] Une fois de plus, l'humanité et la compassion sont devenues une réalité. Chaque bateau chargé de prêtres était attendu par une foule compatissante ; même les marins, voyant en ces hommes les martyrs de la religion, tombaient à genoux devant eux sur la plage pour demander leur bénédiction.[668] « J'ai été témoin, dit Peltier, du zèle et de l'empressement avec lesquels toutes les classes de la société ont accueilli ces malheureux pasteurs. Depuis le trône jusqu'à la plus simple cabane, partout était leur asile, partout était la consolation. À Londres, une souscription lancée par Burke, Wilmot, Stanley et d'autres a suscité une réponse immense ; les pauvres comme les riches ont apporté leurs contributions, et ceux qui ne pouvaient pas donner d'argent ont donné le travail de leurs mains ; Les vendeurs de pommes de terre ont insisté pour fournir aux prêtres leurs marchandises sans aucune rémunération, les couturières ont offert leurs services pour rien, les artisans ont fait des

---

[666] *Life of Charles, third Earl of Stanhope*, par Ghita Stanhope et G. P. Gooch, p. 120.

[667] *Histoire du Clergé*, par l'Abbé Barruel, p. 349.

[668] *Histoire de la Révolution du 10 Août*, par Peltier, ii. 391.

heures supplémentaires pour gagner de l'argent pour eux ; un journalier, touché aux larmes par leur apparition, s'est écrié : "Je suis très pauvre mais je peux travailler pour deux ; donnez-moi un de ces prêtres et je le nourrirai ! Ce n'est donc que parmi une infime minorité, composée d'hommes tels que Lord Stanhope et les mécontents de la classe moyenne qui formaient les sociétés révolutionnaires de Londres et des villes manufacturières du nord, que la Révolution a trouvé des sympathisants. Les massacres de septembre sont accueillis par ces associations avec une approbation frénétique. Le 27 septembre, une longue adresse de félicitations est envoyée au Club des Jacobins de Paris par les membres de la Constitutional Society et de la Reformation Society de Manchester, de la Revolution Society de Norwich, des « Constitutional Whigs », des « Independents and Friends of the People ». Quelques passages de cette précieuse effusion doivent être cités :[669]

> « Français, notre nombre peut paraître faible par rapport au reste de la nation, mais sachez qu'il augmente régulièrement... nous pouvons vous dire avec certitude, hommes libres et amis, que l'éducation fait des progrès rapides parmi nous... que les hommes demandent aujourd'hui : « Qu'est-ce que la liberté ? Quels sont nos droits ? Français, vous êtes déjà libres, mais les Britanniques se préparent à le devenir ! Débarrassés enfin de ces cruels préjugés que de vils courtisans se sont appliqués à inculquer dans nos cœurs, nous voyons dans les Français, au lieu de nos ennemis naturels, nos concitoyens du monde, les enfants de ce Père universel qui nous a créés pour nous aimer et nous aider les uns les autres, et non pour nous haïr et nous assassiner sur l'ordre de rois faibles ou ambitieux ou de ministres corrompus. En cherchant nos vrais ennemis, nous les trouvons dans les partisans de cette aristocratie qui nous déchire la poitrine, aristocratie jusqu'ici le poison de tous les pays de la terre ; vous avez agi avec sagesse en la bannissant de France... Chers amis, vous combattez pour le bonheur de l'humanité entière. Peut-il y avoir pour vous une perte, si amère soit-elle, comparée au privilège glorieux et sans précédent de pouvoir dire : » L'univers est libre ; les tyrans et les tyrannies n'existent plus, la paix règne sur la terre, et c'est aux Français que nous le devons ».

Pour ces partisans de la fraternité universelle, c'était un sujet de regret poignant et de honte amère que le gouvernement britannique ait refusé de se ranger du côté des organisateurs des derniers massacres dans les prisons en prenant les armes pour défendre la Révolution française. À leurs

---

[669] Je n'ai pu trouver cette correspondance en anglais. Ces passages sont tirés de l'*Histoire Socialiste de la Révolution*, volume *La Convention*, par Jean Jaurès, p. 196 et suivantes, et de *Danton Émigré*, par le Dr Robinet.

profondes excuses à ce sujet, les Jacobins français, sous la direction de l'Hérault de Séchelles, répondirent :

> 'Croyez, généreux Anglais, qu'en conservant cette attitude (de neutralité) vous ne vous joignez pas moins à nous dans l'œuvre de la liberté universelle. Laissez-nous faire quelques pas de plus dans la voie où vous avez été nos précurseurs, et réjouissons-nous d'avance d'un commun espoir pour l'époque, peu éloignée, où les intérêts de l'Europe et du genre humain inviteront les deux nations à se tendre la main de l'amitié. Cet espoir a été repris par la Société pour la réforme constitutionnelle de Londres, qui a écrit pour exprimer sa conviction que, après l'exemple donné par les Français, "les révolutions deviendraient faciles" et que "d'ici peu, les Français écriraient pour féliciter la Convention nationale d'Angleterre".[670]

Les Jacobins de Paris étaient prêts à promettre plus que cela ; ils entendaient, déclaraient-ils, « sceller une alliance éternelle » avec leurs frères anglais, qui n'avaient qu'à leur faire savoir que leur liberté était attaquée pour que les « phalanges victorieuses » de leurs alliés français « traversent le détroit de Douvres et volent à leur défense ».[671]

C'est ainsi qu'en 1792, nos défenseurs de la fraternité universelle suggéraient calmement que la horde révolutionnaire d'égorgeurs et d'assassins, qui venait d'accomplir les massacres de septembre, débarquerait sur nos côtes et produirait en Angleterre les mêmes horreurs que celles qui avaient eu lieu en France.

L'anti-patriotisme d'une partie de la soi-disant « démocratie » en Angleterre n'a jamais été mieux illustré. Pour les hommes de cette mentalité, il importe peu que ce soit avec la démocratie ou l'autocratie à l'étranger qu'ils concluent une alliance d'amitié ; les ennemis de leur pays peuvent toujours s'assurer de leur soutien. Jusqu'aux Allemands d'aujourd'hui, l'Angleterre n'a jamais eu d'ennemis plus amers que les Jacobins de France. La haine de l'Angleterre, du caractère anglais, des idées anglaises de liberté, était l'un des premiers principes de leur credo politique. En cela, ils différaient fondamentalement des premiers révolutionnaires, les hommes qui avaient rédigé la Constitution de 1791, et aussi des Girondins, qui avaient sans doute une admiration sincère pour l'Angleterre ; les Jacobins, entre les mains desquels le pouvoir passait maintenant, étaient, à l'exception de Danton, les ennemis jurés non seulement du gouvernement anglais mais de la « démocratie » anglaise ; ils

---

[670] Date du 10 novembre 1792.

[671] Date du 28 novembre 1792.

déclaraient à plusieurs reprises qu'ils méprisaient M. Fox autant qu'ils haïssaient M. Pitt.[672]

Le chef de file de la campagne anti-anglaise fut incontestablement Robespierre ; toujours adversaire de l'internationalisme — d'où son motif d'accusation ultérieur contre le Prussien Clootz — il ne cacha jamais sa méfiance à l'égard des sympathisants étrangers de la Révolution française ; quatre mois plus tôt, soutenu par Collot d'Herbois, il avait déploré la correspondance des Jacobins avec leurs frères de Manchester,[673] et en septembre encore, c'est lui qui s'opposa à l'élection du Dr Priestly à la Convention.[674]

Pour le moment, cependant, les jacobins français étaient tout à fait prêts à utiliser leurs alliés anglais ; les professions d'amitié hypocrites ne coûtaient rien et étaient récompensées de façon très substantielle. Dès le mois d'avril, comme nous l'avons vu, une souscription avait été lancée en faveur de la Révolution française, et il est probable que d'autres sommes ont été versées au cours de l'été. En août, le Dr Moore entendit parler avec incrédulité du » grand nombre de guinées anglaises qui circulent actuellement à Paris » et qui, comme d'habitude, étaient attribuées à « la Cour de Grande-Bretagne », dont le but était d'exciter la sédition en France.[675] Si ces guinées mystérieuses n'étaient pas, comme le croyait le Dr Moore, mythiques, elles étaient évidemment celles d'Orléans ou des Jacobins anglais. En tout cas, c'est à cette dernière source que l'on peut rattacher l'« or anglais » qui arriva à Paris trois semaines plus tard, car l'adresse de félicitations pour les massacres de septembre, envoyée par Lord Sempill et trois autres membres au nom de la London Constitutional Society, était accompagnée d'un cadeau de 1000 paires de chaussures pour l'armée et de *1000 livres sterling en argent*.[676] En outre, une immense quantité d'armes fut fournie par les Jacobins anglais des manufactures de Birmingham et de Sheffield, pour lesquelles une nouvelle souscription publique fut levée par un appel dans les journaux à « tous ceux qui favorisaient la cause de la liberté en France contre l'infâme conspiration des brigands couronnés ».[677]

---

[672] Playfair's History of Jacobinism, p. 384.

[673] *Séances des Jacobins*, date du 4 juin 1792.

[674] Mémoires de Mme Roland, ii. 300.

[675] Journal d'une résidence en France, i. 134.

[676] Arthur Young, *L'exemple de la France*, annexe, p. 3.

[677] Discours d'Oswald au Club des Jacobins, 30 septembre 1792.

C'est d'ailleurs à la fin de l'été 1792 que, pour la première fois, nous trouvons des Anglais qui coopèrent personnellement au mouvement révolutionnaire à Paris. Parmi eux, Thomas Paine, qui quitta les rives de l'Angleterre sous les huées et les sifflets de la foule : « Je crois que si nous étions restés plus longtemps », remarque un compagnon de voyage, « ils l'auraient bombardé de pierres depuis la plage ». Malgré le fait que son visage rappelle à Madame Roland « une mûre poudrée de farine » — car Paine est constamment en état d'ébriété — l'auteur des « Droits de l'homme » est accueilli avec enthousiasme par les Girondins et, grâce à leur influence, il réussit à devenir membre de la Convention.

Outre Paine, une bande de jacobins anglais est arrivée à Paris au même moment. Le Dr Priestley, écrit M. Burges à Lord Auckland le 4 septembre, s'y trouve également, et il est considéré comme le grand conseiller des ministres actuels, qu'il consulte en toute occasion. Il y a aussi huit ou dix autres Anglais et Écossais qui travaillent avec les Jacobins, et qui dirigent en grande partie leurs manœuvres actuelles. Je crois savoir que ces messieurs sont actuellement employés à écrire une justification de la démocratie et une invective contre la monarchie dans l'abstrait, qui doit être imprimée à Paris et distribuée en Angleterre et en Irlande. Les noms de certains d'entre eux sont Watts et Wilson de Manchester, Oswald un Écossais, Stone un Anglais, et Mackintosh qui a écrit contre Burke. »[678]

Tous ces hommes étaient donc à Paris pendant les massacres de septembre, et pas un seul n'a prononcé un mot de protestation. Oswald, en effet, dans ses tirades aux Jacobins, avec lesquels il cherchait à s'acoquiner en insultant son roi et son pays, se montra plus violent que tous, rivalisa avec Marat dans ses invectives contre les « tigres royaux », et rivalisa avec Hébert dans ses accusations infâmes contre la reine de France emprisonnée.[679]

Cela étant, doit-on considérer comme impossible que des Anglais aient assisté aux massacres dans les prisons ? On effacerait volontiers cette tache de notre caractère national, mais si l'on veut connaître l'exacte vérité sur les intrigues de la Révolution française, on ne peut passer l'accusation sous silence. Les preuves sur lesquelles elle repose sont, d'une part, celles de Jourdan, président de la Section des Quatre Nations, envoyé à l'Abbaye pendant le massacre, qui déclare avoir vu deux Anglais donner à boire aux

---

[678] Correspondance de Lord Auckland, II 438.

[679] Discours d'Oswald aux Jacobins le 30 septembre 1792 (*Séances des Jacobins* d'Aulard, iv. 346).

assassins ;[680] d'autre part, celles de Prudhomme, qui affirme que des Anglais ont été vus à La Force parmi les commandants de la boucherie, et que « ces Anglais étaient les hôtes du duc d'Orléans ; ils ont dîné avec lui aussitôt après la mort de la princesse de Lamballe. »[681]

Tels étaient donc les Anglais qui dînaient au Palais Royal lorsque la tête de la princesse fut transportée sous les fenêtres. Le seul dont le nom est connu est un certain M. Lindsay, qui a décrit la scène avec horreur à M. Burges après son retour en Angleterre deux jours plus tard, et qu'il est impossible de soupçonner de complicité avec de telles atrocités. Mais le contemporain Playfair affirme clairement que les invités du Duc d'Orléans à ce dîner particulier étaient des « démocrates anglais ». Ceci fournit la clef de tout le mystère.[682] Puisque nous savons que les démocrates anglais alors à Paris étaient ardemment en sympathie avec tous les excès de la Révolution, que leurs collègues en Angleterre ont écrit des lettres de félicitations, et que Lord Stanhope, un de leurs membres les plus influents, a applaudi les massacres, pourquoi n'auraient-ils pas personnellement encouragé les assassins ? De l'applaudissement à distance à l'assistance sur place, il n'y a sûrement qu'un pas.

De plus, leur présence au dîner du Duc d'Orléans coïncide exactement avec l'affirmation de Montjoie que certains révolutionnaires anglais, notamment Lord Stanhope, étaient de mèche avec les Orléanistes. Nous savons que, précisément à ce moment, Lord Stanhope était en correspondance avec Richard Sayre, ou Sayer, l'agent anglais à Paris, qui avait été chargé par les sociétés révolutionnaires d'Angleterre de fournir des armes aux Jacobins de France ;[683] et les lettres excessivement compromettantes adressées par Sayre à Lord Stanhope[684] — ingénument publiées par les biographes admiratifs de ce dernier — montrent clairement que les révolutionnaires anglais à Paris, dont Lord Stanhope était l'âme, étaient engagés dans quelque intrigue coupable avec les ennemis de leur pays.

---

[680] « Déclaration d'Antoine Gabriel Aimé Jourdan », dans *Mémoires sur les Journées de Septembre*, p. 154.

[681] *Crimes de la Révolution*, iv. 123.

[682] Playfair's *History of Jacobinism*, p. 501.

[683] Les armes dont parle Oswald dans son discours (*Séances des Jacobins* d'Aulard, iv. 346).

[684] *Life of Charles, third Earl of Stanhope*, par Ghita Stanhope et G. P. Gooch, p. 120.

Les massacres de septembre ne peuvent donc être considérés comme l'œuvre exclusive des Français ; ils ont été imaginés et organisés par l'Espagnol Marat, en coopération avec des Français, exécutés par des Français, des Italiens et des Allemands, applaudis par le Prussien Clootz, applaudis et activement aidés par des Anglais. Encore une fois, comme le 10 août, c'est donc aux doctrines qui les ont inspirées, et non au tempérament de la nation chez laquelle elles se sont produites, qu'il faut attribuer les horreurs qui ont eu lieu.

LA PRUSSE

Pendant que les anarchistes, les orléanistes, les girondins et les jacobins anglais se disputaient la maîtrise de Paris, la Prusse jouait son rôle dans la ruine finale de la monarchie française. La canonnade de Valmy — on ne peut la qualifier de bataille — qui, le 20 septembre, a freiné l'avance des armées alliées sur la capitale, est une des énigmes de l'histoire qui ne sera peut-être jamais entièrement résolue. Les historiens pro-révolutionnaires se sont efforcés d'expliquer la retraite des troupes les mieux entraînées d'Europe devant l'armée révolutionnaire indisciplinée par l'état du temps, la boue du sol, le fait que la dysenterie s'était déclarée parmi les Prussiens, ou simplement par la vaillance irrésistible inspirée par les doctrines démocratiques. Ces légendes sont maintenant presque universellement acceptées comme des faits, mais dans l'esprit des contemporains bien informés, il ne fait aucun doute qu'il faut chercher une autre explication à l'échec des armées alliées à Valmy et à leur retraite ultérieure.

Ainsi Lord Auckland, écrivant à Sir Morton Eden depuis La Haye le 19 octobre 1792, hasarde l'opinion qu'« une victoire complète (pour les alliés) aurait pu avoir lieu le 20 (à Valmy), si le personnage royal qui était présent n'avait pas empêché l'engagement pour des raisons inconnues ». Une note ajoute que ce personnage royal était le roi de Prusse, mais Fersen déclare que le roi de Prusse voulait attaquer, et que seules la lâcheté et l'indécision du duc de Brunswick ont empêché l'engagement.

Thiébault, alors avec l'armée sur la frontière, est du même avis. Matilda Hawkins, dont les *Mémoires* ont été publiés en 1824, raconte que son ami, le comte de Jarnac, qui « se trouvait dans l'armée au moment de la retraite inexplicable du duc de Brunswick hors de Paris », lui a dit que le duc lui-même avait déclaré :

« On ne saura jamais jusqu'à ma mort pourquoi je me suis retiré. »

Selon l'opinion qui prévalait à l'époque, la retraite après Valmy s'est faite *par négociation*, et trois théories différentes ont été avancées quant aux auteurs de ces négociations. En premier lieu, Beaulieu et Pagès affirment que Louis XVI, assuré par Manuel, Pétion et Kersaint que la présence des armées alliées était la principale cause d'irritation contre lui, se laissa persuader d'écrire et de demander au roi de Prusse de se retirer, en échange de quoi les trois députés lui promirent la vie sauve.[685] En second lieu, la Montagne, représentée par Camille Desmoulins, déclara que la retraite avait été provoquée par une entente entre les Girondins et les Prussiens, et quand on se rappelle les éloges prodigués par Carra au duc de Brunswick en juillet, quand on sait que Carra était l'homme choisi par Pétion pour se rendre avec Sillery, le 24 septembre, au camp de Dumouriez à la Lune et conférer avec Manstein, représentant du roi de Prusse, cela ne paraît pas invraisemblable.[686] Troisièmement, D'Allonville, l'auteur des *Mémoires secrets*, affirme que c'est Danton qui a négocié la « défaite » des Prussiens à Valmy et leur retraite ultérieure par la simple méthode de la corruption. Cela s'est fait par l'intermédiaire de Dumouriez, à ce moment-là l'allié de Danton, à qui il a écrit immédiatement après Valmy, lui ordonnant de repousser les Prussiens sans chercher à les détruire, car les Prussiens « *n'étaient pas les ennemis naturels de la France* ».[687] La manière dont Danton se procura les sommes nécessaires est ainsi décrite par D'Allonville « Billaud-Varenne, qui avait quitté Paris après les massacres de septembre, avait rejoint l'armée le 11 et avait ouvert des négociations, dont les sommes promises, mais non encore payées, retardaient seules la conclusion. Deux ou trois millions, fruit du pillage du 10 août, c'était tout ce que possédait la Commune de Paris, et ce n'était pas assez. Pourquoi ne volez-vous pas le Garde-Meuble (*c'est-à-dire* le dépôt où sont conservés les joyaux de la couronne) ? s'écrie Panis, et cette chose fut faite le 16 septembre par les ordres de Tallien et de Danton, qui produisirent, sous différentes espèces, une somme de trente millions. Les premières ouvertures avaient facilité l'évasion de Dumouriez de la position dans laquelle il aurait été irrévocablement perdu, d'autres l'empêchèrent d'être chassé de son poste pendant la canonnade de Valmy, et du 22 au 23 les négociations furent, comme nous l'avons dit, activement menées. »[688]

Cette preuve est exactement confirmée par le général Michaud, qui était aux armées à ce moment-là. Les députés de la Gironde, déclare Michaud, n'étaient pas dans le secret des négociations avec les Prussiens, et c'est aux manœuvres orléanistes de Danton qu'il faut les attribuer. « Ce n'est

---

[685] Beaulieu, iv. 169 ; Pagès, ii. 45.

[686] Carra avait également été envoyé par Servan et Danton pour « haranguer les soldats au camp de "La Maulde" en août » (voir *Précis de la Défense de Carra*, p. 29).

[687] D'Allonville, Mémoires d'un Homme d'État, I 401.

[688] D'Allonville, *Mémoires secrets*, III 95.

qu'avec de l'audace et encore plus d'audace que nous pourrons nous sauver », dit le ministre de la Justice. Danton était, sans doute, un homme très audacieux, mais lorsqu'il prononça ces mots, il est certain qu'il connaissait la négociation secrète, puisqu'il la dirigeait lui-même avec son collègue Lebrun... Déjà il était assuré que les Prussiens n'arriveraient pas à Paris, il savait qu'il ne s'agissait que de les satisfaire, et de remplir les engagements pris par Dumouriez... De là cette résolution de rester dans la capitale, de piller le Garde-Meuble, de massacrer les prisonniers et de piller les victimes... On pourrait donc dire, sans exagération, que cet horrible système de sang et de terreur... était la conséquence de ce qui s'était passé en Champagne entre les Prussiens et les chefs de la Révolution, qui n'étaient autres que les chefs de la faction orléaniste. »[689]

Le vol des joyaux de la Couronne ne fut pas attribué à Danton par les seuls royalistes. Lorsque, dans la nuit du 16 au 17 septembre, le Garde-Meuble fut cambriolé et les joyaux de la Couronne enlevés, personne ne crut sérieusement que le coup pouvait être attribué à de simples cambrioleurs, et, tant chez les Girondins que chez les Royalistes, on déclara que c'était l'œuvre de la Commune. Pourquoi, en effet, n'en serait-il pas ainsi ? La Commune, tout le monde le savait, avait ordonné les pillages qui avaient eu lieu après le 10 août, et c'était encore elle qui s'était emparée de la plus grande partie du butin arraché aux victimes des massacres. Lorsque plusieurs grands cambriolages ont été commis par la même bande dans un même quartier, il est raisonnable d'en attribuer un autre à la même agence. Madame Roland n'a pas hésité à désigner Danton comme le chef des cambrioleurs des bijoux de la Couronne et Fabre d'Églantine comme son adjoint, bien que, comme d'habitude dans le cas des crimes ordonnés par les chefs révolutionnaires, les obscurs instruments qui ont exécuté l'acte aient été arrêtés et mis à mort.[690]

Quoi qu'il en soit, quels que soient les moyens employés, il est clair qu'une certaine pression a été exercée sur les Prussiens afin d'assurer leur retraite. La partie inexplicable de l'affaire ne réside pas tant dans le fait que leur avancée triomphante a été stoppée par un revers à Valmy, mais dans le fait que ce seul revers aurait dû renverser le cours de toute la guerre, mais n'aurait pas entraîné la déroute des armées alliées. Car si les troupes révolutionnaires étaient assez fortes pour arrêter définitivement l'avance de l'ennemi, pourquoi n'ont-elles pas suivi avec plus de vigueur leur victoire à Valmy ? Ce problème était si évident pour tout le monde à l'époque qu'il était admis même par Desmoulins, l'allié de Danton, bien

---

[689] *Biographie de Louis Philippe d'Orléans*, par L. G. Michaud, Annexe, PP. 16, 17.

[690] Mémoires de Mme Roland, i. 113.

que, à l'instigation de Robespierre, il en ait habilement fait une accusation contre les Girondins.

« N'est-il pas inconcevable pour tout le monde et inouï dans l'histoire, écrit Camille Desmoulins dans son *Histoire des Brissotins*, comme je l'ai dit à Dumouriez lui-même lorsqu'il parut à la Convention, qu'un général qui avec 17 000 hommes avait retenu une armée de 92 000 hommes — après que Dumouriez, Ajax Beurnonville, et Kellermann avaient annoncé que les plaines de Champagne seraient le tombeau de l'armée du roi de Prusse, comme celle d'Attila, et que pas un homme n'y échapperait — n'aurait pas dû couper la retraite de cette armée quand elle était réduite à près de la moitié par la dysenterie, quand sa marche était entravée par près de 20 000 malades, et que, d'autre part, l'armée victorieuse s'était portée à plus de 100 000 hommes ! Tous les soldats de l'avant-garde de notre armée vous diront que lorsque l'arrière-garde des Prussiens faisait halte, nous faisions halte ; lorsqu'ils allaient à droite, nous marchions à gauche ; en un mot, Dumouriez ramenait le roi de Prusse plutôt qu'il ne le poursuivait, et il *n'y avait pas un soldat de l'armée qui ne fût convaincu qu'il y avait eu arrangement entre les Prussiens et la Convention par le moyen de Dumouriez.* »

Tel était donc, aux dires des chefs révolutionnaires eux-mêmes, « l'*élan* irrésistible de l'armée révolutionnaire victorieuse » ! Que la retraite des Prussiens soit donc due aux Girondins ou aux Orléanistes, que Carra ait agi dans l'intérêt du duc de Brunswick ou du duc d'Orléans, que Danton ait eu une entente avec les Girondins et les ait ensuite reniés, ou qu'il ait poursuivi une intrigue avec Dumouriez en tant qu'agent de la Commune et qu'il l'ait ensuite trahi en le représentant par Desmoulins comme le complice de la Gironde, il est évident qu'*il s'est passé à Valmy quelque chose* qui n'a jamais été expliqué jusqu'à ce jour. Valmy et sa suite restent un mystère insoluble. Seulement, à la lumière de nos connaissances actuelles de la diplomatie prussienne, il ne semble pas impossible qu'une politique plus profonde que celle qui leur a été attribuée jusqu'à présent ait pu sous-tendre l'action de Frédéric-Guillaume et du duc de Brunswick. Quoi qu'il en soit, qu'ils l'aient réalisé ou non à l'époque, la « défaite » de Valmy a été une superbe victoire pour la Prusse. En effet, marcher sur Paris en cette période de crise, c'était rétablir les Bourbons sur le trône et laisser la voie libre à un renouvellement de l'alliance franco-autrichienne ; en laissant la France se déchirer, Frédéric-Guillaume a dignement respecté les traditions du grand Frédéric et assuré la suprématie future de la Prusse. Valmy n'avait fait qu'ouvrir la voie à Sadowa et à Sedan.

Goethe, regardant la célèbre fusillade, aurait prononcé ces mots prophétiques :

« À partir de ce lieu et de ce jour commence une nouvelle ère dans l'histoire du monde, et vous pouvez tous dire que vous étiez présents à sa naissance. »

Une nouvelle ère en vérité, une ère où la civilisation de la vieille France devait être complètement détruite et où le grand Empire allemand barbare devait s'élever sur les ruines. L'âge d'or était terminé ; l'âge de sang et de fer allait commencer.

LE RÈGNE DE LA TERREUR

« LE 2 SEPTEMBRE, dit Collot d'Herbois, est le grand article du Credo de notre liberté. » En d'autres termes, les massacres dans les prisons sont le prélude au règne de la Terreur, la première manifestation de ce système organisé de destruction qui, pendant dix mois, a régné sur la France. C'est pourquoi, en relatant l'histoire de la Terreur, il est nécessaire de commencer en septembre 1792, afin de montrer les étapes progressives qui ont conduit à l'apogée finale.

Car, avant que ce système pût être poursuivi en toute impunité, les démagogues étaient obligés d'écarter de leur chemin trois obstacles principaux : d'abord la monarchie, et par conséquent la Constitution de 1791 ; ensuite le roi ; enfin les Girondins. C'est la lutte pour atteindre ce triple but qui, pendant un an, a arrêté le cours de la Terreur, qui, sans cela, aurait dû suivre directement les massacres de septembre. Nous allons voir maintenant comment ces obstacles ont été renversés l'un après l'autre, et comment, dans chaque cas, les projets des démagogues ont triomphé de la volonté du peuple.

La Proclamation de la République

L'idée prévaut sans doute dans ce pays que la France est devenue une République parce que la nation française a été finalement convaincue des avantages offerts par une forme républicaine de gouvernement. Rien n'est plus éloigné de la vérité. La France, comme les cahiers l'avaient montré, était solidement monarchique, et les protestations qui suivirent le 20 juin donnèrent la preuve que ce sentiment prévalait encore dans tout le pays.

« Les républicains, disait Danton en septembre 1792, sont une minorité infinitésimale… le reste de la France est attaché à la monarchie. »[691]

Si, toutefois, un doute existait sur ce point, si les démagogues avaient quelque raison de supposer que l'opinion du peuple avait changé depuis la formation des cahiers, le seul moyen conforme aux principes de la démocratie aurait été de faire un nouvel appel à la nation. En effet, quelle

---

[691] Danton au Comité de Défense Générale (voir Robinet, *Procès des Dantonistes*).

que soit l'impossibilité de consulter le peuple sur les détails de la législation, c'est évidemment une farce de qualifier de démocratique un État dans lequel la forme de gouvernement n'est pas le choix de la nation dans son ensemble. La seule méthode légitime par laquelle la forme de gouvernement peut être modifiée est donc le référendum populaire.

Rien de tel ne fut fait en France. Lorsque, sur la liste de septembre, la Convention qui remplaçait l'Assemblée législative tint sa première séance, aucun des députés — parmi lesquels se trouvaient tous les grands révolutionnaires, Girondins, Dantonistes et Robespierristes — n'avait cherché à connaître les vœux réels de ses électeurs sur la question de l'abolition de la monarchie, tandis qu'en province l'idée d'une République n'avait même pas été envisagée.[692]

À un moment donné, il a semblé que la nouvelle Assemblée était dotée d'une certaine appréciation des principes de la démocratie, car elle a commencé par adopter cette admirable résolution :

« La Convention nationale déclare qu'il ne peut y avoir de Constitution que si elle est acceptée par le peuple. »

Pourtant, après cela, au cours de la même séance, il a procédé avec une inconséquence ridicule à la discussion du point fondamental de la Constitution, la question de la République, sans aucune référence aux souhaits du peuple !

C'était Couthon, l'allié de Robespierre, qui avait le premier proposé l'abolition de la monarchie, et cette proposition était maintenant appuyée par Collot d'Herbois au milieu des « applaudissements universels ». Il est vrai qu'un obscur membre du nom de Quinette se leva pour faire remarquer :

« Ce n'est pas nous qui sommes juges de la monarchie, c'est le peuple. Nous n'avons que la mission de former un gouvernement définitif, et le peuple choisira entre l'ancien qui comprenait la monarchie, et le nouveau que nous lui présenterons. Mais la protestation de Quinette est balayée par Grégoire, qui déclare que » personne ne pourra jamais se proposer de conserver en France la funeste race des rois... Nous savons trop bien que toutes les dynasties n'ont été que des races dévorantes vivant de chair

---

[692] « Ce n'est qu'à Paris que la question de la République a été envisagée... En 1792, il n'y a pas de principes (de républicanisme). Ils ne peuvent qu'abolir la monarchie en prônant la déposition (du roi). Ils n'osent pas proclamer la République » (Madelin, p. 266).

humaine... Je demande que par une loi solennelle vous ordonniez l'abolition de la monarchie. »

En vain, Bazire s'interpose pour rappeler que l'Assemblée ne doit pas se laisser emporter par un « moment d'enthousiasme », que « la question de l'abolition de la monarchie doit au moins être discutée par l'Assemblée ».

« Quel besoin de discussion, répondit Grégoire, quand tout le monde est d'accord ? Les rois sont dans l'ordre moral des choses ce que les monstres sont dans l'ordre physique... l'histoire des rois est le martyrologe des nations. Puisque nous sommes tous également pénétrés de cette vérité, quel besoin de discussion y a-t-il ? »

Et, en réponse à ce digne discours, l'Assemblée, sans autre débat, adopte la résolution :

« La Convention nationale décrète que la monarchie est abolie en France. »[693]

Ainsi, en violation flagrante du premier principe de la démocratie, le gouvernement par la volonté du peuple,[694] en contradiction directe avec la résolution votée par la Convention elle-même dans cette même séance, la République fut proclamée par une infime minorité d'aventuriers politiques. En effet, si ces hommes qui ont pris sur eux de renverser l'ancien gouvernement de la France avaient été honnêtes dans leurs intentions, s'ils avaient été eux-mêmes convaincus des avantages d'une République sur une monarchie, leur action pourrait, dans une certaine mesure, être pardonnée par leur enthousiasme. Mais il n'en fut rien. Ces hommes n'étaient pas républicains par conviction, car, comme nous l'avons déjà vu, ils étaient mus par diverses politiques très éloignées du républicanisme. Pourtant, lors de l'inauguration de la Convention, il semble que les mêmes projets de changement de dynastie aient survécu ; les factions avaient simplement subi de légères modifications. Or, bien qu'à la plupart des étapes de la

---

[693] *Moniteur*, xiv. 8.

[694] Un ouvrier, tuilier de Saint-Leu, nommé Gillequint, lui-même républicain convaincu, résumait ainsi admirablement la question dans une adresse à ses concitoyens quelques mois plus tard : « Le Souverain (c'est-à-dire le peuple) doit être libre de ses opinions. Sommes-nous libres de manifester la nôtre ? À l'ouverture des séances de la Convention... un député propose l'abolition de la monarchie. Sans examen, sans discussion, la monarchie fut abolie par un décret. ...Ce décret n'a pas été sanctionné par le peuple, et comme il est reconnu qu'aucun décret ne peut avoir force de loi sans la sanction du peuple, il n'aurait dû être exécuté que provisoirement. » Pour cette expression d'opinion, Gillequint fut guillotiné le 5 messidor an 11. (Wallon, *Tribunal révolutionnaire*, iv, 386-388).

Révolution nous trouvions que les contemporains étaient en désaccord sur les buts des factions, il est curieux de remarquer l'extraordinaire ressemblance entre les explications données par des écrivains appartenant à des partis complètement différents sur les motifs qui ont inspiré la proclamation de la République.

Selon des autorités aussi divergentes que Montjoie, Pagès, Prudhomme et « Les deux amis de la liberté », Carra et son parti penchaient encore pour le duc de Brunswick ; Brissot et son parti pour le duc d'York ; Sillery, Sieyès et Laclos pour le duc d'Orléans ; Dumouriez, Biron et Valence au duc de Chartres ; tandis que Marat et Danton, désormais moins disposés à soutenir le duc d'Orléans, commencent à penser à leur propre élévation et s'allient à Robespierre, afin d'établir soit une dictature sous l'un d'eux, soit un triumvirat composé des trois. En raison de ces politiques contradictoires, dont aucune ne pouvait être ouvertement avouée, chacun était obligé de professer le républicanisme — « les uns votaient pour la République de peur qu'Orléans ne soit roi, les autres pour ne pas paraître orléanistes ; tous voulaient acquérir ou conserver leur popularité ». C'est ce que Robespierre voulait dire quand il a dit plus tard : « *La République s'est glissée furtivement entre les factions.* »[695]

Mais une fois la République proclamée et la monarchie déclarée définitivement abolie, il devint nécessaire pour les factions de reconstruire leur politique, et c'est ainsi que trois grands partis se formèrent à la Convention. Ils furent connus sous les noms de Gironde, Plaine et Montagne.

Le premier de ces partis se composait des députés de la Gironde qui avaient siégé à l'Assemblée législative — Vergniaud, Guadet, Gensonné, Ducos et Fonfrède — et aussi de Brissot avec sa suite, qui comprenait Buzot, Valazé, Isnard et Condorcet. Tous sont désormais désignés sous le nom de Girondistes ou Girondins, et ce sont eux qui, au fil du temps, représentent le parti véritablement républicain à la Convention.

La *Plaine* ou le *Marais* se composait de plusieurs centaines de députés indistincts, sans opinion précise, et craignant d'avancer hardiment dans une direction quelconque.

---

[695] Montjoie, *Conjuration de d'Orléans*, III 216 ; Pagès, II 10-14 ; Deux Amis, vIII 326 ; Prudhomme, *Crimes de la Révolution*, v. 24-27. Ces passages, écrits à peu près à la même date, 1796 et 1797, doivent être soigneusement comparés, et on les trouvera presque identiques ; il est évident que chacun exprime l'opinion courante du jour.

Mais la véritable force de l'Assemblée résidait dans la *Montagne*, cette minorité farouche et subversive dominée par Danton, Marat et Robespierre, et comprenant les membres les plus violents des clubs des Jacobins et des Cordeliers — Camille Desmoulins, Billaud-Varenne, Collot d'Herbois, Fabre d'Églantine, Panis, Sergent, Legendre, et aussi le duc d'Orléans, qui, par les méthodes habituelles de pots-de-vin et de cajoleries, par des dîners offerts aux nouveaux membres de la Commune, et, de l'avis de nombreux contemporains, par le versement de 15 000 livres à Marat, réussit à se faire élire député de Paris.

Inévitablement, les Montagnards portaient tout devant eux ; c'étaient eux, et non les Girondins pédants, qui comprenaient l'art de soulever les passions populaires. Jusqu'à présent, comme nous l'avons vu, même la foule de Paris avait eu besoin d'être systématiquement remuée pour prendre part au mouvement révolutionnaire, et cela n'est pas surprenant, car les questions en jeu échappaient à leur compréhension. Qu'importe pour eux que les « ministres patriotes » soient rappelés ou non, que le roi ait le droit de veto, que les prêtres non-durants soient déportés, etc. Quant aux chefs de l'Assemblée législative, aucun n'avait fait appel à leurs mentalités ; l'éloquence de Vergniaud les laissait froids ; les discours répétés comme des perroquets par les prétendues députations des Faubourgs étaient inintelligibles pour les orateurs comme pour les auditeurs.

Mais lorsque Marat, Danton et Robespierre ont pris les rênes du pouvoir, tout a changé. Marat parlait un langage que la population pouvait comprendre ; au lieu d'embrouiller leurs esprits avec des subtilités politiques, il leur ordonnait simplement d'aller brûler, piller et détruire. Par ce moyen, il a fait irrésistiblement appel à la soif d'excitation qui caractérise la population de chaque ville, en particulier à Paris, tandis que son ostentation de la pauvreté a imposé pendant un certain temps les plus crédules parmi le peuple lui-même. On a dit que « Marat aimait les pauvres », que dès le début de la Révolution il avait vécu avec le strict nécessaire. Nous savons maintenant que c'est faux ; Marat, bien que d'apparence sale et négligée, vivait dans le plus grand confort et n'a jamais fait de sacrifices personnels pour les pauvres de Paris.[696] Le vicieux, le

---

[696] « Dès le jour où la Révolution a commencé, dit Kropotkine, Marat s'est mis au pain et à l'eau, non pas au sens figuré, mais en réalité. » Aucune autorité n'est donnée pour cette étonnante assertion. Les recherches de M. Lenôtre révèlent pourtant que dans son appartement de la rue des Cordeliers, Marat était servi par quatre femmes : sa maîtresse, sa sœur, la portière et la *cuisinière*. Pourquoi une cuisinière pour du pain et de l'eau ? De plus, le soir de sa mort, lorsque pendant la visite de Charlotte Corday, sa maîtresse, Simonne Evrard, entre dans la salle de bains, elle retire du rebord de la fenêtre deux

gaspilleur, le dégradé seul inspirait sa sympathie ; les hommes du peuple honnêtes et respectueux des lois, surtout ceux qui, par leur industrie, étaient parvenus à un certain degré de prospérité, devenaient les objets de son mépris et de sa haine. « Donnez-moi 300 000 têtes, disait-il, et je répondrai de la sauvegarde du pays... » Commencez par pendre à leurs portes les boulangers, les épiciers et tous les commerçants. Comme le peuple ne répond pas à ces suggestions, Marat se retourne et les loue : « Oh ! peuple bavard, si vous saviez agir ! ou encore : "Éternels fainéants, de quelles épithètes ne vous accablerais-je pas si, dans les transports de mon désespoir, j'en connaissais de plus humiliantes que celle de Parisiens ! C'est en cela que réside la différence entre la politique de Robespierre et celle de Marat. Robespierre visait la *démocratie*, non pas dans le sens d'un gouvernement par le peuple, mais d'un État uniquement composé du 'peuple' ;[697] il aurait voulu faire du monde entier une vaste colonie ouvrière, dont il serait le génie président ; tandis que Marat voulait l'*ochlocratie*, un État dominé par cette petite portion du peuple qu'on appelle la 'populace', faisant du monde une immense cuisine de voleurs, où il jouerait le rôle de chef des brigands. Robespierre, tombant de plus en plus sous l'influence de Marat, commença à se rendre compte de la supériorité de la méthode de Marat ; il comprit qu'en temps de révolution, c'est vers la minorité subversive qu'un démagogue doit se tourner pour trouver un appui, et que faire appel à la raison du peuple sera toujours moins efficace que d'exciter les passions de la foule. Jusqu'à présent, il avait cherché à établir sa popularité par l'adulation des vertus du peuple,[698] mais à partir de ce moment, nous le voyons abandonner progressivement l'attitude de modération qu'il avait maintenue pendant l'année précédente et revenir aux méthodes subversives qu'il avait employées au début de la

---

plats contenant des ris de veau et de la cervelle pour le repas du soir, ce qui n'est pas un menu maigre pour l'Ami du Peuple au moment où des foules affamées s'amassent devant sa porte en attendant des croûtes de pain (*Paris révolutionnaire*, de G. Lenôtre, p. 219). Cela confirme l'histoire qui circulera plus tard dans le peuple, selon laquelle, bien que l'on ait vanté la frugalité de Marat, sa table « était tous les jours splendidement servie et ne comportait jamais moins de huit plats, et l'on voyait celle qui se disait sa femme acheter des objets de grand luxe, soit pour sa table, soit pour d'autres usages... ». (Schmidt, *Tableaux de Paris*, ii. 167).

[697] Le fait que Robespierre ne croyait pas au gouvernement par le peuple a été admirablement expliqué par M. Louis Blanc — qui n'y croit pas lui-même (voir son *Histoire de la Révolution*, viii. 269).

[698] Ainsi : « En matière de génie et de civisme, le peuple est infaillible, tandis que tous les autres sont sujets à de grandes erreurs » (Article de Robespierre, Buchez et Roux, xiv. 268). « Les motifs du peuple sont toujours purs ; il ne peut faire autrement que d'aimer le bien public », etc. (*Robespierre à ses Commettants*, ii. 285).

Révolution. Invectivant les riches et les grands, faisant toujours appel à la cupidité et à l'envie, c'est principalement parmi les femmes de la Société Fraternelle et les condamnées libérées lors des massacres de septembre qu'il trouve ses partisans, et cette bande échevelée que Danton qualifie par dérision de *jupons gras* de Robespierre[699] remplit les tribunes de la Convention et du Club des Jacobins, noyant les débats dans leurs clameurs.

Danton, en revanche, n'a jamais théorisé la démocratie. Trop paresseux pour mettre la plume sur le papier, il est presque le seul chef révolutionnaire qui n'ait pas possédé de journal et n'ait pas écrit de pamphlets ; ses discours, admirablement adaptés à une plate-forme de recrutement avec leurs refrains sonores de" battons l'ennemi ! Sauvons le pays ! ne servent qu'à électriser l'Assemblée, surtout les tribuns, et ne témoignent d'aucun credo politique défini ou cohérent. C'est donc par ses paroles que nous connaissons le mieux Danton, des paroles lancées dans des moments impétueux, rapportées par d'innombrables contemporains et présentant un tel air de famille qu'il est impossible de ne pas croire que certaines au moins sont authentiques. C'est ainsi que, comme Mirabeau, il admettait franchement sa propre corruptibilité.»Danton, dit Prudhomme, était connu comme un homme qui faisait preuve de peu de délicatesse dans la révolution ; c'est pourquoi il était toujours entouré de mauvais caractères et d'escrocs. Voici une remarque qui lui était habituelle : « La Révolution doit profiter à ceux qui la font, et si les Rois ont enrichi les nobles, la Révolution doit enrichir les patriotes ». Nous trouverons Danton exprimant les mêmes sentiments jusqu'au pied de l'échafaud. L'avidité de Danton pour l'or l'amène à penser que le peuple doit être gagné par le même moyen ; l'argent est pour lui le grand levier qui permet de faire agir les foules révolutionnaires.[700]

Le fait est que Danton n'était pas un homme politique, mais simplement un grand agitateur ; le « peuple », qu'il appelait ouvertement la *canaille*, devait être mis au service des démagogues, et il se déplaçait parmi eux sans faire preuve de « fraternité » comme Robespierre ou Marat, mais, comme le disait Garat, comme « un grand seigneur de la Sans-Culotterie », distribuant largesses et mots de commandement tonitruants. Le projet d'État socialiste de Robespierre n'avait donc que peu d'attrait pour Danton,

---

[699] Prudhomme, *Crimes de la Révolution*. v. 124.

[700] « Danton lors de sa brève apparition au « Comité de Salut Public » a institué cet odieux pouvoir de l'or, cet effrayant système de corruption qui achetait la parole ou le silence... « Faites-vous donner de l'argent, disait Danton à Garat, et ne l'épargnez pas ; la République en aura toujours assez. » ... *Corrompre et être corrompu* était pour lui toute la science de nos mœurs, toute la probité du siècle... » (*ibid.* v. 78-80).

qui n'avait aucune envie d'échanger son confortable appartement parisien et son château d'Arcis-sur-Aube contre une maison de campagne dans une cité ouvrière.

Mais, bien que divisés dans leurs buts ultimes — et aussi secrètement hostiles les uns aux autres — les membres du Triumvirat qui dirigeait la Montagne étaient d'accord pour considérer une période d'anarchie comme nécessaire à la réalisation de leurs plans, et étaient donc satisfaits de travailler ensemble afin de détruire les conditions existantes. À cette fin, il était nécessaire de s'assurer l'aide de la foule — cette partie du peuple, principalement des femmes, qui, n'ayant rien à perdre dans la confusion générale, était prête, moyennant une rémunération adéquate, à frapper et à crier pour chaque parti à tour de rôle.[701]

Buzot a ainsi décrit l'aspect des députations et des audiences recueillies par Marat et Robespierre à la Convention :

« Il semblait qu'ils eussent cherché dans tous les taudis de Paris et des grandes villes tout ce qu'il y avait de plus sale, de plus hideux, de plus pollué. D'affreux visages de terre, noirs ou cuivrés, surmontés d'une épaisse touffe de cheveux gras, les yeux à demi enfoncés dans la tête, ils donnaient libre cours, avec leur haleine fétide, aux injures les plus grossières et aux cris stridents des animaux affamés. Les tribuns étaient dignes de tels législateurs : des hommes dont l'aspect effrayant témoignait du crime et de la misère, des femmes dont l'air impudique exprimait la plus immonde débauche. Quand tous ceux-là, avec leurs mains, leurs pieds et leurs voix, faisaient leur horrible vacarme, on se serait cru dans une assemblée de diables. »

Tels étaient les éléments qui usurpaient maintenant le pouvoir, prenant pour mot d'ordre le cri que Taine appelle vraiment « le *résumé* de l'esprit révolutionnaire » : « La volonté du peuple fait la loi, *et nous sommes le peuple* ». Désormais, la Révolution entre dans une nouvelle phase, la monarchie et l'aristocratie se sont retirées des listes, et la lutte est engagée entre la démocratie et l'ochlocratie, entre le peuple et la populace. Et comme les démagogues sont du côté de la populace, inévitablement l'ochlocratie triomphe, et partout, dans les tribunes de la Convention et du Club des Jacobins, dans les rues et sur les places publiques, la populace de Marat, quoique infiniment minoritaire, domine la grande masse du peuple.

---

[701] « Les applaudisseurs et les murmureurs sont à tous les prix ; et comme les femmes sont plus bruyantes et se vendent moins cher que les hommes, vous observerez qu'il y a généralement plus de femmes que d'hommes dans les tribunes » (*Journal* du Dr Moore, i. 211 ; voir aussi Pagès, ii. 29).

LA MORT DU ROI

Il est significatif que même à cette crise, alors que les chefs révolutionnaires avaient enfin réussi à obtenir un soutien au sein de la population, on n'ait pas renouvelé la tentative d'obtenir la mort du roi aux mains de la foule. Mais les nouveaux démagogues étaient trop experts dans l'art de la foule pour ne pas se rendre compte de la futilité d'un tel projet. Madame Roland pouvait imaginer que les Faubourgs de Paris pouvaient être incités au régicide ; Marat, Danton et Robespierre savaient bien que si le roi devait mourir, ils devaient eux-mêmes accomplir l'acte. Car dans cette affaire, il ne fallait pas compter sur la population qu'ils avaient enrôlée à leur service.

> « Le peuple, écrit un contemporain du procès du roi, même cette portion du peuple qui s'est si souvent trempée dans le sang pendant la Révolution, ne veut pas verser celui du roi ; mais il y a un parti auquel il est nécessaire, et qui domine en ce moment Paris, et même la Convention. »[702]

Le Dr Moore, qui se mêle à cette date au peuple de Paris, s'aperçoit lui aussi que la férocité qu'on lui prête se limite à ses prétendus représentants. De nouvelles craintes, écrit-il, ont été exprimées à la Convention au sujet de massacres ayant lieu dans les rues.

> « S'il y a vraiment un danger d'un tel événement, les habitants de Paris doivent être les pires des sauvages, mais les seules personnes que je vois d'une disposition sauvage sont certains membres de la Convention et du Club des Jacobins, et une grande majorité de ceux qui remplissent les tribunes de ces deux assemblées ; mais les boutiquiers et les commerçants (et je me donne la peine de connaître leur manière de penser) me paraissent à peu près les mêmes que j'ai toujours connus ; je suis persuadé qu'il n'y a de risque de massacres ou d'assassinats que de la part d'une troupe de misérables qui ne sont ni boutiquiers ni commerçants, mais des *vagabonds oisifs, engagés et excités pour cela*. Quand j'entends affirmer à la tribune de la Convention, ou de la Société des Jacobins, que *le peuple est impatient de la mort du Roi*, ou enclin à assassiner des malheureux pendant qu'on les conduit en prison, et que je *ne perçois aucune disposition de cette nature parmi les citoyens*, Je ne puis m'empêcher de soupçonner que ces orateurs sont eux-mêmes ceux qui sont impatients de ces atrocités, et qu'ils répandent l'idée que ce désir est général dans le peuple, dans le but de

---

[702] M. de Bernard à sa Femme, date du 27 décembre 1792, dans *Lettres d'Aristocrates*, par Pierre de Vaissière, p. 582.

faciliter leur perpétration, et de les rendre plus tranquilles après qu'elles ont été commises. »[703]

En vain, la Commune réunit à la barre de l'Assemblée des députés des « sections » révolutionnaires pour demander « la mort du tyran » ; le peuple, dans les rues et les cafés, dément toutes ces manifestations. Alors Prudhomme, toujours l'ennemi implacable du roi, les apostrophe avec colère :

> « Français, où cela vous mènera-t-il ? ... chaque heure du jour enlève des millions de partisans à la République pour les donner au Royalisme... Déjà dans vos restaurants des chanteurs à gages hurlent des complaintes ineptes mais touchantes sur le sort du tyran. (Cette complainte sur l'air de "Pauvre Jacques" commence ainsi : "Ô mon peuple, que t'ai-je fait ?" Elle est vendue par milliers. L'hymne des Marseillais est oublié pour elle.) J'ai vu, oui, j'ai vu le topeur laisser tomber une larme dans son vin en faveur de Louis Capet... La République française est déjà aux trois quarts royalisée. »[704]

Le 2 janvier 1793, une pièce royaliste intitulée *L'Ami des Lois* est produite au milieu d'une folle explosion d'enthousiasme populaire. La pièce en elle-même était ennuyeuse, mais l'occasion qu'elle offrait d'applaudir les allusions à la royauté et à la personne du roi, et de railler les principaux démagogues travestis sur la scène, attira un public immense — la foule qui luttait pour obtenir l'entrée fut dénombrée à 30 000 personnes. En vain le Père Duchesne proclame sa *Grande Colère* contre « les chars à bancs, jusqu'alors acteurs du Roi » ; en vain le jeune Robespierre dénonce cette « pièce infâme » où l'on a l'audace de présenter son frère et » l'excellent citoyen Marat » ; en vain Santerre, entouré de son état-major et plus tard de 150 Jacobins, sabre et pistolet à la main, tente de faire cesser la représentation. Le peuple répond par des cris assourdissants : "L'Ami des Lois ! La pièce ! La pièce ! Levez le rideau !" La voix du Santerre est noyée dans les cris de "À bas le général Mousseux ! À bas le 2 septembre ! On veut le morceau ! Le morceau ou la mort !" Les démagogues sont obligés de se soumettre ; le morceau est joué non pas une fois mais à nouveau, quatre fois en tout, au milieu de scènes d'un enthousiasme indescriptible.[705]

Une scène encore plus étrange se déroulait à Bordeaux, où ce n'était pas simplement une foule de citoyens en goguette qui protestait contre les

---

[703] *Journal de* Moore, II 249.

[704] Prudhomme, *Révolutions de Paris*, xiv. 52.

[705] *Journal d'un Bourgeois*, par Edmond Biré, i. 383.

desseins de la Convention, mais le troupeau élu sur lequel les meneurs comptaient pour les suivre. En guise de propagande, la Société des Jacobins de Bordeaux avait invité ses membres à une" pièce patriotique » intitulée *La République de Syracuse, ou la Monarchie Abolie*. Les sentiments que cette pièce contenait ayant été chaleureusement approuvés par les principaux membres du Club, on espérait que le public l'accueillerait avec la même faveur. C'est pourtant ce qui s'est produit — il faut en donner la description dans les termes inimitables du patriote de Bordeaux, dont la lettre a été lue à haute voix au Club des Jacobins à Paris :

> « Le jour de la représentation, toutes les places étaient remplies de très bonne heure. Le rideau se lève et le théâtre représente la place de M. Veto ; on lui raconte les plaintes que ses gens font contre lui, et les déprédations de Mme Veto. Il se fâche ; une insurrection le rend plus doux. Le peuple veut s'affranchir et se donner une constitution ; un général patriote est placé à la tête des armées ; Mme Veto essaie de le séduire, mais dans la pièce elle ne réussit pas comme dans notre Révolution.[706] La Constitution faite, le monarque constitutionnel jure et re-jure tout ce qu'on veut, mais ne garde rien ; enfin le peuple ouvre les yeux une seconde fois, il voit que ce monarque le trompe ; il attaque le Château, fait prisonniers M. et Mme Veto, et les enferme dans une tour. On leur fait un procès et le Sénat de Syracuse les envoie tous deux à la guillotine. Ici commence le cinquième acte. La guillotine sur la scène excite un mouvement de stupeur dans toute la salle. Certains disaient : "Comment peuvent-ils représenter de telles choses ?" Des femmes s'évanouissent. Enfin, au milieu du silence le plus absolu, M. et Mme Veto arrivent au pied de l'instrument fatal. Au moment où ils montent l'échelle, un cri du peuple réclame pour eux la pitié, et les condamne à un emprisonnement perpétuel. Au cri de 'Pitié ! la salle résonne d'applaudissements, *tant l'opinion publique s'est dégradée dans cette ville*. Aussi n'y entend-on plus la *générale* battue ni le cri aux armes ; le calme plat règne. Le patriote Terrasson a essayé de parler à la Société en faveur de Marat, Robespierre, Danton, et autres, qui passent pour des séditieux ; on n'a pas voulu l'écouter... la Société a pris la résolution de suspendre toute correspondance avec les Jacobins de Paris, tant que ces membres resteront parmi eux. »[707]

La Convention prend une terrible revanche sur Bordeaux dix mois plus tard.

---

[706] Lafayette séduit par Marie-Antoinette ! — Marie-Antoinette qui s'était écriée : « Mieux vaut périr que d'être sauvée par Lafayette ! » Il n'y a pas de limite aux absurdités que font circuler les Jacobins.

[707] Séances des Jacobins d'Aulard, iv. 619.

On demandera : 'Si le peuple ne souhaitait pas la mort du roi, pourquoi ne l'a-t-il pas sauvé ?'. 'S'ils avaient connu leur pouvoir, ils l'auraient peut-être fait, mais, terrorisés comme ils l'étaient encore par les massacres de septembre, ils ont sans doute imaginé que la Commune était beaucoup plus puissante qu'elle ne l'était réellement. Ils ne pouvaient pas savoir, comme nous le savons maintenant, que les partisans sur lesquels les dirigeants comptaient pour obtenir leur soutien constituaient environ 1-100e de la population de Paris,[708] et que, si les 99-100e restants avaient pu se coaliser, ils auraient pu balayer les démagogues presque sans effort. Convaincus de leur impuissance, ils montrèrent la même soumission aux décrets de la Convention concernant le roi que celle dont ils firent preuve lorsque leur propre vie fut en jeu dix-huit mois plus tard. Mais, surtout, ils manquaient de chefs, d'hommes de leur propre classe pour défendre leurs intérêts contre ceux des bourgeois qui composaient la Convention. Quelques ouvriers énergiques, se plaçant à la tête des Faubourgs, auraient dû l'emporter, car à ce stade de la Révolution, les démagogues n'auraient pas osé tirer sur eux — le peuple n'a pas été écrasé jusqu'ici, il a été seulement paralysé.

Pendant ce temps, si seulement elle s'en rendait compte, la Convention vivait dans la terreur du peuple. Tout au long des discussions qui ont lieu sur le sort du roi, la peur de voir un mouvement populaire se produire en sa faveur est lancinante.[709] C'est pour cette raison que Chabot insiste sur la nécessité d'éviter un dimanche ou un lundi pour faire le procès du roi, car ces jours-là le peuple n'est pas au travail et peut se réunir librement.[710] Robespierre, pour accélérer les choses, propose que la Convention prononce la peine de mort sans accorder à Louis XVI la formalité d'un procès, tandis que Saint-Just préconise le meurtre simple. « César, dit-il, a été immolé en plein Sénat sans autre formalité que vingt-deux coups de poignard. »

Mais les Girondins, soit par souci de maintenir une réputation de justice, soit parce qu'ils souhaitent réellement sauver le Roi, insistent pour qu'un

---

[708] Déclaration d'un rapporteur du gouvernement en juin 1793 : « Il n'y a pas 3000 révolutionnaires décidés à Paris » (*Paris pendant la Révolution*, par Adolphe Schmidt, p. 21).

[709] « Ceux qui souhaitaient sa mort redoutaient constamment un retour de l'humanité et de l'affection dans le cœur du peuple à son égard, et par conséquent, ils avaient grand soin de remplir les tribunes de personnes engagées pour faire un tollé contre lui : et ils avaient une telle appréhension à ce sujet qu'ils soupçonnaient ces mêmes agents de se calmer » (Moore's *Journal*, ii. 528).

[710] Buchez et Roux, xxi. 202.

procès ait lieu, et le 11 décembre est le jour fixé pour la comparution de Louis XVI à la barre de la Convention.

Il faut lire les débats de la Convention pour se rendre compte de l'inanité des accusations portées contre le roi, de l'accusation de Valazé de 'monopoliser le blé, le café et le sucre' aux diatribes de Robert — condamné plus tard pour avoir accaparé de grandes quantités de rhum — qui déclare Louis XVI 'coupable de plus de cruautés que Néron', 'd'avoir massacré plus d'êtres humains',[711] aux diatribes de Robert — condamné plus tard pour avoir accaparé de grandes quantités de rhum[712] — qui déclare Louis XVI 'coupable de plus de cruautés que Néron', 'd'avoir massacré plus d'êtres humains que sa vie ne comptait d'heures ou d'instants', 'd'aspirer au privilège absurde de se baigner dans le sang de ses semblables'. Faute de nouveaux prétextes, tous les griefs anciens et usés sont repris : fermeture de l'Assemblée le jour du serment du jeu de paume, 'orgie des gardes' à Versailles le 1er octobre 1789, fuite à Varennes," massacre du Champ de Mars" le 17 juillet 1791 (alors que le roi était prisonnier aux Tuileries), refus de sanctionner le camp de 20 000 hommes, etc. L'accusation de conspiration avec des puissances étrangères, qui occupe une place si importante dans les pages des historiens révolutionnaires, a joué un rôle relativement faible dans le procès, car aucune preuve n'a été apportée. De grands espoirs avaient été nourris de trouver des documents incriminants dans l'armoire de fer que Roland avait découverte aux Tuileries après le 10 août, où le Roi avait caché ses papiers privés, mais cette trouvaille s'avéra décevante, car bien qu'elle ait offert à Roland l'occasion d'extraire des documents qui auraient pu servir à établir l'innocence de Louis XVI[713] — et aussi certains autres documents qui auraient pu condamner Roland et son groupe pour avoir proposé de se vendre à la Cour[714] — elle n'apporta pas l'ombre d'une preuve que le Roi avait été coupable d'intrigues traîtresses avec les ennemis de la France.[715]

Lorsque, enfin, Louis XVI parut à la barre de la Convention, et que la longue liste des accusations dérisoires, dressée sous forme d'acte d'accusation, lui fut lue à haute voix, il se contenta de dénégations brèves et dignes ; seulement lorsqu'elles touchaient à son point le plus vulnérable,

---

[711] « Premier Rapport de Valazé », 6 novembre, *Moniteur*, xiv. 401.

[712] Essais de Beaulieu, iv. 228.

[713] *Journal de* Moore, II 614.

[714] Mémoires de Lafayette, III 381.

[715] Beaulieu, iv. 267 ; Moore's *Journal*, ii. 468 ; voir aussi les sélections de ces papiers publiées par Buchez et Roux, xvii. 259.

sa conduite envers le peuple, sa sérénité l'abandonna momentanément. Ainsi, à l'accusation de Barère qui lui reprochait d'avoir tenté de conspirer en se rendant au Faubourg Saint-Antoine et en distribuant des aumônes aux pauvres ouvriers du quartier, ses yeux se remplirent de larmes en répondant : « Ah ! monsieur, je n'ai jamais connu de plus grand bonheur qu'en donnant à ceux qui étaient dans le besoin ». À ce moment, une des malheureuses qui suivaient Marat dans les tribunes éclata en sanglots, s'exclamant : "Ah ! mon Dieu, comme il me fait pleurer ! Lorsqu'on l'accusa à nouveau d'avoir versé le sang du peuple — le seul reproche de tous qui lui faisait mal au cœur — sa voix vibra d'émotion lorsqu'il répondit : « Non, monsieur, non, ce n'est pas moi qui ai versé leur sang. »[716]

L'apparition du roi à la Convention, dit le Dr Moore, la digne résignation de ses manières, l'admirable promptitude et la franchise de ses réponses, firent une impression si évidente sur une partie de l'auditoire dans les galeries qu'un ennemi résolu de la royauté, qui avait l'œil sur eux, déclara qu'il craignait d'entendre le cri de "Vive le Roi !" sortir des tribunes, et il ajouta que si le Roi était resté dix minutes de plus à leur vue, il était convaincu que cela se serait produit : c'est pourquoi il s'opposait avec véhémence à ce qu'il soit amené à la barre une seconde fois. »[717]

Sur la proposition de Pétion, le roi est autorisé à désigner des avocats pour sa défense. Pas moins d'une centaine d'entre eux offrent immédiatement leurs services.[718] Le choix du roi se porta sur son vieil ami Malesherbes, qui, au début de son règne, avait collaboré avec lui dans l'œuvre de réforme, sur Désèze, Tronchet et Target. Target, semble-t-il, ne s'était pas porté volontaire, et eut la lâcheté de refuser la tâche. À cela, les *poissardes* furent si indignées qu'elles se présentèrent à sa porte avec des baguettes de bouleau pour le flageller, et le malheureux Target, averti de leur intention, fut obligé de s'enfuir ; mais à Tronchet qui accepta, elles apportèrent des fleurs et des lauriers.[719] Elles auraient voulu couronner aussi la tête du brave vieux Malesherbes, cette vénérable tête blanche qui, pour prix de son dévouement, devait tomber plus tard sur l'échafaud, mais

---

[716] Beaulieu, iv. 274 ; *Lettres d'Aristocrates*, par Pierre de Vaissière, p. 584.

[717] *Journal de* Moore, II 529.

[718] Lettre de M. Bernard à sa femme dans *Lettres d'Aristocrates*, par Pierre de Vaissière, p. 578.

[719] Moore's *Journal*, ii. 526 ; *Lettres d'Aristocrates*, pp. 571, 581.

Malesherbes refusa cet honneur, et les poissonnières durent se contenter de suspendre leurs guirlandes à sa porte.[720]

Tous ces symptômes alarmèrent sérieusement les chefs révolutionnaires, et lorsque le 26 décembre le roi parut à la Convention pour entendre sa défense lue à haute voix par Désèze, d'immenses précautions furent prises pour empêcher le peuple de venir à son secours. Toute la route du Temple au Manège était bordée de troupes ; une garde rapprochée et une garde à pied entouraient son carrosse, six canons le précédaient et six le suivaient, tandis que de fortes patrouilles parcouraient les rues.[721]

La réunion de cette garde n'avait pas été facile, car les hommes du peuple avaient absolument refusé de prendre part aux opérations. On dit, écrit un contemporain le soir même, que les faubourgs Saint-Antoine et Saint-Marceau, qui sont les quartiers les plus populeux de Paris, ont refusé aujourd'hui de former la garde du roi pendant qu'il était à la Convention, disant que si quelque mal lui était fait, ils ne seraient pas complices.[722] "Il fallut donc former une sorte de gang de la presse, et des officiers furent envoyés pour arracher de leur lit les paisibles citoyens et les forcer à se joindre à l'escorte."[723]

Dès le départ, il était évident que le procès du roi allait être une simple parodie de justice. Je cherche des juges ! s'écrie son avocat Désèze, et je ne vois que des accusateurs ! Les chefs révolutionnaires eux-mêmes reconnaissent secrètement la vérité de ce réquisitoire. La Convention, fit remarquer Prudhomme à Danton, n'avait pas le droit de juger Louis XVI :

> « Si le Parlement d'Angleterre a jugé Charles Ier, c'est qu'il n'était pas une Convention ; les membres de l'Assemblée conventionnelle ne peuvent être à la fois accusateurs, jury et juges. Vous avez raison, répondit Danton, nous ne jugerons pas non plus Louis XVI, nous le tuerons. »[724]

Tel était le plan qu'ils se proposaient de mettre en pratique, et dès que le roi se fut retiré, Duhem se leva pour demander que sa condamnation soit discutée sans plus attendre. Les preuves apportées pour sa défense ne devaient donc même pas être examinées.

---

[720] *Lettres d'Aristocrates*, par Pierre de Vaissière, p. 581.

[721] *Ibid.* p. 577.

[722] *Ibid.* p. 580.

[723] Prudhomme, *Révolutions de Paris*, xiv. 3, 4.

[724] Prudhomme, *Crimes de la Révolution*, v. 120.

Devant un outrage aussi monstrueux à l'humanité et à la justice, il se trouva un homme assez courageux pour protester — Lanjuinais, un Breton, député de l'Île et Vilaine, dont le courage et l'éloquence, depuis ce moment jusqu'à la chute de la Gironde, offrent un contraste frappant avec la lâcheté et la trahison des Girondins et des Montagnards.

> "Vous ne pouvez pas, s'écrie hardiment Lanjuinais, rester juges, applicateurs de la loi, accusateurs, jurés pour l'accusation, jurés pour le jugement, ayant tous exprimé vos opinions, l'ayant fait, les uns et les autres, avec une scandaleuse férocité !"[725]

La voix de Lanjuinais était noyée dans des hurlements d'indignation. Enfin, après des scènes de confusion indescriptible, la Convention décida que le jugement du roi devait être discuté. Il semble que les Girondins souhaitaient maintenant réellement sauver le Roi, ne serait-ce que pour arrêter le despotisme croissant de la Montagne ; mais, trop lâches pour protester contre sa condamnation, ils pensèrent à sortir du dilemme en proposant un appel au peuple par l'intermédiaire des assemblées primaires. Les Montagnards, qui savaient aussi bien que les Girondins que le verdict du peuple serait en faveur du roi, opposèrent naturellement une résistance furieuse à ce projet. La question fut posée pour la première fois à la Convention par le Girondin Salles, le 27 décembre, dans un admirable discours.

> "Ou bien, dit-il, la nation veut que Louis meure ou bien elle ne le veut pas ; si elle le veut, vous tous qui le voulez aussi, vos espérances ne seront pas déçues ; mais si elle ne le veut pas, de quel droit l'envoyez-vous exécuter contre le vœu de la nation ?"

C'était, bien sûr, absolument irréfutable du point de vue de la vraie démocratie, mais cela ne présentait aucune difficulté pour les députés de la Montagne. Tous les arguments tortueux que le cœur d'un sophiste pouvait concevoir furent avancés pendant les sept jours que dura la discussion, pour prouver qu'un appel à la nation serait en réalité antidémocratique — une trahison de la confiance du peuple. La vertu, remarqua Robespierre d'un ton sentencieux, a toujours été en minorité sur la terre. Il semble avoir oublié qu'il avait déjà dit que le peuple était infaillible ; cette fois, il craint manifestement qu'il ne soit "sujet à l'erreur". Saint-Just, rendant un hommage inconscient à la liberté accordée à l'opinion publique par l'Ancien Régime, demande : "L'appel au peuple… ne serait-ce pas ramener la monarchie ?" Rien n'est plus vrai. Sous la monarchie, les plus pauvres des sujets du roi avaient joui du droit de lui adresser des pétitions ;

---

[725] Buchez et Roux, xxII 63 ; *Moniteur*, xiv. 849.

depuis saint Louis assis sous son chêne jusqu'à Louis XVI recevant les *poissardes* à Versailles, l'accès avait toujours été accordé au" peuple ». Mais lorsque des députations de femmes pauvres se rassemblent aux portes de la Convention pour plaider en faveur de la vie de Louis XVI, elles sont renvoyées, après de longues heures d'attente, sans être entendues,[726] tandis que les députés qui persistent à réclamer un appel au peuple sont repoussés aux cris de colère de « Mort au traître ».[727] Dans les rues, des colporteurs crient : « Voici la liste des royalistes et des aristocrates qui ont voté pour l'appel au peuple ! »[728]

Car, comme d'habitude dans un moment de crise, les dirigeants révolutionnaires ont eu recours à leur grand expédient : la *terreur*.

Lorsque le roi — contre lequel rien n'avait été prouvé — fut finalement déclaré « coupable » et que l'appel au peuple fut rejeté par une majorité de 424 voix contre 283, la Montagne mit en branle tous les mécanismes de la révolution pour obtenir un verdict final de mort. Parmi les hommes employés à cette fin, les agents du duc d'Orléans furent les plus actifs. »Les Orléanistes, dit Montjoie, comprenaient bien que le peuple n'était pas pour eux ; ils tenaient la lame sans cesse levée sur la tête des électeurs ; ils les entouraient d'assassins. Les députés de la Gironde, dit Madame Roland,[729] ont été obligés de se déplacer « armés jusqu'aux dents » pour se défendre ; des brigands brandissant des bâtons et des sabres les poursuivaient à la sortie de la Convention, en criant : « Sa vie ou la tienne ! »[730]

Le 16 janvier au soir, à huit heures, s'ouvrit le débat qui devait décider de la grande question : « Quelle peine infliger à Louis ? » « Il est impossible, dit Mercier, de décrire l'agitation de cette longue et convulsive séance. »

Lehardy ouvrit les débats en demandant quelle majorité serait nécessaire pour que la peine de mort soit prononcée. Lanjuinais demanda qu'elle consiste en deux tiers des voix, conformément au code pénal établi par l'Assemblée constituante. Mais Danton, prévoyant que cette majorité ne se dégagerait pas, propose que la Convention prenne un décret

---

[726] *Journal d'un Bourgeois*, par Edmond Biré, i. 409.

[727] *Ibid.* p. 407.

[728] Buchez et Roux, xxIII 154.

[729] Madelin, p. 284.

[730] Lacretelle, *Histoire de la Convention* ; voir aussi *Mémoires de Carnot*, I 293 : « Louis XVI aurait été sauvé si la Convention n'avait pas débattu sous les poignards ».

ordonnant que la majorité d'*une* voix soit suffisante, c'est-à-dire que la *loi soit adaptée au cas*.

À ce moment-là, Lanjuinais se redressa avec colère : « Vous dites tout le temps que nous sommes un jury ; eh bien, c'est le code pénal que j'invoque, c'est la forme du jugement par jury que je demande... Vous avez rejeté toutes les formes que peut-être la justice et certainement l'humanité exigent, le droit de récuser le jury et de voter en silence. Nous semblons délibérer dans une Convention libre, mais elle est sous les poignards et les canons des factions. » Et il termine en exigeant que les trois quarts des voix soient nécessaires pour la condamnation à mort.

Mais la Convention, sans autre discussion, a décrété que la majorité d'*une voix* devait suffire.

Puis le vote commença et se poursuivit pendant vingt-quatre heures sans interruption. Un à un, les députés se lèvent et, dans le silence tendu de la salle, le mot fatal retentit sans cesse : « Mort ! ». Quelques-uns des plus violents — Marat, Fréron, Billaud-Varenne — ajoutent vindicativement : « dans les vingt-quatre heures » ; plusieurs, même parmi les Girondins, se laissent maintenant terroriser et votent la mort immédiate, d'autres implorent en tremblant un répit. Il était réservé à Philippe d'Orléans de donner la dernière touche d'infamie à cette terrible nuit. Lorsque dans la pénombre de la salle, éclairée seulement par quelques bougies faiblement allumées, le visage bouffi d'Égalité apparut à la tribune, l'Assemblée attendit, le souffle coupé, les mots qui allaient tomber de ses lèvres : « Occupé uniquement par mon devoir, convaincu que tous ceux qui ont violé la souveraineté du peuple méritent la mort, *je vote pour la mort*. »

À cette lâche trahison de son parent, même la Convention frissonna ; un faible murmure d'indignation parcourut la salle ; les hommes se levèrent de leurs sièges avec des gestes de dégoût, criant de façon incontrôlable : « Oh ! horreur ! Oh ! le monstre ! »[731]

Le misérable prince avait enfin montré la main, il avait donné tort une fois pour toutes à ses apologistes, qui le déclaraient le faible et aimable pantin d'une faction ; même aux yeux des régicides, il devenait maintenant une chose détestable, un paria que chaque faction répudiait à son tour.

Le vote du duc d'Orléans fut d'une importance capitale dans la décision finale, car, selon le rapport officiel, lorsque les votes furent comptés, il y en eut 360 pour l'emprisonnement, le bannissement, la mort avec répit ou

---

[731] Buchez et Roux, xxIII 180 ; Montjoie, *Conjuration de d'Orléans*, III 237 ; Moore, II 577, 580 ; *Deux Amis*, xII 16.

la mort conditionnelle, et exactement 361 pour la mort immédiate et inconditionnelle ; si c'était le cas, alors la voix de Philippe avait été prépondérante, et en la jetant dans la balance de la mort instantanée, il avait assassiné le roi aussi sûrement que s'il l'avait poignardé au cœur de sa propre main. Mais il y eut tant de jongleries dans les coulisses, et les votes de nombreux députés étaient si vaguement formulés, qu'il est impossible de découvrir les chiffres exacts.[732] Selon une opinion dominante à l'époque, il y avait une majorité réelle de cinq voix pour la mort immédiate et inconditionnelle.

> « Ils l'ont assassiné, écrit Arthur Young avec indignation, par une majorité de cinq voix, alors que leur loi exigeait les trois quarts au moins pour déclarer la culpabilité ou pour prononcer la mort — et la majorité a été obtenue par les menaces des assassins payés par Égalité. Le comble de l'infamie politique ! »

La Convention elle-même recula de honte devant le crime qu'elle allait commettre.

> « Le silence de la terreur, dit Beaulieu, régna pendant le prononcé de ce funeste jugement, et même longtemps après que le président eut cessé de parler. Il semblait que les révolutionnaires sondaient déjà l'abîme qu'ils avaient créé sans pouvoir en découvrir la profondeur. »

Le soir même, la nouvelle est apportée aux conseils du roi qu'une majorité de cinq voix s'est dégagée en faveur de la mort. Louis XVI

---

[732] Les chiffres publiés par le *Procès-Verbal* officiel (voir Buchez et Roux, xxiii. 206, et Mortimer Ternaux, v. 462, *et non* le *Moniteur* qui est incorrect) sont les suivants :

Nombre total de députés, 749. Absents, 28 ; refus de voter, 5. Nombre total de votants, donc, = 721.

Pour l'emprisonnement ou le bannissement, 286. Pour les fers, 2. Pour la mort, avec remise de la sentence, 46. Pour la mort, mais aussi, sur la proposition de Mailhe, pour la discussion sur l'ajournement, 26, total, 360. Pour la mort immédiate, sans discussion sur l'ajournement, 361.

La conclusion du président selon laquelle la majorité était de 387 contre 334 a été obtenue en ajoutant les 26 voix pour la mort avec discussion sur l'ajournement à celles pour la mort immédiate. Ceci est évidemment incorrect, et M. Mortimer Ternaux et M. Croker (*Essais sur la Révolution française*, p. 362) ont donc raison d'affirmer qu'il y avait une majorité d'une voix. Ferrières et le Dr Moore, cependant, disent tous deux qu'il y eut 319 voix pour l'emprisonnement ou le bannissement. Fockedey, membre de la Convention, dit 334. (Voir *Documents pour servir à l'Histoire de la Révolution Française*, publiés par Charles d'Héricault, ii. 143.) Ces chiffres réduiraient encore les voix pour la mort, et aboutiraient à une majorité contre la mort. C'est d'ailleurs ce qu'a déclaré le secrétaire Manuel après coup (*Mémoires Secrets de D'Allonville*, iii. 139).

demande sur-le-champ qu'il soit fait appel au peuple, et Désèze, Tronchet et Malesherbes viennent présenter cette requête à la Convention. Malesherbes, accablé de douleur, ne put prononcer que quelques phrases brisées, mais ses collègues montrèrent avec force l'iniquité de la condamnation à mort prononcée contrairement au code pénal, par un décret pris dans cette même séance. Robespierre répondit que les défenseurs du roi n'avaient pas le droit d'attaquer « les grandes mesures prises pour la sûreté publique », et demanda le rejet de leur appel. Cette proposition fut adoptée par la Convention.

Les Girondins, plus que jamais alarmés par la tyrannie de la Montagne, se hasardèrent à faire des remontrances ; Guadet demanda qu'on tînt compte des objections des défenseurs du Roi. Buzot, deux jours plus tard, protesta contre une condamnation à une majorité si faible, et alla même jusqu'à déclarer que le parti qui désirait la mort immédiate du roi voulait placer le duc d'Orléans sur le trône. Thomas Paine représente « l'affliction universelle » que l'exécution de Louis XVI susciterait en Amérique, où il est considéré par le peuple comme « son meilleur ami, celui qui lui a procuré la liberté ». »

Finalement, les Girondins réussirent à faire adopter la motion selon laquelle la question de l'ajournement de la sentence devait être soumise au vote. Mais à ce moment-là, l'Assemblée entière était tellement intimidée par les menaces d'Orléans et de la Montagne que la sentence de mort immédiate fut adoptée à une majorité de 380 contre 310. Le président prononça alors la sentence de mort à exécuter dans les vingt-quatre heures.

Malesherbes a raconté que lorsqu'il se rendit au Temple pour annoncer la nouvelle à Louis XVI, il le trouva assis dans la pénombre, le dos tourné à la lampe, les coudes appuyés sur une petite table, et le visage enfoui dans ses mains. Comme le vieillard entrait, le roi se leva et, le regardant dans les yeux, lui dit solennellement :

> « Monsieur de Malesherbes, depuis deux heures je cherche à savoir si, dans le cours de mon règne, j'ai mérité le moindre reproche de la part de mes sujets. Eh bien, je vous jure en toute vérité, comme un homme qui va comparaître devant Dieu, que j'ai toujours souhaité le bonheur de mon peuple, que je n'ai jamais formé un vœu opposé à lui. »

> « Ah, Sire, répondit Malesherbes en pleurant, j'ai encore de l'espoir ; le peuple connaît la pureté de vos intentions, il vous aime et il a des sentiments pour vous. Je me suis trouvé, en sortant du débat, entouré d'un certain nombre de personnes qui m'ont assuré que vous ne péririez pas, ou du moins pas avant qu'elles et leurs amis n'aient péri eux-mêmes... »

> « Connaissez-vous ces gens-là ? Louis XVI s'interpose précipitamment ; retournez à l'Assemblée, tâchez d'en trouver quelques-

uns, dites-leur que je ne leur pardonnerais jamais si une goutte de sang était versée pour moi ; j'ai refusé de la verser quand elle aurait pu me sauver le trône et la vie… et je ne me repens pas, non, Monsieur, je ne me repens pas. »

La cause de cette impénitence n'est pas loin à chercher. Louis XVI se rendit compte que sa confiance dans le peuple n'avait pas été mal placée, car ce n'est pas par le peuple qu'il avait été condamné — un appel au peuple aurait inévitablement dû le sauver. Il connaissait, sans doute, les intrigues qui avaient amené la sentence fatale.

Pour de nombreux contemporains, il était évident que l'influence du duc d'Orléans avait contribué plus encore que celle de Robespierre à cette fin. Fargeau avait l'intention de voter contre la mort du Roi, et d'inciter vingt-cinq de ses collègues députés à faire de même, mais au dernier moment lui et ses compagnons furent persuadés par Orléans de jeter leur poids dans la balance opposée.[733] Que ce soit le cas ou non, cela fournit la seule explication à un incident mystérieux qui s'est produit le soir avant l'exécution du roi. Lepeletier dînait dans un restaurant du Palais Royal lorsqu'un homme aux cheveux noirs, vêtu d'un long pardessus gris, entra. Cet homme était Paris, un membre de l'ancienne garde du corps du roi ; toute la journée, il avait erré dans la ville, sabre à la main, cherchant en vain le duc d'Orléans.[734] Maintenant il avait trouvé Lepeletier, et, s'approchant de lui, il l'accosta ainsi : « Vous avez voté pour la mort du Roi ? » « Oui, Monsieur, j'ai voté selon ma conscience. Qu'est-ce que cela peut vous faire ? » Mais Paris, tirant son sabre de dessous son manteau, s'écria : « Malheureux, tu ne voteras plus ! » et il plongea son arme dans le corps de Lepeletier.

Les citoyens qui remplissaient la salle à manger ont si peu ressenti le crime que pas un murmure ne s'est élevé, et Paris a été autorisé à quitter le restaurant sans être inquiété.[735]

De telles manifestations du sentiment public étaient naturellement inquiétantes pour les régicides, et ils craignaient plus que jamais qu'un mouvement populaire ne se produise en faveur du roi. Le lendemain, une garde redoutable fut à nouveau convoquée pour l'entourer sur son chemin vers la place de la Révolution. « D'après deux Marseillais très hostiles au roi, dit M. Madelin, Paris avait été littéralement mis en état de siège. »

---

[733] Montjoie, *Conjuration de d'Orléans*, iii. 232 ; Pagès, ii. 69.

[734] Mercier, *Le Nouveau Paris*, i. 175 ; Dauban, *La Démagogie en 1793*, p. 27.

[735] *Journal d'un Bourgeois*, par Edmond Biré, II 5.

Pendant ce temps, Philippe Égalité, prévoyant que Louis XVI pourrait réussir à amener la foule à son secours par des paroles prononcées depuis l'échafaud, prit des précautions élaborées contre une telle éventualité.

> « D'Orléans, dit Sénart, craint qu'il ne parle au peuple ; il craint que le peuple ne le délivre, car la tête de Capet lui était nécessaire à tout prix. » Il y avait divers rendez-vous pour la faction d'Orléans. C'est à l'un de ces rendez-vous que Santerre jura à d'Orléans, le verre à la main, qu'il se servirait d'un moyen sûr pour empêcher Capet de parler, et c'est ainsi que se forma le complot du fameux roulement de tambours qui eut lieu à la mort de Capet. »[736]

À l'aube de la matinée humide et maussade du 21 janvier, la ville était enveloppée dans le silence de la consternation. Toutes les boutiques étaient fermées ; des patrouilles silencieuses, composées d'hommes mal vêtus, circulaient lentement dans les rues, où l'on ne rencontrait que des visages pâles, tristes et lugubres ; bourreaux et victimes semblaient atterrés par le cruel sacrifice qui allait être consommé ; la stupeur seule semblait habiter Paris. Telle était la situation de cette ville célèbre, autrefois si brillante et le rendez-vous de tous les plaisirs. »[737]

Mercier, qui s'efforce invariablement de rejeter sur le peuple la responsabilité de tous les crimes de la Révolution, a représenté Paris comme présentant un aspect normal, voire gai, en ce jour terrible — témoignage dont s'emparent avidement les historiens révolutionnaires, mais qui est contredit par d'innombrables contemporains, même par Prudhomme. Fockedey, membre de la Convention, a ainsi confirmé le témoignage de Beaulieu :

> « Ce jour fut pour la France, et surtout pour Paris, un jour d'amertume et de chagrin, de peur et de deuil : la capitale était dans l'angoisse. Presque tous les magasins et toutes les maisons étaient fermés, des familles entières étaient en larmes. La consternation se lisait sur tous les visages que l'on rencontrait ; un grand nombre de gardes nationaux, à pied depuis le matin, semblaient eux-mêmes aller à l'exécution. Non, jamais les scènes dont je fus témoin ce jour-là ne s'effaceront de ma mémoire. Que de larmes j'ai vu couler ! Quelles imprécations j'ai entendues contre les auteurs d'un tel

---

[736] Certains contemporains ont déclaré que ce n'était pas Santerre qui avait finalement ordonné le roulement des tambours (voir Montjoie, *Conjuration de d'Orléans*, III 240), mais le comte d'Aya, fils naturel de Louis XV. Beaulieu, cependant (*Essais*, iv. 353), et les autorités les plus fiables affirment que c'était Santerre ; d'ailleurs, Santerre l'a admis lui-même. Voir « Relation du Municipal Goret », dans *La Captivité et la Mort de Marie-Antoinette*, par G. Lenôtre, p. 146.

[737] Beaulieu, iv. 349.

crime... L'Assemblée ce jour-là était silencieuse et lugubre, les électeurs du régicide étaient pâles et brisés, ils semblaient avoir horreur d'eux-mêmes. »[738]

Quant aux pauvres gens de Paris, ils pouvaient à peine se résoudre à croire qu'un acte aussi épouvantable pouvait réellement être accompli.

« Le 21 janvier, écrit la comtesse de Bohm, je vis sur les remparts des gens des classes les plus basses qui pleuraient, montrant ouvertement leur chagrin de l'outrage qui allait avoir lieu. Ils sont trop nombreux à Paris, disaient-ils, ils vont l'empêcher. Le soleil a percé les nuages et a éclairé ce crime. Ce sentiment de honte nationale qui se transmettra d'âge en âge, dont le remords deviendra pour chaque Français une offense personnelle, pesait sur moi. »

Mais les Parisiens ne firent aucun effort pour empêcher le crime. La petite bande de royalistes, sous la conduite du baron de Batz, qui s'élança vers la voiture du roi en criant : « Joignez-vous à nous, vous qui voulez sauver le roi ! La multitude immense restait stupéfaite et muette, hypnotisée, semble-t-il, par l'horreur de l'événement, car pas un cri n'a été poussé pendant que le carrosse vert foncé passait entre leurs rangs vers la grande place de la Révolution. À travers les fenêtres, on apercevait faiblement la silhouette du roi sous l'ombre de son grand chapeau, penché vers son bréviaire ouvert aux prières des mourants. Il était, peut-être, l'homme le plus tranquille de Paris en cette grise matinée de janvier. "Dieu est mon consolateur", avait-il dit à son confesseur, l'abbé Edgeworth ; "mes ennemis ne peuvent m'enlever sa paix". »

Tous les efforts ont été faits par les journalistes révolutionnaires pour minimiser le courage du roi au moment suprême. Louis, déclara *Le Thermomètre du Jour*, n'avait fait preuve de courage et d'assurance que parce qu'il ne croyait pas que la sentence serait réellement exécutée, que jusqu'au moment de sa mort il avait compté être sauvé. Mais lorsqu'il s'aperçut de son illusion, sa sérénité l'abandonna, et il « se débattit avec les aides du bourreau, par lesquels enfin il fut attaché de force à la planche de la guillotine. » C'est Sanson, le bourreau lui-même, qui a démenti ce mensonge, en s'avançant hardiment pour témoigner non seulement du courage du roi mais de la cause qui l'inspirait.

---

[738] « Souvenirs du Conventionnel Fockedey », publié dans *Documents pour servir à l'Histoire de la Révolution Française*, par Charles d'Héricault, tome II p. 142. Voir aussi sur ce point les témoignages contemporains cités par Edmond Biré, *Journal d'un Bourgeois*, I 451.

« Citoyen, écrit-il au rédacteur du *Thermomètre*, une courte absence m'a empêché de répondre plus tôt à votre article concernant Louis Capet, mais voici... l'exacte vérité sur ce qui s'est passé. En descendant de la voiture pour l'exécution, on lui dit qu'il devait enlever son manteau ; il fit quelque difficulté, disant qu'il pouvait être exécuté tel qu'il était. Quand on lui a assuré que c'était impossible, il a lui-même aidé à enlever son manteau. Il fit ensuite la même difficulté lorsqu'il s'agit de s'attacher les mains, mais il les offrit lui-même lorsque la personne qui était avec lui (l'abbé Edgeworth) lui eut dit que c'était un dernier sacrifice. Il demanda si les tambours continueraient à battre ; nous répondîmes que nous ne le savions pas, ce qui était la vérité. Il monta sur l'échafaud, et essaya de s'avancer comme s'il voulait parler, mais on lui fit remarquer que la chose était encore une fois impossible ; puis il se laissa conduire à l'endroit où il était attaché, et où il cria à haute voix : « Peuple, je meurs innocent ! » Puis, se tournant vers nous, il nous dit : « Je suis innocent de tout ce qui m'est imputé. Je désire que mon sang scelle le bonheur du peuple français. » Ce furent là, citoyen, ses dernières et exactes paroles. L'espèce de petit débat qui eut lieu au pied de l'échafaud tourna autour du fait qu'il ne jugea pas nécessaire qu'on lui ôtât son manteau et qu'on lui attachât les mains. Il a également fait la proposition de se couper les cheveux.

"Et pour rendre hommage à la vérité, il a supporté tout cela avec un sang-froid et une fermeté qui nous ont tous étonnés, et je reste convaincu qu'*il avait tiré cette fermeté des principes de la religion*, dont personne ne pouvait paraître plus persuadé et plus imbu que lui. Vous pouvez être sûr, citoyen, que voici la vérité dans toute sa lumière. — J'ai l'honneur d'être votre concitoyen, « SANSON ».

Non contents de calomnier le roi, les révolutionnaires, comme d'habitude, calomnient le peuple. Après l'exécution, dit encore Mercier, on rit, on bavarde, on rentre chez soi bras dessus bras dessous comme au retour d'un festin, les théâtres sont restés ouverts comme d'habitude pendant toute la soirée. Il est vrai que de hideuses scènes d'hilarité se déroulèrent sur la place de la Révolution ; la joie rayonnait avec exaltation sur le visage d'Orléans, qui assistait à l'exécution depuis son cabriolet ; autour de l'échafaud, des brigands dansaient ensemble en criant : 'Vive la République ! Un citoyen montant sur la guillotine plongea son bras dans le sang du roi et le jeta au visage de la foule. Puis, une fois de plus, comme un tigre qui a goûté au sang, la foule devient folle et se met à danser ; des silhouettes sauvages, couvertes de sang, tournoient dans les bras les unes des autres ; sur la grande place de la Révolution s'élève le cri rauque : « Vive la République ! Vive la Liberté ! Vive l'Égalité ! »[739]

---

[739] Diurnal de Beaulieu ; Prudhomme, *Révolutions de Paris*, xiv. 205.

Mais après ce moment d'hystérie collective, il semble que même la foule ait repris ses esprits, et Paris retomba dans la stupeur. Le peuple ne rentra pas chez lui en se réjouissant ; au contraire, dit Lacretelle, il "revint sombre et absorbé ; la multitude elle-même, soit par pitié, soit par dépit de voir sa curiosité déçue, chargea Santerre d'imprécations pour avoir noyé les dernières paroles du roi. Pendant toute la journée qui suivit" — car l'exécution eut lieu à dix heures et demie du matin — 'Paris fut silencieux, presque désert ; on s'enferma dans sa famille pour pleurer. Les femmes, reconnaît Prudhomme à regret, étaient tristes, « ce qui ne contribuait pas peu à cet air lugubre que Paris a présenté pendant toute cette journée ». Quant aux théâtres, il est vrai qu'ils étaient ouverts ce soir-là, mais aussi qu'ils étaient vides, et les directeurs se sont vus obligés de rendre l'argent payé pour les places.[740] Dans les rues, disent les *Deux Amis de la Liberté*, 'on n'osait pas se regarder en face... le lendemain de l'exécution on ne s'était pas remis de cette accablante déprime.'

La France avait-elle bien, comme Louis XVI lui-même, quelque pressentiment des immenses malheurs que cette journée devait lui apporter ?

'Je vois le peuple, avait-il dit à Cléry le soir de sa condamnation, livré à l'anarchie, devenir la victime de toutes les factions ; je vois les crimes se succéder et de longues dissensions déchirer la France.'

Il s'affligeait pour le peuple, sachant bien entre quelles mains il le laissait. Ici, dans la lumière blanche de l'éternité, nous le voyons au mieux de sa forme, ses maladresses étant compensées par sa grande sincérité. Pour la cause des despotes, il s'était révélé un traître, pour l''aristocratie', il avait montré peu de sympathie, mais pour le peuple, il avait été fidèle. En lui, ils ont perdu non pas leur meilleur mais leur seul ami. Carlyle a écrit sur « le grand cœur de Danton » - Danton, dont les derniers mots, comme ceux de presque tous les démagogues, ont été d'insulter le peuple — pour le grand cœur de Louis XVI, il n'a que du mépris. Pourtant, de tous les hommes qui ont joué leur rôle dans la Révolution, il n'y en a qu'un seul qui, comprenant qu'il n'y avait plus d'espoir pour sa vie, a pu dire du fond de son cœur, alors qu'il se tenait sur le seuil de l'autre monde — la plate-forme de la guillotine — « Je désire que mon sang scelle le bonheur des Français ». Ce seul vrai patriote, cet homme prêt à mourir pour la France et pour le peuple, c'était le roi.

---

[740] Gorsas dans le *Courrier des Départements* du 28 janvier 1793. Voir *Journal d'un Bourgeois*, par Edmond Biré, i. 453.

L'ANGLETERRE ET LA MORT DU ROI

En Angleterre, la nouvelle de la mort du roi fut accueillie par toutes les classes avec horreur.

« Je ne peux vous décrire, écrivait Lord Grenville à Lord Auckland le 24 janvier, l'indignation universelle qu'elle a suscitée ici... le public d'une des salles de spectacle a arrêté la pièce et a ordonné que le rideau tombe dès que la nouvelle leur a été annoncée. »

Le prince de Galles, apprenant le vote de mort de son ancien compagnon de gloire Philippe d'Orléans, arrache le portrait du duc — un chef-d'œuvre de Sir Joshua Reynolds — du mur de Carlton House, et le déchire en lambeaux de ses propres mains.[741]

Mais les amoureux de la vraie liberté ont porté le deuil le plus profond. C'est parce que *l'assassinat de Louis XVI était le plus grand crime jamais commis contre la démocratie* qu'Arthur Young, cet ardent démocrate, le dénonça en termes sans mesure :

'Cette grande abomination... devrait engendrer (pour la vraie félicité de la race humaine) un resserrement des mâchoires de ce monstre... le républicain jacobin métaphysique, philosophique, athée, abhorré à jamais pour avoir affirmé à tous les souverains de la terre que le seul prince qui ait jamais volontairement mis des limites à son propre pouvoir EST MORT POUR CELA SUR L'ÉCHAFAUD, et a ruiné son peuple en se détruisant lui-même. Il a prêté l'oreille à ceux qui lui ont dénoncé des abus ; il a voulu soulager son peuple ; il a combattu la popularité... il n'a pas voulu verser le sang des traîtres, des conspirateurs et des rebelles... Cet événement maudit, profondément écrit dans les caractères de l'enfer, a jeté la stupeur sur l'humanité.'[742]

Au Parlement, Pitt a parlé du « meurtre du roi » comme de « cet affreux outrage à tous les principes de la religion, de la justice et de l'humanité, qui a créé un sentiment général d'indignation et d'horreur dans toutes les parties de cette île, et qui a très certainement produit le même effet dans tous les pays civilisés... c'est l'acte le plus immonde et le plus atroce que l'histoire du monde ait encore eu l'occasion d'attester ». » Et ici, pour l'honneur de notre pays, il est impossible de passer sous silence l'accusation portée contre Pitt à ce sujet par un historien anglais.

---

[741] *Moniteur* du 6 février 1793.

[742] L'exemple de la France, annexe, p. 10.

L'information, écrit feu Lord Acton, a été apportée à Pitt d'une source digne de confiance, que Danton le sauverait (le roi) pour 40 000 livres sterling. Lorsqu'il s'est décidé à donner l'argent, Danton a répondu qu'il était trop tard. Pitt explique au diplomate français Maret, qui deviendra plus tard Premier ministre, le motif de son hésitation. L'exécution du roi de France soulèverait une telle tempête en Angleterre que les Whigs seraient submergés. »[743]

En d'autres termes, Pitt était prêt, au nom des intérêts du parti, à jouer le rôle de meurtrier de Louis XVI. Et sur quoi Lord Acton fonde-t-il cette monstrueuse accusation ? Sur l'affirmation de Maret — un émissaire révolutionnaire en Angleterre ! Or, même si Pitt avait nourri un plan aussi ignoble, est-il concevable qu'il l'ait confié à un homme tel que Maret ? Le seul grain de vérité dans toute cette histoire semble être que Pitt a refusé de corrompre Danton, mais comme il connaissait très bien le vrai caractère de Danton — Bertrand de Molleville n'était-il pas à Londres à l'époque et pouvait-il l'éclairer sur les transactions financières qu'il avait effectuées au nom du roi avec ce « patriote convaincu » ? — il n'est guère surprenant que Pitt ait hésité à mettre 40 000 livres sterling dans la poche d'un homme qui, selon toute vraisemblance, ne ferait aucun retour. Le Tribunal révolutionnaire était probablement beaucoup plus près de la vérité lorsqu'il déclara que Pitt avait aidé financièrement Malesherbes à défendre le roi[744] — une démarche que le grand homme d'État avait sans doute jugée plus honorable et en même temps plus opportune que de corrompre Danton.

Si des membres du Parlement britannique doivent être accusés de complicité dans le meurtre de Louis XVI, ce sont certainement les Whigs ; Pitt, que les révolutionnaires considéraient comme leur ennemi juré, n'aurait fait qu'accroître leur animosité envers le Roi en intercédant pour lui, mais Fox, Sheridan, Lord Lansdowne, Lord Lauderdale et Lord Stanhope étaient tous en bons termes avec les membres de la Convention, et auraient certainement pu exercer leur influence pour éviter le crime. À l'exception de Lord Stanhope — qui, nous le savons, refusa catégoriquement d'intercéder en faveur de Louis XVI, invoquant comme raison que « de nouvelles découvertes sur sa traîtrise, sa perfidie et sa

---

[743] *Essais sur la Révolution française*, p. 254. Notons ici la valeur du jugement de Lord Acton en tant qu'historien, car, après avoir admis que Danton n'était mû que par des motifs mercantiles dans l'affaire de la mort du roi, il observe ensuite : « Il n'y a pas eu en France de patriote plus convaincu que Danton », *ibid.* p. 282.

[744] Procès de Malesherbes, dans Bulletin de Tribunal révolutionnaire.

duplicité » venaient d'être faites[745] — nous pouvons rendre justice à ces hommes en pensant que s'ils se sont abstenus d'intervenir, c'est parce que, comme Pitt, ils savaient que c'était sans espoir.

La rupture entre la France et l'Angleterre était devenue inévitable, car il était évident que les anarchistes de Paris, non contents de dévaster leur propre pays, se proposaient de faire de même dans tous les autres pays où ils parviendraient à s'introduire. Le 19 novembre, ils avaient publié la proclamation suivante :

> « La Convention nationale déclare au nom de la nation française qu'elle accordera fraternité et assistance à tous les peuples qui voudront recouvrer leur liberté, et charge le pouvoir exécutif de donner les ordres nécessaires aux généraux pour prêter assistance à ces peuples, et défendre les citoyens qui ont été vexés ou qui pourraient l'être pour la cause de la liberté. »[746]

Ce décret, que la Convention ordonna de traduire dans « toutes les langues », n'était donc pas un simple appel aux peuples des pays avec lesquels la France était alors en guerre, mais un appel à l'insurrection universelle. Quelques semaines plus tard, les chefs révolutionnaires expliquaient dans une nouvelle proclamation leurs intentions à l'égard des pays où ils étaient déjà entrés. Le 15 décembre, Cambon, « au nom des comités financier, militaire et diplomatique », se lève pour définir la ligne de conduite que les généraux des armées révolutionnaires doivent suivre :

> "Il est nécessaire que nous nous déclarions puissance révolutionnaire dans les pays où nous entrons... Vos comités considèrent qu'après avoir expulsé les tyrans et leurs satellites, les généraux en entrant dans chaque « Commune » doivent publier une proclamation, montrant au peuple que nous lui apportons le bonheur, qu'il doit immédiatement supprimer les dîmes et les droits féodaux, et toutes les formes de servitude.
>
> "Mais vous n'aurez rien accompli si vous vous limitez à ces destructions. L'aristocratie gouverne partout ; *il faut* donc *détruire toutes les autorités existantes*. Rien de l'Ancien Régime ne doit survivre lorsque le pouvoir révolutionnaire se manifestera."[747]

Cependant, cela ne devait pas se faire par la volonté des populations des pays envahis, qui ne manifestaient d'ailleurs pas un grand enthousiasme pour les bienfaits de la liberté française. Comme en France, les députations

---

[745] *The Life of Charles, third Earl of Stanhope*, par Ghita Stanhope et G. P. Gooch, p. 119.

[746] *Moniteur*, xiv. 517.

[747] *Moniteur*, xiv. 762.

et les déclarations, censées exprimer les souhaits du peuple, étaient conçues par des agents jacobins[748] et ne représentaient en aucune façon l'opinion publique. Ainsi, bien qu'il soit annoncé que la Belgique souhaite adopter les doctrines révolutionnaires et s'unir à la République française, « l'immense majorité de la population belge reste attachée à ses anciennes croyances » et considère avec horreur les projets anarchiques des envahisseurs.[749] En Allemagne, les apôtres de la « démocratie » rencontrent une résistance similaire. Mayence protesta hardiment ; à Francfort, les citoyens refusèrent de planter un arbre de la liberté sur l'ordre de Custine.[750] Mais les chefs révolutionnaires ne devaient pas se laisser déconcerter par ces obstacles ; si le peuple n'acceptait pas « la liberté, l'égalité et la fraternité » lorsqu'on le lui offrait avec des mots mielleux, ces bénédictions inestimables devaient lui être imposées à la pointe de l'épée.

C'est en conséquence de cette récalcitrance que Cambon, dans le même discours, poursuivait :

> « Mais vous n'aurez rien accompli si vous ne déclarez pas hautement la sévérité de vos principes contre quiconque ne désire qu'une demi-liberté. Vous voulez que le peuple contre lequel vous portez les armes soit libre. S'ils se réconcilient avec les castes privilégiées, vous ne devez pas souffrir ce trafic avec les tyrans. Vous devez donc dire aux gens qui veulent conserver les castes privilégiées : *"Vous êtes nos ennemis"*, et les traiter comme tels, puisqu'ils ne désirent ni la liberté ni l'égalité. »

À l'issue de ce discours, prononcé au milieu d'applaudissements unanimes, la Convention adressa un nouveau décret à chaque pays dans lequel ses armées étaient entrées, déclarant que » la République française

---

[748] Dès l'arrivée de Dumouriez dans les villes de Belgique, des clubs jacobins furent inaugurés sous ses auspices (Mortimer Ternaux, *Histoire de la Terreur*, v. 14, 61). Il semble que de grosses sommes d'argent aient également été prodiguées aux habitants, car plus tard, lorsqu'on demanda à Danton de rendre compte de la somme de 100 000 écus qu'il avait dépensée pour sa mission en Belgique — et que les Girondins le soupçonnaient de s'être appropriée —, celui-ci répondit que cet argent avait été dépensé pour « exécuter le décret du 15 décembre », c'est-à-dire pour soudoyer les Belges afin qu'ils votent l'union avec la République française (Séance du 1er avril 1793 ; Mortimer Ternaux, *op. cit.* v. 20).

[749] *Ibid.* p. 61. Voir aussi la lettre de Lord Auckland écrite de La Haye à Lord Loughborough le 6 janvier 1793 : « L'esprit du jacobinisme ne fait aucun progrès. En Italie et en Allemagne, il est détesté même dans les rangs les plus bas. En Brabant et en Flandre, les Français sont maintenant infiniment plus détestés que les Autrichiens » (*Correspondance de Lord Auckland*, ii. 485).

[750] Mortimer Ternaux, v. 19.

proclame dès à présent la suppression de tous vos magistrats, civils et militaires, de toutes les autorités qui vous ont gouvernés, et proclame dans ce pays l'abolition de tous les impôts que vous supportez, sous quelque forme qu'ils existent », etc. En un mot, tous les pays dans lesquels les Français pénètrent doivent être plongés dans le chaos.[751]

À côté de cette proclamation, il faut reconnaître que le Manifeste de Brunswick apparaît presque bénin. L'empereur d'Autriche et le roi de Prusse y avaient définitivement déclaré qu'ils n'avaient « aucune intention de se mêler du gouvernement intérieur de la France » ; les révolutionnaires annonçaient leur détermination de détruire la forme de gouvernement existante, que le peuple le veuille ou non. Le Manifeste de Brunswick, en outre, avait répudié toute idée d'annexion ; les révolutionnaires n'ont pas tenté de dissimuler le fait que la conversion des pays envahis aux doctrines « démocratiques » ne devait être que le prélude à l'incorporation à la République française.

Dès que la retraite des armées étrangères commença, après Valmy, le prétexte de faire la guerre pour la défense de la France fut abandonné, et la République commença sa carrière d'agrandissement. La Belgique, les provinces rhénanes, la Savoie, Nice sont successivement annexées sans qu'aucun prétexte ne soit donné à ces actes de brigandage.

Les écrivains qui s'enthousiasment pour les glorieux succès des armes françaises à partir de la bataille de Jemmapes feraient bien de se demander de quel droit la République française a poursuivi les armées d'invasion au-delà de la frontière dans le but d'annexer des territoires ? On répondra que Louis XIV avait fait de même. Certes, mais l'esprit de la Révolution jusqu'en 1792 n'était-il pas diamétralement opposé à la politique de Louis XIV ? La démocratie française elle-même n'avait-elle pas déclaré que la guerre n'était jamais justifiée qu'en cas de légitime défense ? Deux ans et demi plus tôt seulement — en mai 1790 — à l'Assemblée constituante, une ligue de paix perpétuelle avait été décrétée au milieu d'un immense enthousiasme. Que toutes les nations soient libres comme nous, s'était écrié un député, et il n'y aura plus de guerres ! Et sur la proposition de Robespierre, l'Assemblée déclara formellement : « La nation française renonce à entreprendre aucune guerre en vue de la conquête, et n'emploiera jamais ses forces contre la liberté d'aucun peuple ». Pourtant, ce sont les hommes mêmes qui l'ont formulée, Robespierre et ses alliés, qui répudient maintenant cette résolution et prônent l'agression pure et simple, et ainsi *la Société de la Paix s'est avérée n'être que le prélude à la plus grande guerre*

---

[751] *Moniteur*, xiv. 762.

de conquête que le monde civilisé ait jamais connue. Mirabeau ne l'avait-il pas prédit en déclarant, en réponse aux enthousiastes de 1790, que « les peuples libres sont plus avides de guerre, et les démocraties plus esclaves de leurs passions que les autocraties les plus absolues » ?[752]

Ce n'est donc pas, comme on l'affirme souvent et faussement, que Pitt « cherchait un prétexte » pour se joindre à « la coalition des rois » contre la République française ; c'est l'agression gratuite de la République qui culmine avec la prise de l'embouchure de l'Escaut et d'Anvers — qui, entre les mains d'un ennemi dangereux, devait inévitablement se révéler, comme l'avait compris Napoléon, « un pistolet braqué sur la tête de l'Angleterre » ; c'est l'exemple d'inhumanité et d'injustice offert à l'Europe par le meurtre de Louis XVI ; c'est surtout *la déclaration d'anarchie mondiale* publiée par la Convention, menaçant non seulement l'Angleterre mais la civilisation tout entière, qui amena Pitt à conclure son discours sur la mort de Louis XVI en proposant des préparatifs de guerre : » Il ne peut y avoir de considération plus digne de l'attention de cette Chambre que d'écraser et de détruire des principes qui sont si dangereux et destructeurs de tous les bienfaits dont ce pays jouit en vertu de sa libre et excellente constitution. Nous devons notre bonheur et notre prospérité actuels, qui n'ont jamais été égalés dans les annales de l'humanité, à un mélange de gouvernement monarchique. Nous sentons et savons que nous sommes heureux sous cette forme de gouvernement. Nous considérons comme notre premier devoir de maintenir et de respecter la Constitution britannique. Il poursuit en présentant le contraste entre l'Angleterre et « ce pays (la France) exposé à toutes les conséquences terribles de cet esprit ingouvernable, intolérable et destructeur, qui porte la ruine et la désolation partout où il passe ! Messieurs, cette infection ne peut avoir aucune existence dans ce pays heureux, à moins qu'elle ne soit importée, à moins qu'elle ne soit soigneusement et industriellement introduite dans ce pays. »

Pitt connaissait bien les efforts déployés pour propager cette infection, les influences insidieuses qui émanaient du Parlement lui-même. L'Angleterre a toujours eu ses « Illuminati », qui, considérant la loyauté et le patriotisme comme des « préjugés bornés incompatibles avec la bienveillance universelle », ont toujours été prêts à plaider la cause des ennemis de leur pays, que ces ennemis se cachent sous le nom de démocratie, comme en 1793, ou qu'ils se rallient à l'étendard de l'autocratie, comme en 1800. Or, au moment le plus critique, cette bande d'antipatriotes s'est présentée pour défendre les Jacobins français ; Fox, Sheridan, Lord Lansdowne, Lord Lauderdale, Lord Stanhope ont déversé

---

[752] Albert Sorel, *L'Europe et la Révolution Française*, ii. 86-89.

des flots d'éloquence pour prouver que l'opinion publique sur les chefs révolutionnaires avait été influencée par « les absurdités des fous, les propositions monstrueuses de l'imagination enflammée des individus » ; de [753]montrer par des sophismes tortueux que le noir était vraiment blanc ; que si, en effet, des crimes avaient été commis, la meilleure façon d'exprimer sa désapprobation était de serrer la main des criminels. Eux-mêmes, honorés de l'amitié d'hommes tels que Brissot — que Burke, à leur grande indignation, qualifiait à cette même séance de » plus vertueux de tous les pickpockets « — pouvaient répondre de la disposition pacifique des révolutionnaires français, de leur désir ardent de conserver la bonne opinion de l'Angleterre. Pourtant, moins de trois semaines auparavant, Brissot lui-même avait évoqué à la Convention « la comédie jouée à la Chambre des Communes par le parti de l'Opposition » ![754] et c'est encore Brissot qui, au mois de mai suivant, justifiait le refus de Pitt de s'allier avec la République française.[755]

Mais toute illusion concernant les sentiments conciliants des chefs révolutionnaires français fut brusquement dissipée par une déclaration de guerre à l'Angleterre émise par la Convention deux jours après que ce débat eut eu lieu. Pitt s'était efforcé aussi longtemps que possible de ramener les Jacobins de France à la raison ; même au dernier moment, il avait fait une nouvelle tentative de conciliation en acceptant une conférence entre Lord Auckland, l'ambassadeur britannique à La Haye, et Dumouriez, commandant en chef des armées françaises aux Pays-Bas,[756] mais le jour même où il avait été convenu que la conférence aurait lieu, la Convention

---

[753] Discours de Lord Lauderdale (*Parl. Hist.* xxx. 326). Ces paroles de Lord Lauderdale étaient une déformation délibérée de la vérité, car Lord Lauderdale était lui-même à Paris avec le Dr Moore pendant les massacres de septembre, et le témoignage du Dr Moore sur les atrocités dont ils étaient témoins a déjà été cité dans ce livre. Voir aussi le discours de Lord Lansdowne (*Parl. Hist.* xxx. 329), et la « Protestation contre une guerre avec la France » de Lord Stanhope (*ibid.* p. 336).

[754] « Rapport fait par Brissot sur les Dispositions du Gouvernement britannique », Bouchez et Roux, xxiii. 81. Voir aussi le discours de Kersaint du 1er janvier 1793, évoquant les intrigues de Fox qui « cherche à profiter des circonstances pour s'emparer du gouvernement », etc. (Buchez et Roux, xxiii. 366).

[755] « Qu'est-ce qui a occasionné cette dernière guerre ? Il y a trois causes à cela : 1e, le décret absurde et impolitique du 19 novembre, *qui a très justement excité l'inquiétude dans les cabinets étrangers...* 2e, les massacres de septembre... 3e, La mort de Louis... C'est de la folie ou de l'imbécillité même de compter sur une paix, ou sur des alliés, tant que nous sommes sans constitution. Il *n'y a pas à faire d'alliance, il n'y a pas à traiter avec l'anarchie* » (*J. P. Brissot à ses Commettants*).

[756] Discours de Pitt et de Lord Grenville (*Parl. Hist.* xxx. 351, 399).

a précipité les choses en déclarant la guerre et a ainsi assumé l'entière responsabilité du conflit qui a suivi pendant vingt-deux ans. Pourtant, même maintenant, les admirateurs anglais des Jacobins étaient en faveur de la conciliation ; même lorsque l'ouverture de Pitt avait été rejetée avec insolence, ils plaidaient pour que l'Angleterre s'humilie et demande la paix — une paix, déclara Pitt, qui serait « précaire et honteuse... ». Quelle sorte de paix cela doit-il être s'il n'y a pas de sécurité ? La paix n'est souhaitable que dans la mesure où elle est sûre. La guerre avec la République française est finalement votée par 270 voix contre 44.

Telles sont donc les causes qui ont conduit à l'inévitable rupture entre la France et l'Angleterre. Accuser Pitt de vouloir « détruire la liberté française » est donc une calomnie monstrueuse ; car en France la liberté avait complètement cessé d'exister. Déjà le couperet était suspendu au-dessus de la tête des prétendus alliés des Whigs, les Girondins, et le pays passait rapidement sous la plus effroyable tyrannie que le monde civilisé ait jamais vue — le règne de Robespierre. C'est contre ce système atroce, c'est contre l'anarchie et les effusions de sang, contre la cruauté et l'oppression, que l'Angleterre a pris les armes. Ainsi, grâce à la main de maître de Pitt, le navire de l'État a été mis à l'abri et l'Angleterre, fidèle à ses traditions, est entrée dans les listes pour défendre la liberté et la justice.

LA CHUTE DE LA GIRONDE

Les Girondins ne se rendaient pas compte qu'en votant pour la mort du roi, ils avaient signé leur propre arrêt de mort, qu'en s'associant à cette monstrueuse injustice, ils avaient contribué à mettre en place le système qui devait les conduire à leur perte. S'ils avaient eu le courage de leurs convictions, et s'ils avaient persisté dans leur résolution de faire appel au peuple, ils auraient eu l'opinion publique presque unanimement de leur côté, et auraient pu défier les menaces de la Montagne. Leur faiblesse méprisable ne les a pas seulement abaissés aux yeux de la multitude, mais a augmenté l'audace de leurs adversaires.

Depuis le début de la Convention, des murmures furieux contre la Gironde n'avaient cessé d'émaner de la Montagne, et à mesure que les mois passaient, leur volume augmentait ; la salle de l'Assemblée, toujours tumultueuse, devenait par moments un pandémonium. De cela les historiens ne donnent aucune idée, mais il faut s'en rendre compte pour suivre la véritable marche du mouvement révolutionnaire. En effet, si nous nous représentons la Convention, telle qu'on nous la représente habituellement, sous l'aspect d'un Sénat sérieux, siégeant pour débattre de grandes questions politiques, et dirigé par des hommes d'État aux personnalités imposantes, inspirés par un zèle pur pour le bien-être du pays, il est parfaitement impossible de comprendre la nature du conflit qui s'est alors élevé, et qui a culminé dans le massacre successif de chaque faction. Il faut donc se tourner vers les récits des contemporains pour se représenter les effrayantes scènes de confusion qui se déroulent à l'Assemblée et le rôle joué par ceux que l'on appelle les « géants de la Convention ». Même les rapports officiels édulcorés des débats nous laissent entrevoir les incidents les plus étranges — des membres se précipitant simultanément sur la Tribune, se disputant frénétiquement pour savoir qui aurait le droit de parler — « 60 à 80 députés s'avançant en corps sur le bureau du Président » — le Président faisant sonner sa cloche pour obtenir le silence, brisant sa sonnette en désespoir de cause, brisant trois sonnettes de suite,[757] mettant son chapeau pour clore la séance — les députés tirant des épées ou brandissant des pistolets, menaçant de se faire sauter la cervelle, de se poignarder au cœur — les hurlements de Danton, Legendre, David, de « Vil intrigant ! Monstre ! Meurtrier ! Imbécile ! Cochon ! » Robespierre criant au-dessus du tumulte : « Tuez-moi ou qu'on m'entende ». Marat se précipite dans la salle comme un fou, criant : "Laissez parler les patriotes ! se tournant vers la droite et criant : "Tais-toi, brigand ! et à gauche : « Taistoi, conspirateur ! ». ou encore des pétitionnaires furieux arrivant à la barre de l'Assemblée, parlant tous à la fois, et tous à contre-courant — les tribunes remplies de bagarreurs et de viragos engagés par les factions adverses, brandissant bâtons et poings sur les députés, crachant sur leurs têtes, hurlant des invectives.[758]

Quelle était la raison de ces dissensions continuelles ? Si, comme le déclarait la Convention, tout le monde voulait une République, si, comme elle l'avait affirmé dans le passé, le Roi était le seul obstacle à la régénération de la France, pourquoi le renversement de la monarchie et du Roi aurait-il été le signal d'une nouvelle explosion de révolution plus violente que toutes celles qui l'avaient précédée ? Pourquoi, comme le demandait judicieusement le Girondin Gensonné, la faction opposée, c'est-à-dire la Montagne, continue-t-elle à déclamer contre la Convention nationale et à provoquer des insurrections ? Que veulent-ils ? Quel est leur but ? Quel étrange despotisme nous menace ? Et *quelle sorte de gouvernement se proposent-ils de donner à la France ? »*[759] *Les* lecteurs anglais, endoctrinés par Carlyle, répondront : 'Les Girondins étaient

---

[757] Moore, ii. 297.

[758] *Moniteur*, xiv. 80 ; Buchez et Roux, xxII 461-464, xxiv. 296, xxv. 323, xxvII 144, 145 ; Beaulieu, v. 126 ; *Mémoires de Mme Roland*, II 304 ; Dauban, *La Démagogie* en 1793, p. 66.

[759] Buchez et Roux, xxII 391.

maintenant des réactionnaires ; ils voulaient arrêter la marée du progrès ; leurs projets de réforme sociale n'allaient pas assez loin pour répondre aux besoins réels du peuple. Car, selon Carlyle, « toutes sortes d'aristocraties étant maintenant abolies », le conflit qui se posait était entre "la formule girondine d'une République respectable pour les classes moyennes" et "la liberté, l'égalité et la fraternité" de la Montagne, par laquelle "la faim, la nudité et l'oppression cauchemardesque qui pèsent sur vingt-cinq millions de cœurs" seraient soulagées.[760] Dans ces mots, Carlyle présente une situation imaginaire. Il est probablement vrai qu'en 1793, les Girondins sont devenus de véritables républicains — on ne trouve désormais parmi eux aucune trace d'intrigue orléaniste, prussienne ou anglaise ; il est vrai aussi qu'ils souhaitent une République ordonnée, mais celle-ci ne sera pas plus en faveur des "classes moyennes" que de la grande masse du peuple. La Montagne, par contre, représentée par Marat, Robespierre et Saint-Just, rêvait sans doute d'un État socialiste pour "le peuple" seulement, mais son but immédiat était toujours l'anarchie, qui devait aggraver considérablement "la faim et la nudité". Car Robespierre et Marat étaient des chirurgiens, non des médecins ; leur seul remède à tous les maux sociaux était l'amputation ; ils ne voulaient pas soulager la détresse actuelle ou réprimer l'injustice par la législation, mais seulement anéantir toutes les conditions existantes et exterminer toutes les classes de la communauté, sauf le "peuple", sur lequel ils espéraient régner en maître.

C'est donc la Gironde, et non la Montagne, qui vient désormais au secours de la faim et de la nudité ; c'est Roland qui signale les causes réelles de la famine et propose des mesures pour la prévenir,[761] tandis que

---

[760] Notez l'inconséquence de Carlyle ici, car tout en déversant des sarcasmes sur « les bourgeois respectablement lavés », représentés par les Girondins, c'est à Madame Roland, l'âme de la Gironde et l'incarnation de la bourgeoisie prétentieuse, qu'il réserve sa plus profonde admiration, tandis qu'à Marat, l'âme de la Montagne, et l'apôtre de la Fraternité non lavée, il n'a que dégoût et mépris. Cet exemple montre que Carlyle écrivait surtout pour faire de l'effet, sans se soucier de la vérité ou de la logique.

[761] Voir le rapport sensible de Roland (publié par Buchez et Roux, xxi. 199), dans lequel il fait remarquer que le prix du pain étant plus bas à Paris que dans les provinces environnantes, les acheteurs sont attirés vers la capitale ; il propose donc d'élever le prix du pain à Paris, et de secourir les pauvres sur les fonds publics pour faire face à l'augmentation de la dépense. Comparez cela avec le discours de Robespierre à la Convention du 2 décembre 1792 (Buchez et Roux, xxii. 178), dans lequel il ne trouve rien de plus pratique à dire que « tout ce qui est indispensable à la conservation de la vie est propriété commune », axiome interprété par le peuple, sous la conduite de Marat, comme mettant violemment la main sur toutes les denrées qui lui tombent sous la main. Sans doute, il y avait encore des accapareurs comme il y en avait toujours eu, et les gouvernements révolutionnaires qui se succédèrent les traitèrent moins efficacement que l'Ancien Régime, mais les méthodes des Anarchistes en augmentèrent le nombre.

Robespierre se contente de vagues théories et ignore les offres de ravitaillement.[762] Pendant ce temps, Marat continue d'inciter le peuple au pillage, une méthode qui aggrave considérablement la situation en terrifiant les commerçants et les paysans pour qu'ils dissimulent des provisions. Il ne semble pas improbable, en effet, que la Montagne ait poursuivi en 1793 le même système que les Orléanistes en 1789 — celui de provoquer la famine afin d'exciter la colère du peuple contre ses antagonistes politiques. Ainsi, un contemporain affirme que dans une séance du Comité de Neuf, le 2 septembre 1793, il fut décidé par Jean Bon Saint André, Drouet, Cambon et Robespierre, qu'il fallait exciter l'insurrection par la difficulté des approvisionnements — et que la Municipalité devait diriger les accusations de monopole contre le parti des Girondins, Monarchistes et Brissotins'. C'est cette accusation de monopole qui, entre les mains de la Montagne, servait d'arme contre chaque faction rivale à tour de rôle.

Tels étaient donc les hommes que Carlyle représente comme les protecteurs des affamés et des nus. La vérité, c'est que le peuple comptait pour bien peu dans la grande guerre de la Montagne et de la Gironde ; ce n'étaient pas, comme le représente faussement Kropotkine, à la suite de Carlyle, des questions telles que les droits féodaux, le prix maximum du pain, les terres communales, qui formaient les sujets des débats passionnés de la Convention ; il suffit de consulter le *Moniteur* pour constater que les discussions qui eurent lieu sur ces questions occupent un espace très réduit, et ne furent jamais l'occasion de scènes tumultueuses. Les grandes accusations portées par une faction contre l'autre ne concernaient nullement les besoins du peuple, mais surtout la forme de gouvernement que chacune voulait établir, la Gironde accusant la Montagne de vouloir établir une dictature sous l'un des triumvirs, Marat, Danton ou Robespierre, la Montagne déclarant que la Gironde visait une République fédérative ; en même temps, chacune lançait à l'autre le reproche d'orléanisme. Pendant ce temps, l'animosité personnelle existant entre les membres des deux

---

« La cherté du pain, écrivait Brissot en 1793, est produite par la rareté des marchés et le défaut de circulation des grains… Qu'est-ce qui arrête cette circulation ? Les éternelles déclamations des anarchistes contre les hommes de propriété, ou contre les marchands, qu'ils désignent sous le nom d'accapareurs ; les éternelles pétitions des ignorants qui réclament un taux sur les grains. L'ouvrier craint d'être pillé ou égorgé, et il délaisse ses travaux » (*J.P. Brissot à ses Commettants*).

[762] Voir les *Mémoires de Brissot*, note p. 63, qui mentionne deux lettres de marchands de maïs américains adressées à Robespierre en octobre et novembre 1793 pour lui proposer des fournitures de grains. *Robespierre n'a pas répondu à ces lettres*. Courtois, dans son *Rapport*, indique que l'offre a été *refusée* (*Papiers trouvés chez Robespierre*, etc. i. 21).

factions, qui se traduit par des récriminations des plus puériles, rend tout espoir de conciliation vain.

Pendant que les politiciens se chamaillaient, le peuple supportait ses souffrances avec une patience admirable. Pour la première fois se formaient à la porte des boulangers ces longues processions appelées « files d'attente » qui s'allongeaient au fur et à mesure que l'année avançait et devaient se poursuivre pendant deux ans sans interruption. Paris accepta la situation avec son *insouciance* habituelle. « Les Français, qui se sont toujours réjouis de tout, même de leur misère et de leurs plus grands malheurs, dit Beaulieu, se réjouissent de ces rassemblements à la porte des boulangers, où l'on semble plutôt demander l'aumône que des marchandises dont on paie le prix... J'ai vu des femmes passer des nuits entières à ces portes misérables pour avoir une once ou deux de mauvais pain dont les chiens ne se soucient pas. Eh bien, les Parisiens riaient de ces tristes rassemblements ; ils les appelaient des *files d'attente*. Comme on manquait de tout, on faisait la queue pour tout — la queue du pain, la queue de la viande, la queue du savon, la queue de la chandelle ; il n'y avait rien pour quoi il n'y eût pas de queue. »[763]

Naturellement, dans ces circonstances, lorsque Marat proposa que le peuple fasse justice lui-même et pille les magasins, il s'attira encore plus les faveurs des éléments tumultueux de la population. Les capitalistes, les boursicoteurs, les accapareurs, les commerçants, les ex-nobles », déclare-t-il dans son *Journal de la République Française*, sont responsables de la pénurie de vivres, et rien d'autre que « la destruction totale de cette race maudite ne peut rétablir la tranquillité de l'État... En attendant, que la nation, lasse de ces révoltants désordres, prenne sur elle de purger le sol de la liberté de cette race criminelle... Le pillage de quelques boutiques, aux portes desquelles on pendrait quelques accapareurs, mettrait bientôt fin à ces malversations... »

L'appel au pillage fut reçu avec enthousiasme et, dans la matinée du 25 février, une troupe de femmes se rendit à la Seine et, après être montées sur les bateaux qui contenaient des cargaisons de savon, se servirent généreusement de tout ce qu'elles voulaient à un prix fixé par elles-mêmes, c'est-à-dire pour presque rien. Comme on ne s'aperçut de rien, une foule beaucoup plus nombreuse se rassembla dès l'aube du lendemain et partit en maraude dans les magasins. Chez pas moins de 1200 épiciers, les gens s'emparèrent de tout ce qui leur tombait sous la main — huile, sucre, bougies, café, eau-de-vie — d'abord sans payer, puis, pris de remords, au

---

[763] Beaulieu, v. 117 ; Mercier, *Le Nouveau Paris*, II 92.

prix qu'ils jugeaient eux-mêmes convenable. En cela, ils ont fait preuve d'un plus grand sens moral que leurs chefs, qui espéraient sans doute que leurs ennemis, les bourgeois, seraient pillés sans indemnité ; en outre, la foule s'est abstenue de pendre les commerçants à la porte de leurs boutiques, comme Marat l'avait proposé. Du point de vue des anarchistes, le soulèvement est donc un échec.

Marat, dénoncé à la Convention pour avoir provoqué ces désordres, répliqua selon son habitude en traitant ses accusateurs de porcs ou d'imbéciles qu'il fallait enfermer dans des asiles ;[764] et il pouvait bien se permettre de les défier, car il avait maintenant la foule de tout cœur derrière lui.

Les Girondins à courte vue, illusionnés par le fait que la majorité de la Convention était avec eux, sous-estimaient la force de cette coalition. Ils ne pouvaient pas se rendre compte que des hommes qui apparaissaient aux yeux de tous les contemporains sains d'esprit aussi méprisables que Marat, aussi faiblement vindicatifs que Robespierre, aussi adonnés au bruit vide que Danton, pouvaient finir par tout emporter devant eux. Ils négligeaient le fait que, selon l'expression de Danton lui-même, « en temps de révolution, l'autorité reste aux plus grands scélérats », c'est-à-dire aux moins scrupuleux ; et de même que, dans le passé, c'étaient les Orléanistes qui avaient tenu dans leurs mains la machine de la révolution, dont les Girondins s'étaient servis, c'étaient maintenant les Anarchistes qui savaient seuls monter cette nouvelle machine de destruction, le second Tribunal révolutionnaire, le Tribunal de la Terreur.[765]

Le premier Tribunal révolutionnaire, créé le 17 août 1792, avait été un échec ; la population n'était pas encore mûre pour les exécutions en masse ; le spectacle de la guillotine avait dégoûté la partie humaine du peuple, et déçu la partie sanguinaire. On avait donc préféré les massacres de septembre comme méthode d'extermination, et le 29 novembre 1792, le Tribunal était supprimé. Mais maintenant que les anarchistes pouvaient s'assurer l'appui de la population, et que l'influence modératrice des Girondins était réduite à néant, Danton se résolut à une nouvelle entreprise.

---

[764] Prudhomme, *Crimes*, v. 37.

[765] Ce Tribunal fut d'abord connu officiellement sous le nom de « Tribunal Extraordinaire », et plus tard sous celui de « Tribunal Révolutionnaire », mais Beaulieu dit qu'il était habituellement désigné dans les conversations privées sous ce dernier nom, notamment par Robespierre et ses amis, peu après son inauguration le 10 mars 1793 (*Essais de Beaulieu*, v. 103).

Cette fois-ci, les Girondins ne seront pas épargnés ; au contraire, ce sont eux qui fourniront les principales victimes du nouveau Tribunal.

Comme d'habitude, la responsabilité de cette mesure est rejetée sur le « peuple » ; les mêmes calomnies, les mêmes prétextes futiles qui avaient servi lors des massacres de septembre sont à nouveau utilisés.

Le 8 mars, Danton et Lacroix, qui revenait d'une mission auprès de l'armée en Belgique, se présentèrent à la Convention avec un rapport alarmant sur la situation militaire. Les troupes ont été presque entièrement mises en déroute ; la trahison de leurs officiers peut seule expliquer cet état de choses ; le remède est de lever des forces nouvelles, mais avant de marcher sur l'ennemi, les patriotes doivent exterminer les traîtres chez eux.

Il est évident que, comme en septembre, aucun lien n'existait entre les soi-disant « traîtres » à Paris et les armées à l'étranger, mais Danton, comme Mirabeau, excellait à rendre plausibles les prétextes les plus minces et à dissimuler des desseins sanguinaires sous un flot d'éloquence. Les grands discours de Danton qui sont passés à la postérité comme des appels au patriotisme ont été prononcés la plupart du temps au moment où il méditait un nouveau plan pour massacrer ses compatriotes. Ainsi, de même que « l'audace et encore l'audace » avait été le signal des massacres de septembre, une autre phrase célèbre annonçait l'inauguration du Tribunal révolutionnaire. « Qu'importe ma réputation ? Que la France soit libre et que mon nom soit à jamais déshonoré ! (*Que la France soit libre et que mon nom soit flétri à jamais !*). Paroles émouvantes, certes, aux oreilles de la postérité, moins émouvantes à celles des contemporains à qui de telles exclamations étaient devenues familières par un long usage.

La démagogie, dit Mercier, s'était "créé un langage pour tromper et séduire la multitude. J'ai entendu crier à mon oreille : 'Que les Français périssent tant que la liberté triomphe ! J'en ai entendu un autre s'écrier à une section : 'Oui, je pourrais prendre ma tête par les cheveux, je pourrais la couper et la donner au despote ; je pourrais lui dire : Tyran, voilà l'action d'un homme libre !' Cette sublimité de l'extravagance a été composée pour la populace ; elle a été comprise et elle a réussi...'[766]

La célèbre exclamation de Danton était une phrase de cet ordre, et, dans le sens où on l'accepte habituellement, dépourvue de sens. Quel rapport peut-on trouver entre la réputation de Danton et le succès des armes françaises en Belgique ? Pourquoi son nom serait-il déshonoré par la libération de la France ? Mais quand on comprend l'intention réelle qui se cache derrière ces mots, on les trouve chargés de sens. La réputation de

---

[766] Mercier, *Le Nouveau Paris*, I 25.

Danton ne devait-elle pas être à jamais ternie, son nom à jamais déshonoré, par la création de ce Tribunal sanguinaire devant lequel il devait lui-même être convoqué seulement un an plus tard ? Ne devait-il pas s'écrier entre les barreaux de sa prison dans une agonie de remords :

> 'C'est aujourd'hui que j'ai institué le Tribunal révolutionnaire, mais j'en demande pardon à Dieu et aux hommes ; ce n'était pas pour qu'il devienne le fléau de l'humanité, c'était pour empêcher le renouvellement des massacres de septembre !'

Toujours, jusqu'au bout, la même calomnie sur le peuple ! Le peuple, au moment de l'inauguration du Tribunal révolutionnaire, ne montrait aucun symptôme d'envie de massacrer qui que ce soit — n'avait-il pas refusé d'exécuter les suggestions sanguinaires de Marat quinze jours auparavant ? Danton le savait bien ; il savait bien que la soif de sang n'existait pas dans le peuple, mais chez les chefs de la Montagne, les membres de la Commune. D'ailleurs, avec son audace habituelle, il reconnaît franchement ses propres intentions sanguinaires. Le célèbre appel de trompette perd un peu de sa splendeur lorsqu'on le cite avec sa suite moins noble :

> 'Qu'importe ma réputation ? Que la France soit libre et mon nom à jamais déshonoré ! J'ai consenti à être appelé buveur de sang ! Eh bien, buvons le sang des ennemis de l'humanité !'

Plus tard dans la soirée, alors que la lumière de la salle de la Convention s'affaiblissait, Danton s'élança de nouveau à la tribune, et sa grande voix roula dans la pénombre :

> 'Il importe de prendre des mesures judiciaires pour punir les contre-révolutionnaires, puisque c'est à cause d'eux que ce tribunal doit être substitué au *tribunal suprême de la vengeance du peuple*. Les ennemis de la liberté relèvent des têtes audacieuses… en voyant l'honnête citoyen au coin de son feu, l'artisan dans son atelier, ils ont la sottise de se croire en majorité. Eh bien, arrachez-les vous-mêmes à la vengeance populaire ; l'humanité vous l'ordonne !'

Tout à coup, alors que les tons tonitruants de Danton résonnaient encore dans l'air, une autre voix se fit entendre ; un mot, un seul, mais rempli d'une terrible importance, résonna à travers l'immobilité de l'assemblée ensorcelée : '*Septembre !* C'était encore Lanjuinais, le seul homme courageux qui avait osé défendre le roi contre l'injustice de la Convention, qui se levait maintenant pour défendre le peuple contre les calomnies du grand démagogue. La flèche avait trouvé sa cible ; un instant, Danton vacilla, se troubla, puis, se reprenant rapidement, appela à son secours plus d'audace, accumula calomnie sur calomnie :

'Puisque quelqu'un a osé, s'écria-t-il, rappeler ces journées sanglantes sur lesquelles tout bon citoyen a gémi, je dirai, moi, que si un tribunal avait alors existé, le peuple à qui on a souvent reproché si cruellement ces journées ne les aurait pas tachées de sang... Profitons des erreurs de nos prédécesseurs... *soyons terribles pour empêcher le peuple d'être terrible !*'

Jamais l'hypocrisie ne fut plus flagrante. Qui avait accusé le peuple de la responsabilité des journées de septembre, sinon Danton et ses collègues de la Commune ? Par tous les autres partis, par les Girondins comme par les Royalistes, le peuple avait été absous de toute complicité ; pas un seul reproche n'avait été proféré contre d'autres que les véritables auteurs du crime.[767]

L'effronterie de Danton l'emporta ; le Tribunal révolutionnaire fut décrété malgré les protestations de Lanjuinais et des Girondins, et le 6 avril, il tint sa première séance au Palais de Justice. Le Tribunal est composé de cinq juges, de dix jurés — douze avaient été ordonnés, mais ne vinrent pas — et de l'Accusateur public, dont le nom devait frapper le cœur des Parisiens d'une terreur plus profonde que celle de Robespierre — Fouquier Tinville.

Le jour de l'ouverture du redoutable Tribunal, Fouquier seul semble être entré avec ardeur dans les débats ; la populace, dont on avait déclaré qu'il était impossible de contenir la férocité, se comporta avec une lamentable faiblesse. Lorsque la première victime, un gentilhomme poitevin du nom de Des Maulans, fut sommairement condamnée à mort pour émigration," l'immense majorité de l'assistance, et surtout les femmes, » dit M. Lenôtre dans son admirable description de la scène, » ne pouvait s'imaginer qu'on condamnât à mort un homme qui n'avait fait de mal à personne », et, lorsque la sentence fatale fut répétée par chaque juge à tour de rôle, la foule éclata en pleurs, « silencieusement d'abord, puis avec beaucoup de bruit », et, leur émotion se communiquant aux juges et aux jurés, toute la cour fut secouée par une tempête de sanglots, les épaules se soulevèrent, des mouchoirs furent pressés sur les yeux et les lèvres, les hommes détournèrent le visage pour cacher leurs larmes.

---

[767] « Il est universellement connu, écrit le docteur Moore, que les Girondistes disculpent les citoyens de Paris des crimes horribles de septembre ; tandis que Robespierre, Saint-André, Tallien, Chabot, Bazire, et tout ce parti, affirment que les massacres ont été commis par le peuple. Mais comme, en même temps, Saint-André l'appelle toujours » le bon peuple », que Marat dit « qu'il le porte dans son cœur », que Robespierre déclare « qu'il sacrifierait volontiers sa vie pour lui », la populace considère cette faction comme ses amis, et regarde Roland et les Girondistes comme leurs calomniateurs « (Moore's *Journal*, ii. 427).

Pourtant, le charme jeté sur tous les esprits par les auteurs de ces événements tragiques était si puissant, ils avaient si habilement imprimé à la multitude la nécessité de la « sévérité » envers les « ennemis du pays », que personne ne semble avoir pensé à arrêter la procédure, et tous se sont résignés à ce qui suivait comme à l'inévitable.

Jour après jour, d'autres victimes furent envoyées à la guillotine : un ex-brigadier général nommé Blanchelarde ; Gabriel de Guiny, lieutenant de marine ; un jeune cocher de fiacre nommé Mangot, qui se proclamait royaliste ; Bouché, dentiste ambulant, qui avait dit que « la Convention *était des* brigands » (sic), et qui continuait à crier « Vive Louis XVII ! au f... la République ! après sa condamnation ; un vieux soldat qui, sous l'influence de la boisson, avait dit que "la France était trop grande pour une République" ; une pauvre vieille cuisinière appelée Catherine Clère, qui avait crié "Vive le Roi ! dans la rue à minuit, et avait ajouté à l'oreille des passants que 'toute cette populace qui dicte des lois aux honnêtes gens doit être massacrée'. »[768]

Vraiment une formidable bande de conspirateurs ! Que ce soit pour eux que le Tribunal révolutionnaire ait été institué, personne ne peut l'imaginer sérieusement ; d'ailleurs, les chefs de la Montagne se manifestent maintenant en désignant publiquement les véritables ennemis du pays qu'il faut détruire.

Au moment même où le Tribunal révolutionnaire commençait ses séances, Camille Desmoulins publiait son terrible réquisitoire contre les Girondins sous le titre *Histoire des Brissotins, ou Fragment de l'Histoire secrète de la Révolution sur la Faction d'Orléans et le Comité anglo-prussien et les six premiers Mois de la République.*

Les historiens révolutionnaires, à qui les faits révélés dans ce pamphlet sont excessivement désagréables, se sont efforcés de prouver que Camille n'avait pas l'intention d'être pris au sérieux, qu'il s'était laissé emporter par son imagination fantasque, qu'il avait été pris de contrition en découvrant que des railleries qu'il avait simplement lancées en sarcasme servaient de véritables motifs d'accusation contre ses antagonistes politiques. Mais il n'y a pas l'ombre d'une preuve pour confirmer cette théorie commode.

Camille Desmoulins, original seulement par son style, était toujours l'écho d'un esprit plus fort. Autrefois, c'était Mirabeau qui lui avait servi d'inspiration, maintenant c'était Robespierre et Danton, plus tard ce sera

---

[768] Wallon, *Le Tribunal révolutionnaire*, I 93, 110, 133, 140.

Danton seul. Dans cette *Histoire des Brissotins*, l'influence de Robespierre est bien visible, et d'ailleurs, dans le discours qu'il prononça contre les Brissotins quelques jours plus tard, Robespierre suivit exactement la même ligne d'argumentation que son disciple Camille.

Il serait absurde de supposer que ces accusations ont été suggérées à Robespierre par le pamphlet de Camille ; ce n'est pas à la tête de plume de Camille que l'on peut attribuer la logique implacable, l'ingénieux enchaînement des preuves, par lesquels les Brissotins sont convaincus de complicité dans le passé avec trois des grandes intrigues révolutionnaires — la conspiration orléaniste, l'intrigue avec la Prusse, l'intrigue avec les Jacobins d'Angleterre. Dans ces pages lumineuses, peut-être les plus brillantes que Desmoulins ait jamais écrites, les rouages des deux premières révolutions sont impitoyablement dévoilés — l'influence orléaniste derrière le soi-disant mouvement populaire du ^{12} juillet 1789, la collusion de Mirabeau avec le duc d'Orléans lors de la marche sur Versailles, les accusations portées contre le roi et la reine de tenir » un comité autrichien » par des hommes qui étaient eux-mêmes membres d'un comité anglo-prussien, les visites de Pétion à Londres pour obtenir l'aide de ses alliés anglais, l'appui donné aux Brissotins par les Whigs, la proposition de Carra de placer le duc de Brunswick sur le trône de France, les tentatives persistantes d'alliance avec la Prusse, l'or reçu de Frédéric-Guillaume, les négociations avec les Prussiens au camp de la Lune qui aboutirent à la retraite des armées d'invasion après Valmy, — aucun royaliste n'a jamais montré la Révolution aussi complètement. Comment s'étonner que les historiens révolutionnaires préfèrent rejeter les révélations de cet *enfant terrible* comme une absurdité ?

Ce n'est que bien plus tard que Camille s'aperçut qu'en livrant les secrets des deux premières révolutions, il avait livré sa propre part dans l'intrigue orléaniste ; il ne songeait pas non plus qu'un an plus tard Robespierre, par la bouche de Saint-Just, porterait contre Danton et contre lui-même précisément les mêmes accusations d'orléanisme qu'il avait portées contre les Girondins. Pour le moment, il ne songeait qu'à détruire la faction rivale. Cette œuvre les enverra à la guillotine ! J'en répondrai ! dit-il à Prudhomme en lui remettant un exemplaire de la brochure. »C'est possible, répondit calmement Prudhomme ; tant pis pour vous. Votre tour viendra... » « Bah ! » dit Camille, « nous avons le peuple avec nous ! ». Il avait oublié, comme tous les démagogues l'ont oublié à leur tour pendant toute la Révolution, que, pour reprendre les mots de Mirabeau, « il n'y a qu'un pas du Capitole à la roche Tarpéienne ». Aujourd'hui, la population de Robespierre était avec lui, demain, elle ne serait plus qu'avec Robespierre, et il pourrait leur crier en vain du haut du tumulus de le sauver.

Pour Robespierre, le pamphlet de Desmoulins avait une double utilité, car il l'aidait à se débarrasser des deux factions qu'il détestait — les Girondins et le duc d'Orléans, avec les quelques partisans qui lui restaient. Avec son ingéniosité habituelle, il utilisa une faction pour en détruire une autre, et nous ne pouvons douter que c'est grâce à son influence que les Girondins réussirent, le 6 avril, à obtenir le bannissement de Philippe Égalité, du marquis de Sillery et de Choderlos de Laclos, malgré les protestations de Marat. Trois jours plus tard, toute la famille d'Orléans est envoyée à Marseille et emprisonnée. Ainsi, la principale pomme de discorde était retirée de Paris, et Robespierre pouvait concentrer toute son énergie sur le renversement des Girondins. Le 10 avril, il exigea hardiment qu'ils soient tous convoqués devant le Tribunal révolutionnaire ; au même moment, Marat publia une adresse, incitant le peuple à sauver le pays en se débarrassant de « tous les traîtres et de tous les conspirateurs ». Les Girondins ripostent en accusant Marat de « provoquer des désordres, et de vouloir détruire la Convention », et l'indignation de la grande majorité de l'Assemblée devant la proclamation incendiaire de Marat est telle qu'elle parvient à obtenir une citation à comparaître devant le Tribunal révolutionnaire.

Mais le mouvement était voué à l'échec ; Marat avait de son côté tous les éléments turbulents de Paris, toutes les machines de l'insurrection ; le jury, obéissant aux diktats de Fouquier, déclara Marat innocent, et l'« Ami du peuple », couvert de couronnes et de roses, fut porté triomphalement du Palais de Justice sur les épaules de la foule.

De toutes les scènes grotesques de la Révolution, celle-ci était peut-être la plus étrange — le nain malin enveloppé dans un manteau en loques d'un vert fané, surmonté d'un col d'hermine jauni par l'âge et terni par un long contact avec son cou, le mouchoir crasseux qui liait habituellement sa tête étant pour une fois jeté, et à sa place une couronne de lauriers glissant sur les cheveux noirs et gras, donnant une teinte encore plus grise à la pâleur maladive de son visage. Et le sourire de Marat — c'était suffisant pour donner des frissons au cœur le plus solide ! Le Dr Moore a décrit la sensation d'horreur qui l'avait envahi à la Convention à la vue de « Marat tentant la plaisanterie » ; maintenant, il devait paraître encore plus hideux lorsque, les joues flétries, plissées en un sourire, la bouche distendue, il se penchait en avant, tendant les bras au peuple comme pour le presser contre son cœur.

Les dévots présentaient un aspect digne de l'idole qu'ils portaient ; tous les *jupons gras* de Robespierre étaient là, hochant des têtes échevelées pour répondre à ses salutations, lui jetant des baisers vineux ; des sans-culottes ivres de joie, des égorgeurs de septembre criant : « Vive Marat ! Vive l'ami du peuple ! »[769]

Cette fois, la démence populaire était allée trop loin, et le résultat du « triomphe de Marat » fut de produire une vague de réaction. Lorsque l'« ami du peuple » se présenta à sa section, il reçut un accueil si hostile qu'il dut battre en retraite précipitamment. Presque tous les soirs, des foules défilaient dans les rues en criant : « À bas, les anarchistes ! Vive la nation ! Vive la loi ! »[770]

De bons citoyens, qui s'étaient tenus éloignés de leurs sections à cause des projets anarchiques qui y étaient discutés, reviennent maintenant, pour peser dans la balance de l'ordre public ; une députation de trois sections se présente à la Convention pour dénoncer » les brigands qui ont osé lever l'étendard de la révolte, et qui, sous le masque perfide du patriotisme, veulent tuer la liberté ». Ce discours fut accueilli avec les applaudissements d'une grande majorité des députés, et sur la proposition de Barère, qui n'avait pas encore jeté son dévolu sur la Montagne, la Convention décréta qu'il serait formé une commission extraordinaire, composée de douze membres, pour enquêter sur les mesures adoptées par le Conseil de la Commune et les sections de Paris, ainsi que sur les opérations du Comité de Salut Public et de son accessoire, le Comité de Sûreté Générale.

Ces deux comités sanguinaires — les grands comités de la Terreur — n'étaient que récemment devenus une puissance. Le premier, qui avait pris naissance en 1792 sous le nom de Comité de Défense Générale, prit le titre supplémentaire de « et de Salut Public » — sous lequel seul il était désormais connu — le 6 avril 1793, le jour même où le Tribunal Révolutionnaire commençait ses séances, tandis que le second, bien que subordonné au Comité de Salut Public, existait depuis 1789 sous le nom de Comité d'Information, et prit le nom de Comité de Sûreté Générale en mai 1792.

Jusqu'à présent, le Comité de salut public comprenait des hommes de tous les partis — Danton, Sieyés, Vergniaud, Guadet, Gensonné, Pétion et d'autres — mais la restriction imposée à ses opérations par les Girondins

---

[769] Michelet, citant *Le Publiciste de la République Française*, affirme que les femmes du marché étaient parmi la foule, mais cela semble improbable au vu de leur attitude lors du procès du Roi trois mois plus tôt, et le 2 mai l'agent du gouvernement, Dutard, rapporte à Garat que leur attitude à l'égard de la Révolution est toujours la même : « Il semble que ces femmes, si elles n'avaient pas peur de la guillotine pour elles-mêmes, crieraient à l'unisson : "Vive le Roi !" "(Schmidt II 173). (Schmidt, II 173).

[770] Mortimer Ternaux, vII 215.

exaspéra Danton contre la faction qu'il avait sauvée des massacres de septembre, et il résolut de les détruire. En outre, comme sept des douze membres élus à la nouvelle Commission des Douze étaient des Girondins, et les autres des neutres, il devint évident que leurs enquêtes sur le fonctionnement des deux comités constitueraient un frein supplémentaire aux projets des Anarchistes.

Depuis six mois, les Girondins avaient bloqué le cours de la Terreur qui, sans eux, aurait sans doute constitué la suite des massacres de septembre. Il ne fallait donc pas simplement renverser les Girondins, mais les mettre hors d'état de nuire. C'est ce qui, aux yeux des anarchistes, rendait nécessaire le soulèvement du 31 mai.

On ne peut douter qu'un massacre de toute la faction était maintenant envisagé par la Commune. Dutard, l'agent secret du ministre Garat, rapporte que « ce moment est terrible, et ressemble beaucoup à celui qui a précédé le 2 septembre ». Et en effet, le 23 mai, une nouvelle députation de la section de la Fraternité se présente à la Convention pour révéler qu'à une séance du Conseil de la Commune, à laquelle plusieurs de ses membres ont réussi à se faire admettre, il a été proposé de « faire disparaître de la surface du globe » ou de « septembriser » trente-deux députés de la Gironde. Ceci, selon un député breton à qui le plan avait été confié, devait être suivi d'un nouveau massacre de 8000 personnes.[771] La Commission des Douze ordonne alors l'arrestation d'Hébert, substitut du procureur de la Commune, auteur d'un journal sanguinaire, *Le Père Duchesne, et* de ses deux collègues, Varlet et Dobsent. Le soir même, Hébert et Dobsent sont emprisonnés à l'Abbaye.

La Commune réplique par une « députation de seize sections de Paris » demandant la libération des patriotes opprimés ; pendant ce temps, les femmes de la Société Fraternelle se précipitent dans les rues armées de drapeaux rouges, exhortant le peuple à marcher sur l'Abbaye et à délivrer Hébert — un appel auquel le peuple refuse de répondre.

La salle de la Convention des Tuileries, qu'elle occupait depuis le 10 mai, redevint le théâtre d'une confusion indescriptible ; les députations affluèrent sans cesse ; les pétitionnaires, ne pouvant trouver place dans les emplacements qui leur étaient réservés, débordèrent sur les sièges des députés, dont beaucoup, accablés de fatigue, s'étaient retirés pour la nuit. Alors, au milieu des hurlements de la foule, Hérault de Séchelles proposa la mise en liberté d'Hébert et de ses collègues, et la suppression de la Commission des Douze. Quelques députés, auxquels se joignirent les

---

[771] Beaulieu, v. 120 ; *Lettres de Helen Maria Williams* (1795), p. 42.

pétitionnaires, votant comme s'ils étaient les représentants légaux dont ils occupaient les places, réussirent à faire adopter la motion.

Mais le lendemain, la Convention, rétablie dans ses conditions normales, rétablit la Commission des Douze à la majorité de 259 voix.

« Vous avez décrété la contre-révolution », s'écrie Collot d'Herbois ; « j'exige que la statue de la Liberté soit voilée ! ».

Cette décision de la Convention donna le signal de la bataille, et immédiatement la Commune procéda à la mise en mouvement de la machine révolutionnaire — ce qui n'était pas chose facile, car Paris en général était singulièrement calme, et deux jours étaient nécessaires pour préparer le soulèvement.[772]

Ce n'est pas ici le lieu de décrire en détail le mouvement connu sous le nom de « Révolution du 31 mai », qui n'était en réalité qu'un duel entre les deux factions opposées, et qui, en tant que tel, appartient à l'histoire de la Convention, et non à l'histoire des grandes explosions populaires de la Révolution. Aucune autre grande journée de tumulte n'a été aussi complètement artificielle.

Lorsque le 31 au matin, Paris s'éveille au son du tocsin, les forces armées appelées des sections se rassemblent mécaniquement, les femmes se rassemblent sur le pas de leur porte « pour voir passer l'insurrection », mais personne ne sait ce qu'est cette agitation.[773]

Pendant toute la journée, la Convention est entourée de troupes qui, pour la plupart, ne savent pas pourquoi elles sont là et qui elles protègent. Pendant ce temps, les députations des sections affluent dans la salle, les unes pour demander la suppression de la Commission des Douze et l'arrestation des Girondins, les autres pour protester en leur faveur. Parmi ces dernières se trouvait la section de la Butte des Moulins, et en représailles de son action énergique, la Commune envoya à Saint-Antoine et à Saint-Marceau des messagers portant des écharpes municipales pour ameuter les habitants en leur apprenant que les membres de cette section avaient formé un centre de contre-révolution au Palais Royal, et portaient la cocarde blanche de la royauté.[774] Les hommes des Faubourgs qui, depuis quelques heures, étaient sous les armes et attendaient les ordres, s'en allèrent docilement avec leurs canons, et en arrivant au Palais Royal, ils

---

[772] Mortimer Ternaux, vii. 321.

[773] *Ibid.* p. 329 ; Mercier, *Le Nouveau Paris*, i. 164.

[774] Dauban, *La Démagogie en 1793*, p. 209 ; Mortimer Ternaux, vii. 351.

trouvèrent en effet un bataillon de la Butte des Moulins qui y campait avec des détachements d'autres sections envoyés à leur appui — dans quel but personne ne semblait savoir.

Les hommes des Faubourgs se rendirent alors compte de la folie de toute la procédure, et après avoir mis leurs canons en position et s'être rangés en ordre de bataille, ils décidèrent qu'avant de commencer à tirer sur leurs concitoyens, il serait aussi bien de découvrir s'il y avait une véritable *cause de guerre* entre eux. En conséquence, une députation fut envoyée pour vérifier les accusations des agitateurs, et, comme on pouvait s'y attendre, toute l'alarme s'avéra inutile — aucune cocarde blanche n'était visible, le tricolore était déployé partout, sur les chapeaux et sous forme de bannières. Puis, aux cris de » Vive la République ! les portes s'ouvrent et les bataillons adverses se jettent dans les bras les uns des autres en se jurant une amitié éternelle.[775]

Ce genre d'événement était toujours susceptible de se produire lorsque le peuple était laissé à lui-même pour régler les choses, et qu'il n'y avait pas d'agitateurs pour le pousser à la violence. En cette occasion, Santerre, qui excellait dans l'art d'exciter les troupes révolutionnaires, était absent de Paris, et Hanriot, qui avait été illégalement nommé commandant général par la Commune, était à la tête des forces qui entouraient la Convention.

En tant qu'insurrection, le 31 mai avait donc été un échec, tout comme l'Affaire Réveillon, la première marche sur Versailles et le 20 juin avaient été des échecs, faute d'appui populaire. Toujours, pendant toute la Révolution, le même mouvement avorté avant chaque éclosion, le même raté avant l'explosion !

À la Convention, la Commune avait réussi à obtenir à nouveau la suppression de la Commission des Douze, mais n'avait pu obtenir l'arrestation des Girondins. Il fallait donc tenter une nouvelle insurrection, et toute la journée du lendemain fut occupée à la préparer. Le soir, Marat parut à la Commune et, après avoir donné au Conseil l'ordre de commencer le mouvement, il alla lui-même sonner le tocsin. La même nuit, les anarchistes portèrent leur premier coup décisif au parti de la Gironde par l'arrestation de Madame Roland, qui, pendant l'absence de son mari, fut saisie par des émissaires de la Commune et conduite en prison à l'Abbaye. Le lendemain matin, 2 juin, tout Paris était de nouveau sous les armes, le tocsin sonnait, une force armée de 80 000 hommes se rassemblait, mais parmi ces 80 000, dit le député Meillan, « 75 000 ne savaient pas pourquoi

---

[775] Mortimer Ternaux, vII 352, 365 ; Beaulieu, v. 132.

on les avait fait prendre les armes »,[776] et, grâce à l'habile organisation de la Commune, il ne leur était pas possible de le découvrir.

Car Hanriot, bien conscient que les honnêtes citoyens de Paris ne coopéreraient pas au véritable objectif du jour — la destruction des Girondins — avait pris soin de placer les troupes formées par les sections à distance du Château, les unes sur la place Louis XV au-delà du pont tournant, qui était fermé entre elles et le jardin, les autres dans le Carrousel séparé par une barrière de bois de la cour des Tuileries.[777] Pendant ce temps, ses forces ramassées de quatre à cinq mille insurgés — dont un certain nombre de mercenaires allemands appartenant à la légion de Rosenthal ayant ordre de marcher sur la Vendée, et dont l'ignorance totale de la langue française en faisait de dociles instruments de la Commune[778] — formaient un cordon immédiatement autour du Château dont toutes les avenues étaient occupées par ses officiers ou agents, « qui avaient reçu l'ordre de ne souffrir aucune communication entre la salle (de la Convention) et la cour ou le jardin ». Par ce moyen, les troupes des sections étaient impuissantes à intervenir, tandis que la grande masse du peuple, qui s'était comme d'habitude rassemblée pour regarder, était tenue dans l'ignorance complète de ce qui se passait.[779] Du côté du peuple, le 2 juin fut donc le même mouvement absolument aveugle que le soulèvement avorté qui l'avait précédé deux jours plus tôt.

Si les Girondins avaient tenu bon en ce jour critique, il est probable que la victoire leur serait restée, mais maintenant que leur propre sort est en jeu, ils font preuve de la même pusillanimité que lors du procès du roi. Au lieu de mettre leur éloquence au service de la situation, les principaux membres de la Gironde, dont Brissot et Vergniaud, n'osent pas s'aventurer dans la Convention, mais se réfugient dans la maison de Meillan, toute proche. Meillan lui-même, ainsi que Barbaroux et Isnard, restent à leur poste à l'Assemblée, mais c'est à Lanjuinais, qui n'est pas Girondin, qu'il revient d'être le principal défenseur de la faction à laquelle il s'est associé ces jours-ci comme champion de la liberté. Au nom du peuple, le courageux Breton dénonce maintenant les efforts des factions pour créer des désordres.

---

[776] Dauban, La Démagogie en 1793, p. 218.

[777] *Ibid.* pp. 214, 218 ; Mortimer Ternaux, vii. 391 ; *Letters of Helen Maria Williams* (1795), p. 41.

[778] Mortimer Ternaux, vII 379.

[779] *Ibid* ; Mortimer Ternaux, vii. 384.

« Vous calomniez Paris ! Vous insultez le peuple ! » s'écrie la Montagne. « Non, répondit Lanjuinais, je n'accuse pas Paris ; Paris a bon cœur, Paris est opprimé par quelques scélérats. »

Legendre, le boucher, se précipite sur Lanjuinais et tente de le traîner hors de la tribune, mais, calmé par le sang-froid de son adversaire, il bat en retraite, déconfit, et ne revient à l'assaut que renforcé par Drouet, célèbre à Varennes, le jeune Robespierre et Jullien. Une lutte corps à corps s'engage, et Lanjuinais reste maître de la situation. Les Girondins lâches, apprenant cette victoire momentanée, tentent de rejoindre la salle de la Convention et de se rallier à Lanjuinais, mais il est trop tard. Une nouvelle députation de la Commune arrive sur les lieux pour demander leur arrestation et s'en va en criant : « Aux armes ! Sauvons le pays ! » un cri de guerre repris avec fureur par les tribuns.

Pendant ce temps, les troupes d'Hanriot s'étaient rapprochées du château et la foule avait pris possession des salles, des couloirs et des escaliers ; les femmes partisanes de Marat et de Robespierre, se constituant en portières, empêchaient par la force la sortie des députés. Danton, qui n'a jamais cru qu'il fallait laisser la *canaille*, et surtout la *canaille* féminine, prendre le contrôle de la situation, s'indigne,[780] et quand enfin la nouvelle parvient à l'Assemblée que des sentinelles armées ont été placées aux portes de la salle, c'est sur la proposition de Lacroix, allié de Danton, que la Convention dépêche un huissier à Hanriot pour exiger le retrait des forces armées du château. Hanriot répondit brièvement : « Dites à votre p —— président qu'il peut être d —— d (*dis à ton f... président que je me f... de lui et de son Assemblée*), et que s'il ne me livre pas les Vingt-deux dans une heure, je le ferai sauter à coups de canon. »

Barère propose alors à la Convention de faire une démonstration d'indépendance en allant affronter l'armée des insurgés, et sur ce, toute l'Assemblée, Hérault de Séchelles en tête, descend le grand escalier par lequel Louis XVI avait quitté les Tuileries le 10 août, et débouche dans la cour où Hanriot les attend à la tête de ses hommes. Le commandant, à moitié ivre, exige à nouveau la reddition des « Vingt-deux ». L'Hérault refuse, et les députés qui l'entourent, animés d'un courage soudain, s'écrient :

« Ils veulent des victimes ! Qu'ils nous tuent tous ! Hanriot, saisissant son sabre, se tourne vers ses troupes et crie : "Canonniers, à vos fusils !

---

[780] Le rôle de Danton à cette occasion est difficile à expliquer. Il avait certes coopéré au mouvement de renversement des Girondins, mais il semblait maintenant enclin à s'y opposer. Meillan explique son attitude en disant qu'il avait commencé à craindre la Municipalité.

Mais personne n'obéit à l'ordre de tirer. Les hommes restèrent immobiles — Hérault et un collègue député qui s'approchèrent hardiment d'eux virent que leurs yeux et leur attitude ne témoignaient d'aucun mauvais dessein ».

La vérité est que la multitude était opposée aux insurgés ; une des sections de Paris a même pointé son canon sur les troupes d'Hanriot au moment même où les canons d'Hanriot étaient braqués sur les membres de la Convention.[781] C'est donc une fois de plus le peuple qui s'est rangé du côté de l'ordre public, et Hanriot, déconcerté par son attitude, n'a pu mettre à exécution ses desseins sanguinaires.

Les troupes, rangées dans le jardin de l'autre côté du château, vers lequel l'Assemblée se dirigeait, semblaient également peu disposées à verser le sang, et se contentaient de crier : « Vive la Montagne ! Vive la Convention ! et, de temps en temps, "Vive Marat ! À ce moment, Marat lui-même, suivi de la foule de petits garçons en haillons que son aspect grotesque attirait fréquemment,[782] apparut sur la scène et cria impérieusement à Hérault : "Au nom du peuple, je vous ordonne de regagner votre poste, que vous avez bassement déserté. Et il ajouta d'un ton significatif : « Que les députés *fidèles* retournent à leur poste ! » En d'autres termes, que les moutons soient séparés des chèvres et que les membres de la Montagne se retirent en sécurité, tandis que leurs adversaires restent dehors pour être massacrés. Hérault et ses collègues avaient évidemment déjoué les desseins de Marat en se joignant aux Girondins qui avaient été désignés comme victimes, mais qui maintenant, fondus dans la foule des députés, ne pouvaient être distingués par les insurgés. Cependant, l'autorité acquise par le misérable nain était telle que, obéissant au mot d'ordre, les Montagnards se tournèrent vers les Tuileries, abandonnant les Girondins à leur sort, mais les Girondins, voyant le piège, reculèrent de même, et toute l'Assemblée, suivie de Marat, rentra dans la salle de la Convention et reprit la séance.

Couthon, l'ami de Robespierre, proposa alors un décret contre les Vingt-deux et les membres de la Commission des Douze, mais le défilé dans les cours et le jardin des Tuileries avait manifestement convaincu les dirigeants que les mesures violentes ne rencontreraient pas le soutien populaire, car ce n'était plus l'emprisonnement des Girondins que leurs adversaires demandaient, mais simplement leur suspension, après quoi ils devaient être laissés dans leurs propres maisons sous surveillance — une conclusion étonnamment douce pour trois jours d'insurrection !

---

[781] Rapport de Dutard à Garat, Schmidt, ii. 11.

[782] Beaulieu, v. 145.

La liste des députés proscrits fut alors lue à haute voix, et pendant ce temps Marat intervint à plusieurs reprises, ajoutant certains noms et ordonnant d'en supprimer d'autres sans même consulter la Convention. « C'est alors, dit Meillan, » que nous avons compris toute la puissance de Marat' — bien fait pour eux s'ils l'avaient compris plus tôt, et se sont levés comme un seul homme pour lui résister.

Or, à la onzième heure, l'Assemblée a fait un ultime effort pour affirmer son indépendance ; plusieurs membres se sont levés pour déclarer qu'« ils n'étaient pas libres et qu'ils refusaient de voter entourés de baïonnettes et de canons » — une résolution à laquelle pas moins des deux tiers de la Convention ont finalement souscrit.

La Montagne, qui ne voulait pas être battue, résolut la difficulté en votant tout simplement sans eux, et la majorité, « devenant ainsi de simples spectateurs, laissa les Montagnards voter le décret, soutenus par un grand nombre d'étrangers qui, comme le 27 mai, s'étaient placés sur les sièges des législateurs dont ils avaient usurpé les fonctions ».[783]

Ainsi, par une violation du droit et de la justice aussi flagrante que celle qui avait amené la condamnation du roi, les Girondins furent victimes de la Révolution qu'ils avaient contribué à préparer. Et de même que Louis XVI, à la veille de sa mort, avait vu en un instant prophétique l'avenir qui attendait la France, le brave Lanjuinais, proscrit avec la faction dont il avait défendu la cause, prédit l'ère terrible dont cette journée devait être le prélude dans ses derniers mots à la tribune :

> « Je vois la guerre civile allumée dans mon pays, étendant partout ses ravages et déchirant la France. Je vois le monstre horrible de la dictature s'avancer sur des monceaux de ruines et de cadavres, vous engloutir chacun à votre tour, et renverser la République ! »

LA TERREUR DANS LES PROVINCES

Exactement comme Lanjuinais l'avait prophétisé, la chute de la Gironde fut le signal de la guerre civile. Une grande vague d'indignation s'éleva dans toute la France et, en quelques mois, tout le pays s'embrasa d'un bout à l'autre.

En Vendée, royaliste et catholique jusqu'à la moelle, l'incendie avait éclaté deux mois plus tôt ; la constitution civile du clergé et la persécution continue de tous ceux qui restaient attachés à la religion, les massacres de

---

[783] Dauban, La Démagogie en 1793, p. 223.

septembre, et enfin l'exécution du roi, avaient tour à tour excité la fureur du peuple, et maintenant 100 000 paysans, armés de fourches et de bâtons, marchaient pour défendre l'église et la monarchie, conduits par les prêtres et les quelques nobles restants qu'ils avaient placés de force à leur tête.[784]

Lyon se révolte également juste avant le renversement définitif de la Gironde. La splendide cité réduite à la misère par la Révolution, son commerce ruiné, ses habitants affamés faute de travail, s'était pourtant soumise à la République, mais lorsqu'un émissaire de la Montagne, Chalier, disciple de Marat, fut envoyé à Lyon pour propager l'anarchie et établir un tribunal révolutionnaire, les sections de la ville se liguent toutes contre la Convention, et le 29 mai une bataille sanglante a lieu dans les rues entre les gardes nationaux de Lyon et les canonniers enrôlés au service de la Montagne, qui se termine par l'arrestation de Chalier. Puis vint la nouvelle de l'insurrection à Paris le 2 juin, et la victoire de la Montagne. Lyon déclara alors hardiment qu'elle ne reconnaissait plus la Convention, et appela ses citoyens aux armes.

Entre-temps, Bordeaux s'était soulevée pour la défense de ses libertés, car, avec une injustice criante, lorsque ses députés les Girondins avaient été expulsés de la Convention, le département avait été invité à n'en nommer aucun autre à leur place. Bordeaux n'était donc plus représentée à la Convention, et elle avait le droit de protester — elle avait d'ailleurs protesté pendant quelques mois avant le 31 mai — contre le traitement réservé à ses représentants par leurs adversaires de la Montagne.[785] Or, le 6 juin, le Conseil général de la ville adressa à la Convention une adresse menaçante, et appela Lyon et Dijon à s'unir dans la lutte pour la liberté.

Dans tout le sud-est de la France, le feu de la révolte se propageait de même : Toulon opposait une vigoureuse résistance aux diktats de la Montagne ; Marseille, autrefois dominée par les plus violents révolutionnaires, s'était également retournée contre elle, et, appelant à son aide Lyon, la Normandie et la Vendée, annonçait son intention de marcher sur Paris. Le Calvados, Caen et Évreux, en Normandie, organisaient la révolte ; le Dauphiné et la Franche-Comté étaient en armes ; en tout, *pas moins de soixante départements s'étaient soulevés contre la tyrannie de la*

---

[784] Les historiens révolutionnaires ont l'habitude de dire que les prêtres et les nobles ont incité les Vendéens à se révolter ; c'est absolument faux ; le mouvement était entièrement un soulèvement de paysans — les nobles, dans certains cas, ont montré de la réticence à agir comme chefs. Voir Beaulieu, vi. 52.

[785] Buchez et Roux, xxiii 279.

Convention.[786] Telle était l'attitude des vingt-cinq millions de Français qui, selon Carlyle, attendaient le salut de la Montagne — en fait, les trois quarts au moins de la population y étaient violemment opposés, et le quart restant était surtout terrorisé pour se soumettre.

En même temps, le peuple est loin d'être de tout cœur avec les Girondins. Buzot, Pétion, Isnard, Barbaroux et d'autres membres de cette faction, qui s'échappèrent de Paris après leur expulsion de la Convention et tentèrent de rallier les provinces autour d'eux, échouèrent totalement dans leur rôle de chefs populaires. Pour les esprits ruminants des paysans, les buts d'une faction républicaine ne se distinguaient pas de ceux d'une autre ; ils étaient prêts à s'opposer à l'effusion de sang et à l'anarchie prônées par la Montagne, mais la République idéale que leur offraient les Girondins ne soulevait nullement leur enthousiasme. La vérité est que la France est restée au fond monarchique, en partie par conviction et en partie par habitude. Car, dans tous les pays, le trait caractéristique du vrai peuple est la haine de l'innovation, et c'est contre ce préjugé que les républicains des deux factions ont lutté en vain. La correspondance des émissaires révolutionnaires en province respire fréquemment un esprit de désespoir : « Le laboureur est estimable, mais c'est un très mauvais patriote en général ; »[787] et de Marseille, « Malgré nos efforts pour républicaniser le peuple... nos peines et nos fatigues sont presque infructueuses... L'esprit public est encore détestable chez les propriétaires, les artisans et les journaliers » ;[788] en Alsace « Les sentiments républicains sont encore au berceau, le fanatisme est extrême et invraisemblable ; l'esprit des habitants n'est nullement révolutionnaire... »[789] Personne, cependant, n'a mieux décrit l'échec total des Girondins à convertir le peuple au républicanisme que Buzot lui-même :

> 'Il ne faut pas se leurrer, la majorité du peuple français soupirait après la monarchie et la Constitution de 1791... Peut-on croire que les événements du 2 juin (1793), la misère, les persécutions, les assassinats qui ont suivi, aient fait changer d'opinion la majorité de la France ? Non, mais dans les villes, on fait semblant d'être sans-culotte, parce que ceux qui ne le sont pas sont guillotinés ; dans les campagnes, on obéit aux plus injustes sommations de servir (dans l'armée), parce que ceux qui n'y vont pas sont

---

[786] *La Démagogie en 1793*, par C.A. Dauban, p. 239.

[787] Legros, *La Révolution telle qu'elle est*, I 366 (lettre du Prieur de la Marne au Comité de Salut Public).

[788] Archives des Affaires Étrangères, cité par Taine, La Révolution, VIII 53.

[789] *Ibid*. p. 54.

guillotinés. La guillotine, c'est la grande raison de tout... *Ce peuple est républicain par les coups de la guillotine.* Mais regardez bien les choses, pénétrez dans les foyers des familles, sondez tous les cœurs, et s'ils osent s'ouvrir à vous, vous y lirez la haine contre le gouvernement que la peur leur impose, vous verrez que tous leurs désirs, toutes leurs espérances, tendent vers la Constitution de 1791.'[790]

Et encore :

« Les honnêtes habitants des campagnes confondent les crimes commis dans la Révolution de 1793 avec la Révolution elle-même ; ils abhorrent la République, et ceux qui les tyrannisent en son nom ; ils regrettent et soupirent pour le retour... d'un régime plus doux et plus pacifique... Dans les villes, où la peur a flétri tous les cœurs, où le commerce et l'industrie sont à jamais anéantis, où c'est un crime de vivre dans un certain degré de confort ou de montrer quelque décence dans ses goûts ou ses manières... chaque citoyen... dans toutes les classes... regrette amèrement le passé. » En effet, Buzot lui-même est enfin obligé d'arriver à cette conclusion : » Au milieu de l'abîme de maux où ce superbe empire est précipité par la licence et la misère, on est presque réduit à désirer le retour de l'ancien despotisme, car il n'est pas certain que les Français puissent maintenant supporter le régime modéré de la Constitution de 1791. »[791]

C'est donc dans la seule Vendée que l'enthousiasme réel a prévalu ; là, le peuple, inspiré par un dévouement passionné à des traditions chères, ne faisait qu'un avec ses seigneurs, tandis que dans les autres provinces dominées par les Girondins, le peuple prenait les armes pour une cause qui n'était pas la sienne. En apparence, ils se battent pour la République, mais en réalité, ils ont soif des vieilles choses familières que la République leur a enlevées. Que pouvaient bien faire les paysans de France de la promesse d'un gouvernement inspiré d'Athènes ou de Sparte qui devait remplacer la monarchie désuète, de la philosophie éclairée qui devait les dédommager de la destruction de leur foi antique ?

Les Girondins eux-mêmes ne pouvaient que constater l'échec de leurs efforts pour inspirer le peuple ; partout, c'étaient les royalistes qui s'assuraient le plus grand nombre de partisans. Même dans les centres républicains, des généraux royalistes menaient les troupes — à Lyon, Virieu et Précy ; à Bordeaux, De Puisaye ; même Wimpfen, aimé des Normands, bien qu'avoué républicain, était considéré par Louvet comme un royaliste dans l'âme. Les Girondins de Caen en Normandie — Louvet, Guadet, Buzot, et d'autres — observaient ces symptômes avec inquiétude

---

[790] *Aux Amis de la Vérité*, par F. N. L. Buzot, pp. 32-34.

[791] Mémoires de Buzot, p. 19.

et, plutôt que de s'allier à leurs rivaux pour renverser la Montagne, ils détournaient leurs énergies pour s'opposer aux progrès du Royalisme. Ainsi, parmi les chefs du peuple, il n'y avait aucune coordination, et parmi les divers éléments qui composaient la population, aucune unité de but qui aurait pu seule assurer le succès. En raison de ces dissensions, le mouvement était dès le départ voué à l'échec, et le triomphe de la Montagne semblait assuré.

C'est alors qu'une jeune fille qui habitait Caen, Marie Charlotte Corday, résolut de se faire justice elle-même et de sauver le pays en frappant l'auteur de tous les maux qui désolaient la France. Car pour Charlotte, comme pour beaucoup d'habitants des villes de province, c'était Marat qui apparaissait comme l'incarnation de la Terreur qui tenait désormais la France sous son emprise ; Marat une fois écarté, elle imaginait que les autres chefs de la Montagne pourraient revenir à des sentiments d'humanité. Si Charlotte avait été Girondine, comme certains auteurs l'ont supposé, elle aurait probablement pensé autrement, car pour les Girondins, Marat n'était qu'un « reptile répugnant », bien moins à craindre que Robespierre, qu'ils considéraient comme leur principal antagoniste de la Montagne. Il est donc invraisemblable que, lorsque Charlotte alla demander à Barbaroux de l'introduire auprès de quelques-uns de ses amis à Paris, elle lui confia l'objet de son voyage — « si, comme le dit Louvet, elle nous avait consultés, eût-ce été contre Marat que nous aurions dirigé son attaque ? » Sans doute non — Robespierre en aurait été la victime, Barbaroux, d'ailleurs, aurait pu lui dire qu'en tuant Marat elle se sacrifiait inutilement, car Marat se mourait déjà d'une longue maladie, et n'avait, en effet, que peu de temps à vivre.

Charlotte ne le savait pas lorsqu'elle se mit en route pour Paris dans la matinée du 9 juillet, et pendant tout le trajet elle se représenta l'exécution du grand acte tel qu'elle l'avait planifié. La lettre à Duperret, l'ami de Barbaroux, devait la faire entrer à la Convention, et là, au milieu de l'Assemblée, sur le sommet de la Montagne, elle voulait porter le coup mortel qui devait débarrasser le monde de Marat.

Ce n'est qu'à son arrivée à Paris qu'elle apprit que l'« Ami du peuple » était trop malade pour assister à la Convention. Depuis quelques semaines déjà, il s'était retiré de la vie publique, et l'irritation effrayante de sa peau l'obligeait à s'asseoir perpétuellement dans un bain avec des compresses humides autour de la tête. La nature exacte de sa maladie n'est pas précisée par ses biographes, mais selon les délégués du Club des Jacobins envoyés pour le visiter, il s'agissait simplement d'une crise aiguë de « patriotisme ». La folie du maratisme n'est nulle part mieux illustrée que dans le rapport suivant publié par la Société :

« Nous venons d'aller voir notre frère Marat... Nous l'avons trouvé dans son bain, une table, un encrier, des journaux autour de lui, s'occupant sans relâche des affaires publiques. Ce n'est pas une maladie... c'est beaucoup de patriotisme comprimé dans un tout petit corps ; les efforts violents de patriotisme qui s'exhalent de toutes parts le tuent. »[792]

Telle est la vision à laquelle Charlotte Corday est confrontée lorsque, le soir du 13 juillet, elle parvient, malgré l'opposition de la maîtresse de Marat, Simonne Evrard, à se faire admettre dans la salle de bains fatidique. Si elle s'était attendue à voir un monstre, elle a dû trouver ses imaginations les plus folles dépassées maintenant qu'elle était confrontée à la réalité. Par l'ouverture de la baignoire en pantoufles apparaissait le cou flétri, les épaules difformes, les bras chétifs de l'Ami du Peuple, et au-dessus d'eux cette tête monstrueuse enveloppée dans ses compresses de vinaigre et d'eau froide — vraiment un spectacle affreux et hideux. Un cœur plus faible que celui de Charlotte aurait dû trembler, un nerf d'acier moins éprouvé que le sien aurait dû échouer à ce moment terrible, la retenir sur le seuil, ou la faire reculer en tremblant à travers la porte et dans l'escalier étroit, dehors — dehors — dans l'air pur du ciel. Mais Charlotte, entièrement concentrée sur son but, s'était élevée au-dessus de ces faiblesses humaines, et elle alla droit devant elle, aussi calme que le soir d'été derrière la fenêtre, et s'assit à côté de Marat.

Charlotte Corday n'a pas tué Marat comme Marat a tué ses victimes, sans procès. Elle lui donne maintenant, au dernier moment, une chance de prouver que ce n'est pas lui qui a dressé des échafauds dans toute la France, que ce n'est pas par ses ordres que des victimes innocentes sont conduites quotidiennement à la mort. Aussi, quand il demanda des nouvelles de Caen, elle parla des députés girondins qui s'y étaient réfugiés, les citant nommément. Et à ce mot, Marat poussa un rire effrayant :

« Je les ferai tous guillotiner dans la semaine ! »

La rumeur n'avait donc pas menti : Marat était bien le monstre sanguinaire qu'on lui avait représenté en province ! De sa propre bouche, il est condamné. Charlotte n'hésite plus, et saisissant son couteau, elle le plonge directement dans son cœur. L'acte est accompli ; désormais, comme elle le dit, elle connaîtra la paix.

La sérénité qu'elle afficha à son procès n'étonna pas moins le monde que le courage qui l'avait poussée à mener à bien son entreprise. « Qui vous avait inspiré tant de haine contre Marat ? » lui demanda le président. « Je n'avais pas besoin de la haine des autres, j'avais assez de la mienne. » « En

---

[792] *Journal des Débats*, 16 juillet 1793.

le tuant, qu'espériez-vous ? » « De rétablir la paix dans mon pays. » « Vous pensez avoir tué tous les Marat ? » « Celui-là est mort, les autres auront peut-être peur. »

Pas un seul instant, il ne semble être venu à l'esprit de Charlotte que son action pouvait être considérée comme un meurtre. Lorsque Fouquier Tinville observa avec méfiance : « Vous devez être rompue à ce genre de crime », elle s'écria avec horreur : « Le monstre ! Il me prend pour un assassin ! »

La vérité est que Charlotte n'avait pas le sentiment d'avoir tué un être humain, mais plutôt d'avoir exorcisé un esprit maléfique qui avait ensorcelé la capitale.

« Il n'y a qu'à Paris, disait-elle à ses juges, que les yeux des gens sont ensorcelés à cause de Marat ; dans les autres départements, on le regarde comme un monstre. »

Et, en effet, plus on étudie Marat, plus on sent monter en nous une sensation d'irréalité. Un tel être peut-il réellement avoir existé en dehors des pages d'une légende médiévale ?

Robespierre, Danton, Billaud, même Carrier, nous pouvons y croire en tant que possibilités physiologiques, mais Marat est un phénomène qui ne peut être expliqué par aucune loi naturelle : la répulsion frémissante qu'il inspirait à tous les spectateurs normaux, la fascination impie qu'il exerçait sur ceux qui tombaient sous son pouvoir, la rapidité effrayante avec laquelle, immédiatement après la mort, ce corps hideux s'effondrait dans la corruption, et autour duquel s'agenouillaient pourtant des foules d'adorateurs, blasphémant le Christ et criant : « Oh, cœur sacré de Marat ! » Toutes ces choses appartiennent certainement au domaine du surnaturel et ne peuvent être expliquées que par la croyance en une possession démoniaque. Si l'on exclut cette hypothèse, Marat reste un mystère insoluble, unique dans les annales de l'humanité.

Quoi qu'il en soit, que l'on croie ou non aux puissances des ténèbres, la phase dans laquelle le mouvement révolutionnaire est entré n'aurait pu être surpassée en diablerie si des esprits maléfiques, jusqu'ici encagés dans le corps de Marat, avaient été lâchés sur la France. Jusqu'à présent, les atrocités commises étaient imputables à des causes parfaitement tangibles — à des intrigues orléanistes, aux ambitions personnelles des chefs, à l'excitation, à l'illusion ou à la boisson de la population ; mais à partir de l'automne 1793, tous les objectifs politiques semblent être engloutis dans une rage sauvage de destruction ; les scènes d'horreur qui se déroulent partout ne semblent avoir aucun but précis, mais, comme les convulsions d'un fou, découler d'un esprit en délire.

Mais si l'on examine le mouvement de près, on s'aperçoit qu'il y avait néanmoins une méthode dans la folie, que dans cette période effrayante de la Terreur, il y avait un système fondé sur les mêmes doctrines politiques qui avaient produit les massacres de septembre. C'est ce que Collot d'Herbois voulait dire lorsqu'il disait : « Le 2 septembre est le Credo de notre liberté » ; en d'autres termes, les massacres dans les prisons ne formaient que le prélude d'un plan général de destruction. À cette date antérieure, comme nous l'avons vu, l'idée des dirigeants était d'amputer le membre gangrené que constituaient l'aristocratie et le clergé ; maintenant que ces deux catégories étaient pratiquement détruites, il fallait procéder à la même opération sur les autres parties du corps auxquelles la gangrène s'était étendue.

Le premier sur la liste est donc la *bourgeoisie* prospère, objet particulier de la haine de Marat, haine qu'il avait communiquée à Robespierre et Hébert, qui, après la mort de Marat, furent chargés de poursuivre la campagne contre cette classe odieuse. Ainsi, Robespierre écrit : « Les dangers intérieurs viennent des *bourgeois ; pour* vaincre les *bourgeois*, il faut ameuter le peuple, lui procurer des armes et le mettre en colère ». Hébert va plus loin : « La vertu de la sainte guillotine, écrit-il, délivrera peu à peu la République des riches, des *bourgeois*, des espions, des gros fermiers, des dignes commerçants comme des prêtres et des aristocrates. Ce sont tous des dévoreurs d'hommes. »

Cette campagne contre le commerce était à nouveau le résultat direct de l'illuminisme, car c'est Weishaupt qui avait le premier dénoncé la « tribu mercantile » comme capable d'exercer « le plus redoutable des despotismes ». En conséquence, la guerre est menée avec une férocité particulière contre les villes manufacturières. En août, les troupes révolutionnaires encerclèrent Lyon, où les autorités, exaspérées par la propagande sanguinaire de Chalier, avaient fini par condamner à mort ce disciple de Marat. Le siège dura jusqu'au 9 octobre 1793, date à laquelle, réduite par la famine, Lyon fut obligée de se rendre, et il fut alors décidé que la magnifique cité, jadis l'orgueil de la France, devait être démolie. « Le nom de Lyon, s'écria Barère à la Convention, » ne doit plus exister, vous l'appellerez Ville-Affranchie. Sur les ruines, il propose d'élever un monument portant ces mots : « Lyon a fait la guerre à la liberté, Lyon n'est plus ». Sur ce, la Convention adopte le décret : » La ville de Lyon sera détruite ; toutes les parties habitées par les riches seront démolies, il ne restera que les habitations des pauvres. »

Des émissaires furent alors envoyés pour exécuter la tâche ; le paralytique Couthon, porté sur une litière dans la ville, frappa avec un marteau d'argent les bâtiments destinés à la destruction, en disant : « Au nom de la loi, je vous démolis », et aussitôt les maçons se mirent à l'œuvre.

Pendant ce temps, les orateurs incitaient les classes ouvrières à la violence : "Que faites-vous, ouvriers pusillanimes, dans ces occupations industrielles par lesquelles l'opulence vous dégrade ? Sortez de cette servitude et affrontez le riche qui vous opprime... renversez sa fortune, renversez ces édifices, l'épave vous appartient. C'est ainsi que vous vous élèverez à cette égalité sublime, base de la vraie liberté, principe vigoureux d'un peuple guerrier *à qui le commerce et les arts doivent être inutiles.* »[793]

On voit donc qu'il n'était pas question de réajuster les relations entre employeurs et employés ; il s'agissait simplement de détruire tout le système industriel et de laisser les travailleurs mourir de faim sur les ruines.

Pourtant, même lorsque le commerce a pris le pas sur l'aristocratie, et que l'orgueil de la richesse ne viole plus les principes de la « sublime égalité », il reste encore un autre foyer de gangrène : les *classes instruites*. C'est là que Robespierre déploie une énergie particulière. Les hommes de talent lui ont toujours fait horreur, d'où son animosité invétérée envers les Girondins. Incapable lui-même de s'élever hors de la foule des petits avocats parmi lesquels il avait fait ses débuts à Paris, il ne pouvait pardonner le succès obtenu par l'éloquence ou l'habileté littéraire.[794] Pour l'Incorruptible, la richesse n'offrait que peu ou pas de tentation ; mais la supériorité du talent éveillait en lui une envie qui frisait la folie, et c'est principalement grâce à son influence qu'une campagne contre l'intellect, l'art et l'éducation fut désormais inaugurée. « Tous les hommes très instruits étaient persécutés », disait plus tard Fourcroy à la Convention ; « il suffisait d'avoir quelques connaissances, d'être homme de lettres, pour être arrêté comme aristocrate... Robespierre... avec une atroce habileté, louait, calomniait... tous ceux qui s'étaient livrés à de grandes études, tous ceux qui possédaient de larges connaissances... il sentait qu'aucun homme instruit ne plierait jamais le genou devant lui. »[795]

Cette guerre contre l'éducation fut même menée contre les trésors des sciences, des arts et des lettres. Manuel proposa de démolir la porte Saint-Denis ; Chaumette voulut tuer tous les animaux rares du Muséum d'histoire

---

[793] Beaulieu, v. 405.

[794] « Les écrivains doivent être proscrits comme les plus dangereux ennemis du peuple » (Note écrite de la main de Robespierre, publiée dans *Papiers trouvés chez Robespierre*, ii. 13). Voir aussi Pages, ii. 19, et *Lettres de Helen Maria Williams* (1794), p. 115.

[795] *Moniteur* du 14 Fructidor, An II ; également *Rapport de Grégoire* à la même date : « Dumas disait que tous les hommes intelligents devaient être guillotinés... *Le système de persécution contre les hommes de talents était organisé...* On criait dans les sections : "Méfiez-vous de cet homme, car il a écrit un livre !". »

naturelle ; Hanriot proposa de brûler la Bibliothèque nationale, et sa suggestion fut répétée à Marseille ; les autres décemvirs, reprenant le cri, ajoutèrent : 'Oui, nous brûlerons toutes les bibliothèques, car il ne faudra que l'histoire de la Révolution et les lois. Et bien que la grande Bibliothèque nationale de Paris ait survécu, des milliers de livres et de tableaux de valeur dans toute la France ont été détruits ou vendus pour presque rien.[796]

Non seulement l'éducation mais la politesse sous toutes ses formes devait être détruite. Par un décret de la Commune du 21 août 1792, les titres de « Monsieur » et de "Madame" avaient été formellement abolis, remplacés par les mots "Citoyen" ou "Citoyenne", et pour satisfaire les partisans de l'égalité, il était devenu nécessaire d'adopter des manières rudes et rustres, de présenter une apparence inculte. Un visage raffiné, des mains qui ne portent pas les marques du travail manuel, des cheveux bien brossés, des vêtements propres et décents, sont considérés avec suspicion — pour être sûr de garder la tête sur les épaules, il est conseillé d'être négligé. Ainsi, dit Beaulieu,' ceux qui étaient nés avec un extérieur doux... étaient obligés de déformer leur visage, d'accélérer leurs mouvements, pour avoir l'air de faire partie de ces bandes féroces qu'on avait lâchées contre eux. Nos dandys avaient laissé pousser leurs moustaches : ils avaient ébouriffé leurs cheveux, souillé leurs mains, et mis des habits repoussants. Nos philosophes, nos hommes de lettres, portaient de grands bonnets hérissés d'où pendaient de longues queues de renard qui flottaient sur leurs épaules ; quelques-uns traînaient sur le pavé de grands sabres à roulettes ; on les prenait pour des Tartares. Paris n'était plus reconnaissable ; on eût dit que tous les bandits de l'Europe avaient remplacé sa brillante population. »[797]

En un mot, ce n'était plus seulement une guerre contre la noblesse, la richesse, l'industrie, l'art et l'intelligence, c'était une *guerre contre la civilisation*. La France devait retourner à l'état de sauvagerie. Aussi fou que puisse paraître ce projet, il faut néanmoins reconnaître qu'il est l'aboutissement logique du désir d'*égalité absolue*. Mais malheureusement, lorsque le processus d'égalisation arriva à ce stade, une difficulté inattendue se produisit. L'aristocratie de la naissance était depuis longtemps réduite à la poussière ; l'aristocratie de la richesse était réduite à la mendicité ; l'aristocratie de l'intelligence se dissimulait sous des dehors grossiers ; mais, après tout, l'aristocratie survivait encore

---

[796] Taine, viii. 206 ; Mercier, *Le Nouveau Paris*, ii. 141 ; *Mémoire sur le Vandalisme*, par Grégoire.

[797] Beaulieu, v. 281.

triomphante, car voici qu'elle s'était réfugiée dans le *peuple*. Nulle part, dit Taine, on ne trouve autant de suspects que dans le peuple ; la boutique, la ferme, les ateliers contiennent plus d'aristocrates que le presbytère ou le château. En effet, selon les Jacobins, les cultivateurs sont presque tous aristocrates ; tous les commerçants sont essentiellement contre-révolutionnaires... les bouchers et les boulangers... sont d'une aristocratie insupportable.[798] Les femmes du marché, écrit un espion du gouvernement, à l'exception de quelques-unes qui sont soudoyées, ou dont les maris sont des jacobins, maudissent, jurent, s'emportent et s'enflamment ; mais elles n'osent pas parler trop fort, car elles ont toutes peur du comité révolutionnaire et de la guillotine. Ce matin, dit un commerçant, j'en ai eu quatre ou cinq ici. Ils ne veulent plus qu'on les appelle des « citoyens ». Ils disent qu'ils crachent sur la République. Dans les provinces, c'était encore pire ; non seulement le respect de la religion et du roi avait subsisté, mais partout le respect de la supériorité et de l'entreprise réussie prévalait — le bon bourgeois dont les affaires avaient prospéré, le maire digne de ce nom, réputé pour sa bienveillance, l'ouvrier qui s'était « débrouillé dans le monde », tout cela aux yeux des paysans semblait plus digne d'estime que l'ivrogne ou le gaspilleur. Comment parvenir à une égalité parfaite si le peuple lui-même s'obstine à élever un homme au-dessus d'un autre ?

Il est facile d'imaginer le désespoir qui s'empara des chirurgiens qui s'étaient lancés dans le grand projet d'éliminer la gangrène lorsqu'ils découvrirent son existence en ce point le plus vital du corps. Mais, sans se décourager, ils saisissent leurs instruments et se remettent au travail :

> « si le peuple est gangrené, le peuple aussi doit passer sous le scalpel, la lame de la guillotine doit tomber de la même façon sur le cou du noble, du prêtre ou du paysan. »

C'est ainsi que le 5 septembre, le mot est sorti de la Commune de Paris : « Faisons de la Terreur l'ordre du jour ». Pour réaliser ce système, il fallait reconstruire le gouvernement. Déjà, la première Constitution rédigée sur les cahiers avait été balayée et remplacée par le code anarchique connu sous le nom de « Constitution de l'An II », sans autre référence aux désirs du peuple. Mais les anarchistes avaient maintenant recours à une mesure encore plus arbitraire, et le 10 octobre, la Convention, entièrement dominée par la Montagne, accéda à la proposition de Saint-Just de proclamer un « gouvernement révolutionnaire provisoire », dans lequel chaque département de l'État devait être placé sous le contrôle du Comité de salut public. Les membres de ce comité — qui comprenait Robespierre, Couthon, St. Just, Barère, Billaud-Varenne, Collot d'Herbois, Jean Bon St

---

[798] Taine, viii 180.

André, Carnot, Prieur de la Marne, Lindet — devaient ainsi devenir les souverains absolus de la France ; à leur autorité devaient être soumis le pouvoir exécutif, les ministres, les généraux, les corps constitués ;[799] et comme c'est par l'Incorruptible qu'ils étaient eux-mêmes contrôlés, on peut dire que le règne de Robespierre a commencé dès ce moment.

La Terreur en province est donc entièrement l'œuvre du Comité de Salut Public. Des émissaires sont désormais envoyés par le Comité dans les villes et les provinces qui se sont soulevées contre la Montagne, avec pour instruction de ne montrer aucune pitié pour les » contre-révolutionnaires ». Afin d'assurer une application rigoureuse du nouveau régime, ces hommes sont généralement choisis pour agir en couple, « l'un pour contrôler l'autre », en réalité pour s'inciter mutuellement à la violence. Ainsi, lorsqu'à Bordeaux, Tallien, sous l'influence de la belle Térésia Cabarrus, donne des signes de fléchissement, Ysabeau joue le rôle de dénonciateur ;[800] à Lyon, Collot d'Herbois pousse Fouché ; à Toulon, Fréron incite Barras, et ainsi chaque émissaire, terrorisé par son collègue, tente de le surpasser en férocité.

Les atrocités qui se sont déroulées dans toute la France à partir d'octobre 1793 nécessitent des volumes pour être réalisées dans toute leur horreur, et ne peuvent être que brièvement résumées ici.

À Bordeaux, donc, grâce à l'intervention de Térésia, 301 personnes seulement furent victimes de la guillotine, qui faisait des « voyages patriotiques » dans cette ville ; la famine et la terreur furent donc les moyens par lesquels elle fut finalement réduite à la soumission. Mais à Lyon, la population était littéralement fauchée par centaines ; des charrettes remplies de femmes, de vieillards et de jeunes gens se rendaient quotidiennement à l'échafaud. Mais la guillotine s'avéra une méthode d'extermination trop lente, et la méthode des « fusillades » fut alors adoptée ; de jeunes citoyens attachés en couples furent conduits aux « Brotteaux » et mis en pièces par le feu des fusils et des canons. Le Rhône, qui a reçu au moins 2000 cadavres, est si rouge de sang que Ronsin, le général des armées révolutionnaires, informe les Cordeliers à Paris de son utilité pour transmettre un message d'avertissement aux contre-révolutionnaires de tout le Sud.[801]

---

[799] *Ibid.* p. 172.

[800] Mémoires de Madame de la Tour du Pin, II 345.

[801] Prudhomme, *Crimes*, vi. 49, 50. Cadillot, correspondant de Robespierre, chiffre à 6000 le nombre d'exécutions à Lyon (Taine, viii. 126).

Le Sud, cependant, n'avait pas besoin d'être prévenu. Toulon, écrasée et affamée par le régime de Fréron et Barras, avait ouvert ses portes en désespoir de cause aux Anglais le 29 août — une « trahison » qui ne lui sera jamais pardonnée. Pourtant, il y avait certainement des circonstances atténuantes.

> « Il fallait, écrit Isnard, alors à Toulon, céder soit à la Montagne, soit à l'amiral Hood. Le premier nous apportait des échafauds, le second promettait de les briser ; le premier nous donnait la famine, le second nous offrait des provisions ; Fréron nous apportait la Constitution de 1793, écrite par le bourreau sous la dictée de Robespierre, Hood promettait de nous mettre sous les lois promulguées par la Constituante. Quelques intrigants profitèrent de ces circonstances pour tenter la multitude égarée par la faim et le désespoir ; elle eut la faiblesse de préférer le pain à la mort, la Constitution de 1791 au code anarchique de 1793. »

Toulon paya lourdement sa fragilité lorsque, le 17 décembre, la ville fut reprise par l'armée de la République. Fréron, monté sur un cheval, « entouré de canons, de troupes et de cent maniaques, adorateurs du dieu Marat », ordonne que des citoyens choisis au hasard soient alignés contre les murs et fusillés. Fréron donne le signal, la charge retentit de toutes parts, le meurtre est accompli. Le sol est baigné de sang, l'air résonne de cris de désespoir, les mourants se roulent sur les cadavres. Soudain, sur ordre du tyran, une voix crie :

> « Que ceux qui ne sont pas morts se lèvent ». « Les blessés se lèvent dans l'espoir qu'on leur porte secours, une nouvelle décharge est faite, et l'acier rassemble ceux que le feu a épargnés. »[802]

Après cela, Fréron annonça avec complaisance que 800 Toulonnais avaient péri dans la fusillade, tandis qu'en même temps 200 têtes tombaient à la guillotine. Ces méthodes, répétées jusqu'au printemps 1794, n'entraînèrent, selon Prudhomme, la mort de pas moins de 14 325 hommes, femmes et enfants ; et que ce chiffre soit excessif ou non, il n'en reste pas moins que le 9 thermidor, la population de Toulon était réduite de 29 000 à 7 000 habitants.[803]

Dans toute la Provence, les hommes étaient traqués comme des bêtes sauvages ; la prophétie des Écritures semblait maintenant s'accomplir — « car ceux qui étaient dans les villes s'enfuyaient dans les montagnes, criant

---

[802] Description donnée par Isnard, qui était parmi les blessés. Beaulieu, v. 449 ; Prudhomme, *Crimes de la Révolution*, vi 157.

[803] Madelin, p. 335.

aux rochers de les couvrir, et se cachant dans les cavernes et les grottes de la terre ».

À Marseille, le nombre de morts était relativement faible ; en janvier 1794, 240 victimes seulement étaient montées sur l'échafaud, et le Comité de salut public de Paris jugea nécessaire d'adresser une réprimande à l'accusateur public de cette ville :

> « À Paris... l'art de guillotiner a atteint la perfection. Sanson et ses élèves guillotinent avec tant de rapidité... qu'ils en ont expédié douze en treize minutes. Envoyez donc le bourreau de Marseille à Paris afin qu'il prenne un cours de guillotinage avec son collègue Sanson, ou nous n'y arriverons jamais. Sachez que nous ne vous laisserons jamais manquer de gibier pour la guillotine ; et il faut en expédier un grand nombre. »[804]

Dans la petite ville d'Orange, cependant, 318 victimes ont été éliminées en très peu de temps, tandis que dans le nord, à Arras et Cambrai, sous le règne du prêtre apostat Joseph Lebon, entre 1500 et 2000 personnes ont péri. Dans la seule province d'Anjou, le nombre de personnes tuées sans procès a été estimé à 10 000.

La Vendée, en tant que bastion du royalisme, une fois vaincue en octobre, ne pouvait évidemment pas espérer de pitié, et le plan de la Convention, « de transformer ce pays en désert »[805], fut adopté.

> « Nous pouvons dire aujourd'hui, écrivent les émissaires républicains, que la Vendée n'existe plus. Un profond silence règne actuellement dans le pays occupé par les rebelles. On pourrait voyager loin dans ces contrées sans rencontrer un homme ou une chaumière, car nous n'avons laissé derrière nous que des cendres et des monceaux de cadavres. »[806]

Mais de toutes les villes de France, c'est à Nantes, en Bretagne, que les pires atrocités ont été commises, alors qu'ici la bourgeoisie avait accueilli la Révolution avec le plus grand enthousiasme, « et avait même pris les armes contre la Vendée ». Malheureusement, le Comité de salut public avait trouvé dans l'organisateur de la campagne de Nantes un homme à son goût. Comme « sa divinité Marat », Jean Baptiste Carrier incarne en sa personne tout le principe de la Terreur ; comme Marat, physiquement anormal avec sa silhouette maigre et difforme, son long visage cadavérique et ses yeux injectés de sang, Carrier manifeste perpétuellement la même fureur convulsive qui avait caractérisé l'Ami du Peuple — il est même

---

[804] Prudhomme, *Crimes*, vi 128.

[805] Lettre de l'émissaire Francastel au général Grignon (Taine, vIII 131).

[806] Mortimer Ternaux, vIII 196.

probable qu'il ait été victime lui aussi d'une manie meurtrière. Carrier pensait, parlait, rêvait sans cesse de tuer ; « Je l'ai vu », déclarait un contemporain, « couper des bougies en deux avec son sabre comme si c'était des têtes d'aristocrates. Même ses collègues tremblaient à l'idée de l'approcher par peur de ses "colères soudaines, de ses mugissements comme ceux d'une bête sauvage affamée". »

Pour exécuter la vengeance de ce maniaque sur la malheureuse cité, trois compagnies de bandits, choisies pour leur férocité, avaient été recrutées. La première, que Carrier avait baptisée du nom de son idole, « la compagnie de Marat », était composée de soixante membres qui avaient juré, lors de leur enrôlement, d'exécuter les doctrines de l'Ami du peuple ; la seconde, connue sous le nom de « Hussards américains », était composée de nègres et de mulâtres ; la troisième, qu'on appelait la « Légion germanique », avait été formée de mercenaires et de déserteurs allemands. Ainsi, comme l'observe Taine, « il fallait, pour trouver des hommes pour le travail, descendre non seulement jusqu'aux plus bas ruffians de France, mais jusqu'à des brutes de race et de langage étrangers... ».[807]

Les services des deux dernières compagnies étaient utilisés principalement pour la brutalité envers les femmes et les enfants ; un témoin oculaire a raconté qu'à une occasion, il avait vu les cadavres de pas moins de soixante-quinze filles âgées de 16 à 18 ans qui avaient été abattues par la légion allemande. Carrier éprouvait une haine particulière pour les enfants — « ce sont des petits », disait-il, « il faut les détruire », et il donnait l'ordre de les massacrer sans pitié. Les détails de ces massacres dépassent de loin en horreur tout ce qui s'est passé à Paris au plus fort de la Terreur ; là, les jeunes enfants ont été épargnés, mais à Nantes, ils ont péri misérablement par centaines. Les annales de la sauvagerie ne peuvent rien montrer de plus révoltant — de pauvres petits paysans et paysannes poussés sous la lame de la guillotine, mutilés parce qu'ils étaient trop petits pour s'adapter à la planche fatale ; 500 conduits tous à la fois dans un champ en dehors de la ville et abattus, matraqués et sabrés par les assassins autour des genoux desquels ils se cramponnaient, pleurant et criant pitié.[808]

Finalement, le bourreau se lassa du massacre et déclara qu'il n'en pouvait plus ; même les fusillades s'avéraient une méthode d'extermination trop lente, et c'est alors que Carrier se lança dans le projet qui a de tout temps rendu son nom tristement célèbre : les *noyades*, ou noyades en masse dans la Loire.

---

[807] Taine, vIII 110 ; Beaulieu, vI 92, 93 ; *Les Noyades de Nantes*, par G. Lenôtre.

[808] Prudhomme, Crimes de la Révolution, vi 314.

La première expérience fut faite sur environ quatre-vingt-dix vieux prêtres, qui furent placés à bord d'un galliot sous la responsabilité de plusieurs Marats — c'est ainsi qu'on appelait les membres de la compagnie des Marats — et lorsqu'au milieu du courant ces hommes, obéissant aux ordres, firent éclater les sabords et coulèrent la barge au fond du fleuve. Cela ravit Carrier : « Je n'ai jamais autant ri, déclara-t-il, que lorsque j'ai vu les visages que ces hommes faisaient en mourant.[809] L'incident, rapporté à la Convention, ne suscite aucune réprobation ; Hérault de Séchelles, en effet, écrit à Carrier pour le féliciter de » son énergie et de son talent dans l'art de la révolution »,[810] tandis que Robespierre, on le sait, l'approuve chaleureusement.[811] Carrier, ainsi encouragé, se met au travail à plus grande échelle. La cargaison de gangrène que constituait le clergé n'était qu'un prélude ; maintenant, c'est « le peuple » qui devait fournir les victimes.

Ainsi, au cours de ces nuits amères de décembre, des foules de pauvres femmes, armées des petits ballots que les paysans en fuite ont l'habitude de porter avec eux, certaines serrant des bébés contre leur poitrine, d'autres menant les petits enfants par la main, ont été poussées dans le froid et l'obscurité, elles ne savaient pas où ; seulement quand elles se sont retrouvées sur la rive du fleuve où les grandes barges attendaient, la hideuse vérité leur est apparue. Ils se mirent alors à pleurer et à se lamenter en criant : « Ils vont nous noyer, et ils ne nous amèneront pas au tribunal ! Beaucoup, serrant leurs bébés contre eux, refusèrent de les confier à des étrangers et les portèrent dans leurs bras sous les eaux sombres de la Loire. Elles ont peut-être été plus sages, car beaucoup de ces pauvres enfants, que des mères plus fortes d'esprit avaient placés dans des bras compatissants, ont été saisis par les agents de Carrier et rassemblés dans l'affreux Entrepôt, ou prison de la ville, pour y mourir de froid et de peste.

Les noyades, que Carrier décrivait avec humour comme des « fêtes de baignade », offraient un nouveau champ d'action à son génie inventif et, pour varier les plaisirs, il imagina de dépouiller hommes et femmes, de les

---

[809] *Ibid*. p. 323 ; *Procès de Carrier*, Buchez et Roux, xxxiv. 184.

[810] Beaulieu, vi 98.

[811] Voir Lallié, *op. cit*. p. 230 ; également déclaration de Laignelot à la Convention selon laquelle il a informé Robespierre des horreurs qui se déroulaient à Nantes, ce à quoi Robespierre a répondu : « Carrier est un patriote ; cela était nécessaire à Nantes » (*Moniteur* du 3 Frimaire, An iii. vol. xxii. 380).

attacher par couples et de les jeter ainsi liés dans la Loire. Carrier appelle cela « les mariages républicains ».[812]

Tel fut le règne de la Terreur à Nantes, au cours duquel le nombre de victimes qui périrent par noyade fut estimé par un membre du comité de Carrier à 6 000, par un autre à 9 000, tandis que Prudhomme évalue le nombre de personnes tuées par noyade, fusillade, guillotine et peste, au chiffre effroyable de 32 000.

Quel a dû être le nombre de morts pour toute la France pendant la Terreur ? Prudhomme l'évalue à pas moins de 1 025 711 (y compris les pertes dues à la guerre civile), Taine à près d'un demi-million pour les seules onze provinces de l'Ouest. Mais sur ce point, il est impossible de se prononcer avec certitude. Nous savons seulement que les massacres ont été massifs et, ce qui est plus important, *aveugles*. Car non seulement les victimes des fusillades et des noyades étaient presque exclusivement prises dans le peuple — « des créatures sans importance », disait Goullin, l'un des *collaborateurs* de Carrier — mais on ne cherchait pas à connaître leurs opinions politiques. Certains étaient royalistes, d'autres républicains ; le plus grand nombre n'avait probablement aucune opinion politique, mais vivait comme de simples paysans, sans autre pensée que celle de leurs besoins quotidiens. La nécessité de détruire la gangrène ne peut donc pas s'appliquer à eux, et nous devons chercher un autre développement dans le schéma des chefs révolutionnaires pour expliquer cet étonnant paradoxe — *le massacre du peuple au nom de la démocratie*.

LE SYSTÈME DE LA TERREUR

Quel était donc le système qui a produit cette dernière étape de la Terreur ? Les historiens, las d'essayer de résoudre le problème, ont déclaré qu'il n'y en avait pas, que la Terreur était inévitable, ou que les terroristes étaient fous, ou qu'ils tuaient par peur d'être tués, ou que, comme l'a dit Thiers, ils continuaient à tuer à cause de la « déplorable habitude qu'ils avaient contractée ». Ces réponses, cependant, sont toutes peu convaincantes au regard de l'organisation évidente de la Terreur et du caractère des hommes qui l'ont mise en œuvre. Les membres du Triumvirat — Robespierre, Couthon et Saint-Just —, devenu tout-puissant, n'étaient pas des hommes d'impulsion mais de froid calcul, et il est impossible de penser qu'ils aient agi sans but, sans objectif ultime. Quel était donc le

---

[812] Prudhomme, *Crimes de la Révolution*, vi 335 ; Beaulieu, vI 100 ; Buchez et Roux, xxxiv. 149. Et Kropotkine, cet archi-calomniateur du peuple, ose attribuer les noyades de Nantes aux paysans bretons ! Voir *La grande Révolution française*, p. 458.

motif qui les animait ? Certains contemporains, reconnaissant le fait indiscutable que le mouvement s'était maintenant tourné non seulement contre le peuple, mais aussi contre un grand nombre des plus ardents républicains et des premiers champions de la liberté, avancèrent la théorie extraordinaire que Robespierre était un agent royaliste employé par les princes émigrés pour exécuter leurs vengeances ;[813] et en effet, si l'Ancien Régime avait éprouvé un désir de vengeance, il n'aurait pas pu l'assouvir plus efficacement que par le règne de Robespierre. Mais il est impossible de croire que Robespierre, avec son insatiable soif de pouvoir, ait voulu rétablir les Bourbons. Plus absurde encore est la théorie autrefois admise selon laquelle la Terreur a été organisée comme une mesure désespérée de défense contre « la coalition des rois » ou pour stimuler l'ardeur des armées républicaines.[814] Quel lien pouvait-il y avoir entre le massacre de paysannes dans l'extrême ouest de la France et le succès des armes françaises en Allemagne ou en Flandre ? Quelle ardeur était susceptible de stimuler les soldats de la République lorsqu'ils revenaient du champ de bataille pour trouver leurs mères, leurs femmes, leurs enfants assassinés, leurs maisons brûlées ? D'ailleurs, lorsque la Terreur éclate, la situation des armées n'est nullement désespérée ; au contraire, au moment même où « la terreur est à l'ordre du jour » — c'est-à-dire le 4 septembre 1793 — Robespierre, au Club des Jacobins, annonce partout des succès militaires : « les armées du Nord... du Rhin et de la Moselle sont dans une situation brillante ».[815] La Terreur n'a donc rien à voir avec la question de la défense nationale, mais, dans sa phase ultérieure comme dans sa phase initiale, elle est une mesure de politique intérieure.

Or, si l'on consulte en vain les historiens pour trouver l'explication de cette politique, il suffit d'étudier les écrits des contemporains qui étaient dans les coulisses de la Terreur pour découvrir une théorie qui, qu'on l'accepte ou non, fournit le seul indice du mystère. Selon ces autorités, un système très précis était à l'œuvre au sein du Comité de salut public, qui organisait la Terreur ; de plus, ce système était le résultat direct du credo politique de ses membres dirigeants. Pour le comprendre, il faut se reporter aux théories de gouvernement proposées par les organisateurs de la Terreur dans les premiers temps de la Révolution. Parmi celles-ci, nous trouvons la

---

[813] *Deux Amis*, xii. 411 ; *J. B. Carrier*, par A. Lallié, p. 379.

[814] Le professeur Moreton Macdonald a admirablement réfuté cette légende dans *The Cambridge Modern History*, viii. 372.

[815] Buchez et Roux, xxix. 25.

croyance, sans cesse renouvelée, en l'impossibilité de transformer la France en une République. Ainsi, en 1790, Marat écrivait encore :

> « Dans un grand État, la forme du gouvernement doit être monarchique, c'est la seule qui convienne à la France ; l'étendue du royaume, sa position et la multiplicité de ses relations l'exigent, et nous devons nous y tenir pour de nombreuses et puissantes raisons, même si le caractère de ses habitants admettait tout autre choix. »[816]

Il y a sans doute beaucoup à dire en faveur de cette théorie. Que le vieil aphorisme ait eu raison ou non de dire qu'« aucune démocratie ne peut tenir un empire », il faut admettre que l'histoire du monde a prouvé jusqu'ici que la démocratie fonctionne le plus harmonieusement à petite échelle — comme dans la Suisse natale de Marat — ou dans les espaces peu peuplés d'une colonie. Car, puisque l'essence de la démocratie est de gouverner par la volonté du peuple souverain, cette volonté doit être, autant que possible, unanime ; le souverain ne doit pas être divisé contre lui-même si l'on ne veut pas que le système perde toute sa *raison d'être*. Et évidemment, plus la population est nombreuse et variée, plus il est difficile d'obtenir l'unanimité.

Cette conviction de l'impossibilité d'établir une forme démocratique de gouvernement dans un pays aussi vaste et aussi peuplé que la France semble avoir prévalu parmi les chefs révolutionnaires de tous les partis ; d'où, sans doute, la croyance de Robespierre, plus tôt, en la monarchie et son désir ultérieur d'une dictature.[817] Quant aux Girondins, bien qu'aucune preuve définitive ne vienne étayer l'accusation de Robespierre selon laquelle ils souhaitaient établir une République fédérale, ils ont sans aucun doute compris la difficulté presque insurmontable de réaliser une démocratie harmonieuse sur une si grande échelle au moyen d'un gouvernement centralisé. Ainsi Buzot lui-même écrit : « S'il y avait un peuple de dieux, dit Rousseau, il se gouvernerait démocratiquement... Dans l'état actuel des choses, les hommes, qui ne sont pas des dieux, doivent chercher ailleurs la forme de gouvernement qui leur convient le mieux. » Et il se demande comment, dans une nation de 25 millions d'habitants, il serait possible de s'assurer que les souhaits exprimés par le suffrage représentent la volonté réelle de la nation.

---

[816] Plan de Constitution, p. 17.

[817] Voir aussi la remarque de Danton au duc de Chartres, le 17 octobre 1792, après la fondation de la République : « Ce pays n'est pas fait pour une République ; un jour il criera : "Vive le Roi !" ». (M. de Barante, *Histoire de la Convention Nationale*, ii. 477).

Mais, avec la proclamation de la République, la situation dont Marat avait prévu le danger s'était réalisée, et tout le pays fut jeté dans la confusion ; les divergences d'opinion surgirent de toutes parts, et la guerre civile en fut le résultat inévitable.

De plus, non seulement la France était devenue une République, mais, comme nous l'avons vu, Robespierre avait le projet de la transformer en un État socialiste où régneraient l'égalité absolue et le contentement universel.[818]

Sous l'influence de Saint-Just, ce plan avait pris des proportions précises. La colonie d'habitations ouvrières, qui représentait, au sens figuré, la conception que Robespierre se faisait d'un État idéal, fut littéralement adoptée par Saint-Just dans les « Institutions » qu'il rédigea pour le gouvernement de la France. La nouvelle République devait être fondée sur « la vertu, sinon sur la terreur »,[819] c'est-à-dire que lorsque la terreur ne serait plus nécessaire, la « vertu » serait à l'ordre du jour. Chacun devait être sobre, austère, incorruptible, laborieux et, surtout, avoir l'esprit public ; car, selon la doctrine des Illuminati, auxquels Robespierre appartenait, le seul moyen de rendre les hommes heureux était de produire en eux une « moralité juste et régulière » — moralité, c'est-à-dire, selon l'interprétation des Illuminati, qui était simplement le civisme.[820]

Or, de l'avis de Saint-Just, rien n'est plus propice au bonheur et à la moralité que la profession d'agriculteur — « une maison, un champ et une charrue[821] » — qui doit représenter le sommet de l'ambition de tout homme. Il fallait donc faire de la France une vaste colonie agraire, où il n'y

---

[818] L'explication suivante du plan de Robespierre et de Saint-Just est écrite dans l'hypothèse où ces hommes étaient sincères — ce qui n'est nullement prouvé. Il est tout à fait possible que, comme le suggère M. Aulard, Robespierre n'ait professé les doctrines socialistes que par politique — afin de se mettre au pouvoir. Il ne faut pas oublier non plus la lettre trouvée parmi ses papiers à sa mort, adressée à lui par un ami qui l'engage à le rejoindre à l'endroit où il a « formé un trésor suffisant pour pouvoir exister longtemps », et qui se termine par ces mots : Je vous attendrai avec une grande impatience pour rire avec vous du rôle que vous avez joué dans les troubles d'une nation aussi crédule qu'avide de nouveauté » (*Papiers trouvés chez Robespierre*, ii. 157). La question de savoir si Robespierre était un hypocrite invétéré ou un fanatique honnête reste donc ouverte — pour les besoins de ce livre, j'ai supposé que c'était la seconde hypothèse.

[819] Dauban, *Paris en 1794*, p. 463.

[820] Robison's *Proofs of a Conspiracy*, p. 205.

[821] « Une charrue, un champ, une chaumière... voilà le bonheur. » (*Rapport de St. Just sur les Factions de l'Étranger*).

aurait ni riches ni pauvres, ni grandes propriétés ni habitations exiguës, mais une infinité de chaumières modèles et de petits jardins ouvriers entretenus par des cultivateurs laborieux et vertueux. Un arrangement admirable, sans doute, mais malheureusement, pour assurer son succès, il ne devait pas non plus y avoir de liberté personnelle. Il est douteux, en effet, que la liberté et l'égalité puissent exister ensemble, car si la liberté consiste à permettre à chaque homme de vivre comme il l'entend et de faire ce qu'il veut de ses biens, l'égalité nécessite un système perpétuel de répression afin de maintenir les choses au même niveau mort. À cette fin, selon Saint-Just, chaque département de la vie doit être placé sous le contrôle de l'État — peut-être la forme la plus inexorable de tyrannie qu'il soit possible de concevoir. Car on peut faire appel à un autocrate individuel, mais on peut frapper en vain contre les portes d'un système. Ainsi, dans la république de Saint-Just, toutes les relations humaines devaient être réglementées par l'État. Certes, l'amour libre devait remplacer le mariage, mais l'union ainsi contractée devait être dissoute au bout de sept ans s'il n'y avait pas d'enfants, que les parties contractantes veuillent se séparer ou non. Les parents n'avaient pas le droit de frapper ou de caresser leurs enfants, ces derniers étaient habillés de façon identique en coton, vivaient de « racines, légumes, fruits, avec du pain et de l'eau » et dormaient sur des nattes à même le sol. Les garçons ne devaient appartenir à leurs parents que jusqu'à l'âge de cinq ans, après quoi ils devenaient la propriété de l'État jusqu'à leur mort. Chacun devait être contraint par la loi de se faire des amis, et de « déclarer publiquement une fois par an au Temple qui étaient ses amis ». Toute infraction à ces lois devait être punie par le bannissement. Ainsi.

> Celui qui frappe un enfant est banni.
> Si un homme commet un crime, ses amis sont bannis.
> Celui qui dit qu'il ne croit pas à l'amitié ou qui n'a pas d'amis est banni.
> Celui qui, étant ivre, aura dit ou fait du mal, sera banni.
> Un homme reconnu coupable d'ingratitude est banni ; etc.[822]

C'était une tentative de réaliser l'idéal de Rousseau : « S'il y avait un peuple de dieux, il se gouvernerait démocratiquement ». Les Français, jusqu'à présent, n'étaient pas des dieux, mais ils devaient le devenir.

Mais une nation de 25 millions d'habitants pouvait-elle être ainsi transformée ? Pour les régénérateurs de la France, cela semblait

---

[822] Institutions » de Saint-Just, Buchez et Roux, xxxv. 275 ; Dauban, *Paris en 1794*, p. 461.

extrêmement douteux ; le pays était déjà déchiré par des dissensions, et tout projet de contentement universel semblait impossible à réaliser.

De plus, le projet de diviser les choses en parts égales présentait une difficulté insurmontable, car il devenait évident que dans une population de cette importance, il n'y avait pas assez d'argent, pas assez de biens, pas assez d'emplois, pas même en ce moment assez de pain pour faire le tour ; personne ne serait satisfait de sa part, et au lieu d'un contentement universel, il en résulterait un mécontentement universel. Que fallait-il faire ? La population était trop nombreuse pour que le plan des chefs puisse être mené à bien ; il fallait donc soit abandonner le plan, soit *diminuer la population*.

C'est à cette conclusion que sont arrivés les chirurgiens de l'État. En vain, ils avaient amputé le membre gangrené de la noblesse et du clergé, ils avaient paralysé le cerveau en s'attaquant aux classes intellectuelles, ils s'étaient retournés (comme dans la fable d'Isop) contre l'estomac, c'est-à-dire le système industriel, qui nourrissait tout le corps de l'État, et lui avaient refusé la subsistance — tous ces moyens pour rendre la santé à l'État avaient échoué, et ils étaient maintenant réduits à un dernier et désespéré expédient : il fallait réduire la taille de tout le corps. En d'autres termes, *un plan de dépeuplement systématique* doit être exécuté dans toute la France.

Que cette idée, digne d'un Procruste fou, ait réellement existé, il est impossible d'en douter, puisqu'elle nous a été révélée par d'innombrables révolutionnaires qui étaient dans les coulisses de la Terreur. Ainsi Courtois, dans son rapport sur les papiers saisis chez Robespierre après Thermidor, écrit : » Ces hommes, pour nous amener au bonheur de Sparte, voulaient *anéantir douze ou quinze millions de Français*, et espéraient après cette transfiguration révolutionnaire distribuer à chacun une charrue et des terres à défricher, afin de nous préserver des dangers du bonheur de Persépolis. »

Un autre *intime* de Robespierre, le marquis d'Antonelle, membre du Tribunal révolutionnaire, a en effet expliqué tout le dispositif par écrit alors que la Terreur était à son comble. Beaulieu, qui l'a rencontré en prison, où il a été incarcéré par Robespierre pour avoir livré le secret des meneurs, décrit ainsi le système tel qu'il lui a été révélé par d'Antonelle :

> « Il pensait, comme le plus grand nombre des clubs révolutionnaires, que, pour instituer la République sur les ruines de la monarchie, il fallait exterminer tous ceux qui préféraient cette dernière forme de gouvernement, et que la première ne pouvait devenir démocratique que par la destruction du luxe et des richesses, qui forment l'appui de la royauté ; que l'égalité ne serait jamais qu'une chimère tant que les hommes ne jouiraient pas tous de propriétés à peu près égales ; et enfin, qu'un tel ordre de choses ne pourrait

jamais être établi avant que le tiers de la population eût été supprimé ; telle était l'idée générale des fanatiques de la Révolution. »[823]

Environ deux ans plus tard, c'est-à-dire en 1795, le socialiste Gracchus Babeuf, employé à la Commune, donna un compte-rendu plus détaillé du système dans sa brochure intitulée « Sur le Système de la Dépopulation, ou La Vie et les Crimes de Carrier ». Babeuf déclare que Robespierre est l'auteur principal de ce système : « Maximilien et son conseil avaient calculé qu'une véritable régénération de la France ne pouvait s'opérer qu'au moyen d'une nouvelle répartition du territoire et des hommes qui l'occupaient » ; et il poursuit en montrant la logique sans remords par laquelle Robespierre arriva à sa conclusion finale : « Il pensait que, premièrement, dans l'état actuel des choses, la propriété était tombée entre quelques mains, et que la grande majorité des Français ne possédait rien ; deuxièmement, qu'en laissant subsister cet état de choses, l'égalité des droits ne serait qu'un vain mot malgré lequel l'aristocratie des propriétaires serait toujours réelle, le plus petit nombre tyranniserait toujours la grande masse, la majorité serait toujours l'esclave de la minorité... ; troisièmement, que pour détruire cette puissance des propriétaires, et pour soustraire la masse des citoyens à leur dépendance, il n'y avait d'autre moyen que de mettre toutes les propriétés entre les mains du gouvernement ; quatrièmement, qu'on ne pouvait y réussir sans doute qu'en immolant les grands propriétaires... ; cinquièmement, qu'à côté de cela, la dépopulation était indispensable, parce qu'on avait calculé que la population française excédait les ressources du sol et les besoins de l'industrie utile, c'est-à-dire que, chez nous, les hommes se bousculaient trop pour que chacun pût vivre à son aise ; que les mains étaient trop nombreuses pour l'exécution de tous les travaux d'utilité essentielle... ; sixièmement, enfin — et c'est l'horrible conclusion — que la population surabondante ne pouvant s'élever qu'à une certaine quantité... il fallait sacrifier une partie des sans-culottes, que ces ordures pouvaient être déblayées jusqu'à une certaine quantité, et qu'il fallait trouver les moyens de le faire. »

C'est à cette nécessité que Babeuf attribue non seulement les guillotinades, les fusillades et les noyades dans les provinces, mais aussi la famine artificielle sur laquelle il avait attiré l'attention auparavant, tandis que la guerre, loin de fournir une raison à la Terreur, faisait en réalité partie du plan d'extermination. « Qu'est-ce, demande-t-il, que ce plan de croisades éternelles, de paix repoussée, de conquête universelle, de conversion ou d'asservissement de tous les rois et de tous les peuples, si ce

---

[823] Beaulieu contre 219.

n'est l'intention cachée d'empêcher que personne ne revienne d'entre cette portion importante de la nation qui s'est armée si généreusement pour chasser l'ennemi du territoire français ? »

Le témoignage de Babeuf est d'autant plus précieux qu'il se déclare de tout cœur d'accord avec les projets socialistes de Robespierre ; ce sont seulement les moyens employés pour les réaliser qu'il désapprouve. « Sur l'extermination, conclut-il naïvement, je suis un homme de préjugés ; il n'est pas donné à tout le monde de s'élever à la hauteur de Maximilien Robespierre. » Mais plus tard, il se rendit compte que le plan de Robespierre seul pouvait assurer le succès, et que pour atteindre l'égalité absolue, il fallait faire revivre la Terreur. C'est pour avoir tenté de rétablir le régime de Robespierre que Babeuf a finalement trouvé la mort. Aussi absurde que puisse paraître l'*exposé* de Babeuf, il faut admettre qu'il est le seul à expliquer la Terreur. D'ailleurs, que ce soit bien le système sur lequel elle était fondée ne repose pas sur la seule autorité de Courtois, Babeuf et d'Antonelle, les mots mêmes de « plan de dépeuplement » reviennent à plusieurs reprises dans les écrits et discours d'autres contemporains. Ainsi Prudhomme, décrivant les massacres de septembre, explique la proportion énorme du « peuple » parmi les victimes comme la première preuve de ce plan :

> « Le plan de boucherie ne s'est pas terminé par la destruction des prêtres et des nobles... mais dès cette date, il existait un plan de dépeuplement conçu par Marat, Robespierre..., etc. etc., et c'est ce que la méthode de la Terreur a prouvé. »[824]

Plus tard, aux procès de Fouquier Tinville et de Carrier, plusieurs témoins évoquèrent le même plan : Grandpré, de la police, déclara que le moyen le plus puissant employé par Robespierre était « un vaste système de dépeuplement » ;[825] Ardenne, substitut de l'accusateur public, dit que le plan était « de vider les prisons pour *dépeupler la France* »,[826] et dans son résumé au président et aux juges du Tribunal révolutionnaire, il déclara que « Robespierre, St. Just, Couthon, et autres, avaient compté *dépeupler la France*, et surtout faire disparaître le génie, les talents, l'honneur, l'industrie » ;[827] Trinchard, membre du Tribunal révolutionnaire, termina son témoignage par ces mots : Tel fut le *système de dépeuplement* organisé par les derniers tyrans, et pour en assurer l'exécution, ils employèrent les

---

[824] Prudhomme, Crimes de la Révolution, iv. 112.

[825] *Procès de Fouquier Tinville*, Buchez et Roux, xxxv. 45.

[826] *Ibid.* p. 44.

[827] *Ibid*, xxxiv. 271.

hommes les plus immoraux » ;[828] en effet. Carrier lui-même a admis que « ce plan de destruction existait ». Carrier, Fouquier, Freron, Lebon et les autres monstres n'ont donc fait qu'obéir aux ordres de l'état-major lorsqu'ils ont entrepris de décimer Paris et les provinces, et la terrible phrase de Carrier, « Faisons un cimetière de la France plutôt que de ne pas la régénérer à notre manière »,[829] ne fait qu'incarner la philosophie de Robespierre sur laquelle est fondé le système du Comité de salut public.

C'est dans la salle du comité des Tuileries que le grand projet de dépeuplement était discuté et que les ordres étaient donnés aux agents révolutionnaires dans les différentes provinces. Prudhomme a vivement décrit les scènes qui se déroulaient chaque nuit dans le magnifique salon situé au bout d'un long couloir sombre, où, parmi les miroirs et les bronzes, sous les plafonds dorés et les lustres étincelants, les « décemvirs » prenaient leurs aises sur de moelleux fauteuils et de luxueux canapés, tandis qu'au fond des buffets chargés de vins rares et de mets délicats les attendaient.[830] Autour de la grande table ovale, recouverte d'une nappe verte, les membres du comité — Billaud, Coliot, Couthon, Barère — se réunissaient joyeusement, « non pas précisément ivres, mais aiguillonnés par le vin et la bonne humeur, chauffés par les liqueurs » ; seulement, lorsque le visage bilieux de l'Incorruptible apparut au milieu d'eux, un froid tomba sur la fête, et l'on rit moins tandis que l'on délimitait des quartiers à détruire et que l'on comptait les têtes humaines comme des scores aux cartes.

« C'est dans ces moments-là, dit Prudhomme, qu'ils donnaient leurs ordres secrets aux principaux scélérats de leur confiance. C'est là que le général Rossignol alla recevoir le plan d'embrasement de la Vendée. C'est là que Carrier a organisé les noyades de Nantes. C'est là que Couthon dit en riant, avant de partir pour Lyon : « Je n'ai qu'une tête et un corps ; eh bien, néanmoins, c'est moi qui donnerai le premier coup de marteau à la deuxième ville de l'empire de France, pour la détruire ». C'est là qu'ils ont organisé les conspirations dans les prisons, et qu'ils ont dressé ce plan de dépeuplement exécuté pendant quinze mois. Une carte de France était étalée continuellement sous les yeux des décemvirs ainsi qu'un tableau de la population de chaque Commune ; on y décimait villes et villages — "il faut tant de têtes dans tel ou tel département. « … Toutes les calamités de

---

[828] *Ibid.* p. 337.

[829] Preuve de Lamarie, *Procès de Carrier*, Buchez et Roux, p. 204.

[830] Description confirmée par le contemporain Philippe Morice dans ses « Souvenirs », *Revue des Questions historiques*, pour octobre 1892.

la France, tous les crimes de la Révolution, ont pris naissance dans le salon du Comité de Salut Public. »[831]

La proportion précise de la population qu'il faudrait supprimer faisait l'objet d'un calme calcul mathématique parmi les dirigeants. Selon Larevelliere Lepeaux, c'est Jean Bon Saint André qui, le premier, admit ouvertement l'existence du projet et, au moment où le Tribunal révolutionnaire fut institué, c'est-à-dire au printemps 1793, déclara à la tribune de la Convention que « pour établir solidement la République en France, il faut réduire la population de plus de la moitié ».[832] À côté de cette estimation, la proposition de D'Antonelle de réduire d'un tiers seulement semble comparativement modérée.

D'autres grands révolutionnaires considéraient cependant que des mesures beaucoup plus radicales étaient nécessaires ; ainsi, Collot d'Herbois estimait que douze à quinze millions de Français devaient être détruits,[833] Carrier déclarait que la nation devait être réduite à six millions,[834] Guffroy, dans son journal, exprimait l'opinion qu'il ne fallait laisser survivre que cinq millions de personnes,[835] tandis que Robespierre aurait dit qu'une population de deux millions serait plus que suffisante.[836] Pagds et Fantin Desodoards affirment cependant que le chiffre de huit millions était le chiffre généralement accepté par les dirigeants.[837]

Le plan des terroristes n'était donc pas, comme on le croit généralement, de sacrifier une petite minorité pour le bonheur de la grande majorité, mais d'anéantir une immense partie de la nation afin de s'assurer un résidu heureux.

Tel était donc le système de la Terreur et, aussi atroce qu'il puisse paraître, nous devons admettre qu'il était fondé sur une prémisse

---

[831] Prudhomme, Crimes de la Révolution, v. III.

[832] Mémoires de Larevellière Lipeaux, i. 150.

[833] *Résumé du Procès de Fouquier Tinville*, par Cambon de Gard, Substitut de l'Accusateur Public, dans *Le Tribunal révolutionnaire*, par E. Campardon, ii. 297.

[834] Mercier, *Le Nouveau Paris*, ii. 9.

[835] *Le Rougyff*, n° 8. (« Rougyff » est une anagramme de Guffroy.)

[836] Lettre à Robespierre de celui qui avait été son ami : « Quoi ? réduire la France à deux millions d'hommes, et "c'est encore trop", disiez-vous ! ». (*Papiers trouvés chez Robespierre*, ii. 153).

[837] Pages, ii. 89 ; Fantin Desodoards. iv. 131.

parfaitement logique, à savoir la conviction que plus la population est petite, mieux c'est pour la démocratie.

Ce n'est donc pas la théorie des terroristes qui doit être considérée comme monstrueuse, mais son application. Car admettre qu'une certaine fin peut être souhaitable est une chose ; croire que tous les moyens sont justifiables pour l'atteindre en est une autre. Les grands criminels de l'histoire n'étaient pas les personnes inspirées par les pires motifs, mais les personnes pour qui cette distinction n'existait pas. Catherine de Médicis — à qui Robespierre ressemblait beaucoup — pensait sans doute qu'il serait bon pour la paix de la France que les huguenots cessent d'exister, et c'est pourquoi elle a planifié le massacre de la Saint-Barthélemy ; Robespierre a peut-être été mû par la même intention louable en organisant les massacres de la Terreur. Dans les deux cas, l'attitude d'esprit qui a rendu cette action possible peut être attribuée à la même cause — la doctrine qui a produit toutes les pires atrocités de l'histoire du monde civilisé — à savoir que « la fin justifie les moyens ». Que ce soit sous le règne d'un Torquemada, d'un Médicis, d'un Robespierre ou d'un Guillaume II, la communauté ou la nation qui accepte de croire que tout est justifiable — le mensonge, la duplicité, la trahison et le meurtre — pour servir la cause qu'elle a embrassée, vend son âme au diable. Soutenir cette doctrine, ce n'est pas seulement répudier le christianisme, c'est frapper à la racine même de toute moralité. Il était donc naturel que la Terreur, fondée sur cette doctrine littéralement diabolique, entre maintenant dans cette phase hideuse de son œuvre de destruction — la profanation des églises.

LA DÉCHRISTIANISATION DE LA FRANCE

Les chefs du mouvement qui était maintenant dirigé contre la religion dans toute la France appartenaient à une faction du club des Cordeliers, dirigée par Hébert. Hébert lui-même, qui figurait sur la couverture de son journal, le *Père Duchesne*, comme un robuste marchand de poêles, une grosse pipe à la bouche et une lourde moustache, était en réalité un jeune homme élégant, rasé de près, bien poudré et sybaritique dans ses goûts. Le langage grossier et les jurons de caniveau qui caractérisaient ses compositions littéraires étaient aussi étrangers à sa nature que la frénésie révolutionnaire qu'il affectait ; car, bien que ce soit sur Hébert que le manteau de Marat soit descendu lorsque l'*Ami du Peuple* cessa à la mort de son auteur, Hébert n'avait pas la sombre férocité de Marat. Au contraire, il est habité par une *joie de vivre* débridée. Pendant les « grandes colères » qu'il dépeint dans le *Père Duchesne*, il jouissait de « la plus douce et la plus paisible des vies »;[838] ses tirades sanguinaires contre la Reine, les Girondins, « la Reine Roland », étaient écrites à côté du berceau de sa petite fille. Hébert était un anarchiste par tempérament plutôt que par politique ; le prototype de l'apache moderne, il aurait gaiement mis le feu à Paris pour l'excitation de le voir brûler. Les révolutions font inévitablement surgir ce genre de personnages, des créatures douées de la passion de la destruction que la nature humaine partage avec le singe, qui aiment dépouiller et profaner sans arrière-pensée. C'est pour cette raison qu'Hébert a fini par s'attirer l'animosité de Robespierre. Le Chat Tigre ne désirait qu'une période d'anarchie pour asseoir sa domination, et naturellement celui qui, comme Hébert, aimait l'anarchie pour l'anarchie, ne pouvait pas continuer indéfiniment à tout saccager ; le moment devait venir où il faudrait le supprimer. Déjà les yeux verts l'observaient avec méfiance, et ce n'était donc pas Robespierre qui, au Comité de Salut Public, soutenait le mouvement antireligieux des Hébertistes, mais le méprisable comédien Collot d'Herbois. Parmi les partisans d'Hubert, il y avait tout d'abord Chaumette, autrefois garçon de cabane, aujourd'hui procureur de la Commune et roi de la populace parisienne ; Vincent, secrétaire du ministère de la Guerre, une créature d'une férocité extraordinaire qui, dans ses accès de rage, dévorait à vif la chair des animaux ; Momoro, imprimeur ; Anacharsis Clootz, dont nous parlerons plus loin ; et Ronsin, général de l'armée républicaine, qui excellait à soulever des foules désordonnées. La suite de Ronsin inspirait même du dégoût à son chef ; quand quelqu'un se plaignait à lui des excès qu'elle commettait dans les rues et dans les théâtres, des outrages aux femmes, des vols et des violences qui marquaient son passage, Ronsin répondait cyniquement : « Que voulez-vous que je fasse ? Je sais, comme vous, que c'est un ramassis de brigands, mais j'ai besoin de ces vauriens pour mon armée révolutionnaire — trouvez-moi des gens honnêtes et prêts à faire le travail ! »[839]

Selon Prudhomme, les Hébertistes étaient autrefois des Orléanistes ; en tout cas, leur vie privée était loin de correspondre aux principes de républicanisme et d'égalité qu'ils professaient. Tout en proclamant la nécessité d'une simplicité spartiate pour lutter contre la famine, ils menaient une existence épicurienne débridée, et s'adonnaient librement à leur goût pour les crus rares et les liqueurs ardentes.[840] C'est donc

---

[838] *Le Père Duchesne*, par Paul d'Estrée. p. 69 : « Je mène la vie la plus douce et la plus paisible » (Lettre de Hébert écrite en 1792).

[839] Prudhomme, *Crimes de la Révolution*, v. 131.

[840] *Ibid*. v. 140.

largement sous l'influence de la boisson qu'ils se lancent dans leur projet de déchristianisation.

Dans la nuit du 6 au 7 novembre, Hébert, Chaumette et Momoro se rendent chez l'évêque « constitutionnel » de Paris, Gobel, et lui ordonnent d'abjurer publiquement la religion catholique. Vous ferez cela, lui disent-ils, ou vous êtes un homme mort. Le malheureux vieillard se jeta à leurs pieds et supplia qu'on lui épargnât cette épreuve, mais les Hébertistes étaient inexorables, et le jour suivant, Gobel, terrorisé, se présenta à la Convention et déclara que « la volonté du peuple souverain » était désormais devenue « sa loi suprême », et que, puisque le souverain le voulait ainsi, il ne devait pas y avoir d'autre culte que celui de « la liberté et de la sainte égalité ». En conséquence, il déposa sa croix, son anneau et ses autres insignes sur le bureau du Président, et revêtit le bonnet rouge de la liberté. Plusieurs de ses vicaires suivirent son exemple au milieu des acclamations enthousiastes de l'Assemblée.

Cette scène grotesque donne le signal de la profanation des églises dans tout Paris et en province. À Notre-Dame, dépouillée de ses crucifix et des images des saints, la fête de la Raison eut lieu le 10 novembre. Un temple fut élevé dans l'allée, au sommet d'une montagne, d'où jaillit la « lumière de la vérité », et au milieu des airs de la Marseillaise et de « Ça ira ! » la déesse de la Raison, incarnée par Mile. Maillard, chanteuse d'opéra, vêtue d'un manteau bleu et coiffée du bonnet rouge de la liberté, fut portée en procession et solennellement intronisée aux cris de « Vive la République ! Vive la Montagne ! »

À l'église Saint-Sulpice, au cours d'une cérémonie du même genre, Joachim Ceyrat, directeur du massacre de septembre au couvent des Carmes, monte en chaire et s'écrie :

> 'Me voici dans cette chaire, d'où l'on a si longtemps raconté des mensonges au peuple souverain, en lui faisant croire qu'il y a un Dieu qui voit toutes ses actions. Si ce Dieu existe, qu'il tonne, et qu'une de ses foudres m'écrase ! Puis, levant les yeux au ciel d'un air de défi, il ajoute : « Il ne tonne pas, donc son existence est une chimère ! »[841]

Un autre représentant enthousiaste du matérialisme était le célèbre marquis de Sade, le maniaque moral à qui l'on doit l'adjectif "sadique". Les atrocités que le plus vicieux des aristocrates avait commises à l'égard des pauvres femmes du peuple ne l'empêchaient nullement d'occuper une place honorable dans les rangs de la "démocratie". Sade était un disciple de Marat et un membre de la Section des Piques à laquelle appartenait

---

[841] *Journal des Lois*, du 14 Prairial, An III.

Robespierre. Une adresse de cette section rédigée par Sade lui-même fut présentée à la Convention, demandant que dans toutes les églises le culte des nouvelles divinités, la Raison et la Vertu, soit substitué au culte de "l'esclave juif" et de "la femme adultère, la courtisane de Galilée". Cette pétition reçoit une "mention honorable" de la Convention, qui ordonne qu'elle soit envoyée au Comité d'instruction publique.

Mais c'est Clootz qui joue le rôle principal dans la campagne contre la religion. Anacharsis Clootz, baron juif prussien, se distingua dans tout le mouvement révolutionnaire par son projet de "République universelle"[842] et sa haine du christianisme. Apôtre de l'"Internationalisme' tel qu'il est développé dans les doctrines des Illuminati, il a dit à peu près tout ce que les Internationalistes propagent aujourd'hui comme le dernier mot de la pensée moderne. En bref, toutes les nations de la terre devaient être soudées en une seule en tant que membres de « la nation unique », qui, par un jeu de mots sur le mot allemand, c'est-à-dire « étroitement allié », il a suggéré, avec une ingéniosité digne de sa race, devrait être connue comme « l'empire immuable de la Grande Allemagne, la République universelle ». En guise d'illustration, il s'était présenté à l'Assemblée législative, sous le titre de « l'orateur de la race humaine », à la tête d'un étrange cortège composé de spécimens de toutes les races disponibles — Allemands, Suédois, Russes, Polonais, Turcs et nègres — qu'il avait engagés pour l'occasion, dans des robes adaptées au rôle, mais, comme il a omis de les payer comme convenu, il a trouvé sa propre porte le lendemain assaillie par une foule furieuse,[843] qui semblait quelque peu réfuter sa théorie selon laquelle « la République de l'espèce humaine n'aura jamais de différend avec personne puisqu'il ne peut y avoir de communication entre les planètes ».[844]

Dans tout cela, Clootz se montre simplement un fou aimable ; ce n'est que sur le sujet de la religion qu'il devient violent. Le deuxième titre qu'il s'est attribué est celui d'« ennemi personnel de Jésus-Christ ». Le christianisme le remplissait d'une fureur presque épileptique.

> « La religion, écrit-il, est une maladie sociale qu'on ne saurait guérir trop vite. L'homme religieux est un animal dépravé ; il ressemble à ces bêtes qu'on ne garde que pour les tondre et les rôtir au profit des marchands

---

[842] Cf. *La République Universelle du genre humain*, préfacé par Pierre Hillard, Omnia Veritas Ltd, www.omnia-veritas.com. Nde.

[843] Lettres de Helen Maria Williams (1795), p. 140.

[844] Discours d'Anacharsis Clootz à la Convention, 26 avril 1793.

et des bouchers.[845] Le Peuple, déclarait-il, est le Souverain et le Dieu du monde ; la France est le centre du Peuple-Dieu ; il n'y a que les sots qui puissent croire à un autre Dieu, à un Être suprême. »[846]

C'est sur ce ton que Clootz s'est adressé à la Convention le 17 novembre, et il a terminé son discours en présentant à l'Assemblée une copie d'un traité qu'il avait écrit sur le sujet. La Convention prend alors un décret :

> « Anacharsis Clootz, député à la Convention, ayant rendu hommage avec un de ses ouvrages intitulé La certitude des preuves du mahométanisme, ouvrage qui expose la nullité de toutes les religions, l'Assemblée accepte cet hommage, lui accorde une mention honorable, et ordonne qu'il soit inséré dans le bulletin, et envoyé à tous les départements (de France). »

Partout, à Paris et en province, commence alors une parfaite orgie de blasphèmes et de profanations ; des fêtes bacchanales ont lieu dans les églises, des voitures triomphales transportant des ambulants vêtus de chasubles et des ânes chargés de reliques sacrées, de bénitiers et d'ornements d'église, passent dans les rues ; les crucifix et les bréviaires sont jetés dans les feux au milieu des cris de

> « Périsse à jamais la mémoire des prêtres ! Périsse à jamais la superstition chrétienne ! Vive la sublime religion de la nature ! »[847]

Mais ce n'était pas par « le peuple » que ces scènes révoltantes étaient jouées ; partout le peuple les repoussait amèrement.[848] La fermeture des églises de village provoqua en effet une telle indignation que la Convention commença à craindre une révolte, tandis qu'à Paris les femmes du marché accablaient le Père Duchesne d'injures, et qu'un des colporteurs de ce journal se plaignait à la « Société des Amis de la Révolution » d'avoir été entouré de ces femmes, qui le couvraient de boue, et semblaient disposées

---

[845] *La République Universelle*, p. 27.

[846] Clootz a obtenu au moins un panégyriste parmi la postérité, et en même temps un converti à ses théories d'anti-patriotisme. Ainsi, à la date la plus tragique de l'histoire de France — 1871 — il s'est trouvé un Français pour écrire ces mots : Clootz apparaît comme l'ange de la Révolution, le sceau de l'alliance entre la France et les nations. *La plus grande figure de la Révolution française est un Allemand*. Homme de vastes utopies et d'horizons sans limites, cet apôtre de la fraternité universelle fut le premier à passer le Rhin avec le rameau d'olivier de la paix » (*Les Hébertistes*, par G. Tridon).

[847] La grande révolution française, par Kropotkine, p. 523.

[848] Buchez et Roux, xxx. 42, 43.

à l'étrangler.⁸⁴⁹ Lorsque, sur ordre de Chaumette, la châsse de Sainte-Geneviève, la patronne de Paris, fut jetée dans les flammes sur la place de Grève, l'outrage rendit furieux ceux que les athées qualifiaient de « populace ignorante et superstitieuse ».⁸⁵⁰

La vérité est que l'ensemble du mouvement anti-chrétien était l'œuvre directe des Illuminati. Anacharsis Clootz, dit Robison, « qui était un Illuminati passionné, vint à Paris dans le but exprès de faire avancer la grande œuvre, et, en intriguant dans le style de l'Ordre, il se fit nommer l'un des représentants de la Nation... ». » À la même époque, un autre Illuminateur allemand, Leuchtsenring, était également employé comme secrétaire ou greffier dans un des bureaux de l'Assemblée. L'inscription apposée par ordre du Gouvernement dans les cimetières de toute la France, « La mort est un sommeil éternel », avait toujours été la maxime la plus chère aux Illuminés. Il n'y avait rien que le peuple abhorrait plus que cela ; la croyance à l'immortalité lui semblait la seule consolation des misères de l'existence.

> « Hier, rapporte un espion du gouvernement, j'ai causé pendant une heure avec un jacobin, un limonadier, qui commence à sentir le poids des années. Il me prêcha la doctrine du Christ... et m'expliqua... qu'il était très réconfortant pour un homme d'un certain âge de pouvoir voir dans l'avenir une autre vie qui l'attendait. Le philosophe, ajoutait-il, avait d'autres compensations, mais pour nous, pauvres gens... ! »⁸⁵¹

Toutes ces espérances, toutes ces croyances, allaient maintenant être arrachées au peuple ; *non contents de détruire le corps, les régénérateurs de la France entreprirent de détruire l'âme.*

LA TERREUR À PARIS

La campagne contre le christianisme annonçait le règne de la Terreur dans la capitale. Au cours de ce même automne 1793 commença la série d'exécutions qui devait se poursuivre sans interruption, et en nombre toujours croissant, jusqu'au 9 thermidor. Pour exécuter le grand plan de dépeuplement, le Tribunal révolutionnaire avait été reconstruit à la fin de septembre et placé entièrement sous le contrôle du Comité de Salut Public et de son subordonné, le Comite de Sûreté Générale, qui s'occupait

---

⁸⁴⁹ *Ibid.* xxx. p. 182.

⁸⁵⁰ *Ibid.* p. 142 ; Schmidt, ii. 63.

⁸⁵¹ Schmidt, ii. 10.

directement de la police de Paris.[852] Au lieu de douze jurés, on en élit maintenant soixante ; parmi eux figurent trois tailleurs, cinq charpentiers, un vendeur de sabots, un bottier, etc...[853] — fait à noter, car il marque la première apparition d'hommes du peuple dans le gouvernement révolutionnaire. Jusqu'à présent, c'étaient les aristocrates ou les bourgeois qui avaient organisé les attaques contre l'aristocratie et la bourgeoisie ; maintenant que le peuple devait en être la victime, ce sont les hommes du peuple qui furent appelés à faire le travail.

Mais le peuple n'est pas le premier à souffrir. À Paris comme en province, comme d'ailleurs dans toutes les révolutions, le travail de démolition commence au sommet et descend par étapes graduelles vers les couches inférieures de la population. En tête de la liste des victimes condamnées par le Tribunal du sang figure « la veuve Capet ». Son procès, qui s'ouvre le 14 octobre, n'entre cependant pas dans le cadre de cette histoire ; Marie-Antoinette, contrairement à Louis XVI, n'a joué aucun rôle dans la Révolution populaire. Constamment dépeinte au peuple comme une « Messaline » ou une « Médicis », tandis qu'à ses yeux le peuple était constamment représenté par les révolutionnaires comme des tigres assoiffés de son sang, toute entente entre eux était devenue impossible, si bien que pendant toute la Révolution son attitude envers le peuple ne fut que passive.

Pourtant, en réalité, le peuple ne la détestait pas. Pendant ces dernières semaines terribles à la Conciergerie, les pauvres femmes du marché venaient à la prison lui apporter leurs plus belles pêches et leurs plus beaux melons, et reconnaissant son geôlier lorsqu'il venait acheter sur leurs étals, elles lui tendaient leurs meilleurs fruits et leurs meilleures volailles, en disant avec des larmes : « Pour notre Reine ! »[854]

D'autres ont déployé encore plus d'énergie en sa faveur. Qui étaient, au dernier moment, demande M. Lenôtre, les royalistes qui risquaient leur vie pour sauver la reine ? Un chausseur, un pâtissier, trois coiffeurs, un charcutier, plusieurs charbonnières, deux maçons, un vendeur de vieux habits, un limonadier, un marchand de vin, un serrurier et un buraliste. Quatre de ces personnes héroïques — deux hommes et deux femmes — ont payé de leur tête leur dévouement.[855]

---

[852] Buchez et Roux, xxxiv. 467.

[853] *Le Tribunal Révolutionnaire*, par G. Lenotre, p. 130.

[854] *La Captivité et la Mort de Marie-Antoinette*, par G. Lenotre, pp. 244, 281.

[855] *Le Vrai Chevalier de Maison Rouge*, par G. Lenotre, p. 97.

Quand enfin Marie-Antoinette parut devant le Tribunal révolutionnaire, brisée, les cheveux blancs, les yeux obscurcis par de longues larmes, même les *tricoteuses* de Robespierre furent émues de pitié, et ce fut pour cette raison qu'Hébert conçut son infâme accusation concernant le petit Dauphin. Une semaine après le procès de la reine, dit Prudhomme, je dis à ce monstre d'Hébert : « Il faut que vous soyez un grand scélérat pour l'avoir accusée d'un si horrible crime ! "Il répondit : « Ayant remarqué dès le début du procès que le *public semblait s'intéresser à cette femme*, et de peur qu'elle ne nous échappe, j'ai aussitôt rédigé ma dénonciation et l'ai transmise au président, *afin de dresser la multitude contre elle* ! »"[856]

Mais Hébert et ses semblables n'avaient pas réussi à dégrader la populace à leur propre niveau. L'immortelle protestation de la reine produisit un effet si immense sur les femmes des tribunes que, pendant quelques instants, les débats furent interrompus.[857]

Ce *faux pas* d'Hébert rend Robespierre furieux. Le lendemain du procès de la reine, raconte Vilate, "Barère avait commandé chez Venua un dîner auquel il avait invité Robespierre, Saint-Just et moi... Assis autour de la table dans une pièce secrète bien fermée, ils me demandèrent quelques traits de la scène qui se déroula au procès de l'Autrichienne. Je n'ai pas oublié celle de la nature outragée lorsque, Hébert accusant Antoinette d'obscénités avec son fils de onze ans, elle se tourna dignement vers le peuple :

> « J'en appelle à toutes les mères présentes et à leur conscience pour qu'elles déclarent s'il y en a une qui ne frémit pas devant de telles horreurs ! »

Robespierre, frappé par cette réponse comme par un choc électrique, brisa son assiette avec sa fourchette :

> "Cet imbécile d'Hébert ! Comme s'il ne suffisait pas qu'elle soit une Messaline, il faut encore qu'il la fasse passer pour une Agrippine, et qu'il lui offre à son dernier moment ce triomphe de la sympathie publique."

Tout le monde semblait stupéfait.[858]

En effet, la colère populaire en faveur de la reine était si forte qu'Hébert jugea nécessaire de mettre en garde ses lecteurs contre les femmes qui

---

[856] Prudhomme, *Histoire des Révolutions*, vii. 203 (cité par Granier de Cassagnac, *Causes de la Révolution*, ii. 56).

[857] Le Tribunal Révolutionnaire, par G. Lenotre, p. 141.

[858] *Causes secrètes de la Révolution*, par Vilate.

avaient prévu d'appeler à la pitié lorsqu'elle monterait sur l'échafaud. Mais, comme lors de l'exécution du roi, les chefs révolutionnaires étaient préparés à toute tentative de sauvetage ; 30 000 hommes armés jalonnaient les rues, et des canons étaient placés tout au long du parcours entre la Conciergerie et la place de la Révolution. À côté de la charrette, tirée par un cheval blanc décharné, qui portait la reine vers sa mort, chevauchait Grammont, le misérable comédien employé par Philippe d'Orléans dans les premiers accès de la Révolution, celui qui avait bu le sang des Suisses le soir du mois d'août aux Tuileries, et qui maintenant, avec une brutalité révoltante, criait au peuple, tandis que le pitoyable cortège approchait de l'échafaud : "Voici l'infame Antoinette ! Elle est f..., mes amis !" Philippe avait enfin eu sa vengeance. Il devait lui-même suivre la même route moins d'un mois plus tard.

Dans l'ensemble, le peuple se montre indifférent à l'exécution de la reine, mais il n'est pas indifférent au sort du reste de la famille royale — Louis XVII, sa sœur et sa tante, Madame Elisabeth, restés au Temple. Il semble que Robespierre ait envisagé de les tuer tous à cette crise, comme en témoigne le passage significatif suivant d'une lettre que lui a adressée l'un de ses amis. Selon les désirs de Robespierre, dit ce correspondant naïf, ses agents ont "sondé le peuple à ce sujet" en faisant circuler le bruit que les deux petits Capet étaient morts. »Mais nous avons eu le chagrin de voir nos espérances déçues dans ce sens. Personne ne s'est laissé prendre à notre petite ruse ; tout le monde a dit, comme d'un commun accord : 'Ah ! si ces deux enfants-là sont morts, on les a bien aidés (à mourir)'. Et tous paraissaient — disons le mot — indignés. Laissez donc là, croyez-moi, les petits Capet et leur tante ; la politique même l'exige, car si vous tuiez le garçon, les brigands couronnés reconnaîtraient aussitôt comme roi de France "le gros Monsieur de Ham" (le comte de Provence). »[859] C'est donc bien le peuple qui s'est interposé entre les pauvres enfants du Temple et leurs assassins !

Après la Reine, ce sont les Girondins. Le dernier jour d'octobre, Brissot, Vergniaud, Gensonne, Garra, Isnard, Ducos et quatorze autres membres de la faction sont traduits devant le Tribunal révolutionnaire et accusés de toutes les intrigues passées énumérées par Camille Desmoulins dans son Histoire des Brissotins. Pour renforcer l'accusation d'orléanisme, on ajouta à leur nombre le vieux Sillery, l'ancien compagnon d'infortune du duc d'Orléans. Puis, pour assurer leur condamnation, on adopta le même procédé infâme que dans le cas du roi, celui de faire une loi à la mesure de

---

[859] Lettre de celui qui se signe « Niveau », trouvée parmi les papiers de Robespierre après sa mort (*Papiers trouvés chez Robespierre*, etc., i. 263).

l'affaire, et le quatrième jour de leur procès, la Convention vota le décret selon lequel, lorsqu'un procès avait duré trois jours, on ordonnait au jury de rendre son verdict sans écouter d'autres preuves. Sur ce, le jury, obéissant aux ordres du Comité de salut public, déclara à l'unanimité que les accusés méritaient la mort, et le 31 octobre, les "Vingt-et-un" furent exécutés sur la place de la Révolution.

Le reste de la faction, à l'exception de Louvet, périt plus tard ; Condorcet prit du poison ; Guadet, Salles et Barbaroux furent guillotinés à Bordeaux ; Buzot et Pétion, qui tentèrent de fuir, furent retrouvés morts, à moitié dévorés par des chiens, dans les champs du Médoc. Une semaine plus tard, Madame Roland suivait les hommes que sa soif de vengeance sur la Cour avait conduits à leur perte. Jusqu'à la fin, sa haine de la reine ne s'est jamais apaisée ; dans sa prison, elle a entendu parler du terrible destin de cette "femme fière qui haïssait l'égalité" sans éprouver la moindre compassion.[860] La conception qu'avait Manon de l'''égalité' lui permit d'affronter l'échafaud avec sang-froid. "Pensez, écrit-elle à Bosc, que la canaille qui se régale du spectacle ne vaut rien ![861] Ainsi fortifiée par la conscience de sa propre supériorité, qui dans son cas était presque une religion, elle lança un défi à la Révolution, et de la plate-forme de la guillotine, ses derniers mots, adressés à la nouvelle statue de la Liberté devant elle, furent clairement entendus par la multitude émerveillée : « Ô Liberté, comme ils t'ont trompée ! » (O Liberté, comme on t'a jouée !)[862] Elle oubliait qu'elle avait elle-même joué un rôle non négligeable dans cette tromperie.

Le pauvre vieux Roland, absent à Rouen, apprenant la mort de l'épouse qui avait depuis longtemps cessé de l'aimer, sortit dans un bois et se poignarda, prouvant ainsi qu'il était humain après tout, mais, Girondin jusqu'au bout, il n'oublia pas de laisser sur son corps un mot expliquant qu'il s'agissait des restes d'un homme qui était mort comme il avait vécu, « vertueux et droit ».

Ainsi se termine la fameuse Gironde. En moins d'un mois, la reine et ses deux ennemis les plus acharnés connurent le même sort au même endroit ; car deux jours avant l'exécution de Madame Roland, Philippe Égalité avait payé la peine de ses crimes. Pendant tout le trajet de la

---

[860] Mémoires de Madame Roland, ii, 389.

[861] *Ibid.* p. 411.

[862] Lettres de Helen Maria Williams (1795), p. 102 ; Dauban, La Démagogie à Paris en 1793. P— 37.

Conciergerie à la place de la Révolution, le malheureux prince fut accablé d'injures par la populace dont il avait été représenté comme l'idole :

> 'Fripouille, c'est toi qui es la cause de tous nos maux ! « C'est toi qui as fait assassiner la princesse de Lamballe ! » Malheureux, tu as voulu être roi, mais le Ciel est juste, ton trône sera un échafaud ! Mais surtout, c'est en tant que meurtrier de Louis XVI que la foule le raillait maintenant : « Tu as voté pour la mort de ton parent ! » et des voix moqueuses répétaient les mots infâmes : « Je vote pour la mort ! » Philippe écoutait tous ces cris avec un sang-froid parfait ; pour lui comme pour tout révolutionnaire, une fois la partie jouée, le peuple ne comptait plus ; d'ailleurs il avait pris la précaution de se fortifier par de copieuses rasades d'excellent champagne avant de quitter la cellule de sa prison, et il semble que ce soit cela, plutôt que les soins de son confesseur, qui lui ait inspiré le courage d'en finir.[863]

Danton était absent à son château d'Arcis-sur-Aube lorsque la mort de Philippe Égalité se produisit, et à son retour à Paris à la fin de novembre, il devint évident qu'il avait subi un changement surprenant. Était-ce l'influence apaisante de la vie à la campagne, ou la société de la jeune fille de seize ans qu'il avait épousée trois mois après la mort de sa femme, ou était-ce la perte de son protecteur le duc d'Orléans qui avait modéré l'ardeur révolutionnaire de Danton ? Ou bien Danton avait-il commencé à craindre pour sa propre sécurité ? Si Orléans était parti, tous ceux qui étaient soupçonnés d'orléanisme devaient-ils suivre ? Ces théories et d'autres ont été avancées pour expliquer le refroidissement soudain de l'ardeur révolutionnaire de Danton. M. Madelin en propose une nouvelle en suggérant que Danton avait été victime d'une neurasthénie. Mais le changement de front de Danton est-il vraiment si inexplicable ? Pourquoi, après tout, aurait-il voulu continuer la Révolution ? Tout ce qui avait inspiré ses diatribes — la royauté, l'aristocratie, le girondisme — avait été balayé, sa carrière d'agitateur était terminée et il était prêt à s'installer confortablement sur les bénéfices de son travail.

C'est ainsi qu'un jour de cet hiver 1794, alors que le peuple de Paris, affamé et transi de froid, attendait dans des files d'attente toujours plus longues le pain et la viande qui lui étaient distribués en rations misérables, Danton, bien au chaud et bien nourri après un excellent dîner dans l'un des meilleurs restaurants de Paris, exprima son attitude à l'égard de la Révolution :

> « Eh bien, enfin, notre tour est venu de jouir de la vie ! Les mets délicats, les vins exquis, les étoffes de soie et d'or, les femmes dont on rêve, tout

---

[863] *Mémoires de Monseigneur de Salamon*, p. 291 ; *Philippe d'Orléans Égalité*, par Auguste Ducoin, p. 294.

cela est le prix du pouvoir acquis. Pour nous, donc, pour nous, tout cela, puisque nous sommes les plus forts. Après tout, qu'est-ce que la Révolution ? Une bataille. Et ne sera-t-elle pas suivie, comme toutes les batailles, du partage du butin entre les vainqueurs ? »[864]

Dans ces circonstances, il n'est guère surprenant que Danton n'ait pas adhéré avec enthousiasme à ce plan de dépeuplement qui ne menait qu'à la République spartiate où toutes ces choses lui seraient refusées. Quoi qu'il en soit, Danton et Camille Desmoulins — qui était maintenant devenu entièrement son disciple — commencèrent à suggérer timidement que la Terreur était allée assez loin et qu'un comité de clémence devait être formé.

« Vous voulez exterminer tous vos ennemis par la guillotine, écrit Camille le 21 décembre, mais y eut-il jamais une plus grande folie ? Pouvez-vous en faire périr un seul sur l'échafaud sans vous faire dix ennemis parmi sa famille ou ses amis ? Croyez-vous que ce soient ces femmes, ces vieillards, ces radoteurs, ces égoïstes, ces traînards de la Révolution que vous emprisonnez qui soient les plus dangereux ? De vos ennemis, il ne reste parmi vous que les lâches et les malades. Les braves et les forts ont émigré. Ils ont péri à Lyon ou à la Vendée ; tous les autres ne méritent pas votre colère. »[865]

Pendant ce temps, Danton s'entretient avec Robespierre :

« Limitons notre pouvoir à porter de grands coups profitables à la République. Pour cette raison, nous ne devons pas guillotiner les républicains. »[866]

Robespierre, décidé à réaliser son plan de dépeuplement, pensait autrement. Il savait que parmi les soi-disant républicains, il n'y avait pas encore d'espoir d'unité, que d'un côté les Hébertistes avec leur passion de la destruction, de l'autre les Dantonistes avec leurs projets d'enrichissement personnel, ne lui permettraient jamais d'établir en paix cette colonie modèle d'égalité austère qui était son rêve. Il faut donc que les Hébertistes et les Dantonistes disparaissent, et selon son plan habituel, Robespierre entreprend de détruire une faction par une autre. Il s'était servi d'Hébert pour provoquer la perte définitive de la Reine et des Girondins, il se sert maintenant de Danton pour se débarrasser des Hébertistes. Dans cet ordre de campagne, il fit preuve d'une profonde sagesse ; inverser le processus, c'est-à-dire tenter de démolir les dantonistes avec l'aide

---

[864] Louis Blanc, *Histoire de la Révolution*, vii. 96 (anecdote relatée par Godefroy Cavaignac).

[865] Le Vieux Cordelier, n° IV.

[866] Prudhomme, *Crimes de la Révolution*, iv. 32.

d'Hébert, aurait pu causer sa perte, car le peuple, attiré vers Danton par son appel à la clémence, aurait pu se rallier à lui, mais pour Hébert, depuis ses attaques contre la république, la grande majorité du peuple n'éprouvait que du mépris.

Robespierre avait donc le peuple de tout cœur avec lui quand il dénonçait maintenant le mouvement athée des Hébertistes.

« L'athéisme, dit-il à la Convention, est aristocratique. L'idée d'un grand Être qui veille sur l'innocence opprimée et punit le crime triomphant est tout à fait populaire. »

Par ces mots, Robespierre s'était surpassé en tant qu'exposant de la foule — si le peuple voulait un Dieu, eh bien, il lui en donnerait un, et établirait ainsi son pouvoir sur une base immuable. La fête de l'Être suprême, huit mois plus tard, constitue le corollaire de ce dessein. Danton, qui comprit vite l'avantage de cette attitude, fit suivre le discours de Robespierre, quelques jours plus tard, d'une nouvelle dénonciation des « mascarades antireligieuses » qui venaient d'avoir lieu, et les deux grands démagogues, unissant ainsi leurs forces, n'eurent pas de peine à écraser les misérables Hébertistes.

Le 21 mars 1794, Hébert, Ronsin, Momoro, Vincent, Clootz et plusieurs intrigants étrangers — Proly, Desfieux, Pereyre et d'autres — sont conduits devant le Tribunal révolutionnaire sous l'accusation de conspiration avec des puissances étrangères, notamment avec Pitt, pour renverser la République. En ce qui concerne Pitt, bien sûr, on n'a pas pu produire l'ombre d'une preuve, mais il est certain que si les puissances étrangères avaient voulu détruire la France, elles n'auraient pas pu choisir des mesures plus efficaces que celles adoptées par cette bande anarchique. Clootz, comme on l'a déjà dit, avait sans doute été envoyé en France pour créer l'anarchie, mais il est impossible de savoir si c'était avec la complicité du roi de Prusse. Robespierre, en tout cas, se méfiait profondément de cet apôtre prussien de l'Internationalisme. En vain Clootz avait-il déclaré que « son cœur était français et son âme sans-culotte » ; Robespierre, en demandant son expulsion du Club des Jacobins le 12 décembre, avait observé drôlement :

'Citoyens, regarderez-vous comme patriote un étranger qui veut être plus démocratique que les Français ? (…) Il n'a jamais été le défenseur du peuple français, mais du genre humain… Paris fourmille d'intrigants, d'Anglais et d'Autrichiens ; ils siègent parmi vous avec les agents de Frédéric... Clootz est un Prussien. '[867]

Le représentant de la fraternité universelle exprimée par les massacres de septembre — car on se souvient que c'est Clootz qui avait regretté qu'ils n'aient pas été assez « septembrisés » — n'avait donc pas réussi à inspirer confiance à ses frères français, et maintenant, traduit devant le Tribunal révolutionnaire, il devait entendre son système de République universelle stigmatisé comme « une perfidie profondément préméditée qui donnait prétexte à la coalition des têtes couronnées contre la France ».

Lorsque finalement les dix-huit « conspirateurs » sont condamnés à mort par le Tribunal, Clootz en appelle en vain au « genre humain » contre le jugement ; le genre humain qui remplit les tribunes ne répond que par des applaudissements frénétiques.

Paris est devenu presque fou de joie à l'exécution des Hébertistes ; des foules immenses se sont rassemblées lorsque les crieurs ont parcouru les rues pour proclamer le verdict ; l'air a résonné des cris de « Le Père Duchesne à la guillotine ». Même la populace, qu'Hébert, à l'époque où il la tenait sous son commandement, avait décrite comme « le seul élément bon et pur de la grande famille parisienne », se réjouissait de la chute de son ancienne idole. Bien qu'elle ait commencé à se lasser du spectacle de la guillotine, elle se prépara à cette occasion à se rassembler en force autour de l'échafaud. La seule crainte était que la place de la Révolution ne soit pas assez grande pour contenir une si grande multitude. Toutes les fenêtres de la rue Saint-Honoré étaient ouvertes pour voir passer le cortège.[868]

Sur les marchés, à l'entrée des rues, les gens se rassemblaient en groupes et se disaient : « C'est ce coquin d'Hébert et sa clique qui ont voulu nous faire mourir de faim ; avec la chute de cette faction infernale, nous retrouverons la paix et l'abondance ». Les phrases sanguinaires d'Hébert lui-même passaient dérisoirement de bouche en bouche :[869] "Lui ! Le marchand de poêles va mettre son nez par la petite lucarne ! Il va éternuer

---

[867] Buchez et Roux, xxx. 338. Mercier considère également Clootz comme l'agent de la Prusse : « Le Prussien, Anacharsis Clootz, a ouvert la voie à Frédéric-Guillaume » (*Le Nouveau Paris*, ii. 91). Et Brissot est du même avis : « J'accompagne le nom de Clootz de l'épithète prussien, non pas tant pour rappeler son lieu de naissance que pour rappeler que Clootz se comporte ici en bon et fidèle sujet de Sa Majesté prussienne, qui, de son côté, lui réserve ses terres » (*J. P. Brissot à ses Commettants*, p. 52).

[868] Schmidt, ii. 163.

[869] *Ibid*. p. 160.

dans le sac !"⁸⁷⁰ Certains étaient d'avis que la guillotine était un mode d'exécution trop doux, et qu'il fallait trouver quelque chose de plus long et de plus douloureux pour de telles canailles — des conspirateurs « mille fois plus criminels que Capet et sa femme ».⁸⁷¹

Quand enfin, à quatre heures de la belle après-midi printanière du 24 mars, les chars portant leurs dix-huit victimes firent leur apparition, une foule si immense s'était rassemblée que le cortège était continuellement retenu sur le chemin de l'échafaud. Le spectacle pitoyable d'Hébert sanglotant sans défense, et presque effondré, n'avait pas le pouvoir de toucher les cœurs dans lesquels plus que tout autre il avait contribué à tuer tout sentiment d'humanité, et c'étaient ses propres refrains qui résonnaient maintenant à ses oreilles tandis que la foule cruelle déferlait autour de lui en chantant en chœur, et avec les mains et les pieds en battant la mesure :

> Ran plan, ran plan plan-plan,
> Plan de course, plan de course-plan de course.
> Tambour, un ran !

ou alors avec des cris de rires macabres :

> Drelin, drelin, drelin !
> À la guillotine !⁸⁷²

Les autres Hébertistes écoutaient tout cela avec dédain ; Clootz surtout restait immobile, car si, comme le raconte un contemporain, il "mourait de peur", c'était seulement "de peur qu'aucun de ses compagnons ne crût en Dieu, et il leur prêcha le matérialisme jusqu'à son dernier souffle".⁸⁷³

Lorsque les tambours pénètrent sur la place de la Révolution, un puissant rugissement s'élève de la multitude assemblée, et des milliers de voix commencent à chanter la "complainte" révolutionnaire de "Rougyff". Les victimes montent l'une après l'autre sur l'échafaud. La tête d'Hébert est la dernière à tomber. Alors qu'il est attaché à la planche, le bourreau s'amuse à faire danser la lame de la guillotine sur le cou du malheureux avant de la laisser descendre. La population, qui quelques mois auparavant adorait Hébert, accueille cette brutale plaisanterie par des rires et des applaudissements.

---

⁸⁷⁰ *Journal d'un Bourgeois*, par Edmond Biré, iv. 318.

⁸⁷¹ Schmidt, ii, 158, 163, 174 ; Dauban, *Paris en 1794*, p. 252

⁸⁷² *Anacharsis Clootz*, par Georges Avenel, ii. 147.

⁸⁷³ Mémoires de Riouffe, i. 69.

Mais si, à cette occasion, la foule de Paris se montra féroce, ce fut la seule exécution, sauf celle de Robespierre, à laquelle de telles scènes eurent lieu. En général, on remarquera pendant toute la Révolution que les hommes que le peuple finit par haïr le plus sont ceux avec lesquels il avait été le plus intime, et qui lui avaient le plus promis. Ils aimaient Marat, Robespierre et Hébert tant que ces démagogues leur promettaient un âge millénaire et semblaient être, comme ils le professaient, de vrais amis des pauvres, vivant dans une simplicité spartiate et partageant leurs privations. Mais quand le peuple a découvert qu'il avait été trompé, quand aucun millénaire ne s'est levé, et surtout quand il s'est rendu compte que ses idoles festoyaient alors qu'il avait lui-même faim, il s'est retourné contre eux avec toute la fureur d'un espoir déçu et d'un amour déçu.[874]

C'est pourquoi Danton ne finit pas par s'attirer l'animosité du peuple ; le *"grand seigneur* de la *Sans-Culotterie"* s'était toujours tenu à l'écart de la foule, n'avait jamais promis de partager avec elle les bonnes choses de la Vie, n'avait jamais prétendu être des siens ; aucun troupeau de *jupons* gras n'avait suivi son sillage, aucun *tricoteuse* adoratrice n'avait été suspendue à ses lèvres dans les tribunes de la Convention. Le peuple ne le connaissait plus que de loin, comme une grande voix à l'Assemblée, comme un grand *bon-vivant* hors de l'Assemblée ; il savait bien qu'il vivait principalement pour les femmes et la bonne humeur, et, en tant que Parisiens, il l'aimait plutôt pour cela.

Le peuple ne se réjouit donc pas de la mort des dantonistes qui survient le 5 avril. En effet, maintenant que Danton a rempli sa mission en l'aidant à se débarrasser de la bande "anarchique", Robespierre ne tarde pas à s'attaquer à la faction restante. Une semaine seulement après l'exécution des Hébertistes, Robespierre lance sa foudre sur la tête de Danton, et il la lance par la main de Saint-Just. C'était vraiment extraordinairement ingénieux, car, comme le lien passé de Danton avec la conspiration orléaniste constituait le principal motif d'accusation contre lui, Danton aurait bien pu riposter, si l'accusation avait été portée par Robespierre lui-même, en rappelant que lui, "Incorruptible", avait néanmoins travaillé avec les conspirateurs dans les premiers temps de la Révolution. Contre Saint-Just, cependant, aucune insinuation de ce genre ne pouvait être faite. Ce jeune homme irréprochable, qui évoluait sur les scènes de la Terreur

---

[874] « Le peuple ne peut pardonner à Hébert de l'avoir trompé... "Oh ! l'hypocrite ! oh ! le scélérat !" s'écriait-on de tous côtés » (Rapport de police du 21 mars 1794 ; Dauban, *Paris en 1794*, p. 288). « Les femmes disaient que plus elles avaient aimé le Père Duchesne, plus elles avaient horreur de lui... il est à croire que la masse du peuple regardera tranquillement le procès de ces hommes qui avaient obtenu leur confiance » (*ibid.* p. 246).

comme un Antinoüs de marbre "les pieds dans le sang et les larmes",[875] n'avait rejoint le mouvement révolutionnaire que comme député de la Convention, et ne pouvait être soupçonné de complicité avec les intrigues précédentes. C'est donc à Saint-Just que Robespierre confia les matériaux d'un grand réquisitoire contre les dantonistes, précisément sur les mêmes lignes que le réquisitoire de Camille Desmoulins contre les Girondins, un an auparavant. Il est impossible de lire le pamphlet de Camille en même temps que le discours de Saint-Just sans reconnaître que dans les deux cas, la chaîne de raisonnement a dû être élaborée par le même cerveau, bien que dans l'un elle soit exprimée avec la verve vive du pamphlétaire, dans l'autre avec la logique sobre de l'homme politique. Et plus encore que l'Histoire des Brissolins de Desmoulins, le "Rapport" de Saint-Just constitue l'acte d'accusation le plus accablant de la Révolution.[876] Aucun royaliste n'a jamais exposé de manière plus impitoyable les rouages des grandes intrigues révolutionnaires ; Montjoie lui-même n'aurait pas pu écrire un résumé plus clair de la conspiration orléaniste et de ses ramifications ultérieures que celui contenu dans les passages suivants :" Vous avez marché, dit Saint-Just à la Convention, entre la faction des faux patriotes et celle des modérés que vous devez renverser. Ces factions, composées avec la Révolution, ont suivi son cours comme les reptiles suivent le cours des rivières… le parti d'Orléans fut le premier constitué ; il avait des branches dans tous les gouvernements, et dans les trois législatures (c'est-à-dire dans la Constituante, dans les Assemblées législatives et dans la Convention). Ce parti criminel, manquant d'audace […] toujours dissimulé et jamais hardi, fut emporté par l'énergie des hommes de bonne foi et par la force de la vertu du peuple ; il suivit toujours le cours de la Révolution, se voilant continuellement et n'osant jamais. C'est ce qui fit croire au début qu'Orléans n'avait pas d'ambition, car dans les circonstances les mieux préparées il manquait de courage et de résolution. Ces convulsions secrètes des partis dissimulateurs furent la cause des malheurs publics. La Révolution populaire fut la surface d'un volcan de conspirations étrangères. L'Assemblée Constituante, sénat le jour, était la nuit une collection de factions qui préparaient la politique et les artifices du lendemain. Les affaires avaient une double intention ; l'une ostensiblement et gracieusement colorée, l'autre secrète, aboutissant à des résultats cachés et contraires aux intérêts du peuple. On fait la guerre à la

---

[875] Expression de Saint-Just lui-même, voir « Rapport de Courtois » dans *Papiers trouvés chez Robespierre*, i. 20.

[876] « Rapport fait à la Convention Nationale… sur la Conjuration ourdie depuis plusieurs Années par des Factions criminelles pour absorber la Révolution française dans un Changement de Dynastie… » (Séance du II Germinal, An 11.).

noblesse, l'amie coupable des Bourbons, afin de frayer à Orléans le chemin du trône. On voit à chaque pas les efforts de ce parti pour ruiner la Cour, son ennemie, et pour conserver la royauté, mais la perte de l'une entraînait l'autre ; aucune royauté ne peut exister sans patriciat...

Il y avait en 1790 une faction pour placer la couronne sur la tête d'Orléans ; il y en avait une pour la maintenir sur la tête des Bourbons ; il y en avait une autre pour placer la maison de Hanovre sur le trône de France. Ces factions furent renversées royalement le 10 août ; la terreur força toutes les conspirations secrètes en faveur de la monarchie à se dissimuler plus profondément que jamais. Alors toutes ces factions prirent le masque du parti républicain ; Brissot, Buzot, Dumouriez continuèrent la faction d'Orléans ; Carra la faction de Hanovre ; Manuel, Lanjuinais, et autres le parti des Bourbons. Or, bien que ce dernier passage présente une certaine incohérence — car on se souviendra que, pendant les massacres de septembre, Robespierre avait accusé Brissot d'être de mèche avec Brunswick —, on verra que les déclarations précédentes concernant les factions coïncident exactement avec celles de Montjoie, Beaulieu, Pages, des « Deux Amis de la Liberté » et d'autres personnes citées plus haut dans ce livre ; et ainsi, même dans l'opinion de Robespierre et de St. Just, la Révolution française n'a pas été, comme on le suppose généralement, une lutte entre la monarchie et le républicanisme, ou entre l'autocratie et la démocratie, mais simplement une ramification de conspirations de diverses factions pour usurper le pouvoir aux dépens du peuple.

Après cet admirable préambule, St. Just décrivit le rôle joué par les dantonistes tout au long de la Révolution — il parla des liens de Danton avec Mirabeau, « qui méditait un changement de dynastie, et se rendait compte de la valeur de son audace » ; il évoqua la collusion de Danton avec la pétition du Champ de Mars en 1791, sa nomination d'Orléans à la Convention, son intrigue avec Dumouriez pour assurer la retraite en toute sécurité des armées prussiennes après Valmy ; en termes cinglants, il décrit son « lâche et constant abandon de la cause publique » dans les moments de crise, en adoptant invariablement le plan de retraite, notamment le 9 août, alors qu'il s'était mis au lit pendant que l'armée révolutionnaire se rassemblait ; et il termine en dénonçant l'amour des richesses qui distingue les dantonistes, leur « besoin de plaisirs acquis au prix de l'égalité ».

En fait, personne à l'époque ne doutait de la vénalité de Danton, et cela ne lui fit pas grand tort dans l'esprit du public, car peu de chefs révolutionnaires s'étaient montrés à l'épreuve de la séduction de l'argent ; Robespierre n'aurait pas gagné le titre d'« Incorruptible » s'il n'avait pas été presque unique à cet égard. Danton lui-même n'avait jusqu'alors pas caché son avidité pour l'or, ce n'est que lorsqu'il en fut accusé devant le Tribunal révolutionnaire qu'il tenta de nier : « Moi — vendu ? Les hommes de ma trempe ne s'achètent pas ; le sceau de la liberté et le génie républicain sont marqués en caractères ineffaçables sur leur front. »

Le procès des dantonistes — Danton, Desmoulins, Fabre d'Églantine, Hérault de Séchelles, Lacroix, Philippeaux — présente l'une des scènes les plus étranges de toute la Révolution. Danton, qui était entré au tribunal « comme un taureau furieux plongeant dans l'arène les cornes baissées », tentait de mener la situation de main de maître, tantôt chargeant les juges, tantôt leur jetant des boulettes de pain à la tête, tantôt poussant des beuglements furieux, mais sans jamais réfuter les accusations portées contre lui.[877] À maintes reprises, le président est obligé de le rappeler à l'ordre, lui rappelant que sa colère et ses invectives grossières nuisent à sa cause. À l'extérieur de la salle du Tribunal, une foule immense écoutait, le souffle coupé, tandis que le tonnerre de la voix de Danton retentissait à travers les fenêtres ouvertes, de l'autre côté de la Seine, où d'autres foules s'étaient rassemblées ; et comme chaque phrase retentissante frappait leurs oreilles, les gens la transmettaient jusqu'à ce qu'elle atteigne les limites les plus éloignées de cette vaste multitude.

Finalement, le Tribunal, adoptant les mêmes méthodes illégales que celles employées lors du procès du Roi et des Girondins, interrompt les débats et prononce la sentence de mort. La fureur de Danton ne connaît plus de limites ; transféré dans sa cellule à la Conciergerie en attendant son exécution, il continue à hurler des phrases incohérentes à travers les barreaux de la prison :

« C'est ce jour-là que j'ai institué le Tribunal révolutionnaire ; mais je demande pardon à Dieu et aux hommes ; ce n'était pas pour qu'il devienne le fléau de l'humanité, c'était pour empêcher le renouvellement des massacres de septembre...

« Je laisse tout dans un fouillis effrayant ; il n'y a personne qui comprenne le gouvernement... »

« Ce sont mes frères Caïn. Brissot m'aurait fait guillotiner comme Robespierre... »

« J'étais suivi par un espion qui ne m'a jamais quitté... »

« Les p... bêtes, elles vont crier "Vive la République !" en me voyant passer ! »[878]

---

[877] Buchez et Roux, xxxii. 164.

[878] Mémoires de Riouffe, i. 67.

Finalement, Danton se résigne et affronte sa fin avec courage. Quelques instants avant de se rendre sur le lieu de l'exécution, il résume sa philosophie de la vie en une phrase caractéristique : « Qu'importe que je meure ? Je me suis bien amusé dans la Révolution ; j'ai bien dépensé, bien fait la fête, caressé beaucoup de femmes ; dormons ! (*Qu'importe si je meurs ? J'ai bien joui dans la Révolution, j'ai bien dépensé, bien ribotté, bien caressé des filles ; allons dormir* !) »[879] Tandis que les trois tambours écarlates avancent dans la rue Saint-Honoré, des rangées de spectateurs les regardent passer en silence ; cette fois, ils ne se réjouissent pas, mais n'osent pas non plus exprimer leur désapprobation. Camille Desmoulins, l'ancien « proxénète de la lanterne », faisait preuve d'une faiblesse pitoyable maintenant que son tour était venu. Dans son désespoir, il avait tellement déchiré ses vêtements que son corps était nu presque jusqu'à la taille ; tout le long du chemin, il parlait fiévreusement à ses compagnons, riant convulsivement comme un dément. Il y a un an à peine, en envoyant les Girondins à leur perte, Camille avait dit avec confiance : « Nous avons le peuple avec nous ! » maintenant, comme tous les démagogues à leur tour, il en appelle vainement à la pitié du peuple. À un moment donné, pris de frénésie, Camille, se débattant follement, déchirant ses vêtements, s'écrie :

« Peuple, ce sont vos serviteurs qu'on sacrifie ! C'est moi qui, en 1789, vous ai appelés aux armes ! C'est moi qui ai poussé le premier cri de la liberté ! Mon crime, mon seul crime, c'est d'avoir versé des larmes ! »

Mais la foule, toujours cruelle envers ceux qui manifestent de la crainte, ne répondit que par des huées et des insultes. À ce moment, Danton, roulant avec mépris son énorme tête ronde, dit avec un sourire dérisoire à Camille :

« Taisez-vous, et laissez tranquille cette ignoble canaille ! »

Au dernier moment, la pensée de sa jeune femme, que, tout voluptueux qu'il était, il aimait sincèrement, arracha à Danton un cri d'agonie : « Ma bien-aimée, je ne te verrai plus ! ». Puis il se ressaisit : « Allons, Danton, pas de faiblesse ! » Se tournant vers le bourreau, il lui dit : « Montre ma tête au peuple, elle en vaut la peine. » Et au milieu des cris de « Vive la République ». cette terrible tête fut brandie.

L'exécution de Danton a souvent été décrite comme la vengeance de Robespierre sur un rival redoutable. Il ne fait aucun doute que la jalousie dévorante de Robespierre fut éveillée par la puissance oratoire de Danton, comme elle l'avait été autrefois par l'éloquence des Girondins. En même temps, il faut reconnaître que la philosophie de vie des Dantonistes était incompatible avec les projets de Robespierre et de Saint-Just. Longtemps

---

[879] *Mémoires de Sénart* (édition de Lescure), p. 71.

après la mort des dantonistes, Fievée raconte qu'il demanda à Voulland, membre du Comité de Sûreté Générale et *intime* de Robespierre, pourquoi la destruction de ce parti avait été jugée nécessaire, ce à quoi Voulland répondit que tant que prévaudrait la faction d'Orléans, c'est-à-dire « les députés qui mêlent les plaisirs, le luxe, la cupidité aux proscriptions », il était impossible de rétablir l'ordre. Le ciel sait ce que serait devenue la France entre leurs mains ! « Quant à Camille Desmoulins, ajoute Voulland, qui s'était rangé de leur côté comme dupe plus que comme complice, pouvait-on le sauver en s'attaquant à Danton, le plus dangereux des orléanistes, et à Fabre d'Églantine, plus immoral encore que Danton ? »

Ce n'est donc pas, comme certains historiens voudraient le faire croire, parce que les Dantonistes étaient devenus humains et « modérés » que leur chute était inévitable, mais parce qu'ils étaient Orléanistes, parce qu'ils étaient voluptueux et réactionnaires — réactionnaires au sens propre du mot, c'est-à-dire des hommes qui voulaient maintenir les mœurs faciles et les iniquités de l'Ancien Régime sous une forme aggravée. Aussi, si rien ne peut excuser leur meurtre — et leur procès n'a été en réalité qu'un assassinat judiciaire — il était évidemment impossible à Robespierre de réaliser son projet d'une République austère, fondée sur l'égalité absolue, tant qu'ils resteraient au pouvoir.

LA GRANDE TERREUR

On s'est souvent demandé pourquoi, après la mort des Dantonistes, Robespierre ne s'est pas immédiatement lancé dans ses projets de reconstruction. Pourquoi le renversement définitif de ses plus redoutables rivaux aurait-il été le signal d'une application encore plus rigoureuse de la Terreur ? Mais une fois que l'on a compris la théorie sur laquelle la Terreur était fondée, le problème semble plus facile à résoudre. En effet, au printemps 1794, le processus de dépeuplement de Paris venait à peine de commencer, et pour le triumvirat, il semblait plus que jamais nécessaire de poursuivre l'opération avec une énergie inlassable si l'on voulait obtenir un État socialiste harmonieux.

Pour comprendre cette nécessité dans toute son ampleur, il faut se rendre compte de l'état de Paris sous le règne de Robespierre et de ses alliés.

La vérité est donc que la population que ces démagogues avaient rendue toute puissante était maintenant devenue leur terreur ; aucun sultan n'a jamais été surveillé avec plus d'anxiété par des « vizirs » tremblants que le peuple souverain par ses courtisans de 1794. Afin de se prémunir contre toute ébullition du sentiment populaire, ils employèrent des agents pour parcourir la ville et étudier les humeurs du peuple — des « auditeurs » et des « observateurs » qui se tenaient à côté des groupes au coin des rues, parmi les femmes sur les marchés et dans les files d'attente aux portes des magasins, ou qui se mêlaient aux foules regardant les victimes aller à la guillotine. Tout ce que les observateurs remarquaient, tout ce que les auditeurs entendaient, les expressions d'approbation ou les murmures de mécontentement à l'égard du régime en place, les sourires, les froncements de sourcils, les exclamations de colère ou les rires de dérision, tout cela était consigné et transmis textuellement aux comités révolutionnaires dans des rapports quotidiens détaillés. Ces documents, qui ont été publiés par Schmidt et Dauban, nous donnent un aperçu très précis de l'esprit de Paris à ce moment, et jettent en même temps une lumière curieuse sur la mentalité des démagogues. Le fait qu'ils aient jugé nécessaire ce système complexe d'espionnage montre à quel point ils se méfiaient du peuple qu'ils prétendaient adorer et à quel point ils étaient conscients de l'insécurité de leur propre position. Ces craintes n'étaient pas non plus sans fondement, car le résultat de toutes ces observations était de révéler que sous l'apparente soumission du peuple se cachait un profond mécontentement. Cela n'est peut-être pas surprenant, car la famine est plus grave que jamais. Dans toute la France, les habitants des villes avaient été mis au régime de la plus maigre des rations ; dans les campagnes, où même ces rations étaient impossibles à obtenir, les malheureux paysans conjuraient les affres de la faim avec de l'herbe et des glands.[880] Les files d'attente aux portes des magasins ne cessaient de s'allonger ; à partir de trois ou quatre heures du matin, des rangées d'hommes et de femmes affamés se tenaient debout dans le froid et sous la pluie, ou, sombrant d'épuisement, gisaient en tas sur le trottoir.[881] La loi du « maximum », par laquelle un prix fixe était fixé sur tous les produits de première nécessité, loin de soulager la situation comme on l'avait promis, la compliquait énormément. Les pêcheurs refusèrent de prendre la mer, les meuniers dissimulèrent leur grain plutôt que de le vendre à perte, les commerçants réservèrent leurs marchandises à des clients privilégiés ou les écoulèrent secrètement à des prix supérieurs au maximum à ceux qui avaient les moyens de payer. Le peuple, enragé par ces manœuvres, et fidèle aux enseignements de Marat, continuait à détrousser les paysans qui apportaient des soupes à la ville, et pillait les charrettes contenant des œufs, du beurre ou de la volaille. »Les uns payaient ; les autres emportaient les

---

[880] Discours de Tallien à la Convention, 12 mars 1794. Voir aussi Buchez et Roux, xxxii. 423.

[881] Taine, viii. 255.

choses sans payer. Les paysans, désespérés, jurèrent qu'ils n'apporteraient plus rien à Paris. »[882]

Outre le manque de nourriture, le manque d'emploi était toujours aussi aigu ; des bandes d'ouvriers se rassemblaient aux coins des rues pour se plaindre de l'époque. « Comment voulez-vous que nous travaillions alors que tous les riches, patriotes ou non, sont emprisonnés ? »[883] Des mendiants, vieillards, femmes et enfants assiégeaient les passants pour leur demander l'aumône. Pendant ce temps, les hommes qui étaient encore employés réclamaient perpétuellement un salaire plus élevé ; les maçons et les charpentiers augmentaient leurs prix tous les dix jours, menaçant de ne pas travailler si on n'accédait pas à leurs demandes. « Tout le monde, écrit un agent du gouvernement, crie contre la tyrannie des ouvriers. »[884]

Mais même lorsque l'argent qu'ils réclamaient leur était versé, ils n'étaient pas satisfaits, car souvent ils ne pouvaient rien acheter avec. À quoi bon gagner 100 sols par jour au lieu de 20 sols[885] quand on n'a ni pain, ni viande, ni bougies, ni feu ? De plus, en raison de la faillite de l'État, les assignats ou le papier-monnaie qu'ils recevaient n'avaient qu'une valeur fictive. Une course de fiacre, raconte Mercier, coûtait 600 livres, soit 10 livres la minute. Un particulier qui rentrait chez lui le soir disait au cocher : « Combien ? 6000 livres. Il sortait son portefeuille et payait. Tout le monde était riche en imagination ; ils n'étaient malheureux que lorsqu'ils étaient désabusés. »[886]

Le peuple était perpétuellement désillusionné. Ce beau règne d'égalité qu'on lui avait promis ne lui avait apporté que la misère ; pourtant, on lui assurait continuellement que lorsque telle ou telle faction politique serait renversée, tout irait bien et que la famine disparaîtrait miraculeusement. Autrefois, c'était « la Cour et l'aristocratie » qui avaient accaparé le com, mais la Cour et l'aristocratie avaient été balayées depuis longtemps, et le grain ne venait toujours pas ; ensuite, c'était contre les Girondins que l'on avait porté la même accusation, mais les Girondins aussi étaient partis, et la disette continuait ; maintenant, les Hébertistes, à qui on l'avait également attribuée, avaient suivi les Girondins, et le peuple avait plus faim que jamais.

---

[882] Dauban, *Paris en 1794*, pp. 87, 173, 198.

[883] *Ibid*, p, 62.

[884] *Ibid*. p. 149.

[885] *Ibid*. p. 185.

[886] Mercier, *Le Nouveau Paris*, ii. 94.

Rien ne s'était passé comme ils l'avaient prévu. La richesse se moquait toujours de la pauvreté, et ceux qui étaient au pouvoir continuaient à boire et à festoyer pendant que les milliers de personnes qui luttaient mouraient de faim. Car dans les boucheries, où le peuple attendait dès l'aube un misérable morceau de viande, les meilleurs morceaux étaient réservés aux membres des comités révolutionnaires et à leurs amis.[887] Dans les restaurants, où les « représentants du peuple » se réunissaient, la nourriture était encore abondante et excellente, et on servait jusqu'à trois ou quatre plats de viande par repas.[888] Il n'est donc pas surprenant que le peuple s'indigne et s'écrie que, tandis que « les pères de famille ne pouvaient pas mettre la marmite sur le feu dans leur maison lorsque leur femme était malade » et que « les honnêtes citoyens ne mangeaient que du pain et des pommes de terre, les citoyens les plus riches organisaient des fêtes pour les restaurants ». ... Il n'y a que les gens aisés, disaient-ils, qui dînent dans les restaurants, et ils y vont pour se régaler de femmes légères pendant que les pauvres sans-culottes mangent du pain. »[889]

Exaspéré par ses souffrances, le peuple cherchait des remèdes qui variaient selon le tempérament des mécontents ; ainsi, tandis que certains s'écriaient « Vive l'ancien Régime ! alors nous avions l'abondance de tout ! »[890] D'autres déclaraient que les choses n'iraient pas mieux si l'on n'exécutait pas plus de victimes, et, hochant la tête dans la direction de la guillotine, ajoutaient : « Il n'y a que ce saint-là qui puisse nous sauver ! »[891]

Le fait est que le peuple de Paris n'était plus ni royaliste ni républicain, ni pour ses gouvernants actuels ni contre eux ; sa foi en tout gouvernement avait été ébranlée jusque dans ses fondements.[892] À force de voir les factions conduites l'une après l'autre à la guillotine, ils en étaient venus à considérer ce spectacle comme la fin naturelle d'une carrière politique : "Tous ces coquins de députés passeront par là !" s'écriaient-ils dans les

---

[887] Dauban, *Paris en 1794*, p. 126.

[888] *Ibid.* p. 181.

[889] *Ibid.* p. 65.

[890] *Ibid.* p. 202.

[891] *Ibid.* p. 173, 253.

[892] « Partout, on entend les citoyens dire qu'ils n'ont pas une grande confiance dans les gouvernants après l'arrestation de plusieurs d'entre eux. ... » (*ibid.* p. 269). « Le peuple semble se repentir de la facilité avec laquelle il a donné sa confiance à des hommes qui l'ont si cruellement trompé. Il veut maintenant passer à l'autre extrême, car il ne fera plus confiance à personne "(*ibid.* p. 271).

assemblées populaires.[893] Un agent du gouvernement, adoptant une admirable comparaison, remarque : "La masse de la nation est un ours, et les partis politiques qui la travaillent sont des singes turbulents qui sont montés et jouent sur son dos. La question qui se posait à tous les démagogues était donc la suivante : 'L'ours va-t-il se lever et nous rejeter ?' Et, hantés par cette appréhension, ils jouaient dans la peur et le tremblement, tantôt en caressant la grande bête dans le sens du poil, tantôt en la terrorisant pour la soumettre.

Une chose était certaine, il ne fallait pas compter sur le peuple pour soutenir systématiquement une faction ou un gouvernement ; les besoins du moment étaient leur seule loi. Ces mêmes femmes qui se battaient entre elles jusqu'à la mort pour quelques onces de beurre,[894] et qui arrachaient furieusement les provisions des chariots de marché, ne levaient pas le petit doigt pour sauver leurs idoles de la destruction — elles n'ont jamais essayé de tirer une victime — même une de leur propre espèce — de son siège dans le chariot sur le chemin de la guillotine.

Comment était-il possible de faire une 'nation de dieux' à partir de tels éléments ? Où trouver, dans cet océan de passions humaines, la 'vertu', l'austérité, le 'civisme' nécessaires à la République idéale ? Il était donc inévitable que le peuple de Paris soit soumis au même processus que le peuple de province avant que l'œuvre de reconstruction puisse commencer. C'est ainsi qu'en avril 1794, Robespierre et ses collègues, désormais seuls maîtres du terrain, s'attellent avec une énergie redoublée à leur grand projet : la dépopulation de Paris.

À partir de ce moment, le rôle du peuple cessa complètement ; sauf en tant que claque engagée et souvent récalcitrante, même la population ne prit aucune part aux scènes de carnage qui suivirent. Autrefois, le peuple avait été l'instrument des démagogues qui exerçaient leur vengeance ; maintenant, son tour était venu — comme il doit venir dans toute révolution qui ne s'arrête pas à mi-chemin — et il était devenu la victime. La force du peuple n'était plus retournée contre lui-même, la démagogie avait

---

[893] Dauban, *Paris en 1794*, p. 280.

[894] Dauban, *Paris en 1794*, p. 144. Dans cette crise immense, au milieu de l'effroyable effusion de sang de la Terreur, rien ne semble avoir remué les femmes de Paris aussi profondément que la question du beurre — « le beurre dont on fait un dieu ! » (*ibid.* p. 231). Ainsi le Comité de Salut Public dirigé par Robespierre, écrivant pour rappeler Saint-Just à Paris le 6 prairial, décrit comme l'un des principaux dangers de la capitale « les foules qui attendent le beurre, plus nombreuses et plus turbulentes que jamais » (*Papiers trouvés chez Robespierre*, ii. 6).

abandonné le 'jiu-jitsu' pour prendre la matraque. Le règne de la Terreur, c'est le despotisme absolu.

'Il faut avoir vu, dit Frenilly, comme je l'ai vu en 1793 et 1794, dans les campagnes et dans les villes — que l'histoire ne racontera jamais — la population entière, bons et simples paysans, commerçants, artisans et propriétaires, tous tremblant sous la hauteur de quelques avocats formés en Société populaire. Jamais les vassaux ne se soumirent plus humblement aux vexations ; jamais les barons ne les exercèrent avec plus d'arrogance. Le peuple n'était plus seulement paralysé, mais carrément écrasé. Tous les vestiges de la liberté accordée par les deux premières Assemblées sous Louis XVI — la liberté individuelle, la liberté de la presse, la liberté religieuse, le caractère sacré de la propriété — sont totalement détruits. Même la parole n'est plus libre — un mot suffit pour envoyer quelqu'un à l'échafaud. Le pire sous le règne de Robespierre', disaient les anciens longtemps après, 'c'est que le matin, on n'était jamais sûr de dormir dans son lit cette nuit-là. '"[895]

Immédiatement après la mort des Dantonistes, les condamnations prononcées par le Tribunal révolutionnaire se multiplièrent ; pendant le mois précédent de Ventôse, la guillotine n'avait fait que 116 victimes ; à Germinal, le 16 du mois où périrent les Dantonistes, le chiffre s'éleva à 155, et dans le mois suivant de Floréal à pas moins de 354. Ceux-ci étaient encore pris principalement parmi les royalistes, les aristocrates ou les bourgeois : le 20 avril, vingt-cinq parlementaires ; le 3 mai, les grenadiers des Filles-St-Thomas, restés fidèles au roi au siège des Tuileries ; le 8 mai, vingt-huit fermiers-généraux ; le 31 mai, Madame Elisabeth et un certain nombre d'aristocrates, hommes et femmes. Ce n'est qu'après que Robespierre eut réussi à obtenir le décret connu sous le nom de "Loi du 22 Prairial" (le 10 juin) que les grandes boucheries aveugles commencèrent.[896] Par cette loi infâme, les victimes convoquées devant le Tribunal révolutionnaire sont privées de tous les droits de la défense ;

---

[895] Taine, *La Révolution*, viii. 203.

[896] Robespierre semble avoir médité cette loi pendant trois mois avant qu'elle ne soit finalement votée. Dès le mois de la Ventôse, raconte D'Aubigny au procès de Fouquier Tinville, il assista à un dîner au cours duquel il rencontra Robespierre, qui se plaignit de la lenteur du Tribunal révolutionnaire à punir les conspirateurs. Sellier répondit que le Tribunal ne faisait qu'observer les formes nécessaires à la protection des innocents. Bah ! bah ! dit Robespierre, c'est ainsi que vous êtes avec vos formes ! Attendez, d'ici peu, le Comité fera voter une loi qui libérera le Tribunal et alors nous verrons ! » (témoignage de J. L. M. Villam d'Aubigny, ex-Adjoint au Ministre de la Guerre, etc., *Procès de Fouquier*, Buchez et Roux, xxxiv. 410).

aucun avocat n'est admis, aucun témoin n'est cité, et la peine prononcée dans tous les cas est la mort.

La "loi du 22 prairial" est sans doute la tentative de Robespierre de conquérir le pouvoir absolu. Deux jours auparavant, il avait présidé la "Fête de l'Être suprême", où il avait jeté son déguisement d'austérité et s'était présenté devant le peuple frisé et poudré, dans son manteau bleu pâle et sa culotte de nankin, tenant dans ses mains un énorme bouquet de fleurs et d'épis de blé. Afin de rendre son entrée plus impressionnante, il avait fait attendre l'immense foule pendant une demi-heure avant de faire son apparition, et comme une tempête d'applaudissements saluait son arrivée, une lueur de triomphe couvrait le visage maigre de l'Incorruptible. À ce moment, écrit un observateur, "il se croyait roi et Dieu."[897] Les applaudissements de la multitude lui montaient à la tête comme du vin, et c'est sous l'influence de cette ivresse qu'il se risqua à son grand coup — l'adoption de la loi qui devait mettre entre ses mains le pouvoir de vie et de mort.

Mais si c'est à Robespierre qu'il faut attribuer principalement le système de la Terreur à Paris, on se tromperait en le considérant comme le plus sanguinaire des terroristes. Tout prouve, au contraire, que Robespierre et son principal allié, Saint-Just, n'aimaient pas le sang pour lui-même ; ils ne le considéraient que comme un moyen d'atteindre un but, l'établissement d'une démocratie harmonieuse sur le plan qu'ils avaient conçu. Mais, si élevé que fût l'idéal qu'ils visaient, il leur était évidemment impossible de trouver des idéaux exclusivement pour coopérer avec eux ou pour exécuter leur plan, et ils furent donc obligés de s'allier à une bande d'hommes si atroces qu'en comparaison ils paraissent presque humains. Ces hommes se trouvaient parmi leurs collègues du Comité de salut public et leurs instruments dans le Comité de sûreté générale et le Tribunal révolutionnaire.

Le Comité de Sureté Générale avait été créé en 1789 par l'Assemblée Nationale comme 'comité d'information', et ne prit son nom définitif que le 30 mai 1792. Bien que censé être subordonné au Comité de Salut Public, et en accord avec lui, le Comite de Sûreté Générale était en réalité devenu son rival, et chaque comité était à son tour divisé en factions rivales. Ces factions, et les noms mystérieux qu'elles portaient, ont été décrits par Sénart, et lorsqu'ils sont mis en tableau de la manière suivante, ils jettent une lumière étrange sur les rouages de la Terreur :

---

[897] *Mémoires de Fievée* (édition de Lescure), p. 162.

Comité De Salut Public

| Robespierre
Couthon
St. Just | } Les Gens de
la Haute
Main. | Barrère
Billaud
Collot | } Les Gens
Révolution-
naires. | Carnot
Prieur
Lindet | } Les Gens
d'Examen |

Comité de Sûreté Générale

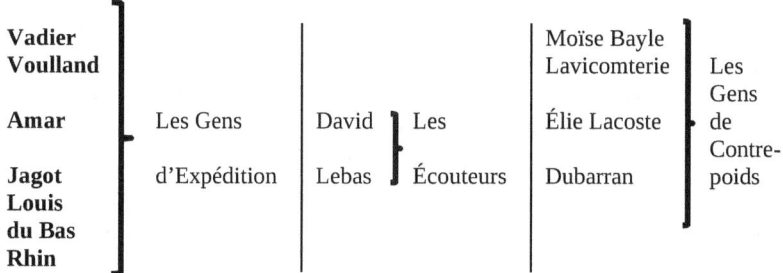

Grâce à ce tableau, on peut voir d'un coup d'œil les auteurs vraiment sanguinaires de la Terreur : ce sont les 'Gens Révolutionnaires' de la première commission, et les 'Gens d'Expédition' de la seconde. Pour la férocité innée, pour la véritable soif de sang — une soif de sang sans but ultime — nous devons nous tourner, non pas vers le triumvirat formé par Robespierre, Couthon et Saint-Just, mais vers ce trio infâme qui les a ensuite renversés — Barère de Vieuzac, Billaud-Varenne et Collot d'Herbois. N'était-ce pas Billaud qui avait présidé aux massacres dans les prisons, et poussé les assassins à la violence ? N'est-ce pas Collot qui avait déclaré que ces mêmes massacres de septembre étaient le 'Credo' de la liberté, et qui, allié de Chalier, avait organisé les atrocités de Lyon ? Et c'est Barère, ce misérable" caméléon », tantôt Feuillant, tantôt Jacobin, tantôt aristocrate, tantôt révolutionnaire, « athée le soir, déiste le matin »,[898] qui, dans une phrase atroce, résume le plan de dépeuplement dans lequel personne n'était entré de si bon cœur que lui. Un jour, raconte Vilate, Barère, regardant la ville par une fenêtre des Tuileries, dit : « Paris est trop grand ; il est à la République, par sa population monstrueuse, ce qu'une violente poussée de sang est au cœur de l'homme, un étouffement qui flétrit les autres organes et conduit à la mort ». » Et à Dupin il ajoutait : » Savez-

---

[898] *Causes secrètes de la Révolution*, par Vilate (édition de Lescure), p. 224.

vous, Dupin, que l'idée de Néron, quand il mit le feu à Rome pour avoir le plaisir de la reconstruire, était une idée vraiment révolutionnaire ? »[899]

La première expression est devenue monnaie courante chez les terroristes ; elle était continuellement sur leurs lèvres, dit Mercier, et ils observaient que, pour contrer cet afflux malsain de sang vers le cœur, il fallait avoir recours à la « phlébotomie ».[900]

Dans sa maison de plaisance de Clichy, Barre se réunit deux fois par décennie [901] avec ses alliés, les « Gens d'Expédition » du Comité de Sureté Générale, pour planifier de nouvelles fournées pour la guillotine.

Ce sont ces monstres — Vadier, Voulland, Amar, Jagot, Louis du Bas-Rhin, noms oubliés depuis longtemps, mais qui, en leur temps, furent des noms d'effroi et d'horreur — qui prêtèrent à la Terreur cet esprit de férocité macabre qui rend l'histoire de cette période unique dans les annales de l'humanité. Cette bande hideuse que Sénart décrit avec un réalisme effrayant dans ses Mémoires ne rappelle rien d'autre qu'une meute de chacals brisant le calme d'une nuit himalayenne par leur morne hurlement après le sang. Ainsi Sénart raconte :

« Il y avait eu un soir un grand nombre de personnes guillotinées ; Louis du Bas Rhin dit :

« Cela se passe bien, les paniers se remplissent. »

« Alors, répondit Voulland, faisons une provision de gibier…

« Vadier dit à Voulland : » Je vous ai vu sur la place de la Révolution près de la guillotine. » »

« Je suis allé rire des visages que font ces coquins à la fenêtre. »

« Ho ! dit Vadier, c'est un drôle de passage, la petite fenêtre. Ils donnent un bon éternuement dans le sac. Ça m'amuse, j'ai pris goût à ça. J'y vais souvent. » »

« Allez demain, reprit Amar, il y aura un grand spectacle ; j'étais au Tribunal aujourd'hui. "

Allons-y, dit Vadier.

'Je vais y aller, c'est sûr', a rétorqué Voulland."

---

[899] *Ibid.* p. 262.

[900] Mercier, *Le Nouveau Paris*, ii. 132.

[901] Décade = 10 jours, la mesure du temps qui, dans le calendrier révolutionnaire, a été substituée aux semaines.

Sénart déclare que pendant cette conversation, il s'est pincé pour s'assurer qu'il ne rêvait pas ; il avait l'impression d'être entre un tigre, une panthère et un ours.

Il est remarquable qu'aucun des nombreux ennemis de Robespierre ne lui ait jamais attribué des sentiments de cette nature atroce, mais s'ils l'avaient fait, ils auraient été facilement crus. Pourtant, parmi tous les témoins qui se présentèrent ensuite au procès de Fouquier Tinville pour attester le système de la Terreur et la part qu'y prit Robespierre, aucun n'affirma qu'il avait paru prendre plaisir aux souffrances de ses victimes ou qu'il avait même assisté au spectacle de la guillotine. En effet, tout indique que Robespierre a saisi la première occasion de se désolidariser des hommes qu'il avait mis en mouvement, et c'est ainsi que cinq jours après le vote de la loi du 22 prairial, il cessa d'assister aux réunions du comité de salut public. Mais en déduire, comme l'ont fait les panégyristes de Robespierre, qu'il souhaitait désormais arrêter le cours de la Terreur est une toute autre affaire. Non, Robespierre ne voulait pas arrêter la Terreur — il n'y a pas de doute possible à ce sujet. La loi qui a inauguré ces six dernières semaines terribles n'était-elle pas de son fait ? Et s'il ne prenait plus part aux discussions du Comité de salut public, la Commune sanguinaire et la police de Paris n'étaient-elles pas entièrement sous son contrôle ?[902] Si donc Robespierre se retira du Comité, ce fut soit parce qu'il désapprouvait la manière dont ses collègues les plus féroces exécutaient le système de la Terreur, soit, plus probablement, parce qu'il avait commencé à voir dans Billaud, Collot et Barère une faction qui menaçait non seulement sa suprématie, mais sa vie. Après la loi du 22 prairial, dit Vilate, Robespierre devint plus sombre, son air renfrogné repoussait tout le monde, il ne parlait que d'assassinat, encore d'assassinat, toujours d'assassinat. Il avait peur que son ombre ne l'assassine. »

Déjà il croyait qu'on avait tenté de l'assassiner. Dans la soirée du 25 mai, Cécile Renault, fille d'un petit papetier, était entrée dans la cour lugubre de la maison du menuisier, rue Saint-Honoré, et avait demandé à voir Robespierre. Quand on lui dit qu'il était absent, elle se montra irritée et, ne croyant évidemment pas à cette affirmation, répondit qu'un fonctionnaire public devait être disposé à recevoir tous ceux qui demandaient à le voir. Sur ces mots, on la conduisit au Comité de cautionnement général, et, pour rendre sa condamnation absolument

---

[902] Schmidt, ii. 208 ; *Mémoires sur les Prisons*, i. 237. Robespierre, dit Michelet, ne se rendait plus au Comité de salut public, mais il gardait son pouvoir de signature, il signait chez lui ; un certain nombre d'ordonnances signées de sa main existent encore » (*Histoire de la Révolution Française*, ix. 196).

certaine, elle observa que « sous l'Ancien Régime, lorsqu'on se présentait au Roi, on avait le droit d'entrer immédiatement ». « Alors, préférez-vous un roi ? » lui demandèrent-ils, et elle répondit hardiment : « Je verserais tout mon sang pour en avoir un... C'est mon avis ; vous n'êtes que des tyrans. Elle était allée voir Robespierre, dit-elle au Comité, "pour voir ce que c'est qu'un tyran". »

Ils trouvèrent sur elle deux petits canifs, et dans un panier qu'elle avait laissé chez un limonadier voisin un linge de rechange, qu'elle expliqua avoir apporté avec elle, car elle s'attendait à être envoyée en prison et de là à l'échafaud.

Devant le Tribunal révolutionnaire, elle déclara qu'elle n'avait pas eu l'intention de tuer Robespierre, mais persista à exprimer sa dévotion à Louis XVI :

> « J'ai dit que je pleurais notre bon Roi, oui, je l'ai dit, et je voudrais qu'il vécût encore. N'êtes-vous pas cinq cents rois, et tous plus insolents et plus despotiques que celui que vous avez tué ? »

Cela scelle bien sûr le sort de Cécile Renault, et comme le même jour un dénommé Amiral a réellement tenté de tirer sur Coliot d'Herbois, les comités révolutionnaires en profitent pour proclamer qu'un « vaste complot » a été découvert. Sur la proposition de Louis du Bas Rhin, du Comité de Sûreté Générale, ils décident en outre de présenter cette conspiration comme provenant d'Angleterre. Une fois de plus, c'est Pitt, déclaré solennellement par la Convention dix mois plus tôt « ennemi du genre humain », qui a incité la fille du papetier à assassiner Robespierre. Cette fable ridicule fournit à Bardre l'occasion de se livrer à de furieuses diatribes contre les Anglais[903], « ce peuple perfide et féroce, esclave chez lui, despote sur le continent, pirate sur mer », et à Robespierre le prétexte d'envoyer à la guillotine un énorme lot de victimes. Parmi celles-ci figuraient non seulement le père de Cécile Renault, le papetier, son jeune frère, une tante religieuse, mais toutes sortes d'hommes et de femmes, les uns appartenant à la noblesse, les autres au peuple — le ci-devant prince de Rohan-Rochefort, la belle Émilie de Sartines, et sa mère, Madame

---

[903] C'est à cette occasion que la Convention vota le décret selon lequel tous les prisonniers anglais et hanovriens devaient être fusillés. « Heureusement, dit Taine, les soldats français sentent la noblesse de leur métier, et à l'ordre de fusiller les prisonniers, un brave sergent répond : "Nous ne les fusillerons pas ; envoyez-les à la Convention ; si les représentants prennent plaisir à tuer un prisonnier, ils peuvent le tuer eux-mêmes et le manger aussi, comme des sauvages qu'ils sont. Ce sergent, homme inculte, ne pouvait s'élever à la hauteur du Comité ou de Barère. ... » (*La Révolution*, vii. 309).

de Sainte-Amaranthe, quatre administrateurs de police, un épicier, un limonadier, un concierge, deux domestiques — soixante et un en tout.

La plus pathétique de ces conspiratrices était une couturière de dix-sept ans, connue sous le nom de « la petite Nicholle », trop pauvre pour s'offrir un lit, et lorsque Sénart, secrétaire du Comité de Sûreté Générale, la chercha dans son grenier au septième étage, il la trouva couchée sur une paillasse posée sur les planches. Voulland, dit Sénart, souhaita sa mort, parce qu'il disait qu'elle prenait de la nourriture à la femme Grandmaison » — une actrice comprise dans la même fourmilière — « et pour cette raison, dit l'hypocrite Louis du Bas Rhin, elle ira avec elle ». « J'étais assuré de son innocence... »

C'est aussi Louis du Bas Rhin qui proposa que, pour rendre le cortège plus imposant, toutes les victimes soient envoyées à l'échafaud dans la robe écarlate des assassins, « car, disait-il, les petites choses mènent aux grandes, les apparences font illusion, et c'est par les illusions qu'on conduit le peuple ». À ce moment, Vadier, craignant que sa proie ne lui soit arrachée et que toute l'affaire ne se termine par une vaine parade, s'écria : « Mais il faut de la réalité, il faut du sang ! ». « Louis du Bas Rhin répondit d'un ton rassurant : » Les poètes nous représentent le sage comme abrité par un mur d'airain ; élevons un mur de têtes entre nous et le peuple. » Quel despote, demande Sénart, avait jamais dit : « Élever un mur de têtes entre moi et mes sujets » ? » Le jour de l'exécution, les chacals étaient là pour voir passer le cortège, et c'est alors que Voulland, se tournant vers ses compagnons, prononça son fameux bon mot : « Venez, allons au maître-autel voir la célébration de la messe rouge ». Fouquier, lui aussi, était décidé à ne pas manquer le spectacle ; d'une fenêtre de la Conciergerie, il avait regardé les personnages vêtus d'écarlate monter sur les tréteaux et, irrité par le sang-froid de Madame de Sainte-Amaranthe, s'était exclamé : « Voyez comme ils sont effrontés ! Il faut que j'aille les voir monter sur l'échafaud, même si je dois manquer mon dîner ! »[904]

Le calme dont font invariablement preuve les victimes ne cesse d'agacer les chacals du Comité de Sûreté Générale et leurs alliés du Tribunal Révolutionnaire. Un soir qu'ils se réunissaient dans leur taverne favorite, Chrétien, sur la place du Théâtre Favart, pour boire du punch et des liqueurs, fumer et rire des exécutions, et se vanter d'inventer des accusations contre des innocents, Renaudin, l'un des plus féroces membres du Tribunal révolutionnaire, faisant allusion à une certaine victime, remarqua : « Il n'y avait rien contre lui », « Quand il n'y a rien, dit Vilate,

---

[904] Témoignage de Robert Wolf, greffier au Tribunal révolutionnaire, *Procès de Fouquier*, Buchez et Roux, xxxiv. 447.

on invente ». Quant à moi, dit Foucault, je trouve des nobles partout, même chez les cordonniers. Prieur observe alors :

> « Il y a une chose qui me met en colère, c'est le courage avec lequel tous ces contre-révolutionnaires vont à la mort. Si j'étais à la place de l'Accusateur public, je ferais saigner tous les condamnés avant leur exécution, afin de briser leur insolente prestance. Bravo, mon ami, s'écria Leroy, connu sous le sobriquet de » Dix Août », je vais entreprendre d'en parler à Fouquier ! »[905]

Après la grande fourmilière des Chemises Rouges, les choses s'accélérèrent, mais pas encore assez pour satisfaire les membres des deux comités, et l'on décida alors de recourir à nouveau au vieil artifice qui avait si admirablement réussi en septembre 1792, et d'annoncer que de vastes conspirations se formaient dans toutes les prisons. Le prétexte, qui semble avoir été concerté entre Robespierre et Hermann, président du Tribunal révolutionnaire,[906] n'était cependant pas cette fois-ci aussi plausible, car les succès des armées républicaines ne permettaient pas de représenter les prisonniers comme un danger pour le pays par une collusion avec les légions d'invasion.[907] Pour donner un peu de couleur à l'histoire, on essaya donc, par des mauvais traitements systématiques — en leur prenant tous leurs biens, en les nourrissant de manière abominable et en les réveillant plusieurs fois la nuit — de pousser les prisonniers à former un plan de révolte qui pourrait être appelé une conspiration.[908] Mais les malheureux captifs supportaient toutes leurs souffrances avec une résignation totale ; pas la moindre ombre de conspiration ne pouvait être décelée dans aucune des prisons. Pourtant, dans chaque prison tour à tour, Bicêtre, le Luxembourg, les Cannes, Saint-Lazare, La Force, on annonça qu'une conspiration s'était formée, et sous ce prétexte, des gens de toute espèce, hommes et femmes, sourds, aveugles, paralysés, furent condamnés à mort en masse. Plusieurs de ces conspirateurs, accusés d'avoir conféré ensemble, se rencontrèrent pour la première fois dans les carioles sur le chemin de l'exécution.

Les hécatombes deviennent alors effroyables. Pendant les six dernières semaines qui précédèrent la chute de Robespierre, c'est-à-dire entre le vote

---

[905] Histoire secrète du Tribunal révolutionnaire, par Proussinalle, ii 175, 181.

[906] Témoignage de Grandpré, chef de la police, *Procès de Fouquier*, Buchez et Roux, xxxiv. 432.

[907] Preuve de Sauveboeuf : « Nos victoires ne permettaient plus de renouveler ce prétexte » (*ibid*. p. 372).

[908] Témoignage de Sauveboeuf et de Real, avocat, *ibid*. pp. 372, 389.

de la loi du 22 prairial, le 10 juin, et le 27 juillet, période qui constitue la grande terreur, pas moins de 1366 victimes périrent, dont la plus grande partie, et de loin, était issue du « peuple » ou de la petite bourgeoisie.[909] On a vu devant ce Tribunal de sang, dira-t-on plus tard lors du procès de Fouquier Tinville, des ouvriers qui cultivaient la terre, dont les haillons couvraient à peine la nudité, monter sur les rangs des sièges (du Tribunal), et être conduits à l'échafaud pour avoir, dans un moment de colère, ou peut-être d'ivresse, fait quelque observation, ou pour s'être, par défaut d'éducation (!), opposés à l'enlèvement des cloches de leur église. »[910]

Afin de gonfler le nombre de condamnés, des pauvres gens furent traînés à Paris de toutes les régions de France et massacrés sans qu'aucune explication ne leur soit donnée.[911]

> « Vingt femmes du Poitou, écrit un témoin oculaire, de pauvres paysans pour la plupart, furent assassinées toutes ensemble. Je les vois encore, ces malheureuses victimes, couchées dans la cour de la Conciergerie, accablées de fatigue après un long voyage, dormir sur les pavés. Leurs regards, qui ne trahissaient aucune compréhension du sort qui les menaçait, ressemblaient à ceux des bœufs rassemblés sur la place du marché, regardant autour d'eux fixement et sans comprendre. Ils ont tous été exécutés quelques jours après leur arrivée. Au moment d'aller à la mort, quelqu'un arracha du sein d'une de ces malheureuses l'enfant qu'elle allaitait... Oh! cris d'angoisse maternelle, comme vous étiez perçants, mais vous étiez vains. Quelques-unes de ces femmes sont mortes dans la charrette et on a guillotiné les cadavres. »[912]

Dans ce cas, les victimes étaient condamnées en bloc, sans que des motifs d'accusation précis soient portés contre elles individuellement ;

---

[909] J'ai montré ailleurs (*Le Chevalier de Boufflers*, p. 377) que la proportion des victimes parmi les classes moyennes ou ouvrières était d'environ 21 10 sur un total de 2800, M. Croker situe le total à 2730, et calcule que sur ce nombre 650 étaient des « riches », un peu plus de 1000 des classes moyennes, et *1000 des classes ouvrières*. M. Louis Blanc (*Histoire de la Révolution*, xi. 155) accepte cette affirmation, mais s'efforce de déculpabiliser son idole Robespierre en disant qu'il a protesté contre le massacre des pauvres. C'est une pure invention, Robespierre n'a jamais émis une telle protestation. Voir ses discours contre l'indulgence des 10 juin, 9, 11 et 14 juillet, et surtout sa protestation contre la sensiblerie du 1er juillet ([13] messidor), juste après l'exécution de soixante-douze victimes, presque toutes ouvrières (Michelet, ix. 196).

[910] Notes du rapporteur du procès de Fouquier, Buchez et Roux, xxxiv. 487.

[911] Témoignage de Grandpré, *ibid.* p. 427.

[912] *Mémoires de Riouffe*, i. 87 ; *Lettres de Helen Maria Williams* (1795), p. 108. Helen Maria Williams, qui s'était tant réjouie de la nuit d'août, était maintenant en prison, son ardeur révolutionnaire considérablement refroidie.

lorsque des hommes et des femmes du peuple étaient condamnés individuellement, une accusation inventée était généralement portée. Les inscriptions suivantes, prises au hasard dans les registres du Tribunal révolutionnaire de Wallon, donnent une idée des prétextes sous lesquels ces pauvres créatures étaient mises à mort :

> 1. Françoise Bridier, veuve Loreu, 72 ans, domestique, accusée d'avoir caché 12 pièces de toile de lin nécessaire à l'habillement des volontaires.
>
> 2. Anne Thérèse Raffe, veuve Coquet, dénoncée par le citoyen Folatre à qui elle avait voulu donner un billet de 50 livres dont il n'avait pas besoin.
>
> 3. Germaine Quetier, la femme de Charbonnier, qui a dit qu'elle voulait un rouet, qu'elle prononce comme « roi ». »[913]

Mais il faut bien admettre que certaines des victimes se sont infligées elles-mêmes leur sort. L'aristocratie sévissait encore dans certaines classes du peuple, et rien ne pouvait les inciter à se taire. Ainsi Madame Blanchet, la vieille servante de l'abbé de Salamon — celle qui avait retourné les cadavres dans la cour de l'Abbaye à la recherche de son maître lors des massacres de septembre — continuait à parler très librement. Blanchet fut donc emprisonnée aux Anglaises, où elle se retrouva parmi un certain nombre de ci-devant qui avaient sympathisé avec la Révolution. L'une de ces dames, la duchesse d'Anville la Rochefoucauld, railla Blanchet en disant :

> « Citoyenne Blanchet, vous serez guillotinée comme nous ! » « Je le sais bien, répondit Blanchet, mais il y a une différence entre nous. Je mourrai pour votre cause, que vous avez vous-même abandonnée, et vous, vous mourrez pour avoir embrassé la cause des patriotes. ... Il sera beaucoup plus dégradant de périr ainsi... Personne ne sera désolé pour vous, mais pour moi tous les honorables gens qui apprendront mon triste sort pleureront. ... J'ai toujours été moi-même un aristocrate, et vous, vous avez toujours été l'ami de ce méprisable Condorcet dont je pourrais vous dire de belles choses ! »[914]

Mais les « pauvres respectables » comme Blanchet n'étaient pas les seuls à éprouver des sentiments aristocratiques. Certaines des femmes peu recommandables du peuple étaient violemment royalistes. La Comtesse de Bohm a décrit un certain nombre de ces pauvres créatures, pour la plupart des crieurs de rue, qui étaient ses compagnons de détention à la

---

[913] Wallon, Histoire du Tribunal révolutionnaire, iv. 402.

[914] *Mémoires de Monseigneur de Salamon*, p. 206. Blanchet survécut à la Terreur et mourut dans les bras de son maître onze ans plus tard.

Conciergerie, et qui « portaient le royalisme à l'excès ». Lorsque, comme cela arrivait fréquemment, ils s'enivraient bruyamment, « leurs chansons, leurs toasts, étaient constamment mêlés aux cris de "Vive le Roi !" »

> « Ces exclamations retentissantes, écrit Madame de Bohm, agaçaient les geôliers, qui, ne pouvant leur faire garder le silence, menaçaient et frappaient quotidiennement ces femmes ivres. Cette manière hardie, libre et exaltée de montrer ses sentiments, de préférer la mort à la contrainte, dénote une certaine grandeur d'âme, une indépendance sauvage qui contrastait étrangement avec la bassesse, la grossièreté et les habitudes obscènes de mes voisines. ... Je leur représentais parfois les dangers qu'ils encouraient. Eh bien, ma fille, nous serons guillotinés ! On ne peut mourir qu'une fois ! "Les tourneurs, fatigués de ces vociférations, les dénonçaient ; et après avoir été jugés et condamnés, ils montaient sur l'échafaud en criant d'une manière assourdissante : 'Vive le Roi !'." »

La tentation de se suicider en poussant ce cri fatal s'est avérée irrésistible pour certaines femmes ; ainsi Marie Corrie, une jeune blanchisseuse de 23 ans, par pure "gaieté de cœur", ouvrit sa fenêtre et cria à tue-tête "Vive le Roi". Devant le tribunal révolutionnaire, elle reconnaît franchement son délit et déclare qu'elle criera toujours "Vive le Roi ! et 'Vive Louis XVII'. La guillotine la fait enfin taire.

Il semble, en effet, que pendant toute cette période effrayante de la Terreur, un mystérieux esprit d'exaltation était présent ; L'incertitude totale dans laquelle on vivait, le suspense haletant qui maintenait les nerfs au diapason, le comblement du gouffre qui sépare la vie de la mort par le spectacle quotidien de ces 'corbillards des vivants' qui transportent dans l'autre monde la jeunesse et l'âge, la virilité et la beauté, et même la chaleur tropicale du climat, tout cela se combinait pour produire un état d'esprit anormal qui poussait les gens à l'imagination ardente à jeter leur vie en pâture.

Mais quelle qu'en soit la cause, le courage dont firent preuve les femmes de toutes classes pendant le règne de la Terreur doit rester éternellement l'un des épisodes les plus glorieux de l'histoire de France. Parmi les centaines de victimes, une seule, la pauvre vieille Madame du Barry, a fait preuve de faiblesse ; toutes les autres, sans exception, ont affronté l'échafaud avec un courage inébranlable.

Chez les femmes des classes aristocratiques, cet héroïsme est d'autant moins surprenant qu'elles ont été formées dès l'enfance à cacher leurs sentiments et à se conformer à leurs traditions. Pour ces porteuses de grands noms, qui se battaient pour une cause qui leur était propre, la Terreur devait apparaître comme un grand drame dans lequel chacune se sentait appelée à jouer dignement son rôle, sachant bien que chaque mot, chaque sourire, chaque regard, chaque geste serait remarqué et enregistré, que ses dernières paroles seraient transmises de génération en génération, que la mèche de cheveux qu'elle donnait serait conservée comme une relique sacrée parmi ses descendants.

Mais pour les femmes du peuple, où était l'incitation au courage ? Pour ces pauvres âmes, brusquement et brutalement précipitées hors de la vie sans raison apparente, la Terreur ne pouvait rien présenter de moins dramatique — simplement une horreur noire qu'elles ne pouvaient pas comprendre. La Révolution, leur disait-on, était pour le bien du peuple ; mais n'étaient-ils pas le peuple ? Il est certain que se faire massacrer au nom de la démocratie était mille fois plus exaspérant que d'être victime de la tyrannie de l'Ancien Régime ! On ne le répétera jamais assez, c'est le peuple qui a le plus souffert de la Terreur. Même dans les prisons, les aristocrates s'en sortent mieux qu'eux. Car là, comme partout ailleurs sous le règne de l'égalité, l'argent pouvait acheter des allégements, et les prisonniers les plus riches pouvaient, en payant quatre ou cinq livres par jour, s'assurer des cellules et des grabats, assez misérables à vrai dire, mais infiniment préférables à la terrible souricière ou 'piège à souris' de la Conciergerie, où les malheureux membres du peuple étaient jetés sur de la paille immonde pour être dévorés par les rats et empoisonnés par des odeurs pestilentielles.[915]

Pourquoi le peuple s'est-il soumis à ce régime ? Comment comprendre, selon les mots de Vilate,

"la docilité aveugle de la plus éclairée des nations à se laisser prendre par morceaux et massacrer en masse comme un stupide troupeau mené à la débâcle ? L'histoire posera cette question."

La réponse est certainement que le despotisme des démagogues était organisé, tandis que le peuple était composé d'unités solitaires qui ne pouvaient pas s'unir. Pour former une opposition efficace, il aurait fallu se concerter, élaborer un plan de campagne, et toute tentative de ce genre aurait été instantanément écrasée. Le peuple se sentait donc impuissant ; personne n'osait rompre la ligne, faire le premier pas, ne sachant pas s'il serait soutenu par ses camarades ou si les hommes qui semblaient les plus désireux de se rebeller ne seraient pas, au dernier moment, pris de panique et ne trahiraient pas leurs alliés.

La peur, en effet, tenait tous les cœurs dans son étau. Les terroristes eux-mêmes étaient terrorisés. Ils vivaient dans la crainte, non plus du peuple, mais les uns des autres. Les comités révolutionnaires étaient divisés

---

[915] *Paris Révolutionnaire*, par G. Lenotre, p. 350.

contre eux-mêmes. Robespierre avait ses espions dans le Comité de Sûreté Générale ; pendant ce temps, Vadier, de ce comité, employait un agent pour suivre Robespierre. De cette méfiance et de cette suspicion mutuelles naît une grande partie de la frénésie qui caractérise la Terreur ; chaque homme et chaque faction s'efforcent de surpasser l'autre — "tuer pour ne pas être tué" devient le plan de tous et chacun.

Pendant ce temps, les membres du Tribunal révolutionnaire étaient animés de la même terreur obsédante ; Fouquier Tinville lui-même tremblait perpétuellement de peur que son zèle ne soit jugé insuffisant. La preuve en sera faite lors de son procès, où tous les rouages de la Terreur seront mis à nu.

Fouquier, disait-on alors, avait l'habitude d'aller régulièrement chaque soir, pendant qu'il occupait le poste d'accusateur public, recevoir ses ordres d'abord du Comité de salut public, puis du Comité de sûreté générale.[916] C'est alors que le sort des prisonniers était décidé et la fournée du lendemain arrangée, après quoi Fouquier, armé de ses listes, rentrait à la Conciergerie à une heure du matin, ou même plus tard. Contre ces décisions des comités, il n'y avait aucun recours :

> "Ne savez-vous pas, disait Fouquier à Sénart, que lorsque le Comité de salut public a décidé la mort de quelqu'un, patriote ou aristocrate, peu importe, il faut qu'il parte ?"[917]

La preuve est faite que Fouquier connaissait exactement le nombre de condamnés avant qu'ils ne soient traduits en justice. Un jour, raconte Sénart, il attendait dans l'antichambre de la chambre de Fouquier à la Conciergerie, lorsqu'un des employés du bourreau arriva, et Fouquier faisant alors son apparition, l'homme lui dit : "Je viens, citoyen, vous demander combien de charrettes sont nécessaires ». Fouquier comptant sur ses doigts murmura : 'Huit — dix — douze — dix-huit — vingt-quatre — trente — il y aura trente têtes aujourd'hui. Sénart dit alors à Fouquier : 'Quoi ? le procès n'est pas encore commencé, et vous savez d'avance le nombre de têtes ?' 'Bah ! bah !' répondit Fouquier, 'je sais ce que je fais', et d'ailleurs, monsieur, cela ne vous regarde pas. Je sais comment faire taire

---

[916] *Mémoire* écrit par Fouquier pour sa propre défense, Buchez et Roux, xxxiv. 234.

[917] Témoignage de Villam d'Aubigny, ex-Adjoint au Ministre de la Guerre, *Procès de Fouquier*, Buchez et Roux, xxxiv. 412.

les 'modérés'."⁹¹⁸ Et il s'en alla dans son bureau en disant suavement : "Au revoir, mon bon monsieur !"⁹¹⁹

Fouquier, à son procès, confronté à cet incident, a balbutié que l'on ne pouvait pas se fier au témoin ; mais qu'il faille croire absolument Sénart ou non, le fait indéniable demeure que les chariots arrivaient régulièrement dans la cour de la Conciergerie tous les matins entre neuf et dix heures, avant l'ouverture du procès, et qu'on les retrouvait après la fin de celui-ci pour fournir précisément le logement nécessaire.[920]

Ce détail, d'ailleurs, correspond exactement à la déclaration répétée de Fouquier qu'il n'était qu'un « rouage de la machine révolutionnaire »,[921] qu'il était perpétuellement poussé à une plus grande activité par les comités, menacé de conséquences désastreuses s'il ne fournissait pas un nombre suffisant de têtes.

Mais que Fouquier ait été, comme il le déclarait aussi, un instrument involontaire entre les mains des comités, il est impossible de le croire ; des preuves accablantes tendent à démontrer que, comme ses alliés les chacals du Comité de Sûreté Générale, Fouquier s'est chauffé à la tâche et, une fois mis sur la piste, l'a suivie avec toute la fureur d'une bête de proie. « Les têtes tombent comme des tuiles », dit-il avec exaltation à Héron, qui lui répond :

« Oh, ça ira encore mieux, ne t'inquiète pas ».[922] Parfois, au cours des procès, Fouquier agrémente les débats de plaisanteries ; ainsi, lorsqu'une femme, paralysée jusqu'à la langue, comparaît devant le Tribunal, il observe gaiement : « Ce n'est pas de sa langue, mais de sa tête que nous avons besoin. » »[923]

Pourtant, il semble qu'à certains moments, Fouquier, comme Charles IX sur son lit de mort, ait été saisi d'horreur à la pensée du sang innocent qu'il avait versé. Une nuit, alors qu'il passait sur le Pont Neuf avec Sénart, il regarda la Seine et s'écria de façon incontrôlable : « Ah, qu'elle est rouge ! Qu'elle est rouge ! » Puis, se tournant vers Sénart, il dit : « Je vis

---

[918] Lors du procès, Sénart a déclaré que Fouquier avait ajouté : « Pensez-vous que je ne connais pas le nombre de ceux qui seront condamnés ? ».

[919] Mémoires de Sénart.

[920] Preuve de Grandpré, *Procès de Fouquier*, Buchez et Roux, xxxiv, 427.

[921] *Ibid.* p. 293.

[922] Témoignage de Sénart, *ibid.* p. 307.

[923] Témoignage de Retz, *ibid.* p. 135.

mal, je suis tourmenté par les ombres de ceux que j'ai fait guillotiner, et pourtant il fallait qu'ils meurent, le système politique l'exigeait. Sénart en profite pour lui demander pourquoi il condamne des victimes sans preuve au lieu de faire des enquêtes, ce à quoi Fouquier répond : "Ce serait le moyen de me faire guillotiner." »[924]

Encouragé par cette crainte, Fouquier redouble d'activité. Souvent, après ses entrevues avec les comités, il se rendait dans la salle des robinets de la Conciergerie pour se préparer à sa redoutable tâche en buvant de grandes quantités de bière. C'est alors qu'il confiait à ses collègues du Tribunal révolutionnaire les instructions qu'il avait reçues pour de nouvelles fourneaux :

> « Les choses ne vont pas assez vite... Il faut que nous ayons 200 à 250 têtes par décennie ; le gouvernement le souhaite.[925] Puis lorsque ce chiffre a été atteint — dépassé — » Nous ne tenons pas le rythme... La dernière décennie n'a pas été mauvaise, mais celle-ci doit passer à 400 ou 450... Il faut que cela aille. »[926]

Et c'est parti — avec une rapidité effrayante. Pendant le mois de Messidor, le nombre des victimes s'était élevé à 796 ; dans les seuls neuf premiers jours de Thermidor, il n'atteignait pas moins de 342. À ce rythme, les 450 par décennie de Fouquier seraient rapidement atteints. Des plans, en effet, avaient été faits sur une échelle beaucoup plus grande ; la taille des guillotines devait être augmentée de manière à pouvoir couper quatre têtes d'un coup ; un amphithéâtre capable de contenir 150 victimes devait être érigé au Tribunal révolutionnaire, et c'est de ce nombre que devait être composé les autres fournées pour la guillotine.[927] Déjà on avait construit un immense sangueduc sur la place Saint-Antoine, où la guillotine avait été transportée le 21 prairial, afin d'emporter les torrents de sang qui coulaient de l'échafaud, et une opération du même genre était en cours à la Barrière du Trône, devenue maintenant le lieu de l'exécution.[928]

En effet, en tant que spectacle, la guillotine avait depuis longtemps perdu sa popularité ; seuls les tricoteuses, les « furies de la guillotine »,

---

[924] *Mémoires de Sénart* (édition de Lescure), p. 114.

[925] Témoignage d'Auvray, huissier au Tribunal révolutionnaire, de Bucher et de Tavernier, greffiers du tribunal, *Procès de Fouquier*, Buchez et Roux, XXXV. 9, 12, 15.

[926] Témoignage de Robert Wolf, *ibid*, xxxiv. 448 ; de Tavernier, *ibid*. XXXV. 2.

[927] *Mémoires de Riouffe*, i. 84 ; Taine, viii. 133.

[928] Mémoires de Riouffe, ii. 196.

applaudissaient désormais les exécutions ; même la population de Paris était écœurée par la vue du sang versé.[929]

Immédiatement après l'adoption de la « Loi du 22 Prairial », les habitants de la rue Saint-Honoré demandèrent que la guillotine soit déplacée de la place de la Révolution toute proche, car non seulement le spectacle des charrettes passant quotidiennement sous leurs fenêtres était devenu intolérable pour les habitants de cette rue, mais tout le quartier était infecté par l'odeur du carnage — les bœufs tirant les chars de campagne refusaient de passer sur le sol maculé de sang de la place de la Révolution. En conséquence, l'échafaud avait été érigé sur la place Saint-Antoine, mais Saint-Antoine aussi s'était plaint de son manque de place, et il fallut à nouveau déplacer l'instrument de mort — décidément, la Sainte-Guillotine avait perdu la faveur du public.

Sanson, le bourreau, était lui-même de plus en plus fatigué et déclarait que « le travail immense et incessant » auquel lui et ses assistants étaient soumis était suffisant pour « affaiblir le plus robuste des hommes » et qu'il souhaitait donc mettre fin à son mandat.[930]

À la Conciergerie aussi, les fonctionnaires commençaient à trouver l'épreuve insupportable ; l'un d'eux, entrant dans le bureau, criait à ses camarades :

> « C'est fini, on ne juge plus personne ; nous allons tous suivre le même chemin, nous sommes tous perdus ! et un portier de la prison, nommé Blanchard, fondant en larmes, déclara qu'il ne pouvait plus le supporter, qu'il n'était pas de nature à occuper un tel poste, et que cela le rendait malade. »[931]

Partout dans la ville, le même sentiment d'horreur régnait ; le Palais Royal, autrefois le foyer de la révolution, était silencieux et désert — les courtisanes qui avaient rempli ses arcades s'étaient retirées pour se cacher,

---

[929] « Nous devons dire que pendant plus de six mois avant le [9] thermidor, le public n'applaudissait plus les condamnations, mais manifestait bruyamment sa joie et sa satisfaction à tous les acquittements. Si les furies de la guillotine, égarées, corrompues et *payées* par la faction des assassins, ont souvent insulté les victimes qui marchaient à la mort avec le calme de l'innocence, il faut déclarer que ce ne fut jamais le peuple de Paris ; ce peuple n'a jamais demandé du sang. ... » (Notes du rapporteur au procès de Fouquier, Buchez et Roux, xxxiv. 488).

[930] *La Guillotine*, par G. Lenotre, p. 181.

[931] *Le Tribunal Révolutionnaire*, par G. Lenotre, p. 280.

les tavernes étaient vides, les libraires n'exposaient aucun pamphlet ;[932] les gens se déplaçaient craintivement dans les rues, ayant peur de parler, de sourire, même de chuchoter. En un mot, Paris était de nouveau à la veille d'une crise de nerfs.

Comme d'habitude, à presque toutes les grandes crises de la Révolution, le temps était chaud à suffoquer. À partir du 4 thermidor, la température augmenta régulièrement jusqu'à ce que, le 8, Paris soit devenu une fournaise — hommes et animaux mouraient de la chaleur. Ainsi, physiquement et moralement, l'orage s'est accumulé, puis a éclaté avec un puissant coup de tonnerre sur la ville effrayée en ce jour mémorable — le Neuf Thermidor.

LE NEUF THERMIDOR

Depuis la fête de l'Être suprême, Robespierre avait compris que le moment approchait où il devrait engager une lutte à mort avec ses rivaux du comité de salut public, et c'est en prévision de cette éventualité que, après avoir cessé de fréquenter les réunions du comité, il s'était allié plus étroitement avec la Commune et le club des Jacobins. Par ce moyen, il avait réussi à organiser une opposition redoutable, et il semble probable qu'il avait prévu un soulèvement pour la nuit de Thermidor, par lequel les comités révolutionnaires devaient être renversés et le triumvirat de Robespierre, Couthon et Saint-Just laissé en seule possession du terrain.

Le 8 thermidor (26 juillet), Robespierre jugea que le moment était venu d'ouvrir la campagne contre ses ennemis. Il monte à la tribune de la Convention et se lance dans une dénonciation des deux comités révolutionnaires : le Comité de Sûreté Générale doit être épuré et subordonné au Comité de Salut Public ; ce dernier doit également se soumettre à l'épuration, les traîtres doivent être punis. En d'autres termes, les deux comités devaient être entièrement subordonnés à ce trio vertueux et incorruptible — Robespierre, Couthon et Saint-Just. La faction rivale, relevant instantanément le gant, répliqua par des accusations contre l'Incorruptible.

« Un seul homme, s'écrie Cambon, paralyse la volonté de la Convention, cet homme, c'est Robespierre ! »

---

[932] « Rien n'a été publié. Dans l'énorme collection de pamphlets révolutionnaires, nous trouvons cet intervalle (entre la Fête de l'Être Suprême et la chute de Robespierre) presque vierge » (Croker's *Essays on the French Revolution*, p. 404).

Robespierre, non découragé, se rendit après la séance de la Convention au club des Jacobins et prononça une nouvelle oraison, attaquant cette fois ouvertement Billaud et Collot, qui étaient présents à la réunion et se trouvèrent obligés de fuir pour sauver leur vie au milieu des hurlements de colère des Jacobins. Encouragé par cette démonstration, Robespierre se retira paisiblement dans son lit, tandis que Saint-Just passa la nuit au Comité de salut public à rédiger l'acte d'accusation qui devait être porté le lendemain contre les adversaires du triumvirat.

Le 9 thermidor s'est levé sous une chaleur étouffante, sans soleil, avec un ciel de plomb fondu. Mais Robespierre et Saint-Just parurent à la Convention habillés comme pour un gala — Robespierre dans le manteau bleu clair qui avait fait ses débuts à la fête de l'Être suprême, Saint-Just dans un manteau couleur chamois avec une cravate immense et soigneusement arrangée, un gilet blanc et une délicate culotte grise. Les tribunes, toujours Robespierriste, saluèrent ces apparitions par des applaudissements frénétiques.

Puis St. Just monta à la tribune pour prononcer son discours d'accusation, et revint une fois de plus à la simili-chirurgie qui, depuis les massacres de septembre, hantait tour à tour l'imagination de chaque chef révolutionnaire :

> « J'avais été chargé de vous faire un rapport sur les déviations scandaleuses qui, depuis quelque temps, tourmentent l'opinion publique, mais les remèdes que je voulais vous proposer étaient impuissants à guérir les maux de la République ; un petit baume ne suffirait pas à une cure si difficile, il faut tailler à vif et couper les membres gangrenés. »

À ces mots, Talien se leva indigné, et se précipitant sur la tribune écarta Saint-Just : « Je demande que le rideau soit écarté ! ». Talien fut rapidement suivi par Billaud-Varenne, criant qu'un complot s'était formé pour assassiner la Convention : « La Convention périra si elle fait preuve de faiblesse ! »

Alors, de tous côtés, un formidable tumulte s'élève ; les membres agitent leur chapeau, le public crie : « Vive la Convention ! Vive le Comité de Salut Public ! »

Collot, président ce jour-là, fait sonner sa cloche pour rétablir l'ordre ; Talien brandit un poignard — envoyé, dit-on, par Teresia Cabarrus, qui attend la mort en prison — et menace de percer le cœur du « nouveau Cromwell » si la Convention ne décrète pas son arrestation ; Robespierre s'élance frénétiquement à la tribune, mais sa voix est noyée dans les cris de « À bas le tyran ! »

Puis, l'un après l'autre, Talien, Fréron, Biliaud, Coliot, Barère, autrefois les serviles complices de Robespierre, aujourd'hui ses lâches assaillants, se levèrent pour le dénoncer : celui qu'ils avaient salué comme l'Incorruptible était devenu le nouveau Catihna ; avec Saint-Just et Couthon il avait voulu établir un triumvirat à la manière de Sylla ; l'un accusait Robespierre d'être l'ami de Danton, l'autre de l'avoir assassiné. Pendant ce temps, le misérable Vadier s'interposait perpétuellement avec son histoire de Catherine Théot, la vieille folle qui se disait mère de Dieu, et sous le matelas de laquelle on avait trouvé une lettre à Robespierre l'adressant comme le Messie.

Au milieu de ce fouillis d'accusations, Robespierre et ses alliés s'efforcent en vain d'obtenir une audience ; une fois, la voix fluette de l'Incorruptible s'élève au-dessus du tumulte dans un appel désespéré : » Pour la dernière fois, me laisserez-vous parler, président des assassins ? Mais les mots qu'il aurait voulu prononcer s'éteignirent dans sa gorge : « Le sang de Danton l'étouffe ! » s'écria Gamier de l'Aube. « Ah, c'est donc Danton que vous voulez venger ? » commença Robespierre, mais de nouveau sa voix fut noyée dans une clameur furieuse. Un obscur député nommé Louchet demanda son arrestation, et la proposition mise aux voix fut adoptée à l'unanimité. D'autres membres suivirent, demandant que le décret soit étendu à son frère, Augustin Robespierre, à Saint-Just, à Couthon, à Lebas, et ces demandes furent encore approuvées à l'unanimité. Alors, à cinq heures et demie, comme la séance se terminait, la police entra dans la salle et conduisit les cinq députés arrêtés dans les prisons qui leur étaient assignées.

Mais la Commune, qui restait encore fidèle à Robespierre, empêcha l'exécution de ce projet ; un mot avait déjà été envoyé par Fleuriot Lescot, le maire de Paris, aux concierges des différentes prisons pour leur interdire d'admettre les Robespierristes, qui furent ensuite — toujours par ordre du maire — conduits triomphalement à l'Hôtel de Ville. Pendant ce temps, Fleuriot Lescot fait sonner le tocsin et appelle les Jacobins au secours des « martyrs ».

Mais maintenant que le moment d'agir était venu, Robespierre montrait la même irrésolution fatale qui avait caractérisé tour à tour les chefs de chaque parti au moment de la crise. Comme Louis XVI le 10 août, les Girondins le 2 juin, Danton le 5 avril, Robespierre n'a pu trouver aucune parole émouvante pour inspirer ses partisans, n'a pu décider d'une action héroïque qui aurait pu rallier autour de lui la multitude hésitante.

Il n'y a pas eu de grands hommes dans la Révolution, déclarent les contemporains ; parmi les nombreux chefs du peuple, il n'y avait pas un seul Cromwell,[933] et quand nous considérons la fin de tous ces hommes que les historiens ont magnifiés comme des géants, et que nous observons l'incapacité totale de tous à jouer un jeu perdant, nous sommes forcés à la même conclusion. Alors qu'ils se trouvaient encore sur la crête de la vague — où ils avaient été portés par les circonstances plutôt que par leurs capacités personnelles — ils pouvaient faire preuve de vigueur, d'audace, de résolution, mais au moment où le vent a tourné contre eux, ils se sont laissés engloutir presque sans lutter.

À sept heures du soir du 9 thermidor, la journée n'était pas perdue pour Robespierre et ses partisans — Hanriot, dans l'après-midi, avait triomphalement conduit à la guillotine « une fournée » de quarante-deux personnes, presque toutes d'obscurs et humbles membres de la petite bourgeoisie ou du peuple, et il avait impitoyablement abattu de son sabre la foule qui, pour la première et la dernière fois, tentait d'intervenir pour sauver les victimes ;[934] et comme il était toujours à la tête de ses troupes, la Commune avait des raisons d'espérer qu'il renouvellerait son succès du 31 mai en maintenant l'Hôtel de Ville en état de siège. Mais Robespierre, au lieu de se concerter avec Hanriot sur les mesures à prendre, laissa le commandant à ses propres moyens, qui, en ce jour funeste, consistèrent à s'enivrer glorieusement et à galoper dans Paris en criant : « Tuez les gendarmes ! »

La carrière sauvage d'Hanriot se termina brusquement sur la place de Palais Royal, où il tomba de son cheval et fut saisi par la police, qui le mit en état d'arrestation. Plus tard dans la soirée, Coffinhal, vice-président du Tribunal révolutionnaire, vint à son secours avec 200 canonniers et le délivra, mais le malheureux avait maintenant complètement perdu la tête, et au lieu de rallier la foule, il ne réussit qu'à la terrifier par son aspect et son comportement maniaques.

Pendant tout ce temps, les Faubourgs attendent des ordres. Habitués pendant toute la Révolution à ne marcher qu'au mot d'ordre, ils étaient maintenant tout à fait incapables d'agir de façon indépendante, et ne savaient pas s'ils devaient soutenir la Commune ou la Convention. Sainte-

---

[933] *Mémoires de Frénilly*, p. 166. Et Mounier : « La nature en nous donnant pour cette Révolution tant d'hommes ayant le cœur de Cromwell n'en a pas produit un ayant la tête » (*Appel au Tribunal de l'Opinion publique*, p. 291). Et Madame Roland : « La France semblait épuisée d'hommes ; c'est une chose vraiment surprenante que leur manque dans cette Révolution, il n'y a guère eu que des cochons » (*Mémoires*, i. 235).

[934] Beaulieu, v. 497 ; Dauban, *Paris en 1794*, p. 446. Cet incident fournit une preuve supplémentaire que Robespierre ne désapprouvait pas la boucherie des pauvres gens, car Hanriot était absolument sous ses ordres.

Antoine écrit enfin naïvement aux magistrats de la Commune pour leur expliquer le dilemme, et si Robespierre ou l'un de ses partisans s'était seulement rendu en personne pour ameuter le quartier, ils auraient sans doute pu rassembler les hommes du Faubourg autour d'eux.[935] Au lieu de cela, Robespierre ne put que parler, laissant le champ libre à ses adversaires, qui firent alors courir à Saint-Marceau le bruit qu'il était un conspirateur royaliste, car on avait trouvé en sa possession un sceau avec une fleur de lys.[936]

Les Faubourgs, ainsi laissés sans chef, abandonnent la Commune et passent à la Convention.

Pendant ce temps, la foule rassemblée sur la place de Grève devant l'Hôtel de Ville ne montrait pas plus de décision que les Faubourgs, et ne faisait qu'attendre les événements pour jeter son poids dans la balance de part et d'autre. Déjà, cependant, sa confiance dans la Commune avait été ébranlée par la conduite déréglée d'Hanriot, et pour cette populace parisienne qui adore toujours la force, la nouvelle que Robespierre et son parti avaient été mis hors la loi par la Convention servit finalement à aliéner toute sympathie persistante qu'elle entretenait pour la faction vaincue. Lorsque, à minuit, l'orage qui s'était accumulé toute la journée éclata sur la ville en un torrent de pluie, la foule, amortie dans son esprit et dans son corps, en profita pour se disperser, abandonnant les Robespierristes à leur sort.

C'est ainsi que Barras, placé par la Convention à la tête des troupes, put s'avancer sur la place de Greve déserte sans rencontrer de résistance, et Léonard Bourdon à la tête de la police armée s'avança dans l'Hôtel de Ville pour réarrêter les cinq députés.

Alors Hanriot, perdant complètement la tête, se précipite dans la salle du Conseil où Robespierre et son parti sont assemblés, criant que tout est perdu, sur quoi Coffinhal l'accable de reproches, et finalement le saisissant par le corps le jette par la fenêtre dans la cour en dessous. Là, un tas de fumier a amorti sa chute, et le commandant éperdu a pu ramper dans un égout, où il est resté jusqu'au lendemain.

Sur les talons d'Hanriot, Léonard Bourdon et ses gendarmes entrent dans la salle du Conseil, et à cette vue, les Robespierristes se désespèrent. Une scène de confusion sauvage s'ensuit. Maximilien Robespierre, assis à une table où il avait commencé à rédiger un ordre appelant la Section des

---

[935] Buchez et Roux, xxxiv. 58.

[936] *Ibid.* p. 59, 84.

Piques à son secours, tombe en avant, soudainement abattu d'une balle dans la mâchoire — que ce soit de sa propre main ou de celle du policier Merda, qui s'est ensuite vanté de l'acte, on ne sait pas ;[937] son frère Augustin sortit par la fenêtre et, courant le long d'une corniche extérieure, se jeta sur les marches de l'Hôtel de Ville, où il gisait, mutilé et en sang ; Couthon traîna ses membres paralysés sous une table, d'où il fut délogé et jeté brutalement dans l'escalier par les commissaires de la Convention. Saint-Just, selon certains contemporains, resta seul immobile ; selon d'autres, il demanda à Lebas de le fusiller, mais celui-ci répondit : « Lâche ! J'ai d'autres choses à faire ! » et se fit sauter la cervelle.

De bonne heure, le matin de la nuit de Thermidor, une partie de cette épave humaine fut ramassée et portée aux Tuileries, où la Convention restait encore assise : Tout d'abord Maximilien Robespierre porté sur un brancard, les yeux fermés, son visage naturellement bilieux portant la teinte livide de la mort, et si apparemment sans vie que l'Assemblée refusa d'admettre « le cadavre du tyran », et les brancardiers furent obligés de passer au Comité de Salut Public et de déposer leur fardeau sur une table — selon Barras, la fameuse table couverte de verdure autour de laquelle le comité se réunissait chaque soir pour dresser ses listes de proscriptions.

C'est donc là, à l'endroit même où il avait ordonné le massacre d'innombrables êtres humains, que Robespierre gisait, objet pitoyable, la tête posée sur une caisse en bois, le sang coulant de sa mâchoire fracturée sur la chemise blanche à jabots et le manteau bleu pâle. Pendant sept heures, rongé par l'agonie, l'homme devant lequel toute la France avait tremblé a enduré les railleries et les insultes des soldats et des policiers qu'il avait cru dévoués à sa cause. À un moment donné, un ouvrier s'approche et, regardant longuement et attentivement le visage brisé du tyran, murmure d'un air effaré : « Oui, il y a un Dieu ! »[938]

Au bout d'un moment, Saint-Just, toujours droit et impassible, fut conduit avec Dumas, les mains étroitement liées, et plus tard, d'autres brancards arrivèrent au pied de l'escalier menant à la salle des commissions sur laquelle gisaient les formes mutilées de Couthon et d'Augustin Robespierre.

---

[937] Sur ce point, les avis sont presque également partagés. Merda (ou Méda) déclare avoir tiré sur Robespierre ; d'autres personnes présentes sur les lieux déclarent avoir vu Robespierre se tirer dessus. Voir les témoignages contradictoires recueillis par M. Bire dans le *Journal d'un Bourgeois de Paris*, v. 387-392.

[938] Toulongeon, iv. ; *Moniteur*, xxi. 385.

À dix heures, tandis que les crieurs parcouraient les rues aux cris de » La grande arrestation de Catilina Robespierre et de ses complices ! les prisonniers sont tous transférés à la Conciergerie, » l'antichambre de la mort ». Aucun procès ne leur sera accordé, car avec la chute de chaque faction, le gouvernement révolutionnaire fait un pas de plus dans l'illégalité, et, les Robespierristes ayant été déclarés hors-la-loi, la Convention ne jugea nécessaire que de les faire comparaître devant le Tribunal révolutionnaire aux fins d'identification, ce qui ne prit qu'une demi-heure. Toute la bande, au nombre de vingt-deux, comprenant, outre Robespierre et ses complices, le misérable cordonnier Simon, à qui le petit Dauphin avait été confié, Fleuriot Lescot, et douze membres de la Commune, fut condamnée à être exécutée l'après-midi même sur la place de la Révolution. Car, en ce grand jour, on ne craignait pas de blesser les susceptibilités des habitants de la rue Saint-Honoré et du quartier environnant par le spectacle de la guillotine, et la place de la Révolution seule pouvait accueillir la foule qui accourait de tous les quartiers de Paris pour célébrer la mort du tyran.

Lorsque, en fin d'après-midi, les quatre charrettes sortirent de la cour de la Conciergerie, tout Paris était sorti pour les voir passer, et pour la multitude émerveillée, le spectacle offert par les hommes qui les avaient si longtemps tenus sous l'emprise de la Terreur semblait une preuve impressionnante de la « justice de Dieu ».[939]

Ainsi, les puissants étaient tombés ! Robespierre, le tout-puissant, n'était plus qu'une chose écrasée et brisée, le visage livide enveloppé de ses bandages tachés de sang, le manteau bleu ciel déchiré et décoloré ; Couthon gisait sans défense sur la paille du tumulus piétiné par les pieds de ses compagnons ; Hanriot, qui hier encore avait frayé la voie aux quarante-deux pauvres victimes en abattant le peuple à coups de sabre, maintenant un spectacle affreux, avec un œil qui tombait de son orbite, le visage en sang, les vêtements en lambeaux et couverts de la crasse de l'égout d'où il avait été traîné. Saint-Just seul a conservé son calme habituel. La cravate volumineuse avait disparu, laissant son cou nu pour l'exécution, mais le délicat manteau couleur chamois restait intact, la large étendue de gilet blanc encore fraîche et non froissée, tandis qu'à sa boutonnière brillait un œillet rouge. C'est ainsi que Saint-Just, cette étrange énigme de la Terreur, est passé à la mort, statue de marbre jusqu'à la fin.

Alors que le cortège s'avançait lentement le long de la rue Saint-Honoré, ce n'est pas seulement la joie qui saluait sa progression, mais la

---

[939] Journal d'un Bourgeois de Paris, par Edmond Biré, v. 399.

fureur — la fureur longtemps entretenue d'un peuple écrasé et souffrant. Le tyran était tombé, mais sa chute pouvait-elle leur rendre leurs morts ? Partout dans cette vaste foule se trouvaient des hommes et des femmes qui avaient tout perdu, dans le cœur desquels il n'y avait pas de place pour la réjouissance, mais seulement pour la révolte. L'un d'entre eux, une femme, s'élança à l'arrière de la charrette où se trouvait Robespierre et, s'accrochant aux barreaux, cria d'une voix agonisante :

> « Monstre vomi par l'enfer, ton tourment m'enivre de joie ! Je n'ai qu'un regret, c'est que tu n'aies pas mille vies pour que je puisse jouir du spectacle de les voir t'être arrachées une à une ! Va, scélérat, descends au tombeau avec les malédictions de toutes les épouses et de toutes les mères ! »

Ainsi, au milieu des malédictions du peuple, dont il avait été le courtisan servile, Maximilien Robespierre passa à la mort. Ceux qui, dans la foule autour de l'échafaud, désiraient le voir souffrir — et ils étaient nombreux[940] — furent gratifiés de l'horrible scène qui se déroula sur la plate-forme de la guillotine, lorsque le bourreau, arrachant brutalement le bandage qui enserrait la tête de Robespierre, dégagea la mâchoire fracturée, qui tomba en laissant un gouffre béant, et arracha à la victime torturée un rugissement d'agonie « semblable à celui d'un tigre mourant, que l'on entendait jusqu'aux extrémités de la place ».

Comme lors de la mort d'Hébert, la brutalité du bourreau ravit les spectateurs, et lorsqu'un instant plus tard la tête mutilée est levée, l'immense multitude qui remplit la place de la Révolution et déborde sur les Tuileries et les Champs-Élysées éclate en un tonnerre parfait d'applaudissements qui montent, descendent et remontent, tandis qu'hommes et femmes se jettent dans les bras les uns des autres en s'écriant : « Enfin nous sommes libres ! Le tyran n'est plus ! »

Mais cette fois, il ne s'agissait pas d'une folie soudaine comme celle qui avait saisi une partie de la foule rassemblée autour de l'échafaud du roi, et à laquelle avait succédé immédiatement une réaction ; en ce soir de Thermidor, le peuple rentra vraiment chez lui en se réjouissant d'une joie qui, au cours des jours suivants, ne fit que croître en intensité, transformant Paris, lieu de morosité et de deuil, en une ville de gala aux délices retrouvés. Pouvoir se promener en plein air, lever la tête au soleil, saluer ses semblables, dire tout haut ce que l'on pense, quel étrange et merveilleux bonheur ! Au coin des rues, sur les places publiques, dans les théâtres, dans

---

[940] Beaulieu, v. 502 : « Le plus grand nombre de ceux qui étaient présents à son exécution auraient voulu le voir subir les tortures de Damiens, auquel on le disait apparenté. »

les cafés, des amis perdus depuis longtemps et que la terreur avait séparés se serreraient la main, s'embrassaient avec des larmes de joie — c'était un délire, une extase de félicité !

Pourquoi la mort de Robespierre a-t-elle entraîné cette merveilleuse transformation ? Robespierre et ses alliés n'étaient pas, comme nous l'avons vu, les seuls auteurs de la Terreur — ni même les plus féroces. Barère, Billaud, Collot, Freron, Tallien — que l'on appellera désormais les Thermidoriens — sont toujours là ; Fouquier est toujours assis dans sa tour de la Conciergerie pour dresser ses listes ; les chacals du Comité de Sûreté Générale rôdent toujours en liberté dans la ville. Jusqu'à la nuit de Thermidor, il ne semble pas qu'un seul de ces hommes ait songé à mettre fin à la Terreur ou même à la modifier. Ce n'était certainement pas par désapprobation du système qu'ils avaient attaqué Robespierre. Car parmi toutes les accusations portées contre lui à la Convention par les Thermidoriens, aucune ne se rapportait de près ou de loin à la question de l'effusion du sang ; au contraire, on lui avait reproché de ne pas aimer Marat ou Chalier, l'auteur des atrocités de Lyon et l'objet de l'ardente admiration de Collot.

Ces faits ont donné aux panégyristes de Robespierre une nouvelle occasion de déclarer qu'il voulait mettre fin à la Terreur, et que les Thermidoriens étaient seuls responsables de sa continuation. Mais supposer cela, c'est dénier à Robespierre tout motif de l'organiser à l'origine. Si, comme nous l'avons vu, il s'y était engagé avec un objectif — un système de dépeuplement qui devait produire une démocratie harmonieuse — pourquoi aurait-il voulu l'arrêter à ce stade ? On ne peut pas dire que l'exécution de 2800 personnes ait sensiblement diminué la population de Paris, et le nombre de morts pour toute la France, même s'il s'élevait au chiffre de 1 025 711 donné par Prudhomme, ne peut être considéré que comme un pas vers la réduction de la nation française aux huit millions généralement préconisés par les chefs. Il y a donc tout lieu de supposer qu'au 9 thermidor la Terreur ne faisait que commencer, et que si la division n'avait pas eu lieu ce jour-là entre les terroristes, les hécatombes auraient atteint des proportions colossales.

Or, les Thermidoriens étaient tout à fait d'accord avec ce projet. Comment se fait-il donc que la chute des Robespierristes ait entraîné la fin de la Terreur ? L'explication la plus simple semble être que le système de la Terreur a cédé sous le poids de l'opinion publique. En effet, pour le peuple de Paris, qui a toujours identifié chaque régime à une personnalité, Robespierre et la Terreur étaient synonymes, et par conséquent, dans son esprit, la fin de Robespierre signifiait la fin de la Terreur — d'où l'explosion de joie.

Les Thermidoriens, comprenant cela, et se voyant salués au matin du jour de Thermidor par une foule enthousiaste comme les libérateurs de la France, ont vite compris que leur meilleure chance de popularité était d'accepter le rôle qui leur était assigné. Si le peuple pensait qu'en renversant Robespierre, il avait voulu renverser le système de la Terreur, eh bien, il arrêterait la Terreur et se déchargerait de toutes les responsabilités du passé en faisant de Robespierre le bouc émissaire de tout le parti terroriste. Pour le but qui avait inspiré les Robespierristes de réduire la population, ces Opportunistes n'en avaient cure, et ils étaient prêts à s'allier à n'importe quel régime pourvu qu'eux seuls puissent s'accrocher à la place et au pouvoir.

La réaction thermidorienne n'a donc pas été l'œuvre d'un parti politique, mais d'un véritable mouvement populaire provoqué par la force de la volonté du peuple, qui, pour la première fois depuis le début de la Révolution, a triomphé des desseins des démagogues.

Bien que le 9 thermidor n'ait éliminé qu'une partie des terroristes, la force croissante de l'opinion publique rendait inévitable la chute des autres. Le 27 novembre, Carrier, le « dépeupleur de Nantes », est convoqué devant le Tribunal révolutionnaire, où il proteste de son innocence et déclare n'avoir agi que pour les motifs du plus pur patriotisme. Une ligne de défense plus plausible consistait à plaider que ses méthodes avaient reçu l'approbation du Comité de salut public et de la Convention,[941] et qu'aucun reproche ne lui avait été adressé avant la fin de la Terreur.[942] Les apologistes de Robespierre ont essayé de prouver que Carrier avait été rappelé de Nantes à cause des atrocités qu'il y avait commises ; la vérité est qu'il avait encouru le mécontentement de l'Incorruptible, non pas par sa cruauté effrayante envers le peuple, mais par son mode de vie corrompu et vicieux, et aussi par son attitude menaçante envers le protégé de Robespierre, le jeune Jullien, qui, terrifié pour sa propre sécurité, écrivit au Comité de Salut Public pour se plaindre. D'ailleurs, dans la lettre du Comite qui le rappelle à Paris, la moindre désapprobation n'est pas exprimée, et Carrier est simplement informé — avec des assurances de

---

[941] Campardon, *Le Tribunal Révolutionnaire*, ii. 118 ; *J. B. Carrier*, par A. Lallie, p. 258. Dans un mémoire présenté au Comité de salut public par Lequinio (autre émissaire en province) le 12 germinal an II, la question est posée de savoir s'il est avantageux de continuer le *plan de destruction totale* ; Carrier, citant cette lettre à son procès, remarque qu'elle prouve l'existence de ce plan de destruction (Campardon, ii. 122). Comme le souligne M. Lallie, il n'était donc qu'un des agents chargés de l'exécuter.

[942] Campardon, ii. 121.

bonne volonté fraternelle — que ses pénibles travaux lui ont donné droit à un repos salutaire et qu'une autre mission lui sera confiée. Ce n'est donc nullement un Carrier châtié ou repentant qui revient à Paris le 16 février 1793, c'est-à-dire plus de trois mois après avoir inauguré les noyades. Il reçut à son arrivée les compliments du Club des Jacobins, et ne rencontra pas un mot de remontrance de la Convention, où il reprit sa place de membre respecté et dont il fut élu secrétaire trois mois plus tard. Mais pour le peuple, Carrier, comme Robespierre, incarnait le système de la Terreur, et il fut condamné à mort au milieu des applaudissements universels. Le 16 décembre 1794, une foule immense se réunit à nouveau pour assister au passage de la charrette contenant Carrier et deux de ses complices : Grandmaison, membre du comité révolutionnaire de Nantes, condamné pour avoir sabré les noyés qui se débattaient dans l'eau, et Pinard, chef de la légion nègre qui avait outragé et assassiné des femmes et des enfants. Si le peuple s'attendait à un spectacle de fauves, il ne fut pas déçu, car si Carrier, fortifié par la conviction d'être un martyr mourant pour son pays, affronta sa fin avec sérénité, Grandmaison ne fit que sangloter de rage impuissante, Pinard offrait un spectacle terrifiant lorsque, les yeux enflammés et les hanches écumantes, il crachait sur la foule, ou lorsque les secousses du tumulte le projetaient contre Carrier, il tentait de le déchirer avec ses dents, l'accablant d'invectives pour le sort qu'il leur avait fait subir à tous. On raconte qu'au moment où Carrier était attaché à la planche de la guillotine, une clarinette entonna l'air du « ça ira ! "et à cette dernière insulte, le malheureux leva la tête et lança un regard de fureur à la multitude qui le raillait. Le musicien continua à jouer gaiement jusqu'à ce que la lame soit tombée.

Le 1er mai 1795, le procureur général de Paris suit la même route jusqu'à la place de Greve. Fouquier aussi proteste de son innocence : « Je n'ai agi que conformément aux lois votées par une Convention toute-puissante ». Si lui, l'instrument, était traduit en justice, les auteurs du système, les autres membres des comités révolutionnaires, ne devaient-ils pas être convoqués devant le Tribunal ? Certes, et la condamnation subséquente de Collot, Billaud et Barère à la simple transportation à perpétuité n'était qu'une erreur judiciaire de plus dans l'histoire de l'inique tribunal.

L'esprit qui animait la multitude autour des chars qui portaient Fouquier et ses complices à l'échafaud était moins celui d'une « joie féroce », dit un rapport de police, que celui de la « curiosité de voir des monstres extraordinaires » ; la vérité est peut-être que Paris avait maintenant trop faim pour se réjouir de quoi que ce soit. Mais lorsque les charrettes s'approchèrent de la place de Grève, des cris de fureur éclatèrent : « Va rejoindre tes victimes, scélérat ! » « Rends-moi mon frère, mon ami, mon père, ma femme, ma mère, mes enfants ! » Comme lors de l'exécution de Robespierre, une femme, à moitié démente de chagrin, s'accrochait aux barreaux du cortège en maudissant l'assassin de son mari. Fouquier, regardant de ses yeux injectés de sang le peuple affamé, rendait injure sur injure, raillait sa misère en des mots incohérents dont on ne distinguait que les suivants : « Vile canaille, va chercher du pain ! »

Fouquier, réservé jusqu'à la fin comme la pièce de résistance du jour, entendit la lame descendre quinze fois tandis que, dans une agonie de terreur, il attendait son tour au pied de l'échafaud. Lorsque chaque tête est présentée au regard émerveillé de la multitude, un grand soupir de soulagement s'élève d'entre eux, comme le gémissement d'une mer agitée, mais lorsque le dernier trophée effrayant est levé, le peuple, frappé d'horreur comme devant la tête d'une Gorgone, reste figé dans le silence.

RÉSULTATS DE LA TERREUR

La Terreur était donc terminée, et qu'avait-elle fait pour le peuple ? C'est à Carrier que nous devons la fameuse phrase : « La France a été sauvée par la Terreur »,[943] phrase adoptée avec empressement par les historiens révolutionnaires et qui, à force d'être répétée, a presque fini par être crue.

Mais de quoi la France a-t-elle été sauvée par la Terreur ? De la faim ? De la misère ? De l'oppression ? Hélas, non, tous ces maux, qui, comme nous l'avons vu, ont fleuri plus luxuriants pendant la Terreur que jamais avant elle, n'ont cessé d'augmenter après sa fin. Pendant les années de vaches maigres qui suivirent, Paris fut réduit au plus bas degré de misère ; les gens s'évanouissaient dans les rues, faute de nourriture,[944] ou se jetaient dans la Seine par désespoir ; les femmes, exaspérées à la vue de leurs enfants affamés, criaient à la mort pour mettre fin à leurs souffrances ;[945] et quand enfin des bandes de femmes envahirent la Convention comme elles avaient envahi Versailles en réclamant du pain, elles ne furent pas

---

[943] *Procès de Carrier*, Buchez et Roux, xxxiv. 208.

[944] Schmidt, ii, 337.

[945] Le 6 germinal (An III.), plusieurs femmes demandèrent des couteaux pour se poignarder elles-mêmes ». Le 30 Brumaire, « une femme en délire est venue demander à un boulanger de tuer ses enfants car elle n'avait rien pour les nourrir » (ibid.).

accueillies cette fois par des larmes de compassion, mais chassées à coups de fouet.[946]

Comment s'étonner alors que le peuple « compare sans cesse sa condition à celle de 1788 »,[947] que les femmes se disent dans les rues :

> « Nous avons besoin d'un bon père de famille pour nous nourrir comme avant ; comment aimer la République qui nous fait mourir de faim ? »[948]

Non seulement le peuple souffrait de la mauvaise gestion et de l'indifférence officielles, mais de l'absence de tout effort privé pour soulager la détresse — la bienveillance avait disparu avec l'Ancien Régime.

> « Chaque jour offre la preuve d'une triste vérité, dit le Républicain Franfats, qui est que les parvenus, les nouveaux riches, ont le cœur plus dur que ceux qui sont nés dans l'aisance. Ces derniers partageaient autrefois leur superflu avec les pauvres, et rien n'était plus commun dans cette ville que de voir des femmes délicatement élevées porter dans les mansardes et les prisons de la soupe, de l'argent et des consolations. Aujourd'hui on meurt de faim et de chagrin au milieu de ces nouveaux millionnaires enrichis par nos dépouilles ; on meurt sans éprouver un seul instant de pitié. »

On prétendra que c'est du danger extérieur que la Terreur a sauvé la France ; que si le peuple a souffert, l'État a prospéré, les défenses du pays ont été mises en sûreté. Pour juger de la vérité de cette affirmation, reportons-nous à la description de l'état de la France à la fin de la Terreur, donnée par l'un des révolutionnaires eux-mêmes — Larevellire Lépeaux, membre du Directoire :

> « Le Trésor national était entièrement vide ; il ne restait pas un sou. Les assignats étaient sans valeur... les recettes publiques étaient nulles, il n'existait aucun plan de finances... L'agiotage effréné avait pris la place du commerce loyal et productif ; il corrompait toutes les classes de la société... il n'y avait pas un sac de com dans les greniers ni même un seul grain de blé... Les hôpitaux étaient sans revenus, sans ressources et sans administration ; les secours publics de toute espèce étaient réduits presque à néant. Les canaux étaient ruinés, beaucoup de ponts brisés, les routes impraticables... les communications de toute nature étaient devenues

---

[946] Le 12 de Germinal, et de nouveau le 1er de Prairial, An III. (1er avril et 20 mai 1795), Schmidt, ii. 308, 327.

[947] Schmidt, ii. 462.

[948] *Ibid.* p. 481. Voir aussi p. 298 : « Le public disait à haute voix : "Nous allons avoir un roi et nous serons beaucoup plus heureux ; nous ne souffrirons pas tant". »

extrêmement difficiles... L'instruction publique, pour ainsi dire, n'existait plus... Le cynisme insolent des chefs de l'anarchie avait créé l'oubli de toute décence... Quel était l'état de l'armée ? La désorganisation était complète... en un mot, l'armée, que ce soit dans l'intérieur ou sur les frontières, était sans discipline, sans provisions, sans solde, sans vêtements, sans équipement. Comme un comble de malheur, ces armées battues et découragées avaient perdu tout le fruit de leurs succès d'outre-Rhin. ... Quant à la marine... nos flottes étaient humiliées, battues, bloquées dans nos ports, tourmentées par l'insubordination... ruinées par la désertion. »

Tel fut donc l'état auquel la France fut réduite par la Terreur. Peut-on douter que, si elle avait continué, elle aurait fini par être la proie d'une puissance plus forte ? Et qu'est-ce qui l'en a empêché ? Une seule chose : l'avènement de l'homme fort qu'elle avait attendu en vain pendant dix longues années, l'homme qui abattit d'une main de fer la tyrannie et la corruption du Directoire et rallia les Français autour de l'étendard de l'Empire. La vérité est donc que la France a été sauvée du démembrement, non par la Terreur, mais par l'impérialisme, tandis qu'elle a été sauvée de la ruine et de la désorganisation internes, malgré la Terreur, par l'esprit indomptable de son peuple.

Le déroulement des intrigues

Alors que la France est au bord de la ruine, que son peuple meurt de faim, les grandes intrigues poursuivent leur cours avec une ardeur intacte. L'orléanisme, momentanément freiné par l'exécution de Philippe Égalité et le bannissement de ses fils, devait voir ses efforts récompensés trente-six ans plus tard ; la Prusse, débarrassée du plus redoutable obstacle à sa puissance — l'alliance franco-autrichienne — pouvait se permettre d'attendre malgré les défaites militaires pour réaliser ses rêves de domination européenne ; l'anarchie, qui avait déjà triomphé sous Marat et les Hébertistes, était devenue une force qui n'a jamais cessé depuis de menacer la paix du monde. Ces conséquences doivent être traitées plus complètement dans un dernier chapitre parmi les résultats de la Révolution dans son ensemble.

Seule des quatre grandes intrigues, celle des Jacobins anglais reçut un sérieux coup d'arrêt sous le règne de la Terreur. Cependant, cela n'était pas dû à une modification des sentiments de nos révolutionnaires ; l'effroyable période d'effusion de sang et d'horreur qui avait frappé la France n'avait servi qu'à stimuler leur ardeur pour les doctrines révolutionnaires, et jusqu'au 9 thermidor, ils n'ont jamais relâché leurs efforts pour amener le même ordre de choses dans notre propre pays. Il est vrai que l'éclatement de la guerre entre l'Angleterre et la France, suivi de l'introduction opportune par Pitt de la loi sur la correspondance traîtresse, a considérablement entravé leurs relations avec les Jacobins français, et les adresses ouvertes de félicitations ont été rendues impossibles ; néanmoins, l'intrigue entre les subversifs des deux pays a été poursuivie clandestinement, et un soutien mutuel a été apporté tout au long de la Terreur : Danton, grâce à ses relations à Londres, coopère activement à la tentative de renversement de la monarchie britannique ;[949] Fox assure le Comité de salut public de sa sympathie et de son approbation,[950] et applaudit plus tard publiquement les revers britanniques ; tandis que Lord Stanhope continue à entretenir une correspondance affectueuse avec Barère, l'ennemi juré de son pays,[951] et à applaudir les atrocités commises en France. Cette dernière trahison flagrante des intérêts non seulement du peuple anglais mais de la race humaine souleva même l'indignation d'hommes qui avaient autrefois sympathisé avec la Révolution, et en avril 1794, nous trouvons William Miles, autrefois membre du Club des Jacobins à Paris, écrivant ces mots de remontrance à Lord Stanhope :

> « Au nom du Ciel, mon Seigneur, quelle est cette frénésie qui vous pousse à qualifier d'amélioration ce qui s'est avéré fatal à des millions de personnes ? De quelque côté que vous dirigiez votre attention, vous trouvez l'aisance et le contentement, la liberté et le bonheur. En France, chaque arbre est une potence et chaque homme que vous rencontrez est un bourreau. Pourtant, votre Seigneurie se présente comme un admirateur avoué des crimes qui désolent la terre et déshonorent l'humanité. »[952]

Mais le peuple anglais exprima sa désapprobation d'une manière plus catégorique, et dans la nuit du 1er au 9 juin, alors que Londres célébrait la victoire de Lord Howe sur les Français, la foule, enragée par les sentiments révolutionnaires de Lord Stanhope, mit le feu à sa maison, et le malheureux pair fut obligé de s'échapper par les toits pour sauver sa vie. La même chose s'était produite trois ans plus tôt à Birmingham, lorsque la soi-disant Société constitutionnelle de cette ville, dirigée par le Dr Priestley, avait publié des « prospectus incendiaires de tendance républicaine ». Lorsque le 14 juillet, la Société se réunit lors d'un dîner pour célébrer la chute de la Bastille, une foule en colère se rassembla et brûla les deux salles de réunion

---

[949] *Danton Émigré*, par le Dr Robinet, p. 90.

[950] Voir la remarque de Vergniaud à Mme Elliott au Comité de salut public : « M. Fox est notre ami... il aime notre révolution, et nous l'avons ici sous sa propre écriture » (*Journal de Mme Elliott*, p. 146).

[951] *The Life of Charles, third Earl of Stanhope*, par Ghita Stanhope et G. P. Gooch, p. 134.

[952] Ibid.

de la secte ; la maison du Dr Priestley fut attaquée et il dut lui-même voler de porte en porte pour trouver refuge. Les émeutes ont duré trois jours, et les magistrats n'ont pas pu intervenir. Il est donc tout aussi erroné d'imaginer que l'échec de la révolution en Angleterre était dû au caractère ininflammable des Anglais que d'attribuer son succès en France au caractère inflammable des Français. C'est précisément parce que la grande majorité du peuple français était ininflammable, parce qu'il s'est soumis passivement à la domination d'une poignée de démagogues, que la Révolution a pu prendre des proportions aussi effrayantes. Et c'est parce que le peuple anglais, sous son calme apparent, était en réalité très inflammable, prêt à opposer une résistance active et même violente aux doctrines subversives, que le mouvement révolutionnaire ne put faire aucun progrès parmi lui. Ce n'était pas non plus le résultat d'une soumission servile à l'ordre des choses existant ; le peuple d'Angleterre était bien conscient que de grandes et drastiques réformes étaient nécessaires, mais parce qu'il comprenait le sens de la vraie liberté, ce n'était pas vers le jacobinisme qu'il cherchait son salut.

Ainsi, l'Angleterre, à cette crise suprême de son histoire, a été sauvée de l'anarchie et de la ruine, non seulement par l'esprit d'État de Pitt et l'éloquence de Burke, mais aussi *par le bon sens du peuple britannique*.

ÉPILOGUE

DANS le chapitre précédent, nous avons vu les résultats de la grande apogée révolutionnaire, le règne de la Terreur ; et bien qu'à la fin de cette époque effrayante la Révolution n'était pas encore terminée, il est impossible dans les limites de ce livre de la suivre tout au long de ses convulsions finales. Juger des résultats ultimes du mouvement par l'état de la France en 1795 ne serait cependant pas concluant ; à cette date, pourrait-on raisonnablement dire, le pays était encore dans une phase de transition ; une période de chaos devait suivre le grand bouleversement avant que les choses puissent se réajuster et que les effets bénéfiques de la Révolution deviennent apparents. La seule réponse à cet argument est un bref résumé des régimes qui se sont succédé en France au cours du siècle suivant ; on verra alors, non pas comme une question d'opinion mais de fait, dans quelle mesure le nouvel ordre s'est avéré durablement satisfaisant pour la nation.

Le *Directoire* qui a succédé à la Convention a duré quatre ans, de 1795 à 1799, période durant laquelle deux *coups d'État* ont eu lieu. Le Directoire est alors aboli en raison de sa tyrannie, de sa corruption et de sa mauvaise gestion.

En 1799, le *Consulat a* été formé, avec Napoléon Bonaparte comme Premier Consul, mais cinq ans plus tard, la République a été déclarée un échec, car elle était « inadaptée aux exigences du pays ».

En conséquence, en 1804, Napoléon fut couronné *empereur* et, en rétablissant le despotisme — un système rigoureux de conscription, l'abolition de la liberté de la presse, etc. Il est inutile d'énumérer les désastres qui suivirent cette brève période de gloire : la retraite de Moscou au cours de laquelle des milliers de Français périrent dans les neiges de Russie ; l'invasion de la France par les Russes, les Autrichiens et les Prussiens ; le renversement de Napoléon pour « avoir violé les droits et libertés du peuple et les lois de la Constitution ».

Puis la France, tour à tour malade de l'anarchie, du républicanisme et de l'impérialisme, revint à la *monarchie* et, en 1814, Louis XVIII fut appelé sur le trône pour en être chassé par Napoléon six mois plus tard. De nouveaux désastres suivirent — la défaite de Waterloo, la deuxième entrée d'armées étrangères dans Paris, le paiement d'une indemnité de vingt-huit millions.

Une fois de plus, Louis XVIII est rappelé et les neuf années de monarchie « légitimiste » qui s'ensuivent sont le seul gouvernement depuis la Révolution qui n'a pas connu une fin violente, mais qui a cessé avec la mort du roi en 1824.

Le règne de Charles X., l'impopulaire comte d'Artois, est voué à l'échec et la dynastie légitimiste est renversée en 1830 par un nouveau soulèvement des Orléanistes.

Mais maintenant que la conspiration avait enfin atteint le but pour lequel quarante et un ans plus tôt elle avait plongé la France dans les horreurs de la révolution, et que la succession était transférée à la *Maison d'Orléans*, il devenait évident que Louis Philippe fermement assis sur le trône de France était une personne très différente du Duc de Chartres assis dans la tribune d'une assemblée révolutionnaire et appelant des « lanternes ». La liberté que le changement de dynastie devait conférer s'avéra, comme toutes les autres visions de liberté offertes par la Révolution, n'être qu'un mirage, et après dix-huit ans de troubles, Louis Philippe fut chassé du trône qu'il avait usurpé.

Cette troisième révolution de 1848 a donné lieu à de nouvelles scènes sanglantes ; sous la conduite des socialistes, les ouvriers de Paris ont déclenché une violente insurrection, les ateliers nationaux ont été supprimés et, finalement, une *seconde République* a été proclamée.

Laissons à un Français qui a vécu cette époque le soin de raconter la suite de cette histoire tragique.

> Nous voyons cette éphémère République, dit M. François St. Maur, « périr sous un *coup d'état* audacieux ; la France, affamée de repos et d'ordre, se jeter aux pieds d'un représentant d'un grand nom (Louis Napoléon) ; le *Second Empire* établi et bientôt brisé ; une série de guerres se terminant par la plus terrible de toutes ; Napoléon III conquis et prisonnier, et la *Troisième République* proclamée sans avoir été demandée ni désirée par la nation ; l'anarchie, le despotisme et la licence sous le nom de liberté... une dictature audacieuse et incapable profitant des désastres du pays pour s'emparer des rênes du pouvoir... une effroyable insurrection tenant Paris pendant deux mois sous l'empire de la Terreur, vivant et mourant dans le meurtre, le pillage et l'incendie ; les instincts les plus grossiers glorifiés et triomphants, les crimes les plus odieux échappant à

une juste répression, *la Révolution toujours armée*, le droit foulé aux pieds... telle est l'histoire de cette triste période. »[953]

Malgré des incidents tels que l'affaire Boulanger, l'affaire Dreyfus, les fréquentes grèves ouvrières, les luttes de factions, cette troisième République, la République d'aujourd'hui, s'est pourtant maintenue pendant près de cinquante ans, et aujourd'hui, après avoir glorieusement récupéré les désastres de 1870, nous espérons ardemment qu'elle donnera enfin la paix à la France.

La suite de la grande Révolution française fut donc quatre-vingts ans de troubles. Il est impossible de nier que ces troubles aient été le résultat direct de la Révolution. L'attribuer au caractère instable du peuple français est aussi illogique et injuste que d'attribuer les crimes et les folies de la Révolution à ses passions. Le peuple français ne s'était pas montré inconstant ou instable sous son ancien gouvernement ; n'était-il pas le même peuple qui s'était montré passionnément fidèle à ses rois pendant quatorze siècles ? Si, après la Révolution, ils devinrent agités et instables, c'est simplement que la Révolution elle-même avait produit ce changement dans le caractère national. Car, par cette gigantesque démolition, la France a perdu l'habitude de la stabilité, le pouvoir de se contenter de n'importe quelle forme de gouvernement ; le charme exercé par la monarchie une fois rompu, elle a perdu la foi en tous les souverains, et à travers huit formes successives de gouvernement, elle n'en a jamais trouvé un qui la satisfasse en permanence. Comme l'a dit M. de Loménie,

> « la persistance des utopies subversives est à la fois la cause et la conséquence naturelle de tous ces coups avortés qui font notre histoire depuis 1789 ; c'est un cercle vicieux dans lequel la France tourne et s'épuise mentalement. »[954]

Pourtant, si le siècle qui suivit s'était révélé un âge millénaire de contentement, si la République établie en 1792 n'avait jamais été renversée mais avait continué jusqu'à ce jour à satisfaire les désirs du peuple français, les panégyristes de la Révolution n'auraient pas pu la déclarer un succès plus absolu. Car, malgré les bouleversements ultérieurs, s'empressent-ils de nous assurer, de grandes et durables réformes ont été apportées par la Révolution — des réformes si immenses qu'elles expient tous les crimes et toutes les folies qui ont accompagné leur naissance. Contrairement à toutes les expériences précédentes dans l'histoire du monde, cette fois-ci, on nous demande de croire que les hommes *ont* cueilli des raisins d'épines et des

---

[953] Préface aux Mémoires de Hua.

[954] *La Comtesse de Rochefort*, par L. de Loménie, p. 288.

figues de chardons, et que de la haine, de la luxure et de la corruption qui ont marqué toute la période révolutionnaire, a jailli une récolte d'amour, de liberté et de justice.

S'il en était ainsi, la moralité pourrait bien être proclamée comme une fraude, et l'ordre divin de l'univers comme une illusion. Heureusement, c'est aussi faux que toutes les autres déductions des sophistes révolutionnaires.

Les immenses réformes apportées à l'époque révolutionnaire ne sont pas le résultat de la Révolution. C'est au roi et à ses conseillers éclairés, comme je l'ai montré dans ce livre, que l'on doit principalement les réformes de gouvernement ; c'est la *noblesse* qui a porté le coup de grâce au système féodal ; ce sont les démocrates royalistes, abhorrés par les chefs révolutionnaires, qui ont rédigé la Déclaration des droits de l'homme et élaboré la Constitution. L'œuvre de la Révolution fut de détruire toutes ces réformes, d'abolir la liberté de la presse, la liberté de conscience, la liberté individuelle, de remplacer la féodalité relativement douce de l'Ancien Régime par la plus effroyable tyrannie que le monde ait jamais vue, et enfin d'annuler la Constitution demandée par le peuple au profit d'une Constitution qui ne put jamais être appliquée, qui dura exactement vingt-six mois, et qui fut suivie de pas moins de six autres dans les quatre-vingts ans qui suivirent.

De toutes les mesures prises par la législation révolutionnaire, une seule peut être citée avec quelque raison par les historiens comme ayant eu pour résultat un bénéfice permanent pour le peuple ; c'est la loi votée en 1793 conférant une plus grande proportion des terres aux paysans par la vente des « biens nationaux », c'est-à-dire des biens appartenant autrefois à la noblesse et au clergé. Ainsi, si, comme le souligne M. Louis Madelin, « l'ouvrier a été la principale victime de la Révolution »,[955] le paysan propriétaire en a profité. Le paysan seul, écrit un contemporain, est heureux, lui seul a gagné. Mais dans quelle mesure ce bonheur était-il une réalité, ou bien existait-il, comme sa « misère » prérévolutionnaire,

---

[955] Non seulement les classes laborieuses souffrent du chômage et de la suppression de leurs syndicats, mais lorsqu'elles sont employées, elles sont obligées de travailler beaucoup plus qu'auparavant, du fait que toutes les fêtes de l'Église (Pâques, Noël, etc.), et tous les jours de saints qui, avec le jour suivant, étaient des jours fériés sous la monarchie, ont été supprimés, tandis que le dimanche a été remplacé par un *décadi* qui a lieu tous les dix jours au lieu de sept. Voir l'article amusant du *Moniteur* du 9 septembre 1794, félicitant la Révolution d'avoir mis fin à « l'oisiveté nationale » en « consacrant au travail au moins 120 jours » que l'Ancien Régime consacrait au « chômage » — *c'est-à-dire* au repos et à la récréation — ne laissant ainsi au peuple que trente-six jours fériés dans l'année.

essentiellement sur le papier ? Pour en juger, nous devons nous référer aux récits des témoins oculaires qui enregistrent leurs impressions après que la tempête révolutionnaire se soit calmée. Ainsi, par exemple, nous pouvons comparer le passage suivant du journal d'une Anglaise qui a voyagé en France en 1802 avec les descriptions données par le Dr Rigby des paysans français dansants cités au début de ce livre :

> Breteuil, 8 *juillet* — Où est la gaieté dont nous entendons parler depuis notre enfance comme le trait distinctif de cette nation ? Où est l'original du tableau de Sterne d'un dimanche français ? Je n'ai vu aujourd'hui aucune cessation du labeur, aucun mélange de dévotion, de repos et de plaisir. Je n'ai vu aucune danse, je n'ai entendu aucune chanson. Mais j'ai vu le laboureur pâle se pencher sur les champs abondants, dont il ne semble pas, si l'on en juge par son aspect, avoir jamais joui du produit ; j'ai vu des groupes d'hommes, de femmes et d'enfants travailler sous l'influence du soleil brûlant... et d'autres donner au travail les heures destinées au repos, jusqu'à dix heures du soir, etc.[956]

Grâce à cette capacité de travail incessante, combinée à son économie inhérente, le paysan de France a réussi à vivre de la terre, mais certainement pas dans les conditions millénaires que lui promettaient les chefs révolutionnaires. Une comparaison encore plus frappante pourrait être faite entre les récits d'Arthur Young sur le sort du paysan en 1789 et ceux de son successeur en matière d'agriculture, M. Rowland Prothero, dans son *Pleasant Land of France*, écrit exactement cent ans plus tard. Après avoir décrit en détail la misère de la nourriture et de l'habitation du paysan français, dont il a été témoin lors d'un voyage en France en 1889, M. Prothero conclut par ces mots :

> « La position du paysan ainsi misérablement logé et mal nourri est dite précaire et périlleuse. Il n'est propriétaire que de nom. Le véritable propriétaire est le prêteur, et le paysan propriétaire est un véritable serf. »[957]

Si c'est là tout ce que la seule réforme purement révolutionnaire a fait pour le paysan de France, nous pouvons nous demander si elle valait les mers de sang versées pour l'accomplir.

Mais si les avantages résultant pour la France de la Révolution peuvent être compris dans un si petit périmètre — la propriété paysanne sur une échelle accrue — les maux dont elle fut la cause sont incommensurables.

---

[956] *The Remains of Mrs. Richard Trench*, édité par son fils, le doyen de Westminster (1862).

[957] Exactement confirmé par le Prince Kropotkine, *Paroles d'un Révolté*, pp. 325-327 (1882).

> « La Révolution, écrit Hua, qui l'a vécue, a été terrible parce qu'elle n'était ni dans l'intérêt ni dans le caractère du peuple... elle a eu un million de soldats tués, 200 à 300 000 citoyens massacrés... On me dira : « Vous vous trompez, vous êtes confus... il ne faut pas mettre sur le compte de la Révolution toutes les erreurs, les fautes, ou même les crimes dont elle a été l'occasion, non la cause... Mais qu'est-ce que cette idée de séparer la Révolution des maux qu'elle a produits ? À quelle autre cause faut-il les attribuer ? C'est à elle, à elle seule, qu'ils sont dus ; ces effets n'étaient pas des accidents mais des conséquences. L'arbre a porté ses fruits. C'est ce que beaucoup de gens ne veulent pas voir. »[958]

On nous dit que c'est avec la Révolution que les idées de liberté sont nées en France. Rien n'est plus faux. La France a eu une conception beaucoup plus claire de la liberté, et même de la démocratie, dans les années qui ont précédé la Révolution que dans celles qui l'ont suivie, à l'époque où Rousseau disait que « la liberté s'achèterait trop cher avec le sang d'un Français », que lorsque Mirabeau demandait que « la liberté ait pour lit des matelas de cadavres », ou que Raynal déclarait qu'« un pays ne peut se régénérer que dans un bain de sang ». Non, ce ne sont pas des idées de liberté que la Révolution a léguées à la France, mais un héritage d'amertume, d'envie et de querelles.

Je suis convaincu qu'un jour viendra où le monde, éclairé par les principes de la vraie démocratie, reconnaîtra que la Révolution française n'a pas été un progrès vers la démocratie, mais un mouvement directement antidémocratique et réactionnaire, qu'elle n'a pas été une lutte pour la liberté, mais une tentative pour étrangler la liberté à sa naissance ; les chefs apparaîtront alors sous leur vrai jour comme les plus cruels ennemis du peuple, et le peuple, non plus condamné pour sa férocité, sera plaint comme victime d'une gigantesque conspiration. C'est cette conspiration, ou plutôt cette combinaison de conspirations, qui a seule triomphé de la Révolution ; ce sont les mêmes grandes intrigues à l'œuvre dans le peuple en 1789 qui ont survécu à tous les orages qui ont suivi et qui menacent aujourd'hui de nouveau la paix du monde.

LE TRIOMPHE FINAL DES INTRIGUES

De la première grande intrigue de la Révolution française — la conspiration orléaniste — il ne reste plus grand-chose à dire, car bien qu'elle ait été à l'origine de la Révolution de 1830, et qu'elle se soit encore fait sentir en 1889 dans l'Affaire Boulanger, elle a aujourd'hui si peu de

---

[958] Mémoires de Hua, p. 46.

partisans qu'on peut la qualifier de morte. C'est donc aux trois autres intrigues, plus vivantes que jamais, que nous devons nous intéresser.

Le fait que la Révolution française ait été un succès triomphal pour la Prusse peut être prouvé d'une demi-douzaine de façons — la rupture de l'alliance franco-autrichienne, l'alarme créée parmi les petits souverains allemands qui les a poussés à se rallier à la Prusse, le renversement des Bourbons qui avaient constitué les principaux rivaux des ambitions des Hohenzollern et dont l'élimination a permis à l'Allemagne de placer les descendants de ses maisons royales sur tous les trônes d'Europe, la destruction de la Cour de France qui, en tant que centre des arts et du savoir, constituait la plus grande sauvegarde de la civilisation et le plus puissant antidote au militarisme, et, d'autre part, l'accession au pouvoir de Napoléon Ier qui, dans son rôle d'agresseur, aliéna à la France les sympathies de toute l'Europe, la diminution de la population[959] qui affaiblit la force militaire de la France, — ce ne sont là que quelques-uns des avantages que la Prusse a retirés de la moisson de sédition qu'elle avait semée.

Mais le principal avantage que la Prusse a tiré de la Révolution a peut-être été la propagation de ces doctrines de socialisme et d'antipatriotisme qui, diffusées d'abord par les révolutionnaires de France, ont paralysé la résistance des ennemis de la Prusse. Avant 1870, c'étaient les socialistes de France qui s'opposaient à la réorganisation de l'armée ; c'était Michelet, le grand panégyriste de la Révolution, qui, à la veille même de la guerre franco-prussienne, saluait la puissance montante de l'Allemagne, et dans la grande guerre qui vient de se terminer, ce sont les radicaux-socialistes de France et les factions correspondantes de tous les pays alliés qui ont manifesté le moins de ressentiment contre l'agression prussienne. Ainsi

---

[959] Il faut noter que cette baisse de la natalité date de la Révolution. Avant 1789, la France était le pays le plus peuplé de toute l'Europe ; depuis cette date, le taux d'accroissement des populations de la France et de l'Angleterre offre ce contraste saisissant

	1789	1918
France	25 000 000	40 000 000
Angleterre et Irlande	12 000 000	45 000 000

Ainsi, l'Angleterre sous une monarchie a presque quadruplé sa population, tandis que la France sous une République n'a augmenté la sienne que de trois cinquièmes.

s'est créé l'immense paradoxe que parmi les soi-disant démocrates d'Europe, l'autocratie prussienne a trouvé ses alliés les plus précieux.

Depuis le XVIIIe siècle, la Prusse n'a jamais renoncé à la politique de Frédéric le Grand, qui consiste à encourager les troubles sociaux dans les pays qu'elle souhaite soumettre. La première expérience a été faite en France, la deuxième en Belgique à la même époque, la troisième, à un siècle et quart d'intervalle — période pendant laquelle les philosophes et écrivains allemands n'ont cessé de diffuser ces doctrines subversives si rigoureusement réprimées dans leur pays natal — devait avoir lieu en Irlande au printemps 1914. Cet effort ayant temporairement échoué, l'Allemagne concentra toutes ses énergies sur la Russie et, par l'effroyable cataclysme qui s'ensuivit, réussit presque à renverser irrémédiablement le cours de la guerre contre les Alliés.

Mais il semblerait que la Prusse ait joué trop longtemps avec le feu, que le feu qu'elle a si assidûment attisé à l'étranger ait pendant tout ce temps couvé à l'intérieur de ses propres frontières, et qu'il menace maintenant de l'envelopper dans la conflagration générale. Si, en effet, la révolution actuelle en Allemagne est authentique et que le pouvoir des Hohenzollern a été finalement renversé, il s'agit certainement du cas le plus étonnant d'être « hissé à son propre niveau » dans l'histoire du monde.

En effet, parallèlement à l'intrigue des Hohenzollern, une autre intrigue s'est déroulée — le plan qui, ayant pris naissance chez les Illuminati de Bavière en 1776, est maintenant activement mis en œuvre par leurs successeurs. Le plan de révolution mondiale conçu par Weishaupt a enfin été réalisé. Peut-on croire que c'est par simple coïncidence que les spartakistes de Munich ont adopté le pseudonyme de leur compatriote et prédécesseur, Spartacus-Weishaupt, l'inaugurateur de la lutte des classes ? Est-ce une simple coïncidence que leurs doctrines soient les mêmes que les siennes ?

Il nous suffit d'étudier le cours du mouvement révolutionnaire en Europe au cours des 130 dernières années pour nous rendre compte qu'il a été la continuation directe du plan des Illuminati, que les doctrines et les buts de la secte ont été transmis sans interruption par les groupes successifs de socialistes révolutionnaires. Ainsi, par exemple, si nous comparons la confession de foi publiée par Bakounine au nom de l'Alliance Internationale Social-Démocrate de 1866 avec le credo des Illuminati cité à la page 20 de ce livre, nous constaterons qu'ils sont presque identiques :

> « L'Alliance professe l'athéisme ; elle vise à l'abolition des services religieux, au remplacement de la croyance par la connaissance et de la justice divine par la justice humaine, à l'abolition du mariage en tant qu'arrangement politique, religieux et civique. Avant tout, il vise à

l'abolition définitive et complète de toutes les classes et à l'égalité politique, économique et sociale de l'individu de chaque sexe, à l'abolition de l'héritage. Tous les enfants doivent être placés dans un système uniforme afin que les inégalités artificielles disparaissent... Il vise directement à faire triompher la cause du travail sur le capital. Elle répudie le prétendu patriotisme et la rivalité des nations, et désire l'association universelle de toutes les associations locales au moyen de la liberté. »

En effet, le prince Kropotkine, l'un des principaux animateurs de l'Internationale, admet qu'il y a « une filiation directe entre cette association et les Enragés de 1793 et les sociétés secrètes de 1795 ». Or, puisque nous savons que depuis 1866, et encore à l'heure actuelle, c'est dans les sociétés secrètes et dans les réunions de faux francs-maçons[960] que se propagent les doctrines révolutionnaires, peut-on douter que ces associations ne soient aussi les continuations directes des Illuminati, et que ce soit sur les doctrines de Weishaupt, l'inventeur de la « révolution mondiale », que se fonde ce que nous appelons aujourd'hui le « bolchevisme » ? Peut-on douter, d'ailleurs, que beaucoup des terribles secrets de l'ingénierie des tumultes populaires aient été transmis à ces sociétés par celles qui ont organisé les premières expériences en France ? L'art de travailler l'esprit public par la calomnie, la corruption et la terreur, la séduction de la soldatesque par des femmes à la solde des agitateurs, la fabrication de prétextes par lesquels on faisait exécuter au peuple les desseins des meneurs, la retenue ou la destruction des vivres pour pousser la faim à la violence, et en même temps la distribution de liqueurs ardentes pour enflammer leurs passions, l'engagement d'assassins étrangers pour les conduire au carnage, — toutes ces méthodes diaboliques employées par les Jacobins de France, endoctrinés par les Illuminati, ont été répétées en Russie avec un effet terrible. De plus, non seulement dans son organisation secrète, mais aussi dans ses manifestations extérieures, la Révolution russe s'est manifestement inspirée des Français — les massacres de septembre dans les prisons de Petrograd par ceux des prisons de Paris, les noyades dans la Mer Noire par les noyades *de Nantes*, la profanation du Kremlin par la profanation de Notre Dame ; la phraséologie même des dirigeants est la même, les tirades bolcheviques contre la *bourgeoisie* sont copiées presque mot pour mot des diatribes de Robespierre.

Le danger qui menace la civilisation n'est donc pas un danger nouveau, mais date d'avant la Révolution française. Le brasier allumé par Weishaupt

---

[960] Notamment le « Grand Orient » de France, un ordre qui ne doit en aucun cas être confondu avec la franc-maçonnerie britannique, par laquelle il a été répudié en 1885 en raison de son rejet de la doctrine fondamentale de la vraie maçonnerie — la croyance en Dieu, « le grand architecte de l'univers », et en l'immortalité de l'âme.

n'a jamais cessé de couver ; la France n'a été que le lieu de sa première conflagration. Les mêmes doctrines remises en pratique doivent inévitablement conduire au même résultat, aussi sûrement que la fusion des mêmes gaz doit produire la même explosion. Car la Terreur, comme je l'ai montré, n'était pas un accident effrayant, mais la conséquence logique de la tentative d'établir par la force un système d'égalité non exigé par la nation. Quelle que soit l'aversion des chefs d'un tel mouvement pour la violence, quelle que soit l'exaltation des idéaux qui les animent, ils se verront obligés de recourir à des méthodes violentes pour se maintenir au pouvoir, d'abord parce qu'il n'y a pas d'autre moyen de vaincre la résistance, ensuite parce qu'une période d'anarchie est inévitable pour la destruction de l'ordre existant, et que cela doit inévitablement rallier autour d'eux des hommes qui ne sont pas du tout des idéalistes, mais simplement des criminels dont ils ne pourront contrôler la férocité. Celui qui s'arrête à mi-chemin de la révolution, disait Saint-Just, creuse sa propre tombe ». Ainsi, Robespierre qui, en 1791, avait proposé l'abolition de la peine capitale, et qui, plus tard encore, avait frémi devant les projets sanguinaires de Marat, se vit obligé d'adopter le système de la dépopulation et de s'allier avec Collot, Billaud, Barère et les chacals du Comité de Sûreté Générale pour réaliser son projet d'égalité et sauver sa tête ; de même que Babeuf, qui avait dénoncé les méthodes atroces de Robespierre, a compris que le triomphe du socialisme ne pouvait être assuré par aucun autre moyen ; De même que Lénine, que l'on a également qualifié d'idéaliste, est contraint de permettre — sinon d'ordonner — des massacres en masse et de s'associer à la lie de la pègre russe pour assurer sa position et son système, de même, dans tout pays, la tentative d'instaurer le socialisme par la révolution doit inévitablement s'accompagner d'un règne de terreur, non seulement pour soumettre le peuple dans son ensemble, mais aussi comme moyen de défense contre les factions révolutionnaires rivales.

Car avec la disparition de l'ordre ancien, le conflit n'aura fait que commencer et devra ensuite entrer dans sa phase suivante — la guerre entre les factions qui, dès le début, a divisé les forces de la révolution. La querelle qui a eu lieu entre « Spartacus » et « Philo » s'est répétée dans les dissensions perpétuelles entre les disciples des Illuminati tout au long de la Révolution française, et s'est reproduite continuellement entre les divers groupes révolutionnaires au cours du siècle dernier. D'une manière générale, ces groupes ont été divisés en deux camps opposés — les socialistes d'État et les anarchistes, c'est-à-dire, d'une part, la faction qui vise à la suprématie de l'État et à l'asservissement de l'individu, et d'autre part, la faction qui veut supprimer l'État et proclamer la liberté totale de l'individu — politiques qui, bien sûr, sont diamétralement opposées. C'est cette divergence d'opinions qui, à l'état embryonnaire, a provoqué la querelle entre les Robespierristes et les Hébertistes, qui a éclaté plus tard entre les révolutionnaires de 1869 — les socialistes d'État, Karl Marx, Engels et Louis Blanc, se séparant violemment des anarchistes, Proudhon et Bakounine — et qui a finalement conduit à la rupture de l'« Internationale ». Aujourd'hui encore, la même querelle fait rage en Russie, car c'est à l'égard d'anarchistes tels que Kropotkine que le socialiste d'État Lénine a fait preuve de la plus grande sévérité. La haine qu'éprouvent les partisans de ces croyances opposées a toujours été plus féroce encore que celle de l'un ou l'autre parti pour les tenants de l'Ancien Régime ; la même animosité furieuse qui a conduit Robespierre à ordonner la mort d'Hébert s'est enflammée à nouveau dans les dénonciations de Robespierre par Proudhon, dans les diatribes de Marx contre Proudhon, dans la détestation de Marx par Bakounine. En Marx, il semblerait que non seulement la politique mais l'esprit même de Robespierre ait revécu. »Sa vanité, écrit Bakounine, ne connaissait pas de limites, une véritable vanité de juif... Cette vanité, déjà très grande, était considérablement accrue par l'adulation de ses amis et de ses disciples. Très personnel, très jaloux, très susceptible et très vindicatif, comme Jéhovah, le Dieu de son peuple, Marx ne peut souffrir qu'on reconnaisse un autre Dieu que lui... Proudhon... est devenu la *bête noire* de Marx. Louer Proudhon en sa présence, c'était lui faire un affront mortel méritant toutes les conséquences naturelles de son inimitié, et ces conséquences sont d'abord la haine, puis les calomnies les plus immondes. Marx n'a jamais reculé devant le mensonge, si odieux, si perfide qu'il soit. »[961]

Tel était, de l'avis de l'un de ses plus intimes collaborateurs, le prophète que les partisans du socialisme révolutionnaire présentent aujourd'hui à l'admiration du peuple anglais, et tel est le conflit dans lequel ils sont invités à entrer au moment même où des réformes réelles et profondes sont à leur portée. S'ils pouvaient se rendre compte du véritable caractère des hommes dont l'évangile leur est offert comme leur seul espoir de salut, s'ils pouvaient étudier l'histoire du mouvement révolutionnaire en Europe, les misérables querelles qui ont eu lieu entre les chefs, l'échec grotesque de toutes les tentatives pour mettre leurs théories en pratique — notamment dans des expériences telles que la « Nouvelle Harmonie » et la « Nouvelle Australie » menées par Lane et Owen — il est inconcevable qu'ils puissent prêter l'oreille à de tels conseils. Mais toutes ces choses sont inconnues des classes ouvrières de notre pays — la véritable histoire de la révolution leur a été soigneusement cachée par les propagandistes dont elles dépendent pour leur instruction, et qui, n'étant nullement les chefs aveugles des

---

[961] *Michael Bakounine, eine Biographie*, par Max Nettlau, p. 69. Voir aussi *L'Anarchia*, par Ettore Zoccoli, p. 107, 108.

aveugles mais des guides dotés des pouvoirs de vision les plus clairs, les conduiront non pas dans un fossé mais au bord d'un abîme.

En effet, quel que soit le parti révolutionnaire qui parviendra à établir sa domination sur le peuple, ce sera la fin de la démocratie, car on ne trouvera aucun élément de liberté ni dans le plan des socialistes d'État, qui implique un contrôle autocratique de tous les domaines de la vie, c'est-à-dire le prussianisme le plus intolérable, ni dans le plan des anarchistes, qui consiste en l'absence de tout contrôle et qui doit nécessairement aboutir au règne du plus fort. L'idéal de la vraie démocratie, le gouvernement par la volonté de la majorité, doit alors, dans un cas comme dans l'autre, être définitivement abandonné, et le peuple doit se soumettre à la domination de minorités bureaucratiques ou retourner à l'état de sauvagerie.

Naturellement, ce n'est pas le programme présenté à la nation, car, tout comme dans la Révolution française, le peuple est invité à coopérer sous un prétexte parfaitement plausible — la réparation de ses vrais griefs et l'amélioration des conditions de travail — mais n'est pas admis dans les secrets des dirigeants. En fait, il est probable que les extrémistes parmi les dirigeants qui sont de naissance et d'origine britannique ne se rendent guère compte de la direction qu'ils prennent. C'est sur ces prétendus chefs, principalement des hommes de la classe moyenne se présentant comme des représentants du travail, que les faiseurs de la révolution mondiale ont fondé leurs espoirs. L'extraordinaire simplicité et le manque de connaissance de la pensée continentale que l'Allemand Karl Hillebrand a décelé il y a longtemps dans l'attitude de « l'école radicale montante » en Angleterre à l'égard de la Révolution française,[962] qui a caractérisé la correspondance de leurs prototypes, les « Jacobins anglais », avec leurs frères en France, et que l'on retrouve encore aujourd'hui dans les discours de nos pacifistes et de nos internationalistes, font d'eux les dupes faciles d'esprits continentaux plus subtils. Car ce ne sont pas eux, mais leurs alliés de sang étranger qui sont les véritables directeurs du mouvement — les représentants prussiens de la démocratie qui entretiennent le secret espoir de reconstruire une fois de plus leur machine militaire brisée sur les ruines de la civilisation, les marchands allemands qui voient leur chance de s'accaparer les marchés du monde en paralysant l'industrie dans les pays de leurs rivaux, Des financiers juifs cosmopolites qui espèrent, par le renversement de l'ordre existant, placer tous les capitaux sous leur propre contrôle, des anarchistes de l'est de l'Europe animés uniquement par la passion de la destruction — qui ont tous adapté le plan de révolution mondiale de Weishaupt à leurs propres objectifs. De toutes ces

---

[962] Karl Hillebrand, *Aus und über England*, p. 339.

conspirations, on pourrait dire, comme Robison l'a dit des Illuminati : Leur but premier et immédiat est de s'emparer sans industrie des richesses, du pouvoir et de l'influence ; et pour y parvenir, ils veulent abolir le christianisme ; ensuite, les mœurs dissolues et la prodigalité universelle leur procureront l'adhésion de tous les méchants et leur permettront de renverser tous les gouvernements civils d'Europe ; après quoi, ils penseront à d'autres conquêtes et étendront leurs opérations aux autres parties du globe, jusqu'à ce qu'ils aient réduit l'humanité à l'état d'une masse chaotique indiscernable. Sur cette masse impuissante, chaque conspiration espère établir son ascendant, soumettant ainsi les peuples du monde à une tyrannie de fer sans équivalent dans les annales de la race humaine. Avec chaque conspiration, en outre, l'athéisme militant fait partie intégrante du plan. De Weishaupt à Clootz, en passant par Büchner et Bakounine, la haine de la religion, et surtout du christianisme, caractérise tous les instigateurs de la révolution mondiale, car il est essentiel pour eux que la doctrine de la haine soit substituée à celle de l'amour. Il suffit de remplacer le vieux mot jacobinisme par son équivalent moderne bolchevisme dans cet avertissement prophétique écrit par l'abbé Barruel en 1797 sur l'« explosion universelle » imaginée par « Spartacus-Weishaupt » pour comprendre le danger qui menace aujourd'hui l'ensemble du monde civilisé :

> « À quelque gouvernement, à quelque religion, à quelque rang de la société que vous apparteniez, si le jacobinisme l'emporte, si les projets et les serments de la secte s'accomplissent, c'en est fini de votre religion, de votre sacerdoce, de votre gouvernement et de vos lois, de vos propriétés et de vos magistrats. Vos richesses, vos champs, vos maisons, jusqu'à vos chaumières, tout cessera d'être à vous. Vous pensiez que la Révolution se terminait en France, et la Révolution en France n'était que la première tentative des Jacobins. Dans les désirs d'une secte terrible et redoutable, vous n'avez atteint que le premier stade des plans qu'elle a formés pour cette Révolution générale qui doit renverser tous les trônes, tous les autels, anéantir toutes les propriétés, effacer toutes les lois, et finir par dissoudre toute société. »

Il appartient au peuple d'empêcher l'exécution de ce projet dans notre pays. Pouvons-nous croire qu'à cette heure, ils ne joueront pas leur rôle de champions de la liberté ? Pouvons-nous croire que les ouvriers d'Angleterre, qui ont repoussé d'une main de fer toutes les tentatives d'établir le jacobinisme en leur sein pendant la Révolution française, parmi lesquels Marx lui-même a travaillé en vain pendant plus de trente ans pour obtenir des partisans, que Kropotkine a quittés avec colère et dégoût après avoir échoué à les rallier à ses projets d'anarchie, seront maintenant persuadés par les agents de Lénine d'accepter ce que leurs robustes ancêtres ont rejeté et de devenir les instruments de leur propre ruine ? Est-il possible que les « Jacobins anglais », si ignominieusement vaincus en 1793, triomphent maintenant du bon sens de leurs compatriotes ? L'île de la sérénité, dont les *émigrés* s'agenouillaient pour embrasser le sol en fuyant les horreurs de leur malheureux pays, deviendra-t-elle, après un autre siècle et quart de civilisation, le théâtre de désordres analogues ? Allons-nous, nous, le peuple le plus libre de la terre, dont les lois et la Constitution ont été pendant d'innombrables générations l'objet de l'envie et de l'admiration du monde, consentir maintenant à ce que la liberté soit enseignée par des hommes élevés sous le régime du Kaiser et du Tsar, ou par une race qui n'a pas de pays à elle où expérimenter le gouvernement ? Allons-nous, selon les mots d'Arthur Young,

> « imiter l'exemple de la France, et, en altérant cette Constitution à laquelle nous devons toute notre prospérité, risquer un si immense enjeu de bonheur » ?

ANNEXE

LE DUC D'ORLÉANS LE 6 OCTOBRE

LORS de la procédure du Châtelet, les témoins suivants se sont présentés pour attester de la présence du duc parmi la foule lors de l'invasion du Château le matin du 6 octobre :

Le vicomte de la Châtre, témoin cxxvii, et deux valets (Eudeline et Gueniffey, témoins cxxxiii et cxxxvi), qui étaient avec lui, jurent avoir vu le duc d'Orléans au milieu de la foule dans la cour du château, le 6^{au} matin, pendant que les gardes étaient massacrés, ajoutant que le duc avait un interrupteur à la main et « ne cessait de rire ». De Guillermy, de la garde du corps, témoin cxlix. témoigne avoir vu le duc dans la foule au même moment. Le chevalier de la Serre, témoin ccxxvI, brigadier de l'armée du Roi et *chevalier de Saint-Louis*, déclare que « le 6 à six heures du matin, il se rendit au Château par la place des Armes, où il aperçut un grand mouvement de peuple... qu'il courut alors à la Cour Royale, qu'il y rejoignit le peuple et monta avec lui le grand escalier (l'Escalier de Marbre), que ce peuple proférait des imprécations, disant : "Notre père est avec nous, marchons ! qu'il demanda à l'un de ces hommes qui était ce père ? Cet homme lui répondit : "Ah, Sacredieu, ne le connaissez-vous pas ? C'est le duc d'Orléans ? Il demanda à cet homme : 'Où est-il ? Est-il ici ? 'Le témoin était alors arrivé à la première volée du grand escalier ; cet homme lui répondit en indiquant d'un geste du bras qu'il (le duc) était en haut de l'escalier. Eh ! f... ne le vois-tu pas ? Il est là, il est là !' Puis le témoin levant la tête et se hissant sur la pointe des pieds *vit le duc d'Orléans à la tête du peuple faire un geste du bras pour indiquer la salle de la garde du corps de la reine*, et que le duc d'Orléans tourna ensuite à gauche pour rejoindre les appartements du roi. Le marquis de Digoine du Palais, témoin clxviiI, déclare que juste après la ruée de la foule sur l'Escalier de Marbre, il descendit l'Escalier de Princes menant aux appartements du Roi, et qu'au pied de cet escalier il rencontra le duc d'Orléans.

Morlet, témoin ccclxxxiiI, sentinelle de garde devant les appartements du roi, raconte que le duc s'est présenté à cette porte et qu'il lui a refusé l'entrée.

Après cela, c'est-à-dire entre sept et onze heures du matin, le duc fut vu parmi la foule dans les cours du château par six autres témoins — De la Borde (cxcv.), Quence (ccliv.), cocher, Jobert (cclvI), valet de chambre et coiffeur, Mme Tillet (ccclxv.), femme d'un restaurateur, Brayer (ccxviI), tapissier, et De Frondeville (clxxviI), conseiller du roi et député à l'Assemblée. Le duc est décrit par ces témoins comme étant vêtu d'une redingote grise, portant un interrupteur à la main et souriant au peuple qui le suivait en criant : 'Vive notre Roi d'Orléans !'.[963]

Il est vrai que dans le rapport publié de la Procédure du Châtelet, le chevalier de la Serre est le seul témoin oculaire qui ait déclaré avoir vu D'Orléans effectivement sur l'escalier indiquant les chambres de la Reine, mais De Nampy (témoin lxxxviiI), capitaine au Régiment de Flandre, déclare avoir entendu Degroix, l'un des gardes du corps, dire qu'il a vu 'le duc d'Orléans en manteau gris montrant au peuple le grand escalier du château, et lui faisant signe de tourner à droite, et qu'il a entendu le peuple crier : 'Vive le Roi d'Orléans ! »'

De plus, selon Madame Campan, plusieurs autres témoins de la Procédure du Châtelet ont déclaré avoir eux-mêmes vu le duc à la tête de l'escalier indiquant le chemin des appartements de la Reine, et le contemporain anglais Robison affirme que la preuve la plus importante de la complicité du duc n'a pas été imprimée.[964]

Mais la réponse évidente à ces accusations aurait été de prouver un alibi Si, comme les historiens révolutionnaires voudraient nous le faire croire, tous les témoins cités ci-dessus n'étaient pas seulement des menteurs mais des parjures — car leur déposition était faite sous serment — quand ils déclaraient avoir vu le duc dans les cours ou dans l'escalier, alors où était-il ? D'après sa propre déclaration, il était au Palais Royal et ne s'était mis en route pour Versailles que vers huit heures du matin, mais les seuls témoins qu'il put produire furent quelques-uns de ses propres domestiques et trois personnes obscures (dont seuls les noms furent donnés, mais dont

---

[963] Ce témoignage a été récemment confirmé dans les *Mémoires* de Madame de la Tour du Pin, qui se trouvait au château de Versailles le 6 octobre, et qui raconte que de bon matin sa *bonne* Marguerite se précipita dans sa chambre et lui dit qu'en descendant dans la cour où les gardes venaient d'être massacrés, elle avait vu arriver sur les lieux un *monsieur* « avec des bottes très boueuses et un fouet à la main », qui n'était autre que le duc d'Orléans, qu'elle connaissait bien pour l'avoir souvent vu, que les malheureux qui l'entouraient manifestaient aussi leur joie, en criant : « Vive notre Roi d'Orléans ! tandis qu'il leur faisait signe de la main de se taire » *(Journal d'une Femme de Cinquante Ans*, I 229).

[964] Robison's *Proofs of a Conspiracy*, p. 392.

l'identité ne fut pas précisée), qui déclarèrent l'avoir croisé à Auteuil à sept heures et demie, *c'est-à-dire* une demi-heure avant l'heure à laquelle il disait lui-même avoir quitté Paris. Un autre alibi encore fut fourni par son amie Mme Elliot, et comme c'est sur cette preuve que certains historiens ont fondé leur disculpation du duc, il convient de la comparer avec le récit des déplacements du duc lui-même, donné dans son *Exposé de la Conduite*, rédigé par lui à Londres :

Le compte du Duc

Il n'y avait pas d'Assemblée le dimanche 4, et j'étais parti selon mon habitude le samedi soir pour Paris, avec l'intention de revenir le lundi matin à Versailles, mais j'étais retenu par des travaux que certaines personnes de ma maison avaient à faire avec moi. J'appris successivement dans la journée du 5 *l'*effervescence qui se faisait à Paris, le départ pour Versailles d'une quantité considérable de gens armés et même de canons, et enfin le départ d'un grand nombre de gardes parisiens. Je ne sus rien d'autre de ce qui se passait à Versailles jusqu'au lendemain matin, où M. le Brun[965] capitaine d'une compagnie de la garde nationale... et inspecteur du Palais Royal, me fit réveiller et vint me dire qu'un exprès de la garde nationale était venu porter à sa garde du corps des nouvelles de Versailles... Le même jour (*i.e.* le 6), *vers huit heures du matin, je me mis en route pour l'Assemblée nationale...* Entre Sèvres et Versailles, je rencontrai des charrettes chargées de provisions et escortées par un détachement de la garde nationale... L'officier qui commandait ce détachement... m'a donné deux hommes comme escorte... Ces deux cavaliers m'ont escorté en effet jusqu'à ma maison (*i.e.* l'Hôtel de Vergennes à Versailles)... Je suis reparti aussitôt pour me rendre à l'Assemblée nationale. J'ai trouvé un certain nombre de députés dans l'avenue. Ils m'ont dit que le Roi tiendrait l'Assemblée dans le Salon d'Hercule ; je suis monté au Château et auprès de Sa Majesté (*Exposé de la Conduite de M. le Duc d'Orléans rédigé par lui-même à Londres* (juin 1790), pp. 17-19).

Le compte de Mme Elliott

Peu après arriva le 5 octobre, jour mémorable et

---

[965] Notez que Le Brun ne s'est pas présenté comme témoin au Châtelet pour étayer cette déclaration.

affreux. Mais je dois ici rendre justice au duc d'Orléans. Il n'était certainement pas à Versailles dans cette affreuse matinée, car il déjeunait en compagnie chez moi lorsqu'on l'accusa de s'être trouvé déguisé dans les appartements de la reine. Il nous a dit alors qu'il avait entendu dire que les poissonnières étaient allées à Versailles avec quelques Faubourgs, et que le peuple disait qu'elles étaient parties pour ramener le Roi à Paris. Il nous a informé qu'il avait entendu cela par certains de ses propres serviteurs du Palais Royal. Il a dit qu'il en était d'autant plus surpris qu'il avait quitté le Palais Royal à neuf heures de la nuit précédente, et que tout semblait alors parfaitement calme... Il est resté chez moi jusqu'à une heure et demie. *Je n'ai aucune raison de supposer qu'il soit allé à Versailles jusqu'à une heure tardive de la journée où il s'est rendu aux États-Unis*, comme tout le monde le sait. Je suis entré dans ce sujet afin d'avoir l'occasion de déclarer que je crois fermement que le duc d'Orléans était innocent des événements cruels de ce jour et de cette nuit, et que Lafayette était l'auteur et l'instigateur du traitement que la famille royale d'août a alors rencontré... Le duc d'Orléans fut même jugé à ce titre, mais les preuves étaient si absurdes qu'il fut abandonné. Et en effet, il était clair pour tout le monde que Lafayette et son parti étaient les seuls coupables (*Journal de Mme Elliott*, pp. 37, 38).

On verra qu'il n'y a aucune ressemblance entre ces deux récits. En premier lieu, le duc d'Orléans ne dit pas qu'il a déjeuné avec Mme Elliott, ni le 5 ni le 6 ; au contraire, il déclare distinctement qu'il était dans sa propre maison, le Palais Royal, tôt le matin des deux jours. Mme Elliott dit qu'il a déjeuné avec elle le 5,' lorsqu'il a été accusé d'être déguisé dans les appartements de la Reine' ; mais il n'a jamais été accusé d'être là le matin du 5, car la foule ne s'est pas mise en route pour Versailles avant le milieu de la journée. Elliott avait vraiment l'intention de dire le 6, cela ne colle pas non plus, car le duc dit qu'il a quitté le Palais Royal à huit heures et s'est rendu directement à Versailles, où il est resté jusqu'à ce que l'Assemblée se réunisse, c'est-à-dire vers onze heures du matin. Il n'a jamais été accusé d'être déguisé, comme l'étaient ses partisans, et tous les témoins oculaires étaient d'accord dans leur description de sa tenue ce matin-là. L'histoire de Mme Elliott, comme plusieurs autres passages de son journal, est évidemment un tissu d'inexactitudes, ou d'inexactitudes délibérées, mais l'accusation contre Lafayette ne peut être attribuée qu'à l'influence des Orléanistes. Personne à l'époque n'a songé à accuser Lafayette de complicité avec les événements des 5 et 6 octobre ; cette accusation n'a été portée contre lui que par les véritables auteurs du jour, les membres de la conspiration orléaniste. C'est pourtant sur cette histoire manifestement inventée que les historiens révolutionnaires ont fondé leur disculpation du duc ! En l'absence, donc, de tout alibi convaincant, et face aux preuves accablantes apportées à la Procédure du Châtelet, il me semble impossible de douter que le duc d'Orléans se trouvait effectivement avec la foule à Versailles lorsqu'elle envahit le château le 6 octobre.

ROTONDO ET LA PRINCESSE DE LAMBALLE

Le document conservé parmi les Chatham Papers au Record Office (où il a été faussement daté au crayon en 1791) consiste en une série de questions et de réponses en français écrites par deux mains différentes, et accompagnées d'une lettre signée seulement L., disant que l'expéditeur a l'honneur de transmettre les réponses aux questions de M. Pitt. L'enquête concernant Rotondo se déroule ainsi :

(*Question*) » Qui est Rotondo ? Est-ce son nom de guerre ou de famille ? A-t-on quelques notions sur ce qu'il faisait avant la Révolution ? Depuis quand est-il ici ? [*i. e.* évidemment à Londres]. A-t-il avec lui quelque autre chef connu des Travailleurs ?" (*Réponse*)" Rotondo est un maître italien, c'est son nom de famille : il mourait de faim avant la Révolution. Il est arrivé ici le 24 ou le 25 8bre, il a remplacé Chevy (?), que l'on a envoyé au Portugal : son assesseur est un nommé tillaie (sic) ancien avocat ; beau-frère de la femme de Danton. Rotondo est l'ami de Barbaroux, le fameux marseillais qui vendait des Bas dans la cour de l'hôtel de Penthièvre et mari d'une fille de cuisine de Madame de Lamballe qui l'a éventrée après qu'on lui eut coupé la tête. Ceci révèle un curieux réseau d'intrigues révolutionnaires — Rotondo, l'ami de Barbaroux, qui a envoyé le premier chercher le Marseillais ; Barbaroux, avocat de profession, vendant des bas dans la cour du duc de Penthièvre,[966] beau-père de la princesse de Lamballe et chez qui elle vivait ; Rotondo envoyé officiellement à Londres — par qui ? De toute évidence par les chefs de la conspiration orléaniste. Incidemment, cette correspondance fournit une preuve supplémentaire de la non-complicité de Pitt avec le mouvement révolutionnaire ; s'il avait encouragé la sédition, est-il possible qu'après trois ans de révolution, il n'ait rien su de Rotondo, un agitateur de premier plan qui se trouvait fréquemment à Londres et, comme nous le voyons, y était officiellement

---

[966] Un fait confirmé par Peltier, *La Révolution du 10 Août,* I 121.

employé ? Les Travailleurs dont il est question étaient manifestement une association chargée de surveiller les mouvements des révolutionnaires et de les signaler à Pitt.

Notice nécrologique de Nesta Webster (24 août 1876 – 16 mai 1960) dans le *London Times* :

La disparition de Nesta Webster mérite que l'on s'y attarde avant de rendre justice à son œuvre littéraire. Née à Trent Park, Cockfosters, il y a 84 ans, la plus jeune fille de Robert Bevan, qui a sauvé la Barclays Bank pendant la panique de 1866, sa mère était la fille de l'évêque Shuttleworth de Chichester. Robert était le meilleur ami du cardinal Manning à Harrow et à Oxford. À Trent, Manning a trouvé sa mère spirituelle en la personne de « Tante Favell », l'auteur de *Peep of Day*. La tradition familiale veut que son Journal témoigne d'une tendresse envers l'ami de son frère qui lui inspirait des rencontres secrètes. À sa grande déception, Manning épouse Miss Caroline Sargent. Les Bevans évangéliques conservèrent sinistrement une lettre de Manning reliant la papauté à l'Antéchrist, que le père de Nesta déclara qu'il publierait si jamais Manning devenait pape !

Dans son autobiographie, Nesta décrit des « journées spacieuses » à Trent. Une illustration montrant le personnel, composé de 14 hommes et 11 femmes, donne un aperçu amusant d'une maison seigneuriale. Deux célèbres écoles préparatoires ont été parrainées sur le domaine. L'école Ludgrove d'Arthur Dunn et le vicaire de Trent, M. Tabor, ont été envoyés avec le capital Bevan et une paire de garçons Bevan pour faire revivre l'ancienne école de Cheam. Robert Bevan mourut en murmurant ses derniers regrets de ne pouvoir assister au match de cricket des parents à Cheam.

Ses enfants furent dispersés, Frank héritant de Trent tandis que Nesta était envoyée au Westfield College Hampstead, sous la direction de l'austère Miss Maynard. Arrivée à l'âge adulte, elle fait le tour du monde, de l'Inde, de la Birmanie, de Singapour et du Japon, en toute tranquillité et à peu de frais. En Inde, elle épousa Arthur Webster, un commissaire de police sportif, exactement comme l'avait prédit la célèbre chiromancienne du roi Edouard, « Mme Robinson ». Elle eut deux filles, Rosalind et Marjorie, qui lui survivent.

En s'installant en Angleterre, elle a senti qu'elle pouvait écrire, et John Murray a accepté un roman intitulé *The Sheep Track* en 1914. Une forte obsession littéraire l'emporta sur le fait qu'elle avait vécu dans la France du XVIIIe siècle. Comme les « Dames de Versailles », plus elle lisait sur la Révolution française, plus elle s'en souvenait. En 1916, elle publie *The Chevalier de Boufflers : a romance of the French Revolution*, qui fascine Lord Cromer à en juger par sa critique dans le *Spectator*. Sir Edward Marshall Hall était un autre fan. Il y eut 15 éditions, mais l'auteure fut déçue de ne pas recevoir de réponse des universitaires. Elle s'enfonce de plus en plus dans la littérature de la Révolution, collectionnant plusieurs livres rares comme *La Bastille Dévoilée.*

Après trois années passées au British Museum et aux Archives françaises, elle publie *The French Revolution: a Study in Democracy.* La rhapsodie semi-hystérique de Carlyle avait enfin trouvé une réponse factuelle. À l'exception des conférences de Lord Acton et des articles de Croker dans le *Quarterly, le* public anglais n'avait pas été autorisé à critiquer la vision populaire de la Révolution véhiculée par le *Conte de deux villes* de Dickens. Comme Lord Acton, elle percevait dans le tumulte l'évidence d'un dessein et une organisation calculatrice derrière les masques, mais elle désapprouvait son souci d'absoudre les dirigeants de toute complicité. Comme elle travaillait à partir de documents originaux ainsi que de sources imprimées, elle prétendait avoir critiqué le grand Acton neuf fois.

La Première Guerre mondiale et ses études révolutionnaires ont fait ressortir son intrépide ferveur Bevan. Elle s'est tournée avec une fureur confiante vers les ennemis potentiels de l'Angleterre. Trois livres ont suivi en 10 ans : *World Revolution, The Plot against Civilisation, Secret Societies and Subversive Movements* et enfin *The Surrender of an Empire.* Ils mériteront l'attention d'historiens impartiaux.

Son livre politique sur le *Réseau Socialiste* lui a fait des ennemis ainsi que des critiques, mais les Bevans dans leur Foi ou Politique ne doivent pas être effrayés ou découragés. Bien que ses dernières années aient été marquées par la maladie, son esprit continuait à fournir des informations à ses amis et à défier ses détracteurs. Son charme lui a permis, à différents moments de sa longue vie, de captiver M. Cross, le veuf de George Eliot, Lord Kitchener en Inde et Gaston Maugras, l'historien français qui lui a fourni de précieux documents pour son livre sur le *Chevalier de Boufflers.*

Le 18 mai 1960 : *The Times,* Londres, p. 17.

DÉJÀ PARUS

OMNIA VERITAS LTD PRÉSENTE :

Du Frankisme au Jacobinisme

La vie de Moses Dobruska, alias Franz Thomas von Schönfeld alias Junius Frey

PAR

GERSHOM SCHOLEM

La vie mouvementée de Moses Debruska, personnage énigmatique qui participa à la Révolution française raconté par un des plus grands noms de la pensée juive contemporaine

Élevé comme juif orthodoxe, il devint par la suite l'adepte d'une secte kabbaliste

LA RÉPUBLIQUE UNIVERSELLE DU GENRE HUMAIN

OMNIA VERITAS LTD PRÉSENTE :

«L'engagement de la synagogue talmudique envers les principes de la Révolution dite française, indique que celle-ci fut, d'abord et avant tout, d'essence talmudo-kabbalistique»

PRÉFACE DE PIERRE HILLARD

Le passé éclaire le présent, la France est à part et son sort est lié à l'Église...

Omnia Veritas Ltd presente:

LA GUERRE OCCULTE
de
Emmanuel Malynski

Satan s'est révolté au nom de la **liberté** et de **l'égalité** avec **Dieu**, pour asservir en se substituant à **l'autorité** légitime du Très-Haut...

Toute l'histoire du XIXe siècle est marquée par l'évolution du mouvement révolutionnaire

Les étapes du duel gigantesque entre deux principes

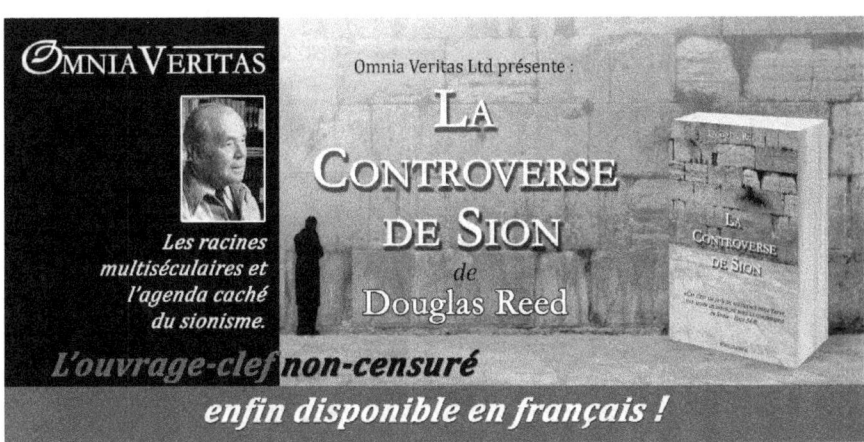

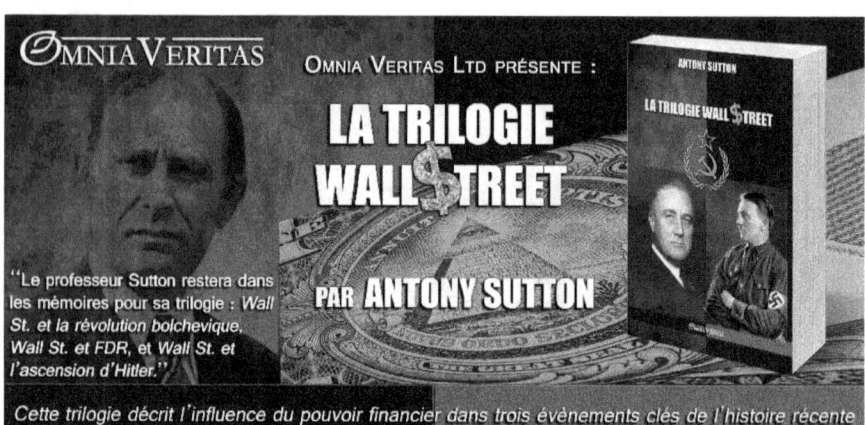

www.ingramcontent.com/pod-product-compliance
Lightning Source LLC
Chambersburg PA
CBHW071403230426
43669CB00010B/1428